Der Mythos des Mittelwertes

Neue Methodenlehre der Statistik

Von
o. Universitätsprofessor
Dr. Friedrich Sixtl

2., überarbeitete und erweiterte Auflage

R. Oldenbourg Verlag München Wien

Peter R. Hofstätter
gewidmet

Die Deutsche Bibliothek – CIP-Einheitsaufnahme

Sixtl, Friedrich:
Der Mythos des Mittelwertes : neue Methodenlehre der Statistik / von Friedrich Sixtl. – 2., überarb. und erw. Aufl. - München ; Wien : Oldenbourg, 1996
ISBN 3-486-23320-3

1. Nachdruck 2000

Rosenheimer Straße 145, D-81671 München
Telefon: (089) 45051-0, Internet: http://www.oldenbourg.de

Gedruckt auf säure- und chlorfreiem Papier
Gesamtherstellung: Huber KG, Dießen

ISBN 3-486-23320-3

Vorwort

Schon wieder eine Methodenlehre der Statistik! Ursprünglich sollte es eine Monographie über Mischverteilungen werden. Um aber nicht bloß einen kleinen Kreis Eingeweihter als Leser zu haben, hätte es vieler Ausführungen über die Momente von Verteilungen sowie die Zerlegung von Mittelwert, Varianz, Kovarianz bedurft. Wenn aber schon beträchtliche Teile einer Methodenlehre erforderlich waren, warum nicht eine vollständige verfassen, welche auch die Analyse nicht identisch verteilter Daten auf der Grundlage von Mischverteilungen enthalten sollte. Dies war der Vorschlag, den mir Herr Martin Weigert machte, und den ich nun mit der freundlichen Unterstützung seines Verlages zur Ausführung gebracht habe.

Das vorliegende Buch sollte von allen gelesen werden können, denen ein Abitur- bzw. Maturazeugnis bestätigt, daß sie reif zum Besuch einer Hochschule sind und damit auch über die elementaren Begriffe der Analysis bzw. Algebra verfügen.

Das Buch hat eine handwerkliche Orientierung: Es will dem Leser die grundlegenden Techniken, Fertigkeiten und Kunstgriffe im Umgang mit statistischem Material vermitteln und sein Verständnis der statistischen Theorie soweit entwickeln, daß er sinnvollen Gebrauch von Programmpaketen wie StatWorks, SPSS (Statistical Package for Social Sciences) oder SAS (Statistical Analysis System) machen kann. Es ergänzt damit die Intentionen der Verfasser benutzerfreundlicher Programmpakete im Sinne des folgenden Zitates:

> "Caution: Some knowledge of statistics is necessary in order to understand the wide range of statistical output created by StatWorks. The burden of selecting the proper analysis for a specific set of data is, and always has been, the responsibility of the user"
> (StatWorks: Heyden and Son, 1985, S.10).

Das Buch stellt selbstverständlich keine Einführung in die Wahrscheinlichkeitstheorie und Mathematische Statistik dar. Es könnte jedoch allen willkommen sein, die "vom Blatt singen wollen" und es daher für nötig erachten, das Lesen der Noten zu erlernen.

Mein Dank gilt Herrn Mag. H. Potuschak, der die statistischen Tabellen neu verfaßt und Rechenprogramme erstellt hat. Ferner Frau Mag. M. Ehrenmüller, welche die Abbildungen angefertigt und die Beispiele der Lösung von Integralgleichungen durchgerechnet hat. Ferner allen Mitarbeitern des Instituts für Angewandte Statistik, die sich der Mühe des Korrekturenlesens und des Nachrechnens der Anwendungsbeispiele unterzogen haben. Besonders danken möchte ich Frau A. Milly, welche mit Sorgfalt und größter Geduld die Textgestaltung mit dem ChiWriter besorgt hat.

F. Sixtl

Inhaltsübersicht

TEIL B (239-289)

Gesetzmäßigkeiten zufälliger Ereignisse

TEIL C (290-397)

Die zufallskritische Beurteilung von Stichproben identisch verteilter Daten

EINLEITUNG

Die klassischen Naturwissenschaften verdanken ihre Erkenntniserfolge dem Experiment und der Mathematik. Mit Hilfe mathematischer Methoden versucht man spätestens seit dem Ende des zweiten Weltkrieges, Erkenntnisgewinne auch in Fächern wie Biologie, Medizin, Nationalökonomie, Psychologie, Soziologie zu erzielen. Es sind sogar Wissenschaften wie Anthropologie, Linguistik, Zeitgeschichte, Politologie, Geographie von diesen Bemühungen erfaßt worden. Unter allen Disziplinen der Mathematik, die dabei zur Anwendung gelangten, zeichnet sich die Statistik in Verbindung mit Wahrscheinlichkeitstheorie durch die größte Häufigkeit aus. Sieht man nach, warum dies so gekommen ist, so fällt einem auf, daß die Einschätzung wissenschaftlicher Erkenntnisse einen Wandel erfahren hat: Die einfachen Wenn-Dann-Beziehungen, welche frühere Generationen festzustellen glaubten, haben sich als unzulängliche, vielfach sogar irreführende Simplifikationen erwiesen. Die Wiederholung von Vorgängen unter scheinbar gleichen Bedingungen führt nicht immer zu gleichen Resultaten. Man denke nur an das Werfen einer Münze. Neben den Bedingungen, die wir kennen bzw. unter Kontrolle haben, wirken stets weitere Bedingungen, die wir nicht kennen bzw. nicht unter Kontrolle haben. Sind diese Bedingungen wesentlich, so beeinflussen sie den Vorgang in einer für uns nicht vorhersehbaren Weise. Anstelle eines bestimmten Ergebnisses fassen wir daher eine Reihe von möglichen Ausgängen ins Auge, deren Auftreten im einzelnen mit einer für sie charakteristischen Wahrscheinlichkeit zu erwarten ist. Dies möchte ich als **probabilistische Wendung** des neuzeitlichen Denkens bezeichnen. In ihrem Verlauf wurde die Statistik in Verbindung mit Wahrscheinlichkeitstheorie zu einem universell anwendbaren Instrument der Analyse von Beobachtungen auf nahezu allen Gebieten der Wissenschaft und des Lebens.

Die Statistiker bezeichnen einen Vorgang, dessen Resultat nicht mit Sicherheit vorhergesehen werden kann, als **Zufallsexperiment**. Veranlaßt man beispielsweise zehn Personen, die Körpergröße einer elften "möglichst genau" zu messen, so erhält man mit Sicherheit nicht zehn gleiche Werte. Das Resultat des Meßvorganges ist nicht genau vorhersehbar, dieser daher ein Zufallsexperiment. - Man vergegenwärtige sich nur, daß nahezu alle Vorgänge des täglichen Lebens in diesem Sinne Zufallsexperimente sind: das morgige Wetter, der Ausgang eines Fußballspieles oder Gerichtsverfahrens, der Jahresumsatz eines Unternehmens, das Schicksal einer Ehe. Unvorhersehbar ist auch die Zahl der Kinder, die eine Frau gebären wird, die Dauer des Lebens, die Krankheit, an der man sterben wird u.v.m.

Bemerkenswert ist nun aber, daß die Ausgänge von Zufallsexperimenten vielfach nicht regellos, chaotisch anfallen. Die Auswertung großer Mengen solcher Ergebnisse bringt dann gewisse Gesetzmäßigkeiten verläßlich wiederholbar zum Vorschein. So stirbt beispielsweise eine Generation im Verlauf eines Jahrhunderts in ganz gesetzmäßiger Weise aus. Obwohl kein Einzelner den Zeitpunkt seines Todes angeben kann, schließt man mit noch lebenden Personen Versicherungen ab, deren Prämien unter der Voraussetzung berechnet werden, daß sie sich hinsichtlich des Ablebens nicht anders verhalten werden als die vergangenen Generationen. Man setzt also ein nicht unbeträchtliches Vertrauen in die **Gesetzmäßigkeit zufälliger Ereignisse**. - Noch ein anderes Beispiel sei hier vorgestellt: die Menschen sind nicht nur verschieden groß, auch die Häufigkeiten der einzelnen Körpergrößen sind verschieden. Wir wissen, daß Zwerge und Riesen seltener sind als Mittelwüchsige, "extreme Resultate des Wachstumsvorganges" also nicht so häufig anfallen wie durchschnittliche. Jeder Kleiderhändler weiß, daß die Nachfrage nach extremen Größen gering ist und richtet sein Sortiment entsprechend ein. Es wird sich allerdings zeigen, daß die Statistiker noch mehr über diese Gesetzmäßigkeit wissen und dem Kleiderhändler nützliche Ratschläge erteilen könnten.

Will man die Gesetzmäßigkeit, welche ein Zufallsexperiment bestimmt, möglichst genau begreifen, so werte man die Ergebnisse möglichst vieler Durchführungen dieses Experimentes aus. Wie man dabei vorgehen soll, wird in den Teilen **A** und **B** dieser Methodenlehre dargestellt. Die Statistiker wollen **im Umgang mit dem Zufall möglichst nichts dem Zufall überlassen**, die Ungewißheit möglichst nicht durch eigene Nachlässigkeiten vergrößern. Der Leser möge das Genauigkeitsstreben der Statistiker daher nicht als übertrieben und pedantisch verurteilen.

Weiß man erst einmal, wie ein Zufallsexperiment für gewöhnlich auszugehen pflegt, so kann man auch jene Ausgänge namhaft machen, die so ungewöhnlich sind, daß sie nach einer anderen Erklärung verlangen. Man ist bei ihrem Auftreten gewissermaßen in der Lage eines Beobachters, dem auffällt, daß ein Spieler am Roulettetisch meistens auf die Farbe setzt, die dann auch tatsächlich kommt. Sind diese Erfolge des Spielers mit dem Zufallsmechanismus des Roulettes vereinbar? - Solche Fragen kann der Leser beantworten, wenn er sich mit der **zufallskritischen Beurteilung von Stichproben** im Teil **C** dieser Methodenlehre vertraut gemacht hat.

Die Daten oder Beobachtungen, die man bei solchen Beurteilungen benutzt, sollten allesamt von ein und demselben Zufallsmechanismus hervorgebracht worden sein, **"identisch verteilt"** sein, wie diese Forderung in der Sprache der Mathematischen Statistik lautet. Man kann sich das so vorstellen, daß alle Daten ein und derselben Urne entstammen, oder daß alle Urnen denselben Prozentsatz von Kugeln einer Farbe aufweisen. Nun ist man aber sehr oft in der Lage, mit verschiedenen Objekten experimentieren zu müssen, weil wiederholte Experimente mit demselben Objekt nicht durchführbar sind. Man denke dabei nicht ausschließlich an Experimente, bei denen das Objekt zerstört oder verändert wird. Es ist beispielsweise auch die Körpergröße eines Menschen Ergebnis eines etwa zwanzig Jahre währenden Zufallsexperimentes, das ersichtlich nicht wiederholt werden kann. In einem solchen Fall untersucht man, wie verschiedene Menschen sich auf dem Merkmal "Körpergröße" verteilen und erwartet, daß die wiederholte Durchführung des Wachstumsexperimentes mit demselben Menschen genau diese Verteilung ergeben würde. - Wir haben es offensichtlich mit zwei Alternativen zu tun: entweder "mit verschiedenen Objekten einmal" oder "mit einem Objekt mehrmals". Letztere Alternative führt zur sicheren Entdeckung der Gesetzmäßigkeiten zufälliger Ereignisse, ist aber nicht immer verfügbar. Erstere ist ein gleichrangiger Ersatz unter der Bedingung, daß alle Objekte demselben Zufallsmechanismus unterliegen, also die Bedingung identischer Verteilung erfüllen. Andernfalls täuscht sie uns mit Ergebnissen, die sich bei genauem Hinsehen als Trugbilder erweisen. Gerade jene Wissenschaften, deren Forschungsgegenstand eine Individualität aufweist - in erster Linie also die Psychologie – haben durch die Auswertung nicht identisch verteilter Daten solche Trugbilder massenhaft produziert und verbreitet. Der Leser wird in dieser Methodenlehre eine Menge von Beweisen für diese Behauptung finden. Woran erkennt man aber, ob Daten der Bedingung identischer Verteilung genügen? Wie soll man Daten, welche dieser Bedingung nicht genügen, auswerten? - Solche Fragen werden im Teil **D** dieser Methodenlehre behandelt.

TEIL A

AUSWERTEN VON ZUFALLSEXPERIMENTEN

"It is commonly believed that anyone who tabulates numbers is a statistician. This is like believing that anyone who owns a scalpel is a surgeon."

HOOKE R. (1983): How to tell the liars from the statisticians.

KAPITEL I: DIE STATISTISCHE VERTEILUNG

Das Ergebnis eines Zufallsexperimentes ist nicht vorhersehbar. Das bedeutet, daß wir mit einer Anzahl möglicher Ausgänge zu rechnen haben. Die Ergebnisse wiederholter Ausführungen des Zufallsexperimentes verteilen sich auf diese Möglichkeiten. Man sagt, daß Blutproben sich auf dem Merkmal "Cholesteringehalt", Betriebe sich auf dem Merkmal "Anzahl der Mitarbeiter", Selbstmordhandlungen sich auf dem Merkmal "Art der Durchführung", wiederholte Messungen der Lichtgeschwindigkeit sich auf dem Merkmal "Lichtgeschwindigkeit" verteilen. In jedem Fall ist die Rede von bestimmten Objekten - Blutproben, Betrieben, Selbstmordhandlungen, Meßwiederholungen - und von Merkmalen. Unter diesen wollen wir fürs erste die Menge der möglichen Ausgänge eines Zufallsexperimentes verstehen. Die Verteilung selbst besteht aus den Häufigkeiten der Belegung der einzelnen Ausgänge mit Objekten.

I.1: Die Bestandteile statistischer Verteilungen

Untersuchungsgesamtheiten

Die Objekte, welche sich auf einem Merkmal verteilen, bilden die Untersuchungsgesamtheit. Man muß alle Sorgfalt daran setzen, diese im voraus sachlich, zeitlich, räumlich so abzugrenzen, daß von jedem beliebigen Objekt zweifelsfrei entschieden werden kann, ob es der Untersuchungsgesamtheit angehören soll oder nicht. Man hat es dabei mit so unterschiedlichen Objektmengen zu tun wie "Studenten einer Universität", "Todesfälle einer Gemeinde in der Nachbarschaft eines Atomkraftwerkes", "Dienstautos eines Ministeriums", "Maschinenausfälle einer Produktionsanlage", "Kunden vor einem Bankschalter", "Steuerpflichtige im Bereich einer Finanzlandesdirektion".

Muß man sich auf ein Zeitintervall festlegen, um die Untersuchungsgesamtheit eindeutig abgrenzen zu können, so nennt man diese eine **Ereignismenge**; ist ein Zeitpunkt ("Stichtag") erforderlich, so spricht man von einer **Bestandsmenge**. Eindeutig abgegrenzte Objektmengen sind etwa:

- die Ehen, die 1962 vor Hamburger Standesämtern geschlossen wurden (Zeitintervall, Ereignismenge);

- die am 1.1.1992 an der Johannes Kepler Universität Linz gültig immatrikulierten Studenten (Stichtag, Bestandsmenge).

Werden alle Objekte einer gegebenen Menge erfaßt, so spricht man von **Vollerhebung**, andernfalls von **Stichprobenerhebung**. Es gibt eine Reihe von Gründen, die Untersuchungsgesamtheit zahlenmäßig zu beschränken: geringere Kosten sowie geringerer Zeitaufwand und damit verbunden größere Aktualität. Die Beschränkung auf eine Stichprobe kann sogar unvermeidlich werden, wenn mit der Durchführung des Zufallsexperimentes bzw. der Feststellung seines Ausganges die Zerstörung des Objektes verbunden ist. Die Lebensdauer von Glühbirnen oder die Zerreißfestigkeit von Seilen wird man ebensowenig durch Vollerhebung ermitteln wollen wie den Heizwert eines Energiestoffes oder den Cholesteringehalt des Blutes.

Besonders hervorgehoben sei jene große Gruppe von Objektmengen, die sich einer Vollerhebung dadurch entziehen, daß die Zahl ihrer Objekte unbestimmt ist. Man denke etwa an die Würfe mit einem bestimmten Würfel, die Messungen der Lichtgeschwindigkeit, den Ruhepuls des Herzens, das Hirngewicht von Elefanten u.s.w. Alle diese Objektmengen sind nichtsdestoweniger eindeutig abgrenzbar.

Merkmale

Es wurde bereits darauf hingewiesen, daß wir bei Zufallsexperimenten stets mit mehreren möglichen Ausgängen rechnen müssen. Das soll nun präzisiert werden. Wirft man beispielsweise eine Münze, so könnte man sich für deren Geschwindigkeit im Augenblick des Aufprallens interessieren oder für die Stelle, mit der sie zuerst die Unterlage berührt, oder die Seite, die oben zu liegen kommt. Diese Aufzählung läßt sich fortsetzen. Es bietet also schon ein einfacher Vorgang dem Beobachter eine unabsehbare Fülle von Einzelheiten. Diese ist es aber nicht, die den Vorgang zum Zufallsexperiment macht. Es könnte doch sein, daß die Münzwürfe dieselbe Aufprallgeschwindigkeit, dieselbe Berührungsstelle, dieselbe Oberseite u.s.w. aufweisen. Zum Zufallsexperiment wird der Vorgang erst dadurch, daß wir nicht vorhersehen können, welche aus einer Anzahl möglicher Aufprallgeschwindigkeiten, Berührungsstellen, Seiten u.dgl. auftreten wird: Die Fülle der Ausgänge eines Zufallsexperimentes weist eine Gliederung in Gruppen auf, derart, daß bei seiner Durchführung aus jeder Gruppe ein und nur ein Ausgang auftritt, während Ausgänge verschiedener Gruppen durchaus zugleich auftreten und im Sinne einer umfassenden Analyse des Vorganges auch beachtet werden sollten. Eine solche Gruppe heißt **Merkmal**, wenn ihre Ausgänge sachlich zusammengehören; die einzelnen Ausgänge nennt man dann **Ausprägungen** des Merkmals:

- Münzwürfe werden auf die Menge der möglichen Aufprallgeschwindigkeiten **erschöpfend** und **ausschließlich** abgebildet: Es gibt keinen Wurf ohne, und es gibt keinen mit mehr als einer Aufprallgeschwindigkeit. Alle Geschwindigkeiten werden auf gleiche Weise gemessen, gehören also auch sachlich zusammen.

Bei sogenannten klassifikatorischen Merkmalen wird die Forderung nach erschöpfender Zuordnung gelegentlich erst durch "Restklassen" erfüllt:

- "Religionsbekenntnis" = {römisch-katholisch; evangelisch A.B.; evangelisch H.B.; altkatholisch; mosaisch; sonstiges Bekenntnis; ohne Bekenntnis; unbekannt}.

Die sachliche Zusammengehörigkeit dieser Ausprägungen dürfte außer Zweifel stehen. - Bei sogenannten häufbaren Merkmalen ("Mehrfachnennungen") treten Verstöße gegen die Ausschließlichkeit der Zuordnung auf:

- Bei der Berufszählung kann beispielsweise "Metzger und Gastwirt" auftreten. Bei der Studentenstatistik ist man mit "Doppelstudien" konfrontiert.

Man hilft sich, indem man die Untersuchungsgesamtheit neu festlegt, anstelle der Personen "Fälle" registriert. Selbstverständlich ist dann die Zahl der Fälle größer als die Zahl der Personen.

Das Zuordnen der Objekte zu Merkmalsausprägungen wird als **Messen** bezeichnet. Konkret handelt es sich dabei um grundverschiedene Handlungen: Die Raumtemperatur wird von einem Thermometer abgelesen; die Hefezellen in einem Planquadrat des Mikroskops werden gezählt; der Familienstand wird durch Stellen einer Frage ermittelt; der globale Vitalstatus eines Patienten wird vom Arzt abgeschätzt. - Die Objekte verlieren bei dieser Zuordnung ihre "Individualität", bestehen gewissermaßen nur als Merkmalsausprägungen fort. Das ist im Interesse des Datenschutzes manchmal willkommen. Im Umgang mit Schicksalen wird es gelegentlich als gemütlose Sachlichkeit empfunden.

Klassen und Häufigkeiten

Ein Merkmal zerlegt die Untersuchungsgesamtheit in Teilmengen von Objekten mit gleichen Merkmalsausprägungen, wie nachstehende Abb.I.1. veranschaulicht.

Abb.I.1. Untersuchungsgesamtheit, Merkmal, Klasse

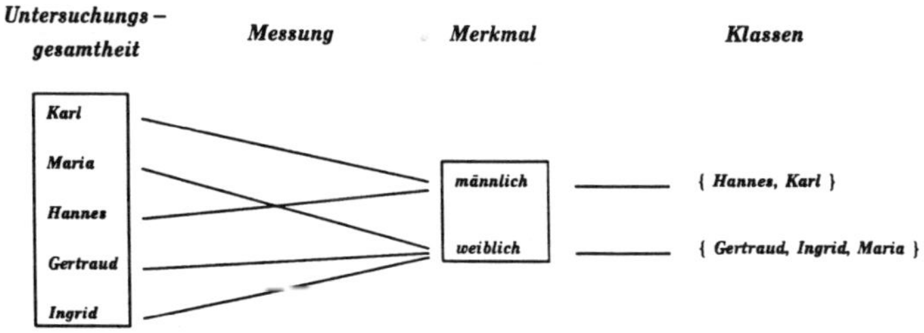

Wir betrachten ein Merkmal, das aus r Ausprägungen besteht:

$$\mathbf{A} = \{A_1, \ldots , A_i, \ldots, A_r\} .$$

Die Menge der Objekte, welche die gleiche Ausprägung A_i aufweisen, heißt **Klasse i.** Die Anzahl der Objekte dieser Klasse, ihre Kardinalzahl, heißt **Häufigkeit** von i. Wir bezeichnen sie mit h_i, $i = 1,\ldots,r$. Wenn wir alle Häufigkeiten addieren:

$$\sum_{i=1}^{r} h_i = h_1 + \ldots\ldots + h_r , \tag{1}$$

so zählen wir jedes Objekt einmal und nur einmal mit (da die Zuordnung zu Merkmalsausprägungen erschöpfend und ausschließlich ist). Die Summe der Häufigkeiten ist daher gleich der Anzahl der Objekte der Untersuchungsgesamtheit. Man nennt diese Anzahl den **Umfang** der Untersuchungsgesamtheit und bezeichnet sie mit n.

Untersuchungsgesamtheiten verschiedenen Umfanges werden in Prozenten vergleichbar, d.h. Häufigkeiten einer künstlichen Gesamtheit vom Umfang n=100. Bei seltenen Ereignissen wie Selbstmorden verwendet man n'=100.000. Aus Gründen der Rechenökonomie bevorzugen die Statistiker **relative Häufigkeiten,** die man auch **Anteile** nennt:

$$\boxed{p_i = \frac{h_i}{n}} \tag{2}$$

Aus diesem Grunde gilt mit (1):

$$\sum_{i=1}^{r} p_i = \frac{1}{n} \sum_{i=1}^{r} h_i = \frac{1}{n} \cdot n = 1 \,. \tag{3}$$

Die Verteilung von Objekten auf einem Merkmal **A** läßt sich wie folgt darstellen:

Tab.I.1: Allgemeine Form einer statistischen Verteilung.

Merkmalsausprägungen	$A_1 \; ... \; A_i \; ... \; A_r$	Summen
Klassenhäufigkeiten	$h_1 \; ... \; h_i \; ... \; h_r$	n
Anteile	$p_1 \; ... \; p_i \; ... \; p_r$	1

Mehrdimensionale Merkmale

Wir werden die Gesetzmäßigkeit eines zufälligen Ereignisses umso besser verstehen, je vollkommener wir die Bedingungen überblicken, die es beeinflussen. So bleibt beispielsweise der Anhalteweg eines Autos nahezu unberechenbar, wenn bloß die Geschwindigkeit bekannt ist, nicht aber das Gewicht des Autos, der Zustand der Reifen, die Glattheit der Straße, deren Nässegrad, das Reaktionsvermögen des Fahrers. Auch eine Befragung - zu welchem Gegenstand auch immer - scheint ergiebiger zu sein, wenn man möglichst viele Fragen stellt und dazu den sozioökonomischen Status der Befragungsperson, also deren Geschlecht, Alter, Schulbildung, Einkommen in Erfahrung bringt.

Die Merkmale eines Zufallsexperimentes werden wegen ihrer inneren Zusammengehörigkeit als ein Merkmal neuer Art verstanden, dessen Komponenten oder **Dimensionen** die Merkmale im ursprünglichen Sinne sind. Man spricht von einem zweidimensionalen, dreidimensionalen, p-dimensionalen Merkmal.

- Zur Illustration möge die Zerlegung einer Untersuchungsgesamtheit durch die Merkmale:

  'Geschlecht' = {männlich, weiblich}

  und

  'Familienstand' = {ledig, verheiratet, verwitwet, geschieden}

  dienen.

  Jede Person ist einer und nur einer Kombination von Merkmalsausprägungen des Geschlechtes und des Familienstandes zuzuordnen. Diese Zuordnung ist also erschöpfend und ausschließlich. Die Kombinationen bilden demnach ein Merkmal, welches die Untersuchungsgesamtheit in $2\times 4=8$ Klassen zerlegt. Dieses Merkmal neuer Art nennt man zweidimensional.

Wir stellen uns zwei Merkmale vor:

$$\mathbf{A} = \{A_1,\ldots,A_i,\ldots,A_r\}\ , \qquad \mathbf{B} = \{B_1,\ldots,B_j,\ldots,B_s\}.$$

Das sogenannte Kartesische Produkt "**A** Kreuz **B**"

$$\mathbf{A} \times \mathbf{B} = \{(A_i,B_j)\,|\,A_i \in \mathbf{A},\ B_j \in \mathbf{B}\}$$

besteht aus allen $r \times s$ Kombinationen von Ausprägungen aus **A** mit Ausprägungen aus **B** und bildet das **zweidimensionale Merkmal AB.**

Die Menge der Objekte, die der Kombination A_iB_j zugeordnet sind, heißt **Klasse ij**, deren Kardinalzahl heißt wieder **Häufigkeit** der Klasse ij, die wir mit h_{ij}, $i=1,\ldots,r$; $j=1,\ldots,s$ bezeichnen.

Die Summe der Häufigkeiten ist - wie wir jetzt schon ohne weiteren Kommentar feststellen - gleich der Anzahl von Objekten der Untersuchungsgesamtheit:

$$\sum_{i=1}^{r} \sum_{j=1}^{s} h_{ij} = \sum_{j=1}^{s} \sum_{i=1}^{r} h_{ij} = n. \tag{4}$$

Die Vertauschbarkeit der Summationsfolge wird uns noch beschäftigen.

Unter der **relativen Häufigkeit** bzw. dem **Anteil** der Klasse ij versteht man entsprechend (2):

$$\boxed{p_{ij} = \frac{h_{ij}}{n}} \tag{2'}$$

Offensichtlich gilt auch (3):

$$\sum_j \sum_i p_{ij} = \frac{1}{n} \sum_j \sum_i h_{ij} = 1. \tag{3'}$$

Die Verteilung einer Untersuchungsgesamtheit auf einem zweidimensionalen Merkmal **AB** ist schematisch in der nachfolgenden Tabelle I.2 dargestellt:

Tab.I.2: Allgemeine Form einer zweidimensionalen Verteilung.

	B_1 ..... B_j ..... B_s	Zeilen-summen
A_1	p_{11} ..... p_{1j} ..... p_{1s}	$\sum_j p_{1j}$
:	: : :	:
A_i	p_{i1} ..... p_{ij} ..... p_{is}	$\sum_j p_{ij}$
:	: : :	:
A_r	p_{r1} ..... p_{rj} ..... p_{rs}	$\sum_j p_{rj}$
Spalten-summen	$\sum_i p_{i1} \cdots \sum_i p_{ij} \cdots \sum_i p_{is}$	**1**

Man bilde die Summe der Zeilen- bzw. Spaltensummen von Tab.I.2: $\sum\left(\sum p_{ij}\right)$: Beide Male werden sämtliche Klassenhäufigkeiten addiert, nur in verschiedener Aufeinanderfolge. Beide Summen müssen daher gleich sein und wegen (3') überdies den Wert 1 haben:

$$\sum_i\left(\sum_j p_{ij}\right) = \sum_j\left(\sum_i p_{ij}\right) = 1 .$$

Im Zusammenhang mit mehrdimensionalen Merkmalen treten einige neue Begriffe auf, die jetzt an Beispielen erörtert werden sollen.

Beispiel I.1: In der nachstehenden Tab.I.3 ist die kombinierte Gliederung einer Untersuchungsgesamtheit nach 'Geschlecht' und 'Familienstand' dargestellt.

Tab.I.3: (Angaben in Prozent).

	led.	verh.	verw.	gesch.	Zeilen-summen
männlich	12	30	2	4	48
weiblich	10	30	7	5	52
Spalten-summen	22	60	9	9	100

Man erkennt, daß die Zeilensummen interpretiert werden können: die Untersuchungsgesamtheit besteht zu 48% aus Männern, zu 52% aus Frauen. Ähnlich verhält es sich mit den Spaltensummen: die Gesamtheit besteht zu 22% aus Ledigen, zu 60% aus Verheirateten usw. Es handelt sich dabei offensichtlich um Verteilungen auf den Merkmalen 'Geschlecht' bzw. 'Familienstand' allein. Solche Verteilungen heißen im Zusammenhang mit mehrdimensionalen Merkmalen **Randverteilungen**.

Außerdem erkennt man, daß die Klasse der Männer durch das Merkmal 'Familienstand' zerlegt wird in die Klassen 'ledige Männer, verheiratete

Männer, verwitwete Männer, geschiedene Männer'. Das gleiche ist bei der Klasse der Frauen festzustellen. Wir machen beide Zerlegungen vergleichbar, indem wir sie mit (?) normieren, d.h. die Häufigkeiten der ersten Zeile durch 48, der zweiten durch 52 dividieren. Das Ergebnis ist zusammen mit den Randhäufigkeiten des Familienstandes in der folgenden Tabelle angeführt:

Tab.I.4: (Angaben in Prozent).

	led.	verh.	verw.	gesch.	Summen
Männer	25,0	62,5	4,2	8,3	100
Frauen	19,2	57,7	13,5	9,6	100
Rand	22	60	9	9	100

Die Verteilungen der Männer bzw. der Frauen auf das Merkmal 'Familienstand' sind sogenannte **bedingte Verteilungen**. Wir sehen, daß von 100 Männern 25, von 100 Frauen nur 19,2 ledig sind. Besonders auffallend ist der Verwitwetenüberschuß bei den Frauen. Wir wollen diesen Geschlechtsunterschied gleich noch unter einem anderen Gesichtspunkt betrachten, indem wir die (bedingte) Verteilung der Verwitweten auf das Merkmal 'Geschlecht' herstellen:

Tab.I.5: (Angaben in Prozent).

	Verwitwete	Rand
männlich	22,2	48
weiblich	77,8	52
Summen	100	100

Man sieht, daß das weibliche Geschlecht bei den verwitweten Personen überrepräsentiert ist mit 77,8% gegenüber 52% der Randverteilung.

◆ ◆ ◆

Unter den Randverteilungen (marginalen Verteilungen) des zweidimensionalen Merkmales **AB** verstehen wir die Verteilungen der Objekte auf das Merkmal **A** bzw. **B**. Die relativen Häufigkeiten der marginalen Klassen sind gleich den Randsummen der Verteilungstabelle: Wir bezeichnen sie mit $p_{i.}$ bzw. $p_{.j}$:

Zeilensummen $i=1,\dots,r$: $\quad p_{i.} = \sum_{j=1}^{s} p_{ij}$,

Spaltensummen $j=1,\dots,s$: $\quad p_{.j} = \sum_{i=1}^{r} p_{ij}$. (5)

Wir bezeichnen ferner die Verteilung der Klasse i auf das Merkmal **B** als "bedingte Verteilung auf **B**, gegeben $\mathbf{A}=A_i$" und wählen folgende Bezeichnung:

$$\mathbf{B} \mid \mathbf{A}=A_i \ . \tag{6}$$

Da $i=1,\dots,r$, gibt es r bedingte Verteilungen auf dem Merkmal **B**. - Entsprechend betrifft

$$\mathbf{A} \mid \mathbf{B}=B_j \tag{6'}$$

die bedingte Verteilung der Klasse j auf das Merkmal **A**. Es gibt s bedingte Verteilungen auf **A**, denn $j=1,\dots,s$.

Die relativen Häufigkeiten bedingter Verteilungen wollen wir mit $p_{j|i}$ bzw. $p_{i|j}$ bezeichnen. Sie werden, wie der Leser ohne Schwierigkeiten selbst bestätigen kann, folgendermaßen berechnet:

$$\mathbf{B} \mid \mathbf{A}=A_i: \quad p_{j|i} = \frac{p_{ij}}{p_{i.}} = \frac{p_{ij}}{\sum_j p_{ij}} , \quad j=1,\dots,s ,$$

$$\mathbf{A} \mid \mathbf{B}=B_j: \quad p_{i|j} = \frac{p_{ij}}{p_{.j}} = \frac{p_{ij}}{\sum_i p_{ij}} , \quad i=1,\dots,r . \tag{7}$$

Die bedingten Verteilungen eines zweidimensionalen Merkmales sind, ebenso wie dessen Randverteilungen, eindimensionale Verteilungen. Es muß also mit (3) gelten:

$$\mathbf{B} \mid \mathbf{A}=A_i: \quad \sum_j p_{j|i} = \frac{1}{p_{i.}} \sum_j p_{ij} = 1 ,$$

$$\mathbf{A} \mid \mathbf{B}=B_j: \quad \sum_i p_{i|j} = \frac{1}{p_{.j}} \sum_i p_{ij} = 1 .$$

Über bedingte Verteilungen wird noch sehr viel zu sagen sein. Hier sei nur darauf hingewiesen, daß viele Aussagen des täglichen Lebens bedingte Verteilungen betreffen. Nachstehend eine kleine Auswahl solcher Aussagen:

- "Frauen sind einkommensmäßig benachteiligt"; "erfolgreiche Menschen waren selten gute Schüler"; "Kettenraucher haben eine herabgesetzte Lebenserwartung"; "wer an chronischer Heiserkeit leidet, könnte an Kehlkopfkrebs erkrankt sein".

Es sollte dem Leser zur Gewohnheit werden, in solchen Fällen die Klasse der Objekte und das Merkmal zu identifizieren, auf dem diese Klasse sich verteilt. Der Reihe nach handelt es sich um:

- die Klasse der Frauen und das Merkmal 'Einkommen'; die Klasse der erfolgreichen Menschen und das Merkmal 'Schulerfolg'; die Klasse der Kettenraucher und das Merkmal 'Lebensdauer'; die Klasse der chronisch heiseren Menschen und das Merkmal 'Zustand des Kehlkopfes'.

Im Zusammenhang mit Persönlichkeiten wie Einstein, Marc Twain, Churchill wird die bedingte Verteilung auf dem 'Schulerfolg' häufig mißverstanden, so als wären es die schlechten Schüler, die besonders gute Aussichten auf Lebenserfolg haben ...

Die Begriffe 'Randverteilung' und 'bedingte Verteilung' lassen sich nun auch leicht bei höherdimensionierten Merkmalen darstellen. Eine Tabellenüberschrift wie

"Gestorbene 1990 nach Todesursachen (A), Alter (B) und Geschlecht (C)"

kündigt ein dreidimensionales Merkmal an. Dessen Ausprägungen enthält das Kartesische Produkt

$$\mathbf{A} \times \mathbf{B} \times \mathbf{C} = \{(A_i, B_j, C_k) \mid A_i \in \mathbf{A},\ B_j \in \mathbf{B},\ C_k \in \mathbf{C}\}.$$

Durch Vernachlässigen je eines Merkmales entstehen die zweidimensionalen Randmerkmale

$$\mathbf{AB.},\ \mathbf{A.C},\ \mathbf{.BC}\ .$$

Durch Vernachlässigen je zweier Merkmale entstehen die eindimensionalen Randmerkmale

$$\mathbf{A..},\ \mathbf{.B.},\ \mathbf{..C}\ .$$

Entsprechend dieser Notation entsteht '...' bei Vernachlässigung aller Merkmale. Zusammen mit dem dreidimensionalen Merkmal **ABC** ergibt das folgendes System von $2^3=8$ Merkmalen:

$$\{\mathbf{ABC};\ \mathbf{AB.},\ \mathbf{A.C},\ \mathbf{.BC};\ \mathbf{A..},\ \mathbf{.B.},\ \mathbf{..C};\ \mathbf{...}\}\ .$$

Bedingte Verteilungen auf zweidimensionalen Merkmalen werden wir folgendermaßen andeuten:

$$\mathbf{AB} \mid \mathbf{C}=C_k \quad \text{oder} \quad \mathbf{BC} \mid \mathbf{A}=A_i\ .$$

Bedingte Verteilungen auf eindimensionalen Merkmalen können von einer Kombination von Ausprägungen der beiden anderen Merkmale oder von einem Randmerkmal abhängen:

$$\mathbf{A}|\mathbf{BC}=B_jC_k \quad \text{oder} \quad \mathbf{A}|\mathbf{B}=B_j \, .$$

Zu einem p-dimensionalen Merkmal gehört ein System von 2^p Verteilungen und Randverteilungen, sowie ein System von ein-, zwei-, ... (p-1)dimensionalen bedingten Verteilungen.

Es ist ganz natürlich, daß jeder Forscher so viele Merkmale wie möglich festhalten möchte. Dem steht entgegen, daß die Zahl der Kombinationen von Merkmalsausprägungen exzessiv wächst, wenn man die Zahl der Merkmale vermehrt, so daß sie bald in ein Mißverhältnis zum Umfang der Untersuchungsgesamtheit gerät.

Man stelle sich ein Questionnaire, einen Fragebogen, aus 20 Fragen vor. Geschlecht, Alter, Einkommen und Größe des Wohnortes sollen zusätzlich ermittelt werden. Das ergibt ein 24-dimensionales Merkmal. Sieht man für jede Frage zwei Antwortalternativen vor (trifft zu - trifft nicht zu), so hat man bereits 2^{20} = 1 048 576 Kombinationen. Werden das Geschlecht mit zwei, Alter, Einkommen und Größe des Wohnortes jeweils mit drei Ausprägungen versehen, so ergeben sich zusammen 56 623 104 Kombinationen, denen eine Untersuchungsgesamtheit gegenübersteht, deren Umfang die Zahl 2000 selten überschreitet.

Das Fatale an diesem Mißverhältnis besteht darin, daß es massenhaft Klassenhäufigkeiten von Null verursacht, die man von strukturellen Nullen zu unterscheiden hat. Unter einer **strukturellen Null** versteht man eine Klassenhäufigkeit von Null aufgrund der Unmöglichkeit, die betreffende Kombination als Ergebnis eines Zufallsexperimentes zu erhalten. Die Kombination 'weiblich' mit 'Prostatakrebs' beispielsweise wird sicher nie beobachtet werden. - Man muß dafür sorgen, daß die Zahl der Merkmalsausprägungen sehr viel kleiner ist als der Umfang der Untersuchungsgesamtheit, damit Klassenhäufigkeiten von Null, die keine strukturellen Nullen sind, vermieden werden. Man muß gegebenenfalls Merkmale vernachlässigen, also sich mit Randverteilungen begnügen.

Kreuztabellierungen

Der Anteil der Kombination $A_iB_jC_k$ an der Gesamtheit wird mit p_{ijk}, $i=1,\ldots,r$; $j=1,\ldots,s$; $k=1,\ldots,t$ bezeichnet.

Man erhält die Häufigkeiten der verschiedenen Randverteilungen durch Bilden von Zeilen-, Spalten- und Säulensummen der p_{ijk}. Beispielsweise erhält man die Häufigkeiten der zweidimensionalen Randverteilung **AB.** so:

$$\mathbf{AB.}: \quad p_{ij.} = \sum_{k=1}^{t} p_{ijk}, \quad i=1,\ldots,r;\ j=1,\ldots,s\ . \tag{5'}$$

Die Häufigkeiten eindimensionaler Randverteilungen gewinnt man von (5'), z.B. für

$$\mathbf{.B.}: \quad p_{.j.} = \sum_{i=1}^{r} p_{ij.}, \quad j=1,\ldots,s\ . \tag{5''}$$

Die Häufigkeit der Randverteilung '...' gewinnt man schließlich von (5''):

$$\ldots: \quad p_{\ldots} = \sum_{j=1}^{s} p_{.j.} = 1 \text{ (wegen 3')}\ .$$

Will man zwei- und eindimensionale bedingte Verteilungen ermitteln, so verwende man Formel (7'): Es verteilt die Klasse k sich auf dem Merkmal **AB** wie folgt:

$$\mathbf{AB}\,|\,\mathbf{C}{=}C_k: \quad p_{ij\,|\,k} = \frac{p_{ijk}}{p_{..k}} = \frac{p_{ijk}}{\sum_i \sum_j p_{ijk}}, \quad i=1,\ldots,r;\ j=1,\ldots,s\ . \tag{7'}$$

Die Klasse ik ist auf das Merkmal **B** verteilt mit Häufigkeiten:

$$\mathbf{B}\,|\,\mathbf{AC}{=}A_iC_k: \quad p_{j\,|\,ik} = \frac{p_{ijk}}{p_{i.k}} = \frac{p_{ijk}}{\sum_j p_{ijk}}, \quad j=1,\ldots,s\ . \tag{7''}$$

Beispiel I.2: Ein Automobilhersteller muß den Werkstätten folgende Reklamationen während der Garantiefrist eines neuen Modells vergüten.

Tab.I.6: Reklamationshäufigkeiten. A: Defekt an der Wasserpumpe; B: Defekt am Zündverteiler; C: Defekt am Bremskraftverstärker. - Untersuchungsgesamtheit: die ersten 5000 verkauften Exemplare des neuen Modells.

A	238	A..	$h_{A..}$
B	443	.B.	$h_{.B.}$
C	243	..C	$h_{..C}$
AB	69	AB.	$h_{AB.}$
AC	29	A.C	$h_{A.C}$
BC	168	.BC	$h_{.BC}$
ABC	21	ABC	h_{ABC}

Es liegen also 238 Meldungen über Defekte an der Wasserpumpe vor. Darunter befinden sich 69 Fahrzeuge, die auch wegen eines Defektes am Zündverteiler, und 29, die auch wegen eines Defektes am Bremskraftverstärker vorgeführt wurden. - 21 von den 5000 Fahrzeugen wiesen während der Garantiefrist alle drei Gebrechen auf. - Unter den 69 Fahrzeugen mit AB befinden sich also 21, die ABC aufweisen. Somit ist die Zahl der Fahrzeuge, die AB, aber keinen Defekt am Bremskraftverstärker aufweisen, also die Häufigkeit der Kombination $AB\overline{C}$ gerade 48. Denn

$$h_{ABC} + h_{AB\overline{C}} = h_{AB.}$$
$$21 + x = 69$$
$$x = 48.$$

- Man sieht, daß die Angaben der Werkstätten sowohl das dreidimensionale Merkmal selbst als auch dessen verschiedene Randverteilungen betreffen. Wir wollen dies zunächst mit Hilfe unserer Notation zum Ausdruck bringen (Spalte 3 von Tab.I.6) und dann das Merkmal in geeigneter Form darstellen.

Tab.I.7: Kreuztabellierung eines dreidimensionalen Merkmales.

	$\overline{C}$			C		
	$\overline{B}$	B		$\overline{B}$	B	
$\overline{A}$	$\overline{A}\,\overline{B}\,\overline{C}$	$\overline{A}\,B\,\overline{C}$	$\overline{A}\,.\,\overline{C}$	$\overline{A}\,\overline{B}\,C$	$\overline{A}\,B\,C$	$\overline{A}\,.\,C$
A	$A\,\overline{B}\,\overline{C}$	$A\,B\,\overline{C}$	$A\,.\,\overline{C}$	$A\,\overline{B}\,C$	$A\,B\,C$	$A\,.\,C$
	$.\,\overline{B}\,\overline{C}$	$.\,B\,\overline{C}$	$.\,.\,\overline{C}$	$.\,\overline{B}\,C$	$.\,B\,C$	$.\,.\,C$

$h_{\overline{A}\overline{B}\overline{C}}$	$h_{\overline{A}B\overline{C}}$	$h_{\overline{A}.\overline{C}}$	$h_{\overline{A}\overline{B}C}$	$h_{\overline{A}BC}$	$h_{\overline{A}.C}$
$h_{A\overline{B}\overline{C}}$	$h_{AB\overline{C}}$	$h_{A.\overline{C}}$	$h_{A\overline{B}C}$	21	29
$h_{.\overline{B}\overline{C}}$	$h_{.B\overline{C}}$	$h_{..\overline{C}}$	$h_{.\overline{B}C}$	168	243

In einigen Fällen sind die Randhäufigkeit und einer ihrer beiden Summanden bekannt, so daß der andere berechnet werden kann:

$$h_{.\overline{B}C} + 168 = 243, \qquad h_{.\overline{B}C} = 75\,,$$
$$h_{\overline{A}.C} + 29 = 243, \qquad h_{\overline{A}.C} = 214\,,$$
$$h_{\overline{A}BC} + 21 = 168, \qquad h_{\overline{A}BC} = 147\,,$$
$$h_{\overline{A}\overline{B}C} + 147 = 214, \qquad h_{\overline{A}\overline{B}C} = 67\,.$$

Damit kennt man aber auch schon alle Besetzungszahlen des Tabellenteiles unter C und kann zum linken Tabellenteil übergehen. Es ist beispielsweise

$$h_{..\overline{C}} + 243 = 5000, \qquad h_{..\overline{C}} = 4757,$$
$$h_{A.\overline{C}} + 29 = 238, \qquad h_{A.\overline{C}} = 209\,.$$

Fährt der Leser nun selbst auf diese Weise fort, so erhält er schließlich folgende Verteilungstabelle:

Tab.I.8: Kreuztabellierung der Reklamationshäufigkeiten.

4321	227	4548
161	48	209
4482	275	4757

67	147	214
8	21	29
75	168	243

Wir erfahren, daß 4321 Fahrzeuge, das sind 86,42 %, während der Garantiefrist überhaupt keinen Defekt aufwiesen. Die häufigste Ursache von Reklamationen war der Zündverteiler mit $h_{.B.} = 443$. Gelingt es, diesen soweit zu verbessern, daß während der Garantiefrist kein Versagen eintritt, so steigt der Prozentsatz der Fahrzeuge, die keine Störung aufweisen, von 86,42% auf über 90% an, wie nachfolgende Tabelle zeigt.

Tab.I.9: Kreuztabellierung der erwarteten Reklamationen nach einer technischen Verbesserung.

4548	0	4548
209	0	209
4757	0	4757

214	0	214
29	0	29
243	0	243

Man erkennt folgende Sachverhalte: keine Reklamation in 4548 Fällen (also 90,96%); Reklamation wegen Defektes an der Wasserpumpe in 238 Fällen (4,76%); wegen Defektes am Bremskraftverstärker in 243 Fällen (4,86%) und wegen Defektes an Wasserpumpe und Bremskraftverstärker in 29 Fällen (0,58%).

Im nächsten Beispiel wird dem Leser Berechnung und Interpretation bedingter Häufigkeiten vorgeführt.

Beispiel I.3: Eine gewisse Krankheit K ist zu befürchten, wenn ein Röntgenbefund S_1 und ein Blutbefund S_2 positiv sind. - Wir betrachten die drei Merkmale $\mathbf{K}=\{1,0\}$, $S_1=\{1,0\}$, $S_2=\{1,0\}$, wobei '1' bedeutet, daß ein Patient an K erkrankt ist bzw. einen positiven Befund aufweist.

Der Anteil der Kranken an der Untersuchungsgesamtheit beträgt $p_{1..}$, somit ist $1-p_{1..} = p_{0..}$ der Anteil der Gesunden.

Tab.I.10: Kreuztabellierung des dreidimensionalen Merkmales **K** $\mathbf{S_1}$ $\mathbf{S_2}$.

	K=1: $S_2=1$	K=1: $S_2=0$	K=1	K=0: $S_2=1$	K=0: $S_2=0$	K=0
$S_1=1$	p_{111}	p_{110}	$p_{11.}$	p_{011}	p_{010}	$p_{01.}$
$S_1=0$	p_{101}	p_{100}	$p_{10.}$	p_{001}	p_{000}	$p_{00.}$
	$p_{1.1}$	$p_{1.0}$	$p_{1..}$	$p_{0.1}$	$p_{0.0}$	$p_{0..}$

Wir wollen zuerst die diagnostische Bedeutung jedes einzelnen Befundes untersuchen. Dazu sehen wir nach, wie die Klasse der Personen, die $S_1=1$ bzw. $S_2=1$ aufweisen, auf das Merkmal **K** verteilt ist:

$$p_{K|S_1=1} = \frac{p_{K1.}}{p_{.1.}} = \frac{p_{K11} + p_{K10}}{\underbrace{p_{111} + p_{110}}_{\mathbf{K=1}} + \underbrace{p_{011} + p_{010}}_{\mathbf{K=0}}} . \qquad (7)$$

Sollten alle Personen, die einen positiven Befund bei S_1 aufweisen, an K erkrankt sein, dann müßte sich das in folgenden Häufigkeiten ausdrücken:

$$p_{1|S_1=1} = 1 = \frac{p_{111} + p_{110}}{p_{111} + p_{110} + p_{011} + p_{010}} ,$$

d.h. es müßte $p_{011} + p_{010} = p_{01.} = 0$ sein, man müßte eine strukturelle Null bei der Kombination 'gesund' mit 'positivem Befund bei S_1' finden.

Sehr häufig ist der Fall, daß Befunde für sich alleine nicht viel über eine Krankheit aussagen und erst im Verein mit anderen Befunden, d.h. als Syndrom, diagnostisch bedeutsam werden. - Wir wollen deshalb die diagnostische Bedeutung des Syndroms $S_1S_2 = 11$ untersuchen:

$$p_{K|S_1S_2=11} = \frac{p_{K11}}{p_{.11}} = \frac{p_{K11}}{\underbrace{p_{111}}_{\mathbf{K=1}} + \underbrace{p_{011}}_{\mathbf{K=0}}} . \qquad (7")$$

Sollten alle Personen, die das Syndrom $S_1S_2 = 11$ aufweisen, an K erkrankt sein, so müßte sich das in der strukturellen Null $p_{011} = 0$ auswirken, denn

$$p_{1|S_1S_2=11} = \frac{p_{111}}{p_{111} + p_{011}} = 1 \Rightarrow p_{011} = 0 ,$$

d.h. es müßte ausgeschlossen sein, das Syndrom bei Personen zu finden, die an K nicht erkrankt sind.

⋄ ♦ ⋄

Die Analyse höherdimensionierter Merkmale ist sehr mühsam. Es stehen jedoch in Form der **Log-linearen Modelle** und der **Logit-Analyse** handliche Verfahren zur Verfügung, die wir in den Abschnitten (IV.2) und (V.5) darstellen werden.

I.2: Einteilung der Merkmale

Wir haben bisher Merkmale formal als eine Menge von Ausgängen eines Zufallsexperimentes betrachtet, denen sich Objekte erschöpfend und ausschließlich zuordnen lassen. Die folgende Auswahl von Merkmalen weist auf gewisse Struktureigenschaften dieser Mengen hin, mit denen wir uns in diesem Abschnitt befassen werden:

A = {ledig, verheiratet, verwitwet, geschieden},
B = {Verbrennungen ersten, zweiten, dritten Grades},
$\mathbf{C}_1$ = {0,1,2,..., Kinder pro Familie},
$\mathbf{C}_2$ = {Körpergewichte x in kg}.

A ist ein **qualitatives Merkmal.** Zwischen den Objekten verschiedener Klassen bestehen keine weiteren Relationen; die Reihenfolge, in der man die Ausprägungen aufzählt, ist beliebig. Durch die sogenannte **Systematik**, die Liste der Merkmalsausprägungen, werden solche Merkmale erschöpfend beschrieben.

Beispiele qualitativer Merkmale sind 'Konfession'; 'Einkommensquelle'; 'Energieträger'. Die Systematik umfaßt mindestens zwei Ausprägungen wie {männlich, weiblich}, oder einige Dutzend wie etwa die '9. Revision der Internationalen Klassifikation der Krankheiten, Verletzungen und Todesursachen' (ICD), manchmal sogar einige hundert wie die 'Nomenclature Générale des Activitiés Économiques dans les Communautés Européennes' (N.A.C.E), das ist die "Systematik" der Wirtschafszweige in der Europäischen Gemeinschaft.

B ist ein **Rangmerkmal.** Zwischen den Objekten verschiedener Klassen besteht eine Ordnungsrelation, die Merkmalsausprägungen stellen eine natürliche

Rangordnung dar: Verbrennungen zweiten Grades wiegen schwerer als solche ersten Grades.
Beispiele für Rangmerkmale sind 'Güteklassen von Industrieprodukten'; 'Rangplätze bei sportlichen Wettbewerben'; 'Tiefen der Bewußtlosigkeit'; 'Schulnoten'. Die Zahlen mit denen man die Ausprägungen häufig darstellt, also sehr gut=1, gut=2 usw., heißen **Rangzahlen.**

C_1 und C_2 nennt man quantitative oder metrische Merkmale. Ihre Ausprägungen sind reelle Vielfache einer Einheit. Nicht allein die Anordnung, auch die **Abstände** zwischen den Ausprägungen drücken sachliche Beziehungen zwischen den Objekten aus. In manchen Fällen, jedoch nicht immer, gilt dies auch für Summen, Produkte und Quotienten.

C_1 ist ein **quantivativ diskretes Merkmal.** Die Ausprägungen sind ganzzahlige Vielfache einer Einheit, ändern sich also sprunghaft. Beispiele sind 'Kinderzahl'; 'Einkommen'; 'Unfallhäufigkeit'.

C_2 ist ein **quantitativ stetiges Merkmal.** Die Ausprägungen sind beliebige reelle Vielfache einer Einheit. Beispiele sind 'Länge'; 'Gewicht'; 'Zeit'; 'Geschwindigkeit'.

Die drei Arten von Merkmalen bilden eine **Hierarchie**:

Typ	Relationen (R) zwischen den Klassen
A	Verschiedenheit. - Keine Anordnung, kein Abstand.
B	Verschiedenheit, Anordnung. - Kein Abstand.
C	Verschiedenheit, Anordnung, Abstand.

Das bedeutet, daß statistische Maßzahlen, welche nur die Relation von **A** voraussetzen, bei Rangmerkmalen und bei quantitativen Merkmalen verwendet werden dürfen. Das Umgekehrte, etwa die Verwendung von Maßzahlen metrischer Merkmale bei Rangmerkmalen, ist unzulässig.
Für die Identifikation des Merkmalcharakters ist es gelegentlich von Nutzen, wenn man mit dem Begriff des **Isomorphismus** vertraut ist: den formalen Relationen zwischen den Merkmalsausprägungen müssen beobachtbare Relationen zwischen den Objekten der verschiedenen Klassen entsprechen. Als Illustration dessen möge die Mohs'sche Härteskala dienen:

Talk < Gips < Kalkspat < Flußspat < Apatit < Feldspat < Quarz < Topas < Korund < Diamant.

Jedes der Minerale ist so in die Ordnung eingefügt, daß es die unter ihm befindlichen ritzt und von den darüber befindlichen geritzt wird. Bildet man die Minerale auf Rangzahlen ab, also Talk=1, Gips=2 usw., so stellen die formalen Ordnungsrelationen der Abbilder, also etwa $1 < 2$, genau das Abbild der Relation 'Talk wird von Gips geritzt' dar. Dagegen ist nicht beobachtbar, wie sich der Härteunterschied zwischen Gips und Talk zu dem von Kalkspat und Gips verhält. Der formalen Gleichheit '3-2 = 2-1' entspricht keine beobachtbare Gleichheit. Wir können demnach sicher nur sagen, daß die Mohs'sche Härteskala eine Rangskala ist. - Der Leser versuche, dieses Beurteilungsverfahren auf Summen von Merkmalsausprägungen anzuwenden!

Mit Merkmalen dürfen alle **Transformationen** durchgeführt werden, welche die feststellbaren Relationen zwischen den Objekten unverändert lassen. Das bedeutet, daß

- bei qualitativen Merkmalen jede Umordnung der Merkmalsausprägungen erlaubt ist,
- bei Rangmerkmalen beliebige monotone Transformationen durchgeführt werden dürfen, da diese die Anordnung unverändert lassen:

$$x < y \Rightarrow f(x) < f(y) ,$$

- bei metrischen Merkmalen ausschließlich lineare Transformationen zulässig sind, da nur bei diesen die Gleichheit von Abständen unverändert bleibt:

$$x_2 - x_1 = x_4 - x_3 \Rightarrow f(x_2) - f(x_1) = f(x_4) - f(x_3) \text{ wenn } f(x) = a + bx.$$

Denn $f(x_2)-f(x_1) = b(x_2-x_1)$ und $f(x_4)-f(x_3) = b(x_4-x_3)$. Die Gleichheit der Abstände bleibt also tatsächlich erhalten.

Die Umrechnung von Temperaturmessungen von Celsius nach Fahrenheit erfolgt beispielsweise nach der Formel:

$$F° = 32 + (9/5)\ C°,$$

es ist also $a=32$, $b=9/5$.

Besitzt ein Merkmal einen **absoluten Nullpunkt**, und soll dieser bei der Transformation nicht verlorengehen, so ist $a=0$ zu setzen. Die Transformation $y=b \cdot x$ ist eine bloße **Einheitentransformation**:

$$1 \text{ englische Meile} = (1{,}609) \cdot 1 \text{ km}.$$

Das Konvertieren von Währungen ist eine Einheitentransformation: die Umrechnung von DM in Schilling erfolgt mit dem Faktor $b=7{,}1$. Wäre dabei $a \neq 0$, so würde einem Betrag von null DM ein Schillingbetrag von $a \neq 0$ entsprechen.

I.3: Die operationale Definition von Merkmalen

Die Gesetzmäßigkeiten zufälliger Ereignisse wird man kaum verstehen lernen, wenn man wahllos alles registriert, was sich der Wahrnehmung anbietet. Man muß vielmehr im voraus genau festlegen, welche Sachverhalte auf welche Weise zu registrieren sind. Will man beispielsweise einen Kaufkraftvergleich zwischen Deutschland, Österreich und der Schweiz durchführen, so muß man wissen, welche Maßnahmen zu ergreifen sind, um dasjenige zu erfahren, was die Kaufkraft ausmacht. Diesem Zweck dienen sogenannte **operationale Definitionen** von Begriffen. Ein bekanntes Beispiel einer solchen ist das folgende:

- Man teile die Längendifferenz, die ein Quecksilberfaden (in einem Glasröhrchen) zwischen Siede- und Gefrierpunkt von Wasser aufweist, in hundert gleiche Teile. Ein Teil ist 1° Celsius.

Operationale Definitionen sind Herstellungsvorschriften, Durchführungsanleitungen. Es wird dabei nicht mehr über das Wesen eines Begriffes oder Merkmales reflektiert, sondern nur eine Handlungsvorschrift so unmißverständlich wie möglich gemacht, wobei man allerdings nicht übersehen darf, daß diese mit dem "Wesen der Sache" in einem begründeten Zusammenhang steht. Darüber ist noch zu berichten.

Die vorgeschriebenen Handlungen werden offen deklariert, sodaß sie von jedermann nachvollzogen werden können. Das bedeutet, daß auch die damit gewonnenen Erkenntnisse von jedermann überprüft, also bestätigt oder widerlegt werden können. Die Operationalisierung des Erkenntnisprozesses dient der Transparenz der Wissenschaft und macht deren Ergebnisse von gewissen persönlichen Voraussetzungen der Wissenschaftler - man denke an Herkunft, Weltanschauung, Traumata - unabhängig. Dies versteht man unter **Wertfreiheit** der Wissenschaft. Das, was erkannt werden soll, darf selbstverständlich auch für die Wissenschaftler einen Wert darstellen.

Der Operationalismus wurde zuerst in der Physik als erkenntnistheoretisches Konzept akzeptiert und hat sich von dort auf die anderen Erfahrungswissenschaften ausgebreitet. Wir finden ihn heute in der quantitativen Wirtschaftsforschung ebenso wie in der Psychologie, wo er nicht ganz zutreffend als 'Behaviorismus' bezeichnet wird. Lediglich die Soziologen sind sich noch nicht einig geworden, ob es ihre Aufgabe ist, die Gesellschaft zu erkennen oder zu verändern.

Bei der Operationalisierung eines Begriffes tritt das Problem der **Adäquatheit von Explikat und Explikandum** auf. Man kann einerseits wohl feststellen, ob ein gewisses Explikat ein meßbares Merkmal darstellt (ob den formalen Relationen zwischen Ausprägungen beobachtbare Relationen zwischen den Objekten entsprechen). Andererseits ist nie restlos klärbar, welches Explikat das erfaßt, was man vorwissenschaftlich mit einem gewissen Wort wie z.B. "Kaufkraft" meint. Das hat seinen Grund darin, daß der vorwissenschaftliche Begriff, das Explikandum, unscharf ist, so daß verschiedene Operationalisierungen Anspruch erheben können, seine Erklärung zu sein. Man vergegenwärtige sich nur die endlosen Auseinandersetzungen um die Messung der Intelligenz. Ist sie überhaupt meßbar? Ist ihre Operationalisierung, die in Form des Hamburger-Wechsler-Intelligenztests (HAWI) vorliegt, mit dem verträglich, was man sich intuitiv unter 'Intelligenz' vorstellt? Es gibt Leute, die sich von jedem Explikat enttäuscht zeigen, anscheinend weil sie nicht einsehen, daß es sich mit ihrem Explikandum wie mit einem ausgeleierten Schloß verhält, das von verschiedenen Schlüsseln geöffnet wird. Wer könnte da richtige und falsche Schlüssel unterscheiden?

Der unbestrittene Fortschritt, der mit dem Operationalismus erzielt wird, besteht in der Genauigkeit der Explikate. Deren Zweckmäßigkeit, Adäquatheit zu verbessern, ist eine Aufgabe, die sich uns ständig stellt, wohl ohne je ganz befriedigend gelöst werden zu können.

Der realistische Maler

"Treu die Natur und ganz!" - Wie fängt er's an:
Wann wäre je Natur im Bilde abgetan?
Unendlich ist das kleinste Stück der Welt! -
Er malt zuletzt davon, was ihm gefällt.
Und was gefällt ihm? Was er malen kann!

Friedrich Nietzsche:
Die fröhliche Wissenschaft.

KAPITEL II: DIE DARSTELLUNG EIN- UND ZWEIDIMENSIONALER VERTEILUNGEN

Wir wollen jetzt untersuchen, wie man die Merkmalsausprägungen zusammen mit ihren Häufigkeiten sinnfällig darstellen kann.

II.1: Darstellungen in Form von Schaubildern

Das Kreisdiagramm

Ein Kreis wird so in Sektoren zerlegt, daß jeder Klasse ein Sektor entspricht, dessen **Zentriwinkel (Fläche)** der Häufigkeit dieser Klasse proportional ist:

$$\alpha_i = 360 \cdot p_i \,, \quad i=1,\ldots,r. \tag{1}$$

Das Kreisdiagramm verwendet man nur für die Darstellung von Verteilungen auf qualitativen Merkmalen.

Das Kreisdiagramm wird gerne für die Darstellung der Mandatsverteilung des Parlamentes verwendet. Ein Winkel größer als 180° signalisiert die absolute Mehrheit. - Im Zusammenhang mit dem Budget gestaltet die Phantasie den Kreis zum Budgetkuchen, von dem es ein möglichst großes Stück abzuschneiden gilt.

Abb.II.1: Die Aufteilung der Fläche der Stadt Linz (Datenquelle: Statist. Jahrbuch der Landeshauptstadt Linz 1981/82).

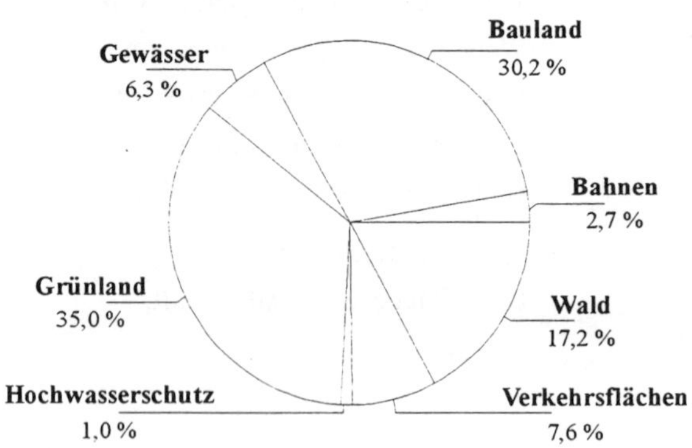

Tab.II.1: Zahlenangaben zu Abb.II.1:

i	Ausprägung	100 p_i	360 p_i	Zentriwinkel α_i
1	Verkehrsflächen	7,6	27,36	27° 22'
2	Bahnen	2,7	9,72	9° 43'
3	Gewässer	6,3	22,68	22° 41'
4	Hochwasserschutz	1,0	3,60	3° 36'
5	Bauland	30,2	108,72	108° 43'
6	Grünland	35,0	126,00	126° 0'
7	Wald	17,2	61,92	61° 55'
	Summen	100	360	360

Das Stabdiagramm

Die Merkmalsausprägungen werden durch äquidistante Punkte des Zahlenstrahles dargestellt. Über jedem dieser Punkte wird eine **Strecke** (ein "Stab") errichtet, deren Länge dem Anteil der betreffenden Merkmalsausprägung proportional ist.

Abb.II.2: Kinderzahl pro Familie (Datenquelle: Statistisches Handbuch für die Republik Österreich 1989).

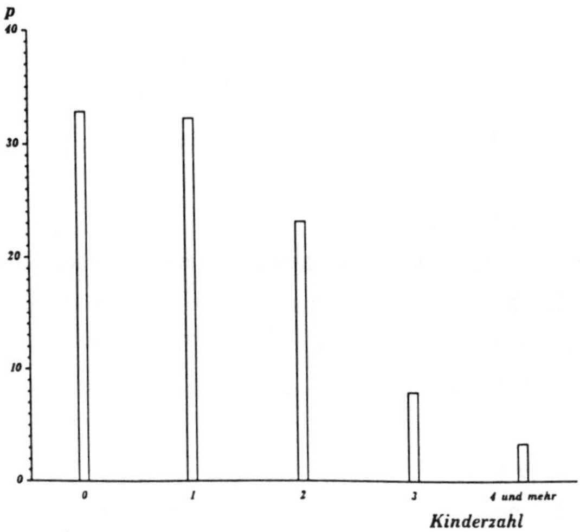

Das Stabdiagramm eignet sich für die Darstellung von Verteilungen auf qualitativen Merkmalen, Rangmerkmalen und quantitativ diskreten Merkmalen.

Auf Intervalleinteilungen basierende Darstellungsformen

Die Darstellung von Verteilungen auf quantitativ diskrete Merkmale durch Stabdiagramme ist nicht zweckmäßig, wenn die Zahl der Merkmalsausprägungen im Verhältnis zum Umfang der Untersuchungsgesamtheit groß ist. Man faßt dann aufeinanderfolgende Merkmalsausprägungen zu **Intervallen** zusammen:

Tab.II.2: Betriebsgrößen nach der Zahl der unselbständig Beschäftigten, Sektion Handel (Datenquelle: Bundeskammer der Gewerblichen Wirtschaft 1988).

0*	27,05
1 - 4	49,78
5 - 9	11,56
10 - 19	6,03
20 - 49	3,64
50 - 99	1,09
100 - 499	0,77
500 - 999	0,04
darüber	0,04
Summe	100

* Betriebe mit einem Meister ohne Angestellte werden in Österreich auf Null abgebildet.

Solche Intervalle schließen nahtlos ohne Überlappung aneinander und überdecken das gesamte Merkmal. Die Objekte werden also ausschließlich und erschöpfend den Intervallen zugeordnet.

Bei quantitativ stetigen Merkmalen verwendet man immer eine Intervalleinteilung. Es liegt nämlich im Wesen solcher Merkmale, daß gleiche Ausprägungen praktisch nicht vorkommen; Zahlenangaben sind in diesem Zusammenhang stets Intervallangaben. Die Feststellung "Herr Müller wiegt 92 Kilo" bedeutet nicht, daß Herr Müller 92,00000 Kilo wiegt. Sie stellt eine gerundete Zahl dar, bedeutet also keinen Punkt, sondern ein Intervall, welches die genaue Merkmalsausprägung enthält. Die Feststellung wäre demnach etwa so aufzufassen, daß Herr Müller ein Körpergewicht zwischen 91,5 und 92,5 kg hat, falls die Messung "auf ein Kilo genau" erfolgte.

Mit der Verteilung der Objekte auf Intervalle ist insofern ein Informationsverlust verbunden, als der Unterschied zwischen Objekten, die in dasselbe Intervall gelangen, verlorengeht. Man sollte deswegen möglichst viele Intervalle verwenden. Andererseits kann man den Charakter einer Verteilung kaum erkennen, wenn die meisten Intervalle gar kein oder allenfalls ein Objekt enthalten. Die Zahl der Intervalle sollte demnach sehr viel kleiner sein als die Zahl der Objekte. Als Faustregel bewährt sich

$$\boxed{\text{Zahl der Intervalle} \leq \sqrt{n}} \quad , \tag{2}$$

wobei die Unterschreitung der Marke $\sqrt{n}$ zunehmend vom Bedenken des Informationsverlustes gebremst werden sollte.

Im Zusammenhang mit Intervalleinteilungen treten einige Bezeichnungen auf, die jetzt dargestellt werden sollen.

Abb.II.3:

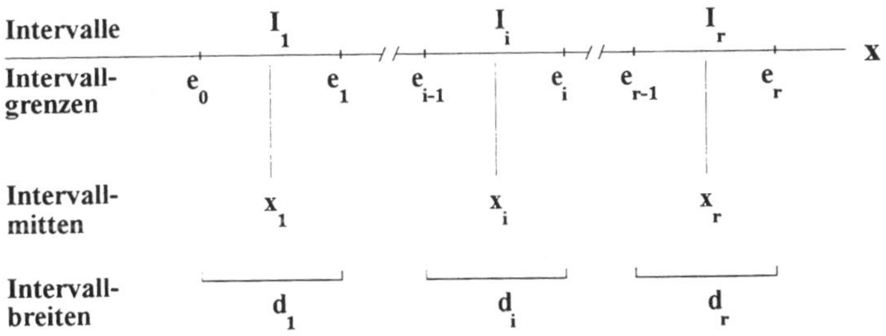

Den größten und den kleinsten Wert eines Intervalles, e_i und e_{i-1}, bezeichnet man als dessen **Grenzen**. Um sicherzustellen, daß die Intervalle keine gemeinsamen Punkte aufweisen, muß man die Zugehörigkeit der Grenzpunkte festlegen. Es gibt dafür zwei Möglichkeiten: Entweder

$$I_i = \{x \mid e_{i-1} < x \leq e_i\} , \tag{3}$$

man sagt: das i-te Intervall reiche von über e_{i-1} bis e_i einschließlich, oder

$$I_i = \{x \mid e_{i-1} \leq x < e_i\} . \tag{3'}$$

Dieses Intervall reicht von e_{i-1} einschließlich bis unter e_i. Man verwendet (3') in der amtlichen Statistik, beispielsweise bei der Darstellung von Lebensdauerverteilungen:

unter 1 Jahr; 1 bis unter 5 Jahre; ... , 80 und mehr Jahre.

Die Differenz $d_i = e_i - e_{i-1}$ heißt **Breite** des Intervalles. Im allgemeinen wird man die Intervallbreite konstant wählen. Es ist aber kein Fehler, das Merkmal in Intervalle ungleicher Breite aufzuteilen. Insbesondere kann man Merkmalsbereiche mit geringer Belegung in Intervalle großer Breite zerlegen.

Der Mittelpunkt $x_i = (e_i + e_{i-1})/2$ heißt **Intervallmitte**. Manchmal wird für das erste Intervall keine untere Begrenzung e_0 bzw. für das letzte Intervall keine obere Begrenzung e_r angegeben. Man spricht dann von **offenen Inter-**

vallen. Von solchen kann man weder Breite noch Mittelpunkt berechnen. Mit p_i bezeichnet man den Anteil an der Untersuchungsgesamtheit, der auf I_i entfällt, also die relative Häufigkeit der Beobachtung $x \in I_i$.

Darstellung durch Histogramme

Die relativen Häufigkeiten werden durch die **Fläche** von Rechtecken dargestellt, die man über den Intervallen errichtet. $d_i = e_i - e_{i-1}$ ist die Breite des i-ten Rechtecks. Dessen Höhe f_i ist so zu wählen, daß sie der Gleichung

$$f_i \cdot d_i = p_i$$

genügt, sie ist also gleich

$$\boxed{f_i = \frac{p_i}{d_i}, \quad i=1,\dots,r} \tag{4}$$

und heißt **Dichte**. - Die Bevölkerungsdichte (Einwohner je km^2) eines Landes wird festgestellt, indem man die Zahl seiner Einwohner durch seine Größe (in km^2) dividiert. Das entspricht der Berechnungsvorschrift (4).

Tab.II.3: Dichte der Intervalle einer Lebensdauerverteilung. Es handelt sich um n=100.000 Personen männlichen Geschlechts des Geburtsjahrganges 1870. Die Intervallbreite ist konstant d=10 Jahre. f bedeutet "Todesfälle pro Jahr".

i	$e_{i-1} \leq$	$x < e_i$	$100.000\ p_i$	$100\ f_i$
1	0	10	38.571	3,8571
2	10	20	4.290	0,4290
3	20	30	4.282	0,4282
4	30	40	5.714	0,5714
5	40	50	7.143	0,7143
6	50	60	10.007	1,0007
7	60	70	12.850	1,2850
8	70	80	11.429	1,1429
9	80	90	5.428	0,5428
10	90	100	286	0,0286
	Summe		100.000	

Man beachte die zur damaligen Zeit überaus hohe Kindersterblichkeit, die sich in der hohen Dichte des Intervalles 1 ausdrückt.

Darstellungen durch Häufigkeitspolygone

Das Histogramm ist insoferne keine ganz befriedigende Darstellung einer Verteilung, als den Intervallen konstante Dichte zugeordnet wird, sodaß an den Intervallgrenzen eine sprunghafte Veränderung der Dichte erfolgt, was den tatsächlichen Verhältnissen meist nicht gerecht wird. Man bevorzugt deshalb gelegentlich Darstellungen, bei denen die Dichte sich nicht sprunghaft verändert. Eine solche Darstellung gewinnt man aus dem Histogramm, soferne eine Einteilung in Intervalle konstanter Breite d vorliegt, indem man die Mitten der oberen Rechtecksbegrenzungen miteinander verbindet. Man hat dabei links und rechts Mittelpunkte x_0 und x_{r+1} im Abstand d von x_1 und x_r als Anfangs- bzw. Endpunkt des Polygonzuges anzufügen. Damit erreicht man, daß die Fläche unter dem Polygon genauso groß wie die Fläche des Histogramms ist (Anhang **A-1**).

Abb.II.4: Polygonzug über r=8 Intervallen gleicher Breite.

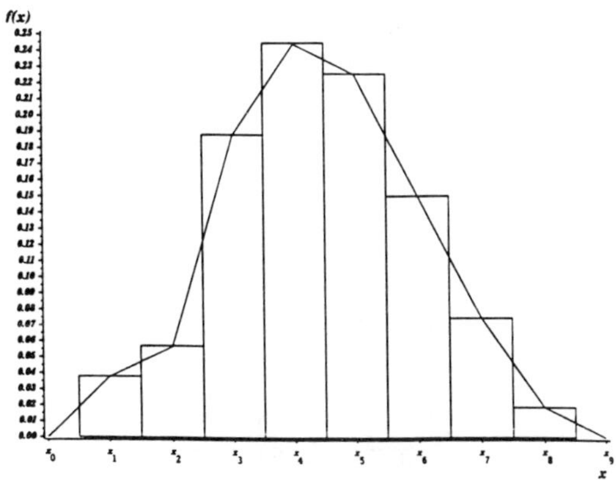

Gleitende Schätzungen der Dichte

Man gewinnt eine Schätzung der Dichte, indem man ein Intervall fester Breite d über das Merkmalskontinuum wandern läßt. Sobald dessen Mittelpunkt mit dem Punkt x zusammenfällt, wird es angehalten, die Zahl der Objekte in seinem Bereich festgestellt und mit (4) die Dichte berechnet, die man dann dem Punkt x zuordnet.

Tab.II.4: 44 Damen unterziehen sich einem Fastenprogramm. Nach dessen Absolvierung weisen sie folgende Körpergewichte auf. Messung in Kilogramm, nach der Größe geordnet.

X: 55,1 55,9 56,0 56,2 56,3 56,5 56,6 56,8 57,1 ..... 62,2 62,7

Es wurde d=2 gewählt. Wenn der Mittelpunkt des wandernden Intervalles mit x=55 zusammenfällt, befinden sich in seinem Bereich, d.h. in dem Intervall 55±1, von den 44 Teilnehmerinnen drei. Wir lassen das Intervall weiterwandern, bis sein Mittelpunkt mit x=56 zusammenfällt und zählen eine Anzahl von 8 usw. Die Dichte errechnet man dann mit (4) wie folgt:

$$\frac{\text{Anzahl bei } x}{44} = 2 \cdot f(x), \qquad 100\, f(x) = 100 \cdot \frac{\text{Anzahl bei } x}{2 \cdot 44} .$$

$$100\, f(56) = 100 \cdot \frac{3}{2 \cdot 44} = 3{,}409 .$$

Wir wollen nun die Vorgangsweise allgemein darstellen. Dazu konstruieren wir eine Zählvorschrift, die jedem Objekt ein Gewicht von 1 zuweist, wenn es sich im Bereich des Intervalles befindet, sonst ein Gewicht von 0. Wir brauchen dann nur noch die Summe dieser Gewichte zu bilden, um die 'Anzahl bei x' zu erhalten. Die Zählvorschrift lautet:

$$g\left(\frac{x-x_i}{d}\right) = \begin{cases} 1 \text{ wenn } \left|\frac{x-x_i}{d}\right| \leq \frac{1}{2} \\ 0 \text{ sonst} . \end{cases} \tag{5}$$

Mit dieser Zählvorschrift, die von Autoren mit einer Vorliebe für saloppes Englisch als 'boxcar function' bezeichnet wird, lautet unsere Formel für die Berechnung der Dichte des Punktes x:

$$f(x) = \frac{1}{d \cdot n} \sum_{i=1}^{n} g\left(\frac{x-x_i}{d}\right) . \tag{6}$$

Der Vorteil dieser gleitenden Schätzung der Dichte liegt auf der Hand: kommt ein Objekt mehrmals im Bereich des wandernden Intervalles vor, so wird es auch mehrmals zur Bestimmung des Dichteverlaufes der Verteilung benutzt, bei Histogramm und Häufigkeitspolygon dagegen nur einmal.

Man kann es als unangemessen empfinden, daß Objekte an den Rändern des Intervalles das Dichtemaß ebenso mitbestimmen wie Objekte nahe dem Mittelpunkt. Aus diesem Grunde wurde vorgeschlagen, jedes Objekt mit einem Gewicht zu versehen, das umso kleiner ist, je weiter weg vom jeweiligen Mittelpunkt des Intervalles es sich befindet. Eine dieser Gewichtungsfunktionen heißt 'Normalkern' und hat folgende Form:

$$g(x_i) = \frac{1}{\sqrt{2\pi}} e^{-\frac{1}{2}\left(\frac{x-x_i}{d}\right)^2} . \tag{7}$$

Darstellungen zweidimensionaler Verteilungen

Die Verteilung einer Untersuchungsgesamtheit auf einem zweidimensionalen Merkmal wird veranschaulicht, indem man die Objekte auf Punkte einer Ebene abbildet, deren Koordinaten die Merkmalsausprägungen der Objekte sind. Eine solche Darstellung der Untersuchungsgesamtheit heißt **Streudiagramm**. Die Menge der Punkte auf der Merkmalsebene nennt man **Punktwolke**.
Aus Gründen, die schon im Zusammenhang mit eindimensionalen quantitativen Merkmalen erörtert wurden, kann es auch jetzt notwendig sein, das Merkmal in Intervalle zu zerlegen. Unter einem **zweidimensionalen Intervall** versteht man die Menge der Merkmalsausprägungen, für die gilt:

$$I_{ij} = \{(x,y) | e_{i-1} < x \leq e_i,\ e_{j-1} < y \leq e_j\} . \tag{3''}$$

Abb.II.5: Zweidimensionales Intervall.

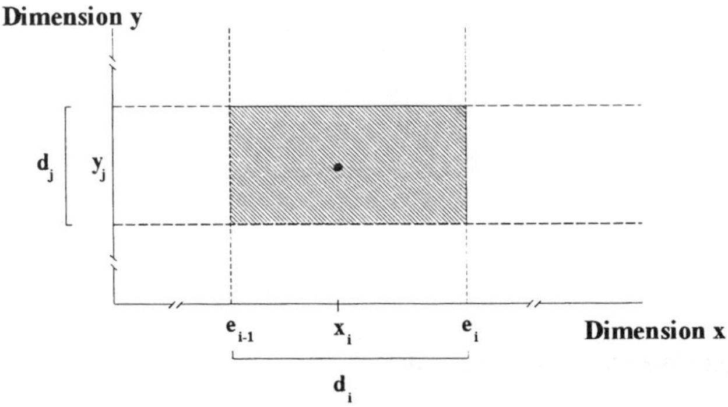

Ein zweidimensionales Intervall hat **zwei Breiten**

$$d_i = e_i - e_{i-1}, \quad d_{.j} = e_j - e_{j-1}$$

und als **Mittelpunkt** den Punkt mit den Koordinaten

$$x_i = \tfrac{1}{2}(e_i + e_{i-1}), \quad y_j = \tfrac{1}{2}(e_j + e_{j-1}) .$$

Das Histogramm einer zweidimensionalen Verteilung wird angefertigt, indem man über jedem Intervall I_{ij}, $i=1,\ldots,r$; $j=1,\ldots,s$ einen **Quader** errichtet, dessen **Volumen** der Häufigkeit des Intervalles proportional ist. Die Höhe des Quaders muß der Gleichung

$$f_{ij}\, d_i\, d_j = p_{ij}$$

genügen, somit ist

$$\boxed{f_{ij} = \frac{p_{ij}}{d_i\, d_j}} \quad . \tag{4'}$$

f_{ij} wird als **Dichte** der Belegung des Intervalles I_{ij} mit Objekten bezeichnet.

Sind die Intervallbreiten konstant, so kann man ein Häufigkeitspolygon konstruieren, indem man die Mitten der oberen Quaderbegrenzungen mit den vier benachbarten Mitten verbindet. Das Ergebnis veranschaulicht der folgende Schrägriß einer zweidimensionalen Verteilung.

Abb.II.6:

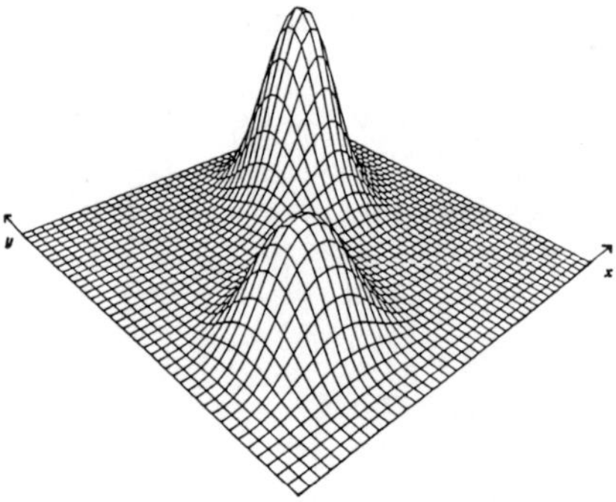

II.2: Verteilungsfunktion und Summenkurve

Wenn die Merkmalsausprägungen eine verbindliche Anordnung aufweisen - das ist bei Rangmerkmalen und bei quantitativen Merkmalen der Fall - so kann man eindeutig folgende Summenfolge erzeugen:

$$p_1, \quad p_1 + p_2, \quad p_1 + p_2 + p_3, \dots \; .$$

Jede dieser Summen ist ersichtlich wieder eine Häufigkeit, und zwar die Häufigkeit einer neuen Klasse von Objekten, deren Gemeinsamkeit darin besteht, daß ihre Merkmalsausprägungen einen gewissen Wert nicht überschreiten:

A_1	< A_2	< A_3	< ..... <	A_r
p_1	$p_1 + p_2$	$p_1 + p_2 + p_3$		$p_1 + ... + p_r = 1$

Der Anteil von Objekten, die A_1 aufweisen, ist p_1. Da $A_1 < A_2$, ist dies zugleich der Anteil von Objekten, deren Ausprägung kleiner als A_2 ist. Der Anteil von Objekten mit A_2 ist p_2. Somit ist p_1+p_2 der Anteil von Objekten, deren Ausprägung kleiner oder gleich A_2 ist.
Eine Funktion, die jeder Ausprägung A_i den Anteil von Objekten einer Untersuchungsgesamtheit zuweist, deren Ausprägung höchstens A_i ist, heißt **Verteilungsfunktion** dieser Untersuchungsgesamtheit:

$$\boxed{F(A_i) = P(\mathbf{A} \leq A_i) = p_1 + \ldots + p_i, \quad i=1,\ldots,r} \quad . \qquad (8)$$

Tab.II.5: Ergebnisse der Diplomprüfung aus Mathematik und Statistik an der Fakultät für Sozial- und Wirtschaftswissenschaften, WS 1982/83.

A_i	p_i	$F(A_i)$	$F(A_{i-1}) + p_i$
1	0,08	0,08	0 + 0,08
2	0,08	0,16	0,08 + 0,08
3	0,24	0,40	0,16 + 0,24
4	0,39	0,79	0,40 + 0,39
5	0,21	1,00	0,79 + 0,21

Wieviele Studenten haben die Prüfung bestanden? Alle, deren Note 'genügend' oder besser ist: $P(\mathbf{A} \leq 4) = F(4) = 0{,}79$. 79% haben die Prüfung bestanden.

•♦ ♦ ♦•

Verteilungsfunktionen haben zwei Eigenschaften gemeinsam:

- Sie nehmen nur Werte von 0 bis 1 an: $0 \leq F(A_i) \leq 1$,
- sie sind monoton nicht fallend: $F(A_i) \leq F(A_{i+1})$ (siehe Anhang **A-2**).

Wir werden nun Punkte mit den Koordinaten $A_i;F(A_i)$ in ein A;F(A)-Koordinatensystem eintragen. Wenn wir diese Punkte in geeigneter Weise miteinander verbinden, so erhalten wir die **Summenkurve** als Abbild der Verteilungsfunktion. Wir erhalten die Summenkurve der Daten von Tab.II.5, indem wir folgende Punkte in das Koordinatensystem eintragen:
(1|0,08), (2|0,16), (3|0,49), (4|0,79), (5|1). Diese Punkte sind in folgender Weise miteinander zu verbinden:

Aus dem Stabdiagramm hervorgehende Summenkurven

Abb.II.7: Die Summenkurve eines sprunghaft veränderlichen Merkmals.

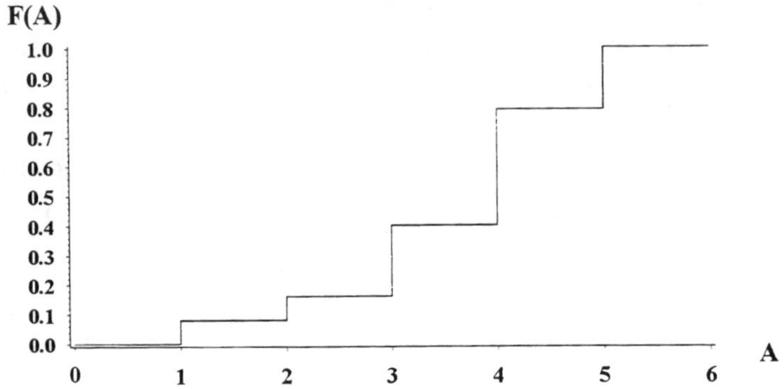

Bis zur Stelle **A**=1 hat F den Wert null. Bei **A**=1 springt die Funktion von 0 auf 0,08. Diesen Wert behält sie bis zur Stelle **A**=2. Dort springt sie erneut, und zwar von 0,08 auf 0,16 usw. Das Abbild der Verteilungsfunktion eines sprunghaft veränderlichen Merkmals ist eine **Treppenkurve**. Man bezeichnet die Ausprägungen eines solchen Merkmals gelegentlich als Sprungstellen, die Häufigkeiten p als Sprunghöhen. Die Abschnitte zwischen den Sprungstellen weisen Häufigkeiten von Null auf, so daß die Funktion dort konstant bleibt.

Diese Überlegungen gelten auch für Verteilungen endlicher Grundgesamtheiten auf stetigen Merkmalen, mit dem einzigen Unterschied, daß dort die Ausprägungen nicht in regelmäßigen, sondern in zufälligen Abständen aufeinanderfolgen.
Wir ordnen die Merkmalsausprägungen der Größe nach:

$$x_{(1)} < x_{(2)} < \ldots\ldots < x_{(n)}, \qquad (9)$$

d.h. wir setzen $x_i = x_{(1)}$, wenn sich in der Untersuchungsgesamtheit keine kleinere Ausprägung als x_i findet, und entfernen x_i. Nun setzen wir $x_j = x_{(2)}$, wenn sich in der verbliebenen Gesamtheit keine kleinere Ausprägung als x_j findet, usw. Die Anordnung (9) heißt **geordnete Stichprobe**.
Nun tragen wir die Punkte $(x_{(k)};k/n)$ in ein X;F(X)-Koordinatensystem ein.

Abb.II.8: Summenkurve einer endlichen Untersuchungsgesamtheit auf einem stetigen Merkmal.

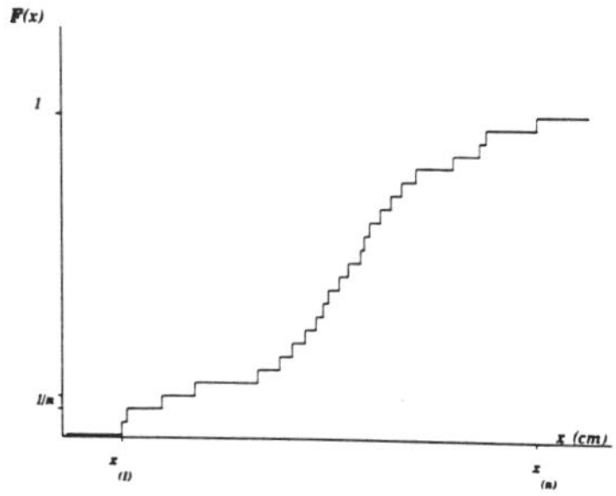

Die Summenkurve hat bis zur Stelle $x_{(1)}$ den Wert null. Dort springt sie von 0 auf 1/n; diesen Wert behält sie bis zum Auftreten der nächsten Ausprägung $x_{(2)}$ bei, um erneut um 1/n zu "springen". Sollten sich an einer Stelle h Objekte befinden, so springt die Funktion dementsprechend um h/n. Die kleinstmögliche Sprunghöhe ist 1/n. Mit wachsendem Umfang der Untersuchungsgesamtheit wird 1/n immer kleiner, die Summenkurve immer glatter.

Auf Intervalleinteilungen basierende Summenkurven

Da auch die Intervalle eine verbindliche Anordnung aufweisen, kann man eindeutig die Summenfolge

$$p_1 + p_2 + \dots + p_i = P(\mathbf{X} \le e_i) = F(e_i) \; , \quad i=1,\dots,r \; ,$$

bilden. $F(e_i)$ ist die Anzahl von Objekten "bis zur Obergrenze des i-ten Intervalles". Diese Objekte haben Merkmalsausprägungen, welche e_i nicht überschreiten. Wir wollen jetzt aber wissen, wieviele Objekte es gibt, deren Merkmalsausprägung nicht größer ist als ein gewisser Wert x, wobei x beliebig ist. Mit Hilfe des Histogramms können wir diesen Anteil annähernd bestimmen. Der Punkt x liege im i-ten Intervall.

Abb.II.9: Die Anzahl von Objekten zwischen x und der Untergrenze des i-ten Intervalles.

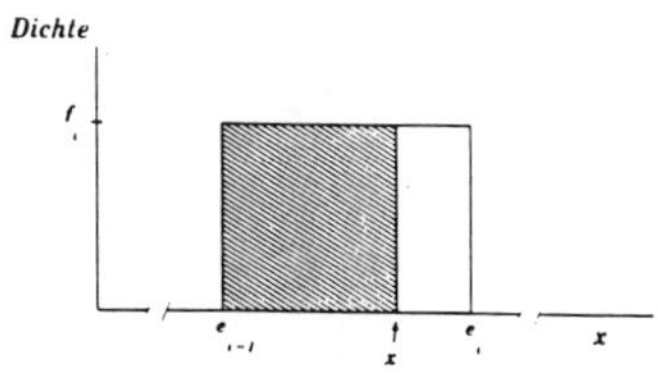

Wie Abb.II.9 veranschaulicht, ist die Anzahl von Objekten zwischen x und der Untergrenze des i-ten Intervalles mit $f_i \cdot (x-e_{i-1})$ abzuschätzen. Damit erhalten wir:

$$\begin{aligned} F(x) &= p_1 + \ldots + p_{i-1} + f_i \cdot (x-e_{i-1}) \\ &= F(e_{i-1}) + f_i \cdot (x-e_{i-1}) . \end{aligned}$$

Ersetzen wir nun noch f_i durch (4), so wird

$$\boxed{F(x) = F(e_{i-1}) + \frac{p_i}{d_i}(x-e_{i-1}), \quad e_{i-1} < x \le e_i} . \qquad (10)$$

Beispiel II.1: Die Verkaufsabteilung eines Herstellers von Projektionslampen für Filmvorführgeräte will wissen, ob sie eine Lebensdauer von 90 Tagen garantieren kann, und läßt zu diesem Zweck die Lebensdauerverteilung des Produktes ermitteln.

Tab.II.6: Lebensdauerverteilung von n=400 Projektionslampen.

i	$e_{i-1} - e_i$	h_i	$100\ p_i$	$100\ F(e_i)$
1	300 - 400	14	3,5	3,5
2	400 - 500	46	11,5	15,0
3	500 - 600	58	14,5	29,5
4	600 - 700	76	19,0	48,5
5	700 - 800	68	17,0	65,5
6	800 - 900	62	15,5	81,0
7	900 - 1000	48	12,0	93,0
8	1000 - 1100	22	5,5	98,5
9	1100 - 1200	6	1,5	100,0
Summe		400	100	-

Keines der 400 Objekte wies eine Lebensdauer unter 300 bzw. über 1200 Stunden auf. - Kinos, die täglich zwei Vorstellungen zu je zwei Stunden anbieten, bringen es in 90 Tagen auf eine Betriebsdauer von $4 \cdot 90 = 360$ Stunden. Wenn sich der Hersteller verpflichtet, alle Lampen zu ersetzen, deren Lebensdauer unter 360 Stunden liegt, wieviele Lampen hat er zu ersetzen? Wir haben F(360) zu ermitteln:

$x=360$; $300<360<400 \Rightarrow i=1$; $p_1=0{,}035$; $d_1=100$, $e_{i-1}=e_0=300$, $F(300)=0$. Damit erhalten wir

$$F(360) = 0 + \frac{0,035}{100}(360\text{-}300) = 0,021. \qquad (10)$$

Es werden also schätzungsweise 2,1% der Lampen vom Hersteller zu ersetzen sein. - Nun gibt es aber Kinos, welche vier Vorstellungen pro Tag anbieten. Bedeutet das, daß diesen 4,2% der Lampen zu ersetzen sein werden? Solche Kinos bringen es auf acht Betriebsstunden pro Tag, auf 8·90=720 Betriebsstunden in 90 Tagen. Es ist jetzt $x=720$, $700<720<800 \Rightarrow i=5$; $p_5=0,17$; $d_5=100$, $e_{i-1}=e_4=700$; $F(700)=0,485$ und

$$F(720) = 0,485 + \frac{0,17}{100}(720\text{-}700) = 0,519. \qquad (10)$$

Es werden jetzt also ca. 52% der Lampen zu ersetzen sein. Dieses Ergebnis veranlaßt den Hersteller selbstverständlich, die Qualität seines Produktes auf andere Weise zu garantieren.

◆◆◆◆◆

Die Summenkurve, welche zur Verteilungsfunktion (10) gehört, erstellt man, indem man die Punkte $(e_i|F(e_i))$ in ein X;F(X)-Koordinatensystem einträgt und durch Geraden verbindet: wenn nämlich der Punkt x von e_{i-1} gegen e_i wandert, dann wächst F von $F(e_{i-1})$ linear gegen $F(e_i)$, denn die Größe $f_i\cdot(x-e_{i-1})$ ist eine lineare Funktion von x.

Abb.II.10: Summenkurve über einer Intervalleinteilung (Daten der Tab.II.6)

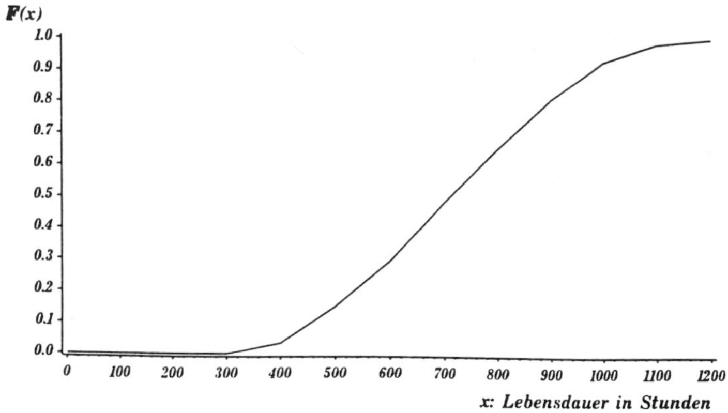

Die Summenkurve hat über dem i-ten Intervall den konstanten Anstieg f_i, wobei f_i die Dichte dieses Intervalls ist. Man überzeugt sich leicht davon, wenn man (10) zum Differenzenquotienten umformt:

$$\frac{F(x)-F(e_{i-1})}{x-e_{i-1}} = \frac{p_i}{d_i} = f_i,\ e_{i-1} < x \leq e_i\ . \qquad (10')$$

Das bedeutet: die Summenkurve ist dort steil/flach, wo das Merkmal eine große/geringe Belegungsdichte aufweist. In leeren Intervallen hat sie - ähnlich wie die Treppenkurve - den Anstieg null. Die Kurve hat an den Intervallgrenzen Knicke, also zwei Anstiege f_{i-1} und f_i, entsprechend der sprunghaften Veränderung der Dichte an den Intervallgrenzen. - Wenn man die Untersuchungsgesamtheit laufend vergrößert und zugleich die Intervalleinteilung verfeinert, werden die Dichteunterschiede zwischen aufeinanderfolgenden Intervallen immer kleiner, die Knicke immer unbedeutender, die Summenkurve also immer glatter.

Rechnen mit der Verteilungsfunktion

Mit Hilfe der Formel (10) kann man die Anzahl von Objekten in einem beliebigen Intervall näherungsweise bestimmen. Sei a, b die Unter- bzw. Obergrenze dieses Intervalles. Die Klasse der Objekte, deren Ausprägung b nicht übersteigt, kann zerlegt werden in die Menge der Objekte, deren Ausprägung auch a nicht übersteigt und in die Menge der Objekte, deren Ausprägung größer als a und nicht größer als b ist, die sich also in dem Intervall (a,b] befinden. Diese Zerlegung ist ausschließlich, so daß

$$F(b) = F(a) + P(a < \mathbf{X} \leq b).$$

Daraus folgt, daß die Häufigkeit, mit der das Intervall (a,b] belegt ist, gleich der Differenz von F(b) und F(a) sein muß:

$$\boxed{P(a < \mathbf{X} \leq b) = F(b) - F(a)}\ . \qquad (11)$$

Wenn wir nun a festhalten und b wachsen lassen, so strebt F(b) gegen 1. Für 'großes b' ($b \to \infty$) gilt dann sicher:

$$\boxed{P(a < \mathbf{X} \leq \infty) = 1 - F(a)}\ ,$$

wofür wir vereinfachend schreiben

$$\boxed{P(\mathbf{X} > a) = 1 - F(a)} \,. \tag{12}$$

Die Anzahl von Objekten, deren Lebensdauer größer als ein gegebener Wert ist, spielt eine wichtige Rolle bei der Erforschung der Zuverlässigkeit von Geräten. Die Funktion

$$R(x) = 1 - F(x) \tag{13}$$

heißt **Zuverlässigkeitsfunktion**, bei den Versicherungsmathematikern auch **Überlebensfunktion**, ihr Schaubild **Abgangslinie**.

Abb.II.11: Die Abgangslinien von 100.000 Personen männlichen Geschlechts der Jahrgänge 1870 und 1950.

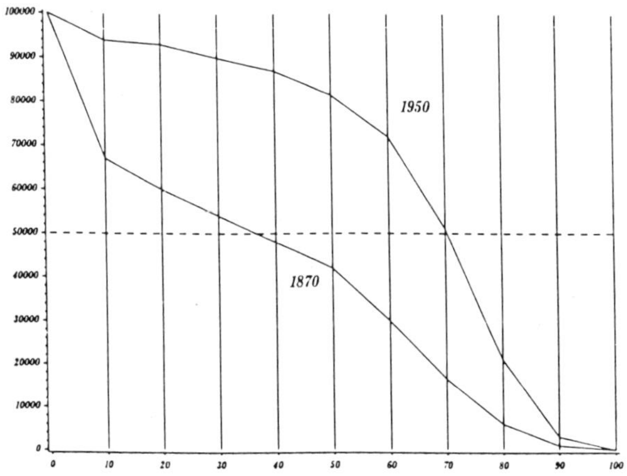

50% des Jahrganges 1870 überlebten 37 Jahre, 50% des Jahrganges 1950 werden 70 Jahre überleben.

Wir werden jetzt **bedingte Lebensdauerverteilungen** herstellen und Fragen der folgenden Art beantworten: wieviele von 100 Fünfzigjährigen werden älter als sechzig Jahre? Wir bedienen uns der Daten der Tab.II.3, denen wir $F(e_i)$ (10) und $R(e_i)$ (13) hinzufügen.

Tab.II.7: Lebensdauerverteilung des Jahrganges 1870, Tab.II.3.

i	$e_{i-1} - e_i$	h_i	$F(e_i)$	$R(e_i)$		$F(e_i \mid 50)$	$R(e_i \mid 50)$
1	0 - 10	38571	0,38571	0,61429			
2	10 - 20	4290	0,42861	0,57139			
3	20 - 30	4282	0,47143	0,52857			
4	30 - 40	5714	0,52857	0,47143			
5	40 - 50	7143	0,60000	0,40000			
6	50 - 60	10007	0,70007	0,29993	10007	0,250	0,750
7	60 - 70	12850	0,82857	0,17143	12850	0,571	0,429
8	70 - 80	11429	0,94286	0,05714	11429	0,857	0,143
9	80 - 90	5428	0,99714	0,00286	5428	0,993	0,007
10	90 - 100	286	1,00000	0,00000	286	1,000	0,000
	Summe	100.000			40.000		

Man sieht, daß 40.000 Personen dieses Jahrganges das 50. Lebensjahr passierten. Von diesen wurden 10.007 Personen oder 25% nicht älter als 60 Jahre. Das ist bereits ein Wert der bedingten Verteilungsfunktion $F(e_i \mid 50)$. Dementsprechend werden 75% der Fünfzigjährigen älter als 60 Jahre, was einen Wert der bedingten Überlebensfunktion $R(e_i \mid 50)$ darstellt. Die übrigen Werte entnehme man den beiden letzten Spalten der Tab.II.7.

Will man die Werte bestimmen, welche die bedingte Verteilungs- bzw. Überlebensfunktion bei beliebigem Alter annimmt, so bediene man sich der folgenden Formeln in Verbindung mit (10):

$$F(x+\Delta \mid x) = \frac{F(x+\Delta) - F(x)}{1 - F(x)}, \quad \Delta \geq 0 \tag{14}$$

und

$$R(x+\Delta \mid x) = \frac{R(x+\Delta)}{R(x)}, \tag{15}$$

wobei (15) wegen $R = 1 - F$ unmittelbar aus (14) folgt.

Beispiel II.2: Der Hersteller von Projektionslampen (Beispiel II.1) will für seine Kunden einen Wartungsplan ausarbeiten. Dabei ist zu entscheiden, ob man die Lampen nach einer gewissen Betriebszeit ersetzen, oder ob man damit warten soll, bis sie ausbrennen. In der nachstehenden Tabelle ist die Verteilung der künftigen Lebensdauer von Projektionslampen der Tab. II.6 angegeben, die bereits 700 Betriebsstunden "hinter sich" haben.

Tab.II.8: Verteilung einer "künftigen Lebensdauer".

i	$e_{i-1} - e_i$	$F(e_i)$	Δ_i	$F(700+\Delta \mid 700)$	$F(\Delta)$
4	600 - 700	0,485			
5	700 - 800	0,655	100	0,330	0
6	800 - 900	0,810	200	0,631	0
7	900 - 1000	0,930	300	0,864	0
8	1000 - 1100	0,985	400	0,971	0,035
9	1100 - 1200	1,000	500	1,000	0,15

Man entnimmt der Tabelle, daß F(700)=0,485. Das bedeutet, daß 1-F(700)= 0,515, oder daß 51,5% der Lampen eine Lebensdauer von mehr als 700 Stunden erreichen. Damit hat man bereits alle Werte, die benötigt werden, um die bedingte Verteilungsfunktion mit (14) zu berechnen. Die Werte, die sie bei $700+\Delta_i=e_i$, i=5,6,7,8,9 annimmt, sind in der Spalte $F(700+\Delta \mid 700)$ angeführt. In der Spalte F(Δ) stehen die Werte der Verteilungsfunktion neuer Lampen von Tab.II.6. Nach Δ=400 Betriebsstunden sind beispielsweise 3,5% der neuen Lampen, aber 97,1% der gebrauchten ausgebrannt. Solche Unterschiede zwischen den Lebensdauerverteilungen gebrauchter und neuer Objekte sind mit Abnutzung, Alterung, Materialermüdung usw. zu erklären.

⬩⬥ ◆ ⬥⬩

Fragen der Wartung, der Ersatzteilhaltung, des Bedarfes an Ersatzteilen, der Absatzprognose u.v.m. können mit Hilfe von Verteilungsfunktionen beantwortet werden. Verteilungsfunktionen benötigt man aber auch, um die Höhe der Prämie zu berechnen, die eine Person bestimmten Alters für die Lebensversicherung zu bezahlen hat.

Zuletzt soll noch die Umkehrung der Garantieaufgabe des Beispiels II.1 gelöst werden. Angenommen, der Hersteller entschließt sich, eine Lebensdauer seines Produktes zu garantieren, die ihn zwingt, 5% der Objekte wegen vorzeitigen Versagens zu ersetzen. Welche Lebensdauer kann er garantieren?
Die Größe, um die es hier geht, heißt **p-Quantil**, auch **Perzentil**, wenn sie mit 100 multipliziert wird: Das p-Quantil einer Verteilung ist jene Merkmalsausprägung $\tilde{x}_p$ (auch x_p), für die gilt:

$$\boxed{F(\tilde{x}_p) = p} \quad . \tag{16}$$

Der Anteil von Objekten mit einer Merkmalsausprägung nicht größer als $\tilde{x}_p$ ist p. Somit ist 1-p der Anteil von Objekten mit einer Ausprägung größer als $\tilde{x}_p$. Die nachstehende Abb.II.12 veranschaulicht, daß eine Parallele zur Ordinate, die durch den Punkt $\tilde{x}_p$ geht, die Verteilungsfläche im Verhältnis p zu 1-p teilt.

Abb.II.12: Verteilungsfläche und Verteilungsfunktion.

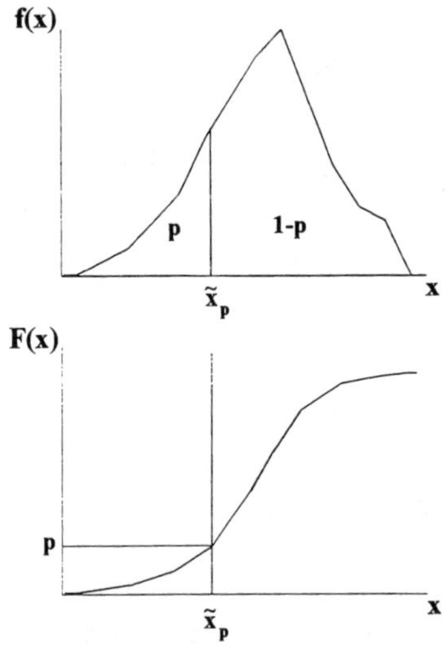

Im unteren Teil der Abb.II.12 ist angedeutet, wie die Bestimmung von $\tilde{x}_p$ graphisch erfolgt: Man zieht durch p eine Parallele zur Abszisse, welche die Summenkurve schneidet. Die x-Koordinate des Schnittpunktes ist gerade $\tilde{x}_p$.

Rechnerisch löst man das Problem mit Hilfe der Formel (10): Man identifiziert zuerst das Intervall, für das die Ungleichung $F(e_{i-1}) < p \leq F(e_i)$ erfüllt ist. Dann setzt man in (10):

$$F(\tilde{x}_p) = F(e_{i-1}) + \frac{p_i}{d_i}(\tilde{x}_p - e_{i-1}) = p$$

und löst nach $\tilde{x}_p$ auf:

$$\boxed{\tilde{x}_p = [p - F(e_{i-1})]\frac{d_i}{p_i} + e_{i-1}, \quad F(e_{i-1}) < p \leq F(e_i)} \quad . \tag{17}$$

Beispiel II.3: Der Hersteller von Projektionslampen des Beispiels II.1 will die garantierte Lebensdauer so festsetzen, daß in 95% der Fälle kein Ersatz geleistet werden muß. Es ist also $\tilde{x}_{0,05}$ oder das 5. Perzentil der Verteilung der Tab.II.6 zu berechnen. Man identifiziert zuerst $0{,}035 < 0{,}05 < 0{,}15 \Rightarrow i=2$; $d_2=100$, $p_2=0{,}115$; $e_{i-1}=e_1=400$, $F(400)=0{,}035$. Damit erhält man:

$$\tilde{x}_{0,05} = [0{,}05 - 0{,}035]\,\frac{100}{0{,}115} + 400 = 413.$$

Nach 413 Stunden sind also 5% der Projektionslampen ausgebrannt.

⬩⬧ ◆ ⬧⬩

II.3: Maße der Konzentration von Verteilungen

Die Einwohnerschaft eines Landes pflegt sich in charakteristischer Weise auf die Gemeinden zu verteilen. So könnten beispielsweise die 1,3 Millionen Einwohner von Oberösterreich sich gleichmäßig auf die 445 Gemeinden dieses Landes aufteilen, was etwa 2921 Einwohner pro Gemeinde ausmachen würde. Davon sind aber die tatsächlichen Verhältnisse weit entfernt, weist doch allein die Stadt Linz - also eine von den 445 Gemeinden - eine Einwohneranzahl von 200.000 Personen auf, was 15,4% von 1,3 Millionen entspricht. Die Städte Linz, Wels und Steyr, also 3 von 445 oder weniger als 1%, beherbergen an die 300.000 Einwohner, was 23,1% der Einwohnerzahl ausmacht. Solche ungleichmäßigen Aufteilungen führen zu Ballungen oder Konzentrationen, die uns in den verschiedensten Zusammenhängen begegnen: Die westlichen Industriestaaten stellten (1975) 16% der Weltbevölkerung, aber 71% des Weltsozialproduktes und 63% des Welthandels. - In Brasilien bezogen (1972) die 10% reichsten Haushalte 51% des gesamten Einkommens. In den USA betrug dieser Prozentsatz zur gleichen Zeit 26,6. - In der ehemaligen Sowjetunion befanden sich 5% des bebauten Bodens in Privatbesitz. Auf diesen wurde rund ein Drittel der gesamten Landwirtschaftsproduktion geerntet. - Rationalisierungsexperten interessieren sich für die Verteilung des Umsatzes auf die Aufträge, der Ausgaben auf die Bankanweisungen,

der Beschäftigten auf die Betriebe usw.
Die Aufteilung einer Summe auf Objekte wird durch zwei Extreme begrenzt. Das eine besteht darin, daß die Summe unter den Objekten gleichmäßig aufgeteilt wird, man bezeichnet das als **Nullkonzentration**. Das andere Extrem besteht darin, daß die Summe einem einzigen Objekt zugeteilt wird und alle anderen leer ausgehen. Dies nennt man **Maximalkonzentration**. Zu diesen beiden Extremen gehören charakteristische Verteilungen: Bei Nullkonzentration weisen alle Objekte denselben Anteil $\bar{x}$ an der Summe auf. Diesen Anteil berechnet man, indem man die Summe durch die Anzahl der Objekte dividiert. Andere Ausprägungen kommen nicht vor. Man bezeichnet dies als **ausgeartete Verteilung**. Bei Maximalkonzentration weisen n-1 Objekte einen Anteil von Null auf und ein Objekt einen Anteil, welcher gleich der Summe ist. Dies nennt man eine **Zweipunktverteilung**. Konkrete Verteilungen können einem dieser Extreme mehr oder weniger nahe kommen. Die Konzentration der Aufteilung einer Summe wird sichtbar, wenn man die Werte der Verteilungsfunktion zusammen mit den Anteilen an der Summe betrachtet: Bei Nullkonzentration weisen p% der Objekte einen Anteil von p% an der Summe auf. Bei Maximalkonzentration bleibt der Prozentanteil an der Summe solange null, bis die Verteilungsfunktion den Wert (n-1)/n erreicht. Dann geht er sprunghaft in 1 über. Der Leser möge nun versuchen, die nachfolgende Aufteilung der Summe aller steuerpflichtigen Einkommen hinsichtlich ihrer Konzentration zu beurteilen.

In der vorletzten Spalte der Tabelle sind die Werte der Verteilungsfunktion (an den Obergrenzen der Intervalle) angegeben, in der letzten die kumulierten relativen Anteile an der Einkommenssumme. Die Aufteilung ist von Nullkonzentration weit entfernt, verfügen doch 16,49% der Einkommenssteuerpflichtigen statt über ebensoviele nur über 2,84% der Einkommenssumme. Die Aufteilung ist aber auch von Maximalkonzentration weit entfernt, verfügen doch 97,24% der Steuerpflichtigen immerhin über 70,77% der Summe statt über Null. Die Konzentration der Aufteilung läßt sich durch die sogenannte **Lorenzkurve** veranschaulichen. Man erzeugt diese, indem man die Punkte $(F(e_i)|V(e_i))$ in ein F;V-Koordinatensystem einträgt und durch Geraden verbindet.

Tab.II.9: Verteilung des steuerpflichtigen Einkommens in Österreich 1980 (Datenquelle: Statistisches Handbuch für die Republik Österreich 1983). Es handelt sich um die Vollerhebung der 359316 Einkommensteuerpflichtigen des Jahres 1980 (Angaben in Prozent).

i	A	$100\,p_i$	B	C	$100F(e_i)$	$D: 100V(e_i)$
1	- 50	16,49	2540	2,84	16,49	2,84
2	50 - 100	27,83	8631	9,67	44,32	12,51
3	100 - 200	29,18	16632	18,63	73,50	31,14
4	200 - 500	18,57	21964	24,60	92,07	55,74
5	500 - 1000	5,17	13417	15,03	97,24	70,77
6	1000 -	2,76	26103	29,23	100	100
		100	89287	100		

A: Einkommensintervalle von e_{i-1} bis unter e_i, in 1000 ÖS.

B: Summen je Intervall in Mio. ÖS.

C: Prozentanteile an der Summe.

D: Prozentanteile C kumuliert.

Abb.II.13: Lorenzkurve zur Einkommensverteilung der Tab.II.9:

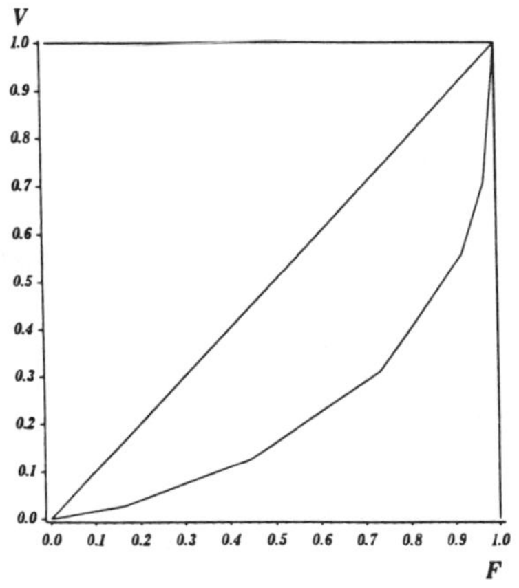

Die Lorenzkurve der Nullkonzentration fällt auf die Hauptdiagonale des Einheitsquadrates. Bei Maximalkonzentration hat die Lorenzkurve die Eckpunkte $(0|0)$, $(\frac{n-1}{n}|0)$, $(1|1)$, schmiegt sich also in die rechte untere Ecke des Einheitsquadrates.

Einem Vorschlag von MÜNZNER (siehe Ferschl 1980) entsprechend mißt man die Konzentration einer Aufteilung, indem man die Fläche zwischen Diagonale und Lorenzkurve zur Fläche zwischen Diagonale und Lorenzkurve bei Maximalkonzentration, d.h. der größtmöglichen Fläche, in Beziehung setzt. Der Quotient K der beiden Flächenmaße ist bei Nullkonzentration 0, bei Maximalkonzentration 1.

Soferne n groß genug ist, so daß $(n-1)/n \approx 1$ gesetzt werden kann, wird K folgendermaßen bestimmt: Man berechnet zuerst die Fläche zwischen Lorenzkurve und rechter unterer Begrenzung des Einheitsquadrates (siehe Abb.II. 13):

$$\sum_{i=1}^{r} \underbrace{[F(e_i)-F(e_{i-1})]}_{p_i} V(e_i) - \frac{1}{2} \underbrace{[F(e_i)-F(e_{i-1})]}_{p_i}[V(e_i)-V(e_{i-1})]$$

$$= \frac{1}{2} \sum_{i=1}^{r} p_i[V(e_i) + V(e_{i-1})],$$

wobei $V(e_0) = 0$. Dann wird

$$K = \frac{\frac{1}{2} - \frac{1}{2} \sum p_i[V(e_i)+V(e_{i-1})]}{\frac{1}{2}} ,$$

also

$$\boxed{K = 1 - \sum_{i=1}^{r} p_i[V(e_i)+V(e_{i-1})]} . \qquad (18)$$

Tab.II.10: Berechnung des Konzentrationsmaßes von MÜNZNER (siehe FERSCHL, 1980) mit den Daten der Tab.II.9.

i	p_i	$V(e_i)$	$V(e_i)+V(e_{i-1})$	$p_i[V(e_i)+V(e_{i-1})]$
0	0	0		
1	0,1649	0,0284	0,0284	0,0047
2	0,2783	0,1251	0,1535	0,0427
3	0,2918	0,3114	0,4365	0,1274
4	0,1857	0,5574	0,8688	0,1613
5	0,0517	0,7077	1,2651	0,0654
6	0,0276	1,0000	1,7077	0,0471

Die Zahlen der letzten Spalte von Tab.II.10 addieren sich zu 0,4486. Damit erhalten wir:

$$K = 1 - 0{,}4486 = 0{,}5514 \,. \tag{18}$$

Die Konzentration beträgt also 55,14% der Maximalkonzentration.

Wenn die 'Summen pro Intervall' nicht bekannt sind, so bestimme man sie näherungsweise, indem man die Intervallmitten x_i mit den Häufigkeiten h_i multipliziert. Die kumulierten relativen Summenanteile $V(e_i)$ bestimmt man damit wie folgt:

$$V(e_i) = \frac{\sum_{j=1}^{i} x_j h_j \cdot \frac{1}{n}}{\sum_{j=1}^{r} x_j h_j \cdot \frac{1}{n}} = \frac{1}{\bar{x}} \sum_{j=1}^{i} x_j p_j \tag{19}$$

dabei ist $\bar{x} = \sum_{j=1}^{r} x_j p_j$ das arithmetische Mittel der Verteilung (siehe Formel 5.III).

Die Bürger der Neidgenossenschaft kümmern sich um Statistik wenig. Ausgenommen ist die Messung der Einkommenskonzentration.
(Volksweisheit)

KAPITEL III: VERTEILUNGSMASSZAHLEN

Es geht in diesem Kapitel darum, gewisse Eigenschaften von Verteilungen zu messen. Die folgende Abbildung zeigt, um welche Eigenschaften es sich dabei handelt.

Abb.III.1: Verteilungen des Abfüllgewichtes von Zuckerpaketen aus vier Abfüllautomaten.

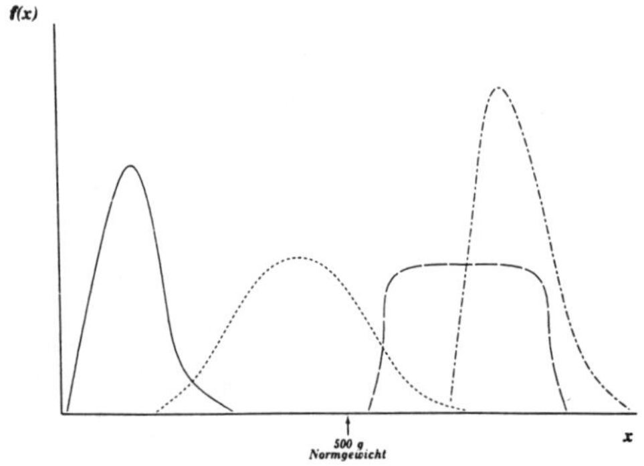

Man versteht beim Anblick dieser Verteilungen unmittelbar, was mit **Position**, **Streuung**, **Schiefe**, **Wölbung** gemeint ist. Das Schaubild bringt diese Eigenschaften einer Verteilung anscheinend in prägnanter Weise zum Ausdruck. Trotzdem besteht ein Bedürfnis nach ihrer Messung: Nicht nur, weil ein paar Zahlen einfacher mitzuteilen sind als Schaubilder, sondern auch, weil Maßzahlen die Aufdeckung der Gesetzmäßigkeiten zufälliger Ereignisse ermöglichen, was mit Schaubildern allein in aller Regel nicht gelingt.

III.1: Maßzahlen der Position

Der Modus oder häufigste Wert

Zufallsprozesse sind häufig auf einen immanenten Sollwert ausgerichtet, den sie in der Regel erreichen oder nur knapp verfehlen. Dadurch entstehen

Verteilungen mit einem Häufigkeitsmaximum über dem Sollwert oder in dessen Nähe. Weist beispielsweise eine Verteilung von Abfüllgewichten einen Gipfel auf, der nicht über dem Sollwert liegt, so wird man daraus schließen, daß der Abfüllautomat falsch eingestellt ist und neu justiert werden muß. - Führen Personen unabhängig voneinander Zählungen oder Berechnungen durch, so kommen sie auf das richtige Ergebnis häufiger als auf falsche, wenn sie nur überhaupt fähig sind, richtige Resultate zu erzielen, so daß man umkehrend den häufigsten Ausgang des Zähl- oder Rechenvorganges als den mutmaßlich richtigen ansehen darf. - Die Rolle, welche Mehrheiten in der Demokratie spielen, wird bekanntlich damit legitimiert, "daß die Mehrheit nicht irrt".

Die Merkmalsausprägung mit der größten Häufigkeit heißt in der Statistik **Modus**.

Der Median oder Zentralwert

Die relativen Häufigkeiten informieren uns vollständig über eine Verteilung, machen aber verschiedene Eigenschaften derselben nicht deutlich sichtbar. So wird beispielsweise die Frage, wie eine Schularbeit ausgegangen sei, durch relative Häufigkeiten nicht befriedigend beantwortet. Man zieht es in solchen Fällen vor, die Verteilung durch eine einzige Merkmalsausprägung zu charakterisieren, die sich von den Merkmalsausprägungen der einzelnen Objekte möglichst wenig unterscheidet und sagt, daß die Objekte "im Durchschnitt" diese Merkmalsausprägung aufweisen. Ist der Durchschnitt klein bzw. groß, so denkt man sich die Masse der Objekte im unteren bzw. oberen Merkmalsbereich angesiedelt. Der Durchschnitt informiert also über die **Position der Verteilung**, während er andere Informationen vernachlässigt. Man führe sich das am Ergebnis einer Schularbeit vor Augen. Die Aussagen "Sehr Gut mit einem Anteil p_1", "Gut mit einem Anteil p_2", ... werden ersetzt durch die Aussage "im Durchschnitt a". Das Ausmaß der Vernachlässigung von Informationen kann man messen, etwa auf die folgende Art:

$$U(a) = |1-a|p_1 + |2-a|p_2 + |3-a|p_3 + |4-a|p_4 + |5-a|p_5 \; .$$

Ein Durchschnitt wird die Gesamtheit umso besser repräsentieren, je weniger er sich von den Ausprägungen der einzelnen Objekte unterscheidet. Man wird deshalb aus allen möglichen Durchschnitten denjenigen mit der geringsten Ungenauigkeit auswählen:

$$0 \leq U(a^0) \leq U(a) .$$

Die Ausprägung a^0 soll stellvertretend für alle Ausprägungen der Untersuchungsgesamtheit angeführt werden, wenn $U(a^0)$ nicht weit von Null entfernt ist.

Im Anhang **(A-3)** wird bewiesen, daß die Ausprägung mit der kleinsten Ungenauigkeit identisch ist mit dem 50. Perzentil (16.II) der Verteilung:

$$F(a^0) = 0{,}5 \Rightarrow a^0 = \tilde{x}_{0,5} .$$

Entsprechend den Ausführungen im Zusammenhang mit Abb.II.12 wird die Verteilungsfläche durch $\tilde{x}_{0,5}$ im Verhältnis 0,5 : 0,5 geteilt, also halbiert. Man bezeichnet aus diesem Grunde das 50. Perzentil einer Verteilung als deren **Median** oder **Zentralwert**.

Man bestimmt den Median mit Hilfe der Summenkurve, indem man durch den Punkt F=0,5 eine Parallele zur x-Achse zieht, welche die Summenkurve schneidet. Die x-Koordinate des Schnittpunktes ist gerade $\tilde{x}_{0,5}$, also der Median der Verteilung.

Bei Vorliegen einer Intervalleinteilung berechnet man den Median mit Hilfe der Formel (17.II): Man identifiziert zuerst das Intervall, welches die Ungleichung $F(e_{i-1})<0{,}5\leq F(e_i)$ erfüllt, und erhält

$$\boxed{\tilde{x}_{0,5} = [0{,}5 - F(e_{i-1})] \frac{d_i}{p_i} + e_{i-1}} . \qquad (1)$$

Beispiel III.1: Der Hersteller von Projektionslampen des Beispiels II.1 will die Lebensdauer seines Produktes mit dem Median charakterisieren. Der Tab.II.6 entnehmen wir folgende Werte: $0{,}485<0{,}50<0{,}655 \Rightarrow i=5$; $d_5=100$, $p_5=0{,}17$; $e_{i-1}=e_4=700$, $F(700)=0{,}485$.

$$\tilde{x}_{0,5} = [0{,}50 - 0{,}485] \frac{100}{0{,}17} + 700 \approx 709 . \qquad (1)$$

Man kann also sagen: 50% der Lampen werden spätestens nach 709 Stunden versagen, 50% haben eine Lebensdauer von mindestens 709 Stunden.

◆◆◆

die Halbwertzeit ist der Median der Lebensdauerverteilung eines radioaktiven Stoffes; die letale Dosis ist jene Menge eines Giftstoffes, die 50% der Versuchstiere tötet; die Wahrnehmungsschwelle ist jene Reizstärke, die in 50% der Fälle wahrgenommen wird.

Für das Verständnis des Medians sind folgende Eigenschaften von Bedeutung:
(1) Die **Minimumeigenschaft**. Der Median ist Minimum der Funktion

$$U(a) = \sum_{i=1}^{r} |x_i - a| p_i \ , \tag{2}$$

er unterscheidet sich also von den Ausprägungen der Objekte, die er repräsentieren soll, so wenig wie nur irgend möglich im Sinne dieses Minimums.
(2) Ist $y=f(x)$ eine monoton wachsende Funktion von x, so gilt

$$\tilde{y}_{0,5} = f(\tilde{x}_{0,5}) \ , \tag{3}$$

d.h. der Median der Abbilder y ist gleich dem Abbild des Medians. Ordnet man nämlich die Ausprägungen gemäß (9.II) der Größe nach, so gilt wegen der Monotonie der Transformation

sowohl: $x_{(1)} < x_{(2)} < \dots < x_{(n)}$
als auch: $f(x_{(1)}) < f(x_{(2)}) < \dots < f(x_{(n)})$. (4)

(3) Weist eine Untersuchungsgesamtheit einzelne untypische Objekte auf, sogenannte **Ausreißer**, so sollte man die Gesamtheit mit dem Median charakterisieren, da dieser von Ausreißern nicht beeinflußt wird, wie das folgende Beispiel zeigt:
Ein braver Schüler hat die Mathematiknoten 1,1,1,5 (frühlingsbedingt) erzielt. Der Median der Verteilung ist 1!

Das arithmetische Mittel

Dieses wichtigste Positionsmaß hat auch die Namen **Mittelwert** und **Durchschnitt** (im engeren Sinne). Wir werden seine Bedeutung anhand dreier Situationen erläutern, in denen es häufig zur Anwendung gelangt:

(1) Der Leser möge sich vorstellen, daß er sein Körpergewicht mit einer Personenwaage feststellt. Das Ergebnis, x kg, ist nicht glaubwürdig! Er besteigt also die Waage ein zweites Mal und findet, daß der Zeiger jetzt

besteigt also die Waage ein zweites Mal und findet, daß der Zeiger jetzt auf y weist. Dabei ist y verschieden von x. Da sich das Körpergewicht erfahrungsgemäß nicht so schnell ändert, stellen die beiden Messungen einen Widerspruch dar, der mit der Ungenauigkeit der Ablesung und der Unzuverlässigkeit der Waage in Verbindung zu bringen ist. Dem tatsächlichen Körpergewicht μ überlagern sich Abweichungen $e_x = x - \mu$, $e_y = y - \mu$, sodaß Widersprüche - wie folgt - entstehen: $e_x \neq e_y$ und

$$x = \mu + e_x, \quad y = \mu + e_y .$$

Es stellt sich die Frage, wie nun das tatsächliche Körpergewicht ermittelt werden soll. Meßfehler sind erfahrungsgemäß regellos, fallen einmal positiv, einmal negativ aus und haben die Tendenz, einander aufzuheben. Bildet man die Summe der Meßwerte,

$$x + y = 2\mu + e_x + e_y ,$$

so darf man erwarten, daß die Fehlersumme $e_x + e_y$ vom **Fehlerausgleich** bereits beeinflußt ist und sich von Null nur noch wenig unterscheidet, sodaß

$$\tfrac{1}{2}(x+y) \approx \mu \quad (\approx\text{: ungefähr gleich}).$$

Damit verfügt man aber bereits über ein gut begründetes Verfahren der Annäherung an den tatsächlichen Wert. Da man allerdings nicht erwarten kann, daß die Fehlersumme $e_x + e_y$ exakt Null ergibt, bezeichnet man die Näherungsgröße

$$\tfrac{1}{2}(x+y) = \bar{x}_2$$

als **wahrscheinlichen Wert aus zwei Beobachtungen** zum Unterschied von dem wahren Wert μ, und die Abweichungen

$$x - \tfrac{1}{2}(x+y) = \hat{e}_x, \quad y - \tfrac{1}{2}(x+y) = \hat{e}_y$$

als **wahrscheinliche Fehler** zum Unterschied von den wahren Fehlern e_x, e_y. Der wahrscheinliche Wert $\bar{x}$ ist identisch mit dem arithmetischen Mittel.

(2) Ganz anders ist das arithmetische Mittel zu deuten, wenn man es auf eine Verteilung von Einkommen anwendet. Die einzelnen Einkommen werden - von Flüchtigkeitsfehlern abgesehen, exakt gemessen, so daß Unterschiede zwischen Einkommen tatsächliche Unterschiede darstellen, keine Widersprüche, die sich einem "wahren Einkommen" überlagern. Das arithmetische Mittel kann hier nur ein artifizieller Repräsentant der Untersuchungsge-

unterscheiden sollte. Mißt man die Ungenauigkeit, mit der ein Durchschnitt die Gesamtheit repräsentiert, diesmal auf folgende Art:

$$Q(a) = \sum_{i=1}^{r} (x_i - a)^2 \, p_i \, ,$$

so erweist sich das arithmetische Mittel als die Merkmalsausprägung mit der kleinsten Ungenauigkeit, wie im Anhang **(A-4)** gezeigt wird:

$$0 \leq Q(a^0) \leq Q(a)$$

gilt für alle möglichen Durchschnitte a, wenn

$$a^0 = \sum_{i=1}^{r} x_i p_i = \bar{x} \, .$$

Mit den Daten der Tabelle II.9 errechnen wir ein durchschnittliches Einkommen von

$$\bar{x} = \frac{89287 \cdot 10^6}{359316} = 248492 \text{ (ÖS)} \, .$$

Dieser Mittelwert unterscheidet sich beträchtlich vom Median der Einkommensverteilung:

$$\tilde{x}_{0,5} = [0,5 - 0,4432] \, \frac{100000}{0,2918} + 100000 = 119465 \text{ (ÖS)} \, .$$

Der Grund für diese Verschiedenheit der beiden Positionsmaße $\bar{x}$ und $\tilde{x}_{0,5}$ ist in einer charakteristischen Eigenschaft von Einkommensverteilungen zu suchen, die ebenfalls meßbar ist, nämlich in ihrer Schiefe (48).

(3) In wieder einer anderen Situation befindet sich ein Anthropologe, der die Körpergröße von Pygmäen mißt: Seine Meßwerte unterscheiden sich nicht nur deswegen voneinander, weil er nicht imstande ist, Körpergrößen fehlerfrei zu messen, sondern auch, weil die Pygmäen tatsächlich verschieden groß sind. Der Anthropologe befindet sich also in einer Situation, die eine Kombination der beiden anderen Situationen darstellt: einerseits wird die wahre Körpergröße von zufälligen Abweichungen überlagert, andererseits wird sie selbst - anders als bei wiederholten Messungen an derselben Person - schwanken: $x=\mu_x+e_x$, $y=\mu_y+e_y$, $e_x \neq e_y$ und $\mu_x \neq \mu_y$. Bildet man auch hier die Summe der Meßwerte:

$$x+y = \mu_x+\mu_y+e_x+e_y \, ,$$

so darf man wieder erwarten, daß die Fehlersumme vom Fehlerausgleich beeinflußt ist, also

$$\bar{x}_2 = \tfrac{1}{2}\,(x+y) \approx \tfrac{1}{2}\,(\mu_x+\mu_y) \, .$$

$$\bar{x}_2 = \frac{1}{2}(x+y) \approx \frac{1}{2}(\mu_x+\mu_y) .$$

Das arithmetische Mittel mißt jetzt aber nicht eine bestimmte Körpergröße μ, sondern bloß den Mittelwert der tatsächlichen Körpergrößen

$$\frac{1}{2}(\mu_x+\mu_y) = \bar{\mu} .$$

Das hat zur Folge, daß man die zufälligen Abweichungen e_x, e_y nicht schätzen kann, denn

$$x-\bar{x}_2 = \underbrace{\mu_x-\bar{\mu}} + \underbrace{e_x - \frac{1}{2}(e_x+e_y)}_{\hat{e}_x} .$$

Die Abweichung des Meßwertes vom Mittelwert setzt sich zusammen aus wahrer Abweichung und wahrscheinlichem Fehler $\hat{e}_x$ und ist mit letzterem nur identisch, wenn $\bar{\mu}=\mu_x$, also die tatsächlichen Körpergrößen nicht verschieden sind.

Der Anthropologe führt, genau genommen, zwei Zufallsexperimente hintereinander aus. Das erste besteht in der Auswahl eines Pygmäen und hat zum Ergebnis, daß dessen Körpergröße - nennen wir sie μ_x - in die Untersuchungsgesamtheit gelangt. Das zweite Zufallsexperiment besteht in der Messung von μ_x und hat zum Ergebnis den Meßfehler $e_x = x - \mu_x$. Das kombinierte Resultat beider Zufallsexperimente ist dann gerade

$$x = \mu_x + e_x .$$

Betrachten wir nun auch die beiden anderen Situationen unter diesem Gesichtspunkt, so stellen wir fest, daß dabei jeweils eines der beiden Zufallsexperimente **ausgeartet** ist:

Bei wiederholter Messung bleibt die Größe μ konstant, Unterschiede zwischen Meßwerten entstehen ausschließlich durch Fehler. Bei der Einkommensfeststellung ist $x=\mu_x$, Unterschiede zwischen den Meßwerten sind identisch mit tatsächlichen Unterschieden, e ist in jedem Fall null. Bei der Messung der Körpergröße verschiedener Personen entstehen Unterschiede zwischen den Meßwerten sowohl durch Fehler als auch durch tatsächliche Unterschiede.

Die folgende Abb.III.2 stellt die drei Situationen schematisch dar:

- Situation I: Meßfehler überlagern sich demselben Wert von μ (Meßwiederholungen)
- Situation II: Verschiedene Meßwerte werden fehlerfrei gewonnen

Abb.III.2: Identisch und nicht identisch verteilte Daten.

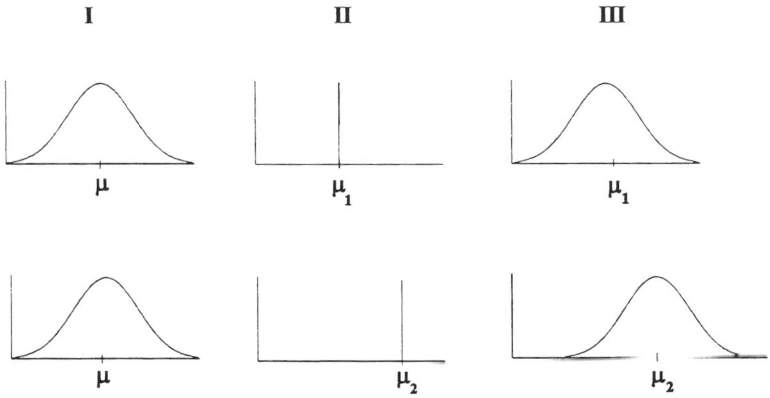

Wir sagen, daß die Meßwerte der Situation I der Bedingung identischer Verteilung genügen. Die Meßwertverteilung der Einkommen ist dagegen eine **Mischung** ausgearteter (nicht streuender) Verteilungen. Die Verteilung der Meßwerte verschieden großer Personen ist eine **Mischung** von Fehlerverteilungen, die anders als in Situation I verschiedene Positionen haben.

Alle Mittelwerte werden auf dieselbe Art berechnet. Das hat vielleicht den Blick darauf verstellt, daß Mittelwerte nicht identisch verteilter Daten etwas anderes sind als Mittelwerte identisch verteilter Daten, an die man gemeinhin denkt, wenn von Mittelwerten die Rede ist.

Es wird in jedem Fall die Meßwertsumme durch die Meßwertanzahl dividiert:

$$\bar{x} = \frac{\text{Summe}}{\text{Anzahl}} \quad . \tag{5}$$

In Tab.II.9 ist sowohl die Summe der Einkommen aller Steuerpflichtigen als auch deren Anzahl angegeben, so daß das mittlere Einkommen ohne weiteres mit (5) berechnet werden konnte.

Bei quantitativ diskreten Merkmalen rechnet man, sofern die Häufigkeiten

Bei quantitativ diskreten Merkmalen rechnet man, sofern die Häufigkeiten der Klassen bereits ausgezählt sind, bequemer mit

$$\bar{x} = \frac{x_1h_1 + \ldots + x_rh_r}{h_1 + \ldots + h_r} = \sum_{i=1}^{r} x_ip_i \ . \qquad (5')$$

Liegt eine Intervalleinteilung vor, so ersetzt man die Merkmalsausprägungen der Objekte eines Intervalles durch die **Intervallmitte**. Mit x_ih_i wird die Meßwertsumme des i-ten Intervalles im allgemeinen gut angenähert. Bei offenen Intervallen ist $\bar{x}$ auf diese Weise allerdings nicht zu berechnen.

Eigenschaften von $\bar{x}$

(1) Die Summe der Abweichungen von $\bar{x}$ verschwindet:

$$\sum_{i=1}^{r} (x_i-\bar{x})p_i = 0 \ . \qquad (6)$$

Man überzeugt sich leicht davon mit Hilfe der Definition von $\bar{x}$, die in 5' dargestellt ist, und (3.I), derzufolge $\sum p_i=1$:

$$\sum(x_i-\bar{x})p_i = \sum x_ip_i - \bar{x}\sum p_i = \bar{x} - \bar{x} = 0 \ .$$

(2) Das arithmetische Mittel ist das Minimum der Funktion

$$Q(a) = \sum_{i=1}^{r} (x_i-a)^2p_i \ . \qquad (7)$$

Diese Eigenschaft soll jetzt auf andere Weise als im Anhang **(A-4)** bewiesen werden. Die Funktion Q(a) läßt sich folgendermaßen darstellen:

$$\begin{aligned} Q(a) &= \sum(x_i-\bar{x} + \bar{x}-a)^2p_i \\ &= \sum(x_i-\bar{x})^2p_i + 2(\bar{x}-a)\sum(x_i-\bar{x})p_i + (\bar{x}-a)^2\sum p_i \ . \end{aligned}$$

Wir wissen bereits, daß stets gilt: $\sum p_i=1$ und $\sum(x_i-\bar{x})p_i=0$ (Eigenschaft 1). Damit erhält Q(a) folgende Form:

$$\boxed{Q(a) = \sum(x_i-\bar{x})^2p_i + (\bar{x}-a)^2} \ . \qquad (8)$$

Diese Beziehung zwischen a und $\bar{x}$ ist als **Steiner'scher Verschiebungssatz** bekannt. Man folgert daraus unmittelbar

$$Q(a) \geq \sum(x_i-\bar{x})^2p_i = Q(\bar{x}) \ . \qquad (9)$$

$$\boxed{\bar{y} = a + b\bar{x}}\ . \tag{10}$$

Der Mittelwert der Abbilder, $\bar{y}$, ist also stets gleich dem Abbild des Mittelwertes $\bar{x}$. Man überzeugt sich davon, indem man in die Definition von $\bar{y}$ die Funktion $y = a + bx$ einsetzt:

$$\begin{aligned}\bar{y} &= \sum y_i p_i \\ &= \sum (a+bx_i)p_i = a \cdot \underbrace{\sum p_i}_{1} + b \cdot \underbrace{\sum x_i p_i}_{\bar{x}}\ .\end{aligned}$$

Die in (10) dargestellte Beziehung zwischen den Mittelwerten gilt nur bei linearer Transformation. Wir führen folgendes Gegenbeispiel an:

- Sei d der Durchmesser von Achsen. Dann ist $y = 0{,}25\ \pi\, d^2$ die Fläche ihres Querschnittes. Da y keine lineare Funktion von d ist, kann (10) nicht erfüllt sein. Es gilt vielmehr $\bar{y} > 0{,}25\ \pi(\bar{d})^2$. Der Leser möge den Beweis selbst versuchen! (π=3,14159..).

(4) Hat man eine Reihe von Untersuchungsgesamtheiten mit Umfängen $n_1,\ldots, n_r$ und Mittelwerten $\bar{x}_1,\ldots,\bar{x}_r$, so wird der Mittelwert dieser Mittelwerte wie folgt gebildet:

$$\boxed{\bar{\bar{x}} = \frac{n_1\bar{x}_1 + \ldots + n_r\bar{x}_r}{n_1 + \ldots + n_r}}\ . \tag{11}$$

Der Beweis von (11) ergibt sich unmittelbar aus der Definition (5): Summe geteilt durch Anzahl. Den auf die j-te Gesamtheit entfallenden Teil der Summe errechnet man dabei ebenfalls mit (5):

$$\bar{x}_j = \frac{\text{Summe } j}{n_j} \Rightarrow n_j\bar{x}_j = \text{Summe } j\,.$$

Der Anteil von j an der neuen Gesamtheit wird mit (3.I) berechnet:

$$\frac{n_j}{n_1 + \ldots + n_r} = p_j$$

und heißt **Mischanteil** von j (mixing proportion). Setzt man p_j in (11) ein, so erhält man die Darstellung:

$$\boxed{\bar{\bar{x}} = \sum_{j=1}^{s} \bar{x}_j p_j} \; . \qquad (11')$$

Wir können nun **Mischaufgaben** der folgenden Art lösen:

Mischaufgabe 1: In den drei Bezirken eines Wahlkreises mit 34235, 121726 und 92374 Wählern erzielt die Partei P folgende Prozentanteile an Stimmen: 3,4; 8,2; 6. Wie hoch ist der Prozentanteil dieser Partei im gesamten Wahlkreis? - Man rechnet mit (11):

$$\bar{\bar{x}} = \frac{34235 \cdot 3{,}4 + 121726 \cdot 8{,}2 + 92374 \cdot 6}{34235 + 121726 + 92374} = 6{,}72 \text{ Prozent} .$$

Mischaufgabe 2: Jemand will einer Menge von 20 l Wein mit 11,5 Prozent Alkohol soviel Wasser zusetzen, daß ein Wein mit 9 Prozent Alkohol entsteht. Wieviel Wasser muß er zugießen? - Wir setzen in (11) ein:

$$9 = \frac{20 \cdot 11{,}5 + n_2 \cdot 0}{20 + n_2} ,$$

und lösen nach n_2 auf:

$$n_2 = \frac{20 \cdot (11{,}5 - 9)}{9} \approx 5{,}6 .$$

Er gieße also 5,6 l Wasser zu, um 25,6 l Wein zu 9 Prozent Alkohol zu erhalten. Der Mischanteil des Wassers ist dabei (5,6):(25,6) = 0,217.

Wir werden jetzt untersuchen, was ein Mittelwert bedeutet, der eine Mischung von Mittelwerten im Sinne der Formel (11) ist.

Beispiel III.2: Wir denken uns die (bedingten) Einkommensverteilungen von Männern und Frauen gegeben und wollen daraus das arithmetische Mittel der Randverteilung ableiten.

Mit $p_{m.}$, $p_{w.}$ werden die Anteile der Männer bzw. Frauen an der Untersuchungsgesamtheit bezeichnet, $p_{m.} + p_{w.} = 1$.
Die bedingten Häufigkeiten der Tab.III.1 berechnet man mit Formel (7.I) wie folgt:

$$p_{j\,|\,m} = \frac{p_{mj}}{p_{m.}} , \quad p_{j\,|\,w} = \frac{p_{wj}}{p_{w.}} , \quad j=1,..,s.$$

Tab.III.1: Bedingte Verteilungen und Randverteilung.

Intervallmitten	$x_1, \ldots, x_j \ldots x_s$	Σ	Mittelwerte
Männer m	$p_{1\mid m} \,..\, p_{j\mid m} \,..\, p_{s\mid m}$	1	$\bar{x}_m$
Frauen w	$p_{1\mid w} \,..\, p_{j\mid w} \,..\, p_{s\mid w}$	1	$\bar{x}_w$
Rand	$p_{.1} \ldots p_{.j} \ldots p_{.s}$	1	$\bar{x}$

Damit errechnet man die **bedingten Mittelwerte** der Einkommen von Männern und Frauen:

$$\bar{x}_m = \sum_{j=1}^{s} x_j p_{j\mid m}\,, \quad \bar{x}_w = \sum_{j=1}^{s} x_j p_{j\mid w}\,. \tag{12}$$

Um das arithmetische Mittel der Randverteilungen durch die bedingten Mittelwerte ausdrücken zu können, benötigt man die Randhäufigkeiten in folgender Darstellung:

$$p_{.j} = p_{mj} + p_{wj} = p_{m.}p_{j\mid m} + p_{w.}p_{j\mid w}\,, \quad j=1,\ldots,s\,.$$

Diese setzt man in (5') ein

$$\bar{x} = \sum_{j=1}^{s} x_j\, p_{.j}$$

und erhält

$$\bar{x} = \sum_j x_j(p_{m.}p_{j\mid m} + p_{w.}p_{j\mid w})\,.$$

Führt man die Addition getrennt für m und w aus, so erfährt man, daß $\bar{x}$ sich aus den bedingten Mittelwerten (12) wie folgt zusammensetzt:

$$\bar{x} = \bar{x}_m p_{m.} + \bar{x}_w p_{w.}\,. \tag{13}$$

Der Mittelwert der Randverteilung ist nichts anderes als der Mittelwert der bedingten Mittelwerte (12), mit den Geschlechteranteilen $p_{m.}$ und $p_{w.}$ als Mischanteilen:

$$\boxed{\bar{x} = \sum_i \bar{x}_i p_{i.} = \bar{\bar{x}}_g} \,. \tag{14}$$

Es ist bekannt, daß Frauen im Durchschnitt weniger verdienen als Männer, d.h., daß die bedingten Mittelwerte der Ungleichung $\bar{x}_w < \bar{x}_m$ genügen. Diese Mittelwerte bleiben unverändert, wenn man die Geschlechteranteile $p_{m.}$, $p_{w.}$ verändert. Der Mittelwert der Randverteilung ändert sich dabei ebenfalls.

Wegen $p_{w.} = 1 - p_{m.}$ kann (13) in der Form angeschrieben werden:

$$\bar{x} = (\bar{x}_m - \bar{x}_w)\, p_{m.} + \bar{x}_w .$$

Geht der Männeranteil gegen Null, so wird $\bar{x}$ mit $\bar{x}_w$ identisch. Geht er gegen Eins, so wird $\bar{x}$ mit dem Einkommensmittel der Männer identisch. Wegen $0 \leq p_{m.} \leq 1$ gilt in jedem Fall:

$$\bar{x}_w \leq \bar{x} \leq \bar{x}_m . \qquad (15)$$

Die Randverteilung hat also einen Mittelwert, der von den durchschnittlichen Einkommen der Geschlechter nur begrenzt, und von der Verteilung der Geschlechter bestimmt wird. Diese tritt aber in der Randverteilung des Einkommens als bestimmende Größe nicht in Erscheinung. Mittelwerte von Randverteilungen können also **fremdbestimmt** sein. - Es wird sich herausstellen, daß man Gefahr läuft, Mittelwerte von Randverteilungen falsch zu interpretieren, wenn man ihre Fremdbestimmtheit ignoriert.
In Teil **D** werden wir zeigen, daß Mischungen von Verteilungen Randverteilungen sind und damit grundsätzlich fremdbestimmte Mittelwerte haben.

Das geometrische Mittel

In der Ausgabe 4/1983 der Zeitschrift PROFIL ist zu lesen: "In neun Jahren steigerten sich die Einnahmen der Salzburger Festspiele um 213,10 Prozent, durchschnittlich also um 23,7 Prozent pro Jahr". Der Wirtschaftsforscher H. KNAPP weist dagegen nach, daß sie tatsächlich nur um 13,5 Prozent gestiegen sind: "Wären sie in den Jahren 1974 - 1982 wirklich durchschnittlich um 23,7 Prozent gestiegen, dann wären die Einnahmen der Salzburger Festspiele 1982 bei 422,49 Millionen gelegen, anstelle der tatsächlichen 195,05" (zit. aus FINANZNACHRICHTEN 30/31, 1984).
Wir werden jetzt die Argumentation des Wirtschaftsforschers nachvollziehen. Folgende Daten stehen zur Verfügung:
Wachstumsraten p_t:

$$\boxed{p_t = \frac{u_t - u_{t-1}}{u_{t-1}} \cdot 100} . \qquad (16)$$

Eine Wachstumsrate ist nichts anderes als die Änderung des Umsatzes in Prozenten des Vorjahres. Nimmt sie den Wert Null an - das ist der Fall, wenn der Umsatz des Jahres gleich ist dem Umsatz des Vorjahres - , dann spricht man von **Nullwachstum**. Hat sie negatives Vorzeichen, dann spricht man gar von **Minuswachstum**.

Mit der Wachstumsrate hängt der **Wachstumsfaktor** g_t zusammen:

$$\boxed{g_t = \frac{u_t}{u_{t-1}}} \quad . \tag{17}$$

Ersetzt man in (16) den Quotienten u_t/u_{t-1} durch g_t, so wird $p_t=(g_t-1)\cdot 100$ mit der Umkehrung

$$g_t = 1 + \frac{1}{100} p_t \; . \tag{18}$$

g_t ist also eine lineare Funktion von p_t mit a=1 und b=1/100.

Tab.III.2: Umsatzentwicklung der Salzburger Festspiele im Zeitraum 1973 (einschließlich) bis 1982.

Periode	t	p_t	g_t
1973/74	1	p_1	g_1
1974/75	2	p_2	g_2
1975/76	3	p_3	g_3
1976/77	4	p_4	g_4
1977/78	5	p_5	g_5
1978/79	6	p_6	g_6
1979/80	7	p_7	g_7
1980/81	8	p_8	g_8
1981/82	9	p_9	g_9

$\sum p_t = 213{,}1019$

Umsätze:

1973: u_0 = 62,40 Mio.
1982: u_9 = 195,05 Mio.

Die Einnahmenentwicklung läßt sich mittels Wachstumsfaktoren folgendermaßen darstellen:

$$\begin{array}{l}
u_t = u_{t-1} \cdot g_t \\
\hline
u_1 = u_0 \cdot g_1 \\
u_2 = u_1 \cdot g_2 = u_0 \cdot g_1 g_2 \\
\vdots \\
u_T = u_{T-1} \cdot g_T = u_0 \cdot g_1 g_2 \cdot \ldots \cdot g_T \\
\hline
\end{array}$$

Man repräsentiert nun die Wachstumsfaktoren durch einen Mittelwert G, der folgende Bedingung erfüllt:

$$\boxed{G^T = g_1 g_2 \cdot \ldots \cdot g_T}, \tag{19}$$

so daß

$$u_T = u_0 \cdot G^T . \tag{20}$$

Die Zahl G heißt **geometrisches Mittel der Wachstumsfaktoren.**

Für den Zeitraum von 1973 (einschließlich) bis 1982 erhält man durch Auflösen der Gleichung (20):

$$195{,}05 = 62{,}4 \cdot G^9$$

nach G den mittleren Wachstumsfaktor:

$$G = \left(\frac{195{,}05}{62{,}4}\right)^{1/9} \approx 1{,}1350 ,$$

was aufgrund von (18) einer mittleren Wachstumsrate von (1,1350-1)·100 = = 13,5% entspricht.

Das arithmetische Mittel der Wachstumsraten der Tab.III.2 ist

$$\bar{p} = \frac{1}{9} \cdot 213{,}1019 = 23{,}6780,$$

also ungefähr 23,7 Prozent. Das arithmetische Mittel der Wachstumsfaktoren ist wegen der linearen Abhängigkeit (18) gleich dem Abbild von $\bar{p}$ (vgl. Formel 10):

$$\bar{g} = 1 + \frac{1}{100}\,\bar{p} = 1{,}23678 .$$

Wenn nun aber die Einnahmen tatsächlich in dem Ausmaß wachsen, wie es der Durchschnitt angibt, dann führt das in 9 Jahren zu einem Ergebnis von

$$u_0 \cdot (\bar{g})^9 = 62{,}4(1{,}23678)^9 = 422{,}49 = u_9 ,$$

anstelle von den tatsächlichen 195,05 Mio. - Man kann beweisen, daß das geometrische Mittel nie größer als das arithmetische Mittel ist:

$$G \leq \bar{g} , \tag{21}$$

wobei das Gleichzeichen nur dann gilt, wenn alle Wachstumsfaktoren gleich sind. Eigenschaft (21) erklärt die Überschätzung des Umsatzes durch das arithmetische Mittel der Wachstumsfaktoren.

Nicht nur das Wachstum der Wirtschaft, auch das Wachstum der Bevölkerung wird mit dem geometrischen Mittel analysiert. Wir untersuchen im folgenden, wie man Bevölkerungszahlen prognostizieren kann.

Man hat eine Folge von Bevölkerungszahlen, beginnend mit einem Basisjahr Null, gegeben:

$$u_0, u_1, \dots , u_T; \dots , u_Z$$

und errechnet das geometrische Mittel der Wachstumsfaktoren, indem man (20) nach G auflöst:

$$\boxed{G = \left(\frac{u_T}{u_0}\right)^{\frac{1}{T}}} . \qquad (22)$$

Nun prognostiziert man den Bevölkerungsstand zu einem künftigen Zeitpunkt Z durch Anwendung der Formel (20):

$$u_Z = u_0 \cdot G^Z , \qquad (20')$$

die in diesem Zusammenhang 'compound interest formula' heißt.
Man kann aber auch jenen Zeitpunkt V aufsuchen, bei dem sich die Bevölkerung gegenüber dem Basisjahr verdoppelt haben wird:

$$u_0 \cdot G^V = 2u_0 \Rightarrow V = \frac{\ln 2}{\ln G} . \qquad (23)$$

V heißt **Verdoppelungsintervall** (der Bevölkerung).

Tab.III.3: Geometrische Mittel der Wachstumsfaktoren der Jahre 1980 bis 1985 und zugehörige Wachstumsraten, Verdoppelungsintervalle und Einwohnerdichten/km^2, Stand 1989, für einige ausgewählte Regionen der Erde (Datenquelle: Demographisches Jahrbuch Österreichs 1989).

Region	G	p	V(Jahre)	EW/km^2
Erde insgesamt	1,0174	1,74	40,18	38,3
Entwicklungsländer	1,0210	2,10	33,35	50,9
Industrieländer	1,0065	0,65	106,98	21,0
Afrika insgesamt	1,0295	2,95	23,84	20,7
Westafrika	1,0320	3,20	22,01	31,5
Lateinamerika	1,0219	2,19	32,00	21,4
Nordamerika	1,0100	1,00	69,66	12,7
Asien insgesamt	1,0186	1,86	37,61	110,6
Japan	1,0066	0,66	105,37	325,2
China	1,0123	1,23	56,70	116,7
Westasien	1,0296	2,96	23,76	28,0
Europa insgesamt	1,0032	0,32	216,95	100,7
Westeuropa	1,0016	0,16	433,56	155,8
Südeuropa	1,0050	0,50	138,98	109,5

Die Verdoppelungsintervalle der vorletzten Spalte sind Prognosen, die unter der Bedingung eintreffen werden, daß die Wachstumsfaktoren der künftigen Jahre dasselbe geometrische Mittel aufweisen wie im Beobachtungszeitraum 1980-1985.
Westafrika hatte 1989 eine Bevölkerungsdichte von 31,5 EW/km^2. Aufgrund des Verdoppelungsintervalles V=22,01 Jahre prognostiziert man für die folgenden Jahrzehnte Bevölkerungsdichten, die in der Tab.III.4 wiedergegeben sind:

Tab.III.4: Prognose der Bevölkerungsdichte Westafrikas.

Jahr: 1989	2011	2033	2055	2077	2099	2121	...
Dichte: 31,5	63	126	252	504	1008	2016	...

Danach wird knapp um das Jahr 2300 auf jedem Quadratmeter westafrikanischen Bodens ein Einwohner stehen. Wir sind ziemlich sicher, daß das nicht eintreten wird. Was wir nicht wissen ist, ob es Katastrophen oder bevölkerungspolitische Maßnahmen sein werden, die einen anderen Verlauf bewirken.

Das harmonische Mittel

Auch im folgenden Beispiel verleitet das arithmetische Mittel zu falschen Schlüssen.

Beispiel III.3: Ein junger Mann will mit seiner Honda einen Alpenpaß befahren und dabei eine Durchschnittsgeschwindigkeit von 60 km/h erzielen. Bei der Bergfahrt bringt er es auf einen Durchschnitt von 30 km/h. Wie schnell muß er bei der Talfahrt sein, um sein Vorhaben auszuführen? Man ist versucht, die Frage auf folgende Weise zu beantworten:

$$\bar{x} = \frac{1}{2}(30 + x) = 60 \Rightarrow x = 90 \text{ km/h} .$$

Das ist eine sehr hohe Geschwindigkeit und dennoch viel zu niedrig für die Ausführung des Vorhabens, wie folgende Überlegung zeigt: angenommen, die Paßstrecke sei n km lang. Dann erfordern Berg- und Talfahrt bei einer Durchschnittsgeschwindigkeit von 60 km/h genau 2 n Minuten. Erzielt der Mann nun bei der Bergfahrt nur einen Schnitt von 30 km/h, so braucht er dafür bereits 2 n Minuten. Er müßte also, um sein Vorhaben auszuführen, ins Tal gelangen, ohne dafür Zeit zu brauchen, d.h. sich mit unendlich großer Geschwindigkeit bewegen. Die Rechnung bestätigt dieses Ergebnis:

Geschwindigkeit insgesamt: $v = \frac{\text{Gesamtweg}}{\text{Gesamtzeit}} = \frac{2\ n}{t_1 + t_2} = 60$.

Geschwindigkeit Bergfahrt: $v_1 = \frac{n}{t_1} = 30 \Rightarrow t_1 = \frac{n}{30}$,

Geschwindigkeit Talfahrt: $v_2 = \frac{n}{t_2} \qquad \Rightarrow t_2 = \frac{n}{v_2}$.

Damit wird

$$v = \frac{2\ n}{\frac{n}{30} + \frac{n}{v_2}} = 60 ,$$

also

$$\frac{2}{60} = \frac{1}{30} + \frac{1}{v_2} , \quad \frac{1}{v_2} = 0 , \quad v_2 = \infty .$$

♦♦ ♦ ♦♦

Sind $v_1,\dots,v_r$ positive Zahlen, so bezeichnet man die Zahl

$$H = \frac{n}{\frac{n_1}{v_1} + \dots + \frac{n_r}{v_r}} , \quad \sum_{i=1}^{r} n_i = n , \tag{24}$$

als ihr **harmonisches Mittel**.

Die Durchschnittsgeschwindigkeit ist demnach das harmonische Mittel der Einzelgeschwindigkeiten. - Erreicht der junge Mann bei der Talfahrt einen Schnitt von 90 km/h, so führt er sein Vorhaben, statt wie geplant mit einer mittleren Geschwindigkeit von 60 km/h, mit einer Geschwindigkeit von

$$H = \frac{2}{\frac{1}{30} + \frac{1}{90}} = 45 \text{ km/h}$$

aus.

Man kann beweisen, daß das harmonische Mittel nie größer ist als das geometrische und dieses nie größer als das arithmetische.

Das folgende Beispiel soll zeigen, daß es von gewissen Nebenbedingungen abhängt, welcher Mittelwert der angemessene ist.

Beispiel III.4: Ein Liter Heizöl kostet p Schilling, M Liter kosten demnach $K = M \cdot p$ Schilling. Der Preis ist also gleich $p = K/M$. Für n Bestellungen hatte man durchschnittlich zu bezahlen

$$D = \frac{\text{gesamte Kosten}}{\text{gesamte Menge}} = \frac{\Sigma K_i}{\Sigma M_i}, \quad i=1,\ldots,n .$$

Wenn man, am Bedarf orientiert, jedesmal dieselbe Menge M gekauft hat, dann ist

$$D = \frac{M \Sigma p_i}{n M} = \frac{1}{n} \sum p_i = \bar{p} ,$$

der Durchschnittspreis also identisch mit dem arithmetischen Mittel. Gibt man dagegen, an den Kosten orientiert, jedesmal dieselbe Summe K aus, so wird

$$D = \frac{n K}{\Sigma \frac{K}{p_i}} = \frac{n}{\frac{1}{K_1} + \ldots + \frac{1}{K_n}} = H ,$$

der Durchschnittspreis also gleich dem harmonischen Mittel.

⬩⬧ ⧫ ⬧⬩

Weitere Positionsmaße

Unter dem **p-Quantilsmittel** (16.II) versteht man den Mittelpunkt des Intervalles $[\tilde{x}_p, \tilde{x}_{1-p}]$, d.h. also

$$\boxed{\frac{1}{2} (\tilde{x}_p + \tilde{x}_{1-p})} \quad . \tag{25}$$

Gebräuchliche Werte für p sind: p=0,25 und p=0,10. Man spricht dementsprechend von einem Quartilmittel bzw. einem Dezilmittel.
Der Mittelpunkt des Intervalles $[x_{(1)}, x_{(n)}]$, wobei $x_{(1)}$ die kleinste und $x_{(n)}$ die größte in der Untersuchungsgesamtheit vorkommende Merkmalsausprägung bedeutet (9.II), heißt **Mittelpunkt der Verteilung**.

Hat man Grund zur Vermutung, daß sich unter den Daten Ausreißer befinden, so messe man die Position der Untersuchungsgesamtheit mit einem **robusten Schätzer**. Darunter versteht man eine Maßzahl, welche gegen die Verletzung gewisser Voraussetzungen weitgehend unempfindlich ist. Eine solche ist der **Hodges-Lehmann-Schätzer**: er ist der Median der Verteilung der arithmetischen Mittel aller Paare von Meßwerten, wobei die Paare (x_i, x_i), i=1, ...,n mitgezählt werden.

III.2: Streuungsmaßzahlen

Das Schaubild einer Verteilung gibt auch Auskunft über die Streuung der Objekte. Wir orientieren uns offensichtlich an der ausgearteten Verteilung, bei der alle Objekte die gleiche Merkmalsausprägung aufweisen. Demgemäß streuen die Objekte, wenn sie von einem mittleren Punkt abweichen oder untereinander Abstände aufweisen, und sie streuen stark, wenn diese Abweichungen oder Abstände groß sind.
Es liegt nahe, die Verteilung dieser Abweichungen oder Abstände zu erstellen und durch einen Mittelwert zu charakterisieren.

Streuungsmaßzahlen, die auf den Abweichungen von einem zentralen Punkt beruhen

Das arithmetische Mittel der Abstände $|x_i - a|$ heißt **durchschnittliche Abweichung** von a:

$$U(a) = \sum_{i=1}^{r} |x_i - a| p_i \; . \tag{26}$$

Als 'zentralen Punkt' verwendet man $a = \tilde{x}_{0,5}$ (Median) oder $a = \bar{x}$ (arithmetisches Mittel). Aus der 'Minimumeigenschaft' des Medians (2) folgt: $U(\tilde{x}_{0,5}) \leq U(\bar{x})$.

Unter der **Varianz** einer Verteilung versteht man das arithmetische Mittel der Abweichungen $(x_i - \bar{x})^2$:

$$\boxed{s^2 = \sum_{i=1}^{r} (x_i - \bar{x})^2 \, p_i} \; . \tag{27}$$

Für Rechenzwecke ist folgende Formel bequemer als (27):

$$\boxed{s^2 = \sum_{i=1}^{r} x_i^2 \, p_i - \bar{x}^2} \; . \tag{28}$$

Man erhält diese Formel, indem man das Binom in (27) entwickelt und die Glieder getrennt summiert:

$$s^2 = \sum (x_i^2 - 2\,\bar{x}\,x_i + \bar{x}^2)\, p_i$$

$$= \sum x_i^2\, p_i - 2\,\bar{x} \underbrace{\sum x_i p_i}_{\bar{x}} + \bar{x}^2 \underbrace{\sum p_i}_{1} .$$

Da s^2 nie negativ sein kann, folgt aus (28) die Ungleichung:

$$\bar{x}^2 \le \sum x_i^2\, p_i .$$

Unter der **Standardabweichung** oder Streuung im engeren Sinne versteht man die positive Wurzel aus der Varianz:

$$\boxed{s = \sqrt[+]{\sum (x_i - \bar{x})^2\, p_i}} \quad . \qquad (29)$$

Eigenschaften von Varianz und Standardabweichung

(1) Sei $y = a + bx$. Wegen (10): $\bar{y} = a + b\bar{x}$, hat die Varianz der Verteilung auf dem Merkmal **Y** folgenden Bezug zu s_x^2:

$$\boxed{s_y^2 = b^2 \cdot s_x^2} \quad . \qquad (30)$$

Man überzeugt sich davon auf folgende Weise:

$$\begin{aligned} s_y^2 &= \sum (y_i - \bar{y})^2\, p_i \\ &= \sum (a + bx_i - a - b\bar{x})^2\, p_i \\ &= b^2 \underbrace{\sum (x_i - \bar{x})^2\, p_i}_{\text{Var}\ \mathbf{X}} . \end{aligned}$$

Für die Standardabweichung s_y gilt dementsprechend:

$$\boxed{s_y = b \cdot s_x} \quad . \qquad (31)$$

Führt man Einheitentransformationen $y = bx$ durch, so gilt wegen $a = 0$:

$$(10):\ \bar{y} = b\bar{x} \quad \text{und} \quad (31):\ s_y = bs_x .$$

Mittelwert und Standardabweichung haben also stets dieselbe Einheit, z.B. Zoll oder Zentimeter, Schilling oder DM. Man kann deshalb zu $\bar{x}$ Vielfache der Standardabweichung addieren: $\bar{x} \pm zs_x$ sind Merkmalsausprägungen, z Standardeinheiten rechts/links von $\bar{x}$. - Die Varianz wird entsprechend (30) mit dem Quadrat der Einheit gemessen: 'Zentimeterquadrat', 'DMquadrat'.

- Kostet 1 kg Brot im Durchschnitt DM 2, und ist die Standardabweichung

0,30 DM, so errechnet man bei einem Wechselkurs von b = 7,1 (Schilling für eine DM) einen mittleren Brotpreis von $7{,}1 \cdot 2 = 14{,}2$ Schilling und eine Standardabweichung von $7{,}1 \cdot 0{,}30 = 2{,}13$ Schilling. Der Varianz $(0{,}30)^2 = 0{,}09$ 'DMquadrat' entspricht eine Varianz $(2{,}13)^2 = 4{,}54$ 'Schillingquadrat'. Diese Zahlen dürfen ohne weiteres mit dem Mittelwert und der Standardabweichung der österreichischen Brotpreisverteilung verglichen werden.

Führt man eine **Translation** $y = a + x$ durch, so gilt wegen $b = 1$:

$$(10):\ \bar{y} = a + \bar{x} \quad \text{und} \quad (31):\ s_y = s_x .$$

Die Verteilung ändert also bei Translation nur ihre Position, jedoch nicht ihre Streuung. Man sagt aus diesem Grunde, Streuung/Varianz einer Verteilung seien **translationsinvariant**.

(2) Die **Standardverteilung** hat den Mittelwert Null und die Standardabweichung Eins. Man führt eine Verteilung mit Mittelwert $\bar{x}$ und Standardabweichung s_x in die Standardverteilung über, indem man die Konstanten der Transformation $z = a + bx$ so wählt, daß $\bar{z} = 0$ und $s_z = 1$ wird, d.h. man folgert aus

$$(31):\ s_z = b \cdot s_x = 1, \quad \text{daß } b = \frac{1}{s_x} ,$$

und aus

$$(10):\ \bar{z} = a + b\bar{x} = 0, \quad \text{daß } a = -\frac{1}{s_x}\,\bar{x} .$$

Ein Objekt mit Merkmalsausprägung x hat dann den Standardwert (den **standard score**):

$$\boxed{z = a + bx = \frac{x - \bar{x}}{s_x}} \quad . \tag{32}$$

Die ursprünglichen Ausprägungen gewinnt man zurück, indem man (32) nach x auflöst:

$$\boxed{z \cdot s_x + \bar{x} = x} \quad . \tag{33}$$

(3) Hat man mehrere Untersuchungsgesamtheiten mit Varianzen $s_1^2,\ldots,s_r^2$ und Umfängen $n_1,\ldots,n_r$, so errechnet man die mittlere oder **'gepoolte'** Varianz mit (11):

$$\overline{s^2} = \frac{n_1 s_1^2 + \ldots + n_r s_r^2}{n_1 + \ldots + n_r} = s_1^2 \, p_1 + \ldots + s_r^2 \, p_r \,, \tag{34}$$

wobei p_j den 'Mischanteil' gemäß Formel (11') darstellt:

$$p_j = \frac{n_j}{n_1 + \ldots + n_r} \,, \quad j=1,\ldots,r \,. \tag{12}$$

Man beachte, daß die mittlere Varianz (34) der mittleren quadratischen Abweichung von

$$\bar{\bar{x}} = \frac{n_1 \bar{x}_1 + \ldots + n_r \bar{x}_r}{n_1 + \ldots + n_r} \tag{11}$$

nur dann gleich ist, wenn alle Mittelwerte gleich sind. Der Beweis gelingt dem Leser leicht mit Hilfe des Steiner'schen Verschiebungssatzes (8).

Beispiel III.5: Es wurde bereits untersucht, wie der Mittelwert einer Randverteilung sich aus den bedingten Mittelwerten herleiten läßt (Beispiel III.2). Wir wollen jetzt eine entsprechende Untersuchung mit der Varianz einer Randverteilung anstellen und wählen dazu wieder das zweidimensionale Merkmal 'Geschlecht, Einkommen':

Tab.III.5:

Intervallmitten	$x_1 \ldots\ldots x_j \ldots\ldots x_s$	Σ	Varianzen
Männer m	$p_{1\mid m} \ldots\ldots p_{j\mid m} \ldots\ldots p_{s\mid m}$	1	$Var(\mathbf{X}\mid m)$
Frauen w	$p_{1\mid w} \ldots\ldots p_{j\mid w} \ldots\ldots p_{s\mid w}$	1	$Var(\mathbf{X}\mid w)$
Rand	$p_{.1} \ldots\ldots p_{.j} \ldots\ldots p_{.s}$	1	$Var\ \mathbf{X}$

Die Varianz der Einkommensverteilung von Männern bzw. Frauen wollen wir als **bedingte Varianz** bezeichnen in Anlehnung an die bedingten Mittelwerte $\bar{x}_m$, $\bar{x}_w$ (12):

$$Var(\mathbf{X}\mid m) = \sum_{j=1}^{r} (x_j - \bar{x}_m)^2 \, p_{j\mid m} \,, \quad Var(\mathbf{X}\mid w) = \sum_{j=1}^{r} (x_j - \bar{x}_w)^2 \, p_{j\mid w} \,. \tag{35}$$

Die Randverteilung streut demgegenüber um den Randmittelwert $\bar{x}$:

$$Var\ \mathbf{X} = \sum_{j=1}^{r} (x_j - \bar{x})^2 \, p_{.j} \,. \tag{27}$$

Berücksichtigt man, daß die Randhäufigkeit $p_{.j}$ die Darstellung hat:

$$p_{.j} = p_{m.} \cdot p_{j|m} + p_{w.} \cdot p_{j|w}$$

so erhält man für

$$\operatorname{Var} \mathbf{X} = p_{m.} \sum_j (x_j - \bar{x})^2 \, p_{j|m} + p_{w.} \sum_j (x_j - \bar{x})^2 \, p_{j|w} \, .$$

Die beiden Summen sind die mittleren quadratischen Abweichungen vom Randmittelwert statt von den bedingten Mittelwerten. Stellen wir sie wie bei der Herleitung des Steiner'schen Verschiebungssatzes (8) dar, so erhalten wir unmittelbar:

$$\begin{aligned} \operatorname{Var} \mathbf{X} &= p_{m.} \left[\operatorname{Var}(\mathbf{X}|m) + (\bar{x}_m - \bar{x})^2\right] + p_{w.} \left[\operatorname{Var}(\mathbf{X}|w) + (\bar{x}_w - \bar{x})^2\right] \\ &= \underbrace{\operatorname{Var}(\mathbf{X}|m) \cdot p_{m.} + \operatorname{Var}(\mathbf{X}|w) \cdot p_{w.}}_{\text{mittlere Varianz (34)}} + \underbrace{(\bar{x}_m - \bar{x})^2 p_{m.} + (\bar{x}_w - \bar{x})^2 p_{w.}}_{\text{Varianz der Mittelwerte (27)}} \end{aligned}$$

♦♦ ♦ ♦♦

Die Varianz der Randverteilung ist größer als das 'gewogene' Mittel der bedingten Varianzen, wenn die bedingten Mittelwerte um den Randmittelwert streuen. - Wir wollen dieses Ergebnis mit einem Zahlenbeispiel illustrieren.

Beispiel III.6: Man berechne Mittelwert und Varianz der Abfüllgewichte von Zuckerpaketen, die von zwei verschiedenen Abfüllautomaten stammen.

Tab.III.6: (Gewichte in Gramm, Sollwert 500 Gramm).

Gewichtsintervalle	Intervall-mitten	Automaten I	II	Randver-teilung
486 - 490	488	0,05	0,00	0,025
490 - 494	492	0,20	0,10	0,150
494 - 498	496	0,60	0,20	0,400
498 - 502	500	0,10	0,40	0,250
502 - 506	504	0,05	0,20	0,125
506 - 510	508	0,00	0,10	0,050
	Summen :	1,00	1,00	1,00
	$\bar{x}$|A :	495,60	500,00	497,80
	Var(**X**|A):	11,04	19,2	19,96

Die Randverteilung wurde unter der Annahme berechnet, daß jeweils die Hälfte der Zuckerpakete von einem Automaten stammt, die Mischanteile also

0,5 betragen. Das durchschnittliche Gewicht ist unter dieser Annahme $\bar{x}$ = =497,8 Gramm und setzt sich aus den bedingten Mittelwerten wie folgt zusammen:

$$\bar{x} = 495{,}6 \cdot 0{,}5 + 500{,}0 \cdot 0{,}5 \;. \qquad (13)$$

Die Varianz der Randverteilung beträgt s^2 = 19,96 (Grammquadrat). Sie ergibt sich aus den bedingten Verteilungen wie folgt:

$$\mathrm{Var}\,\mathbf{X} = \underbrace{11{,}04 \cdot 0{,}5 + 19{,}2 \cdot 0{,}5}_{15{,}12} + \underbrace{(495{,}6-497{,}8)^2 \cdot 0{,}5 + (500{,}0-497{,}8)^2 \cdot 0{,}5}_{4{,}84}$$

$$= 19{,}96 \;.$$

Fällt Automat I wegen einer Reparatur für acht Stunden aus, so nehmen $\bar{x}$ und Var **X** andere Werte an, nämlich:

$$\bar{x} = 495{,}6 \cdot (16/40) + 500 \cdot (24/40) = 498{,}24;$$

$$\mathrm{Var}\,\mathbf{X} = 4{,}416 + 11{,}520 + 2{,}788 + 1{,}859 = 20{,}583.$$

•♦ ♦ ♦•

Wir wollen das Ergebnis unserer Untersuchungen folgendermaßen zusammenfassen: **Die Varianz einer Randverteilung ist gleich dem Mittelwert der bedingten Varianzen, vermehrt um die Varianz der bedingten Mittelwerte:**

$$\boxed{\mathrm{Var}\,\mathbf{X} = \sum_{i=1}^{r} \mathrm{Var}(\mathbf{X}\,|\,i) \cdot p_{i.} + \sum_{i=1}^{r} (\bar{x}_i - \bar{x})^2 \, p_{i.}} \qquad (36)$$

Man beachte, daß auch die Varianz der Randverteilung bei festen Mittelwerten und festen bedingten Varianzen von den Mischanteilen $p_{i.}$, i=1,...,r abhängig ist und sich ändert, wenn diese geändert werden. Es ist also auch die Varianz der Randverteilung wie die Randhäufigkeit und der Randmittelwert **fremdbestimmt** (in unserem Beispiel III.6 von der Auslastung der beiden Automaten).

Ein weiteres Streuungsmaß läßt sich aus der Verbindung von Standardabweichung und arithmetischem Mittel herstellen: Wenn wir hören, daß Messungen "auf ein Gramm genau" seien, was bedeutet, daß die Ungleichung

$$|x_i - \mu| \leq 1 \text{ g}$$

meistens erfüllt ist, so sehen wir das bei schweren Gegenständen –

großem μ - als respektable Genauigkeit an. Wenn μ dagegen das Gewicht einer Briefmarke ist, so kann uns die angegebene Genauigkeit nicht mehr beeindrucken. Man ist also in manchen Fällen veranlaßt, die Größe der Abweichung vom wahren Wert auf diesen selbst zu beziehen. Den Quotienten

$$\frac{|x_i - \mu|}{\mu} \tag{37}$$

bezeichnet man als **relativen Fehler**. - Man ersetzt den Zähler von (37) durch die Standardabweichung (29), die in Zusammenhang mit Meßwiederholungen auch den Namen **Standardfehler** hat. Der Quotient aus Standardabweichung und Mittelwert heißt **durchschnittlicher relativer Fehler** oder **Variationskoeffizient**:

$$V = \frac{\text{Standardabweichung}}{\text{Mittelwert}} = \frac{s_x}{\bar{x}} . \tag{38}$$

Da nur der Zähler, nicht aber der Nenner von (38) translationsinvariant ist, darf V nur bei Merkmalen mit absolutem Nullpunkt berechnet werden. Durch Einheitstransformation wird V nicht verändert: Sei $y = b \cdot x$, a also null. Dann gilt wegen (31) und (10):

$$V_y = \frac{s_y}{\bar{y}} = \frac{bs_x}{b\bar{x}} = \frac{s_x}{\bar{x}} = V_x .$$

Beispiel: Eine Summe M wird auf n Objekte einmal so aufgeteilt, daß Nullkonzentration, und einmal so, daß Maximalkonzentration entsteht (Kapitel II.3). Man berechne beide Male Mittelwert und Varianz der Verteilung.

Mittelwert:

Nullkonzentration: $\bar{x} = \frac{1}{n} \cdot M$

Maximalkonzentration: $\bar{x} = 0 \cdot \frac{n-1}{n} + M \cdot \frac{1}{n} = \frac{1}{n} \cdot M.$

Man erhält also in beiden Fällen denselben Mittelwert.

Varianz:

Nullkonzentration: $s_x^2 = \sum_{x_i \neq \bar{x}} (x_i - \bar{x})^2 \cdot 0 + (\bar{x} - \bar{x})^2 \cdot 1 = 0.$

Maximalkonzentration: Mit $M = n\bar{x}$ erhält man

$$s_x^2 = (0 - \bar{x})^2 \cdot \frac{n-1}{n} + (M - \bar{x})^2 \cdot \frac{1}{n}$$
$$= \frac{1}{n} [\bar{x}^2(n - 1) + \bar{x}^2(n - 1)^2]$$
$$= (n - 1)\,\bar{x}^2 .$$

Die beiden Aufteilungen haben also verschiedene Varianzen bei gleichem Mittelwert. Jede andere Aufteilung zwischen Null- und Maximalkonzentration hat ihre eigene Varianz bei unverändertem Mittelwert. Es besteht also eine Beziehung zwischen Varianz und Konzentration, die bei der Messung der Konzentration mit dem HERFINDAHL-Index benutzt wird. Setzt man (28) in (38) ein, so erhält man

$$V^2 = \frac{s_x^2}{\bar{x}^2} = \frac{\Sigma x_i^2 p_i}{(\Sigma x_i p_i)^2} - 1 .$$

V^2 ist bei Nullkonzentration null, bei Maximalkonzentration n-1. Aus diesem Grunde nimmt der HERFINDAHL-Index

$$H = \frac{1}{n} (V^2 + 1) = \frac{1}{n} \frac{\Sigma x_i^2 p_i}{(\Sigma x_i p_i)^2} \tag{39}$$

Werte zwischen $\frac{1}{n}$ und 1 an.

Streuungsmaßzahlen, die auf dem Abstand zweier Objekte beruhen

Man bezeichnet als **p-Quantildistanz** die Breite des Intervalles $[\tilde{x}_{1-p}, \tilde{x}_p]$ also

$$d_{1-2p} = \tilde{x}_{1-p} - \tilde{x}_p . \tag{40}$$

Die Überlegungen in Zusammenhang mit Abb.II.12 lassen uns erkennen, daß die relative Häufigkeit dieses Intervalles 1-2p ist. Gebräuchliche Werte für p sind 0,25 (man spricht dann vom "Intervall der mittleren 50 Prozent") und 0,10.

Der Abstand zwischen der größten und kleinsten Merkmalsausprägung einer Untersuchungsgesamtheit heißt **Spannweite** (range) einer Verteilung:

$$R = x_{(n)} - x_{(1)} . \tag{40'}$$

Streuungsmaßzahlen, die auf den Abständen aller Objekte beruhen

Wir untersuchen die Matrix der Abstände $d_{jk} = x_j - x_k$, $d_{kj} = x_k - x_j$; $d_{kj} = -d_{jk}$:

$$\begin{bmatrix} d_{11} & \cdots\cdots & d_{1j} & \cdots\cdots & d_{1k} & \cdots\cdots & d_{1n} \\ \vdots & & \vdots & & \vdots & & \vdots \\ d_{j1} & \cdots\cdots & d_{jj} & \cdots\cdots & d_{jk} & \cdots\cdots & d_{jn} \\ \vdots & & \vdots & & \vdots & & \vdots \\ d_{k1} & \cdots\cdots & d_{kj} & \cdots\cdots & d_{kk} & \cdots\cdots & d_{kn} \\ \vdots & & \vdots & & \vdots & & \vdots \\ d_{n1} & \cdots\cdots & d_{nj} & \cdots\cdots & d_{nk} & \cdots\cdots & d_{nn} \end{bmatrix}$$

Die Matrix hat n^2 Elemente. In der Diagonalen stehen n Elemente, außerhalb der Diagonalen stehen somit $n^2 - n = n(n-1)$ Elemente.

Das arithmetische Mittel der Abstandsbeträge $|d_{jk}|$, $j \neq k$, heißt **Gini-Maß der Streuung**:

$$\Delta = \frac{1}{n(n-1)} \sum_j \sum_k |d_{jk}| = \frac{2}{n(n-1)} \sum_j \sum_{k>j} |d_{jk}| \,. \tag{41}$$

Das arithmetische Mittel der quadrierten Abstände $d_{jk}^2 = (x_j - x_k)^2$, $j \neq k$, heißt **mittlerer quadratischer Abstand**:

$$Q = \frac{1}{n(n-1)} \sum_j \sum_k d_{jk}^2 = \frac{2}{n(n-1)} \sum_j \sum_{k>j} d_{jk}^2 \,. \tag{42}$$

Der mittlere quadratische Abstand zwischen allen Objekten weist folgende Verwandtschaft mit der Varianz auf (Anhang **A-5**):

$$Q = 2\,\frac{1}{n-1} \sum_i (x_i - \bar{x})^2 h_i = 2\,\frac{n}{n-1}\, s_x^2 \,.$$

Der mittlere quadratische Abstand vom arithmetischen Mittel - also die Varianz - repräsentiert die Abstände zwischen allen Objekten. Dies unterstreicht die hervorragende Bedeutung des arithmetischen Mittels.

In der nachfolgenden Tabelle ist angeführt, welche Positions- und Streuungsmaße zusammengehören.

Tab.III.7:

Bei Rangmerkmalen und metrischen Merkmalen: Quantilsmittel (25) und Quantilsdistanz (40);

Bei metrischen Merkmalen: Mittelpunkt (25) und Spannweite (40');

Bei metrischen Merkmalen: Median (1) und mittlere Abweichung (26) bzw. Gini-Maß (41);

Bei metrischen Merkmalen: arithmetisches Mittel (5) und Varianz (27) bzw. Standardabweichung (29) bzw. Variationskoeffizient (38).

III.3: Die Momente von Verteilungen

Eine Verteilung von Objekten (auf einem metrischen Merkmal) wird durch ihre Momente vollständig bestimmt. Zwischen dem Verteilungsgesetz und den Momenten der Verteilung bestehen Beziehungen, die es ermöglichen, von den Momenten auf das Verteilungsgesetz zu schließen. Darüber ist in Teil **C** zu berichten.

Zuerst wollen wir uns mit einigen Eigenschaften von Momenten befassen: Das arithmetische Mittel der k-ten Potenzen $(x\text{-}a)^k$ heißt **Moment k-ter Ordnung** der Verteilung **in bezug auf den Punkt a**:

$$m_k(a) = \sum_{i=1}^{r} (x_i - a)^k \, p_i, \quad k=0,1,\ldots \,. \tag{43}$$

Ist a = 0, so spricht man von **gewöhnlichen Momenten** oder von Momenten in bezug auf den Nullpunkt des Merkmales:

$$m_k(0) = \sum_{i=1}^{r} x_i^k \, p_i, \quad k=0,1,\ldots \,. \tag{43'}$$

Man erkennt, daß

$$m_0(0) = \sum p_i = 1; \quad m_1(0) = \sum x_i p_i = \bar{x}; \quad m_2(0) = \sum x_i^2 \, p_i \,.$$

Ist $a = \bar{x}$, so spricht man von **zentralen Momenten**:

$$m_k(\bar{x}) = \sum_{i=1}^{r} (x_i - \bar{x})^k \, p_i, \quad k=0,1,\ldots \,. \tag{43''}$$

Einige zentrale Momente können leicht identifiziert werden:

$$m_0(\bar{x}) = \sum p_i = 1; \quad m_1(\bar{x}) = \sum (x_i - \bar{x})\, p_i = 0 \quad (6);$$

$$m_2(\bar{x}) = \sum (x_i - \bar{x})^2\, p_i = s_x^2 \quad (27)\ .$$

Verteilungen auf diskreten Merkmalen sind gelegentlich durch faktorielle Momente zu charakterisieren: Das arithmetische Mittel

$$m_{[k]} = \sum_x x(x-1)\cdot \ldots \cdot(x-k+1)\ p_x, \quad k=0,1,\ldots \tag{44}$$

heißt **faktorielles Moment** k-ter Ordnung. - Man stellt leicht folgende Beziehungen zwischen faktoriellen und gewöhnlichen Momenten her:

$$m_{[1]} = \sum x_i p_i = \bar{x}; \quad m_{[2]} = \sum x_i (x_i - 1) p_i = m_2(0) - m_1(0)\ .$$

Die Varianz einer Verteilung ist mit faktoriellen Momenten folgendermaßen darzustellen:

$$m_{[2]} + m_{[1]} - m_{[1]}^2 = \sum x_i^2\, p_i - (\sum x_i p_i)^2 = s_x^2\ . \tag{45}$$

Momente in bezug auf den Punkt a können durch gewöhnliche Momente wie folgt ausgedrückt werden:

$$m_k(a) = \sum_j \binom{k}{j} (-a)^{k-j} \cdot m_j(0)\ . \tag{46}$$

Der Leser findet den Beweis hierfür im Anhang (**A-6**).

Wir wollen jetzt mit (46) die ersten vier Momente in bezug auf $a = \bar{x}$ darstellen:

$$m_1(\bar{x}) = \binom{1}{0} (-\bar{x})^{1-0}\cdot m_0(0) + \binom{1}{1} (-\bar{x})^{1-1}\cdot m_1(0) = -\bar{x} + \bar{x} = 0.$$

$$m_2(\bar{x}) = \binom{2}{0} (-\bar{x})^{2}\cdot m_0(0) + \binom{2}{1} (-\bar{x})^{1}\cdot m_1(0) + \binom{2}{2} (-\bar{x})^{0}\cdot m_2(0)$$

$$= \bar{x}^2\cdot 1 - 2\ \bar{x}\cdot\bar{x} + \sum x_i^2\ p_i = s_x^2\ .$$

$$m_3(\bar{x}) = -\bar{x}^3 + 3\ \bar{x}^2\cdot\bar{x} - 3\ \bar{x} \sum x_i^2\ p_i + \sum x_i^3\ p_i$$

$$= \sum x_i^3\ p_i - 3\ \bar{x} \sum x_i^2\ p_i + 2\ \bar{x}^3.$$

$$m_4(\bar{x}) = \bar{x}^4 - 4\ \bar{x}^3\cdot\ \bar{x} + 6\ \bar{x}^2 \sum x_i^2\ p_i - 4\ \bar{x} \sum x_i^3\ p_i + \sum x_i^4\ p_i$$

$$= \sum x_i^4\ p_i - 4\ \bar{x} \sum x_i^3\ p_i + 6\ \bar{x}^2 \sum x_i^2\ p_i - 3\ \bar{x}^4\ .$$

Beispiel III.7: (Statistische Qualitätskontrolle). Einer Lieferung von Bananen werden wahllos n Stück entnommen. Man notiert

$$x_i = \begin{cases} 1, \text{ wenn die i-te Banane qualitätsmindernde Eigenschaften hat} \\ 0, \text{ wenn sie einwandfrei ist.} \end{cases}$$

Die Untersuchung habe h mal 1 und (n-h) mal 0 ergeben. Man berechne $\bar{x}$ und die zentralen Momente $m_2(\bar{x})$, $m_3(\bar{x})$, $m_4(\bar{x})$:

$$\bar{x} = \frac{1}{n} \sum x_i = \frac{1}{n} (1 \cdot h + 0 \cdot (n-h)) = \frac{h}{n} = p \quad (2.I).$$

Der Mittelwert ist hier nichts weiter als die relative Häufigkeit von Obst mit qualitätsmindernden Eigenschaften. - Da $x_i^k = x_i$, k=1,2,..., gilt:

$$\frac{1}{n} \sum x_i^2 = \frac{1}{n} \sum x_i^3 = \frac{1}{n} \sum x_i^4 = p,$$

so daß:

$m_2(\bar{x}) = p - p^2 = p(1-p)$ (Varianz von x),

$m_3(\bar{x}) = p - 3p \cdot p + 2p^3 = p(1-p)(1-2p)$,

$m_4(\bar{x}) = p - 4p \cdot p + 6p^2 \cdot p - 3p^4 = p(1-p)[1-3p+3p^2]$.

Eine Stichprobe von n=8 Bananen habe folgende Beschaffenheit: 0, 1, 1, 1, 0, 1, 0, 1. Somit ist also h = 5; $\bar{x} = 0{,}625 = p$; $m_2(0{,}625) = 0{,}2344 = s^2$; $m_3(0{,}625) = -0{,}0586$; $m_4(0{,}625) = 0{,}0696$.

◆◆◆

Führt man eine Transformation y = a + bx durch, so ändern die Momente der Verteilung sich wie folgt:

$$\boxed{m_k(\bar{y}) = b^k \cdot m_k(\bar{x}), \quad k=0,1,\ldots} \quad . \qquad (47)$$

Man setze: y = a + bx und (10): $\bar{y} = a + b\bar{x}$ in (43'') ein:

$$m_k(\bar{y}) = \sum (a + bx_i - a - b\bar{x})^k p_i$$
$$= b^k \underbrace{\sum (x_i - \bar{x})^k p_i}_{m_k(\bar{x})} .$$

III.4: Die Messung gewisser Gestaltmerkmale von Verteilungen

Dem Werk von Stange (1970, S.88) haben wir folgende, überaus lehrreiche, Darstellung entnommen:

Abb.III.3: Verteilungen gleicher Varianz mit verschiedener Schiefe und Wölbung

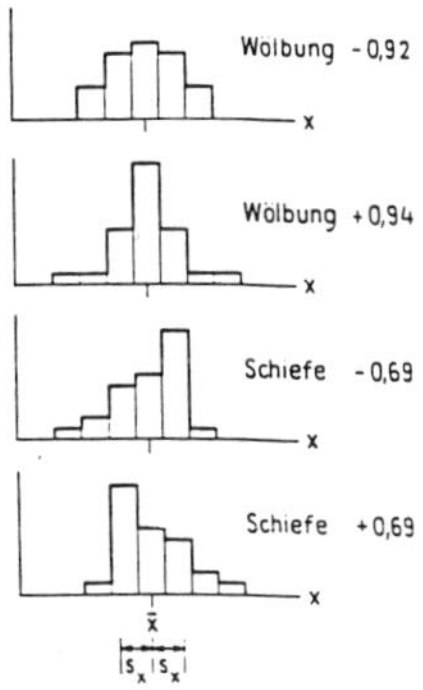

Die vier Verteilungen haben gleiche Mittelwerte und gleiche Varianzen. Sie unterscheiden sich hinsichtlich zweier Gestaltmerkmale, die man **Schiefe** und **Wölbung** nennt.

Die Schiefe einer Verteilung

Die Besucher eines Fußballspieles verteilen sich hinsichtlich ihres Eintreffens im Stadion **linksschief**. Alle Besucher treffen nämlich vor dem Anpfiff im Stadion ein, soferne sie nicht durch ein unvorhergesehenes Ereignis aufgehalten werden. Eine gewissermaßen entgegengesetzte Wirkung hat das Existenzminimum, das die Ausbreitung der Einkommen nach unten verhindert. Einkommensverteilungen sind **rechtsschief**. Ebenfalls rechtsschief verteilen Schulkinder sich hinsichtlich der Zahl ihrer von Karies befallenen Zähne. - Dazwischen gibt es Verteilungen, die weder links- noch rechtsschief sind. Man nennt sie **symmetrisch**. Die Regellosigkeit des Meßfehlers, von der schon die Rede war, verursacht beispielsweise, daß wiederholte Messungen sich symmetrisch um den wahren Wert verteilen, wie Abb.III.4 veranschaulicht.

Abb.III.4: Beispiele symmetrischer Verteilungen

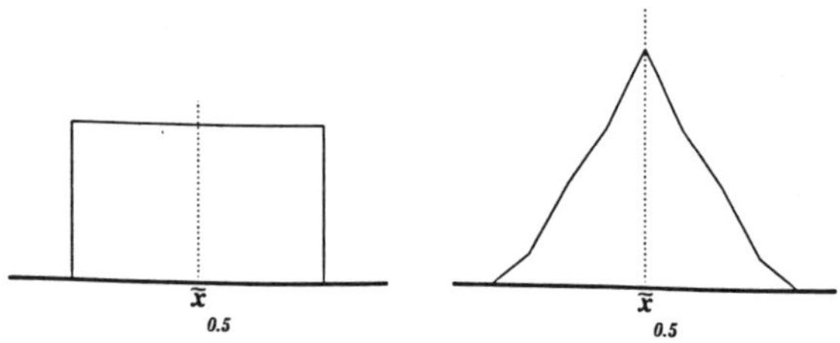

Faltet man das Schaubild einer symmetrischen Verteilung im Median, so kommen ihre beiden Hälften zur Deckung.
Mittelwert und Median einer symmetrischen Verteilung sind gleich. Zerstört man die Symmetrie, indem man Objekte der linken/rechten Verteilungshälfte nach unten/oben verschiebt, so verändert sich dabei nur der Mittelwert der Verteilung. Das Vorzeichen der Differenz

$$\alpha_1 = \frac{\bar{x} - \tilde{x}_{0,5}}{s_x} \tag{48}$$

hängt somit von der Schiefe der Verteilung wie folgt ab:

$$\alpha_1,\ \alpha_2 \begin{cases} \text{negativ} & & \text{linksschief} \\ \text{null} & \text{Verteilung ist} & \text{symmetrisch} \\ \text{positiv} & & \text{rechtsschief.} \end{cases}$$

Genauer erfaßt man das Gestaltungsmerkmal 'Schiefe' allerdings mit dem **Momentkoeffizienten** α_2:

$$\alpha_2 = \frac{m_3(\bar{x})}{s_x^3} \quad . \tag{49}$$

Das Vorzeichen des zentralen Momentes dritter Ordnung, $m_3(\bar{x})$, hängt von der Schiefe im gleichen Sinne ab wie (48). Die beiden Maße der Schiefe sind **dimensionslos**. Das bedeutet, daß die Zahlenwerte sich nicht ändern, wenn das Merkmal einer Transformation a + bx = y unterzogen wird. Wir beweisen das mit Hilfe der Formeln (4), (10) und (47):

$$\alpha_1(\mathbf{Y}) = \frac{\bar{y} - \tilde{y}_{0,5}}{s_y} = \frac{a+b\bar{x}-a-b\tilde{x}_{0,5}}{bs_x} = \frac{\bar{x} - \tilde{x}_{0,5}}{s_x} = \alpha_1(\mathbf{X}) ,$$

$$\alpha_2(\mathbf{Y}) = \frac{m_3(\bar{y})}{s_y^3} = \frac{b^3 m_3(\bar{x})}{b^3 s_x^3} = \frac{m_3(\bar{x})}{s_x^3} = \alpha_2(\mathbf{X}) .$$

Hat man eine Verteilung mit Formel (32) standardisiert, so kann man den Momentkoeffizienten der Schiefe auch mit den Standardwerten (standard scores) berechnen:

$$\alpha_2 = \frac{\Sigma(x_i - \bar{x})^3 p_i}{s_x^3} = \Sigma \left[\frac{x_i - \bar{x}}{s_x}\right]^3 p_i = \Sigma z_i^3 p_i . \tag{49'}$$

Da der Mittelwert der Standardverteilung null ist, bedeutet (49'), daß α_2 das dritte zentrale Moment der Standardverteilung ist.

Die Wölbung oder Kurtosis einer Verteilung

Verteilungen gleicher Varianz können ungleiche Wölbung aufweisen. In Abb. III.3 sind Verteilungen gleicher Varianz dargestellt, unter denen I breit gewölbt oder **platykurtisch**, II dagegen spitz oder **leptokurtisch** ist. Die Tatsache, daß der Unterschied zwischen platy- und leptokurtischer Gestalt nicht mit starker bzw. schwacher Streuung verwechselt werden darf, läßt sich durch folgende Überlegung verdeutlichen: Man bilde die Quantilsdistanzen (40) für p=0,25 und p=0,10. Selbstverständlich gilt stets:

$$\tilde{x}_{0,75} - \tilde{x}_{0,25} < \tilde{x}_{0,90} - \tilde{x}_{0,10} .$$

Ist allerdings das Intervall der 'mittleren 50%' nur unwesentlich kleiner als das Intervall der 'mittleren 80%', dann sind 'medianferne' Bereiche noch stark besetzt, die Verteilung also breit gewölbt. Der Quotient der beiden Quantilsdistanzen könnte also ein Maß der Wölbung abgeben. - Genauer erfaßt man dieses Gestaltmerkmal jedoch mit dem **Momentkoeffizienten der Wölbung**:

$$\boxed{\gamma = \frac{m_4(\bar{x})}{s_x^4} - 3} . \tag{50}$$

Das Vorzeichen von γ hängt von der Wölbung der Verteilung wie folgt ab:

$$\gamma \begin{cases} \text{negativ} \\ \text{null} \\ \text{positiv} \end{cases} \text{Verteilung ist} \quad \begin{matrix} \text{platykurtisch} \\ \text{mesokurtisch} \\ \text{leptokurtisch} \end{matrix}$$

Der Prototyp einer Verteilung, die weder platy- noch leptokurtisch ist, und die deshalb **mesokurtisch** heißt, ist die Normalverteilung (Kap.IX.3), bei der

$$\frac{m_4(\bar{x})}{s_x^4} = 3$$

gilt, gleichgültig, welchen Wert die Varianz annimmt.

Das Maß γ ist - wie α_2 - dimensionslos:

$$\gamma(\mathbf{Y}) = \frac{m_4(\bar{y})}{s_y^4} - 3 = \frac{b^4 m_2(\bar{x})}{b^4\, s_x^4} - 3 = \frac{m_4(\bar{x})}{s_x^4} - 3 = \gamma(\mathbf{X}) \ .$$

Hat man eine Verteilung mit Formel (32) standardisiert, so kann man auch den Momentkoeffizienten der Wölbung mit den Standardwerten (standard scores) errechnen:

$$\gamma = \frac{\Sigma(x_i - \bar{x})^4\, p_i}{s_x^4} - 3 = \Sigma \left[\frac{x_i - \bar{x}}{s_x}\right]^4 p_i - 3 = \Sigma z_i^4 p_i - 3 \ . \qquad (50')$$

$\gamma + 3$ ist also das vierte zentrale Moment der Standardverteilung.

Die Berechnung von Momenten und die Beurteilung der Verteilungsgestalt soll an folgenden Beispielen demonstriert werden:

Beispiel III.8: Verteilung über r=4 Intervallen ungleicher Breite mit Intervallmitten x_i und Häufigkeiten p_i.

i	Intervalle	x_i	p_i	$x_i p_i$	$x_i - \bar{x}$	$(x_i - \bar{x})p_i$	$(x_i - \bar{x})^2 p_i$
1	200 - 600	400	0,25	100	-340	-85	28900
2	600 - 800	700	0,40	280	-40	-16	640
3	800 - 1000	900	0,20	180	160	32	5120
4	1000 - 1400	1200	0,15	180	460	69	31740
	Summen	—	1	740	—	0	66400

$$s_x = \overset{+}{\sqrt{66400}} = 257{,}68; \quad z_i = \frac{x_i - 740}{257{,}68}. \tag{32}$$

i	z_i	$z_i p_i$	$z_i^2 p_i$	$z^3 p_i$	$z^4 p_i$
1	-1,3195	-0,3299	0,4353	-0,5742	0,7578
2	-0,1552	-0,0621	0,0096	-0,0015	0,0002
3	0,6209	0,1242	0,0771	0,0479	0,0297
4	1,7852	0,2678	0,4780	0,8531	1,5231
Summen		0	1	0,3253 $=\alpha_2$ (49')	2,3108 $\gamma=-0{,}6891$ (50')

Die Verteilung hat einen Mittelwert von 740 und eine Standardabweichung von 257,68. Sie ist rechtsschief, da $\alpha_2 > 0$. Sie ist breitgewölbt, da $\gamma < 0$.

⬩⬩ ⧫ ⬩⬩

Beispiel III.9: Die Qualitätskontrolle einer Lieferung von Bananen hat ein Ergebnis erbracht, das in Beispiel III.7 dargestellt ist. Wir wollen jetzt die Gestalt der Verteilung beurteilen. Die Stichprobe weist einen Mittelwert von $\bar{x} = 0{,}625$ auf. Die Varianz beträgt 0,2344, die Standardabweichung ist somit 0,484. Wir ermittelten bereits $m_3(0{,}625) = -0{,}0586$, $m_4(0{,}625) = 0{,}0696$. Wir erhalten daher mit (49):

$$\alpha_2 = \frac{-0{,}0586}{(0{,}484)^3} = -0{,}5168 \quad \text{(linksschief)}$$

und mit (50):

$$\gamma = \frac{0{,}0696}{(0{,}484)^4} - 3 = -1{,}7317 \quad \text{(platykurtisch).}$$

Der Leser erkläre sich dieses Resultat anhand eines Schaubildes der Zweipunktverteilung des Beispiels III.7.

⬩⬩ ⧫ ⬩⬩

Mittelwert, Varianz, Schiefe und Wölbung ermöglichen in vielen Fällen bereits die näherungsweise Bestimmung des Verteilungsgesetzes. - Daneben verdient eine weitere Tatsache unsere Aufmerksamkeit: Erfüllen Daten die Forderung identischer Verteilung nicht, d.h. setzt die Untersuchungsgesamtheit sich aus Untergruppen zusammen, die verschiedene Mittelwerte aufweisen, so ist ihre Verteilung nicht selten platykurtisch und/oder mehrgipfelig. Wir sollten daher argwöhnen, daß die Verteilung einer Untersuchungsgesamtheit aus verschiedenen Verteilungen zusammengesetzt sein könnte, wenn sie sich als platykurtisch und/oder mehrgipfelig erweist. Wir werden uns mit dieser Frage im Teil **D** ausführlich beschäftigen.

Abb.III.5: Pathologisch veränderte Enzymaktivitäten bei verschiedenen Arten von Lebererkrankungen
I: Gesunde Leber, II: Hepatits 1, III: Hepatitis 2, IV: Leberzirrhose, V: Leberkarzinom.

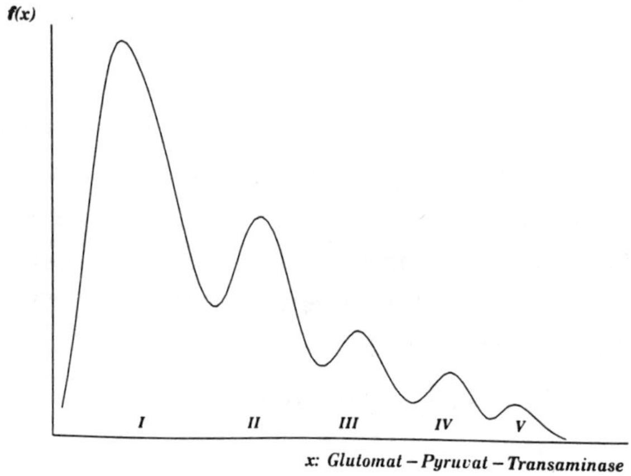

KAPITEL IV: MASSZAHLEN MEHRDIMENSIONALER VERTEILUNGEN

Bereits bei der Untersuchung zwei- und mehrdimensionaler Merkmale in Kap.I.1 hatten wir Gelegenheit, bedingte Verteilungen mit Randverteilungen zu vergleichen. Dabei traten typische Unterschiede hervor, etwa, daß unter den Verwitweten die Frauen überrepräsentiert sind (siehe Tab.I.5). Um eine Überrepräsentation handelt es sich auch bei der Beobachtung, über die der französische Moralist Marquis de Vauvenarques in seinen "Maximen und Reflexionen" berichtet, nämlich daß schwerfällige Menschen eigensinnig sind. Das besagt mehr als die Feststellung, daß es Menschen gibt, die sowohl eigensinnig als auch schwerfällig sind. Es besagt, daß Eigensinn bei schwerfälligen Menschen häufiger angetroffen wird, als bei beweglichen Naturen.

Um die Beurteilung von Abhängigkeit geht es auch in folgender Episode: Eine Dame der Arbeitsvermittlung ersucht einen Firmenchef, doch ein paar Ausländer einzustellen. Der Chef lehnt das mit der Begründung ab, daß Ausländer stehlen. Die Dame versucht, ihn umzustimmen: "Glauben Sie das nicht, Ausländer stehlen nicht mehr und nicht weniger als unsere eigenen Leute". Der Firmenchef erwidert ihr, daß er anderes gehört habe, etwa, daß die Betriebe im Durchschnitt 20% Ausländer beschäftigten, daß aber 70% aller Diebstähle in den Betrieben von Ausländern verübt würden.

Die beiden bemühen sich um Beantwortung der folgenden Frage: Gesetzt den Fall, man stellt Ausländer statt Inländer ein, führt also eine Veränderung des Merkmals 'Ausländeranteil' herbei - hat das zur Folge, daß mehr gestohlen wird?

Die Dame von der Arbeitsvermittlung glaubt, daß Ausländer sich auf das Merkmal {stiehlt, stiehlt nicht} genauso verteilen wie Inländer. Trifft dies zu, so hat die Einstellung von Ausländern keine Vermehrung der Diebstähle zur Folge. Stimmt indessen, was der Firmenchef gehört hat, nämlich daß Ausländer unter den Dieben "überrepräsentiert" sind, dann hat die Einstellung von Ausländern eine Vermehrung der Diebstähle zur Folge.

Wenn - wie die Dame von der Arbeitsvermittlung glaubt - die bedingten Verteilungen gleich sind, so hat ein Wechsel der Bedingung - Ausländer statt Inländer - keine Folgen. Genau das trifft aber nicht mehr zu, wenn die bedingten Verteilungen verschieden sind, denn dann ändert sich die Verteilung der Objekte auf einem Merkmal mit der Ausprägung des anderen. Dabei lassen sich sogar Grade der Veränderung konstatieren: Je ausgeprägter die Abhängigkeit, desto verschiedener die bedingten Verteilungen. Im Extremfall wären nur Ausländer Diebe und nur Inländer ehrlich.

IV.1: Abhängige und unabhängige Verteilungen

Es wurde bereits gesagt (I.1), daß ein Merkmal die Untersuchungsgesamtheit in Klassen von Objekten mit gleicher Merkmalsausprägung zerlegt.

$$\mathbf{A} = \{A_1,\ldots, A_i,\ldots, A_r\} \text{ und } \mathbf{B} = \{B_1,\ldots, B_j,\ldots, B_s\}$$

sind zwei Merkmale. Wir sagen, daß die s Klassen, in die **B** die Untersuchungsgesamtheit zerlegt, **gleiche Verteilungen** auf **A** haben oder **identisch verteilt** sind, wenn die bedingten Häufigkeiten (7.I) gleich sind, d.h. wenn

$$p_{i|1} = p_{i|2} = \ldots = p_{i|j} = \ldots = p_{i|s} \quad \text{für } i=1,\ldots,r.$$

In jedem anderen Falle sagen wir, daß die Klassen **verschiedene Verteilungen** auf **A** haben oder **nicht identisch** verteilt sind.

Werden nun die Ausprägungen von **A** nicht von der Ausprägung beeinflußt, welche das Merkmal **B** bei den Objekten hat, fallen also die Ausprägungen von **A unabhängig** von **B** an, so werden sich die s Klassen auf **A identisch verteilen**. - Sind dagegen die Ausprägungen von **A nicht unabhängig** von der Ausprägung des Merkmales **B**, so werden die Klassen sich auf **A nicht identisch** verteilen. Die Unterschiede werden umso größer sein, je ausgeprägter die Abhängigkeit ist. Wir sprechen von **vollständiger Abhängigkeit**, wenn alle Objekte einer durch **B** gebildeten Klasse dieselbe Ausprägung von **A** aufweisen und diese Ausprägung in allen anderen Klassen nicht vorkommt ('strukturelle Nullen').

Beispiel IV.1: 500 Gymnasiasten erzielten in Deutsch und Latein Noten, die in der folgenden Tabelle wiedergegeben sind:

Tab.IV.1:

L \ D	1	2	3	4	5	Σ
5				10	40	50
4			20	60	10	90
3		30	150	30		210
2	20	50	30			100
1	30	20				50
Σ	50	100	200	100	50	500

Der Leser versuche, den Grad der Abhängigkeit der beiden Notenverteilungen anhand der Definition abzuschätzen. Interpretationshilfe: Von den 50 Gymnasiasten, welche ein Sehr gut in Latein erzielten, weisen 30 auch ein Sehr gut in Deutsch auf, 20 ein Gut. Andere Noten kommen in dieser Gruppe nicht vor. Die Deutschnote Sehr gut kommt aber auch in der Gruppe der Gymnasiasten 20 mal vor, die in Latein Gut erzielten.

♦♦ ♦ ♦♦

Wir haben hier die Explikation des Begriffspaares 'abhängig-unabhängig' vorgestellt, die in der Mathematischen Statistik gebräuchlich ist. Andere Inhalte, welche in der Alltagsbedeutung dieser Begriffe vorherrschen, wie '**X** wirkt auf **Y**' oder '**X** beeinflußt **Y** kraft innerer Notwendigkeit' sind nicht Gegenstand dieser Explikation. Zum Zweck der Abgrenzung wollen wir daher von **statistischer Abhängigkeit** bzw. **Unabhängigkeit** sprechen.

Verteilungseigenschaften der statistischen Unabhängigkeit

(1) Wenn die Klassen, in die das Merkmal **B** die Untersuchungsgesamtheit zerlegt, auf **A** die gleiche Verteilung haben, dann ist diese Verteilung mit der Randverteilung auf **A** identisch, d.h.

$$p_{i|1} = \dots = p_{i|s} = p_{i.} \quad \text{für } i=1,\dots,r. \qquad (1)$$

Haben nämlich alle bedingten Häufigkeiten denselben Wert c_i, so folgt aus

$$p_{i|j} = \frac{p_{ij}}{p_{.j}} = c_i, \text{ daß } p_{ij} = c_i \cdot p_{.j}$$

und daraus

$$p_{i.} = \sum_j p_{ij} = c_i \underbrace{\sum p_{.j}}_{1} = c_i \, .$$

(2) Die relative Häufigkeit der Klasse ij ist dem Produkt der Randhäufigkeiten $p_{i.}$ und $p_{.j}$ gleich:

$$\boxed{p_{ij} = p_{i.} \cdot p_{.j}} \, . \tag{2}$$

Man beweist dies mit Hilfe der Definition bedingter Häufigkeiten und der Eigenschaft (1):

$$p_{i|j} = \frac{p_{ij}}{p_{.j}} = p_{i.} \Rightarrow p_{ij} = p_{i.} \cdot p_{.j} \, .$$

Die Häufigkeit der Klasse ij ist also allein durch die Häufigkeiten der Randklassen i. und .j bestimmt.

(3) Wenn die Klassen, in die das Merkmal **B** die Grundgesamtheit zerlegt, auf **A** identisch verteilt sind, so verteilen sich die Klassen, in die das Merkmal **A** die Grundgesamtheit zerlegt, auf **B** ebenfalls identisch. Wenn also die Ausprägungen von **A** unabhängig von **B** sind, so sind die Ausprägungen von **B** unabhängig von **A**. Man sagt deshalb, daß die Ausprägungen von **A** und **B** **unabhängig voneinander anfallen**. Da nämlich $p_{ij} = p_{i.} \cdot p_{.j}$ (2), erhält man

$$p_{j|i} = \frac{p_{ij}}{p_{i.}} = \frac{p_{i.} \cdot p_{.j}}{p_{i.}} = p_{.j} \, ,$$

d.h. auch die bedingten Verteilungen auf **B** weisen Eigenschaft (1) auf.
Man beachte, daß dies eine Besonderheit des Unabhängigkeitsbegriffes der Mathematischen Statistik ist. Man kann nämlich durchaus auch asymmetrische Abhängigkeitsrelationen antreffen: **A** ist von **B** abhängig, **B** von **A** unabhängig. Diese sind jedoch nicht Gegenstand dieser Betrachtungen.

Beispiel IV.2: Wir wollen die Besetzungszahlen der Tab.IV.1 unter der Annahme berechnen, daß Deutsch- und Lateinnoten (statistisch) unabhängig voneinander anfallen. Im Hinblick auf Formel (2) erhalten wir diese Besetzungszahlen allein aus den Randhäufigkeiten und dem Stichprobenumfang n = 500:

$$\boxed{h_{ij} = \frac{1}{n} h_{i.} \cdot h_{.j}} \, , \tag{2'}$$

denn

$$p_{ij} = p_{i.} \cdot p_{.j} \Rightarrow \frac{h_{ij}}{n} = \frac{h_{i.}}{n} \cdot \frac{h_{.j}}{n}.$$

Tab.IV.2: Besetzungshäufigkeiten bei Unabhängigkeit der Deutsch- und Lateinnoten.

L \ D	1	2	3	4	5	Σ
5	5	10	20	10	5	50
4	9	18	36	18	9	90
3	21	42	84	42	21	210
2	10	20	40	20	10	100
1	5	10	20	10	5	50
Σ	50	100	200	100	50	500

Die Zahlen der Tabelle IV.1 weichen von diesen Besetzungszahlen, die bei Unabhängigkeit zu erwarten sind, bedeutend ab. Die Noten in Deutsch und Latein fallen also nicht unabhängig voneinander an. Sie sind allerdings auch nicht vollständig abhängig. Dazu wäre notwendig, daß in den Zeilen und Spalten der Verteilungstabelle des Beispieles IV.1 nur jeweils eine einzige von Null verschiedene Häufigkeit stünde. - In einem späteren Abschnitt wird der Leser erfahren, wie man den Grad der Abhängigkeit messen kann.

••◆••

Bei Verteilungen auf höherdimensionierten Merkmalen gestalten sich die Abhängigkeitsverhältnisse uneinheitlich. Wir wollen hier nur ein dreidimensionales Merkmal mit Ausprägungen $A_iB_jC_k$, i=1,...,r; j=1,...,s; k=1, ...,t betrachten. Die Ausprägungen fallen **vollständig unabhängig** voneinander an, wenn

$$\boxed{p_{ijk} = p_{i..} \cdot p_{.j.} \cdot p_{..k}} \qquad (3)$$

und zugleich (2) für alle zweidimensionalen Randverteilungen gilt:

$$p_{ij.} = p_{i..} \cdot p_{.j.}; \qquad p_{i.k} = p_{i..} \cdot p_{..k}; \qquad p_{.jk} = p_{.j.} \cdot p_{..k}.$$

Es kann hier aber auch der Fall eintreten, daß die Ausprägungen von **A** und

B voneinander abhängen und zugleich alle Klassen, in die **C** die Gesamtheit zerlegt, auf dem zweidimensionalen Merkmal **AB** identisch verteilt sind, d.h.

$$p_{ij.} \neq p_{i..} \cdot p_{.j.} \quad \text{und} \quad p_{ij|k} = p_{ij.} \ .$$

Beispiel IV.3: In der folgenden Tabelle haben wir Verteilungen auf dem Merkmal 'Familienstand, Geschlecht' (**FG**) zusammen mit einem dritten Merkmal **C** dargestellt. Dieses Merkmal hängt mit einem Auswahlverfahren in folgender Weise zusammen: Wird eine Person für die Erhebung von **FG** ausgewählt, so scheint sie unter **C**=1 auf, andernfalls unter **C**=0.

Tab.IV.3: Kreuztabellierung der dreidimensionalen Verteilung auf **CFG**.

	C = 0		C = 1		Rand		
	m	w	m	w	m	w	
led.	0,1176	0,0980	0,0024	0,0020	0,12	0,10	0,22
verh.	0,2940	0,2940	0,0060	0,0060	0,30	0,30	0,60
verw.	0,0196	0,0686	0,0004	0,0014	0,02	0,07	0,09
gesch.	0,0392	0,0490	0,0008	0,0010	0,04	0,05	0,09
	0,4704	0.5096	0,0096	0,0104	0,48	0,52	1,00
	0,98		0,02		1,00		

Man erkennt, daß 2% der Gesamtheit **C**=1 aufweisen, also für die Erhebung ausgewählt wurden. - Mit Hilfe der Formel (1) überzeugt man sich, daß die ausgewählten und die nichtausgewählten Personen auf dem Merkmal **FG** identisch verteilt sind, so daß die bedingten Häufigkeiten den Randhäufigkeiten gleich sind:

$$p_{ij|0} = p_{ij|1} = p_{ij.} \ . \tag{1}$$

So ist etwa der Anteil lediger Männer bei **C**=0 und **C**=1 gleich ihrem Anteil an der Grundgesamtheit:

$$\frac{0,1176}{0,98} = \frac{0,0024}{0,02} = 0,12 \ .$$

Die zwei Prozent der Personen, welche für die Erhebung ausgewählt wurden, verteilen sich auf dem Merkmal **FG** also genau so wie die Grundgesamtheit. Man nennt sie deshalb **repräsentativ** für dieselbe.

Zuletzt überzeugen wir uns, daß die Ausprägungen von **F** und **G** nicht unabhängig voneinander anfallen, indem wir gemäß Formel (2) die Produkte der Randhäufigkeiten bilden und mit den tatsächlich beobachteten Häufigkeiten vergleichen.

Tab.IV.4: Links Besetzungshäufigkeiten bei Unabhängigkeit, rechts Differenzen zwischen beobachteten und erwarteten Häufigkeiten.

	m	w	Summe	Differenzen		Summe
led.	0,1056	0,1144	0,22	0,0144	-0,0144	0,0000
verh.	0,2880	0,3120	0,60	0,0120	-0,0120	0,0000
verw.	0,0432	0,0468	0,09	-0,0232	0,0232	0,0000
gesch.	0,0432	0,0468	0,09	-0,0032	0,0032	0,0000
Summe	0,4800	0,5200	1,00	0,0000	0,0000	

Das Beispiel IV.3 lehrt uns, daß man repräsentative Stichproben von Objekten mit Auswahlverfahren gewinnt, bei denen die Entscheidung über die Aufnahme eines Objektes unabhängig von den Ausprägungen der Untersuchungsmerkmale anfällt.

In der Praxis gelingt es nicht immer, Unabhängigkeit zu erzielen. So berichtet Zeisel (1970), daß die Redaktion der Zeitschrift "literary digest" 1936 den Ausgang der amerikanischen Präsidentschaftswahlen durch Befragen von Abonnenten ihrer Zeitschrift kennenlernen wollte. Die auf solche Weise aus der Gesamtheit der Wähler ausgelesenen Personen votierten mehrheitlich für den Kandidaten M. Landon. Gewählt wurde allerdings Roosevelt mit 61% der Stimmen. Offensichtlich waren bei den Abonnenten von "literary digest" die Landon-Wähler überrepräsentiert. - Fisz (1980) berichtet, daß in Polen die Verteilung der sozialversicherten Arbeitnehmer auf den Merkmalen "Geschlecht, Familienstand, Alter, Beruf" mittels einer repräsentativen Stichprobe erkundet werden sollte. Man beschloß, die Karteidaten aller Versicherten auszuwerten, deren Familienname mit einem zufällig auszuwählenden Buchstaben beginnt. Das Los fiel auf den Buchstaben "P". Später stellte sich heraus, daß unter den Polen, deren Familienname mit 'P' beginnt, sich überproportional viele Arbeiter befinden.

Das Beispiel IV.3 lehrt uns außerdem, daß eine repräsentative Stichprobe - und nur eine solche - die Abhängigkeitsverhältnisse mehrdimensionaler Verteilungen unverzerrt widerspiegelt.

IV.2: Messung der Abhängigkeit von Verteilungen auf qualitativen Merkmalen

Es liegt nahe, daß man die tatsächlich beobachteten Häufigkeiten mit den bei statistischer Unabhängigkeit zu erwartenden vergleicht, wie wir es bereits in Tab.IV.4 durch Bilden der Differenzen

$$\Delta_{ij} = h_{ij} - \frac{1}{n} h_{i.} \cdot h_{.j} = h_{ij} - h^e_{ij} \qquad (4)$$

getan haben. Diese Abweichungen addieren sich zeilen- bzw. spaltenweise zu Null:

$$\sum_{j=1}^{s} \Delta_{ij} = \sum_{j=1}^{s} h_{ij} - \frac{1}{n} h_{i.} \sum_{j=1}^{s} h_{.j} = 0, \quad \sum_{i=1}^{r} \Delta_{ij} = \sum_{i=1}^{r} h_{ij} - \frac{1}{n} h_{.j} \sum_{i=1}^{r} h_{i.} = 0 .$$

Das liegt daran, daß die Tabellen der beobachteten und der erwarteten Häufigkeiten die gleichen Zeilen- bzw. Spaltensummen haben. Von den r × s Abweichungen können somit nur (r-1)×(s-1) 'frei' variieren. In Tab.IV.4 sind von den 4 × 2 = 8 Abweichungen somit nur 3 'ungebunden'. - Man verwendet zur Messung der Abhängigkeit die Quadrate der Abweichungen Δ, die man aus Gründen, welche mit der Stichprobenverteilung von Häufigkeiten zusammenhängen (Kap.XV.4), auf die erwarteten Häufigkeiten bezieht: Die Summe

$$\boxed{\chi^2 = \sum_{i=1}^{r} \sum_{j=1}^{s} \frac{\Delta^2_{ij}}{h^e_{ij}} = \sum_i \sum_j \frac{(h_{ij} - h^e_{ij})^2}{h^e_{ij}}} \qquad (5)$$

heißt **Kontingenzmaß Chiquadrat**. - Gleichwertige Formeln kann man erhalten, wenn man ausquadriert und (2') einsetzt:

$$\chi^2 = \sum_i \sum_j \frac{h^2_{ij}}{h^e_{ij}} - n = n \left[\sum_i \sum_j \frac{h^2_{ij}}{h_{i.} h_{.j}} - 1 \right]. \qquad (5')$$

Verwendet man für die Rechnung relative Häufigkeiten, so hat man folgende

Formel zur Verfügung:

$$\chi^2 = n \cdot \sum_i \sum_j \frac{(p_{ij} - p_{i.} \cdot p_{.j})^2}{p_{i.} \cdot p_{.j}} \,. \tag{5''}$$

Mit den Daten der Tabelle IV.3 und IV.4 erhalten wir

$$\chi^2 = n \cdot \left[\frac{0{,}0144^2}{0{,}1056} + \frac{(-0{,}0144)^2}{0{,}1144} + \ldots + \frac{(0{,}0032)^2}{0{,}0468}\right] = n \cdot 0{,}02915 \,. \tag{5''}$$

Wir wissen nur, daß die Stichprobe 2% der Grundgesamtheit ausmacht. Ihr Umfang n ist uns unbekannt.

Das Kontingenzmaß χ^2 nimmt bei statistischer Unabhängigkeit den Wert Null an. Bei Abhängigkeit der Verteilungen voneinander nimmt es einen positiven Wert an, dessen Größe aber nicht allein vom Grade der Abhängigkeit, sondern auch vom Umfang der Untersuchungsgesamtheit bestimmt wird. Diese bei der Beurteilung des Abhängigkeitsgrades störende Eigenschaft läßt sich ausschalten, wenn man χ^2 in der Weise normiert, daß bei vollständiger Abhängigkeit im Sinne der Definition der Wert Eins erhalten wird.

Der Vierfelderkoeffizient

Man begegnet verschiedentlich Merkmalen, die zwei Ausprägungen aufweisen:

{ausgeschaltet, eingeschaltet} {Fehler, Treffer}
{nicht vorhanden, vorhanden} {mangelhaft, einwandfrei}.

Die beiden Ausprägungen werden mit 0 bzw. 1 kodiert, weshalb man von **Null-Eins-Variablen** spricht.
Gelegentlich ist es zweckmäßig, bei Rangmerkmalen oder bei quantitativen Merkmalen eine Einteilung in zwei Intervalle vorzunehmen, bei Schulnoten etwa 'bestanden - nicht bestanden'. Zerlegt man ein Merkmal in zwei offene Intervalle mit dem Median als Grenze, so spricht man von **Mediandichotomierung.**

Ein zweidimensionales Merkmal, dessen Komponenten je zwei solcher Ausprägungen aufweisen, besteht aus vier Kombinationen und entsprechenden Klassenhäufigkeiten:

11	10	1.
01	00	0.
.1	.0	..

h_{11}	h_{10}	$h_{1.}$
h_{01}	h_{00}	$h_{0.}$
$h_{.1}$	$h_{.0}$	$h_{..}$ (=n)

Setzt man diese Häufigkeiten in Formel (5) ein, so erhält man nach einigen Umformungen den Ausdruck:

$$\chi^2 = n \cdot \frac{(h_{11}h_{00} - h_{10}h_{01})^2}{h_{1.}h_{0.}h_{.1}h_{.0}} \quad . \tag{6}$$

Der Ausdruck in Klammern ist die Determinante der Vierfeldermatrix. Bei statistischer Unabhängigkeit der Merkmalsausprägungen sind die bedingten Verteilungen gleich, die Zeilen bzw. Spalten der Matrix also linear abhängig und die Determinante daher null. Bei vollständiger Abhängigkeit im Sinne der Definition sind entweder h_{10} und h_{01} oder h_{11} und h_{00} null. Man überzeugt sich leicht, daß in diesem Fall die Formel (6) $\chi^2=n$ ergibt. Damit erkennt man aber auch schon, wie χ^2 so normiert werden kann, daß bei vollständiger Abhängigkeit Eins erhalten wird. Die Maßzahl der Abhängigkeit:

$$\emptyset = \frac{h_{11}h_{00} - h_{10}h_{01}}{\pm\sqrt{h_{1.}h_{0.}h_{.1}h_{.0}}} \quad , \; -1 \leq \emptyset \leq 1 \tag{7}$$

heißt **Phikoeffizient**.

Das Vorzeichen des Koeffizienten hängt vom Vorzeichen der Determinante ab: Überwiegen die Kombinationen 00, 11, so ist das Vorzeichen positiv und man bezeichnet die Abhängigkeit als **gleichsinnig**. Bei Überwiegen der Kombinationen 10, 01 ist es negativ, die Abhängigkeit heißt **gegensinnig**.

Beispiel IV.4: Wir wollen verschiedene Abhängigkeitsbeziehungen im Zusammenhang mit einer Krankheit und zwei Symptomen messen, die wir schon in Beispiel I.3 analysiert haben. Die dortige Tabelle wird mit folgenden Häufigkeiten gefüllt:

Tab.IV.5: Kreuztabellierung der Verteilung auf $\mathbf{KS_1S_2}$.

K = 1

S_1 \ S_2	1	0	
1	0,001	0,004	0,005
0	0,009	0,036	0,045
	0,010	0,040	0,050

K = 0

S_1 \ S_2	1	0	
1	0,000	0,095	0,095
0	0,190	0,665	0,855
	0,190	0,760	0,950

Wir stellen zuerst die Verteilungen auf den drei Randmerkmalen $\mathbf{KS_1.}$, $\mathbf{K.S_2}$, $\mathbf{.S_1S_2}$ zusammen und berechnen die Phikoeffizienten der Abhängigkeit.

S_1 \ K	1	0	
1	0,005	0,095	0,100
0	0,045	0,855	0,900
	0,050	0,950	1,000

S_2 \ K	1	0	
1	0,010	0,190	0,200
0	0,040	0,760	0,800
	0,050	0,950	1,000

S_1 \ S_2	1	0	
1	0,001	0,099	0,100
0	0,199	0,701	0,900
	0,200	0,800	1,000

Hinweis:

$p_{.s_1s_2} = p_{1s_1s_2} + p_{0s_1s_2}$.

Man erhält:

$$\varnothing_{KS_1} = \frac{0{,}005 \cdot 0{,}855 - 0{,}095 \cdot 0{,}045}{\sqrt{0{,}100 \cdot 0{,}900 \cdot 0{,}050 \cdot 0{,}950}} = 0 ,$$

$$\varnothing_{KS_2} = \frac{0{,}010 \cdot 0{,}760 - 0{,}190 \cdot 0{,}040}{\sqrt{0{,}200 \cdot 0{,}800 \cdot 0{,}050 \cdot 0{,}950}} = 0 .$$

Die untersuchten Personen sind also sowohl auf $\mathbf{KS_1}$ als auch auf $\mathbf{KS_2}$ statistisch unabhängig verteilt. Keines der beiden Symptome hat für sich allein diagnostische Bedeutung. Dennoch trifft es zu, daß alle Personen mit zwei positiven Befunden ausnahmslos an K erkrankt sind: $p_{1|11} = p_{111}/p_{.11} = 0{,}001/0{,}001 = 1$. Diese Personen machen allerdings nur zwei Prozent der

K-Kranken aus: 0,001 : 0,05 = 0,02 oder 2%.

Die Ausprägungen der beiden Symptome S_1S_2 weisen eine schwach gegensinnige Abhängigkeit auf:

$$\varnothing_{s_1s_2} = \frac{0{,}001 \cdot 0{,}701 - 0{,}099 \cdot 0{,}199}{\sqrt{0{,}100 \cdot 0{,}900 \cdot 0{,}200 \cdot 0{,}800}} = -0{,}158 \ .$$

Das Auftreten/Fehlen des einen pflegt also tendenziell vom Fehlen/Auftreten des anderen begleitet zu sein.

⋄♦ ♦ ♦⋄

Allgemeine Kontingenz

Weisen zwei Merkmale r bzw. s Ausprägungen auf, so kann man die Abhängigkeit der Verteilungen mit einem Maß messen, das eine Verallgemeinerung des Phikoeffizienten darstellt und in diesen übergeht, wenn $r=s=2$ gewählt wird. Dieses Maß heißt **Tschuprov'sches Kontingenzmaß** und ist wie folgt definiert:

$$\boxed{T^2 = \frac{\chi^2}{n} \cdot \frac{1}{\sqrt{(r-1)(s-1)}}\ , \quad 0 \leq T^2 \leq 1} \ . \tag{8}$$

Der Maximalwert für χ^2/n ist bei vollständiger Abhängigkeit in einer $r \times s$-Tafel $\min(r,s)-1$ und für T^2 daher ≤ 1. T^2 nimmt bei vollständiger Abhängigkeit den Wert 1 nur dann an, wenn $r=s$.

Beispiel IV.5: Wir messen die Kontingenz der Latein- und Deutschnoten des Beispiels IV.1. Dazu entnehmen wir den Tab.IV.1 und IV.2 die beobachteten und die erwarteten Häufigkeiten und bilden mit Formel (4) die Matrix der Differenzen.

Tab.IV.6: Matrix der $\Delta_{ij} = h_{ij} - h^e_{ij}$.

$$\Delta = \begin{bmatrix} -5 & -10 & -20 & 0 & 35 \\ -9 & -18 & -16 & 42 & 1 \\ -21 & -12 & 66 & -12 & -21 \\ 10 & 30 & -10 & -20 & -10 \\ 25 & 10 & -20 & -10 & -5 \end{bmatrix} .$$

Nun errechnen wir mit Formel (5):

$$\chi^2 = \frac{(-5)^2}{5} + \frac{(-10)^2}{10} + \ldots\ldots + \frac{(-5)^2}{5} = 770{,}44 \;.$$

Diesen Wert sowie n=500 und r=s=5 setzen wir in (8) ein und erhalten:

$$T^2 = \frac{770{,}44}{500} \cdot \frac{1}{\sqrt{(5-1)(5-1)}} = 0{,}385; \quad |T| = 0{,}62 \;.$$

Die Rechnung bestätigt also den Eindruck einer zwar nicht vollständigen, aber doch erheblichen Abhängigkeit der Deutsch- und Lateinnoten, den schon die Verteilungstabelle des Beispieles IV.1 hervorrief. Aus dieser Tabelle geht auch hervor, daß gute/schlechte Noten in Latein tendenziell von guten/schlechten Noten in Deutsch begleitet sind, die Abhängigkeit also gleichsinnig ist. Diese Feststellung können wir allerdings nur treffen, weil die Ausprägungen der beiden Merkmale eine verbindliche Anordnung aufweisen (Rangmerkmale!). Bei der Auswertung von Kontingenztabellen qualitativer Merkmale kann eine solche Feststellung selbstverständlich nicht getroffen werden.

⬩⬥ ◆ ⬥⬩

Log-lineare Modelle

Die einfachste Form einer Statistik ist die eindimensionale Verteilung. Man untersucht beispielsweise, wie die Wähler sich auf die politischen Parteien verteilen. Dann will man aber mehr wissen, z.B. womit die Wahlentscheidung zusammenhängt. Man zieht zusätzlich Merkmale heran, z.B. das Einkommen **B**: Ist ein Zusammenhang zwischen **B** und Wahlentscheidung **A** gegeben? Man kann der Reihe nach weitere Merkmale: Geschlecht **C**, Schulbildung **D**, Religionsbekenntnis **E**, Größe des Wohnortes **F** heranziehen. Das heißt, daß man neben **BA** noch **CA**, **DA**, **EA**, **FA** auf statistische Abhängigkeit untersucht. Das ist allerdings unbefriedigend und manchmal sogar irreführend. Der Leser erinnere sich an das Beispiel IV.4! Richtig ist es, jedes dieser Merkmale zusätzlich und nicht anstelle eines anderen heranzuziehen. Wir haben das in Form der Kreuztabellierung auch schon mehrfach gemacht. Damit kann man allerdings nur drei-, höchstens vierdimensionale

Verteilungen analysieren. - Die jetzt darzustellenden Log-linearen Modelle ermöglichen die Untersuchung der Abhängigkeitsstrukturen beliebig hoch dimensionierter Verteilungen.

Wir beginnen mit der Vierfeldertafel, indem wir deren Häufigkeiten logarithmieren:

	1	0
1	h_{11}	h_{10}
0	h_{01}	h_{00}

$\xrightarrow{\ln}$

a	c
b	d

$$a = \ln h_{11} \text{ usw.}$$

Im Zusammenhang mit Formel (7) wurde dargestellt, daß Objekte auf den beiden Merkmalen statistisch unabhängig verteilt sind, wenn $h_{11}h_{00} - h_{10}h_{01} = 0$. Die logarithmierten Häufigkeiten erfüllen in diesem Fall die Gleichung:

$$(a + d) - (c + b) = 0. \qquad (9)$$

Bei abhängiger Verteilung ist (9) nicht erfüllt. Wir werden jetzt darstellen, wie mit dem linearen Modell (der logarithmierten Häufigkeiten) Abweichungen von (9) erklärt werden:

$$a = u + u_{1.} + u_{.1} + u_{11} . \qquad (10)$$

Dabei ist u das **arithmetische Mittel** aller logarithmierten Häufigkeiten:

$$u = \tfrac{1}{4} (a + b + c + d) . \qquad (11)$$

Die beiden Größen

$$u_{1.} = \tfrac{1}{2} (a + c) - u \quad \text{und} \quad u_{.1} = \tfrac{1}{2} (a + b) - u \qquad (12)$$

heißen **einfache Effekte**. - Ersetzt man in (12) u durch (11), so nehmen die einfachen Effekte folgende Form an:

$$u_{1.} = \tfrac{1}{4} [(a+c) - (b+d)]; \quad u_{.1} = \tfrac{1}{4} [(a+b) - (c+d)]. \qquad (12')$$

Man sieht jetzt, daß z.B. $u_{1.} = 0$ genau dann eintritt, wenn $a+c = b+d$, was gleichbedeutend ist mit $h_{11}h_{10} = h_{01}h_{00}$.
Ersetzt man weiter in (10) die beiden einfachen Effekte durch (12) und den Mittelwert durch (11), und subtrahiert man beiderseits a, so erhält man die Gleichung:

$$0 = \tfrac{1}{4} [(c+b) - (a+d)] + u_{11} .$$

Die Größe:

$$u_{11} = \frac{1}{4} [(a+d) - (c+b)] \qquad (13)$$

heißt **Wechselwirkung**. Der Vergleich von (13) mit (9) macht deutlich, daß $u_{11} = 0$ genau dann eintritt, wenn die Verteilungen auf beiden Merkmalen unabhängig voneinander sind. Damit wird auch die Bedeutung von "Wechselwirkung" verständlich: Bei statistischer Abhängigkeit sind die bedingten Verteilungen verschieden, d.h. ein Wechsel der Bedingung hat die Wirkung, daß die Verteilung sich ändert. Bei statistischer Unabhängigkeit sind alle bedingten Verteilungen gleich, die Wirkung des Wechsels der Bedingung ist daher gleich null.

Die übrigen Effekte, also $u_{0.}$, $u_{.0}$, u_{00} usw. werden entsprechend berechnet. Die Summen der Effekte bzw. Wechselwirkungen ergeben Null. Es ist beispielsweise

$$u_{1.} + u_{0.} = \frac{1}{4} [(a+c) - (b+d)] + \frac{1}{4} [-(a+c) + (b+d)] = 0.$$

Dies bezeichnet man als **Reparametrisierungsbedingung** des Log-linearen Modells. Aufgrund dieser Bedingung ergeben sich für die vier Wechselwirkungen folgende Beziehungen:

$$\begin{bmatrix} u_{11} & u_{10} \\ u_{01} & u_{00} \end{bmatrix} = \begin{bmatrix} u_{11} & -u_{11} \\ -u_{11} & u_{11} \end{bmatrix} .$$

Werden alle Effekte und alle Wechselwirkungen in Betracht gezogen, so spricht man von einem **saturierten Modell**. Es werden indessen häufig Hypothesen getestet, die zum Gegenstand haben, daß gewisse Wechselwirkungen null sind. In unserem Vierfelderbeispiel könnte die Hypothese lauten: $u_{11} = 0$. Die logarithmierte Häufigkeit $a = \ln h_{11}$ müßte dann aufgrund von (10) folgende Darstellung besitzen:

$$a = u + u_{1.} + u_{.1} .$$

Hat eine Hypothese nicht nur gewisse Wechselwirkungen zum Gegenstand, sondern auch, daß nicht alle Wechselwirkungen und Effekte niedriger Ordnung verschwinden, so nennt man das dazugehörige Log-lineare Modell **hierarchisch**. Der Leser überzeuge sich, daß die Syndromstruktur des Beispieles IV.4 durch

$$u_{KS_1S_2} \neq 0; \quad u_{KS_1} = 0; \quad u_{KS_2} = 0; \quad u_{S_1S_2} \neq 0$$

dargestellt wird.

Wir wollen nun das Log-lineare Modell für zwei Merkmale mit beliebig vielen Ausprägungen entwickeln. Dazu stellen wir uns einen Ausschnitt ihrer Verteilungstabelle vor:

$$\begin{array}{ccccc} & \vdots & & \vdots & \\ \ldots & h_{ij} & \ldots & h_{ie} & \ldots \\ & \vdots & & \vdots & \\ \ldots & h_{kj} & \ldots & h_{ke} & \ldots \\ & \vdots & & \vdots & \end{array}$$

$i=1,\ldots,r$; $j=1,\ldots,s$, $i \neq k$, $j \neq e$. Bei Unabhängigkeit gilt $h_{ij}h_{ke} - h_{ie}h_{kj} = 0$ oder

$$(\ln h_{ij} + \ln h_{ke}) - (\ln h_{ie} + \ln h_{kj}) = 0,$$

für alle Vierergruppen von Häufigkeiten.
Entsprechend (10) erhalten wir

$$\ln h_{ij} = u + u_{i.} + u_{.j} + u_{ij} \,. \tag{10'}$$

Der Mittelwert aller Logarithmen ist jetzt:

$$u = \frac{1}{rs} \sum_{i=1}^{r} \sum_{j=1}^{s} \ln h_{ij} \,, \tag{11'}$$

und die einfachen Effekte besitzen die Darstellung:

$$u_{i.} = \frac{1}{s} \sum_{j=1}^{s} \ln h_{ij} - u; \quad u_{.j} = \frac{1}{r} \sum_{i=1}^{r} \ln h_{ij} - u \,. \tag{12'}$$

Die Wechselwirkung bestimmen wir, indem wir (10') nach u_{ij} auflösen und für u, $u_{i.}$, $u_{.j}$ die Formeln (11') und (12') einsetzen:

$$\begin{aligned} u_{ij} &= \ln h_{ij} - u - u_{i.} - u_{.j} \\ &= \ln h_{ij} - \frac{1}{s} \sum_{j} \ln h_{ij} - \frac{1}{r} \sum_{i} \ln h_{ij} + \frac{1}{rs} \sum_{i} \sum_{j} \ln h_{ij} \,. \end{aligned} \tag{13'}$$

Die Reparametrisierungsbedingungen lauten:

$$\sum_{i} u_{i.} = \sum_{j} u_{.j} = 0; \quad \sum_{i} u_{ij} = \sum_{j} u_{ij} = 0.$$

Damit sind wir aber auch schon in der Lage, das Log-lineare Modell für drei- und mehrdimensionale Merkmale mit beliebig vielen Ausprägungen zu entwickeln. Es genügt, wenn wir uns mit dreidimensionalen Verteilungen befassen, deren Häufigkeiten wir wie folgt darstellen:

$$h_{ijk}; \quad i=1,\ldots,r; \quad j=1,\ldots,s; \quad k=1,\ldots,t\ .$$

Entsprechend (10') besitzt $\ln h_{ijk}$ die Darstellung:

$$\ln h_{ijk} = u + u_{i..} + u_{.j.} + u_{..k} + u_{ij.} + u_{i.k} + u_{.jk} + u_{ijk}\ . \tag{10"}$$

Der Mittelwert aller Logarithmen ist:

$$u = \frac{1}{rst} \sum_i \sum_j \sum_k \ln h_{ijk}\ , \tag{11"}$$

die einfachen Effekte sind:

$$u_{i..} = \frac{1}{st} \sum_j \sum_k \ln h_{ijk} - u; \quad u_{.j.} = \frac{1}{rt} \sum_i \sum_k \ln \cdot h_{ijk} - u;$$

$$u_{..k} = \frac{1}{rs} \sum_i \sum_j \ln h_{ijk} - u\ . \tag{12"}$$

Von den Wechselwirkungen der zweidimensionalen Randverteilungen führen wir stellvertretend nur eine an:

$$\begin{aligned} u_{ij.} &= \frac{1}{t} \sum_k \ln h_{ijk} - u_{i..} - u_{.j.} - u \\ &= \frac{1}{t} \sum_k \ln h_{ijk} - \frac{1}{st} \sum_j \sum_k \ln h_{ijk} - \frac{1}{rt} \sum_i \sum_k \ln h_{ijk} + \\ &\quad + \frac{1}{rst} \sum_i \sum_j \sum_k \ln h_{ijk}. \end{aligned} \tag{13"}$$

Bei diesem Modell kommen Wechselwirkungsterme der drei Merkmale hinzu. Man löst - wie oben - (10") nach u_{ijk} auf und setzt für die Wirkungen niedrigerer Ordnung die entsprechenden Formeln ein. Das Ergebnis lautet wie folgt:

$$\begin{aligned} u_{ijk} &= \ln h_{ijk} - u_{ij.} - u_{i.k} - u_{.jk} - u_{i..} - u_{.j.} - u_{..k} - u \\ &= \ln h_{ijk} - \\ &\quad - \frac{1}{t} \sum_k \ln h_{ijk} - \frac{1}{s} \sum_j \ln h_{ijk} - \frac{1}{t} \sum_i \ln h_{ijk} + \\ &\quad + \frac{1}{st} \sum_j \sum_k \ln h_{ijk} + \frac{1}{rt} \sum_i \sum_k \ln h_{ijk} + \frac{1}{rs} \sum_i \sum_j \ln h_{ijk} - \\ &\quad - \frac{1}{rst} \sum_i \sum_j \sum_k \ln h_{ijk}\ . \end{aligned} \tag{14}$$

Sind die Verteilungen auf den drei Merkmalen voneinander vollständig unabhängig, so verschwinden alle Wechselwirkungen dritter und zweiter Ordnung, d.h.

$$u_{ijk} = 0; \; u_{ij.} = 0; \; u_{i.k} = 0; \; u_{.jk} = 0 \quad \text{für alle } i,j,k \; .$$

Bei hierarchischen Modellen folgt aus $u_{ijk} \neq 0$, daß $u_{ij.} \neq 0$, $u_{i.k} \neq 0$ und $u_{.jk} \neq 0$. Daraus folgt aber weiter, daß auch alle einfachen Effekte, also $u_{i..}$, $u_{.j.}$, $u_{..k}$ von Null verschieden sein müssen. – Große Bedeutung kommt der Umkehrung dieser Aussage zu: Sind alle Wechselwirkungen einer gewissen Ordnung null, so sind alle Wechselwirkungen höherer Ordnung erst recht null.

Die Analyse einer mehrdimensionalen Verteilung kann eines der folgenden vier Ergebnisse haben:

(1) Sie kann die Ergebnisse der einfachen Tabellierung bestätigen.

(2) Sie kann die Ergebnisse der Tendenz nach bestätigen und zugleich nuancieren. Beispiel: Die Verteilungen auf $\mathbf{AB|C} = C_k$ weisen in allen Klassen $k=1,...,t$ gleichsinnige Abhängigkeit auf, die jedoch mit wachsendem k an Stärke zunimmt.

(3) Sie kann die unabhängige Wirkung eines zusätzlichen Merkmals aufzeigen.

(4) Sie kann sichtbar machen, daß Randverteilungen falsche Vorstellungen von der Abhängigkeitsstruktur vermittelten. Befunde der empirischen Sozialforschung erleiden sehr oft dieses Schicksal.

Es ist gar nicht so einfach, Gesetzmäßigkeiten zu finden, die sich 'unter allen Umständen', d.h. bei Berücksichtigung weiterer Merkmale, als richtig erweisen. Eine davon besteht in der Feststellung, daß Männer und Frauen auf dem Merkmal 'Körpergröße' nicht identisch verteilt sind. Die zweidimensionalen Verteilungen von 'Geschlecht und Körpergröße' verschiedener Rassen, Regionen, Epochen usw. bestätigen, daß 'Frauen im Durchschnitt kleiner als Männer sind'. Sehr viele 'Gesetzmäßigkeiten' lassen sich bei Berücksichtigung weiterer Merkmale nicht weiter aufrechterhalten: Der Zusammenhang zwischen Unfallhäufigkeit und Geschlecht - Frauen sollen weniger Unfälle verursachen - verschwindet, wenn man die Fahrleistung berücksichtigt. Die gleichsinnige Abhängigkeit von Fußgröße und Einkommen verschwindet, wenn man das Geschlecht der Personen berücksichtigt. Der Zusammenhang zwischen Familienstand und Süßigkeitsbedarf - bei Unverheirateten soll er höher sein - verschwindet, wenn man das Lebensalter der Personen berücksichtigt. Ein tragischer Fall eines solchen Mißverständnisses soll hier ausführlicher dargestellt werden.

Beispiel IV.6: In den Dreißigerjahren glaubte man, daß unterernährte Menschen sehr häufig, dicke Menschen sehr selten an Tbc erkranken. Man verstand dies als Abhängigkeit der Tbc-Anfälligkeit von einem manipulierbaren Merkmal, die man therapeutisch nutzen konnte, d.h. man glaubte, durch Mastkuren die Tbc-Resistenz der Patienten erhöhen zu können. Dem Verfahren blieb der therapeutische Erfolg gänzlich versagt. Man fand allerdings heraus, daß der Einfluß des Konstitutionstyps auf die Tbc-Anfälligkeit den Anschein erweckt hatte, als würden Dickleibige Tbc-resistenter sein als untergewichtige Personen.
Diese Abhängigkeitsstruktur soll nun näher untersucht werden. Für die vorkommenden Variablen verwenden wir dabei folgende Kodierung:

Konstitutionstyp	**K**	= {leptosom, pyknisch/athletisch}
Ernährungszustand	**E**	= {untergewichtig, übergewichtig}
Diagnose	**T**	= {Tbc-frei, an Tbc erkrankt}
Kodierung :		{0,1} .

Zur Messung des Ernährungszustandes verwendete man den Index

$$I = \frac{\text{tatsächliches Körpergewicht (kg)}}{\text{Körpergröße (cm) minus 100}}$$

Die Verteilung der Indizes wurde mediandichotomiert.

Die bedingten Verteilungen **ET|K** haben folgende Beschaffenheit (selbstverständlich handelt es sich um fiktive Daten, die dem Leser das Wesentliche sichtbar machen sollen!).

Tab.IV.7: (Angaben in Prozent)

ET | K=0

		T=1	T=0
E	1	8	2
	0	72	18

ET | K=1

		T=1	T=0
E	1	18	72
	0	2	8

Man überzeugt sich, daß die Ausprägungen von **E** und **T** auf jeder Stufe von **K** unabhängig voneinander anfallen, indem man die Determinanten der beiden Häufigkeitsmatrizen berechnet:

$$K=0 : 8\cdot 18 - 2\cdot 72 = 0; \quad K=1 : 18\cdot 8 - 72\cdot 2 = 0.$$

Mischt man die beiden Verteilungen unter der Annahme, daß die Anteile der Leptosomen und Pykniker/Athletiker jeweils 50% betragen, so erhält man folgende Datenstruktur, die ein beobachtender Arzt wahrnimmt, der den Konstitutionstyp nicht berücksichtigt:

		T=1	T=0	
E	1	13	37	50
	0	37	13	50
		50	50	

$$13\cdot 13 - 37\cdot 37 = -1200,$$

$$\emptyset = \frac{-1200}{\sqrt{50\cdot 50\cdot 50\cdot 50}} = -0{,}48 . \qquad (7)$$

74% der Personen, die an Tbc erkrankt sind, weisen Untergewichtigkeit auf, 74% der Tbc-freien Personen Übergewichtigkeit!

⧫⧫⧫⧫⧫

Wir werden jetzt das Log-lineare Modell dieser Daten entwickeln. Um die Fremdbestimmung der Abhängigkeit von **E** und **T** durch den Konstitutionstyp untersuchen zu können, wollen wir die Mischanteile der Leptosomen und Pykniker/Athletiker allgemein ansetzen. Es bezeichnen

$$\ln p_{0..} = L, \quad \ln p_{1..} = P .$$

Damit erhält man die folgende Kreuztabellierung des Merkmales **KET**:

Tab.IV.8: Logarithmen der mit den Mischanteilen multiplizierten Häufigkeiten der Tab. IV.7: $\ln p_{jk\,|\,i} \cdot p_{i..} = \ln p_{jk\,|\,i} + \ln p_{i..}$

K = 0

		T = 1	T = 0
E	1	2,08 + L	0,69 + L
	0	4,28 + L	2,89 + L

K = 1

		T = 1	T = 0
E	1	2,89 + P	4,28 + P
	0	0,69 + P	2,08 + P

Der Mittelwert aller Logarithmen ist

$$u = \frac{1}{2 \cdot 2 \cdot 2} [2{,}08 + L + \ldots + 2{,}89 + L + 2{,}89 + P + \ldots + 2{,}08 + P]$$
$$= 2{,}485 + \tfrac{1}{2} [L + P]. \qquad (11")$$

Die einfachen Effekte (12") sind:

$u_{1..} = \frac{1}{4} [2{,}89 + P + 4{,}28 + P + 0{,}69 + P + 2{,}08 + P] - u = \frac{1}{2} [P\text{-}L];$

Aufgrund der Reparametrisierungsbedingung ist $u_{0..} = -u_{1..}$.

$u_{.1.} = \frac{1}{4} [2{,}08 + L + 0{,}69 + L + 2{,}89 + P + 4{,}28 + P] - u = 0;$

$u_{..1} = \frac{1}{4} [2{,}08 + L + 4{,}28 + L + 2{,}89 + P + 0{,}69 + P] - u = 0;$

Die Wechselwirkungen zweiter Ordnung (13") haben folgende Werte:

$u_{11.} = \frac{1}{2} [2{,}89 + P + 4{,}28 + P] - u_{1..} - u_{.1.} - u = 1{,}1$;

$u_{00.} = u_{11.}$, $u_{01.} = u_{10.} = -u_{11.}$ (Reparametrisierungsbedingung).

$u_{1.1} = \frac{1}{2} [2{,}89 + P + 0{,}69 + P] - u_{1..} - u_{..1} - u = -0{,}695$;

$u_{0.0} = u_{1.1}$, $u_{0.1} = u_{1.0} = -u_{1.1}$ (Reparametrisierungsbedingung).

$u_{.11} = \frac{1}{2} [2{,}08 + L + 2{,}89 + P] - u_{.1.} - u_{..1} - u = 0$;

$u_{.00} = u_{.01} = u_{.10} = u_{.11} = 0$.

Für die Wechselwirkung dritter Ordnung erhalten wir schließlich:

$u_{111} = 2{,}89 + P - u_{11.} - u_{1.1} - u_{.11} - u_{1..} - u_{.1.} - u_{..1} - u = 0.$

Das lineare Modell der (logarithmierten) Häufigkeiten ist somit folgendermaßen aufgebaut (10"):

$$\ln h_{111} = 2{,}485 + \tfrac{1}{2} [L+P] + \tfrac{1}{2} [P\text{-}L] + 0 + 0 + 1{,}1 - 0{,}695 + 0 + 0$$
$$= 2{,}89 + P \text{ (Rechenkontrolle).}$$

Zu den Ergebnissen ist folgendes zu sagen: Die Erwartungen der Ärzte wer-

den durch $u_{.11} = 0$ enttäuscht. Es gibt keine Wechselwirkung zwischen Tuberkuloseresistenz und Ernährungszustand. Genau das verrieten uns bereits die Determinanten der Häufigkeitsmatrizen des Beispiels IV.6. - Die Wechselwirkung $u_{1.1} = -0{,}695$ klärt uns darüber auf, daß Pykniker seltener als Leptosome an Tuberkulose erkranken. - Durch $u_{11.} = 1{,}1$ wird bestätigt, was E. KRETSCHMER uns gelehrt hat, nämlich daß rundliche Formen den pyknischen Konstitutionstyp charakterisieren. In den Wechselwirkungstermen kommen übrigens die Parameter P und L nicht vor, sie sind also nicht fremdbestimmt.
Um das Bild abzurunden, wollen wir zuletzt das Entstehen der Scheinkontingenz von **T** und **E** untersuchen. Dazu multiplizieren wir die Häufigkeiten der beiden bedingten Verteilungen (Tab.IV.7) mit den Mischanteilen und addieren sie:

$$\begin{bmatrix} p_{11} & p_{10} \\ p_{01} & p_{00} \end{bmatrix} = \begin{bmatrix} 8\ p_{0..} + 18\ p_{1..} & 2\ p_{0..} + 72\ p_{1..} \\ 72\ p_{0..} + 2\ p_{1..} & 18\ p_{0..} + 8\ p_{1..} \end{bmatrix} .$$

Die Determinante dieser Matrix besitzt folgenden Bau:

$$p_{11}\, p_{00} - p_{10}\, p_{01} = -4800\ p_{0..}\ p_{1..} .$$

Wir wissen einerseits, daß die Verteilungen auf **T** und **E** statistisch voneinander unabhängig sind. Wir sehen jetzt, daß die Determinante der Häufigkeitsmatrix nur dann null wird, wenn einer der beiden Faktoren $p_{0..}$ oder $p_{1..}$ null wird, d.h. wenn die Untersuchungsgesamtheit entweder nur aus Pyknikern/Athletikern oder nur aus Leptosomen besteht. Stichproben, die beide Konstitutionstypen aufweisen, verschleiern, daß die Wechselwirkung $u_{.11}$ null ist. Daraus ergibt sich, daß die Kontingenz von **T** und **E** vom Konstitutionstyp fremdbestimmt wird. Das gleiche gilt für das Kontingenzmaß Ø (7), dessen Zähler ja gerade die Determinante der Häufigkeitsmatrix ist.

•♦ ♦ ♦•

Das folgende Beispiel dient dem Verständnis der Wechselwirkungen höherer Ordnung.

Beispiel IV.7: Es sollen verschiedene Hypothesen im Zusammenhang mit Familienverhältnissen, Arbeitshaltung und Kriminalität Jugendlicher mit dem

Log-linearen Modell dargestellt werden.

Für die vorkommenden Variablen verwenden wir folgende Kodierung:

Familienverhältnisse	**F**	=	{zerrüttet, intakt}
Erwerbsstatus	**E**	=	{arbeitslos, erwerbstätig}
Kriminalität	**K**	=	{unbescholten, vorbestraft}
Kodierung:			{0,1}

In die nachfolgende Tabelle haben wir bereits die Logarithmen der Häufigkeiten des dreidimensionalen Merkmales **FEK** eingetragen:

Tab.IV.9: Logarithmierte Häufigkeiten der Verteilung auf **FEK**.

		F=1, K=1	F=1, K=0	F=0, K=1	F=0, K=0
E	1	A	C	a	c
	0	B	D	b	d

Der Mittelwert aller Logarithmen ist:

$$u = \frac{1}{8}[A + \ldots + D + a + \ldots + d] \,. \qquad (11")$$

Die einfachen Effekte werden mit (12") wie folgt gebildet:

$$u_{1..} = \frac{1}{4}[A + B + C + D] - u; \quad u_{0..} = \frac{1}{4}[a + b + c + d] - u \,.$$

Ersetzt man u durch (11"), so wird:

$$u_{1..} = \frac{1}{8}[(A + B + C + D) - (a + b + c + d)], \quad u_{0..} = - u_{1..} \,. \qquad (15)$$

Das Bildungsgesetz einfacher Effekte ist von (15) in Verbindung mit Tab.IV.9 so klar abzulesen, daß wir ohne weitere Rechnung schreiben:

$$u_{.1.} = \frac{1}{8}[(A + C + a + c) - (B + D + b + d)], \quad u_{.0.} = - u_{.1.} \,.$$

Es werden also sämtliche Logarithmen addiert, die zu **E** = 1 gehören und davon sämtliche Logarithmen unter **E** = 0 subtrahiert. - Nach dieser Regel bildet man für **K**:

$$u_{..1} = \frac{1}{8}[(A + B + a + b) - (C + D + c + d)], \quad u_{..0} = - u_{..1} \,.$$

Wir wenden uns nun den Wechselwirkungen zweiter Ordnung zu. Mit (13") erhalten wir beispielsweise:

$$u_{11.} = \frac{1}{2}[A + B] - u_{1..} - u_{.1.} - u$$
$$= \frac{1}{8}[(A + C + b + d) - (B + D + a + c)] \,.$$

Verständnis des Bildungsgesetzes dieser, aber auch der Wechselwirkungen höherer Ordnung, gewinnt man durch Betrachten der Kombinationen von Merkmalsausprägungen, die zu den einzelnen Logarithmen gehören: es werden alle Logarithmen addiert, deren dazugehörende Merkmalsausprägungen von 11. an keiner Stelle abweichen, das sind A mit 111 und C mit 110. Weiter werden alle Logarithmen mit negativem Vorzeichen versehen, deren Kombinationen von 11. nur an einer Stelle abweichen, das sind B mit 101, D mit 100, dann a mit 011 und c mit 010. Zuletzt werden alle Logarithmen dazugerechnet, deren Kombinationen an beiden Stellen von 11. abweichen, das sind b mit 001 und d mit 000.

Um dieses Bildungsgesetz allgemein darstellen zu können, wollen wir folgende Vereinbarung treffen: ein Querstrich unter den Buchstaben i, j, k deutet die jeweils andere Merkmalsausprägung an, also $\underline{i} = 0$, wenn $i = 1$ bzw. $\underline{i} = 1$, wenn $i = 0$. Damit kann die Wechselwirkung $u_{11.}$ folgendermaßen angeschrieben werden:

$$u_{ij.} = \frac{1}{8}\left[\sum_k \ln h_{ijk} - \sum_k \ln h_{\underline{i}jk} - \sum_k \ln h_{i\underline{j}k} + \sum_k \ln h_{\underline{i}\underline{j}k}\right], \qquad (16)$$

$$u_{11.} = \frac{1}{8}[A + C - B - D - a - c + b + d] \,.$$

In analoger Weise bestimmt man:

$$u_{i.k} = \frac{1}{8}\left[\sum_j \ln h_{ijk} - \sum_j \ln h_{\underline{i}jk} - \sum_j \ln h_{ij\underline{k}} + \sum_j \ln h_{\underline{i}j\underline{k}}\right] ,$$

also beispielsweise

$$u_{1.1} = \frac{1}{8}[A + B - a - b - C - D + c + d] \,,$$

und zuletzt

$$u_{.jk} = \frac{1}{8}\left[\sum_i \ln h_{ijk} - \sum_i \ln h_{i\underline{j}k} - \sum_i \ln h_{ij\underline{k}} + \sum_i \ln h_{i\underline{j}\underline{k}}\right] ,$$

so etwa

$$u_{.11} = \frac{1}{8}[A + a - B - b - C - c + D + d] \,.$$

Die Wechselwirkungsterme dritter Ordnung lassen sich folgendermaßen darstellen:

$$u_{ijk} = \frac{1}{8} \Big[\ln h_{ijk} - \ln h_{ij\underline{k}} - \ln h_{i\underline{j}k} - \ln h_{\underline{i}jk} + \ln h_{i\underline{jk}} + \ln h_{\underline{i}j\underline{k}} + \ln h_{\underline{ij}k} - \ln h_{\underline{ijk}} \Big] . \tag{17}$$

Insbesondere ist

$$u_{111} = \frac{1}{8} [A - C - B - a + D + c + b - d] .$$

Aufgrund der Reparametrisierungsbedingung erweisen sich die übrigen Wechselwirkungsterme als:

$$u_{011} = u_{101} = u_{110} = - u_{111} ,$$

daraus folgt weiter:

$$u_{100} = u_{010} = u_{001} = u_{111} ,$$

und schließlich:

$$u_{000} = - u_{111} .$$

Damit verfügen wir über alle Terme des saturierten Modells und können die Verträglichkeit verschiedener Hypothesen mit den Daten der Tab.IV.9 überprüfen.

Hypothese: Man hört, daß Arbeitslosigkeit Kriminalität hervorrufe und diese die Wiedererlangung einer Beschäftigung erschwere. Diesem Teufelskreis sollen Jugendliche aus intakten Familien genauso ausgesetzt sein wie Jugendliche aus Problemfamilien.

Die Hypothese läßt sich leicht in ein hierarchisches Modell umsetzen: es gibt eine Abhängigkeit der Ausprägungen von **E** und **K**, die durch **F** nicht beeinflußt wird. Die Verteilungen auf **EK|F**=1 und **EK|F**= 0 sind gleich. Daraus folgt mit Formel (3), daß die Logarithmen der beiden Verteilungen in Tab.IV.9 sich nur um eine additive Konstante

$$e = \ln h_{0..} - \ln h_{1..}$$

voneinander unterscheiden.

Tab.IV.10: Logarithmierte Häufigkeiten der Verteilung auf **FEK** bei Geltung der Hypothese.

		F = 1 **K** 1	 0	**F = 0** **K** 1	 0
E	1	A	C	A + e	C + e
	0	B	D	B + e	D + e

Daraus ergibt sich unmittelbar mit (17) und (16), daß Daten, welche mit der Hypothese verträglich sind, die Eigenschaft haben:

$$u_{111} = u_{11.} = u_{1.1} = 0.$$

Dagegen wird:

$$u_{.11} = \frac{1}{4}\,[(A + D) - (B + C)]\ .$$

Das ist die Wechselwirkung von **E** und **K**. - Die einfachen Effekte stellen sich wie folgt dar:

$$u_{1..} = -\frac{1}{2}\,e = -\frac{1}{2}\,(\ln h_{0..} - \ln h_{1..})\ .$$

Diese Größe hängt also nur von der Anzahl Jugendlicher aus intakten Familien im Verhältnis zur Anzahl Jugendlicher aus Problemfamilien ab, wird also von der Zusammensetzung der Stichprobe bestimmt.

Die beiden anderen Einfacheffekte haben folgende Struktur:

$$u_{.1.} = \frac{1}{4}\,[(A + C) - (B + D)],\quad u_{..1} = \frac{1}{4}\,[(A + B) - (C + D)]\ .$$

Damit können wir das lineare Modell, welches die Hypothese verkörpert, auch schon anschreiben:

$$\ln h_{ijk} = u + u_{i..} + u_{.j.} + u_{..k} + u_{.jk}\ . \qquad (10'')$$

Es handelt sich offensichtlich um ein hierarchisches Modell.

Nun wollen wir eine zweite Hypothese zum gleichen Thema untersuchen: Jugendliche aus intakten Familien sollen stabiler und damit auch arbeitswilliger sein als Jugendliche aus Problemfamilien, die aus Undiszipliniertheit häufig den Arbeitsplatz verlieren und damit in den Teufelskreis von Arbeitslosigkeit und Kriminalität geraten. - Wir wollen diese Hypothese folgendermaßen umsetzen: Es gibt zwei Typen von Jugendlichen, solche aus intakten Familien, die Arbeit haben und nicht kriminell sind, und Jugendliche aus Problemfamilien, die arbeitslos und kriminell sind. Auf alle anderen Kombinationen entfallen so wenige Fälle, daß sie vernachlässigt werden können. Wir stellen die Logarithmen der Häufigkeiten in folgender Tabelle dar:

Tab.IV.11: Logarithmen der Häufigkeiten bei Geltung der Hypothese:

		F = 1, K = 1	F = 1, K = 0	F = 0, K = 1	F = 0, K = 0
E	1	v	T	v	v
	0	v	v	t	v

Es ist also $\ln h_{110} = T$, $\ln h_{001} = t$. Die Logarithmen der anderen Häufigkeiten sind in der Nähe von Null und zu vernachlässigen.

Wir erhalten:

$$u = \frac{1}{8}(T + t + 6v); \qquad (11")$$

$$u_{1..} = \frac{1}{8}(T - t); \quad u_{.1.} = \frac{1}{8}(T - t); \quad u_{..1} = -\frac{1}{8}(t - T); \qquad (12")$$

$$u_{11.} = \frac{1}{8}(T + t - 2v); \quad u_{1.1} = -\frac{1}{8}(T + t - 2v); \qquad (16)$$

$$u_{.11} = -\frac{1}{8}(T + t - 2v); \qquad (16)$$

$$u_{111} = -\frac{1}{8}(T - t) . \qquad (17)$$

Die beiden Verteilungen auf **EK|F**=1 und **EK|F**=0 sind nicht identisch. Es hat keinen Sinn, von einer Wechselwirkung zwischen **E** und **K** zu reden, ohne dabei die Ausprägung von **F** zu berücksichtigen. Die einfachen Effekte und die Wechselwirkung dritter Ordnung hängen von der Anzahl Jugendlicher aus intakten Familien im Verhältnis zur Anzahl Jugendlicher aus Problemfamilien ab, werden also von der Zusammensetzung der Stichprobe bestimmt und verschwinden, wenn t = T. Von den Wechselwirkungen zweiter Ordnung haben eine positives und zwei negatives Vorzeichen. Dies zeigt an, daß man auf folgende Merkmalskombinationen zu achten hat:

Intakte Familie und erwerbstätig; Problemfamilie und arbeitslos.
Intakte Familie und unbescholten; Problemfamilie und vorbestraft.
Erwerbstätig und unbescholten; arbeitslos und vorbestraft.

Führt man solche Untersuchungen durch, so erhält man Daten, die durch Stichprobenfehler entstellt sind. Ihre Übereinstimmung mit den Häufigkeiten, die man aus Hypothesen ableitet, ist dann nicht mehr eindeutig zu erkennen. Im Teil **C** dieser Methodenlehre wird der Leser erfahren, wie man die Ähnlichkeit fehlerbehafteter Daten mit erwarteten Häufigkeiten messen kann (Kap.XV.4).

IV.3: Messung der Abhängigkeit von Verteilungen auf Rangmerkmalen

In Beispiel IV.5 wurde der Zusammenhang zwischen Latein- und Deutschnoten mit dem Kontingenzmaß χ^{2*} gemessen. Das ist im Hinblick auf den hierarchischen Aufbau der Merkmale (Kap.I.2) zulässig. Man berücksichtigt dabei jedoch in keiner Weise, daß die Merkmalsausprägungen eine verbindliche Anordnung aufweisen. Alle Informationen über den Charakter der Kontingenz, die damit zusammenhängen, bleiben ungenutzt. - Wir werden jetzt Methoden der Kontingenzmessung darstellen, welche diese Informationen verwerten.

Beispiel IV.8: Zwei Weinverkoster beurteilen unabhängig voneinander die Herbheit Grüner Veltliner, die von fünf verschiedenen Rieden (a,b,c,d,e) stammen. Da auf beide Weinverkoster dieselben "Ursachen" einwirken, sollten auch die Ergebnisse, also die Einstufungen der Weine, gleich ausfallen. Tatsächlich gaben sie den Weinen folgende Ränge:

Rang	1	2	3	4	5
Koster x	e	d	c	a	b
Koster y	d	e	a	c	b

Kann man sagen, daß die Urteile wenigstens tendenziell übereinstimmen?

Die Meßverfahren, welche jetzt vorgestellt werden sollen, verlangen, daß man sogenannte Rangzahlenpaare bildet:

Riede	a	b	c	d	c
Koster x	4	5	3	2	1
Koster y	3	5	4	1	2

Jetzt sieht man auch, wie groß die Unterschiede zwischen den Urteilen sind: Die **Rangzahlendifferenz** ist nur in einem einzigen Falle null, sie ist aber nirgends größer als 1 und könnte doch maximal 4 sein. Wir schließen daraus, daß beide Koster dieselbe Beschaffenheit der Weine beurteilen. Warum stimmen ihre Urteile dann aber nicht vollständig überein? Man muß sich klar machen, daß selbst ein erfahrener Weinverkoster ein beschränktes Unterscheidungsvermögen hat, was zu Fehlurteilen führt, die sich unmittelbar in den Rangplatzdifferenzen widerspiegeln. Die Kontingenz der Urteile wird also durch eine objektive Beschaffenheit der Weine verursacht und durch Meßfehler entstellt. Ein hoher Grad von Übereinstimmung ist eindeutig zu interpretieren. Geringe Übereinstimmung oder gar statistische Unabhängigkeit der Urteile bedeutet dagegen entweder, daß die beiden "Meßinstrumente" die objektive Beschaffenheit der Weine nur höchst mangelhaft erfassen, oder daß die mit "Herbheit" etikettierte Beschaffenheit objektiv gar nicht vorhanden ist.

⬩⬥ ◆ ⬥⬩

Die Spearman'sche Korrelationszahl

Man bildet die Rangzahldifferenzen $d_\nu = x_\nu - y_\nu$, $\nu=1,\ldots,n$ und berechnet

$$r_s = 1 - \frac{6 \sum_{\nu=1}^{n} d_\nu^2}{n(n^2-1)}, \quad -1 \leq r_s \leq 1 \quad . \tag{18}$$

Fallen die Rangzahlen statistisch unabhängig voneinander an, so ist $r_s=0$. Bei gleichsinninger/gegensinniger Abhängigkeit ist r_s positiv/negativ. Bei vollständiger Abhängigkeit ist nur die Haupt-/Nebendiagonale der Verteilungstabelle besetzt und $r_s=+1$ bzw. -1.

Beispiel IV.8 (Fortsetzung):

Riede	a	b	c	d	e	Σ
Rangplatzdifferenz d	1	0	-1	1	-1	0
d^2	1	0	1	1	1	4

$$n = 5; \quad r_s = 1 - \frac{6 \cdot 4}{5(25 - 1)} = 0{,}8 \,. \tag{18}$$

Die Übereinstimmung erscheint hoch genug, um im Sinne der vorangegangenen Ausführungen eindeutig interpretierbar zu sein: Die beiden Weinverkoster beurteilen die Weine im wesentlichen gleich.

••◆••

In Beispiel IV.8 hat jedes Objekt eine eigene Rangzahl erhalten. Das ist in Beispiel IV.1 (Deutsch-, Lateinnoten) nicht möglich. Hier stehen für 500 Schüler nur die fünf Ausprägungen der Notenskala zur Verfügung. Aus diesem Grunde muß eine **Rangzuweisung** vorgenommen werden: Haben in einer geordneten Stichprobe eine Anzahl von Objekten gleiche Merkmalsausprägungen, z.B.

$$x_{(m)} = x_{(m+1)} = \ldots = x_{(m+c)} \,,$$

so ordne man ihnen als Rangzahl die Zahl

$$j = \tfrac{1}{2}\,[(m) + (m+c)] \tag{19}$$

zu. Die Gruppe von Objekten nennt man eine **Bindung** vom Ausmaß $t = c + 1$. In analoger Weise verfährt man mit den y-Werten. Die Rangzahlen, die man entsprechend (19) zuordnet, werden hier mit k bezeichnet, die Ausmaße der Bindungen von y-Werten mit w. - Die SPEARMAN'sche Korrelationszahl wird bei Auftreten von Bindungen wie folgt berechnet:

$$r_s = 1 - \frac{6 \sum_{\nu=1}^{n} (j_\nu - k_\nu)^2}{n(n^2 - 1) - (B_x + B_y)} \,, \tag{18'}$$

$$B_x = \tfrac{1}{2} \sum t(t^2 - 1), \quad B_y = \tfrac{1}{2} \sum w(w^2 - 1) \,.$$

Beispiel IV.9: Wir berechnen die SPEARMAN'sche Korrelationszahl der Deutsch-, Lateinnoten des Beispieles IV.1. Da die Ausmaße der Bindungen identisch sind mit den Randsummen der Verteilungstabelle, bestimmen wir mit (19) die Rangzahlen j und k einfach wie folgt:

L	1	2	3	4	5
t	50	100	210	90	50
	1 ... 50	51 ... 150	151 ... 360	361 ... 450	451 ...500
j	25,5	100,5	255,5	405,5	475,5

D	1	2	3	4	5
w	50	100	200	100	50
	1 ... 50	51 ... 150	151 ... 350	351 ... 450	451 ... 500
k	25,5	100,5	250,5	400,5	475,5

Dann errechnen wir

$$B_L = \frac{1}{2} [50(50^2 - 1) + \ldots 50(50^2 - 1)] = 5.619.750 ,$$

$$B_D = \frac{1}{2} [50(50^2 - 1) + \ldots 50(50^2 - 1)] = 5.124.750 .$$

Zuletzt versehen wir die Verteilungstabelle des Beispieles IV.1 mit den Rangzahlen j und k, und berechnen den Zähler von (18'):

j \ k	25,5	100,5	250,5	400,5	475,5
475,5				10	40
405,5			20	60	10
255,5		30	150	30	
100,5	20	50	30		
25,5	30	20			

$$\sum_{\nu=1}^{500} (j_\nu - k_\nu)^2 = (25,5 - 25,5)^2 \cdot 30 + (25,5 - 100,5)^2 \cdot 20 +$$

$$\ldots + (475,5 - 475,5)^2 \cdot 40 = 2.842.500 .$$

Damit erhalten wir

$$r_s = 1 - \frac{6 \cdot 2.842.500}{500(500^2-1) - (5.619.750+5.124.750)} = +\ 0{,}851 \ .$$

Der Zusammenhang von Latein- und Deutschnoten ist also gleichsinnig und sehr ausgeprägt. Gegenüber dem Kontingenzmaß χ^2 hat r_s den Vorzug, daß man am Vorzeichen der Korrelationszahl ablesen kann, ob der Zusammenhang gleichsinnig oder gegensinnig ist.

⬩♦ ♦ ♦⬩

Kendall's Tau

Die Rangzahlenpaare $(x_\nu,\ y_\nu)$ werden so angeschrieben, daß die x-Koordinaten nach wachsender Größe geordnet sind. Dann stellt man fest, wieviele Paare rechts von $(x_\nu,\ y_\nu)$ eine y-Koordinate aufweisen, die größer ist als y_ν. Die Anzahl dieser Paare wird mit S_ν bezeichnet. Nun errechnet man die Korrelationszahl τ:

$$\tau = \frac{4 \sum_{\nu=1}^{n} S_\nu}{n(n-1)} - 1, \quad -1 \leq \tau \leq 1 \ . \tag{20}$$

Dieses Maß des Zusammenhanges ist genauso zu interpretieren wie SPEARMAN'S Korrelationszahl.

Beispiel IV.8 (Fortsetzung):

Riede	e	d	c	a	b
Koster x	1	2	3	4	5
Koster y	2	1	4	3	5
S	3	3	1	1	0

$$n = 5, \quad \sum_{\nu=1}^{5} S_\nu = 8, \quad \tau = \frac{4 \cdot 8}{5(5-1)} - 1 = 0{,}60 \ .$$

⬩♦ ♦ ♦⬩

Auch dieses Verfahren ist nur dann anzuwenden, wenn jedes Objekt eine eigene Rangzahl hat. Treten Bindungen auf, so hat man wie vorhin Rangzahlzuweisungen vorzunehmen und folgende Hilfsgrößen zu berechnen:

$$C_x = \sum t(t - 1), \quad C_y = \sum w(w - 1) .$$

Anstelle von (20) verwendet man bei Bindungen

$$\tau = \frac{2 \sum_{\nu} \sum_{\nu < \mu} u_{\nu\mu} v_{\nu\mu}}{\sqrt{n(n-1) - C_x} \sqrt{n(n-1) - C_y}} , \qquad (20')$$

wobei

$$u_{\nu\mu} = \begin{cases} 1 \text{ für } j_\mu - j_\nu > 0 \\ 0 \text{ für } j_\mu - j_\nu = 0 \\ -1 \text{ für } j_\mu - j_\nu < 0 \end{cases} \qquad v_{\nu\mu} = \begin{cases} 1 \text{ für } k_\mu - k_\nu > 0 \\ 0 \text{ für } k_\mu - k_\nu = 0 \\ -1 \text{ für } k_\mu - k_\nu < 0 \end{cases}$$

Beispiel IV.10: Wir berechnen KENDALL's τ mit den Daten des Beispiels IV.9. Dazu ordnen wir die Rangzahlenpaare der Verteilungstabelle so an, daß die j-Koordinaten eine aufsteigende Reihe bilden:

	1	2	3	4	5	6	7	8
j	25,5	25,5	100,5	100,5	100,5	255,5	255,5	255,5
k	25,5	100,5	25,5	100,5	250,5	100,5	250,5	400,5
h	30	20	20	50	30	30	150	30

	9	10	11	12	13
j	405,5	405,5	405,5	475,5	475,5
k	250,5	400,5	475,5	400,5	475,5
h	20	60	10	10	40

Beim Vergleich von Spalte 1 mit 2 tritt $u_{12} = 0$, $v_{12} = 1$ auf. Das Produkt $u_{12}\, v_{12} = 0 \cdot 1 = 0$ kommt $30 \times 20 = 600$ mal vor. Beim Vergleich von Spalte 1 mit 3 tritt $u_{13} = 1$, $v_{13} = 0$ mit Häufigkeit $30 \times 20 = 600$ auf. Man hat insgesamt 78 solcher Spaltenvergleiche anzustellen und erhält:

$$\sum_{\nu=1}^{13} \sum_{\nu > \mu} u_{\nu\mu}\, v_{\nu\mu} = 0 \cdot 1 \cdot 600 + 1 \cdot 0 \cdot 600 + \ldots + 1 \cdot 1 \cdot 1200 + \ldots$$
$$\ldots + 0 \cdot 1 \cdot 400 = 73.900 \quad .$$

Nun errechnen wir noch

$$C_x = 66.700, \quad C_y = 64.500 ,$$

so daß

$$\tau = \frac{2 \cdot 73900}{\sqrt{500(500-1) - 66700}\ \sqrt{500(500-1) - 64500}} = 0,804 . \qquad (20')$$

⬩⬥◆⬥⬩

IV.4: Messung der Abhängigkeit von Verteilungen auf quantitativen Merkmalen

Im Hinblick auf den hierarchischen Aufbau der Merkmale (Kapitel I.2) ist es zulässig, die Abhängigkeit von Verteilungen auf quantitativen Merkmalen mit dem Kontingenzmaß χ^2 (5) zu messen. Wir werden das in einem Beispiel durchführen und dabei überlegen, wie man die im Charakter quantitativer Merkmale begründete Information über die Abhängigkeit von Verteilungen nutzbar machen kann.

Beispiel IV.11: Wir verwenden Daten, die FERSCHL (1980) zitiert. Zehn Betriebe machen folgende Angaben über den Lagerumschlag **X** und den Kalkulationsaufschlag **Y** (in Prozent des Einkaufspreises):

Betrieb	1	2	3	4	5	6	7	8	9	10
X	3,3	4,0	4,6	5,6	6,0	6,2	6,5	7,5	7,8	8,5
Y	44	43	37	33	31	25	29	20	20	18

Wir fertigen nun das Streudiagramm dieser zweidimensionalen Verteilung an und tragen zusätzlich zu den zehn Punkten den Punkt M mit den Koordinaten $\bar{x},\bar{y}$, den **Schwerpunkt**, ein.

$$\bar{x} = (3,3 + \ldots + 8,5) \cdot \tfrac{1}{10} = 6 \ ; \quad \bar{y} = (44 + \ldots + 18) \cdot \tfrac{1}{10} = 30.$$

Parallelen zur x- bzw. y-Achse, die wir durch M ziehen, zerlegen die Verteilungsfläche in vier Quadranten. Wir zählen nun die Punkte in den einzelnen Quadranten, wobei wir vereinbaren, daß ein Punkt, der eine Koordinate mit M gemeinsam hat, je zur Hälfte den beiden Quadranten zugerechnet wird, auf deren gemeinsamer Grenze er liegt. Dementsprechend wird Betrieb 5 je zur Hälfte den Quadranten II und I zugerechnet. Wir erhalten auf diese Weise eine Vierfeldermatrix der Häufigkeiten, und können den Phikoeffizienten der Kontingenz berechnen, wobei wir vereinbaren, daß Werte unter dem Mittelwert mit 0 kodiert werden:

Abb.IV.1: Streudiagramm der zweidimensionalen Verteilung von Beispiel IV.11.

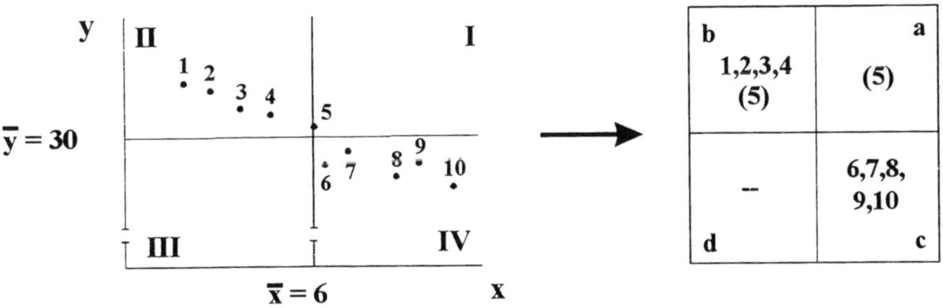

$$\varnothing_{xy} = \frac{h_{11}h_{00} - h_{10}h_{01}}{\sqrt{h_{1.}h_{0.}h_{.1}h_{.0}}} = \frac{0{,}5\cdot 0 - 5\cdot 4{,}5}{\sqrt{5{,}5\cdot 4{,}5\cdot 5\cdot 5}} = -\,0{,}905\ . \qquad (7)$$

Es besteht also eine starke gegensinnige Abhängigkeit zwischen Lagerumschlag und Kalkulationsaufschlag.

•♦ ♦ ♦•

Um den Zusammenhang zwischen den Ausprägungen der beiden Merkmale festzustellen, brauchten wir nur die Punkte in den einzelnen Quadranten zu zählen und die Anzahlen in (7) einzusetzen. Welche Position die Punkte in den Quadranten haben, spielte dabei überhaupt keine Rolle. Der Phikoeffizient berücksichtigt also die Form der Abhängigkeit, die in der Position der Punkte zum Ausdruck kommt, in keiner Weise. Wir wollen das jetzt verbessern, indem wir festhalten, in welcher Richtung, und in welchem Abstand vom Schwerpunkt die Punkte angeordnet sind. Wir setzen dazu den Punkt $(x_i | y_j)$ und den Schwerpunkt $(\bar{x} | \bar{y})$ als Eckpunkte eines Rechteckes an, dessen Fläche wir wie folgt berechnen:

$$R(ij) = (x_i - \bar{x})(y_j - \bar{y}) \ . \qquad (21)$$

Man prüft leicht nach, daß zu Punkten in den Quadranten I und III Rechtecke mit "positiven Flächen" gehören, zu Punkten in den Quadranten II und IV dagegen negative.

Tab.IV.12: Zugehörigkeit der 10 Punkte des Beispiels IV.11 zu den Quadranten I - IV und gerichtete Rechtecksflächen.

Betrieb	1	2	3	4	5	6	7	8	9	10
Quadrant	II	II	II	II	II+I	IV	IV	IV	IV	IV
R(ij)	-37,8	-26,0	-9,8	-1,2	0,0	-1,0	-0,5	-15,0	-18,0	-30,0

Nun wollen wir jene gerichtete Rechtecksfläche auswählen, die sich von den Rechtecksflächen der Tab.IV.12 "so wenig wie möglich" unterscheidet. Wir wählen im Hinblick auf die Minimumseigenschaft (7.III) das arithmetische Mittel:

$$\sum_j \sum_i R(ij)\, p_{ij} = \sum_j \sum_i (x_i - \bar{x})(y_j - \bar{y})\, p_{ij} = \text{Kov}\ \mathbf{X,Y} \ . \qquad (22)$$

Das arithmetische Mittel der gerichteten Rechtecksflächen heißt **Kovarianz** der Merkmalsausprägungen von **X** und **Y**. Man berechnet diese Größe bequemer mit:

$$\text{Kov}\ \mathbf{X,Y} = \sum_j \sum_i x_i\, y_j\, p_{ij} - \bar{x}\,\bar{y} \ . \qquad (22')$$

Um sich von der Gleichwertigkeit der beiden Formeln zu überzeugen, multipliziert man in (22) die beiden Klammerausdrücke aus und führt die Summation getrennt durch:

$$\text{Kov}\ \mathbf{X,Y} = \sum_i \sum_j (x_i\, y_j - \bar{y}\, x_i - y_j\, \bar{x} + \bar{x}\,\bar{y})\, p_{ij}$$

$$= \sum_j \sum_i x_i\, y_j p_{ij} - \bar{y} \cdot \underbrace{\sum_i x_i \sum_j p_{ij}}_{\sum_i x_i p_{i.} = \bar{x}} - \bar{x} \cdot \underbrace{\sum_j y_j \sum_i p_{ij}}_{\sum_j y_j p_{.j} = \bar{y}} + \bar{x}\,\bar{y} \cdot \underbrace{\sum_j \sum_i p_{ij}}_{1} \ .$$

Beispiel IV.11 (Fortsetzung): Die zehn Betriebe weisen folgende Kovarianz der Merkmalsausprägungen von 'Lagerumschlag' **X** und 'Kalkulationsaufschlag' **Y** auf:

(22): $(-37{,}8 + \ldots - 30{,}0) \cdot \frac{1}{10} = -13{,}93$ oder mit

(22'): $(3{,}3 \cdot 44 + \ldots + 8{,}5 \cdot 18) \cdot \frac{1}{10} - 6 \cdot 30 = -13{,}93.$

Das Vorzeichen der Kovarianz besagt, daß die Punkte überwiegend in den Quadranten II und IV positioniert sind: unter-/überdurchschnittliches **X** ist von einem über-/unterdurchschnittlichen **Y** begleitet. Der Zusammenhang der Ausprägungen ist gegensinnig.

⬩⬧◆⬧⬩

Eigenschaften der Kovarianz

(1) Fallen die Ausprägungen von **X** und **Y** unabhängig voneinander an, so ist ihre Kovarianz null. - Bei Unabhängigkeit gilt bekanntlich $p_{ij} = p_{i.} \cdot p_{.j}$ (2). Daraus folgt:

$$\text{Kov } \mathbf{X,Y} = \sum_j \sum_i x_i y_j p_{i.} p_{.j} - \bar{x}\bar{y}$$

$$= \underbrace{\sum x_i p_{i.}}_{\bar{x}} \cdot \underbrace{\sum y_j p_{.j}}_{\bar{y}} - \bar{x}\bar{y} = 0 . \qquad (22')$$

Man beachte jedoch, daß nicht zwingend auf Unabhängigkeit geschlossen werden kann, wenn die Kovarianz null ist. Dazu folgendes Beispiel:

- Sei $\mathbf{Y} = \mathbf{X}^2$. Die bedingten Verteilungen $\mathbf{X}|Y=\{-\sqrt{y}, \sqrt{y}\}$ ändern sich mit Y; **X** und **Y** fallen also nicht unabhängig voneinander an. Wir wählen die Werte $\mathbf{X} = 0, \pm 1, \pm 2, \ldots \pm n$. Dann ist $\bar{x} = 0$, $\bar{y} = (\Sigma x^2)/(2n+1)$, und und wir erhalten mit (22'):

$$\text{Kov } \mathbf{X,Y} = (-n \cdot n^2 - \ldots - 1 \cdot 1 + 0 \cdot 0 + 1 \cdot 1 + \ldots + n \cdot n^2) \frac{1}{2n+1} - 0 \cdot \bar{y} = 0.$$

⬩⬧◆⬧⬩

(2) Während über das Vorzeichen der Kovarianz nur die Art des Zusammenhanges entscheidet, wird ihre Größe auch von den Skalenkonstanten der beiden Merkmale beeinflußt. Ist $u = a_1 + b_1 x$, $v = a_2 + b_2 y$, so gilt:

$$\text{Kov } \mathbf{U,V} = b_1 b_2 \text{ Kov } \mathbf{X,Y} . \qquad (23)$$

Es ist nämlich

$$\text{Kov } \mathbf{U,V} = \sum \sum (u_i - \bar{u})(v_j - \bar{v})\, p_{ij}$$

$$= \sum\sum (a_1 + b_1 x_i - a_1 - b_1\bar{x})(a_2 + b_2 y_j - a_2 - b_2\bar{y})\, p_{ij}$$
$$= b_1 b_2 \sum\sum (x_i - \bar{x})(y_j - \bar{y})\, p_{ij} \,.$$

Diese bei der Beurteilung des Zusammenhanges störende Eigenschaft läßt sich ausschalten, da die Standardabweichungen ganz ähnliche Abhängigkeiten von den Skalenkonstanten b aufweisen: Es wurde bereits gezeigt (31.III), daß $s_u = b_1 s_x$ und $s_v = b_2 s_y$. Aus diesem Grunde hat der Quotient aus Kovarianz und Standardabweichungen einen festen Wert, der sich bei Skalentransformationen nicht ändert:

$$\frac{\text{Kov}\,\mathbf{U},\mathbf{V}}{s_u \cdot s_v} = \frac{b_1 b_2 \,\text{Kov}\,\mathbf{X},\mathbf{Y}}{b_1 s_x \cdot b_2 s_y} = \frac{\text{Kov}\,\mathbf{X},\mathbf{Y}}{s_x \cdot s_y} \,.$$

Der Ausdruck

$$r_{xy} = \frac{\text{Kov}\,\mathbf{X},\mathbf{Y}}{s_x\, s_y} = \frac{\sum\limits_j\sum\limits_i (x_i - \bar{x})(y_j - \bar{y})\, p_{ij}}{\sqrt{\sum\limits_i (x_i - \bar{x})^2\, p_{i.}}\;\sqrt{\sum\limits_j (y_j - \bar{y})^2\, p_{.j}}} \qquad (24)$$

heißt **Korrelationskoeffizient**.

Beispiel IV.11 (Fortsetzung): Wir berechnen den Korrelationskoeffizienten mit den Daten des Beispiels IV.11. Dazu benötigen wir noch die beiden Standardabweichungen (29.III).

$$s_x^2 = \sum (x_i - 6)^2 \cdot \tfrac{1}{10} = 25{,}44 \cdot \tfrac{1}{10} = 2{,}544; \quad s_x = +\sqrt{2{,}544} = 1{,}595.$$
$$s_y^2 = \sum (y_j - 30)^2 \cdot \tfrac{1}{10} = 794 \cdot \tfrac{1}{10} = 79{,}4; \quad s_y = +\sqrt{79{,}4} = 8{,}911.$$

$$r_{xy} = \frac{\text{Kov}\,\mathbf{X},\mathbf{Y}}{s_x\, s_y} = \frac{-13{,}93}{1{,}595 \cdot 8{,}911} = -\,0{,}980 \,.$$

Die Ausprägungen von **X** und **Y** korrelieren sehr stark negativ. Was das bedeutet, wird die Untersuchung der Eigenschaften des Korrelationskoeffizienten ergeben.

⬩⬥◆⬥⬩

Wenn man die Ausprägungen von **X** und **Y** mit (32.III) standardisiert hat:

$$\mathbf{Z}_x: \ \frac{x_i - \bar{x}}{s_x} = z_i \ ; \quad \mathbf{Z}_y: \ \frac{y_j - \bar{y}}{s_y} = z_j \ ,$$

so kann man die Korrelation der Ausprägungen auch wie folgt berechnen:

$$\boxed{r_{xy} = \sum_j \sum_i z_i \, z_j \, p_{ij}} \ , \qquad (24')$$

denn aus (24) folgt in Verbindung mit (32.III):

$$r_{xy} = \sum_j \sum_i \underbrace{\frac{(x_i - \bar{x})}{s_x}}_{z_i} \cdot \underbrace{\frac{(y_j - \bar{y})}{s_y}}_{z_j} \, p_{ij} \ .$$

Man kann also die Produkte der 'standard scores' $z_i \, z_j$ mitteln und erhält damit den Korrelationskoeffizienten r_{xy}.

Eigenschaften des Korrelationskoeffizienten

(1) Fallen die Ausprägungen von **X** und **Y** voneinander **unabhängig** an, so ist ihre Kovarianz und damit auch ihre Korrelation null.

(2) Sind die Ausprägungen voneinander **vollständig abhängig**, so nimmt der Korrelationskoeffizient den Wert **+1** oder **-1** an, je nachdem, ob der Zusammenhang gleich- oder gegensinnig ist. - Es wurde schon darauf hingewiesen, daß bei vollständiger Abhängigkeit nur die Diagonalzellen der Verteilungstabelle besetzt sind. Fertigt man eine Verteilungstabelle an, indem man über die z_x-z_y-Ebene eine Intervalleinteilung legt (Abb.II.5), so ergibt "vollständige Abhängigkeit" folgendes Bild:

Abb.IV.2: Streudiagramm bei vollständiger Abhängigkeit. Komponenten standardisiert.

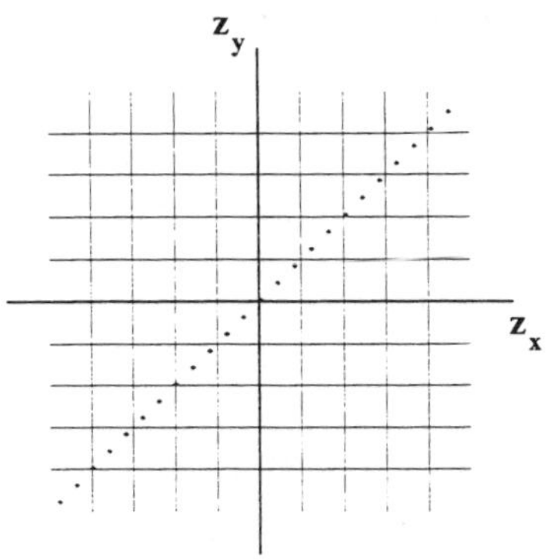

Für die Häufigkeiten quadratischer Intervalle $I_{ij} = \{(z_i,z_j) \mid e_{i-1} < z_i \leq e_i,\ e_{j-1} < z_j \leq e_j\}$, $i=1,\dots,r$; $j=1,\dots,r$ mit konstanter Breite d gilt:

$$p_{ij} \begin{cases} \geq 0 \text{ wenn } j = i \\ = 0 \text{ wenn } j \neq i \,. \end{cases}$$

Die Formel für die Korrelation vereinfacht sich dadurch zu folgendem Ausdruck:

$$r_{xy} = \sum_i \frac{x_i - \bar{x}}{s_x} \cdot \frac{y_i - \bar{y}}{s_y} \cdot p_{ii} \,.$$

Bleibt diese Darstellung bei jeder Verfeinerung der Intervalleinteilung gültig, so liegen die Punkte des Streudiagramms auf einer Geraden:

$$\frac{y_i - \bar{y}}{s_y} = \begin{cases} + \dfrac{x_i - \bar{x}}{s_x} & \text{bei gleichsinnigem Zusammenhang.} \\ - \dfrac{x_i - \bar{x}}{s_x} & \text{bei gegensinnigem Zusammenhang.} \end{cases}$$

Damit wird aber

$$r_{xy} = (\pm) \sum_i \frac{(x_i - \bar{x})^2}{s_x^2} p_{ii} = (\pm) 1 \,,$$

da ja $\sum_i (x_i - \bar{x})^2 p_{ii} = s_x^2$ (27.III) ist.

Eine Korrelation von $(\pm)1$ stellt also den größtmöglichen Gegensatz zur statistischen Unabhängigkeit dar.

(3) Für alle Korrelationskoeffizienten gilt: $-1 \leq r \leq 1$. Man überzeugt sich davon auf folgende Weise: Die Summe

$$\sum_j \sum_i (z_i + z_j)^2 p_{ij}$$

kann nie negativ werden. Berücksichtigt man, daß die 'standard scores' Varianz 1 haben: $\sum z_i^2 p_{i.} = \sum z_j^2 p_{.j} = 1$, so erhält man zusammen mit (24') folgende Ungleichung:

$$\sum_j \sum_i (z_i + z_j)^2 p_{ij} = \sum_i z_i^2 \underbrace{\sum_j p_{ij}}_{p_{i.}} + 2 \underbrace{\sum_j \sum_i z_i z_j \, p_{ij}}_{r_{xy} \ (24')} + \sum_j z_j^2 \underbrace{\sum_i p_{ij}}_{p_{.j}} \geq 0$$

$$= 2 + 2\, r_{xy} \geq 0 \,.$$

Die Korrelation kann also nicht unter -1 hinabsinken. Sie kann aber auch nicht über +1 hinauswachsen: Angenommen, es gäbe eine Korrelation größer als +1. Dann multipliziere man alle Ausprägungen von **X** mit -1 und errechne die Korrelation von neuem. Diese müßte jetzt kleiner als -1 sein, was aber nicht möglich ist.

(4) Die Punktwolken des Streudiagramms haben meist **elliptische Gestalt**. Abb.IV.3 veranschaulicht, daß schlanke Ellipsen mit Korrelationen nahe (±)1 zusammenhängen. Die Geraden, auf denen alle Punkte zu liegen kommen, wenn $r = (\pm)1$ ist, können als ausgeartete Ellipsen (Abb.IV.2) verstanden werden.

Abb.IV.3: Streudiagramm und Korrelationskoeffizient. (Komponenten standardisiert).

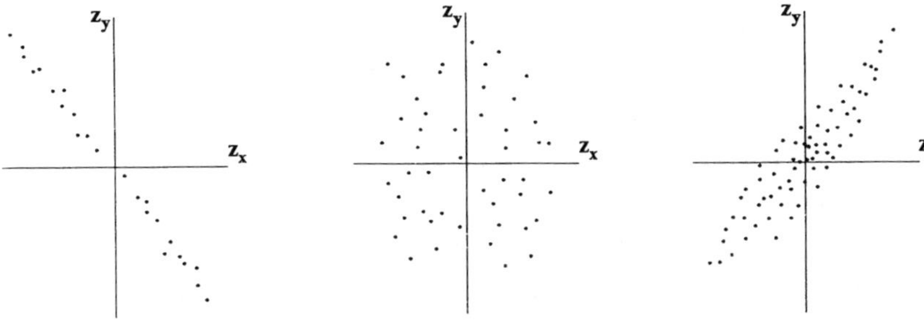

r≈-0.97 **r≈0.0** **r≈0.70**

Kreisförmige Ellipsen hängen mit Korrelationen nahe Null zusammen und deuten auf statistische Unabhängigkeit. Punktwolken, welche nicht die Gestalt der Ellipse haben, vor allem 'birnenförmige' und 'bananenförmige' Punktwolken, sollten uns veranlassen, den Korrelationskoeffizienten nicht weiter zu interpretieren.

Beispiel IV.11 (Fortsetzung): Die Korrelation der Daten beträgt $r_{xy} =$ = -0,980. Aufgrund der vorangegangenen Ausführungen können wir schließen, daß die Ausprägungen von Lagerumschlag und Kalkulationsaufschlag statistisch nahezu vollständig abhängig im gegenläufigen Sinne sind.

•♦♦♦•

Zur Deutung von Korrelationskoeffizienten

Die starke negative Korrelation des vorigen Beispiels darf ohne weiteres so verstanden werden, daß man durch Vergrößern des Lagerumschlages eine Reduzierung des Kalkulationsaufschlages **bewirken** kann. Solche **einseitigen Steuerungen** trifft man tatsächlich, wenn auch nicht sehr oft, an: Vieh- und Pflanzenzüchter wissen, daß man durch geeignete Auswahl der Eltern bei den Nachkommen gewisse erwünschte Eigenschaften verstärken bzw. unerwünschte abschwächen kann. - Dagegen löst die Bekanntgabe der positiven Korrelation zwischen Anzahl der Fernsehlizenzen und Anzahl der hospitalisierten Geisteskranken bei den Hörern zwar Heiterkeit aus, wird aber nicht ernsthaft als einseitige Steuerung verstanden. Es ist unsere Einsicht, nicht die Höhe des Korrelationskoeffizienten, die uns bei seiner Deutung leitet. - Dies trifft auch auf die **wechselseitigen Steuerungen** zu, als deren Auswirkungen wir etwa die hohe Korrelation zwischen Sympathie und Kontakthäufigkeit oder Preisen und Löhnen verstehen.

In der Mehrzahl der Fälle dürften die Korrelationen zwischen den Merkmalsausprägungen durch gemeinsame Abhängigkeit von einem dritten Merkmal entstehen. Solche **drittseitigen Steuerungen** werden manchmal erkannt, vielfach aber als ein- oder wechselseitige Steuerungen mißverstanden und sogar mißbräuchlich verwendet.

Meßwerte **X, Y**, die man mit verschiedenen Meßverfahren gewinnt, korrelieren infolge ihrer gemeinsamen Abhängigkeit von **Z**, der zu messenden Größe. Je kleiner die Meßfehler, mit denen die beiden Verfahren behaftet sind, desto höher die Korrelation. Die Lebensmittelchemiker berichten, daß der gemessene Stärkegehalt **X**(%) von Kartoffeln mit deren spezifischem Gewicht **Y**(g/cm^3) eine Korrelation von $r = 0{,}95$ aufweist. Das bedeutet, daß **Y** sich in guter Näherung linear mit dem Stärkegehalt ändert, so daß die aufwendige Messung des Stärkegehaltes durch die einfache Bestimmung des spezifischen Gewichtes ersetzt werden kann. - Die Internisten berichten, daß die Durchlässigkeit der Herzkranzarterien entweder mit dem Verfahren der Angiographie oder mit Ultraschallmessungen festgestellt werden kann. Die Korrelation zwischen den Ergebnissen beider Verfahren ist so hoch, daß man dazu übergeht, die nicht ungefährliche Angiographie durch die 'unblutigen'

Ultraschallmessungen zu ersetzen.
Soweit wir das steuernde Merkmal ausmachen können, erweckt es Heiterkeit, wenn die Feststellung der Korrelation den Gedanken an einseitige Steuerung anklingen läßt: Die Höhe des Brandschadens korreliert positiv mit der Zahl der bei der Brandbekämpfung eingesetzt gewesenen Feuerwehrleute. - Körpergewicht und manuelle Geschicklichkeit von Kindern sind positiv korreliert. - In Gegenden mit pannonischem Klima registriert man eine positive Korrelation zwischen der Zahl der besetzten Storchennester und der Zahl der Kindsgeburten. - Bei den Reichstagswahlen 1932 korrelierte die Zahl der für die NSDAP abgegebenen Stimmen mit der Zahl der Stimmbürger evangelischen Bekenntnisses positiv, mit der Zahl der katholischen Stimmbürger negativ. - Ärzte berichten von einer positiven Korrelation zwischen Cholesteringehalt des Blutes und Blutdruck.
Im ersten Beispiel ist es die Größe des Schadenfeuers, welche die Korrelation verursacht. Im zweiten ist es das Lebensalter. Im dritten Beispiel kennen wir die steuernde Variable nicht; wir wissen bloß, daß nicht der Storch die Kinder bringt. Auch im vierten Beispiel ist die steuernde Variable unbekannt. Wir wissen lediglich, daß der Anschein einer Kontingenz von Religionsbekenntnis und Wahlentscheidung falsch ist. - Im fünften Beispiel fungiert schließlich das Lebensalter als steuernde Variable: Mit den Jahren steigen sowohl der Cholesteringehalt als auch der Blutdruck. Wenn man mit therapeutischen Mitteln den Cholesteringehalt eines alten Menschen auf das Niveau eines jungen absenkt, so hat das nicht die erhoffte Wirkung, daß auch sein Blutdruck entsprechend sinkt. - Es sei hier vorweggenommen, daß jeder solche Mißerfolge erleidet, der drittseitige Steuerungen mit einseitigen verwechselt. Wir wollen zunächst die mathematische Struktur drittseitiger Steuerungen darstellen.

Beispiel IV.12: In vorangegangenen Abschnitten haben wir untersucht, wie der Mittelwert und die Varianz einer Randverteilung aus den bedingten Verteilungen hervorgeht (Beispiele III.2 und III.5). Wir wollen jetzt eine entsprechende Untersuchung mit der Kovarianz einer Randverteilung anstellen. Dazu fügen wir den beiden Merkmalen 'Einkommen, Geschlecht' das Merkmal 'Fußgröße' hinzu.

Tab.IV.13: Kreuztabellierung des dreidimensionalen Merkmals **XYZ**; **X**: Fußgröße, **Y**: Einkommen, **Z**: Geschlecht.

	Z = m		**Z** = w	
	$y_1 \dots y_j \dots y_s$	Σ	$y_1 \dots y_j \dots y_s$	Σ
x_1	$p_{11m} \dots p_{1jm} \dots p_{1sm}$	$p_{1.m}$	$p_{11w} \dots p_{1jw} \dots p_{1sw}$	$p_{1.w}$
:	: : :	:	: : :	:
x_i	$p_{i1m} \dots p_{ijm} \dots p_{ism}$	$p_{i.m}$	$p_{i1w} \dots p_{ijw} \dots p_{isw}$	$p_{i.w}$
:	: : :	:	: : :	:
x_r	$p_{r1m} \dots p_{rjm} \dots p_{rsm}$	$p_{r.m}$	$p_{r1w} \dots p_{rjw} \dots p_{rsw}$	$p_{r.w}$
Σ	$p_{.1m} \dots p_{.jm} \dots p_{.sm}$	$p_{..m}$	$p_{.1w} \dots p_{.jw} \dots p_{.sw}$	$p_{..w}$

Die Mischanteile der Männer bzw. Frauen sind $p_{..m}$ und $p_{..w}$. Es gilt: $p_{..m} + p_{..w} = 1$.

Wir untersuchen nun die bedingten Verteilungen der Männer bzw. Frauen auf dem zweidimensionalen Merkmal 'Fußgröße, Einkommen':

$$\mathbf{XY|Z{=}m} : \quad p_{ij|m} = \frac{p_{ijm}}{p_{..m}} \quad \text{mit Randhäufigkeiten } p_{i.|m} \text{ und } p_{.j|m} .$$

Die mittlere Fußgröße bzw. das mittlere Einkommen der Männer errechnet sich wie folgt:

$$\bar{x}_m = \sum_i x_i \, p_{i.|m} \; ; \quad \bar{y}_m = \sum_j y_j \, p_{.j|m} .$$

Der Schwerpunkt der Männer ist der Punkt M_m mit den Koordinaten $(\bar{x}_m, \bar{y}_m)$.

$$\mathbf{XY|Z{=}w} : \quad p_{ij|w} = \frac{p_{ijw}}{p_{..w}} \quad \text{mit Randhäufigkeiten } p_{i.|w},\ p_{.j|w} .$$

Die mittlere Fußgröße bzw. das mittlere Einkommen der Frauen errechnet sich entsprechend:

$$\bar{x}_w = \sum_i x_i \, p_{i.|w} \; ; \quad \bar{y}_w = \sum_j y_j \, p_{.j|w} .$$

Der Schwerpunkt der Frauen ist der Punkt M_w mit den Koordinaten $(\bar{x}_w, \bar{y}_w)$.

Nun betrachten wir die Randverteilung auf **XY.**:

$$\mathbf{XY.} : \quad p_{ij.} = p_{ijm} + p_{ijw} \; ; \qquad \text{Randhäufigkeiten: } p_{i..} \text{ und } p_{.j.} .$$

Die mittlere Fußgröße bzw. das mittlere Einkommen ohne Berücksichtigung des Geschlechtes ist

$$\bar{x} = \sum_i x_i p_{i..} \;,\quad \bar{y} = \sum_j y_j p_{.j.}\,.$$

Der Punkt $M(\bar{x}|\bar{y})$ ist der Schwerpunkt der Randverteilung **XY**.

Man versteht nun leicht folgende Überlegung: wenn die Ausprägungen von **XY.** unabhängig vom Geschlecht anfallen, dann sind die Verteilungen auf den Merkmalen **XY**|**Z**=m, **XY**|**Z**=w identisch mit der Randverteilung. Dann fallen aber auch die drei Schwerpunkte M_w, M_m und M auf ein und denselben Punkt der x,y-Ebene. Nun weiß man aber, daß Männer im Schnitt mehr verdienen als Frauen: $\bar{y}_m > \bar{y}_w$, und größere Füße haben als Frauen: $\bar{x}_m > \bar{x}_w$. Die zwei Schwerpunkte M_m und M_w haben also verschiedene Koordinaten. Zu unterschiedlichen Schwerpunkten gehören aber auch unterschiedliche Verteilungen; die Ausprägungen von Fußgröße und Einkommen hängen vom Geschlecht ab. - Wir wollen jetzt untersuchen, wie diese Tatsache sich auf die Kovarianz von Fußgröße und Einkommen auswirkt:

$$\begin{aligned}
\text{Kov}\,\mathbf{X},\mathbf{Y} &= \sum_j \sum_i (x_i - \bar{x})(y_j - \bar{y})\, p_{ij.} \qquad (22)\\
&= \sum_j \sum_i (x_i - \bar{x})(y_j - \bar{y})\, p_{ijm} + \sum_j \sum_i (x_i - \bar{x})(y_j - \bar{y})\, p_{ijw}\\
&= p_{..m} \sum_j \sum_i \big(\underbrace{x_i - \bar{x}_m} + \underbrace{\bar{x}_m - \bar{x}}\big)\big(\underbrace{y_j - \bar{y}_m} + \underbrace{\bar{y}_m - \bar{y}}\big)\, p_{ij|m} +\\
&\quad + p_{..w} \sum_j \sum_i \big(\underbrace{x_i - \bar{x}_w} + \underbrace{\bar{x}_w - \bar{x}}\big)\big(\underbrace{y_j - \bar{y}_w} + \underbrace{\bar{y}_w - \bar{y}}\big)\, p_{ij|w}\,.
\end{aligned}$$

Man führe nun die Multiplikation so aus, wie durch die liegenden Klammern angedeutet. Dabei beachte man, daß wegen (6.III) die Summe der Abweichungen vom Mittelwert verschwindet. Es ist beispielsweise

$$\sum_j \sum_i (x_i - \bar{x}_m)(\bar{y}_m - \bar{y})\, p_{ij|m} = (\bar{y}_m - \bar{y}) \sum_i (x_i - \bar{x}_m) \underbrace{\sum_j p_{ij|m}}_{p_{i.|m}} = 0\,.$$

Aus diesem Grunde erhält man:

$$\begin{aligned}
\text{Kov}\,\mathbf{X},\mathbf{Y} &= p_{..m} \sum_j \sum_i (x_i - \bar{x}_m)(y_j - \bar{y}_m)\, p_{ij|m} + p_{..m} (\bar{x}_m - \bar{x})(\bar{y}_m - \bar{y}) +\\
&\quad + p_{..w} \sum_j \sum_i (x_i - \bar{x}_w)(y_j - \bar{y}_w)\, p_{ij|w} + p_{..w} (\bar{x}_w - \bar{x})(\bar{y}_w - \bar{y})\,.
\end{aligned}$$

Man erkennt sofort, daß

$$\sum_i \sum_j (x_i - \bar{x}_m)(y_j - \bar{y}_m)\, p_{ij\,|\,m} = \mathrm{Kov}(\mathbf{X},\mathbf{Y}\,|\,\mathbf{Z}=m) \qquad (25)$$

die bedingte Kovarianz von Fußgröße und Einkommen bei den Männern ist. Darunter erkennen wir die bedingte Kovarianz dieser Merkmalsausprägungen bei den Frauen. Die verbleibenden Größen

$$(\bar{x}_m - \bar{x})(\bar{y}_m - \bar{y})\, p_{..m} + (\bar{x}_w - \bar{x})(\bar{y}_w - \bar{y})\, p_{..w} = \mathrm{Kov}(\bar{\mathbf{x}},\bar{\mathbf{y}})\mathbf{Z} \qquad (26)$$

ergeben zusammen die Kovarianz der bedingten Mittelwerte.

Wir haben also erkannt, daß die Kovarianz der Ausprägungen zweier Merkmale **X,Y** bei Vernachlässigung der Ausprägung eines dritten Merkmals **Z** sich wie folgt zusammensetzt:

$$\boxed{\mathrm{Kov}\,\mathbf{X},\mathbf{Y} = \underbrace{\sum_k \mathrm{Kov}\,(\mathbf{X},\mathbf{Y}\,|\,\mathbf{Z}=k)\, p_{..k}}_{\text{mittlere Kovarianz}} + \underbrace{\mathrm{Kov}(\bar{\mathbf{x}},\bar{\mathbf{y}})\mathbf{Z}}_{\text{Kovarianz der Mittelwerte}}} \;. \qquad (27)$$

Die mittlere Kovarianz wird - ähnlich wie die bedingte Varianz des Beispiels III.5 - von den bedingten Kovarianzen 'eingeschlossen'. Die Kovarianz der Randverteilung kann dagegen kleiner als die kleinste oder größer als die größte bedingte Kovarianz ausfallen, das hängt ausschließlich von der Kovarianz der Mittelwerte ab.

Wir kommen auf unser Beispiel zurück. Man darf davon ausgehen, daß Fußgröße und Einkommen der Männer bzw. der Frauen statistisch voneinander unabhängig anfallen, so daß die beiden bedingten Kovarianzen null sind. Die Kovarianz der Randverteilung wird in diesem Fall ausschließlich durch die Kovarianz der Mittelwerte hervorgerufen:

$$\begin{cases} \mathrm{Kov}\,(\mathbf{X},\mathbf{Y}\,|\,\mathbf{Z}=m) = \mathrm{Kov}\,(\mathbf{X},\mathbf{Y}\,|\,\mathbf{Z}=w) = 0 \\ \mathrm{Kov}\,(\bar{\mathbf{x}},\bar{\mathbf{y}})\mathbf{Z} = \sum_k (\bar{x}_k - \bar{x})(\bar{y}_k - \bar{y})\, p_{..k} \geq 0, \; k = m,w \;. \end{cases}$$

Folgende Abbildung veranschaulicht den Sachverhalt.

Abb.IV.4: Entstehung eines Scheinzusammenhanges.

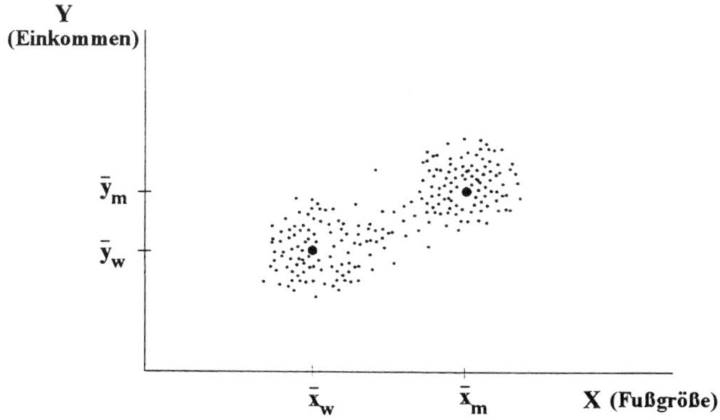

Wir erinnern uns nun, daß die Randmittelwerte sich aus den bedingten Mittelwerten wie folgt zusammensetzen:

$$\bar{x} = \bar{x}_m \, p_{..m} + \bar{x}_w \, p_{..w} \; ; \; \bar{y} = \bar{y}_m \, p_{..m} + \bar{y}_w \, p_{..w} \, . \qquad (13.III)$$

Die Kovarianz der Mittelwerte ist von Null verschieden, solange die Randmittelwerte von den bedingten Mittelwerten eingeschlossen werden:

$$\bar{x}_w < \bar{x} < \bar{x}_m \quad \text{und} \quad \bar{y}_w < \bar{y} < \bar{y}_m \, .$$

Besteht indessen eine Untersuchungsgesamtheit nur aus Männern oder nur aus Frauen, d.h. ist entweder $p_{..m} = 1$ oder $p_{..w} = 1$, so werden, wie aus (13. III) unmittelbar hervorgeht, die Randmittelwerte $\bar{x}$ und $\bar{y}$ mit einem der bedingten Mittelwerte identisch, so daß die Kovarianz der Mittelwerte verschwindet, wodurch auch die Kovarianz der Randverteilungen null wird, wie es sein sollte. - Das bedeutet, daß die **Kovarianz von Fußgröße und Einkommen** von der Verteilung des Geschlechtes abhängt, also **fremdbestimmt** ist und sich ändert, wenn man diese verändert.

⬩⧫⬩

Wir lernen aus diesem Beispiel, daß von Kovarianz der Merkmalsausprägungen x,y nur dann die Rede sein kann, wenn man mit beliebigen Merkmalen $\mathbf{Z}_1$, $\mathbf{Z}_2$,... bedingte Kovarianzen erzeugt, die der Kovarianz der Randverteilung gleich sind. Denn es ist unsinnig zu behaupten, Kov **X,Y** = a, wenn irgendeine einschränkende Bedingung $\mathbf{Z}_\nu = k$ dazu führt, daß Kov $(\mathbf{X},\mathbf{Y}|\mathbf{Z}_\nu = k) \neq a$. Es genügt nicht, Kovarianzen zu interpretieren ("zu großen Füßen gehört ein großes Einkommen"), es ist notwendig, die **Existenz der Kovarianz** nachzuweisen.

Die Aufdeckung drittseitiger Steuerungen sollte dem Leser nun schon ohne weiteres möglich sein. - Wenn die bedingten Varianzen (35.III) und die bedingten Kovarianzen (25), also Var $\mathbf{X}|\mathbf{Z}$, Var $\mathbf{Y}|\mathbf{Z}$, Kov $\mathbf{X},\mathbf{Y}|\mathbf{Z}$ auf allen Stufen von **Z** den gleichen Wert haben, dann und nur dann kann man die bedingte Korrelation der Ausprägung von **X** und **Y** bei festem **Z** angeben. Sie heißt in der Literatur **Partialkorrelation** und wird wie folgt berechnet:

$$r_{xy|z} = \frac{r_{xy.} - r_{x.z}\, r_{.yz}}{\sqrt{1 - r_{x.z}^2}\ \sqrt{1 - r_{.yz}^2}} \quad . \tag{28}$$

Es genügt dabei, daß man die Korrelation aller Paare von Randverteilungen kennt. Allerdings müssen **X**, **Y**, **Z** quantitative Merkmale sein. Handelt es sich bei **Z** etwa um das Geschlecht, so errechnet man mit (25) die bedingten Kovarianzen, mit (35.III) die bedingten Varianzen und setzt in (24) ein:

$$r_{xy|z} = \frac{\text{Kov } \mathbf{X},\mathbf{Y}|\mathbf{Z}}{\sqrt{\text{Var } \mathbf{X}|\mathbf{Z}}\ \sqrt{\text{Var } \mathbf{Y}|\mathbf{Z}}} \quad \text{für } \mathbf{Z} = z_1, \ldots, z_t \quad . \tag{28'}$$

Die Verwendung von (28') hat den Vorteil, daß man sieht, ob die bedingten Varianzen und Kovarianzen auch tatsächlich auf allen Stufen von **Z** gleich sind. - Eben dies bleibt in folgendem Beispiel verborgen:

Beispiel IV.13: Körpergewicht **X** und manuelle Geschicklichkeit **Y** von Kindern unterschiedlichen Alters weisen eine positive Korrelation von $r_{xy} = 0{,}45$ auf. Das widerspricht der Erfahrung. Es soll daher untersucht werden, ob dieses Ergebnis durch das unterschiedliche Alter der Kinder bewirkt wird. Tatsächlich korreliert sowohl das Körpergewicht mit dem Alter: $r_{x.A} = 0{,}85$ als auch die manuelle Geschicklichkeit: $r_{.yA} = 0{,}60$. Die Partialkorrelation von Körpergewicht und manueller Geschicklichkeit wird mit (28) geschätzt:

$$r_{xy|A} = \frac{0{,}45 - 0{,}85 \cdot 0{,}60}{\sqrt{1 - 0{,}85^2}\,\sqrt{1 - 0{,}60^2}} = -\,0{,}142. \tag{28}$$

Das Ergebnis stimmt immerhin mit der Erfahrung überein, derzufolge schlanke Kinder eher geschickt sind.

⬩⬥ ◆ ⬥⬩

Die bedingte Korrelation, welche in (28) vorgestellt wurde, heißt Partialkorrelation erster Ordnung. Der Leser versteht ohne weiteres, auf welchen Sachverhalt eine **Partialkorrelation zweiter Ordnung** abzielt:

$$r_{xy|z_1z_2} = \frac{r_{xy|z_2} - r_{xz_1|z_2} \cdot r_{yz_1|z_2}}{\sqrt{1 - r^2_{xz_1|z_2}}\,\sqrt{1 - r^2_{yz_1|z_2}}}\,. \tag{29}$$

Man muß dazu die verschiedenen Partialkorrelationen erster Ordnung berechnen. - Partialkorrelationen dritter Ordnung bauen sich in entsprechender Weise aus Partialkorrelationen zweiter Ordnung auf. - Die **Partialkorrelation p-ter Ordnung** geht aus den verschiedenen Partialkorrelationen (p-1)-ter Ordnung wie folgt hervor:

$$\boxed{r_{xy|z_1z_2\ldots z_p} = \frac{r_{xy|z_2\ldots z_p} - r_{xz_1|z_2\ldots z_p} \cdot r_{yz_1|z_2\ldots z_p}}{\sqrt{1 - r^2_{xz_1|z_2\ldots z_p}}\,\sqrt{1 - r^2_{yz_1|z_2\ldots z_p}}}}\,. \tag{30}$$

Für p $\geq$ 2 gilt: Hat die Korrelation von **X,Y** bei allen Kombinationen der Merkmale $\mathbf{Z}_1,\ldots,\mathbf{Z}_p$ denselben Wert, so hängt das Ergebnis, das man mit (30) erhält, nicht von der Reihenfolge ab, in der man die Merkmale $\mathbf{Z}_1,\ldots,\mathbf{Z}_p$ eingibt.

IV.5: Faktorenanalyse

Besteht ein Merkmal aus einer größeren Anzahl von Komponenten, so ist es nicht leicht, die Mannigfaltigkeit der Abhängigkeitsbeziehungen zwischen ihnen zu überblicken. Insbesondere vermitteln die Korrelationen zwischen Paaren von Komponenten, also r_{12}, r_{13}, r_{14}, r_{23}, r_{24}, r_{34} usw., keinen Eindruck von der Gesamtstruktur der Abhängigkeit.

Beispiel IV.14: Man möchte wissen, ob unmittelbares und langfristiges Behalten auf verschiedenen neurophysiologischen Grundlagen beruht. Personen mit gutem bzw. schlechtem Langzeitgedächtnis werden in allen Tests, die Gedächtnis messen, gute bzw. schlechte Ergebnisse erzielen. Ebenso werden Personen mit gutem bzw. schlechtem Kurzzeitgedächtnis in einschlägigen Tests gute bzw. schlechte Resultate erzielen. Die Tests jeder der beiden Gruppen werden untereinander hohe Korrelationen aufweisen (man bezeichnet dies als Konstruktvalidität). - Dagegen werden die Tests der einen Gruppe mit denen der anderen nur dann hohe Korrelationen aufweisen, wenn Personen mit gutem bzw. schlechtem Langzeitgedächtnis auch ein gutes bzw. schlechtes Kurzzeitgedächtnis haben. - Wie kann man sichtbar machen, ob die Mannigfaltigkeit der Korrelationen zwischen den Tests auf einen oder zwei 'dahinterliegende' Ursachenkomplexe zurückzuführen ist?

⬩⬥◆⬥⬩

Wir werden jetzt ein Verfahren darstellen, das in der Analyse einer Matrix besteht, deren Elemente die Korrelationen zwischen den Komponenten eines p-dimensionalen Merkmales sind.
Meistens kennt man die Korrelationen nicht. Dann muß man folgende Maßnahmen ergreifen, um sie kennenzulernen: Man organisiert eine repräsentative Stichprobe von Objekten und stellt fest, welche Ausprägungen die Komponenten bei ihnen haben. Die Ausprägung von n Objekten ordnet man in einer **Datenmatrix** an, die von der Ordnung n × p ist:

$$\mathbf{X} = \begin{bmatrix} x_{11} & \cdots & x_{1j} & \cdots & x_{1p} \\ \vdots & & \vdots & & \vdots \\ x_{i1} & \cdots & x_{ij} & \cdots & x_{ip} \\ \vdots & & \vdots & & \vdots \\ x_{n1} & \cdots & x_{nj} & \cdots & x_{np} \end{bmatrix} \tag{31}$$

Beispiel IV.14 (Fortsetzung): SIXTL (1967) führte mit n = 50 Versuchspersonen p = 7 Tests durch, die das Langzeit- bzw. das Primärgedächtnis messen. Die Ergebnisse waren in einer Matrix der Ordnung 50 × 7 anzuordnen.

♦♦ ♦ ♦♦

Man berechnet nun die p Mittelwerte und Standardabweichungen mit (5.III) bzw. (29.III):

$\bar{x}_1 \ldots$	$\bar{x}_j \ldots$	$\bar{x}_p$
$s_1 \ldots$	$s_j \ldots$	s_p

und standardisiert die Meßwerte von (31) nach der Vorschrift

$$z_{ij} = \frac{x_{ij} - \bar{x}_j}{s_j} . \qquad (32.III)$$

Auf diese Weise entsteht die **Standardmatrix Z**:

$$\mathbf{Z} = \begin{bmatrix} z_{11} & \ldots & z_{1j} & \ldots & z_{1p} \\ \vdots & & \vdots & & \vdots \\ z_{i1} & \ldots & z_{ij} & \ldots & z_{ip} \\ \vdots & & \vdots & & \vdots \\ z_{n1} & \ldots & z_{nj} & \ldots & z_{np} \end{bmatrix} . \qquad (32)$$

Die 'standard scores' haben spaltenweise Mittelwerte von Null und Varianzen von Eins.

Nun bildet man das Matrizenprodukt

$$\frac{1}{n}\mathbf{Z}'\mathbf{Z} = \mathbf{M}_z . \qquad (33)$$

Die Matrix $\mathbf{M}_z$ ist symmetrisch von der Ordnung p. In ihrer Hauptdiagonalen stehen die Varianzen der 'standard scores', also Einsen, in den übrigen Zellen deren Kovarianzen, also die Korrelationen der Komponenten des p-dimensionalen Merkmales **X**:

$$k = j: \quad \frac{1}{n}\sum_{i=1}^{n} z_{ij}\, z_{ij} = \frac{1}{n}\sum_{i=1}^{n} \frac{(x_{ij} - \bar{x}_j)^2}{s_j^2} = 1 , \qquad (27.III)$$

$$k \neq j: \quad \frac{1}{n}\sum_{i=1}^{n} z_{ij}\, z_{ik} = \frac{1}{n}\sum_{i=1}^{n} \frac{x_{ij} - \bar{x}_j}{s_j} \cdot \frac{x_{ik} - \bar{x}_k}{s_k} = r_{jk} . \qquad (24')$$

Die Matrix $\mathbf{M}_z$ hat folgende Beschaffenheit:

$$\mathbf{M}_z = \begin{bmatrix} 1 & r_{12} & \dots\dots\dots & r_{1p} \\ r_{21} & 1 & \dots\dots\dots & r_{2p} \\ \vdots & \vdots & & \vdots \\ r_{p1} & r_{p2} & \dots\dots\dots & 1 \end{bmatrix}, \quad r_{kj} = r_{jk} . \qquad (34)$$

Sie heißt **Momentenmatrix** oder **Varianz- Kovarianzmatrix**; wenn die Varianzen in den Diagonalzellen alle 1 sind, auch **Korrelationsmatrix**.
Man beachte: Bei statistischer Unabhängigkeit der Merkmalsausprägungen sind alle Kovarianzen/Korrelationen null. Die Momentenmatrix ist dann eine Diagonalmatrix.

Nun unterziehen wir die Matrix **Z** (32) einer linearen Transformation mit einer Matrix **V**:

$$\mathbf{Z} \cdot \mathbf{V} = \mathbf{Y} . \qquad (35)$$

Die Spalten von **Y** haben Mittelwerte von Null $[\mathbf{1}'\mathbf{Y} = (\mathbf{1}'\mathbf{Z})\cdot\mathbf{V} = \mathbf{0}'\cdot\mathbf{V} = \mathbf{0}']$ und Varianzen, die wir mit d_m^2 bezeichnen:

$$\begin{array}{c} \hline 0 \;\dots\; 0 \;\dots\; 0 \\ d_1^2 \;\dots\; d_m^2 \;\dots\; d_p^2 \\ \hline \end{array}$$

Die Transformationsmatrix **V** ist eine orthogonale Matrix - das heißt, daß die Matrizenprodukte **V'V** = **VV'** = **E**, die Einheitsmatrix ergeben. Aus diesem Grunde ist die Momentenmatrix von **Y**, die wir wie (33) bilden, eine Diagonalmatrix:

$$\frac{1}{n}\,\mathbf{Y}'\mathbf{Y} = \mathbf{M}_y = \begin{bmatrix} d_1^2 & & & 0 \\ & \ddots & & \\ & & d_m^2 & \\ & & & \ddots \\ 0 & & & d_p^2 \end{bmatrix}, \qquad (36)$$

d.h. die Kovarianzen der Spalten von **Y** sind allesamt null.

Der Leser möge sich nun vorstellen, daß er die n Untersuchungsobjekte auf Punkte eines Raumes abbildet, deren Koordinaten die z-Werte $(z_{i1},\dots, z_{ij},\dots,z_{ip})$, $i=1,\dots,n$ sind. Diese n Punkte können den p-dimensionalen Raum ausfüllen oder sich in einem Raum niedrigerer Dimension zusammendrängen: Punkte können auf einer Ebene verstreut liegen oder sich auf einer Geraden anordnen. Punkte können in einem Würfel verstreut sein oder sich auf einer Ebene im Inneren des Würfels anordnen oder sogar auf einer Geraden, die durch den Würfel geht. Auf jeden Fall gilt: Wenn der Unterraum, den die Punkte tatsächlich ausfüllen, die Dimension r hat, dann sind r Varianzen von **Y** größer als Null und die restlichen p-r Varianzen gleich Null. Die Momentenmatrix von **Y** hat dann folgende Form:

$$\mathbf{M}_y = \begin{bmatrix} d_1^2 & & & & & \\ & \ddots & & & 0 & \\ & & d_r^2 & & & \\ & 0 & & 0_{r+1} & & \\ & & & & \ddots & \\ & & & & & 0_p \end{bmatrix} . \tag{36'}$$

Beispiel IV.14 (Fortsetzung)**:** Die Transformation (35) der Standardmatrix ergab, daß nur zwei der sieben Spalten von **Y** streuen. Die 50 Versuchspersonen sind also auf einer Ebene in diesem siebendimensionalen Raum angeordnet.

⬩⬥ ◆ ⬥⬩

Wir wollen uns nun vorstellen, daß die r Spalten von **Y**, zu denen Varianzen gehören, die größer als Null sind, ebenfalls standardisiert wurden:

$$u_{im} = \frac{y_{im} - 0_m}{d_m} = \frac{y_{im}}{d_m} . \tag{32.III}$$

Die y-Werte besitzen dann die Darstellung:

$$y_{im} = u_{im} \cdot d_m .$$

Die u-Werte werden in einer Matrix der Ordnung n × r zusammengefaßt. Zusätzlich füllt man p-r weitere Spalten mit Nullen auf. Dann kann man die Matrix der y-Werte wie folgt darstellen:

$$\begin{bmatrix} y_{11}\cdots y_{1r} & 0_{r+1}\cdots 0_p \\ \vdots \quad \vdots & \vdots \quad \vdots \\ y_{i1}\cdots y_{ir} & 0\ldots\ldots 0 \\ \vdots \quad \vdots & \vdots \quad \vdots \\ y_{n1}\cdots y_{nr} & 0\ldots\ldots 0 \end{bmatrix} = \begin{bmatrix} u_{11}\cdots u_{1r} & 0_{r+1}\cdots 0_p \\ \vdots \quad \vdots & \vdots \quad \vdots \\ u_{i1}\cdots u_{ir} & 0\ldots\ldots 0 \\ \vdots \quad \vdots & \vdots \quad \vdots \\ u_{n1}\cdots u_{nr} & 0\ldots\ldots 0 \end{bmatrix} \cdot \begin{bmatrix} d_1 & & & & & 0 \\ & \ddots & & & & \\ & & d_r & & & \\ & & & 0_{r+1} & & \\ & & & & \ddots & \\ 0 & & & & & 0_p \end{bmatrix}$$

$0\ldots\ldots 0$	$0\ldots\ldots 0$	$0\ldots\ldots 0$	$0\ldots\ldots 0$	(Mittelwerte)
$d_1\ldots\ldots d_r$	$0\ldots\ldots 0$	$1\ldots\ldots 1$	$0\ldots\ldots 0$	(Standardabweichungen)

Bezeichnet man die Matrix der Standardabweichungen von **Y** mit

$$\mathbf{M}_y^{1/2} = \begin{bmatrix} d_1 & & & & & 0 \\ & \ddots & & & & \\ & & d_r & & & \\ & & & 0 & & \\ & & & & \ddots & \\ 0 & & & & & 0 \end{bmatrix}, \tag{37}$$

So ist

$$\mathbf{Y} = \mathbf{U} \cdot \mathbf{M}_y^{1/2} . \tag{38}$$

Wir kommen jetzt auf die Standardmatrix **Z** (32) zurück. Aus

$$\mathbf{ZV} = \mathbf{Y} \tag{35}$$

folgt bei Multiplikation mit **V'** von rechts wegen der Orthogonalitätseigenschaft **VV'** = **E**:

$$\mathbf{Z} = \mathbf{YV'} .$$

Ersetzt man darin **Y** durch (38), so erhält man eine Zerlegung der Standardmatrix, die unter dem Namen **Eckart & Young-Theorem** bekannt ist:

$$\boxed{\mathbf{Z} = \mathbf{U}\, \mathbf{M}_y^{1/2}\, \mathbf{V'}} . \tag{39}$$

Eine entsprechende Zerlegung der Datenmatrix (31) gewinnt man folgendermaßen: Man ordne die Standardabweichungen des Merkmals **X** (31) in Diagonalform an:

$$\mathbf{S} = \begin{bmatrix} s_1 & & 0 \\ & \ddots & \\ 0 & & s_p \end{bmatrix}, \qquad \mathbf{S}^{-1} = \begin{bmatrix} s_1^{-1} & & 0 \\ & \ddots & \\ 0 & & s_p^{-1} \end{bmatrix},$$

und verfertige folgende Matrix der Mittelwerte:

$$\bar{\mathbf{x}} = \begin{bmatrix} \bar{x}_1 & \bar{x}_2 & \dots & \bar{x}_p \\ \vdots & \vdots & & \vdots \\ \bar{x}_1 & \bar{x}_2 & \dots & \bar{x}_p \end{bmatrix}.$$

Man überzeuge sich, daß: $\mathbf{X} = \mathbf{Z} \cdot \mathbf{S} + \bar{\mathbf{x}}$, oder mit (39):

$$\boxed{\mathbf{X} = \mathbf{U}\,\mathbf{M}_y^{1/2}\,\mathbf{V}' \cdot \mathbf{S} + \bar{\mathbf{x}}}\ . \qquad (39')$$

Daraus gewinnt man eine Matrizendarstellung der Standardmatrix (32):

$$(\mathbf{X} - \bar{\mathbf{x}}) \cdot \mathbf{S}^{-1} = \mathbf{U}\,\mathbf{M}^{1/2}\,\mathbf{V}' = \mathbf{Z}\ .$$

Die Analyse von Ballungen (Clusteranalyse)

Es wurde bereits darauf hingewiesen, daß die Punktwolken, die zu zweidimensionalen Verteilungen gehören, meist elliptische Gestalt haben. Andere Formen sollten uns davon abhalten, den Korrelationskoeffizienten (24) zu interpretieren. Die Punktwolken, die zu drei- und mehrdimensionalen Verteilungen gehören, sind dementsprechend meistens **Ellipsoide**. Andere Formen sollten uns zur Vorsicht mahnen. Insbesondere ist auf die Möglichkeit zu achten, daß die Objekte sich auf verschiedene Ballungszentren (Cluster) aufteilen.

In manchen Fällen ist die Aufdeckung solcher Ballungen das Ziel der Analyse, etwa, wenn es darum geht, natürliche Taxonomien, Konstitutionstypen, Krankheitssyndrome, Typen der Krisenanfälligkeit von Aktien usw. nachzuweisen.

Wir haben die Analyse von Ballungen aber vor allem deshalb an die erste Stelle gerückt, weil Ballungen darauf hindeuten, daß es Subgruppen von Objekten mit eigenen Schwerpunkten gibt. Die Kovarianzmatrix der p-dimensionalen Randverteilung (31) ist dann aber eine Mischung von verschiedenen bedingten Kovarianzmatrizen (Formeln 25, 26, 27). Es muß aber sichergestellt sein, daß die Kovarianzmatrix (34) von einschränkenden Bedingungen wie Geschlecht, Alter, Rasse usw. unabhängig, also nicht fremdbestimmt ist. Andernfalls liefert ihre Analyse ein Artefakt von hohen Graden. Man versuche sich auszumalen, was für ein Gebilde die Mischung eines zweidimensionalen Raumes mit einem dreidimensionalen ergibt!

Grundlage der Ballungsanalyse ist die Matrix **Y** (38). Die Dimensionen des Raumes, zu dem sie gehört, heißen **Faktoren**. Die Objekte sollten sich auf den Faktoren symmetrisch und mesokurtisch mit einem Häufigkeitsgipfel über dem Nullpunkt verteilen. Die Koordinaten des i-ten Objektes, also (y_{i1}, ..., y_{ir}, 0...,0) nennt man dessen **Faktorenausstattung**. Objekte mit ähnlicher Faktorenausstattung bilden Ballungen, die sich gegebenenfalls in mehrgipfeligen Verteilungen auf den Faktoren manifestieren.

Faktorenanalyse (Hauptachsentransformation)

Ist die Kovarianzmatrix von einschränkenden Bedingungen unabhängig, so wird sie allein von der Abhängigkeitsstruktur der Komponenten des mehrdimensionalen Merkmals bestimmt, die wir jetzt sichtbar machen werden.

Zuerst überzeuge man sich, daß die Matrix **U**, die im Zusammenhang mit (38) eingeführt wurde, folgende Eigenschaft hat:

$$\frac{1}{n}\,\mathbf{U'U} = \begin{bmatrix} 1_1 & & & & & \\ & \ddots & & & 0 & \\ & & 1_r & & & \\ & & & 0_{r+1} & & \\ & 0 & & & \ddots & \\ & & & & & 0_p \end{bmatrix} = \mathbf{E}_r \,.$$

(**U** besteht aus standardisierten Spalten von **Y** oder aus Nullen).

Nun gewinnt man mit Hilfe des Theorems (39) folgende Darstellung der Momentenmatrix (33):

$$\mathbf{M}_z = \frac{1}{n}\,\mathbf{Z'Z} = \frac{1}{n}\,\mathbf{V}\,\mathbf{M}_y^{1/2}\,\underbrace{\mathbf{U'U}}_{n\cdot\mathbf{E}_r}\,\mathbf{M}_y^{1/2}\,\mathbf{V'}$$

$$= (\mathbf{V}\,\mathbf{M}_y^{1/2})\cdot(\mathbf{V}\,\mathbf{M}_y^{1/2})' \;.$$

Wir setzen die Matrix $\mathbf{V}\ \mathbf{M}_y^{1/2} = \mathbf{F}$,

$$\mathbf{F} = \begin{bmatrix} f_{11} & \dots & f_{1m} & \dots & f_{1r} & 0 & \dots & 0 \\ \vdots & & \vdots & & \vdots & \vdots & & \vdots \\ f_{j1} & \dots & f_{jm} & \dots & f_{jr} & 0 & \dots & 0 \\ \vdots & & \vdots & & \vdots & \vdots & & \vdots \\ f_{k1} & \dots & f_{km} & \dots & f_{kr} & 0 & \dots & 0 \\ \vdots & & \vdots & & \vdots & \vdots & & \vdots \\ f_{p1} & \dots & f_{pm} & \dots & f_{pr} & 0 & \dots & 0 \end{bmatrix} . \qquad (40)$$

Man nennt die r Dimensionen des Raumes, zu dem **F** gehört, **Faktoren**, die Elemente f_{jm} **Ladungen** oder Sättigungen der Komponenten j mit den Faktoren m, $j=1,\dots,p$; $m=1,\dots,r$.

Die Momentenmatrix (33) hat gemäß (40) die Darstellung:

$$\mathbf{F} \cdot \mathbf{F}' = \mathbf{M}_z . \qquad (40')$$

Das bedeutet, daß die Varianzen/Kovarianzen von $\mathbf{M}_z$ sich als **skalare Produkte** der Komponenten j,k erweisen:

$$\mathbf{F} \cdot \mathbf{F}': \quad \sum_{m=1}^{r} f_{jm} \cdot f_{km} + 0 = V_j\, V_k \cos j,k = r_{jk} . \qquad (41)$$

Dabei ist V_j, V_k die 'Länge des Komponentenvektors' j bzw. k; cos j,k der Cosinus des Winkels α, den die beiden Komponenten mit dem Nullpunkt bilden.

Der Vergleich von (41) mit (34) bringt folgende Ergebnisse:

k=j: $V_j V_j \cos j,j = V_j^2 = r_{jj} = 1$. V_j, die Länge des Komponentenvektors, ist gleich der Standardabweichung der Komponente j. Damit gilt aber weiter

$$\boxed{r_{jk} = 1 \cdot 1 \cdot \cos j,k} . \qquad (41')$$

Folgende Aussagen sind offensichtlich äquivalent: Zwei Komponenten j, k

- sind statistisch unabhängig oder $r_{jk}=0$ oder cos j,k=0 oder $\alpha_{jk}=90°$,
- sind vollständig gleichsinnig oder $r_{jk}=1$ oder cos j,k=1 oder $\alpha_{jk}=0°$,
- sind vollständig gegensinnig oder $r_{jk}=-1$ oder cos j,k=-1 oder $\alpha_{jk}=180°$.

Beispiel IV.14 (Fortsetzung): Die n=50 Versuchspersonen ordnen sich auf der Y_1, Y_2- Ebene (38) in Form einer Ellipse an. Die Faktorladungen der sieben Tests dürfen interpretiert werden.

Tab.IV.14: Sättigungen der sieben Tests mit den zwei Faktoren.

Test		Faktoren	
Aufmerksamkeit	1	0,325	0,946
Primärgedächtnis	2	-0,392	0,920
Erfassen v. Sukzessionen	3	-0,519	0,855
Spaltbarkeit	4	0,142	0,990
Ablenkbarkeit	5	-0,918	-0,397
Optisches Gedächtnis	6	0,961	0,277
Silbengedächtnis	7	0,958	-0,287

Die sieben Tests bilden auf der F_1, F_2- Ebene folgende Konfiguration:

Abb.IV.5: Konfiguration der Tests in Tab.IV.14.

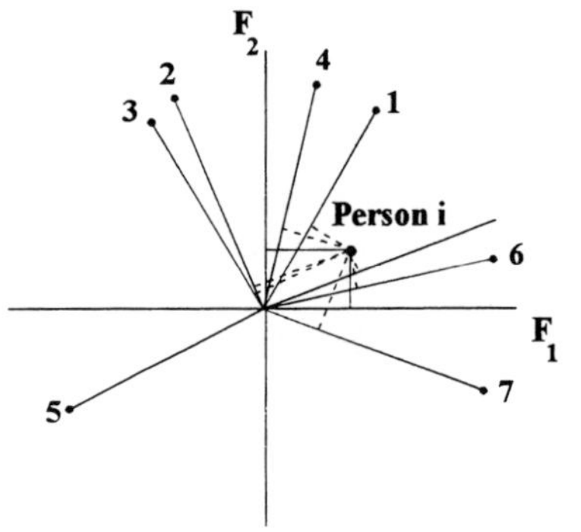

Damit kann man den Gesamtcharakter der Abhängigkeitsbeziehungen beurteilen: Der Tendenz nach gleichsinnig verändern sich 1,2,3,4 einerseits, 6,7 andererseits. Gegensinnig verändert sich 5 gegenüber 6 und 7. Unabhängig sind 1,2,3,4 gegenüber 5 und gegenüber 6,7. - Der Leser versuche, dieses Resultat im Hinblick auf die Fragestellung des Beispiels zu interpretieren!

⬩⬥⧫⬥⬩

Die Momentenmatrix des Beispiels IV.14 kann reproduziert werden, wenn man auf die Ladungen der Tab. IV.14 die Formel (40') anwendet: $\mathbf{F}\,\mathbf{F}' = \mathbf{M}_z$:

$$\begin{bmatrix} 0{,}325 & 0{,}946 \\ -0{,}392 & 0{,}920 \\ -0{,}519 & 0{,}855 \\ 0{,}142 & 0{,}990 \\ -0{,}918 & -0{,}397 \\ 0{,}961 & 0{,}277 \\ 0{,}958 & -0{,}287 \end{bmatrix} \cdot \begin{bmatrix} 0{,}325 & -0{,}392 & -0{,}519 & 0{,}142 & -0{,}918 & 0{,}961 & 0{,}958 \\ 0{,}946 & 0{,}920 & 0{,}855 & 0{,}990 & -0{,}397 & 0{,}277 & -0{,}287 \end{bmatrix} =$$

$$\begin{array}{c} 1 \\ 2 \\ 3 \\ 4 \\ 5 \\ 6 \\ 7 \end{array} \begin{bmatrix} 1 & & & & & & \\ 0{,}743 & 1 & & & & & \\ 0{,}640 & 0{,}990 & 1 & & & & \\ 0{,}983 & 0{,}855 & 0{,}773 & 1 & & & \\ -0{,}674 & -0{,}005 & 0{,}137 & -0{,}523 & 1 & & \\ 0{,}574 & -0{,}122 & -0{,}262 & 0{,}411 & -0{,}992 & 1 & \\ 0{,}400 & -0{,}640 & -0{,}743 & -0{,}148 & -0{,}766 & 0{,}841 & 1 \end{bmatrix} = \mathbf{M}_z \, . \qquad (34)$$

Der Anblick dieser Korrelationsmatrix bestätigt dem Leser früher Gesagtes: Die Betrachtung der Korrelationen zwischen Paaren von Komponenten läßt deren Abhängigkeitsstruktur nicht erkennen!

Die Durchführung von Faktorenanalysen

Wir führen zunächst die in (40) angedeutete Matrizenmultiplikation aus:

$$\mathbf{M}_z = \mathbf{V}\,\mathbf{M}_y\,\mathbf{V}' \, . \qquad (40)$$

Multipliziert man nun (40) von rechts mit **V**, so erhält man wegen $\mathbf{V}'\mathbf{V} = \mathbf{E}$:

$$\mathbf{M}_z\,\mathbf{V} = \mathbf{V}\,\mathbf{M}_y \, . \qquad (42)$$

Das ist die sogenannte **Eigenwertgleichung.** Die Spalten der Transformationsmatrix **V** (35) erweisen sich als **Eigenvektoren** der Momentenmatrix $\mathbf{M}_z$; die Varianzen des Merkmals **Y** als **Eigenwerte**, die zu den Eigenvektoren gehören. Damit ist aber die Faktorenanalyse zurückgeführt auf die 'Lösung des Eigenwertproblems'.

Beispiel IV.14 (Fortsetzung): Wir berechnen die Eigenwertmatrix $\mathbf{M}_y$ und die Transformationsmatrix **V**.

Aus $\mathbf{V}\,\mathbf{M}_y^{1/2} = \mathbf{F}$ und der Orthogonalitätsbedingung $\mathbf{V}'\mathbf{V} = \mathbf{E}$ folgt:

$$\mathbf{F}'\mathbf{F} = \mathbf{M}_y^{1/2} \cdot \mathbf{V}'\mathbf{V} \cdot \mathbf{M}_y^{1/2} = \mathbf{M}_y \, .$$

Führt man die Rechnung mit den Zahlen der Tab.IV.14 durch, so erhält man:

$$\mathbf{F'F} = \begin{bmatrix} 3,2328 & 0 \\ 0 & 3,7691 \end{bmatrix} = \begin{bmatrix} d_1^2 & 0 \\ 0 & d_2^2 \end{bmatrix} = \mathbf{M}_y \,. \qquad (36')$$

Von **V** interessieren uns nur die zwei zu den Eigenwerten d_1^2 und d_2^2 gehörenden Spalten. Die restlichen 5 Spalten gehören zu Eigenwerten $d_3^2 = \ldots = d_7^2 = 0$ (nicht streuende Komponenten von **Y**). - Man erhält **V** mit Hilfe der Gleichung $\mathbf{V} = \mathbf{F}\,\mathbf{M}_y^{-1/2}$:

$$\begin{bmatrix} 0,325 & 0,946 \\ -0,392 & 0,920 \\ -0,519 & 0,855 \\ 0,142 & 0,990 \\ -0,918 & -0,397 \\ 0,961 & 0,277 \\ 0,958 & -0,287 \end{bmatrix} \cdot \begin{bmatrix} \frac{1}{1,7980} & 0 \\ 0 & \frac{1}{1,9414} \end{bmatrix} = \begin{bmatrix} 0,181 & 0,487 \\ -0,218 & 0,474 \\ -0,289 & 0,440 \\ 0,079 & 0,510 \\ -0,511 & -0,204 \\ 0,534 & 0,143 \\ 0,533 & -0,148 \end{bmatrix} = \mathbf{V}_2 \,.$$

Man überzeuge sich, daß bis auf Rundungsfehler gilt:

$$\mathbf{V'V} = \begin{bmatrix} 1 & 0 \\ 0 & 1 \end{bmatrix} = \mathbf{E}_2 \,.$$

⬩⬥ ◆ ⬥⬩

In Analogie zu (40) kann man auch die 'Momentenmatrix der Objekte' mit dem Theorem (39) zerlegen:

$$\frac{1}{n}\,\mathbf{Z}\,\mathbf{Z'} = \frac{1}{n}\,\mathbf{U}\,\mathbf{M}_y^{1/2}\,\underbrace{\mathbf{V'}\,\mathbf{V}}_{\mathbf{E}}\,\mathbf{M}_y^{1/2}\,\mathbf{U'} = \frac{1}{n}\,\mathbf{U}\,\mathbf{M}_y\,\mathbf{U'} \,. \qquad (43)$$

Multipliziert man (43) von rechts mit **U**, so erhält man wegen $\frac{1}{n}\mathbf{U'U} = \mathbf{E}_r$ einen Ausdruck, der ebenfalls mit der Eigenwertgleichung der Algebra identisch ist:

$$\frac{1}{n}\,\mathbf{Z}\,\mathbf{Z'U} = \mathbf{U}\,\mathbf{M}_y \,. \qquad (43')$$

Die Spalten von **U** (38) sind also Eigenvektoren der Matrix $\frac{1}{n}\mathbf{ZZ'}$, denen dieselben Eigenwerte wie den Spalten von **V** (42) zugeordnet sind. Man kann daher sagen: Jeder Eigenvektor $\mathbf{V}_m$ ist durch seinen Eigenwert d_m^2 eindeutig dem Eigenvektor $\mathbf{U}_m$ zugeordnet, der denselben Eigenwert hat. Diese Zuord-

nung erstreckt sich damit auch auf die 'Faktoren' bzw. Faktorenausstattungen, da $\mathbf{F} = \mathbf{V}\,\mathbf{M}_y^{1/2}$ (40) und $\mathbf{Y} = \mathbf{U}\,\mathbf{M}_y^{1/2}$ (38). Damit gewinnt man wohl ein tieferes Verständnis der Faktorenanalyse.
Das Theorem (39) beinhaltet in Verbindung mit $\mathbf{V}\,\mathbf{M}_y^{1/2} = \mathbf{F}$ folgende Erklärung der 'standard scores' (32):

$$\mathbf{Z} = \mathbf{U}\,\mathbf{F}': \quad z_{ik} = \sum_{m=1}^{r} u_{im}\, f_{km} \; .$$

Der 'standard score', den das Objekt i in der Spalte der Komponente k aufweist, läßt sich offenbar selbst als skalares Produkt darstellen:

$$z_{ik} = V_i\, V_k \cos i,k \; .$$

Dabei ist V_i, die 'Länge des Objektvektors i', wie folgt definiert: $V_i^2 = \Sigma_m u_{im}^2$; die 'Länge des Komponentenvektors k' ist - wie vorhin - gleich der Standardabweichung, also 1; und cos i,k ist der Cosinus des Winkels, den i und k bilden. Es gilt also:

$$z_{ik} = V_i \cos i,k \; .$$

Nun ist der Cosinus definiert als 'Ankathete durch Hypothenuse':

$$\cos i,k = \frac{z_{ik}}{V_i} \; .$$

z_{ik}, der 'standard score', ist also die 'Ankathete', V_i die 'Hypothenuse'. Der 'standard score' ist daher in geometrischer Hinsicht die Projektion des Objektvektors i auf den Merkmalsvektor k (siehe Abb.IV.5). Die Projektionen der Objektpunkte bestimmen den Winkel zwischen den Merkmalsvektoren (die Korrelationen). Die Konfiguration der Merkmalsvektoren bestimmt hinwiederum die Anordnung der Objekte in dem von ihnen aufgespannten Raum. Die Dimensionen dieses Raumes, die durch (40) bzw. (38) gegeben sind, heißen **Hauptachsen**.

KAPITEL V: DAS ALLGEMEINE LINEARE MODELL

Die hohe Korrelation zwischen Lagerumschlag und Kalkulationsaufschlag (Beispiel IV.11) konnte dahingehend interpretiert werden, daß die Punkte des Streudiagramms eng um eine Gerade gruppiert sind. Dies ermöglicht es, den Kalkulationsaufschlag einer Firma zu berechnen, wenn deren Lagerumschlag bekannt ist. Man braucht dazu nur eine Gerade in das Streudiagramm einzuzeichnen, die allen Punkten "möglichst nahe" kommt, deren Parameter a und b zu messen und in die Formel

$$a + bx = y$$

einzusetzen.

Das Besondere an diesem Beispiel ist, daß aus der hohen Korrelation $r = = -0{,}980$ 'nahezu zwingend' gefolgert werden kann, daß **Y** von **X** linear abhängt. Das einzig Problematische an der geschilderten Vorgangsweise besteht im Einzeichnen einer Geraden, die allen Punkten 'möglichst nahe' kommt. Wie kann man gewährleisten, daß nicht eine andere Gerade ihnen 'noch näher' kommt? - Wir werden in diesem Abschnitt eine Methode vorstellen, mit welcher wir die in einem wohldefinierten Sinne 'bestpassende' Gerade ausfindig machen können. Zuvor wollen wir uns aber noch mit einem anderen Beispiel auseinandersetzen.

Beispiel V.1: Ergebnisse von Bremsversuchen. Das Streudiagramm der Abb.V.1 veranschaulicht, daß wiederholte Versuche mit gleicher Geschwindigkeit verschieden lange Anhaltewege ergeben. Das hängt damit zusammen, daß der Anhalteweg nicht nur von der Geschwindigkeit des Autos, sondern auch von Rauhigkeit und Nässe der Straße, den Windverhältnissen, der Reaktionsgeschwindigkeit des Fahrers usw. abhängt.

Das Streudiagramm der Abb.V.1 gehört also zu einer zweidimensionalen Randverteilung.

Es ist hier nicht so leicht, den Anhalteweg 'zu berechnen', der bei einer gegebenen Geschwindigkeit auftreten wird. Das hängt einmal damit zusammen, daß die Punkte stärker streuen als in Beispiel IV.11, zum anderen damit, daß die Punktwolke die Form eines 'Hornes' statt einer Ellipse hat, was darauf hindeutet, daß der Anhalteweg mit der Geschwindigkeit nicht linear zunimmt. Es wird aus diesem Grunde keine Gerade, sondern eine andere Kurve allen Punkten so "nahe wie möglich" kommen.

Abb.V.1: Streudiagramm von Bremsversuchen.

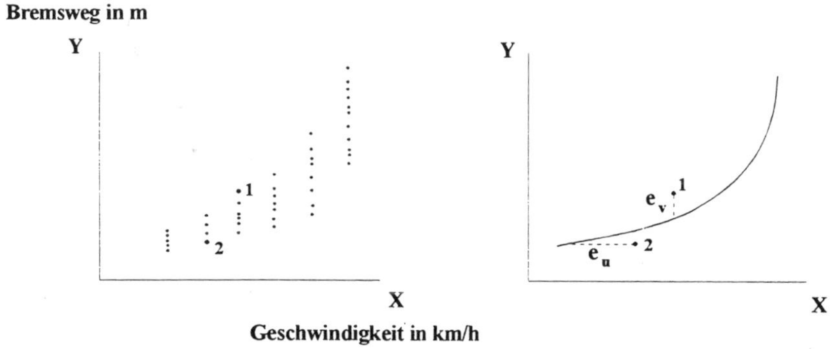

Man sieht, daß das Berechnen von y, wenn x gegeben ist, die Lösung zweier voneinander getrennter Probleme voraussetzt. Bei hoher Korrelation ist der Zusammenhang zwischen **X** und **Y** nahezu zwingend von der Art $y = a + bx$. Das erste Problem ist damit auch schon gelöst, und es bleibt nur noch das zweite offen, unter allen möglichen Geraden diejenige ausfindig zu machen, die allen Punkten des Streudiagrammes "möglichst nahe" kommt. In allen anderen Fällen ist man gezwungen, zuerst einen Kurventypus auszuwählen, der den Zusammenhang zwischen **Y** und **X** darstellt. Man kann sich auch bei niedriger Korrelation für die Gerade entscheiden, soferne die Punktwolke unzweifelhaft elliptischen Charakter hat. In manchen Fällen stehen Ergebnisse der wissenschaftlichen Forschung in Form von Funktionen zur Verfügung:

- Die Zugfestigkeit z (kp/cm^2) von Beton ist folgende Funktion der Erhärtungszeit t (in Tagen):

  $$z = a \cdot e^{-c/t} ,$$

  wobei a und c Parameter der Funktion sind, die man so zu bestimmen hat, daß der Unterschied zwischen gemessener und berechneter Zugfestigkeit 'möglichst klein' wird.

- Bei chemischen Reaktionen erster Ordnung hängt die Konzentration c von der Zeit t wie folgt ab:

$$\ln \frac{c}{a} = -k \cdot t \, .$$

Dabei ist a die Konzentration zu Beginn, also bei t = 0 und k die Reaktionskonstante. Hier ist k so zu bestimmen, daß der Unterschied zwischen gemessener und berechneter Konzentration c möglichst klein wird.

In weitaus den meisten Fällen ist man allerdings gezwungen, einen Kurventypus 'auf gut Glück' auszuwählen, wobei man sich selbstverständlich von der Gestalt der Punktwolke, Plausibilitätserwägungen, Randbedingungen und Erfahrungen im weitesten Sinne leiten läßt. Erst dann löst man das zweite Problem, nämlich aus den Kurven des gewählten Typs diejenige auszusuchen, die den gegebenen Punkten des Streudiagramms "möglichst nahe" kommt.

Auf jeden Fall wird man prüfen müssen, wie genau die berechneten Werte mit den gemessenen übereinstimmen. Gibt es Gründe, die **Güte der Anpassung** einer Kurve an die Punktwolke gering einzuschätzen, so wird man nach einem anderen Kurventypus Ausschau halten, der sich der Punktwolke besser anpassen läßt. - Die 'Güte der Anpassung' ist es also, mit der man rückwirkend beurteilen kann, wie gut die Wahl des Kurventyps geraten ist. Wir wollen uns deshalb zuerst mit der 'Güte der Anpassung' beschäftigen.

V.1: Die Methode der Kleinsten Quadrate

Wir stellen uns vor, daß in Beispiel V.1 bereits eine Funktion $f(x) = y$ ausgewählt wurde. Zu jedem Punkt (x_ν, y_ν) des Streudiagramms kommt durch f ein zweiter Punkt $(x_\nu, f(x_\nu))$. Der Unterschied zwischen dem Bremsweg, den man gemessen hat und dem Wert, den man errechnet, also die Differenz **Meßwert minus Rechenwert**:

$$y_\nu - f(x_\nu) = e_\nu \, , \tag{1}$$

heißt **Residuum** oder einfach Fehler der **Regression von Y gegen X**. Diese Darstellung ist aber noch nicht vollständig. Es kann nämlich auch die Geschwindigkeit von Interesse sein, die zu einem gegebenen Anhalteweg gehört, etwa bei der Rekonstruktion eines Verkehrsunfalles. Die dabei auftretende Differenz zwischen tatsächlicher und berechneter Geschwindgkeit:

$$x_\mu - g(y_\mu) = e_\mu \,, \tag{1'}$$

heißt Residuum der **Regression von X gegen Y**. - Die Herkunft der Bezeichnung 'Regression' wird noch zu klären sein.

Die Kurven eines gegebenen Typs sind durch ihre Parameter bestimmt. Wir wollen das auf folgende Weise zum Ausdruck bringen:

$$f(x) = f(x\,|\,\pi_1,\ldots,\pi_p); \qquad g(y) = g(y\,|\,\varphi_1,\ldots,\varphi_p) \,.$$

Die mit einer bestimmten Kurve verbundene Ungenauigkeit der Annäherung an die Punkte des Streudiagramms wollen wir mit der Quadratsumme der Residuen messen:

$$\begin{aligned} \sum_{\nu=1}^{n} e_\nu^2 &= \sum_\nu [y_\nu - f(x_\nu\,|\,\pi_1,\ldots,\pi_p)]^2 = Q(\pi_1,\ldots,\pi_p) \,, \\ \sum_{\mu=1}^{n} e_\mu^2 &= \sum_\mu [x_\mu - g(y_\mu\,|\,\varphi_1,\ldots,\varphi_p)]^2 = Q(\varphi_1,\ldots,\varphi_p) \,. \end{aligned} \tag{2}$$

Diese Quadratsummen hängen direkt von den Parametern $\pi_1,\ldots,\pi_p$ bzw. $\varphi_1,\ldots,\varphi_p$ ab. Wählt man diese Parameter unzweckmäßig, so sind die Quadratsummen groß und die Übereinstimmung der berechneten Werte mit den gemessenen schlecht. Wir können nun sagen, was wir unter einer '**bestpassenden Kurve**' verstehen:

Unter allen Kurven des gewählten Typs f bzw. g gibt es keine, die den Punkten des Streudiagrammes näher kommt als die Kurve $f(x\,|\,\hat{\pi}_1,\ldots,\hat{\pi}_p)$ bzw. $g(y\,|\,\hat{\varphi}_1,\ldots,\hat{\varphi}_p)$, für die gilt:

$$\begin{aligned} Q(\hat{\pi}_1,\ldots,\hat{\pi}_p) &\le Q(\pi_1,\ldots,\pi_p) \,, \\ Q(\hat{\varphi}_1,\ldots,\hat{\varphi}_p) &\le Q(\varphi_1,\ldots,\varphi_p) \,. \end{aligned} \tag{3}$$

Es handelt sich dabei um die Kurven mit den **kleinsten Fehlerquadratsummen**. Die Parameter $\hat{\pi}_k$, $\hat{\varphi}_k$ findet man als Lösungen des Gleichungssystems

$$\frac{\delta\, Q(\pi_1,\ldots,\pi_p)}{\delta\, \pi_k} = 0, \quad \text{bzw.} \quad \frac{\delta\, Q(\varphi_1,\ldots,\varphi_p)}{\delta\, \varphi_k} = 0, \quad k=1,\ldots,p \,. \tag{4}$$

Wenn sich der Leser an die Überlegungen im Zusammenhang mit dem arithmetischen Mittel (7.III) und dem Median (2.III) erinnert, so wird er sich fragen, ob man die Ungenauigkeit der Annäherung an die Punkte nicht auch auf folgende Weise hätte messen können:

$$\sum_{\nu} \left| y_\nu - f(x \mid \pi_1, \ldots, \pi_p) \right| . \tag{2'}$$

Das ist selbstverständlich möglich und sinnvoll; (2') wird in der Literatur der Ausgleichs- und Näherungsrechnung als **Tschebyscheff-Norm** bezeichnet, zum Unterschied von der Quadratischen Norm (2). Die Methode der Kleinsten Quadrate (4 in Verbindung mit 3) hat sich, was Handlichkeit, Bewährung in der Praxis und wünschenswerte mathematische Eigenschaften betrifft, als allen anderen Methoden überlegen erwiesen. Wir werden nun ihre Anwendung in den verschiedensten Bereichen demonstrieren.

V.2: Lineare Regression mit einer unabhängigen Variablen

Beispiel V.2: Eine Handelskette will eine Formel entwickeln lassen, mit der man den Gewinn des laufenden Jahres aufgrund des Gewinnes vom Vorjahr 'prognostizieren' kann. Die 46 Betriebe der Handelskette stellen dazu folgende Angaben zur Verfügung.

Tab.V.1: Gewinne x aus dem Jahre t-1 und y aus dem Jahre t. (Angaben in Millionen).

x / y	0-5	5-10	10-15	15-20	20-25	y_ν	$\bar{x} \mid y_\nu$
20 - 25				2	2	22,5	20,0
15 - 20			6	4	1	17,5	15,2
10 - 15		2	12	2		12,5	12,5
5 - 10	1	4	6			7,5	9,8
0 - 5	2	2				2,5	5,0
x_μ	2,5	7,5	12,5	17,5	22,5		
$\bar{y} \mid x_\mu$	4,2	7,5	12,5	17,5	20,8		

Man ist in der bereits geschilderten Situation, daß man eine Funktion wählen muß. Zuerst berechne man die Korrelation (24.IV). Sie beträgt $r_{xy} = 0{,}7746$, ist also nicht hoch genug, um zwingend auf einen linearen Zusammenhang schließen zu lassen. - Ein wichtiges Hilfsmittel der Analyse des Streudiagramms sind die **Mittelwertslinien**: Man trage die bedingten Mittelwerte (12.III) in das Streudiagramm ein und verbinde sie mit Geraden. Diese bedingten Mittelwerte werden der Kurve meistens näher kommen als die einzelnen Punkte des Streudiagramms, sie müssen aber nicht notwendig auf ihr liegen.

Abb.V.2: Mittelwertslinien zu den Daten der Tab.V.1.

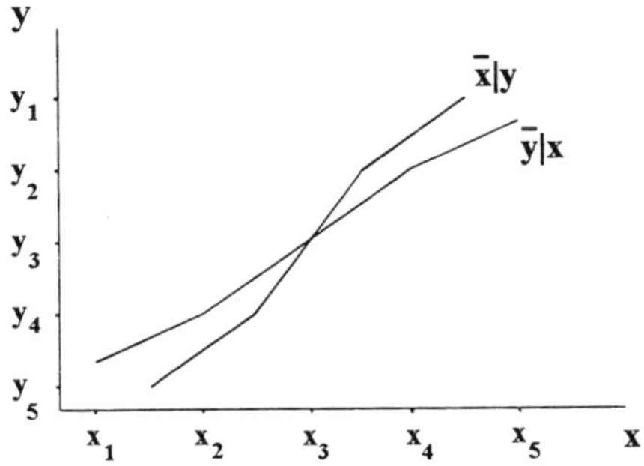

Es ist aus diesem Grunde nicht geboten, Funktionen f, g auszusuchen, welche mit den Mittelwertslinien zusammenfallen. Es ist bei der Wahl auch die zu erwartende Ungenauigkeit der bedingten Mittelwerte zu berücksichtigen. - Unter diesen Gesichtspunkten wollen wir nach Inspektion der beiden Mittelwertslinien der Abb.V.2 eine vorläufige Entscheidung treffen:

$$f:\ y = a_1 + b_1\, x, \qquad\qquad g:\ x = a_2 + b_2\, y\ .$$

Die Extremwertaufgabe (3) stellt sich bei linearen Funktionen wie folgt:

$$\sum_{\nu=1}^{n} e_\nu^2 = \sum_\nu \left[y_\nu - a_1 - b_1 x_\nu\right]^2 = Q_1(a_1, b_1)\ \ldots\ \text{Min!}$$

$$\sum_{\mu=1}^{n} e_\mu^2 = \sum_\mu \left[x_\mu - a_2 - b_2 y_\mu\right]^2 = Q_2(a_2, b_2)\ \ldots\ \text{Min!}$$

Wir führen jetzt die bei Regression von y gegen x anfallenden Berechnungen durch. Zuerst leiten wir Q_1 nach den Parametern ab und setzen die Ableitungen gemäß (4) null:

$$\frac{\delta\, Q_1(a_1,b_1)}{\delta\, a_1} = 2 \sum_\nu \Big[y_\nu - a_1 - b_1\, x_\nu\Big]^1 (-1) = 0\ ,$$
$$\frac{\delta\, Q(a_1,b_1)}{\delta\, b_1} = 2 \sum_\nu \Big[y_\nu - a_1 - b_1\, x_\nu\Big]^1 (-x_\nu) = 0\ . \tag{4'}$$

Die **Kleinstquadratschätzer** der Parameter a_1, b_1 sind die Lösungen des Gleichungssystems (4'):

$$b_1 = \hat{b}_1 = \frac{n\ \Sigma x_\nu y_\nu\ -\ \Sigma x_\nu\ \Sigma y_\nu}{n\ \Sigma x_\nu^2\ -\ (\Sigma x_\nu)^2}\ , \tag{5}$$

$$a_1 = \hat{a}_1 = \bar{y} - \hat{b}_1\ \bar{x}\ . \tag{6}$$

Man erinnere sich, daß

$$\text{Var}\ \mathbf{X} = \frac{1}{n} \sum_{\nu=1}^{n} x_\nu^2 - \bar{x}^2\ \text{(28.III)},\quad \text{Kov}\ \mathbf{X,Y} = \frac{1}{n} \sum_\nu x_\nu y_\nu - \bar{x}\ \bar{y}\ \text{(22'.IV)},$$

und

$$r_{xy} = \frac{\text{Kov}\ \mathbf{X,Y}}{s_x\ s_y}\ \text{(24.IV)},\quad \text{so daß}\quad \text{Kov}\ \mathbf{X,Y} = r_{xy}\ s_x\ s_y\ ,$$

dann erkennt man unschwer folgende Beziehungen, die aus Symmetriegründen gleich auch für die Regression von **X** gegen **Y** angegeben werden können:

Regression von		
Y gegen **X**	**X** gegen **Y**	
$f(x) = a_1 + b_1 x = y$	$g(y) = a_2 + b_2 y = x$	
$\hat{b}_1 = \frac{\text{Kov}\ x,y}{\text{Var}\ x} = r_{xy} \frac{s_y}{s_x}$	$\hat{b}_2 = \frac{\text{Kov}\ x,y}{\text{Var}\ y} = r_{xy} \frac{s_x}{s_y}$	(7)
$\hat{a}_1 = \bar{y} - \frac{\text{Kov}\ x,y}{\text{Var}\ x} \cdot \bar{x}$ $= \bar{y} - r_{xy} \frac{s_y}{s_x} \cdot \bar{x}$	$\hat{a}_2 = \bar{x} - \frac{\text{Kov}\ x,y}{\text{Var}\ y} \cdot \bar{y}$ $= \bar{x} - r_{xy} \frac{s_x}{s_y} \cdot \bar{y}$	(8)

Die Werte von $\hat{y}$ bzw $\hat{x}$, die sich von den beobachteten Werten im Sinne von (3) 'so wenig wie möglich' unterscheiden, gewinnt man mit den Formeln für f und g, nachdem man deren Parameter durch die Kleinstquadratschätzer (7, 8) ersetzt hat:

$$\hat{y}|x = \bar{y} + r\underbrace{\frac{x - \bar{x}}{s_x}}_{z_x} \cdot s_y \qquad \hat{x}|y = \bar{x} + r\underbrace{\frac{y - \bar{y}}{s_y}}_{z_y} \cdot s_x \quad , \tag{9}$$

wobei z_x, z_y 'standard scores' (32.III) sind und $r_{xy} \equiv r$ gesetzt wurde.

Die Standardverteilung hat, wie wir wissen, stets den Mittelwert Null. Daraus folgt in Verbindung mit (9), daß die errechneten und die beobachteten Werte $\hat{y}$ und y bzw. $\hat{x}$ und x dieselben Mittelwerte haben:

$$\overline{\hat{y}|x} = \bar{y} \quad \text{und} \quad \overline{\hat{x}|y} = \bar{x} \; . \tag{10}$$

Daraus ergibt sich weiter, daß die Summe der Abweichungen von einer Regressionsgeraden, also die Summe der Residuen (1), stets den Wert Null hat. Wir schreiben statt $\hat{y}|x_\nu$ kurz $\hat{y}_\nu$ und erhalten:

$$\Sigma\hat{e}_\nu = \Sigma(y_\nu - \hat{y}_\nu) = n(\bar{y} - \bar{\hat{y}}) = 0; \quad \Sigma\hat{e}_\mu = \Sigma(x_\mu - \hat{x}_\mu) = 0. \tag{11}$$

Die Geraden der Regression von **Y** gegen **X** bzw. **X** gegen **Y** haben folgende Eigenschaften:

(1) Sie schneiden einander im Schwerpunkt $M(\bar{x}|\bar{y})$. Man erkennt das leicht, wenn man in den beiden Gleichungen $\bar{x}$ für x bzw. $\bar{y}$ für y einsetzt: $\hat{y}|\bar{x} = \bar{y}$ und $\hat{x}|\bar{y} = \bar{x}$.

(2) Sind die Objekte auf **X** und **Y** unabhängig voneinander verteilt, so ist $r_{xy} = 0$. Die beiden Gleichungen (9) nehmen dann aber folgende Gestalt an: $\hat{y} = \bar{y}$ und $\hat{x} = \bar{x}$. Die Gerade der Regression von **Y** gegen **X** läuft also parallel zur x-Achse; die Gerade der Regression von **X** gegen **Y** ist dagegen eine Parallele der y-Achse. Beide Geraden stehen also aufeinander senkrecht, mit dem Schwerpunkt als Schnittpunkt.

(3) $$\hat{b}_1 \cdot \hat{b}_2 = r\frac{s_y}{s_x} \cdot r\frac{s_x}{s_y} = r^2 \; .$$

Beispiel V.2 (Fortsetzung)**:** Wir wenden uns wieder den Daten der Tab. V.1 zu. Es wurde schon erwähnt, daß die Gewinne des Jahres t mit denen des Jahres t-1 eine Korrelation von r = 0,7746 aufweisen. Mittelwerte und Standardabweichungen der Gewinne beziffern sich wie folgt:

$$\bar{x} = 12{,}5 \text{ Mio}, \quad s_x = 4{,}66 \text{ Mio}\ ,$$
$$\bar{y} = 12{,}5 \text{ Mio}, \quad s_y = 5{,}42 \text{ Mio}\ .$$

Damit erhält man

$$\hat{b}_1 = 0{,}7746 \cdot \frac{5{,}42}{4{,}66} = 0{,}901; \qquad \hat{b}_2 = 0{,}7746 \cdot \frac{4{,}66}{5{,}42} = 0{,}666; \qquad (7)$$

$$\hat{a}_1 = 12{,}5 - 0{,}9 \cdot 12{,}5 = 1{,}250; \qquad \hat{a}_2 = 12{,}5 - 0{,}666 \cdot 12{,}5 = 4{,}175. \qquad (8)$$

Die Regressionsfunktionen (9) haben die Darstellung:

$$\hat{y}|x = 12{,}5 + 0{,}7746\ \frac{x - 12{,}5}{4{,}66} \cdot 5{,}42 = 12{,}5 + 0{,}901\ (x - 12{,}5)\ ,$$
$$\hat{x}|y = 12{,}5 + 0{,}7746\ \frac{y - 12{,}5}{5{,}42} \cdot 4{,}66 = 12{,}5 + 0{,}666\ (y - 12{,}5)\ . \qquad (9)$$

Die Funktion 9 soll nun, entsprechend der Aufgabenstellung des Beispiels, als **Prognosefunktion** Verwendung finden: Hat ein Betrieb im vergangenen Jahr einen Gewinn von $x = 13{,}7$ Millionen erwirtschaftet, so prognostiziert man, daß er am Ende des laufenden Jahres einen Gewinn von

$$\hat{y}|13{,}7 = 12{,}5 + 0{,}901\ (13{,}7 - 12{,}5) \approx 13{,}58 \text{ Mio} \qquad (9)$$

ausweisen wird.

Einblick in die Genauigkeit der Prognosen gewähren die Residuen (Meßwert minus Rechenwert): $\hat{e}|x_\mu = y - \hat{y}|x_\mu$ (1).

Tab.V.2: Residuen zu den Daten in Tab.V.1 (in Klammern Häufigkeiten).

Intervallmitten x_μ	2,5	7,5	12,5	17,5	22,5
$\hat{y}\|x_\mu$	3,5	8,0	12,5	17,0	21,5
$\hat{e}\|x_\mu = y - \hat{y}\|x_\mu$	-1(2) 4(1)	-5,5(2) -0,5(4) 4,5(2)	-5(6) 0(12) 5(6)	-4,5(2) 0,5(4) 5,5(2)	-4(1) 1(2)
$\bar{\hat{e}}\|x_\mu$	0,67	-0,50	0,00	0,50	-0,67

Zur Kontrolle überzeuge man sich, daß die Summe der 46 Residuen entsprechend (11) den Wert Null ergibt. Die Residuen streuen um den Nullpunkt. Die **Residualvarianz** unseres Beispiels, die man mit (28.III) berechnet, ist $s_e^2 = 11{,}739$. - Man muß auch prüfen, ob die Residuen mit **X** korrelieren. Mit den Daten der Tab.V.2 erhalten wir eine Kovarianz von **e** und **X** der Größe

-0,0043. Ferner ist $s_e = \sqrt{11{,}739} = 3{,}426$. Von vorhin wissen wir, daß $s_x =$ $= 4{,}66$. Damit bestimmen wir den Korrelationskoeffizienten:

$$r_{ex} = \frac{-0{,}0043}{3{,}428 \cdot 4{,}66} = -0{,}00027 \approx 0. \qquad (24.\text{IV})$$

Wenn die Funktion f, welche für die Regression ausgewählt wurde, nicht zur Form der Punktwolke paßt, also eine sogenannte **Fehlspezifikation** darstellt, dann weisen die Residuen eine systematische Abhängigkeit von der Variablen **X** auf.

Abb.V.3: Beispiele zweier Fehlspezifikationen: die Residuen verändern sich systematisch mit dem Wert der Variablen **X**.

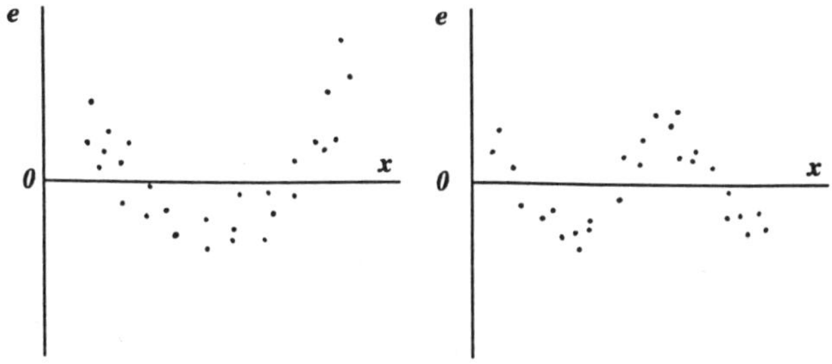

Der Leser möge selbst herausfinden, welches Mißverhältnis zwischen der Form der Punktwolke und der Regressionsgeraden den beiden Abbildungen zugrundeliegt. (Hinweis: man denke an hornförmige und s-förmige Punktwolken, die durch Geraden angenähert wurden). - Weiterreichende Methoden der **Residualanalyse** werden wir im Teil **C** (Kapitel XV.2) behandeln.

Wir wollen uns nun der Beurteilung der Residualvarianz zuwenden. Die Abweichung eines Beobachtungswertes vom arithmetischen Mittel kann zerlegt werden in die Abweichung des Rechenwertes vom arithmetischen Mittel und in die Abweichung des Beobachtungswertes vom Rechenwert:

$$y_\nu - \bar{y} = \underbrace{\hat{y}_\nu - \bar{y}} + \underbrace{y_\nu - \hat{y}_\nu}_{\hat{e}_\nu(1)} . \qquad (12)$$

Der Leser kennt bereits zwei Sachverhalte, die ihn die Aufteilung der Abweichung auf der linken Seite von (12) in diese beiden Komponenten beurteilen läßt, und die zwei Extreme darstellen, zwischen denen alle möglichen Aufteilungen eingeschlossen sind:
Wenn die Objekte auf **X** und **Y** statistisch unabhängig voneinander verteilt sind, dann ist $\hat{y} = \bar{y}$. Die Aufteilung (12) hat dann die Form

$$r = 0: \quad y_\nu - \bar{y} = 0 + \hat{e}_\nu . \qquad (12')$$

Ist dagegen die Korrelation $|r| = 1$, dann ordnen alle Punkte des Streudiagramms sich entlang der Regressionsgeraden an, es ist also $\hat{y}_\nu = y_\nu$, und die Aufteilung hat folgende Form:

$$|r| = 1: \quad y_\nu - \bar{y} = \hat{y}_\nu - \bar{y} + 0 . \qquad (12'')$$

Die Aufteilungen bei $0 < |r| < 1$ stellen Zwischenqualitäten dar, bei denen entweder die eine oder die andere Komponente mehr ins Gewicht fällt. Wir wollen nun versuchen, diese Gewichte zu erfassen. Dazu quadrieren wir beide Seiten von (12), bilden die Summe über ν und dividieren dann durch n:

$$\frac{1}{n}\sum_{\nu=1}^{n}(y_\nu - \bar{y})^2 = \frac{1}{n}\sum_{\nu=1}^{n}(\hat{y}_\nu - \bar{y})^2 + \frac{1}{n}\cdot 2\sum_{\nu=1}^{n}(\hat{y}_\nu - \bar{y})(y_\nu - \hat{y}_\nu) + \frac{1}{n}\sum_{\nu=1}^{n}(y_\nu - \hat{y}_\nu)^2 .$$

Die einzelnen Ausdrücke lassen sich wie folgt identifizieren: Es bedeutet

(1) $$\frac{1}{n}\Sigma(y_\nu - \bar{y})^2 = \text{Var}\ \mathbf{Y} ,$$

die **Varianz der Meßwerte** y,

(2) $$\frac{1}{n}\Sigma(\hat{y}_\nu - \bar{y})^2 = \frac{1}{n}\Sigma(\hat{y}_\nu - \bar{\hat{y}})^2 = \text{Var}\ \hat{\mathbf{y}} ,$$

die **Varianz der Rechenwerte** $\hat{y}$, da $\bar{y} = \bar{\hat{y}}$ ist,

(3) $$\frac{1}{n}\Sigma(\hat{y}_\nu - \bar{y})(y_\nu - \hat{y}_\nu) = \frac{1}{n}\Sigma(\hat{y}_\nu - \bar{\hat{y}})(\hat{e}_\nu - \bar{\hat{e}}) = \text{Kov}\ \hat{\mathbf{y}},\hat{\mathbf{e}} ,$$

die **Kovarianz der Rechenwerte und Residuen**, da $y_\nu - \hat{y}_\nu = \hat{e}$, und der Mittelwert der Residuen, $\bar{\hat{e}}$, null ist,

(4) $$\frac{1}{n}\Sigma(y_\nu - \hat{y}_\nu)^2 = \frac{1}{n}\Sigma(\hat{e}_\nu - \bar{\hat{e}})^2 = \text{Var}\ \hat{\mathbf{e}} ,$$

die **Varianz der Residuen** (Fehlervarianz, auch Residualvarianz).

Man kann leicht beweisen, daß die Kovarianz der Rechenwerte und der Residuen stets null ist. Man muß nur $\hat{y} = \hat{a}_1 + \hat{b}_1 x$ in die Kovarianzformel einsetzen und das Ergebnis mit (4') vergleichen:

$$\text{Kov}\,\hat{\mathbf{y}},\hat{\mathbf{e}} = \tfrac{1}{n} \sum (\hat{a}_1 + \hat{b}_1 x_\nu - \bar{y})(y_\nu - \hat{a}_1 - \hat{b}_1 x_\nu)$$

$$= \frac{\hat{a}_1 - \bar{y}}{n} \underbrace{\sum (y_\nu - \hat{a}_1 - \hat{b}_1 x_\nu)}_{\frac{\delta Q(a_1, b_1)}{\delta a_1} = 0} + \frac{\hat{b}_1}{n} \underbrace{\sum (y_\nu - \hat{a}_1 - \hat{b}_1 x_\nu) x_\nu}_{\frac{\delta Q(a_1, b_1)}{\delta b_1} = 0}$$

Die beiden Summen gleichen den Ableitungen der Quadratsumme nach den Parametern a_1, b_1 und werden null, wenn man $a_1 = \hat{a}_1$, $b_1 = \hat{b}_1$ setzt, da man ja durch Nullsetzen dieser Summe das Gleichungssystem (4') gewonnen hat. Es entspricht unserer Vorstellung von der Regellosigkeit der Fehler, daß diese mit den Rechenwerten nicht zusammenhängen. Unsere Zerlegung hat nun folgende Beschaffenheit gewonnen:

$$\boxed{\text{Var}\,\mathbf{Y} = \text{Var}\,\hat{\mathbf{y}} + \text{Var}\,\hat{\mathbf{e}}} \quad . \tag{13}$$

Man erkennt unmittelbar, warum sie **Varianzzerlegung** heißt. Es zeigt sich, daß das Gewicht der beiden Komponentenvarianzen allein von der Korrelation zwischen **Y** und **X** bestimmt wird:

$$\boxed{\text{Var}\,\mathbf{Y} = \underbrace{r^2\ \text{Var}\,\mathbf{Y}}_{\text{Var}\,\hat{\mathbf{y}}} + \underbrace{(1 - r^2)\ \text{Var}\,\mathbf{Y}}_{\text{Var}\,\hat{\mathbf{e}}}} \quad . \tag{14}$$

Auch das beweist man leicht, indem man $\hat{y} = \hat{a}_1 + \hat{b}_1 x$ in die Formel von Var $\hat{\mathbf{y}}$ einsetzt und die Darstellung (7) für $\hat{b}_1$ berücksichtigt:

$$\text{Var}\,\hat{\mathbf{y}} = \tfrac{1}{n} \sum_\nu (\hat{y}_\nu - \bar{y})^2 = \hat{b}_1^2 \cdot \text{Var}\,\mathbf{X} = r^2 \frac{s_y^2}{s_x^2} \text{Var}\,\mathbf{X} = r^2\,\text{Var}\,\mathbf{Y} \ ;$$

$$\text{Var}\,\hat{\mathbf{e}} = \text{Var}\,\mathbf{Y} - \text{Var}\,\hat{\mathbf{y}} = (1 - r^2)\,\text{Var}\,\mathbf{Y} \ .$$

Die beiden Extreme, zwischen denen alle Aufteilungen eingeschlossen sind, lassen sich mit (14) so charakterisieren:

1) $r = 0$: Var $\mathbf{Y}$ = Var $\hat{\mathbf{e}}$, Var $\hat{\mathbf{y}} = 0$,

2) $|r| = 1$: Var $\mathbf{Y}$ = Var $\hat{\mathbf{y}}$, Var $\hat{\mathbf{e}} = 0$.

Es liegt nahe, das relative Gewicht der beiden Komponentenvarianzen anzugeben:

$$1 = \underbrace{\frac{\text{Var } \hat{y}}{\text{Var } \mathbf{Y}}}_{r^2} + \underbrace{\frac{\text{Var } \hat{e}}{\text{Var } \mathbf{Y}}}_{1 - r^2} \quad . \tag{14'}$$

Der Ausdruck

$$B = \frac{\text{Var } \hat{y}}{\text{Var } \mathbf{Y}} = r^2, \quad 0 \leq B \leq 1 \quad , \tag{15}$$

heißt **Bestimmtheitsmaß** und sagt uns, um wieviel die Varianz der Rechenwerte durch Fehler gegenüber der Varianz der Meßwerte verkleinert wurde.

Beispiel V.2 (Fortsetzung)**:** Wir wollen das Bestimmtheitsmaß der Prognosefunktion berechnen. Die Korrelation ist $r = 0{,}7746$.

$$B = r^2 = (0{,}7746)^2 \approx 0{,}60 \; . \tag{15}$$

Die Varianz der Rechenwerte beträgt also nur 60% von der Varianz der beobachteten Gewinne. Die restlichen 40% entfallen auf 'regellose' Abweichungen von der Regressionsgeraden.

⬩⬧◆⬧⬩

Man erwirbt einen tieferen Einblick in die Auswirkung der Fehler auf die Regressionsgerade, wenn man sich mit dem **Regressionstrugschluß** befaßt. Dazu verschieben wir das x,y-Koordinatensystem in den Schwerpunkt $M(\bar{x},\bar{y})$, so daß die Regressionsgleichungen (9) folgende Form annehmen:

$$\hat{y}|x - \bar{y} = r \cdot s_y \cdot z_x \, , \qquad \hat{x}|y - \bar{x} = r \cdot s_x \cdot z_y \; . \tag{9'}$$

Man erkennt nun leicht, daß $|r| < 1$ folgendes bewirkt: Die Geraden

$$\hat{y}|x - \bar{y} = s_y \cdot z_x \, , \qquad \hat{x}|y - \bar{x} = s_x \cdot z_y \, ,$$

die man bei $|r| = 1$ erhält, werden in Richtung der beiden Achsen $\hat{y}|x\text{-}\bar{y}=0$ und $\hat{x}|y\text{-}\bar{x} = 0$ gedreht, mit denen sie zusammenfallen, wenn $r = 0$ ist.

Abb.V.4: Drehung der Geraden bei Regression von **Y** gegen **X** in Richtung x-Achse (links); Drehung der Geraden bei Regression von **X** gegen **Y** in Richtung y-Achse (rechts).

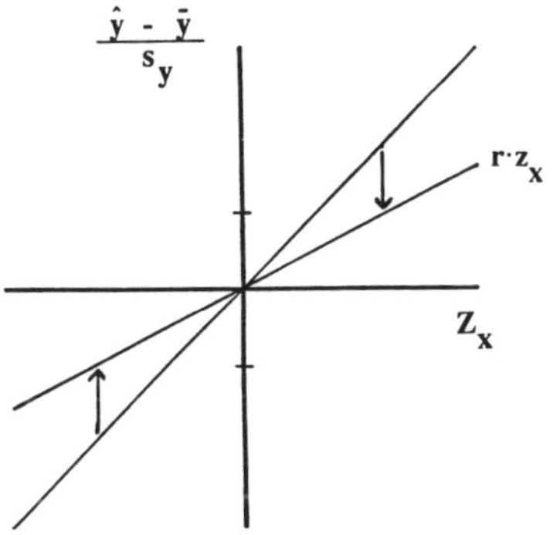

Regression von **Y** gegen **X**. Die $\hat{y}$-Werte haben gegenüber den x-Werten die Tendenz, gegen ihren Mittelwert zu **regredieren**. Diese Tendenz ist umso stärker, je kleiner die Korrelation ist, und erreicht ihre deutlichste Ausprägung bei $r = 0$, wo alle $\hat{y}$-Werte mit $\bar{y}$ identisch werden.

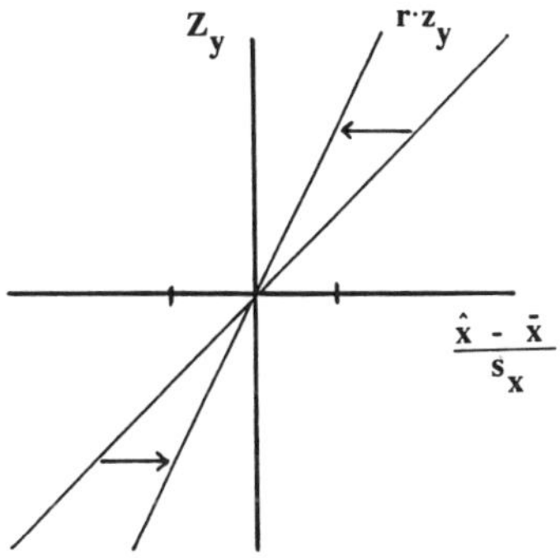

Regression von **X** gegen **Y**. Die $\hat{x}$-Werte haben gegenüber den y-Werten die Tendenz, gegen ihren Mittelwert zu **regredieren**. Diese Tendenz ist umso stärker, je kleiner die Korrelation ist, und erreicht ihre deutlichste Ausprägung bei $r = 0$, wo alle $\hat{x}$-Werte mit $\bar{x}$ identisch werden.

Diese beiden Regressionsphänomene sind vollkommen symmetrisch. Wenn aber **Y** zeitlich auf **X** folgt, so wird diese Tatsache durch einen falschen Eindruck verdeckt. Sei etwa **X** die Körpergröße der Väter, **Y** die Körpergröße der Söhne. Dann erweckt die Regression von **Y** gegen **X** den Eindruck, daß die Söhne großer Väter im Durchschnitt kleiner, die Söhne kleiner Väter im Durchschnitt größer als diese sind, was wie ein 'Hinstreben zum Mittelwert' aussieht und als Ausdruck des "genetischen Ausgleichs" gedeutet wurde. Einen Eindruck entgegengesetzter Art erweckt die Regression von **X** gegen **Y**: Große Söhne haben jetzt kleinere Väter, kleine Söhne dagegen größere, was wie ein 'Wegstreben vom Mittelwert' aussieht und darwinistisch als Selektion der Großen, verbunden mit dem Verschwinden der Kleinen, gedeutet wurde. Beide Auffassungen sind miteinander unvereinbar und falsch. Man kann lediglich feststellen, daß die Unbestimmtheit des Zusammenhanges von **X** und **Y**, die sich in $|r| < 1$ ausdrückt, die Wirkung hat, daß die Geraden gegen $\hat{y} = \bar{y}$ bzw. $\hat{x} = \bar{x}$ **regredieren**. Im Bereich der Wirtschaft erweckt die Gepflogenheit, die Umsätze eines Jahres an den Umsätzen des nächsten Jahres zu messen (**X** gegen **Y**) den Anschein, daß 'die Großen immer größer, die Kleinen immer kleiner werden' und trägt zu der Auffassung bei, daß jede vom Staat unkontrollierte Wirtschaft "kraft naturgesetzlicher Notwendigkeit" zur Herrschaft der Monopole führen müsse. Wer davon beunruhigt wird, der soll sich mit der Regression von **Y** gegen **X** befassen, also die aktuellen Umsätze an den Umsätzen der vergangenen Jahre messen!

Wir gehen jetzt noch einmal auf den Fall ein, daß die Funktion f zwar bekannt, aber nicht von der Art $f = a + b\,u$ ist. Selbstverständlich kann man auch unter diesen Umständen das Minimum der Funktion:

$$Q(\pi_1,\ldots,\pi_p) = \sum_{\nu=1}^{n} [v_\nu - f(u_\nu \,|\, \pi_1,\ldots,\pi_p)]^2 \qquad (2)$$

aufsuchen. Bezeichnet

$$f'_k = \frac{\delta\, f(u_\nu \,|\, \pi_1,\ldots,\pi_p)}{\delta\, \pi_k}$$

die partielle Ableitung von f nach dem Parameter π_k, so erhält man die Kleinstquadratschätzer $\hat{\pi}_1,\ldots,\hat{\pi}_k$ als Lösungen des Gleichungssystems

$$\frac{\delta\, Q(\pi_1,\ldots,\pi_p)}{\delta\, \pi_k} = 2 \sum_\nu \left[v_\nu - f(u_\nu \,|\, \pi_1,\ldots,\pi_p) \right] f'_k(u_\nu) = 0\ .$$

oder

$$\boxed{\sum_\nu v_\nu f'_k(u_\nu) = \sum_\nu f(u_\nu \,|\, \pi_1,\ldots,\pi_p)\, f'_k(u_\nu), \quad k=1,\ldots,p} \ . \qquad (16)$$

Man wird nicht selten Schwierigkeiten mit der Lösung des Gleichungssystems (16) haben. In solchen Fällen sehe man nach, ob durch geeignete Transformation von v in y, u in x eine 'Linearisierung der Funktion' in Gestalt $y = a + b\,x$ erzielt werden kann.

Beispiele:

$$v = \alpha \cdot e^{ßu} \; ; \quad \ln v = y, u = x \;\Rightarrow\; y = \ln \alpha + ß\, x \; ;$$

$$v = \alpha \cdot e^{ß/u} ; \quad \ln v = y, \tfrac{1}{u} = x \;\Rightarrow\; y = \ln \alpha + ß\, x \; ;$$

$$v = \frac{u}{ß + \alpha u} \; ; \quad \tfrac{1}{v} = y, \tfrac{1}{u} = x \;\Rightarrow\; y = \alpha + ß\, x \; .$$

Man sagt, der Zusammenhang zwischen u und v sei linear in ln v und u bzw. ln v und 1/u bzw. in 1/v und 1/u.

Wir bringen jetzt noch ein Beispiel einer 'Linearisierung':

$$v = \alpha\, u^{ß}\, e^{\gamma u} \; ; \; \ln v = y, \; \ln u = x_1, \; u = x_2 \Rightarrow y = \ln \alpha + ß\, x_1 + \gamma\, x_2 \; .$$

Die Schätzung der Parameter α, β, γ mit der Methode der Kleinsten Quadrate wird dem Leser erst möglich sein, wenn er am Ende des nächsten Abschnittes angelangt ist.

V.3: Lineare Regression mit mehreren unabhängigen Variablen

Die Ausprägung, die **Y** annehmen wird, kann umso genauer bestimmt werden, je mehr von den Variablen man berücksichtigt, die auf **Y** einen Einfluß haben. Wir wollen jetzt **Y** als Funktion solcher Variablen betrachten:

$$y = f(u_1, \ldots, u_p) \; . \tag{17}$$

Zuerst wählen wir geeignete Transformationen T_j:

$$T_0(\mathbf{U}_1,..,\mathbf{U}_p) = 1, T_1(\mathbf{U}_1,..,\mathbf{U}_p) = \mathbf{X}_1, .., T_j(\mathbf{U}_1,..,\mathbf{U}_p) = \mathbf{X}_j, .., T_p(\mathbf{U}_1,..,\mathbf{U}_p) = \mathbf{X}_p,$$

wobei die einzelnen Transformationen auch von nur einer Veränderlichen **U** abhängen können. Jedenfalls sollte diese Transformation zur Folge haben, daß f in der Gestalt

$$y = aT_0(u_1,\ldots,u_p) + b_1 T_1(u_1,\ldots,u_p) + \ldots + b_j T_j(u_1,\ldots,u_p) + \ldots + b_p T_p(u_1,\ldots,u_p)$$

oder

$$\boxed{y = a \cdot 1 + b_1 x_1 + \ldots + b_j x_j + \ldots + b_p x_p} \tag{18}$$

dargestellt werden kann; (18) heißt **lineare Regressionsfunktion** mit Parametern a, $b_1, \ldots, b_p$.

Beispiel V.3: Der Zusammenhang zwischen Getreideertrag **Y** (kg pro Flächeneinheit) und **U** (Düngemittel in g pro Flächeneinheit) folgt einer Parabel: $y = a + b_1u + b_2u^2$ (Laur 1930, zit. nach Hartung 1989, S.573).

Abb.V.5: Der Ertrag nimmt mit der Menge an Düngemittel erst zu, bei "Überdüngung" wieder ab.

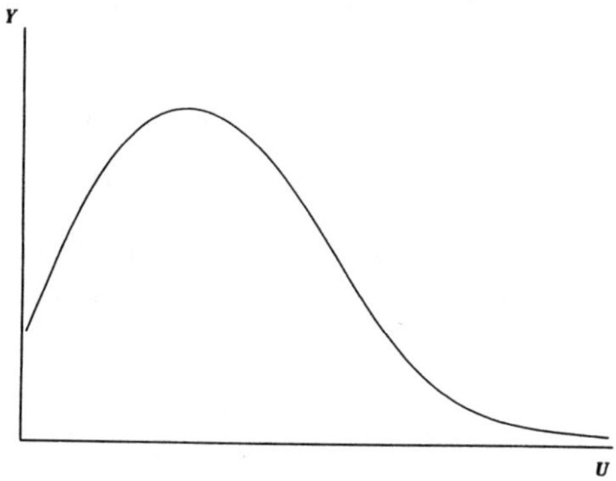

Es handelt sich um eine Funktion in zwei Veränderlichen:

$$\mathbf{Y} = f(\mathbf{U},\mathbf{U}^2) \ . \tag{17}$$

Wir wählen folgende Transformation:

$$T_0(\mathbf{U},\mathbf{U}^2) = 1,\ T_1(\mathbf{U},\mathbf{U}^2) = \mathbf{U} = \mathbf{X}_1,\ T_2(\mathbf{U},\mathbf{U}^2) = \mathbf{U}^2 = \mathbf{X}_2 \ ,$$

und erhalten die lineare Regressionsfunktion:

$$y = a + b_1x_1 + b_2x_2 \ . \tag{18'}$$

⬩⬥ ◆ ⬥⬩

Beispiel V.4: Der Italiener Piazzi hat an 41 Tagen neun Grad der Umlaufbahn des kleinen Planeten Ceres beobachten können. Nach den Kepler'schen Gesetzen ist die Bahn eine Ellipse in der Ebene der Ekliptik:

$$\begin{aligned} y &= f(u_1,\ u_2,\ u_1^2,\ u_2^2,\ u_1u_2) \\ &= a + b_1u_1 + b_2u_2 + b_3u_1^2 + b_4u_2^2 + b_5u_1u_2 \end{aligned} \tag{17}$$

Abb.V.6: Umlaufbahn eines Planeten in der Ebene der Ekliptik.

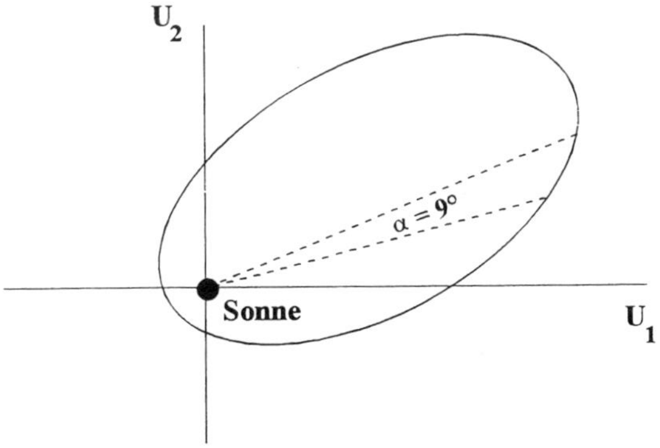

Wir wählen

$T_0(U_1,U_2,U_1^2,U_2^2,U_1U_2)=1$; $T_1=U_1=\mathbf{X}_1$; $T_2=U_2=\mathbf{X}_2$; $T_3=U_1^2=\mathbf{X}_3$;

$T_4=U_2^2=\mathbf{X}_4$; $T_5=U_1U_2=\mathbf{X}_5$

und erhalten die lineare Regressionsfunktion

$$y = a + b_1x_1 + b_2x_2 + b_3x_3 + b_4x_4 + b_5x_5 \quad . \tag{18}$$

Gauss hat aufgrund der wenigen Angaben von Piazzi die Parameter dieser Ellipse mit seiner **Methode der Kleinsten Quadrate** nach einem Bericht von v. Zach "zur Bewunderung genau" bestimmt (zit. nach Grossmann 1961).

⧫⧫ ⧫ ⧫⧫

Es sei $y=f(u)$ eine nichtlineare Funktion, von der wir voraussetzen, daß sie sich in eine **MacLaurin-Reihe** entwickeln läßt:

$$y = f(0) + \frac{1}{1!} f^{(1)}(0)\, u + \frac{1}{2!} f^{(2)}(0)\, u^2 + \ldots + \frac{1}{p!} f^{(p)}(0)\, u^p + e_p \; .$$

Dabei ist $f_{(0)}^{(j)}$ die j-te Ableitung von f nach u an der Stelle $u = 0$ und e_p der 'Fehler der Approximation'.

Man setze nun:

$$f_{(0)} = a, \quad \text{und} \; \frac{1}{j!} f_{(0)}^{(j)} = b_j, \quad j = 1,\ldots,p;$$

dann erhält man mit den Transformationen

$$T_j(u,u^2,\dots,u^p) = u^j = x_j, \quad j = 1,\dots,p$$

die lineare Regressionsfunktion

$$\begin{aligned} y &= a + b_1x_1 + b_2x_2 + \dots + b_px_p + e \\ &= a + b_1u^1 + b_2u^2 + \dots + b_pu^p + e\,. \end{aligned} \tag{18}$$

Im Hinblick darauf, daß die Veränderlichen $x_1,x_2,\dots,x_p$ Potenzen u^1, $u^2,\dots,u^p$ einer Veränderlichen u sind, bezeichnet man (18) als **Polynomiale Regression**.

Es sei nun $y=f(u_1,\dots,u_p)$ eine beliebige Funktion von p Veränderlichen, von der wir wieder voraussetzen, daß sie sich in eine **MacLaurin-Reihe** entwickeln läßt:

$$\begin{aligned} y = f^{(0)}(0) &+ \tfrac{1}{1!}\left[f_1^{(1)}(0)u_1 + \dots + f_p^{(1)}(0)u_p\right] + \tfrac{1}{2!}\left[f_1^{(2)}(0)u_1^2 + \right. \\ &\left. + \dots + f_p^{(2)}(0)u_p^2 + f_{12}^{(2)}(0)u_1u_2 + \dots + f_{p-1,p}^{(2)}(0)u_{p-1}u_p\right] + e_{2,p} \end{aligned} \tag{19}$$

Dabei ist $f^{(\nu)}(0)$ die ν-te Ableitung von f nach u_j an der Stelle $u_1=u_2=\dots=u_p=0$ und $e_{2,p}$ der 'Fehler der Approximation'. Setzt man $f_j^{(1)}(0)=b_j$, und vernachlässigt alle Glieder mit $\nu=2,3,\dots$, so erhält man die lineare Regressionsfunktion

$$\boxed{y = a + b_1x_1 + \dots + b_px_p + e_{1,p}}\,, \tag{20}$$

die auch als **Lineare Mehrfachregression** bekannt ist.

Beispiel V.5 (Konsumfunktion): Die Ausgaben für Nahrung (**Y**) wachsen mit $\mathbf{X}_1$: Anzahl der Personen pro Haushalt und $\mathbf{X}_2$: Haushaltseinkommen. Außerdem sind die Konsumfunktionen von Arbeitern, Angestellten und Beamten verschieden strukturiert. Wir wählen in erster Näherung den folgenden Ansatz:

Arbeiter:	$y_1 = a_1 + b_{11}x_1 + b_{12}x_2 + e_1$,
Angestellte:	$y_2 = a_2 + b_{21}x_1 + b_{22}x_2 + e_2$,
Beamte:	$y_3 = a_3 + b_{31}x_1 + b_{32}x_2 + e_3$.

Die Verteilungen auf $\mathbf{YX}_1\mathbf{X}_2$ hängen vom Haushaltsstatus

$$\mathbf{S} = \{\text{Arbeiter, Angestellte, Beamte}\}$$

ab, sind also nicht gleich (3.IV). - Getrennt durchgeführte Regressionsanalysen sollen ergeben haben, daß $a_1 \neq a_2 \neq a_3$, aber $b_{11}=b_{21}=b_{31}=b_1$ und $b_{12}=b_{22}=b_{32}=b_2$. Unter diesen Umständen kann man die drei Konsumfunktionen durch eine lineare Funktion neuer Art ersetzen, indem man das Merkmal S (mit drei Ausprägungen) durch zwei weitere Variablen folgender Art implantiert:

$$\mathbf{X}_3 = \begin{cases} 1 \text{ bei Angestellten} \\ 0 \text{ sonst,} \end{cases} \qquad \mathbf{X}_4 = \begin{cases} 1 \text{ bei Beamten} \\ 0 \text{ sonst.} \end{cases}$$

Die Regressionsfunktion neuer Art hat folgende Form:

$$y = a + b_1x_1 + b_2x_2 + b_3x_3 + b_4x_4 + e. \tag{20}$$

Arbeiter:	$y_1 = a + b_1x_1 + b_2x_2 + e,$	also $a_1 = a.$
Angestellte:	$y_2 = a + b_1x_1 + b_2x_2 + b_3 + e,$	also $a_2 = a + b_3.$
Beamte:	$y_3 = a + b_1x_1 + b_2x_2 + b_4 + e,$	also $a_3 = a + b_4.$

•♦ ♦ ♦•

Man nennt die Variablen $\mathbf{X}_3$, $\mathbf{X}_4$ **'Schlupfvariablen'**, auch 'Indikatorvariablen' oder 'dummy-variables' (dummy = Strohmann). Jedes Merkmal S mit r Ausprägungen kann durch r-1 Schlupfvariablen in das lineare Regressionsmodell (20) implantiert werden, soferne die Unterschiede der bedingten Verteilungen auf $\mathbf{X}_1,\dots,\mathbf{X}_p | \mathbf{S} = S_k$ allein mit Unterschieden der Konstanten a zusammenhängen. Die Menge der Punkte:

$$\{(x_1,\dots,x_p) | a + b_1x_1 + \dots + b_px_p = y_c\}$$

ist auf einer Hyperebene des (p+1) dimensionalen Raumes angeordnet. Unterscheiden diese Hyperebenen sich nur durch den Parameter a, so sind sie "parallel" zueinander. - Ein Merkmal **S** kann also genau dann durch "Strohmänner" im Regressionsmodell vertreten werden, wenn es lediglich **Niveauunterschiede** zwischen den Hyperebenen verursacht.

Wir stellen uns nun vor, daß eine lineare Regressionsfunktion

$$y = a + b_1x_1 + \dots + b_px_p + e \tag{20}$$

mit p Variablen ("Strohmänner" oder durch Transformationen T_j gewonnen) bereits feststeht. Zu jedem Punkt mit den Koordinaten:

$$(y_\nu, x_{\nu 1}, \dots, x_{\nu p})$$

kommt nun ein zweiter Punkt mit den Koordinaten

$$(\hat{y}_\nu, x_{\nu 1}, \ldots, x_{\nu p}) ,$$

wobei

$$\hat{y}_\nu = a + b_1 x_{\nu 1} + \ldots + b_p x_{\nu p} \qquad (21)$$

der "Rechenwert" ist.

Die Differenz "Meßwert minus Rechenwert":

$$y_\nu - \hat{y}_\nu = y_\nu - (a + b_1 x_{\nu 1} + \ldots + b_p x_p) = \hat{e}_\nu \qquad (1)$$

heißt - wie immer - Residuum oder Fehler der **Regression von Y gegen die Variablen $X_1, \ldots, X_p$**. Es existiert für jede der n Beobachtungen $y_1, \ldots, y_n$ eine Gleichung der Art (20), die man auf folgende Art gemeinsam in Matrixform darstellen kann:

$$\underbrace{\begin{bmatrix} y_1 \\ \vdots \\ y_\nu \\ \vdots \\ y_n \end{bmatrix}}_{\mathbf{Y}} = \underbrace{\begin{bmatrix} 1 & x_{11} & \ldots & x_{1j} & \ldots & x_{1p} \\ \vdots & \vdots & & \vdots & & \vdots \\ 1 & x_{\nu 1} & \ldots & x_{\nu j} & \ldots & x_{\nu p} \\ \vdots & \vdots & & \vdots & & \vdots \\ 1 & x_{n1} & \ldots & x_{nj} & \ldots & x_{np} \end{bmatrix}}_{\mathbf{X}} \cdot \underbrace{\begin{bmatrix} a \\ b_1 \\ \vdots \\ b_p \end{bmatrix}}_{\mathbf{L}} + \underbrace{\begin{bmatrix} e_1 \\ \vdots \\ e_\nu \\ \vdots \\ e_n \end{bmatrix}}_{\mathbf{e}} .$$

Man nennt:

$$\boxed{\mathbf{Y} = \mathbf{X} \cdot \mathbf{L} + \mathbf{e}} \qquad (22)$$

das **'Allgemeine Lineare Modell'** (ALMO). **Y** heißt Vektor der Beobachtungen, **X**: Matrix der Koeffizienten, **L**: Vektor der Parameter und **e**: Vektor der Fehler oder Residuen.

Beispiel V.6: Die Nächtigungszahlen **Y** einer Fremdenverkehrsregion werden quartalsweise ermittelt. Sie weisen in den letzten drei Jahren Zunahmen auf, die sich mit $y = a + bt$ nicht befriedigend erfassen lassen, wie eine Residualanalyse zeigte. Außerdem bewirken die vier Jahreszeiten 'Niveauunterschiede' **(additive Saisoneffekte)**, die durch Schlupfvariablen erfaßt werden können. Das Gleichungssystem (22) hat folgende Beschaffenheit:

$$\begin{bmatrix} y_1 \\ y_2 \\ y_3 \\ y_4 \\ y_5 \\ y_6 \\ y_7 \\ y_8 \\ y_9 \\ y_{10} \\ y_{11} \\ y_{12} \end{bmatrix} = \begin{bmatrix} 1 & t_1 & t_1^2 & 0 & 0 & 0 \\ 1 & t_2 & t_2^2 & 1 & 0 & 0 \\ 1 & t_3 & t_3^2 & 0 & 1 & 0 \\ 1 & t_4 & t_4^2 & 0 & 0 & 1 \\ 1 & t_5 & t_5^2 & 0 & 0 & 0 \\ 1 & t_6 & t_6^2 & 1 & 0 & 0 \\ 1 & t_7 & t_7^2 & 0 & 1 & 0 \\ 1 & t_8 & t_8^2 & 0 & 0 & 1 \\ 1 & t_9 & t_9^2 & 0 & 0 & 0 \\ 1 & t_{10} & t_{10}^2 & 1 & 0 & 0 \\ 1 & t_{11} & t_{11}^2 & 0 & 1 & 0 \\ 1 & t_{12} & t_{12}^2 & 0 & 0 & 1 \end{bmatrix} \cdot \begin{bmatrix} a \\ b_1 \\ b_2 \\ b_3 \\ b_4 \\ b_5 \end{bmatrix} + \begin{bmatrix} e_1 \\ e_2 \\ e_3 \\ e_4 \\ e_5 \\ e_6 \\ e_7 \\ e_8 \\ e_9 \\ e_{10} \\ e_{11} \\ e_{12} \end{bmatrix}, \qquad (22)$$

$$y = a + b_1 t + b_2 t^2 + b_3 x_3 + b_4 x_4 + b_5 x_5 + e, \qquad (20)$$

wobei x_3, x_4, x_5 die Werte sind, welche die Schlupfvariablen annehmen. Der Beitrag der Jahreszeiten besteht in den vier Häufigkeiten a, $a+b_3$, $a+b_4$, $a+b_5$, der sogenannten **Saisonfigur**. - Der Beitrag des Trends wird mit $b_1 t + b_2 t^2$ erfaßt.

•♦ ♦ ♦•

Beispiel V.7: "Vererben" Eltern ihre Lebensdauer an die Söhne und Töchter? Es bezeichnen $\mathbf{Y}_S$, $\mathbf{Y}_T$ die Lebensdauer von Söhnen bzw. Töchtern, $\mathbf{X}_1$, $\mathbf{X}_2$ die Lebensdauer der Mütter bzw. Väter von Söhnen, $\mathbf{X}_3$, $\mathbf{X}_4$ die Lebensdauer der Mütter bzw. Väter von Töchtern:

$$\begin{bmatrix} y_{1S} \\ \vdots \\ y_{nS} \\ \hline y_{1T} \\ \vdots \\ y_{nT} \end{bmatrix} = \begin{bmatrix} 1 & x_{11} & x_{12} & 0 & 0 & 0 \\ \vdots & \vdots & \vdots & \vdots & \vdots & \vdots \\ 1 & x_{n1} & x_{n2} & 0 & 0 & 0 \\ \hline 1 & 0 & 0 & x_{13} & x_{14} & 1 \\ \vdots & \vdots & \vdots & \vdots & \vdots & \vdots \\ 1 & 0 & 0 & x_{n3} & x_{n4} & 1 \end{bmatrix} \cdot \begin{bmatrix} a \\ b_1 \\ b_2 \\ \hline b_3 \\ b_4 \\ b_5 \end{bmatrix} + \begin{bmatrix} e_{1S} \\ \vdots \\ e_{nS} \\ \hline e_{1T} \\ \vdots \\ e_{nT} \end{bmatrix} \tag{22}$$

Der Leser versuche, die Überlegungen zu rekonstruieren, welche dieser Modellspezifikation zugrunde liegen! (Hinweise: b_1 und b_3 sind die vom Geschlecht der Kinder abhängigen Vererbungsparameter der Mütter, b_2 und b_4 die der Väter. Der Einfluß des Geschlechts (der Kinder) auf die Lebensdauer wird durch die Schlupfvariable $\mathbf{X}_5$ erfaßt. Er beziffert sich bei den Söhnen mit a, bei den Töchtern mit $a+b_5$ Lebensjahren.

⋄♦ ♦ ♦⋄

Der Leser kann sich nun auch schon vorstellen, wie die Parameter der Regressionsfunktion (21) mit der Methode der Kleinsten Quadrate geschätzt werden. Die Quadratsumme der Residuen hängt von ihnen wie folgt ab:

$$\sum_{\nu=1}^{n} e_\nu^2 = \sum_{\nu=1}^{n} (y_\nu - a - b_1 x_{\nu 1} - \ldots - b_p x_{\nu p})^2 = Q(a,b_1,\ldots,b_p)\,. \tag{2}$$

Unter allen linearen Regressionsfunktionen des Typs (21) gibt es keine, die den Meßwerten y näher kommt als die Funktion:

$$\hat{y} = \hat{a} + \hat{b}_1 x_1 + \ldots + \hat{b}_p x_p\,,$$

für die gilt:

$$Q(\hat{a},\hat{b}_1,\ldots,\hat{b}_p) \leq Q(a,b_1,\ldots,b_p)\,. \tag{3}$$

Die Werte $\hat{a}, \hat{b}_1,\ldots,\hat{b}_p$ heißen **Kleinstquadratschätzer** (Least Square Estimates, LSE) der Parameter der Regressionsfunktion (21). Man findet sie, indem man $Q(a,b_1,\ldots,b_p)$ partiell nach $a,b_1,\ldots,b_p$ ableitet und das Gleichungssystem

$$\frac{\delta Q}{\delta a} = 0, \quad \frac{\delta Q}{\delta b_1} = 0, \ldots, \frac{\delta Q}{\delta b_p} = 0 \tag{4}$$

nach $a, b_1, \ldots, b_p$ auflöst. Dies ist allerdings ein mühsames Unterfangen, wenn die Zahl der Parameter größer als drei ist. Man kann beweisen, daß das Gleichungssystem (4) folgende Darstellung in Matrixform besitzt (**Normalgleichungen**):

$$\mathbf{X'X} \cdot \mathbf{L} = \mathbf{X'Y} \; . \tag{23}$$

Beispiel V.8: In Beispiel V.3 wurde die 'Ertragsparabel' $y = a + b_1 u + b_2 u^2$ vorgestellt mit $\mathbf{X}_1 = \mathbf{U}$, $\mathbf{X}_2 = \mathbf{U}^2$. Das Produkt **X'X** hat folgende Beschaffenheit:

$$\begin{bmatrix} 1 \ldots\ldots 1 \\ u_1 \ldots\ldots u_n \\ u_1^2 \ldots\ldots u_n^2 \end{bmatrix} \cdot \begin{bmatrix} 1 & u_1 & u_1^2 \\ \vdots & \vdots & \vdots \\ 1 & u_n & u_n^2 \end{bmatrix} = \begin{bmatrix} n & \Sigma u_\nu & \Sigma u_\nu^2 \\ \Sigma u_\nu & \Sigma u_\nu^2 & \Sigma u_\nu^3 \\ \Sigma u_\nu^2 & \Sigma u_\nu^3 & \Sigma u_\nu^4 \end{bmatrix} .$$

In Beispiel V.5 (Konsumfunktion) ist, der Leser möge sich selbst überzeugen, **X'X** von der Beschaffenheit

$$\mathbf{X'X} = \begin{bmatrix} n & \Sigma\, x_{\nu 1} & \Sigma\, x_{\nu 2} & n_A & n_B \\ \Sigma\, x_{\nu 1} & \Sigma\, x_{\nu 1}^2 & \Sigma\, x_{\nu 1} x_{\nu 2} & \Sigma_A\, x_{\nu 1} & \Sigma_B\, x_{\nu 1} \\ \Sigma\, x_{\nu 2} & \Sigma\, x_{\nu 1} x_{\nu 2} & \Sigma\, x_{\nu 2}^2 & \Sigma_A\, x_{\nu 2} & \Sigma_B\, x_{\nu 2} \\ n_A & \Sigma_A\, x_{\nu 1} & \Sigma_A\, x_{\nu 2} & n_A & 0 \\ n_B & \Sigma_B\, x_{\nu 1} & \Sigma_B\, x_{\nu 2} & 0 & n_B \end{bmatrix} .$$

Dabei ist n_A, n_B die Anzahl der Angestellten- bzw. Beamtenhaushalte, $\Sigma_A x_{\nu j}$, $\Sigma_B x_{\nu j}$ die Summe der Ausprägungen, welche die Merkmale $j = 1,2$ bei den Angestellten- bzw. Beamtenhaushalten haben.

⬩⬥ ◆ ⬥⬩

Die Matrix **X'X** ist stets symmetrisch, ihre Determinante positiv oder null. Letzteren Fall wollen wir nicht weiter betrachten, da man stets durch Streichen von Merkmalen ein reduziertes System mit positiver Determinante erzeugen kann. Eine Matrix **X'X** mit von Null verschiedener Determinante hat eine eindeutige **Inverse** $(\mathbf{X'X})^{-1}$, d.h. es gilt

$$(\mathbf{X'X})^{-1}\,(\mathbf{X'X}) = \mathbf{E} \quad \text{(Einheitsmatrix).}$$

$$(\mathbf{X'X})^{-1} = \begin{bmatrix} c_{00} & c_{01} & \cdots & c_{0p} \\ c_{10} & c_{11} & \cdots & c_{1p} \\ \vdots & \vdots & & \vdots \\ c_{p0} & c_{p1} & \cdots & c_{pp} \end{bmatrix} . \tag{24}$$

Bei positiver Determinante hat das Gleichungssystem (23) nur eine Lösung: $\hat{\mathbf{L}} = (\hat{a}, \hat{b}_1,\ldots,\hat{b}_p)$. Man gewinnt sie, indem man (23) von links mit $(\mathbf{X'X})^{-1}$ multipliziert:

$$\boxed{\mathbf{L} = \hat{\mathbf{L}} = (\mathbf{X'X})^{-1}\,\mathbf{X'Y}} . \tag{25}$$

Den **Vektor der Rechenwerte** $\hat{\mathbf{Y}}' = (\hat{y}_1,\ldots,\hat{y}_n)$ berechnet man dann einfach mit

$$\boxed{\hat{\mathbf{Y}} = \mathbf{X} \cdot \hat{\mathbf{L}}} . \tag{26}$$

Man achte stets auf die Determinante von **X'X** ! Ist sie nur wenig von Null verschieden, so haben Rundungsfehler bei **X'X** einen sehr starken Einfluß auf die Lösung $\hat{\mathbf{L}}$ und damit auch auf $\hat{\mathbf{Y}}$. Die numerische Ungenauigkeit der Rechenwerte kann beträchtlich sein und in ihrer Größenordnung die Residuen übertreffen!

Beispiel V.9: Der Düngeversuch des Beispiels V.3 habe folgende Ergebnisse erbracht:

Tab.V.3: Düngemittelmenge **U** (gr/Flächeneinheit); Ertrag **Y** (kg/Flächeneinheit).

U	0 0	3 3	5 5	8 8	10 10	15 15	20 20	$\bar{u}$= 8,714 g
Y	6 7	9 11	14 16	18 20	22 20	18 17	16 17	$\bar{y}$=15,071 kg
	6,5	10,0	15,0	19,0	21,0	17,5	16,5	$\bar{y}\,|\,u$

Wir schätzen die Parameter der Ertragsparabel

$$y = a + b_1 u + b_2 u^2$$

und bestimmen dann die Rechenwerte $\hat{y}$. Mit $u = x_1$, $u^2 = x_2$ wird

$$\mathbf{X}' = \begin{bmatrix} 1 & 1 & 1 & 1 & 1 & 1 & 1 & 1 & 1 & 1 & 1 & 1 & 1 & 1 \\ 0 & 0 & 3 & 3 & 5 & 5 & 8 & 8 & 10 & 10 & 15 & 15 & 20 & 20 \\ 0 & 0 & 9 & 9 & 25 & 25 & 64 & 64 & 100 & 100 & 225 & 225 & 400 & 400 \end{bmatrix} .$$

$$\mathbf{X}'\mathbf{X} = \begin{bmatrix} 14 & 122 & 1646 \\ 122 & 1646 & 26078 \\ 1646 & 26078 & 450853 \end{bmatrix} ; (\mathbf{X}'\mathbf{X})^{-1} \approx \begin{bmatrix} 0,360 & -0,0702 & 2,74\cdot10^{-3} \\ -0,0702 & 0,0209 & -9,54\cdot10^{-4} \\ 2,74\cdot10^{-3} & -9,54\cdot10^{-4} & 4,74\cdot10^{-5} \end{bmatrix}$$

Determinante von $(\mathbf{X}'\mathbf{X})$ = 172.107.000.

$$\mathbf{X'Y} = \begin{bmatrix} 211 \\ 2119 \\ 28637 \end{bmatrix} ; \quad \hat{\mathbf{L}} = \begin{bmatrix} \hat{a} \\ \hat{b}_1 \\ \hat{b}_2 \end{bmatrix} = \begin{bmatrix} 5,91 \\ 2,21 \\ -0,0860 \end{bmatrix} \tag{25}$$

Wir setzen nun die Kleinstquadratschätzer in die Ertragsparabel ein und erhalten (26):

$$\hat{y} = 5,91 + 2,21u - 0,0860u^2 .$$

Die Rechenwerte sowie die Residuen sind in der folgenden Tabelle angeführt:

Tab.V.4:

u	0	3	5	8	10	15	20
$\hat{y}\mid u$	5,91	11,77	14,82	18,10	19,43	19,71	15,75
$\hat{e}\mid u$	0,09 1,09	-2,77 -0,77	-0,82 +1,18	-0,10 1,90	2,57 0,57	-1,71 -2,71	0,25 1,25

Wir untersuchen jetzt einige Eigenschaften der linearen Regressionsfunktion (18), (20).

(1) Das Ergebnis (10) gilt allgemein, d.h. die Meßwerte und die Rechenwerte haben stets dasselbe arithmetische Mittel:

$$\overline{\hat{y}} = \bar{y} . \tag{10}$$

Man überzeugt sich davon leicht mit Hilfe der Formeln

$$\mathbf{X'X}\,\hat{\mathbf{L}} = \mathbf{X'Y} \quad (23) \quad \text{und} \quad \hat{\mathbf{Y}} = \mathbf{X}\,\hat{\mathbf{L}} \quad (26)\ .$$

Die erste Zeile der Matrix **X'** ist die Einszeile. Führt man im System der Normalgleichungen (23) die Multiplikation mit der ersten Zeile von **X'** aus, so erhält man:

$$n\,\hat{a} + \hat{b}_1 \sum_\nu x_{\nu 1} + \ldots + \hat{b}_p \sum_\nu x_{\nu p} = \sum_\nu y_\nu\ . \tag{27}$$

Bildet man mit (26) die Summe der Rechenwerte:

$$\mathbf{1'}\hat{\mathbf{Y}} = (\mathbf{1'X}) \cdot \hat{\mathbf{L}}\ ,$$

so erhält man:

$$\sum_\nu \hat{y}_\nu = n\,\hat{a} + \hat{b}_1 \sum_\nu x_{\nu 1} + \ldots + \hat{b}_p \sum_\nu x_{\nu p}\ ,$$

also tatsächlich $\sum_\nu \hat{y}_\nu = \sum_\nu y_\nu$ und nach Division durch n die Aussage (10).

(2) Damit gilt aber auch (11) allgemein, d.h. die Summe der Residuen ist stets null:

$$\sum_\nu e_\nu = \sum (y_\nu - \hat{y}_\nu) = \sum y_\nu - \sum \hat{y}_\nu = 0\ . \tag{11}$$

(3) Man kann die unabhängigen Variablen der Regressionsfunktion entsprechend (9) durch 'standard scores' ersetzen. Dazu dividiere man (27) durch n:

$$\hat{a} + \hat{b}_1\,\bar{x}_{.1} + \ldots + \hat{b}_p\,\bar{x}_{.p} = \bar{y} = \bar{\hat{y}}\ ,$$

wobei

$$\bar{x}_{.j} = \frac{1}{n} \sum_\nu x_{\nu j}\ , \quad j = 1,\ldots,p$$

die Mittelwerte der unabhängigen Variablen sind. Damit erhält man mit (32.III):

$$\begin{aligned} \hat{y}\,|\,x_{\nu 1},\ldots,x_{\nu p} &= \bar{y} + \hat{b}_1(x_{\nu 1} - \bar{x}_{.1}) + \ldots + \hat{b}_p(x_{\nu p} - \bar{x}_{.p}) \\ &= \bar{y} + \hat{b}_1(s_1 \cdot z_{\nu 1}) + \ldots + \hat{b}_p(s_p \cdot z_{\nu p})\ . \end{aligned} \tag{28}$$

Die Koeffizienten $\hat{b}_j$ sind von der Korrelation zwischen **Y** und $\mathbf{X}_j$ beeinflußt, die Darstellung:

$$\hat{b}_j = r_{yx_j} \cdot \frac{s_y}{s_{x_j}} \tag{7}$$

haben sie allerdings nur dann, wenn die unabhängigen Variablen $\mathbf{X}_1,\ldots,\mathbf{X}_p$ untereinander Korrelationen von Null aufweisen.

(4) Der Schwerpunkt $M(\hat{y}|\bar{x}_1|\ldots|\bar{x}_p)$ ist stets ein Punkt der Regressionsfläche. Man erkennt das unmittelbar, wenn man in (28) $x_{\nu 1} = \bar{x}_1$, $x_{\nu 2} = \bar{x}_2, \ldots, x_{\nu p} = \bar{x}_p$ einsetzt und (10) berücksichtigt.

(5) Man kann zeigen, daß auch die Varianzzerlegung (14) allgemein durchgeführt werden kann (Anhang **A-7**):

$$\text{Var } \mathbf{Y} = \text{Var } \hat{y} + \text{Var } \hat{\mathbf{e}} \; . \tag{14}$$

Das Bestimmtheitsmaß

$$\boxed{B = \frac{\text{Var } \hat{y}}{\text{Var } \mathbf{Y}} , \quad 0 \le B \le 1} \tag{15}$$

gibt an, um wieviel die Varianz der Rechenwerte $\hat{y}$ durch Fehler gegenüber der Varianz der Meßwerte **Y** verkleinert wurde. Bei linearer Regression mit einer unabhängigen Variablen konstatierten wir eine Beziehung zwischen Bestimmtheitsmaß und Korrelation: $B = r^2_{yx}$. Auch diese Beziehung gilt allgemein in folgendem Sinn: Der **Koeffizient der multiplen Korrelation** von **Y** mit den unabhängigen Variablen $\mathbf{X}_1,\ldots,\mathbf{X}_p$ ist definiert als Korrelation der Meßwerte mit den Rechenwerten:

$$R_{y.x_1,\ldots,x_p} = r_{y\hat{y}} \; , \tag{29}$$

so daß entsprechend den Überlegungen im Zusammenhang mit (15):

$$R^2_{y.x_1,\ldots,x_p} = r^2_{y\hat{y}} = B \; .$$

Beispiel V.9 (Fortsetzung)**:** Mit den Daten der Tabelle V.3 bzw. V.4 errechnen wir:

$$\begin{aligned} \text{Var } \mathbf{Y} &= 23{,}209 && \text{(Varianz der Meßwerte),} \\ \text{Var } \hat{y} &= 20{,}763 && \text{(Varianz der Rechenwerte),} \\ \text{Var } \hat{\mathbf{e}} &= 2{,}446 && \text{(Varianz der Fehler).} \end{aligned}$$

Damit wird

$$B = \frac{20{,}763}{23{,}209} = 0{,}8946 \; ; \qquad R_{y.u,u^2} = \sqrt{0{,}8946} = 0{,}9458 \; .$$

Die Varianz der Rechenwerte beträgt also fast 90% der Varianz von **Y**. 10% entfallen auf "regellose" Abweichungen von der Regressionsfunktion (26):

$$y = 5{,}91 + 2{,}21u - 0{,}0860u^2 .$$

Das Modell hat eine hohe Güte, die es erlaubt, einige Schlußfolgerungen zu ziehen.

Ohne Düngung, also mit u=0, erzielt man einen Ertrag von y_0= 5,91 kg pro Flächeneinheit. - Wir errechnen das Maximum der Ertragsparabel:

$$\frac{d_y}{d_u} = 2{,}21 - 2\cdot 0{,}086\ u = 0 \Rightarrow u_M = 12{,}85 \text{ g/Flächeneinheit.}$$

Dies setzt man in die Regressionsgleichung ein:

$$y_M = 5{,}91 + 2{,}21 \cdot (12{,}85) - 0{,}0860 \cdot (12{,}85)^2 = 20{,}11 \text{ kg/FE.}$$

Mit einer Düngemittelmenge von 12,85 g/FE erzielt man also einen Maximalertrag in Höhe von 20,11 kg/FE, das ist das 3,4-fache der Menge, die jemand erntet, der nicht düngt.

Angenommen, man erzielt mit y_M = 20,11 kg/FE auf dem gesamten Anbaugebiet eine Ernte, die 110% des Bedarfs der Bevölkerung deckt (so daß 9,09% der Ernte exportiert oder vernichtet werden müssen). Man rechnet leicht nach, daß mit 18,28 kg/FE eine Deckung von 100% erzielt wird:

$$y_{100} = \frac{y_M}{110} \cdot 100 = 18{,}28 \ .$$

Welcher Deckungsprozentsatz wird erreicht, wenn man überhaupt nicht düngt?

$$y_p = \frac{y_M}{110} \cdot p = 5{,}91 \Rightarrow p = 32{,}33\% \ .$$

Es sollen A% der Anbaufläche nicht mehr gedüngt werden. Die übrige Fläche (100-A) wird, wie bisher, mit u_M = 12,85 g/FE bestellt. Der Zielsetzung des "integrierten Landbaues" entsprechend soll A so festgelegt werden, daß eine Bedarfsdeckung von 100% erzielt wird. Wie groß muß A gewählt werden?

$$\frac{A}{100} \cdot p + \left(1 - \frac{A}{100}\right) 110 = 100 \Rightarrow A = \frac{110-100}{110-p} \cdot 100 = 12{,}87\% \ .$$

Es können also knapp 13% der Anbaufläche dem biologischen Landbau zugeführt werden.

⬩⬥◆⬥⬩

V.4: Modellspezifikation

Die Analyse einer Zeitreihe, wie sie etwa in Beispiel V.6 angefangen wurde, kann ergeben, daß der Trend von Zyklen überlagert wird, die weder durch die lineare Regressionsfunktion $y=a+bt$ noch durch $y=a+b_1t+b_2t^2$ befriedigend erfaßt werden. Führt $y=a+b_1t+b_2t^2+b_3t^3$ zu einer ausreichenden Güte der Anpassung an die Beobachtungswerte?

Wir wollen Modelle und Bestimmtheitsmaße in folgender Weise anordnen:

$$\mathbf{Y};\ \underbrace{\mathbf{X}_1,\ldots,\mathbf{X}_q}_{q};\ \underbrace{\mathbf{X}_{q+1},\ldots,\mathbf{X}_p}_{p-q}$$

$$B_q: \quad y = a + b_1x_1 + \ldots + b_qx_q + e_q\,,$$
$$B_{q+1}: \quad y = a + b_1x_1 + \ldots + b_qx_q + b_{q+1}x_{q+1} + e_{q+1}\,.$$

Es gilt die sogenannte **Bessel'sche Ungleichung**:

$$\boxed{B_q \le B_{q+1} \le B_{q+2} \le \ldots} \quad . \tag{30}$$

Diese ist die Grundlage für die Aufnahme bzw. Elimination von unabhängigen Variablen, die in diesem Zusammenhang auch 'erklärende Variablen' genannt werden (**stepwise regression**). Man unterscheidet Vorwärts- und Rückwärtselimination. In dem einen Fall wird $\mathbf{X}_{q+1}$ nicht hinzugefügt, wenn B_{q+1} nicht (wesentlich) größer als B_q ist. In dem anderen Fall wird $\mathbf{X}_{q+1}$ weggelassen, wenn B_q nicht (wesentlich) kleiner ist als B_{q+1}. Bei bedeutender Vergrößerung/Verkleinerung von B wird $\mathbf{X}_{q+1}$ aufgenommen bzw. belassen. Bei polynomialer Regression (18) ist die Reihenfolge der (erklärenden) Variablen vorgegeben: $\mathbf{X}_1=\mathbf{U}$, $\mathbf{X}_2=\mathbf{U}^2$, $\mathbf{X}_3=\mathbf{U}^3,\ldots$. Bei linearer Mehrfachregression (20) muß man der Reihe nach jede der verfügbaren erklärenden Variablen an die (q+1)-te Stelle setzen. Man muß dabei beachten, daß wegen der Korrelationen zwischen den erklärenden Variablen $\mathbf{X}_1,\ldots,\mathbf{X}_p$ eine einzelne Variable, welche das Bestimmtheitsmaß nicht wesentlich beeinflußt, deswegen nicht unabhängig von $\mathbf{Y}$ zu sein braucht. Wenn die multiple Korrelation (29) einer solchen Variablen mit den übrigen erklärenden Variablen sehr hoch ist, dann kann sie gegenüber diesen keine neue Information über $\mathbf{Y}$ beisteuern, also die Varianz der Rechenwerte $\hat{y}$ nicht vergrößern.

Wesentlich übersichtlicher wird die Modellspezifikation, wenn die erklärenden Variablen unkorreliert sind. Man kann mittels geeigneter Transformationen die erklärenden Variablen stets in ein System von **orthogonalen Funktionen** überführen (vgl. etwa ZUHRMÜHL 1965). - Besonders hervorgehoben sei, daß man die erklärenden Variablen einer Hauptachsentransformation (38.IV) unterziehen und die Regression von **Y** gegen die Hauptachsen untersuchen kann. Wir bezeichnen die Hauptachsen mit $\mathbf{X}_1^0,\ldots,\mathbf{X}_p^0$ und erinnern daran, daß die ihnen zugeordneten Eigenwerte den Varianzen gleich sind:

$$\operatorname{Var} \mathbf{X}_m^0 = \frac{1}{n} \sum_{\nu=1}^{n} \left[x_{\nu m}^0 \right]^2 = d_m^2 , \quad m=1,\ldots,p. \tag{42.IV}$$

Da die Hauptachsen paarweise Korrelationen von Null aufweisen, läßt sich die Varianz der Rechenwerte $\hat{y}$ mit den Hauptachsen als erklärenden Variablen besonders einfach darstellen. Aus

$$\hat{y}_\nu = \bar{y} + \hat{b}_1 x_{\nu 1}^0 + \ldots + \hat{b}_p x_{\nu p}^0 \tag{28}$$

folgt

$$\begin{aligned} \operatorname{Var} \hat{y} &= \frac{1}{n} \sum_\nu (\hat{y}_\nu - \bar{y})^2 = \frac{1}{n} \sum_\nu (\hat{b}_1 x_{\nu 1}^0 + \ldots + \hat{b}_p x_{\nu p}^0)^2 \\ &= \hat{b}_1^2 \cdot \frac{1}{n} \sum_\nu (x_{\nu 1}^0)^2 + \ldots + \hat{b}_p^2 \cdot \frac{1}{n} \sum_\nu (x_{\nu p}^0)^2 \\ &= \hat{b}_1^2 d_1^2 + \ldots + \hat{b}_p^2 d_p^2 . \end{aligned} \tag{31}$$

Die Hinzunahme einer weiteren Variablen wirkt sich auf das Bestimmtheitsmaß jetzt so aus:

$$B_q = \frac{\sum_{m=1}^{q} \hat{b}_m^2 d_m^2}{\operatorname{Var} y} \le \frac{\sum_{m=1}^{q} \hat{b}_m^2 d_m^2 + \hat{b}_{q+1}^2 d_{q+1}^2}{\operatorname{Var} y} = B_{q+1} . \tag{30}$$

Das Bestimmtheitsmaß kann demnach nur größer werden, es sei denn, die hinzukommende Variable hat einen Eigenwert von Null oder ist orthogonal zu **Y**, was sich in $\hat{b}_{q+1} = 0$ ausdrückt. Man kann somit die Hauptachsen nach dem Ausmaß ordnen, in welchem sie die Varianz der Rechenwerte vergrößern:

$$\hat{b}_m^2 d_m^2 > \hat{b}_k^2 d_k^2 \quad \Leftrightarrow \quad m \text{ beeinflußt Var } \hat{y} \text{ mehr als } k.$$

Die Modellspezifikation kann ohne Analyse der Residuen nicht zum Abschluß gebracht werden. Diese müssen sich in jeder Hinsicht als "regellos" erweisen. Man wird also untersuchen, wie sie mit $\hat{y}$ und den einzelnen erklärenden Variablen $\mathbf{X}_1,\ldots,\mathbf{X}_p$ kovariieren. Stets sollten sich kreisförmige Punktwolken ergeben.

Nicht zuletzt ist auf die **Fremdbestimmtheit** der **Regressionsparameter** durch "anonyme" Merkmale zu achten. Gibt es ein Merkmal $\mathbf{Z} = \{z_1,\dots,z_k,\dots,z_s\}$, so daß die Verteilungen auf $\mathbf{Y}, \mathbf{X}_1,\dots,\mathbf{Y}_p | z_k$ nicht identisch sind, dann sind auch die Regressionsparameter $a_k, b_{1k},\dots,b_{pk}$, $k=1,\dots,s$ verschieden. Wenn die Verschiedenheit auf a begrenzt ist, so implementiere man die Variable **Z** mit s-1 Schlupfvariablen. Verändern sich dagegen die Parameter $b_{1k},\dots,b_{pk}$ mit k, so wird die Regression von **Y** gegen $\mathbf{X}_1,\dots,\mathbf{X}_p$ von der Verteilung der Objekte auf dem Merkmal **Z** bestimmt. Folgendes Beispiel möge dies illustrieren:

Beispiel V.10: Es soll untersucht werden, wie eine gewisse psychische Leistung **Y** sich ändert, wenn man verschiedene Dosen **X** eines Aufputschmittels gibt. Folgende 'Modellspezifikation' habe sich als ausreichend erwiesen:

$$y = a + b_1x + b_2x^2 .$$

Die Beschaffenheit dieser Reaktionsparabel soll nun vom "Reaktionstyp" (Merkmal **Z**) abhängen. Der Einfachheit halber wollen wir annehmen, daß es drei Reaktionstypen gibt. Im Teil **D** werden wir "Parametervariablen" mit beliebig vielen Ausprägungen, also auch stetig veränderliche Parametervariablen behandeln.

Reaktionstyp	Reaktionsparabel/Parameter
I überschießend	$y_I = 1 + 3x + 3x^2$
II normal	$y_{II} = 1 + 2x + 2x^2$
III paradox	$y_{III} = 1 + 4x - 3{,}25x^2$

Ein Doktorand habe nun beim Studium der Literatur zum Thema vier Untersuchungen gefunden, die unter scheinbar gleichen Bedingungen durchgeführt wurden und folgende Erkenntnisse über die Abhängigkeit der psychischen Leistung **Y** von der Dosis **X** erbrachten.

Untersuchung	Ergebnis
1	y nimmt mit x linear zu.
2	y steigt bis x=3 und nimmt danach ab.
3	y wächst mit x immer schneller.
4	y fällt mit x erst langsam, dann schneller.

Die vier "Erkenntnisse" sind miteinander unvereinbar und können unmöglich die "Wirkung der Dosis auf die Leistung" darstellen. Man findet des Rätsels Lösung in den Mischanteilen der drei Reaktionstypen. Wurden die Untersuchungen auch "unter sonst gleichen Bedingungen" durchgeführt, die Personenkreise, denen Stichproben entnommen wurden, sind sehr verschieden. Dadurch entstanden aber auch große Unterschiede in den Mischanteilen der drei Reaktionstypen, wie nachstehende Tabelle zeigt.

Charakter der Stichprobe	Mischanteile			Σ
1: Wehrmänner	0,1	0,5	0,4	1
2: repräsentativer Bevölkerungsquerschnitt	0,03	0,5	0,47	1
3: Studenten einer philosophischen Fakultät	0,4	0,4	0,2	1
4: Senioren eines Pflegeheimes	0,1	0,15	0,75	1
	h(I)	h(II)	h(III)	

Die Parameter der Reaktionsparabel sind vom Reaktionstyp abhängig. Die Regressionsfunktion der Randverteilung (ohne Berücksichtigung des Reaktionstyps) ist somit ein Mittelwert der drei Reaktionsparabeln:

$$y_{.} = y_{I} \cdot h(I) + y_{II} \cdot h(II) + y_{III} \cdot h(III) \ , \qquad (13.III)$$

also von der Verteilung der Reaktionstypen fremdbestimmt. Der Leser setze nur die angegebenen Zahlen in (13.III) ein, und er wird alle unvereinbaren Erkenntnisse über den "Zusammenhang zwischen psychischer Leistung und Dosis" erhalten!

⬩♦⬩

Psychologen und Soziologen sind daran gewöhnt, daß ihre Untersuchungen, auch wenn sie unter scheinbar gleichen Bedingungen durchgeführt wurden, unähnliche, ja widersprüchliche Ergebnisse haben. Der Charakter der Stichproben ist in den seltensten Fällen der gleiche. Man denke nur daran, daß viele Untersuchungen zuerst mit Studenten durchgeführt und dann mit anderen Personengruppen wiederholt werden. Solange Widersprüche in den Ergebnissen auftreten, ist aber die Modellspezifikation nicht erfolgreich abgeschlossen. Der Zusammenhang zwischen **Y** und den erklärenden Variablen $\mathbf{X}_1, \ldots, \mathbf{X}_p$ muß sich 'unter allen Umständen', d.h. bei Hinzuziehen beliebiger weiterer Variablen, nachweisen lassen. "Modelle", die ihren Charakter von Stichprobe zu Stichprobe ändern, sind Fehlspezifikationen.

V.5: Sonderformen Linearer Modelle

Die Logit-Analyse

Im Zusammenhang mit Prognosen, Diagnosen und Erfolgsbewertungen interessiert uns oft nur die Abhängigkeit eines bestimmten Merkmals von anderen. In Beispiel IV.7 analysierten wir die Abhängigkeitsstruktur von Verteilungen auf **FEK**. Jetzt interessieren wir uns dafür, wie stark die Kriminalität Jugendlicher (**K**) vom Status der Familie (**F**) und vom Erwerbsstatus (**E**) abhängt, d.h. wir interessieren uns für die Log-linearen Strukturen

$$\ln h_{ij1} = u + u_{i..} + u_{.j.} + u_{..1} + u_{ij.} + u_{i.1} + u_{.j1} + u_{ij1} ,$$

$$\ln h_{ij0} = u + u_{i..} + u_{.j.} + u_{..0} + u_{ij.} + u_{i.0} + u_{.j0} + u_{ij0} .$$

Man subtrahiere den zweiten Ausdruck vom ersten:

$$\underbrace{\ln \frac{h_{ij1}}{h_{ij0}}}_{y_{ij}} = \underbrace{(u_{..1} - u_{..0})}_{w} + \underbrace{(u_{i.1} - u_{i.0})}_{w_{i.}} + \underbrace{(u_{.j1} - u_{.j0})}_{w_{.j}} + \underbrace{(u_{ij1} - u_{ij0})}_{w_{ij}} .$$

Es treten jetzt nur mehr solche Terme auf, die mit dem Merkmal **K** in Beziehung stehen: Das **Logit-Modell**

$$y_{ij} = w + w_{i.} + w_{.j} + w_{ij} , \quad i,j=0,1, \tag{32}$$

das aus dem dreidimensionalen Merkmal **FEK** hervorgegangen ist, hat dieselbe lineare Struktur wie das Log-lineare Modell eines zweidimensionalen Merkmales. Das bedeutet, daß auch seine Parameter entsprechend berechnet werden. Mit den Bezeichnungen des Beispiels IV.7 erhalten wir:

$$w = u_{..1} - u_{..0} = 2\,u_{..1} = \tfrac{1}{4}\,[A+B+a+b-C-D-c-d],$$

$$\begin{cases} w_{1.} = u_{1.1} - u_{1.0} = 2\,u_{1.1} = \tfrac{1}{4}\,[A+B-a-b-C-D+c+d], \\ w_{0.} = u_{0.1} - u_{0.0} = -w_{1.}, \end{cases}$$

$$\begin{cases} w_{.1} = u_{.11} - u_{.10} = 2\,u_{.11} = \tfrac{1}{4}\,[A+a-B-b-C-c+D-d], \\ w_{.0} = -w_{.1}, \end{cases}$$

$$\begin{cases} w_{11} = u_{111} - u_{110} = 2\,u_{111} = \tfrac{1}{4}\,[A-C-B-a+D+c+b-d], \\ w_{00} = w_{11},\ w_{10} = w_{01} = -w_{11} \quad \text{(Reparametrisierungsbedingung).} \end{cases}$$

Nun schreiben wir die Gleichungen des Logit-Modells (32) in Matrixform an:

$$\begin{bmatrix} y_{11} & y_{10} \\ y_{01} & y_{00} \end{bmatrix} = w + \begin{bmatrix} w_{1.} & w_{1.} \\ -w_{1.} & -w_{1.} \end{bmatrix} + \begin{bmatrix} w_{.1} & -w_{.1} \\ w_{.1} & -w_{.1} \end{bmatrix} + \begin{bmatrix} w_{11} & -w_{11} \\ -w_{11} & w_{11} \end{bmatrix}. \qquad (32)$$

Die 'linke Seite' des Gleichungssystems hat folgende Beschaffenheit:

$$\begin{bmatrix} y_{11} & y_{10} \\ y_{01} & y_{00} \end{bmatrix} = \ln \begin{bmatrix} \dfrac{h_{111}}{h_{110}} & \dfrac{h_{101}}{h_{100}} \\[2ex] \dfrac{h_{011}}{h_{010}} & \dfrac{h_{001}}{h_{000}} \end{bmatrix} = \begin{bmatrix} A-C & B-D \\ a-c & b-d \end{bmatrix}.$$

Die Indizes der Häufigkeiten im Zähler sind ij1, die im Nenner ij0.

Wir untersuchen jetzt die erste Hypothese des Beispiels IV.7: Kriminalität wird von Arbeitslosigkeit beeinflußt, der Familienstatus spielt keine Rolle. Mit den dort gewonnenen Resultaten erhalten wir:

$$w = 2\,u_{..1} = \tfrac{1}{2}\,[A-C + B-D]\,,$$

$$w_{1.} = 2\,u_{1.1} = 0\,,$$

$$w_{.1} = 2\,u_{.11} = \tfrac{1}{2}\,[(A-C) - (B-D)]\,,$$

$$w_{11} = 2\,u_{111} = 0\,.$$

Das Logit-Modell der Hypothese stellt sich somit wie folgt dar:

$$y_{ij} = w + w_{.j} \qquad (32')$$

oder

$$\begin{bmatrix} y_{11} & y_{10} \\ y_{01} & y_{00} \end{bmatrix} = \tfrac{1}{2}[A\text{-}C + B\text{-}D] + \tfrac{1}{2}\begin{bmatrix} (A\text{-}C) - (B\text{-}D) & -(A\text{-}C) + (B\text{-}D) \\ (A\text{-}C) - (B\text{-}D) & -(A\text{-}C) + (B\text{-}D) \end{bmatrix},$$

mit der 'linken Seite'

$$\begin{array}{c} \\ \mathbf{F}=1 \\ \mathbf{F}=0 \end{array} \begin{array}{c} \mathbf{E}=1 \quad \mathbf{E}=0 \\ \begin{bmatrix} y_{11} & y_{10} \\ y_{01} & y_{00} \end{bmatrix} \end{array} = \begin{bmatrix} A\text{-}C & -(A\text{-}C) \\ A\text{-}C & -(A\text{-}C) \end{bmatrix}, \; A = \ln h_{111},\; C = \ln h_{110},\; B\text{-}D = -(A\text{-}C).$$

Wesentlich ist nur die Zahl der Erwerbstätigen, die kriminell wurden im Verhältnis zur Zahl der Erwerbstätigen, die unbescholten blieben, bzw. die Zahl der Arbeitslosen, die kriminell wurden im Verhältnis zur Zahl der Arbeitslosen, die unbescholten blieben. Die Gleichheit der beiden Zeilen der 'linken Seite' zeigt an, daß der Status der Familie keine Rolle spielt. - Je stärker der Einfluß von **E** auf **K**, desto größer die Differenz A-C.

Wir untersuchen nun die andere Hypothese des Beispiels IV.7:

Jugendliche aus intakten Familien sind überwiegend erwerbstätig und unbescholten; Jugendliche aus Problemfamilien dagegen überwiegend arbeitslos und kriminell. Mit den bereits gewonnenen Resultaten stellt die 'linke Seite' von (32) sich wie folgt dar:

$$\begin{array}{c} \\ \mathbf{F}=1 \\ \mathbf{F}=0 \end{array} \begin{array}{c} \mathbf{E}=1 \quad \mathbf{E}=0 \\ \begin{bmatrix} y_{11} & y_{10} \\ y_{01} & y_{00} \end{bmatrix} \end{array} = \ln \begin{bmatrix} \dfrac{h_{111}}{h_{110}} & 1 \\ 1 & \dfrac{h_{001}}{h_{000}} \end{bmatrix} = \begin{bmatrix} v\text{-}T & v\text{-}v \\ v\text{-}v & t\text{-}v \end{bmatrix}.$$

In der ersten Zeile (intakte Familien) erscheint als wesentliche Größe die Zahl der Erwerbstätigen, die kriminell wurden, im Verhältnis zur Zahl der Erwerbstätigen, die unbescholten blieben. In der zweiten Zeile (Problemfamilien) ist die Zahl der Erwerbslosen, die kriminell wurden, wesentlich im Verhältnis zur Zahl der Erwerbslosen, die unbescholten blieben. Die

Differenz v-T ist negativ, was bedeutet, daß die Kriminalitätsrate bei Erwerbstätigen aus intakten Familien sehr gering ist; die Differenz t-v ist positiv: Die Kriminalitätsrate bei Erwerbslosen aus Problemfamilien ist hoch.

Analyse aggregierter Daten

Vielfach kennt man von Verteilungen auf mehrdimensionalen Merkmalen nur einzelne Randverteilungen. Hat man etwa zwei Wahlen (zum Bundestag oder Nationalrat) zu vergleichen, so stehen die Anzahlen von Wählern zur Verfügung, die bei der einen bzw. anderen Wahl sich für eine bestimmte Partei entschieden; die Anzahl von Wählern, die beide Male diese Partei wählten, ist nicht bekannt.

Tab.V.5: Ein Beispiel für "aggregierte" Daten (Angaben in Prozent).

Gemeinde Eschenbach	CDU	SPD	FDP	GRÜ
Wahl 1	48	39	6	7
Wahl 2	46	39	6	9
Gemeinde Weilersheim				
Wahl 1	.	.	.	.
Wahl 2	.	.	.	.

Es liegen nur Stimmanteile der Parteien, gegliedert in Gemeinden, Wahlkreise und Bundesländer, vor. Man nennt solche Daten **aggregiert**. Es soll mit ihnen herausgefunden werden, wieviele Personen, die bei Wahl 1 für die Partei x stimmten, bei Wahl 2 wieder x wählten, wieviele y usw. Man bezeichnet das als **Wählerstromanalyse**. Es liegt nahe, daß man die Stimmanteile, welche eine Partei bei den zwei Wahlen in den Gemeinden oder Bundesländern erzielte, einer Regressionsanalyse unterzieht. Das Bestimmtheitsmaß (15), mit welchem man das Ergebnis der Analyse bewertet, ist zumeist sehr hoch, was zu folgender Interpretation verleitet: Personen, die seinerzeit die Partei wählten, haben sich diesmal meist wieder für diese Partei entschieden. - Tatsächlich lassen aber aggregierte Daten nicht erkennen, ob diese Interpretation richtig oder falsch ist. Man kann nämlich Beispiele hoher 'Gruppenkorrelation' konstruieren, die eine niedrige 'In-

dividualkorrelation' aufweisen. GOODMAN (1953, 1958/59) hat meines Wissens als erster die Bedingungen aufgezeigt, unter denen von 'Gruppenkorrelationen' auf 'Individualkorrelationen' geschlossen werden darf.
Wir werden diese Bedingung jetzt darstellen. Eine Untersuchungsgesamtheit sei in Klassen $i=1,\ldots,M$ (z.B. Gemeinden) zerlegt. Dazu sind zwei 0-1-Variablen gegeben: $\mathbf{K} = \{\bar{k},k\}$ und $\mathbf{X} = \{\bar{x},x\}$. Die Zerlegung der Untersuchungsgesamtheit muß folgende Bedingung erfüllen:

$$\boxed{P(x\,|\,i,k) = P(x\,|\,k), \; i = 1,\ldots,M} \; . \tag{33}$$

Beispiel V.11: Die Erstwähler (k) der Gemeinde i wählen die Partei x mit derselben Häufigkeit wie die Erstwähler der Grundgesamtheit insgesamt. Deren Zerlegung in Klassen ist von **KX** unabhängig. "Parteihochburgen" wären eine Verletzung dieser Bedingung! Ist (33) erfüllt, so kann man die Häufigkeiten der zweidimensionalen Verteilung der Klasse i auf **KX** "faktorisieren":

$$\begin{bmatrix} P(kx\,|\,i) & P(k\bar{x}\,|\,i) \\ P(\bar{k}x\,|\,i) & P(\bar{k}\bar{x}\,|\,i) \end{bmatrix} = \begin{bmatrix} P(k\,|\,i) & 0 \\ 0 & P(\bar{k}\,|\,i) \end{bmatrix} \cdot \begin{bmatrix} P(x\,|\,k) & P(\bar{x}\,|\,k) \\ P(x\,|\,\bar{k}) & P(\bar{x}\,|\,\bar{k}) \end{bmatrix} \tag{34}$$

Dabei ist $P(x\,|\,i) = P(kx\,|\,i) + P(\bar{k}x\,|\,i)$ eine Randhäufigkeit der zweidimensionalen Verteilung auf **KX**, ebenso $P(k\,|\,i)$ und $P(\bar{k}\,|\,i)$.

Beispiel V.11 (Fortsetzung): $P(kx\,|\,i)$ ist die Anzahl von Personen der Gemeinde i, die sowohl Erst- als auch x-Wähler sind. $P(x\,|\,i)$ ist der Stimmanteil von x, $P(k\,|\,i)$ der Anteil der Erstwähler in der Gemeinde i, und $1-P(k\,|\,i) = P(\bar{k}\,|\,i)$ die Anzahl von Wahlberechtigten, die keine Erstwähler sind.

Man führe in (34) die Matrizenmultiplikation aus und bilde die Randhäufigkeit $P(x\,|\,i)$:

$$\begin{aligned} P(x\,|\,i) &= P(kx\,|\,i) + P(\bar{k}x\,|\,i) \\ &= P(k\,|\,i)\,P(x\,|\,k) + P(\bar{k}\,|\,i)\,P(x\,|\,\bar{k}) \\ &= \underbrace{P(x\,|\,\bar{k})} + \underbrace{[P(x\,|\,k) - P(x\,|\,\bar{k})]} \cdot P(k\,|\,i). \end{aligned}$$

Damit ist die Randhäufigkeit $P(x\,|\,i)$ als lineare Funktion der Randhäufigkeit $P(k\,|\,i)$ dargestellt. Mit $P(x\,|\,\bar{k}) = a$ und $P(x\,|\,k) - P(x\,|\,\bar{k}) = b$ erhält man die gelegentlich als **ökologische Regression** bezeichnete Gleichung:

$$P(x|i) = a + b\,P(k|i). \tag{35}$$

Die Punkte $[P(k|i)|P(x|i)]$, $i=1,\ldots,M$ sind gegeben. Man trage sie in ein Streudiagramm ein (Abb.V.7) und schätze die Regressionskonstanten a,b mit der Methode der Kleinsten Quadrate. Mit diesen gewinnt man Schätzer der gesuchten Häufigkeiten $P(x|k)$, $P(x|\bar{k})$ nach folgender Vorschrift:

$$\boxed{\begin{aligned}\hat{P}(x|\bar{k}) &= \hat{a}\\ \hat{P}(x|k) &= \hat{a} + \hat{b}\end{aligned}}\ . \tag{36}$$

Abb.V.7: Zusammenhang zwischen den Randhäufigkeiten $P(x|i)$ und $P(k|i)$ bei Erfüllung der Bedingung (33).

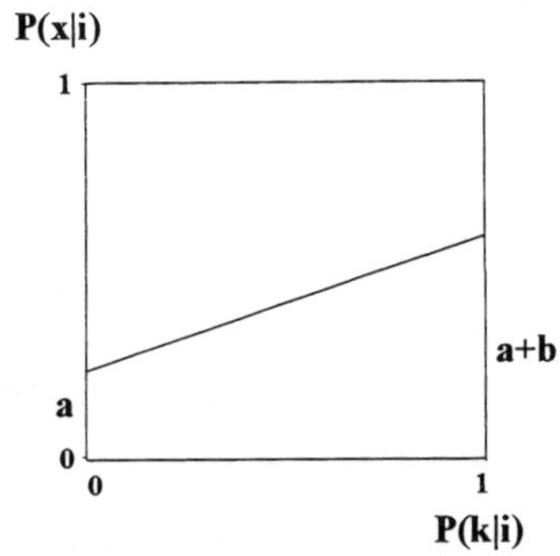

Man erkennt: Wenn die Bedingung (33) erfüllt ist, dann korrelieren die Randhäufigkeiten miteinander hoch, ob nun b groß oder klein ist. Die Abhängigkeit von **X** und **K** ist folglich nicht an der Korrelation der Randhäufigkeiten zu erkennen, sondern vielmehr an der Differenz:

$$b = P(x|k) - P(x|\bar{k}), \quad -1 \le b \le 1\ .$$

Es gilt: **X** und **K** sind vollständig abhängig, wenn $a=0$ und $b=1$ oder wenn $a=1$ und $b=-1$. - **X** und **K** sind unabhängig, wenn $b=0$ und $P(x|\bar{k})=a=P(x|k)$ für alle i gilt.

Beispiel V.11 (Fortsetzung): Wenn alle Erstwähler die Partei x wählen, und alle Personen, die keine Erstwähler sind, andere Parteien, dann sind x und Wählerstatus vollständig abhängig im Sinne der Definition. - Wenn dagegen der Anteil von x in allen Gemeinden gleich hoch ist, ob nun deren Erstwähleranteil hoch oder niedrig ist, so sind x und Erstwählerstatus unabhängig. - Ist x eine bei Erstwählern extrem unbeliebte Partei, so ist $b=-1$ zu erwarten, d.h. kein Erstwähler wählt diese Partei, während Personen, die keine Erstwähler sind, nur diese Partei wählen.

Beispiel V.12: In der folgenden Tabelle sind Selbstmord- und Scheidungsraten der Jahre 1986-88 von $M=14$ europäischen Ländern angegeben. Kann man sagen, daß Geschiedene häufiger Selbstmord begehen?

Land	S	$\hat{S}$	T
Belgien	30,1		186
BRD	23,5	(27,98)	201
Dänemark	35,3		283
Finnland	43,6		198
Frankreich	31,7		196
Griechenland	5,8	(16,21)	89
Italien	11,8	(9,91)	29
Niederlande	13,8		189
Österreich	35,6	(27,3)	194
Schweden	24,8		233
Schweiz	30,8		175
Spanien	10,4		50
Ungarn	59,6		278
UK	12,1		295

S: Selbstmorde/100.000 EW, T: Scheidungen/100.000 EW.

Man errechnet mit (6) und (5): $\hat{a}=6{,}831$; $\hat{b}=0{,}105$. Daraus ergibt sich mit (36):

$$(\hat{S}|T=0) = 6{,}831 \text{ und } (\hat{S}|T=100.000) = 10506{,}831 \quad ,$$

d.h. man müßte schließen, daß von 100.000 Personen, die nicht geschieden sind, ca. 7, von 100.000 Geschiedenen dagegen ca. 10507 (also ungefähr jeder Zehnte) Selbstmord begehen. Der Zusammenhang von **T** und **S** wird zweifellos von der Lebenserfahrung bestätigt, man muß allerdings auch zur Kenntnis nehmen, daß die 'Gruppenkorrelation' r nur 0,57 beträgt, die Datenbedingung (33) also nicht erfüllt ist. Es gibt "Selbstmordhochburgen" (z.B. Österreich), aber auch Gegenstücke dazu (z.B. Griechenland). Die Zahlen in Klammern geben die 'errechneten Selbstmordraten' jener Länder an, die besonders stark von der Regressionsgeraden abweichen. In Österreich begehen von 100.000 EW ca. 8 Personen mehr, in Griechenland ca. 10 Personen weniger Selbstmord, als aufgrund der jeweiligen Scheidungsraten zu erwarten wäre.

♦♦ ♦ ♦♦

Wir wollen nun verschiedene Verallgemeinerungen der ökologischen Regression vorstellen.

(1) Gegeben sei, wie vorhin, eine Zerlegung der Untersuchungsgesamtheit in Klassen $i = 1,\ldots,M$ und eine 0-1-Variable $\mathbf{X} = \{\bar{x},x\}$. Die andere Variable möge jetzt eine beliebige Anzahl von Ausprägungen aufweisen:

$$\mathbf{K} = \{k_1,\ldots,k_h,\ldots,k_s\}.$$

Ist die Datenbedingung (33) erfüllt, so darf die Zerlegung

$$P(k_h x|i) = P(k_h|i) \,.\, P(x|k_h) \qquad (34)$$

durchgeführt werden.

Die Randhäufigkeiten von **X** in i erhält man durch folgende Summation:

$$P(x|i) = \sum_{h=1}^{s} P(k_h x|i) = \sum_{h=1}^{s-1} P(k_h|i)\, P(x|k_h) + P(k_s|i)\, P(x|k_s).$$

Da $P(k_s|i) = 1 - \sum_{h=1}^{s-1} P(k_h|i)$, nimmt die ökologische Gleichung folgende Form an:

$$P(x|i) = \underbrace{P(x|k_s)}_{a} + \sum_{h=1}^{s-1} \underbrace{P(x|k_h) - P(x|k_s)]}_{b_h} \,.\, P(k_h|i),$$

$$\boxed{P(x|i) = a + \sum_{h=1}^{s-1} b_h P(k_h|i)}\,. \qquad (35')$$

Ist $s < M$, so schätzt man die Regressionskonstanten a, $b_1,\ldots,b_{s-1}$ mit der Methode der Kleinsten Quadrate und gewinnt dann Schätzer der bedingten Häufigkeiten:

$$\boxed{\begin{aligned} \hat{P}(x|k_s) &= \hat{a} \\ \hat{P}(x|k_h) &= \hat{a} + \hat{b}_h,\ h=1,..,s-1 \end{aligned}} \qquad (36')$$

(2) Gegeben sei wie vorhin eine Zerlegung der Untersuchungsgesamtheit in $i = 1,\ldots,M$ Klassen und eine 0,1-Variable $\mathbf{K} = \{\bar{k},k\}$. Es möge jetzt die andere Variable beliebig viele Ausprägungen aufweisen:

$$\mathbf{X} = \{x_1,\ldots,x_j,\ldots,x_r\}.$$

Wir bestimmen nun die Randhäufigkeiten von **X** in i wieder mit der Zerlegung (34):

$$\begin{aligned} P(x_j|i) &= P(kx_j|i) + P(\bar{k}x_j|i) \\ &= P(k|i)\, P(x_j|k) + [1-P(k|i)]\, P[\bar{x}_j|k) \\ &= \underbrace{P(x_j|\bar{k})}_{a_j} + \underbrace{[P(x_j|k) - P(x_j|\bar{k})]}_{b_j}\, P(k|i) \end{aligned}$$

und erhalten die 'ökologische Gleichung'

$$\boxed{P(x_j|i) = a_j + b_j\, P(k|i),\ i = 1,\ldots,M}\ , \tag{35"}$$

wobei

$$P(x_j|\bar{k}) = a_j, \quad P(x_j|k) = a_j + b_j, \quad j = 1,\ldots,r.$$

Die Regressionskonstanten genügen zwei Bedingungen:

$$\sum_{j=1}^{M} a_j = \sum_{j=1}^{M} P(x_j|\bar{k}) = 1; \quad \sum_{j=1}^{M} b_j = \sum_j P(x_j|k) - \sum_j P(x_j|\bar{k}) = 1\text{-}1 = 0.$$

(3) Nun betrachten wir die Verteilung der M Klassen auf den Merkmalen:

$$\mathbf{K} = \{k_1,\ldots,k_h,\ldots,k_s\} \text{ und } \mathbf{X} = \{x_1,\ldots,x_j,\ldots,x_r\}.$$

Von (1) und (2) ist mittelbar die ökologische Gleichung für $j = 1,\ldots,r$ zu übernehmen:

$$\boxed{P(x_j|i) = a_j + \sum_{h=1}^{s-1} b_{jh}\, P(k_h|i),\ i=1,\ldots,M}\ , \tag{37}$$

wobei

$$P(x_j|k_s) = a_j,\ P(x_j|k_h) = a_j + b_{jh}. \tag{38}$$

Auch diese Konstanten genügen den oben angeführten Restriktionen:

$$\sum_{j=1}^{r} a_j = \sum_{j=1}^{r} P(x_j|k_s) = 1; \quad \sum_{j=1}^{r} b_{jh} = \sum_j P(x_j|k_h) - \sum_j P(x_j|k_s) = 0.$$

Das Lineare Modell (37) ist für jede der Ausprägungen von **X** zu entwickeln und hat folgende Form:

$$\begin{bmatrix} P(x_{.j} \mid 1) \\ \vdots \\ P(x_{.j} \mid i) \\ \vdots \\ P(x_{j} \mid M) \end{bmatrix} = \begin{bmatrix} 1 & P(k_{.1} \mid 1) & \dots & P(k_{.s-1} \mid 1) \\ \vdots & \vdots & & \vdots \\ 1 & P(k_{.1} \mid i) & \dots & P(k_{.s-1} \mid i) \\ \vdots & \vdots & & \vdots \\ 1 & P(k_{1} \mid M) & \dots & P(k_{s-1} \mid M) \end{bmatrix} \cdot \begin{bmatrix} a_{j} \\ b_{j1} \\ \vdots \\ b_{j,s-1} \end{bmatrix} + \begin{bmatrix} e_{.j1} \\ \vdots \\ e_{.ji} \\ \vdots \\ e_{jM} \end{bmatrix}.$$

Es sei hier vorweggenommen, daß die Residuen **e** eine ganz bestimmte Verteilung haben, wenn die Datenbedingung (33) erfüllt ist. Der Nachweis dieser Verteilung gehört somit zur Modellspezifikation (vgl. Sixtl 1996).

Zuletzt wollen wir versuchen, die ökologische Gleichung mit mehreren unabhängigen Variablen zu entwickeln. Wir betrachten das vierdimensionale Merkmal

$$\mathbf{IKLX}\ ,$$

$$\mathbf{I} = \{1,\dots,M\};\quad \mathbf{K} = \{\bar{k},k\};\quad \mathbf{L} = \{\bar{l},l\};\quad \mathbf{X} = \{\bar{x},x\}.$$

Es wird vorausgesetzt, daß die Verteilungen **KL**|i bekannt sind, d.h. daß man nicht nur weiß, wieviele Objekte **K** = k und **L** = l aufweisen, sondern auch, wie oft kl gemeinsam vorkommt. Nun kann man die Häufigkeiten der vierdimensionalen Verteilung wie folgt 'faktorisieren':

$$P(iklx) = P(i) \cdot P(kl \mid i) \cdot P(x \mid ikl)$$

Dividiert man diese Gleichung durch P(i), so erhält man die bedingten Häufigkeiten

$$P(klx \mid i) = P(kl \mid i) \cdot P(x \mid ikl). \qquad (39)$$

Wenn nun die Datenbedingung (33) erfüllt ist, also **X** von **KL** in der i-ten Klasse genauso abhängt wie in der Untersuchungsgesamtheit, d.h. also:

$$\boxed{P(x \mid ikl) = P(x \mid kl)}\ , \qquad (33)$$

so wird

$$\begin{aligned} P(klx \mid i) &= P(kl \mid i)\, P(x \mid kl),\\ P(k\bar{l}x \mid i) &= [P(k \mid i) - P(kl \mid i)]\, P(x \mid k\bar{l}),\\ P(\bar{k}lx \mid i) &= [P(l \mid i) - P(\bar{k}l \mid i)]\, P(x \mid \bar{k}l),\\ P(\bar{k}\bar{l}x \mid i) &= [1 - P(k \mid i) - P(l \mid i) + P(kl \mid i)]\, P(x \mid \bar{k}\bar{l}). \end{aligned}$$

Die Summe der vier Häufigkeiten links ist gleich der Randhäufigkeit $P(x|i)$. Die Summanden der rechten Seite faßt man in geeigneter Weise zusammen und erhält die ökologische Gleichung:

$$\begin{aligned} P(x|i) = {} & P(x|\bar{k}\bar{l}) + \\ & + [P(x|k\bar{l}) - P(x|\bar{k}\bar{l})]\cdot P(k|i) + \\ & + [P(x|\bar{k}l) - P(x|\bar{k}\bar{l})]\cdot P(l|i) + \\ & + [P(x|kl) - P(x|\bar{k}l) - P(x|k\bar{l}) + P(x|\bar{k}\bar{l})]\cdot P(kl|i) \end{aligned}$$

oder mit:

$$\begin{aligned} & P(x|\bar{k}\bar{l}) = a, \\ & P(x|k\bar{l}) - P(x|\bar{k}\bar{l}) = b_K, \quad P(x|\bar{k}l) - P(x|\bar{k}\bar{l}) = b_L, \\ & P(x|kl) - P(x|\bar{k}l) - P(x|k\bar{l}) + P(x|\bar{k}\bar{l}) = b_{KL} \end{aligned} \tag{40}$$

entsprechend:

$$\boxed{P(x|i) = a + b_K P(k|i) + b_L P(l|i) + b_{KL} P(kl|i)} \; . \tag{41}$$

Wir schreiben das Lineare Modell ausführlich an:

$$\begin{bmatrix} P(x|1) \\ \vdots \\ P(x|i) \\ \vdots \\ P(x|M) \end{bmatrix} = \begin{bmatrix} 1 & P(k|1) & P(l|1) & P(kl|1) \\ \vdots & \vdots & \vdots & \vdots \\ 1 & P(k|i) & P(l|i) & P(kl|i) \\ \vdots & \vdots & \vdots & \vdots \\ 1 & P(k|M) & P(l|M) & P(kl|M) \end{bmatrix} \cdot \begin{bmatrix} a \\ b_K \\ b_L \\ b_{KL} \end{bmatrix} + \begin{bmatrix} e_1 \\ \vdots \\ e_i \\ \vdots \\ e_M \end{bmatrix} .$$

Man bestimmt die Regressionskoeffizienten wieder mit der Methode der Kleinsten Quadrate, setzt sie in (40) ein und löst nach den bedingten Häufigkeiten auf:

$$\boxed{\begin{aligned} & \hat{P}(x|\bar{k}\bar{l}) = \hat{a} \\ & \hat{P}(x|k\bar{l}) = \hat{a} + \hat{b}_K; \quad \hat{P}(x|\bar{k}l) = \hat{a} + \hat{b}_L \\ & \hat{P}(x|kl) = \hat{a} + \hat{b}_K + \hat{b}_L + \hat{b}_{KL} \end{aligned}} \; . \tag{42}$$

Wir fügen nun dem Merkmal **IKLX** noch eine Komponente $\mathbf{M} = \{\bar{m}, m\}$ hinzu und setzen voraus, daß auch die Verteilungen **KLM**|i ermittelt werden können. Ist die Datenbedingung (33) erfüllt, so kann die Randhäufigkeit $P(x|i)$ wie folgt erklärt werden:

$$\begin{aligned} P(x|i) = {} & a+ \\ & +b_K\, P(k|i)+b_L\, P(l|i)+b_M\, P(m|i)+ \\ & +b_{KL}\, P(kl|i)+b_{KM}\, P(km|i)+b_{LM}\, P(lm|i)+ \\ & +b_{KLM}\, P(klm|i) \end{aligned} \quad . \tag{41'}$$

Mit Kleinstquadratschätzern der Regressionskonstanten gewinnt man entsprechend (42) folgende Schätzer der bedingten Häufigkeiten:

$$\begin{aligned} & \hat P(x|\bar k\bar l\bar m)=\hat a, \\ & \hat P(x|k\bar l\bar m)=\hat a+\hat b_K;\quad \hat P(x|\bar k l\bar m)=\hat a+\hat b_L;\quad \hat P(x|\bar k\bar l m)=\hat a+\hat b_M; \\ & \hat P(x|kl\bar m)=\hat a+\hat b_K+\hat b_L+\hat b_{KL};\quad \hat P(x|k\bar l m)=\hat a+\hat b_K+\hat b_M+\hat b_{KM}; \\ & \qquad\qquad \hat P(x|\bar k lm)=\hat a+\hat b_L+\hat b_M+\hat b_{LM}; \\ & \hat P(x|klm)=\hat a+\hat b_K+\hat b_L+\hat b_M+\hat b_{KL}+\hat b_{KM}+\hat b_{LM}+\hat b_{KLM} \end{aligned} \quad . \tag{42'}$$

Der Leser ist nun schon selbst imstande, die ökologische Gleichung für die Randhäufigkeiten $P(x|i)$ einer beliebig hoch dimensionierten Verteilung zu entwickeln. Die Gleichungssysteme (40) und (42) regeln die Beziehungen zwischen den Regressionskoeffizienten und den bedingten Häufigkeiten von **X** und bilden die Grundlage für die Interpretation, die im Zusammenhang mit (36) vorgeführt wurde. - Wenn die Datenbedingung (33) erfüllt ist, dann sollte das ökologische Modell (41) dem Log-linearen Modell vorgezogen werden.

Die Datenbedingung (33) besagt, daß **X** in der i-ten Klasse von **KLM** genauso abhängt wie in der Randverteilung. Man stelle sich nun vor, daß die Klasse i aus einem einzigen Objekt besteht. Die relativen Häufigkeiten der Merkmalskombinationen können jetzt nur 0 oder 1 sein. Das Objekt weise zum Beispiel die Merkmalsausprägung **KLM** = $kl\bar m$ auf. Dann ist (41'):

$$P(x|i) = a + b_K \cdot 1 + b_L \cdot 1 + b_{KL} \cdot 1.$$

Vergleicht man dies mit (42'), so erkennt man die Identität:

$$P(x|i) = P(x|kl\bar m). \tag{43}$$

Die Randhäufigkeit $P(x|i)$ ist also, zum Unterschied von den anderen Häufigkeiten, nicht entweder 1 oder 0, sondern eine beliebige Zahl aus [0,1]. Wäre $P(x|i)$ ebenfalls entweder 1 oder 0, so wäre die Datenbedingung (33) nicht erfüllt. Das bedeutet, daß solche einelementigen Klassen hinsichtlich der Häufigkeit von **X** die Verhältnisse der Grundgesamtheit widerspiegeln müssen. Wir werden diese Überlegung später wieder aufnehmen und sehen, daß sie uns zwingt, Wahrscheinlichkeiten von den ihnen zum Verwechseln ähnlichen Pseudowahrscheinlichkeiten zu unterscheiden.

KAPITEL VI: ZEITREIHEN UND IHRE ANALYSE

Wir haben bisher Ergebnisse von bereits durchgeführten Zufallsexperimenten ausgewertet. Jetzt wollen wir die Art und Weise untersuchen, wie die Datenmassen anfallen.

Beispiel VI.1 (Statistische Qualitätskontrolle): Das Ergebnis der Kontrolle einer Lieferung von Bananen wurde in Beispiel III.7 mitgeteilt: 0 1 1 1 0 1 0 1, wobei

$$x_i = \begin{cases} 1, & \text{wenn die i-te Banane qualitätsmindernde Eigenschaften aufweist,} \\ 0 & \text{sonst.} \end{cases}$$

Die erste Durchführung des Zufallsexperimentes 'Qualitätskontrolle einer Banane' hatte das Ergebnis $x_1=0$; die zweite Durchführung $x_2=1$ usw.
Der Anthropologe, von dem im Zusammenhang mit dem arithmetischen Mittel (Situation 3) die Rede war, ließ einen Pygmäen nach dem anderen an die Meßlatte treten und notierte eine Zahl. Das Ergebnis der ersten Durchführung des Zufallsexperimentes 'Messung der Körpergröße eines Pygmäen' könnte das Ergebnis $x_1=145{,}5$ cm haben; das Ergebnis der zweiten Durchführung $x_2=142{,}0$ cm usw.

♦♦ ♦ ♦♦

Werden die Ergebnisse von Zufallsexperimenten in der Reihenfolge angeschrieben, in der sie zeitlich anfallen, so nennt man sie eine **Zeitreihe**. Auch die folgenden Daten stellen eine Zeitreihe dar.

Tab.VI.1: An Aids gestorbene Personen in Österreich 1980-88 (Datenquelle: Stat. Handbuch für die Republik Österreich 1990).

t	1980	84	85	86	87	88	....
x_t	0	6	18	24	85	103	....

Zu jeder Zeitreihe gehört eine Folge von Zufallsexperimenten mit Ausgängen $x_{1t},\ldots,x_{it},\ldots,x_{rt}$ und einer von t abhängigen Verteilung. Eine solche Folge heißt **stochastischer Prozeß**.

Beispiel VI.1 (Fortsetzung): Jedes der Zufallsexperimente 'Qualitätskontrolle einer Banane' hat r=2 Ausgänge, ihre Folge hat demnach die Beschaffenheit:

t	1	2	3	.....	n	.....
X_t	$\begin{bmatrix}0\\1\end{bmatrix}$	$\begin{bmatrix}0\\1\end{bmatrix}$	$\begin{bmatrix}0\\1\end{bmatrix}$	.....	$\begin{bmatrix}0\\1\end{bmatrix}$	.....

Das Ergebnis der Kontrolle von n Bananen besteht aus einer von 2^n möglichen **Realisierungen des stochastischen Prozesses.** Die Zeitreihe 0 1 1 1 0 1 0 1 ist eine der $2^8=256$ möglichen Realisierungen. - Das ist leicht zu zeigen: Wir bezeichnen mit A(k) die Anzahl der möglichen Realisierungen eines stochastischen Prozesses der Länge k mit r=2 Ausgängen. Eine weitere Durchführung des Experiments endet entweder mit $x_{k+1}=0$ oder mit $x_{k+1}=1$, d.h. A(k) wird verdoppelt: $A(k+1)=2\cdot A(k)$. Nun ist $A(1)=2$, somit $A(2)=2\cdot 2$, $\ldots, A(n)=2\cdot 2^{n-1}=2^n$.

Verwendet der Anthropologe eine Einteilung der Körpergrößenskala in r Intervalle, so ist seine Zeitreihe eine von r^n möglichen Realisierungen.

•♦ ♦ ♦•

VI.1: Formen stochastischer Prozesse

Bernoulliprozesse

Eine Folge von Zufallsexperimenten mit je zwei möglichen Ausgängen heißt **Bernoulliprozeß**, wenn das Ergebnis eines jeden Experiments von den Ergebnissen der davor durchgeführten Experimente statistisch vollständig unabhängig ist.

Beispiel VI.1 (Fortsetzung): Entnimmt jemand einer Liefermenge wahllos eine Banane nach der anderen und begutachtet die Qualität, so darf man dies als Bernoulliprozeß bezeichnen, wenn er die entnommenen Bananen zurückgibt, so daß die Zusammensetzung der Liefermenge durch die Probennahme nicht verändert wird.

•♦ ♦ ♦•

Ein Bernoulliprozeß wird in den meisten Fällen nur zu dem Zweck realisiert, um die Zahl der Einsen ermitteln zu können. Die Auswertung der Zeitreihe 0 1 1 1 0 1 0 1 ergibt, daß $h_1=5$ von $n=8$ Bananen qualitätsmindernde Eigenschaften aufweisen. - Wir wollen jetzt untersuchen, wieviele von den 256 Realisierungen eines Bernoulliprozesses der Länge $n=8$ diese Anzahl aufweisen. Dazu veranschaulichen wir das Entstehen der Zeitreihe durch einen Punkt, der auf einer Ebene eine Einheit nach rechts oder nach oben bewegt wird, je nachdem, ob **X**=0 oder **X**=1 eingetreten ist.

Abb.VI.1: Irrweg eines Punktes auf einer Ebene.

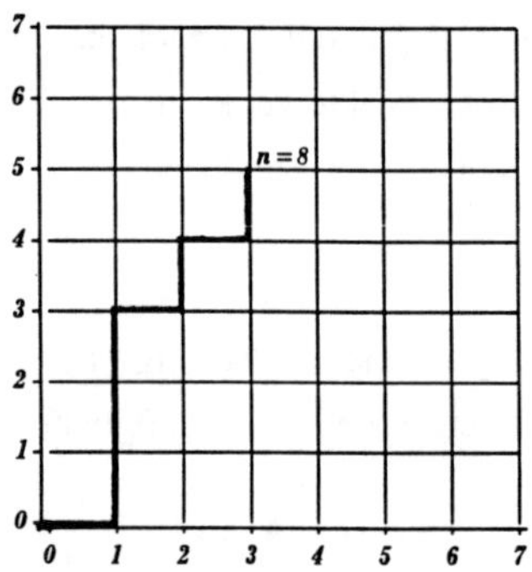

Der Irrweg des Punktes endet nach n Schritten h_0 Einheiten rechts und h_1 Einheiten oberhalb vom Start. Das bedeutet, daß alle Irrwege, die gleich oft $x=1$ aufweisen, im selben Punkt enden. Wir müssen also fragen, wieviele Irrwege zum Punkt $(h_0|h_1)$ führen.

Mit n Schritten sind n Ablenkungen $a_1,\ldots,a_n$ verbunden, die auf n! Weisen (**n Fakultät** oder **n Faktorielle**) angeordnet werden können:

$$n! = n\cdot(n-1)\cdot \;\ldots\ldots\; \cdot 3\cdot 2\cdot 1 \;. \qquad (1)$$

Man überzeugt sich davon auf folgende Weise:

$n=1$: Anzahl $1!=1$, nämlich a_1.

$n=2$: Anzahl $2!=2$, nämlich a_1a_2 oder a_2a_1.

$n=3$: Anzahl $3!=6$, nämlich

a_1a_2 → $\underline{a_3}a_1a_2$ | $a_1\underline{a_3}a_2$ | $a_1a_2\underline{a_3}$

a_2a_1 → $\underline{a_3}a_2a_1$ | $a_2\underline{a_3}a_1$ | $a_2a_1\underline{a_3}$

Zwei Elemente können auf zwei Weisen angeordnet werden. Ein drittes kann man vor, zwischen oder nach den beiden anderen plazieren. Aus jeder Zweieranordnung entstehen also drei Dreieranordnungen, zusammen also $3 \cdot 2 = 6$ Dreieranordnungen. Nun stellen wir uns eine Anordnung von n Elementen vor. Ein (n+1)-tes Element kann man an ihren Anfang, an einen der n-1 Plätze zwischen ihnen oder an ihr Ende setzen. Aus einer n-Ordnung entstehen dadurch $1+n-1+1=n+1$ Anordnungen von n+1 Elementen. - Nun nehmen wir an, daß wir n Elemente auf n! Weisen anordnen konnten. Dann lassen sich n+1 Elemente auf $(n+1) \cdot n! = (n+1)!$ Weisen anordnen. Tatsächlich ist $2! = 2 \cdot 1!$, $3! = 3 \cdot 2!$ usw.

Man kann also auch die n Ablenkungen des Punktes nach rechts und oben auf n! Weisen anordnen. Das ist aber noch nicht die Zahl der Irrwege, die zum Punkt $(h_0 | h_1)$ führen. Es tritt nämlich keine Änderung des Irrweges ein, wenn man gleiche Abweichungen untereinander vertauscht. Folgendes Beispiel möge dies verdeutlichen:

Die vier Buchstaben des Wortes OTTO kann man auf $4! = 4 \cdot 3 \cdot 2 \cdot 1 = 24$ Weisen anordnen:

$O_1T_1T_2O_2$	$T_1O_1T_2O_2$	$T_1O_1O_2T_2$	$T_1T_2O_1O_2$	$O_1T_1O_2T_2$	$O_1O_2T_1T_2$
$O_1T_2T_1O_2$	$T_2O_1T_1O_2$	$T_2O_1O_2T_1$	$T_2T_1O_1O_2$	$O_1T_2O_2T_1$	$O_1O_2T_2T_1$
$O_2T_1T_2O_1$	$T_1O_2T_2O_1$	$T_1O_2O_1T_2$	$T_1T_2O_2O_1$	$O_2T_1O_1T_2$	$O_2O_1T_1T_2$
$O_2T_2T_1O_1$	$T_2O_2T_1O_1$	$T_2O_2O_1T_1$	$T_2T_1O_2O_1$	$O_2T_2O_1T_1$	$O_2O_1T_2T_1$

Man sieht, daß keine Wortänderung eintritt, wenn man gleiche Buchstaben untereinander vertauscht. O_1, O_2 können auf 2! Weisen, T_1, T_2 ebenfalls auf 2! Weisen angeordnet werden. Eine Buchstabenfolge, z.B. OTTO ändert sich durch eine der $2! \cdot 2! = 4$ Vertauschungen 'innerhalb' O und T nicht. Sei nun B die Anzahl der verschiedenen Wortfolgen. Dann gilt offenbar:

$$B \cdot 4 = 24, \quad \text{also} \quad B = 6.$$

Wir lernen aus diesem Beispiel, daß man die h_1 Ablenkungen nach oben bzw. die $n - h_1 = h_0$ Ablenkungen nach rechts untereinander vertauschen kann, ohne daß der Irrweg seinen Verlauf ändert. Die Zahl der verschiedenen Irrwege ist Lösung der Gleichung:

$$B \cdot h_1!(n-h_1)! = n! \quad .$$

Man nennt:

$$\boxed{B_{n,h_1} = \binom{n}{h_1} = \frac{n!}{h_1!\,(n-h_1)!}} \tag{2}$$

(sprich 'n über h_1') **Binomialkoeffizient.**

Beispiel V.1 (Fortsetzung): Ein Bernoulliprozeß der Länge n=4 endete bei dem Punkt (2|2). Wir wollen bestimmen, wie viele verschiedene Irrwege dahin führen und wie sie verlaufen.

$$B_{4,2} = \frac{4!}{2!\;2!} = 6 \; .$$

Abb.VI.2: Die Irrwege, die zu dem Punkt (2|2) führen:

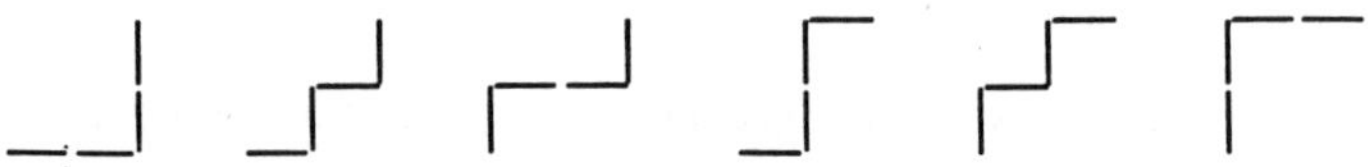

◆◆◆◆◆

Eigenschaften von Binomialkoeffizienten

(1) Symmetrie: $B_{n,h_1} = B_{n,h_0}$, wobei $h_0+h_1=n$.

$$B_{n,h_1} = \binom{n}{h_1} = \frac{n!}{h_1!\;h_0!} = \frac{n!}{h_0!\;h_1!} = \binom{n}{h_0} = B_{n,h_0}$$

(2) Additivität: $B_{n,k} + B_{n,k+1} = B_{n+1,k+1}$. (3)

$$\frac{n!}{k!(n-k)!}+\frac{n!}{(k+1)!(n-k-1)!}=\frac{(k+1)\,n!\,+\,(n-k)n!}{(k+1)!\,(n-k)!}=\frac{(n+1)\,n!}{(k+1)\,!\,(n-k)!}=B_{n+1,k+1}$$

Man benutzt diese Eigenschaft, um Binomialkoeffizienten fortlaufend durch Addition zu entwickeln:

```
                    1    (n=0)
                  1   1    (n=1)
                1   2   1    (n=2)
              1   3   3   1    (n=3)
            1   4   6   4   1    (n=4)                    (3')
          1   5  10  10   5   1    (n=5)
        1   6  15  20  15   6   1    (n=6)
      1   7  21  35  35  21   7   1    (n=7)
    1   8  28  56  70  56  28   8   1    (n=8)
```

Diese Anordnung der Binomialkoeffizienten heißt **Pascal's Dreieck**.

Beispiel VI.1 (Fortsetzung): Welche möglichen Ergebnisse hat die Qualitätskontrolle von 8 Bananen? Wieviele Irrwege führen zu den einzelnen Punkten $(h_1 | n-h_1)$?

Punkt	(8|0)	(7|1)	(6|2)	(5|3)	(4|4)	(3|5)	(2|6)	(1|7)	(0|8)
Anzahl	1	8	28	56	70	56	28	8	1

Von den 256 Realisierungen dieses Bernoulliprozesses gehören also 56 zu Irrwegen, die im Punkt (5|3) enden (d.h. 5 von 8 kontrollierten Bananen weisen qualitätsmindernde Eigenschaften auf). Einer dieser Irrwege wird durch die Zeitreihe 0 1 1 1 0 1 0 1 repräsentiert, die man als Ergebnis der Qualitätskontrolle erhielt.

♦♦♦♦♦

(3) Die Summe aller Binomialkoeffizienten der zu n gehörenden Zeile von Pascal's Dreieck (3') ist 2^n:

$$\sum_{k=0}^{n} B_{n,k} = \sum_{k=0}^{n} \binom{n}{k} = 2^n \qquad \text{(Beweis im Anhang \textbf{A-8}).}$$

Es ist beispielsweise $\sum_{k=0}^{8} \binom{8}{k} = 2^8 = 256$, ein Resultat, welches wir schon auf andere Weise erzielten.

Wir wollen nun eine allgemeine Art von Bernoulliprozessen betrachten und untersuchen zu diesem Zweck das folgende Beispiel:

Beispiel VI.2: Wie viele verschiedene Buchstabenfolgen kann man aus dem Wort STATISTIK erzeugen? Zunächst stellt man fest, daß die neun Buchstaben des Wortes auf 9!=362880 Weisen angeordnet werden können. Es tritt aber, wenn man gleiche Buchstaben untereinander vertauscht, keine Änderung des Wortes ein. Mit $S_1S_2T_1T_2T_3A_1I_1I_2K_1$ kann man $2!\cdot3!\cdot1!\cdot2!\cdot1! = 24$ verschiedene 'Vertauschungen innerhalb' durchführen, ohne daß eine Änderung des Wortes STATISTIK eintritt. Die Anzahl der verschiedenen Buchstabenfolgen muß demnach die Gleichung erfüllen:

$$B\cdot24 = 362880, \quad \text{also } B = 15120 \ .$$

♦♦ ♦ ♦♦

Der Ausdruck

$$B_{n,h_1,\ldots,h_{r-1}} = \binom{n}{h_1,\ldots,h_{r-1}} = \frac{n!}{h_1!\,h_2!\,\ldots\,h_{r-1}!\,h_r!} \tag{2'}$$

heißt **Multi-** oder **Polynomialkoeffizient** (sprich 'n über h_1 bis h_{r-1}'). Dabei ist stets $h_1 + \ldots + h_{r-1} + h_r = n$.

Man kann damit Folgen von Zufallsexperimenten mit r Ausgängen beschreiben. Der Punkt der Abb.VI.1 wandert jetzt nicht auf einer Ebene, sondern in einem r-dimensionalen Würfel. Beginnend bei Null, bewegt er sich um eine Einheit in einer der r Richtungen weiter, je nachdem, ob x=1 oder x=2,... oder x=r eingetreten ist. Die Zahl der Irrwege, die im Punkt $(h_1|h_2|\ldots|h_r)$ enden, ist gerade $B_{n,h_1,\ldots,h_{r-1}}$ (2').

Beispiel VI.2 (Fortsetzung)**:** Der Anthropologe des Beispiels VI.1 habe r=5 Intervalle der Körpergröße gewählt. Die ersten 20 Pygmäen verteilen sich wie folgt auf diese Intervalle:

Intervall i	1	2	3	4	5	Σ
Anzahl h_i	1	4	10	4	1	20

Die Zahl der Realisierungen des stochastischen Prozesses 'Messung der Körpergröße von Pygmäen', die dieses Ergebnis haben, oder gleichbedeutend, die Zahl der Irrwege, die zu dem Punkt (1|4|10|4|1) leiten, ist

$$B_{20;1,\ldots,4} = \frac{20!}{1!\ 4!\ 10!\ 4!\ 1!} = 1\ 163\ 962\ 800\ . \qquad (2')$$

Der Leser möge an diesem Beispiel erkennen, daß jede Verteilung Ergebnis einer Irrfahrt ist.

Aufbrauchen eines Vorrates

Eine Folge von Zufallsexperimenten mit je zwei Ausprägungen ist kein Bernoulliprozeß, wenn das Ergebnis eines jeden Experimentes von den Ergebnissen der davor durchgeführten Experimente statistisch abhängig ist. Entnimmt man etwa einer Liefermenge vom Umfang N zum Zweck der Qualitätskontrolle der Reihe nach n Objekte, so stehen zuerst N, nach der ersten Entnahme N-1, dann N-2 und zuletzt N-n+1 Objekte zur Auswahl. Angenommen, die Liefermenge enthalte nur ein einziges defektes Stück. Dann kann das erste Zufallsexperiment mit $\mathbf{X}_1=1$ oder mit $\mathbf{X}_1=0$ enden. Gesetzt, es endete mit $\mathbf{X}_1=1$. Dann müssen als Folge davon alle weiteren mit $\mathbf{X}=0$ enden.
Man kann auch einen solchen Prozeß als Irrfahrt eines Punktes darstellen, der allerdings beim Zustand der Grundgesamtheit seinen Ausgang nimmt. Eine Liefermenge enthalte N_0 einwandfreie und $N_1=N-N_0$ defekte Stücke. Die Irrfahrt beginnt also bei dem Punkt $(N_0|N_1)$.

Abb.VI.3: Irrfahrt 1-0-1-1-0-0-1

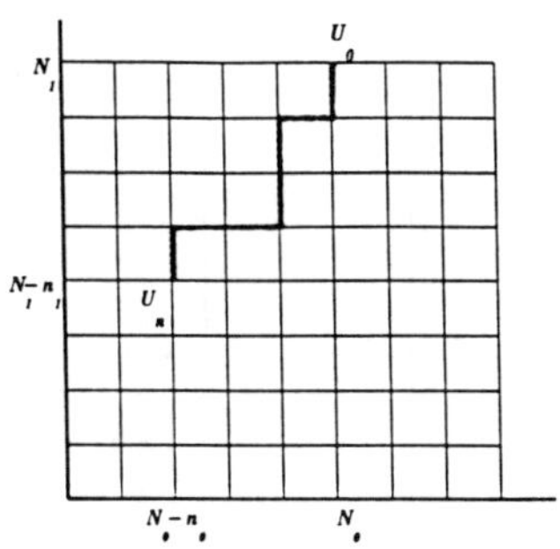

Es erfolgt eine Bewegung um eine Einheit nach links bzw. nach unten, je nachdem, ob das entnommene Stück einwandfrei oder defekt ist. Alle Realisierungen des Prozesses, denen gemeinsam ist, daß in n Schritten n_0 Ablenkungen nach links und $n_1=n-n_0$ Ablenkungen nach unten erfolgten, enden im selben Punkt $(N_0-n_0 | N_1-n_1)$. Wir wollen nun die Anzahl dieser Realisierungen berechnen.

Beispiel VI.3: Jemand kauft eine Packung von N=6 Eiern und will drei davon zur Bereitung einer Eierspeise verwenden. Von den sechs Eiern sind $N_1=2$ mit Salmonellen verseucht. - Wir erstellen jetzt eine Liste aller möglichen Zusammensetzungen der Eierspeise aus guten und verseuchten Eiern.

Tabelle VI.2: Die guten Eier sind mit 1, 2, 3, 4 und die verseuchten mit 5, 6 numeriert:

N = 6						n = 3		$\binom{4}{n_0}\binom{2}{n_1} = H_{6,3;n_0}$	$\binom{3}{n_0}$
$N_0=4$				$N_1=2$		n_0	n_1		
1	2	3	4	5	6				
-	-	-	-	-	-	0	3	$\binom{4}{0}\binom{2}{3} = 0$	1
0				1	1	1	2	$\binom{4}{1}\binom{2}{2} = 4$	3
	0			1	1				
		0		1	1				
			0	1	1				
0	0			1		2	1	$\binom{4}{2}\binom{2}{1} = 12$	3
0	0				1				
0		0		1					
0		0			1				
0			0	1					
0			0		1				
	0	0		1					
	0	0			1				
	0		0	1					
	0		0		1				
		0	0	1					
		0	0		1				
0	0	0				3	0	$\binom{4}{3}\binom{2}{0} = 4$	1
0	0		0						
0		0	0						
	0	0	0						

Man erkennt, daß eine Eierspeise aus drei verseuchten Eiern nicht zustandekommen kann, da der Vorrat nur zwei verseuchte Eier aufweist. Ein

Bernoulliprozeß mit drei Ablenkungen nach unten ist dagegen auf eine Weise zu realisieren.

Ein Bernoulliprozeß mit einer Ablenkung nach links und zwei Ablenkungen nach unten ist auf $\begin{bmatrix}3\\1\end{bmatrix} = 3$ Weisen zu realisieren. Die $H_{6,3;1} = 4$ möglichen Gruppen aus einem guten und zwei verseuchten Eiern können diese drei Irrwege auf folgende Weisen durchlaufen:

Tabelle VI.3: Ein gutes und zwei schlechte Objekte werden einem Vorrat von vier guten und zwei schlechten Objekten auf eine der folgenden Weisen entnommen:

	0 1 1	1 0 1	1 1 0
1	1 5 6	5 1 6	5 6 1
	1 6 5	6 1 5	6 5 1
2	2 5 6	5 2 6	5 6 2
	2 6 5	6 2 5	6 5 2
3	3 5 6	5 3 6	5 6 3
	3 6 5	6 3 5	6 5 3
4	4 5 6	5 4 6	5 4 6
	4 6 5	6 4 5	6 4 5

Der Leser prüft leicht nach, daß diese 24 Weisen auf folgende Art zustandekommen:

$$B_{n,n_0} \cdot n_0! \cdot n_1! \cdot H_{N,n,n_0} = \begin{bmatrix}3\\1\end{bmatrix} \cdot 1! \cdot 2! \cdot 4 = 24 .$$

Die Elemente einer Spalte der Tabelle VI.3 entstehen dadurch, daß aus dem Vorrat von N_0 einwandfreien Objekten der Reihe nach n_0, aus dem Vorrat von N_1 verseuchten der Reihe nach n_1 ausgewählt werden, was $N_0(N_0\text{-}1)\cdot\ldots\cdot(N_0\text{-}n_0+1)N_1(N_1\text{-}1)\cdot\ldots\cdot(N_1\text{-}n_1+1)$ Folgen von guten und schlechten Objekten ergibt. Es muß also diese Anzahl, multipliziert mit der Zahl der Spalten, ebenfalls 24 ergeben:

$$N_0(N_0\text{-}1)\cdot\ldots\cdot(n_0\text{-}n_0+1)N_1(N_1\text{-}1)\cdot\ldots\cdot(N_1\text{-}n_1+1)\cdot B_{n,n_0} = 4\cdot 2\cdot 1\cdot \begin{bmatrix}3\\1\end{bmatrix} = 24 .$$

•♦ ♦ ♦•

Die Zahl der Gruppen von n Objekten, die aus n_0 guten und n_1 verseuchten bestehen, wurde in Tabelle VI.2 mit $H_{N,n;n_0}$ bezeichnet. Die zwei Möglichkeiten, die Zahl der Elemente der Tabelle VI.3 zu bestimmen, setzen uns in die Lage, auch $H_{N,n;n_0}$ zu berechnen.

Aus:

$$B_{n,n_0} \cdot n_0! \; n_1! \cdot H_{N,n;n_0} = N_0 \cdot \ldots \cdot (N_0 - n_0 + 1) \cdot N_1 \cdot \ldots \cdot (N_1 - n_1 + 1) \cdot B_{n,n_0} \,,$$

folgt:
$$H_{N,n;n_0} = \frac{N_0 \cdot \ldots \cdot (N_0 - n_0 + 1)}{n_0!} \cdot \frac{N_1 \cdot \ldots \cdot (N_1 - n_1 + 1)}{n_1!} \,.$$

Beachtet man, daß $N_i \cdot \ldots \cdot (N_i - n_i + 1) \cdot (N_i - n_i)! = N_i!$, so erhält man, in Verbindung mit der Definition (2) des Binomialkoeffizienten:

$$\boxed{H_{N,n;n_0} = \frac{N_0!}{n_0!\,(N_0 - n_0)!} \cdot \frac{N_1!}{n_1!\,(N_1 - n_1)!} = \binom{N_0}{n_0}\binom{N_1}{n_1}} \,, \tag{4}$$

wobei wir vereinbaren, daß $H_{N,n;n_0} = 0$, wenn $n_0 > N_0$ oder $n_1 > N_1$.

Der **H-Koeffizient**, der mit der Hypergeometrischen Verteilung (6.VIII) zusammenhängt, hat folgende Eigenschaften:

(1) Er ist symmetrisch: $H_{N,n;n_0} = H_{N,n;n_1}$.

(2) Die Summe der H-Koeffizienten ist gleich der Anzahl der Stichproben vom Umfang n, die man einer Grundgesamtheit vom Umfang N entnehmen kann:

$$\sum_{n_0=0}^{\infty} H_{N,n;n_0} = \sum_{n_0=0}^{\infty} \binom{N_0}{n_0}\binom{N_1}{n_1} = \binom{N}{n} \,. \tag{5}$$

Der Beweis von (5) findet sich im Anhang **A-9**.

Beispiel VI.3 (Fortsetzung)**:** Der Packung von sechs Eiern kann man 20 verschiedene Stichproben von drei Eiern entnehmen:

$$\binom{N}{n} = \binom{6}{3} = 20 \,.$$

Die Summe der $H_{6,3;n}$ -Koeffizienten beträgt entsprechend (5) ebenfalls 20:

$$\binom{4}{0}\binom{2}{3} + \binom{4}{1}\binom{2}{2} + \binom{4}{2}\binom{2}{1} + \binom{4}{3}\binom{2}{0} = 0 + 4 + 12 + 4 = 20.$$

⬩⬥ ◆ ⬥⬩

Der Leser kann sich nun leicht vorstellen, wie H-Koeffizienten von Zufallsexperimenten mit mehr als zwei Ausgängen aufgebaut sind!

Poissonprozesse und verwandte Formen

Wir haben bis jetzt stochastische Prozesse dargestellt, bei denen die Zeit in Schritten von Versuch zu Versuch gemessen wurde. Jetzt soll sie stetig verlaufen, d.h. es soll in jedem Augenblick ein Zufallsexperiment stattfinden, aber nur zu einzelnen isolierten Zeitpunkten eine Änderung eintreten. Wir schreiben

$$x_t = \begin{cases} 1 & \text{wenn bei t eine Änderung eintritt,} \\ 0 & \text{sonst.} \end{cases}$$

Beispiel VI.4: Jeder Mitarbeiter einer Metallgießerei kann jeden Augenblick einen Unfall erleiden. Registriert man die Betriebsunfälle, so erhält man eine Zeitreihe, deren Bild etwa folgendes Aussehen hat:

Abb.VI.4: Stetiger Prozeß, der zu isolierten Zeitpunkten eine Änderung erfährt.

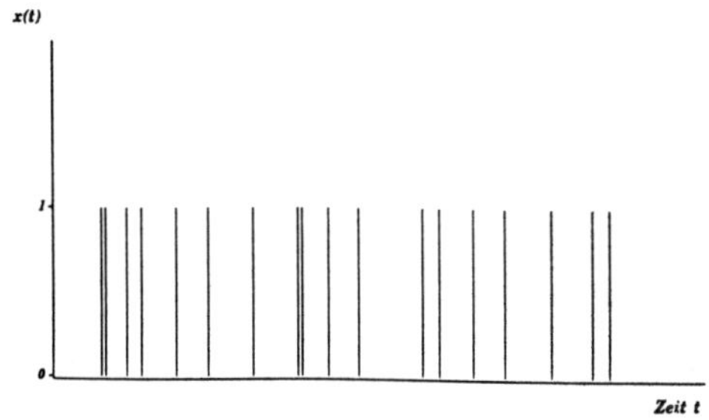

◆ ◆ ◆

An solchen stetig verlaufenden Prozessen interessiert sowohl die Verteilung der Intervalle zwischen aufeinanderfolgenden Veränderungen als auch die Zahl der Veränderungen pro Zeiteinheit. In Beispiel VI.4 könnte man etwa die Beobachtungsspanne in Arbeitsschichten einteilen und ermitteln, wieviele davon ohne Unfall verlaufen sind, wieviele einen, zwei, drei Unfälle aufweisen usw. - Die Angaben der Tab.VI.1 sind dadurch entstanden, daß man die Beobachtungsspanne in Jahre einteilte. Der Leser überzeuge sich, daß man auch den Tod durch Aids als einen stetig in der Zeit verlaufenden Prozeß wie in Abb.VI.4 auffassen kann.

Sowohl die Intervallängen als auch die "Änderungshäufigkeiten" haben charakteristische Verteilungseigenschaften, wenn der Prozeß den sogenannten **Poissonpostulaten** gehorcht, die in Kap.VIII.5 dargestellt werden.

In manchen Fällen besteht die "Änderung" im Ausfall eines Bestandteiles und dessen Erneuerung. Man spricht aus diesem Grunde von **Erneuerungsprozessen** (renewal processes). Von Interesse ist dann oft die Anzahl der Erneuerungen in bestimmten, von Lieferfristen, Reisedauern etc. bestimmten Intervallen in Verbindung mit Ersatzteilhaltung.

Die "Änderungen" können einen schon vorhandenen Vorrat von Objekten vermehren oder vermindern. Man spricht dann von **reinen Geburts**- bzw. **reinen Todesprozessen**. Sind Änderungen beider Arten möglich, so spricht man von **gemischten Geburts**- und **Todesprozessen**. Mit

$$x_\tau = \begin{cases} +1 \text{ wenn bei } \tau \text{ eine Vermehrung um eine Einheit eintritt,} \\ -1 \text{ wenn bei } \tau \text{ eine Verminderung um eine Einheit eintritt,} \\ 0 \text{ sonst} \end{cases}$$

und

$$n_t = \sum_{\tau=0}^{t} x_\tau$$

erhält man die Zeitreihe (t,n_t).

Abb.VI.5: Realisierung eines gemischten Geburts- und Todesprozesses.

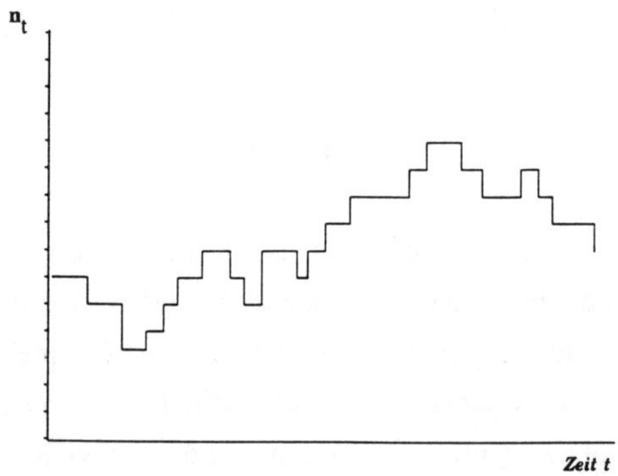

Kunden treffen etwa in unregelmäßigen Abständen vor einem Bankschalter ein, während andere denselben, ebenfalls in unregelmäßigen Abständen, verlassen. n_t ist in diesem Fall die '**Länge der Warteschlange**' zum Zeitpunkt t.

Lineare Prozesse

So gut wie alle Vorgänge in der Wirklichkeit sind zahllosen Einflüssen ausgesetzt, die nicht vorhergesehen und nicht manipuliert werden können. Es finden gewissermaßen ununterbrochen Zufallsexperimente statt. Merkmalsausprägungen sind das Resultat dieser vielen Zufallsexperimente. Der **Pearson-Galton'sche Zufallsapparat**, auch **Galton-Brett** genannt, veranschaulicht modellhaft das Entstehen einer Merkmalsausprägung durch Summieren vieler zufälliger Einflüsse.

Beispiel VI.5: In ein lotrecht aufgestelltes Brett werden Reihen von Stiften geschlagen und zwar so, daß jeder Stift einer Reihe in die Mitte zwischen zwei Stiften der darüberliegenden Reihe kommt. Zwischen zwei bestimmten Stiften der obersten Reihe läßt man nun Kugeln einlaufen. Die Kugeln werden auf ihrem Weg nach unten durch die Stifte entweder nach links oder nach rechts abgelenkt, sie absolvieren also eine "Irrfahrt" und werden unten in einem Fächergestell aufgefangen. - Zieht man die verhältnismäßig kleine Anzahl von 12 zufälligen 'Einflüssen auf die Merkmalsausprägung' in Betracht, so sind 2^{12} = 4096 Irrfahrten zu beobachten, deren Verlauf die Abb.VI.6 veranschaulicht:

Abb VI.6: Entstehung einer Verteilung von Objekten auf ein Merkmal.

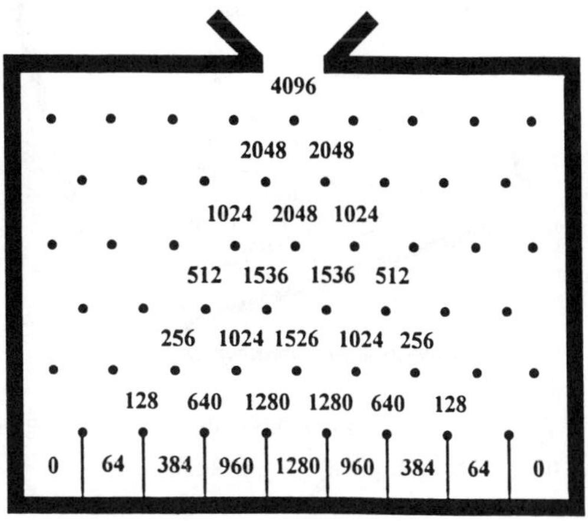

Setzt man

$$\Delta_i = \begin{cases} -1 \text{ bei Ablenkung nach links,} \\ +1 \text{ bei Ablenkung nach rechts,} \end{cases}$$

so ist eine 'Merkmalsausprägung nach n zufälligen Einwirkungen' wie folgt darzustellen:

$$x_n = \sum_{i=1}^{n} \Delta_i = (+1)\cdot k + (-1)(n-k)$$
$$= 2k - n\ .$$

Dabei ist k die Anzahl der Ablenkungen nach rechts.
Man entnimmt der Abb. VI.6, daß nach dem sechsten Zufallsexperiment 64 Kugeln null Ablenkungen nach rechts erfuhren und daher die 'Merkmalsausprägung' $x_6 = -6$ aufweisen, während 384 Kugeln genau eine Ablenkung nach rechts erfuhren, so daß sie die Merkmalsausprägung $x_6 = -4$ aufweisen usw.
Die Verteilung in Abb.VI.6 ist symmetrisch. Neigt man das Galton-Brett nun so weit nach rechts, daß von je vier Kugeln nicht mehr zwei, sondern drei nach rechts abgelenkt werden, so entsteht eine linksschiefe Verteilung, die Abb.VI.7 veranschaulicht.

Abb.VI.7: Entstehen einer linksschiefen Verteilung von Objekten auf ein Merkmal.

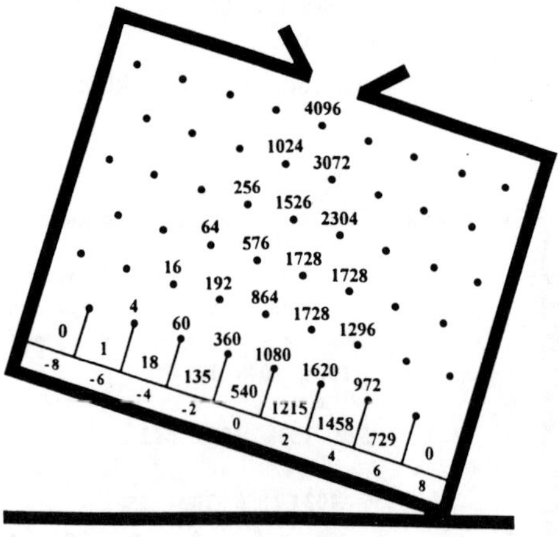

Es erfuhr diesmal nur eine einzige Kugel null Ablenkungen nach rechts, so daß sie die "Merkmalsausprägung" $x_6 = -6$ aufweist.

♦♦♦

Drei Sachverhalte, welche uns die Experimente mit dem Galton-Brett einsichtig machen, seien besonders hervorgehoben:

(1) Die Kugeln, deren Irrfahrten in Abb.VI.6 dargestellt sind, unterliegen alle demselben Zufallsmechanismus. Dies gilt selbstverständlich auch für die Kugeln der Abb.VI.7. Es macht aus diesem Grunde keinen Unterschied, ob man 4096 Kugeln je einmal oder eine Kugel 4096-mal durch den Zufallsapparat laufen läßt. Die Forderung nach **identischer Verteilung** (i.i.d.), auf die bereits mehrfach eingegangen wurde, richtet sich ausschließlich auf diesen Sachverhalt: die Verteilung von N verschiedenen Objekten ist dieselbe, die man erhalten würde, wenn man das Zufallsexperiment mit einem Objekt N-mal durchführen könnte.

(2) Ein bestimmter Zufallsmechanismus bringt eine bestimme Verteilung hervor. Ändert man den Zufallsmechanismus (z.B. indem man das Galton-Brett neigt), so erhält man eine andere Verteilung, deren Charakter die Veränderung widerspiegelt. Diese Korrespondenz von Zufallsmechanismus und Verteilung erlaubt uns, von einer gegebenen Verteilung auf den verborgenen Zufallsmechanismus zu schließen, der sie hervorbringt. Diese Schlußweise ist als **Ätialprinzip** bekannt.

(3) Würde man vor jedem der 4096 Durchläufe mit einem "rouletteartigen Instrument" entscheiden, ob die Kugel dem Zufallsmechanismus der Abb.VI.6 oder dem Zufallsmechanismus der Abb.VI.7 unterworfen sein soll, so würde eine Verteilung der 4096 Kugeln entstehen, die weder mit der in Abb.VI.6 noch mit der in Abb.VI.7 angeführten Verteilung identisch ist, sondern eine **Mischung** aus beiden darstellt. Diese Mischung spiegelt keinen der beiden Zufallsmechanismen im Sinne des Ätialprinzips wider, ist also **fremdbestimmt** durch die Mischanteile. Angenommen, das 'rouletteartige Instrument' sei so eingestellt, daß die Mischanteile der beiden Zufallsmechanismen jeweils 0,5 betragen, dann hätte die Verteilung der 4096 Kugeln folgende Beschaffenheit im Kontrast zu den beiden Komponenten, aus denen sie zusammengesetzt ist:

M:	32,5	201	547,5	910	1087,5	921	396,5
VI. 6:	64	384	960	1280	960	384	64
VI. 7:	1	18	135	540	1215	1458	729
	-6	-4	-2	0	2	4	6

Die Häufigkeiten von M sind - wie bereits hinlänglich bekannt ist - nichts weiter als Mittelwerte der Häufigkeiten der Komponenten.

VI.2: Der Verlauf einer Zeitreihe

Die beiden folgenden Abbildungen ermöglichen es dem Leser, einige typische Verlaufsformen von Zeitreihen zu identifizieren.

Abb.VI.8: Temperatur zwischen Höchst- und Niedrigstwerten (Quelle: Statistisches Jahrbuch der Landeshauptstadt Linz 1986/87).

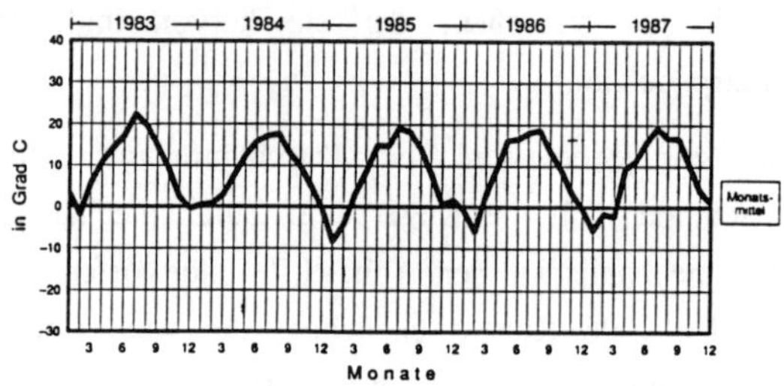

Abb.VI.9: Computersimulation einer Summe von Zufallszahlen (Quelle: Cryer 1986, S.12).

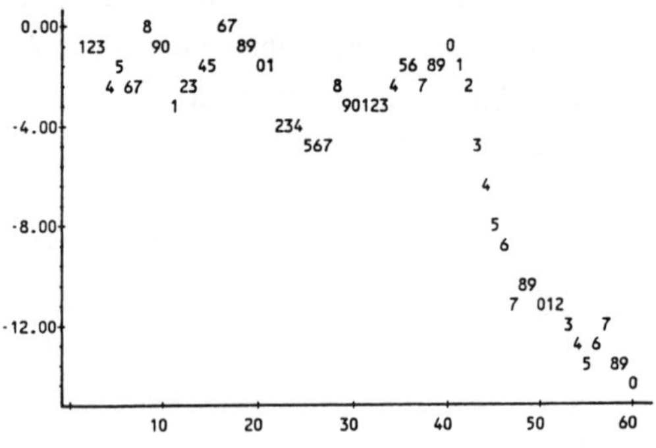

(1) Der **Trend** einer Zeitreihe drückt sich in deren langfristigem Verlauf aus: 'gleichbleibend oder stagnierend', 'steigend', 'fallend'.

(2) Dem Trend können sich mittelfristig **Zyklen** überlagern. Das sind Auf- und Abwärtsbewegungen, Schwingungen. Bekannt sind der Konjunkturzyklus, der Hanau'sche Schweinezyklus. Die Auf- und Abwärtsbewegungen können **periodisch** sein, d.h. in regelmäßigen zeitlichen Abständen wiederkehren. Beispiele dafür sind die Geburtenhäufigkeiten in Gebärkliniken mit einer Periodenlänge von 24 Stunden, Selbstmordhäufungen an Wochenenden usw.

(3) Den jahreszeitlich bedingten periodischen Verlauf einer Zeitreihe, also die Wiederkehr der gleichen Bewegung nach einem Jahr, bezeichnet man als deren **Saisonkomponente**. Beispiele sind die Nächtigungsziffern im Fremdenverkehr, die Winterarbeitslosigkeit im Baugewerbe.

(4) Der Verlauf einer Zeitreihe kann streckenweise sowohl mit dem Trend als auch mit dem Zyklus bzw. der Saisonkomponente unvereinbar sein. Man führt dies auf **irreguläre**, unregelmäßig wirkende Einflüsse zurück. Beispiele für solche atypischen Verlaufsformen sind die 'spikes' im EEG von katatonen Schizophrenen, das Absinken der Börsenkurse nach einem Schwächeanfall des US-Präsidenten, Hamsterkäufe vor Inkrafttreten einer Preiserhöhung.

Bei der Beurteilung einer Zeitreihe müssen alle Kenntnisse über den Charakter des stochastischen Prozesses berücksichtigt werden, unter dessen zahllosen Realisierungen die gegebene Zeitreihe nur eine einzige darstellt. Der periodische Charakter der Monatstemperaturen in Abb.VI.8 hängt mit der Inklination der Erdachse gegen die Sonne zusammen. Die zeitliche Abfolge der Temperaturen weist eine starke **deterministische Komponente** auf. Abweichungen eines Monats vom jeweiligen Monatsdurchschnitt können als Anomalien betrachtet werden. Man spricht von einem "kühlen Mai", vom "mildesten Februar des Jahrhunderts" usw. Die Beurteilung des Verlaufes, den die Temperaturzeitreihe in den letzten Jahren genommen hat, gestaltet sich schon wesentlich schwieriger. Handelt es sich dabei um eine 'Trendänderung', konkret um einen Wechsel von 'stagnierend' zu 'steigend', oder aber um die Aufwärtsbewegung einer zyklischen Schwankung, der in einigen

Jahrzehnten eine Abwärtsbewegung folgen wird?
Die Zeitreihe der Abb.VI.9 weist einen stark fallenden Trend auf, dem sich einige kleinere Zyklen überlagern. Es handelt sich dabei um Summen von Zufallszahlen $z_1, z_2, \ldots$, die voneinander unabhängig und identisch verteilt sind, da sie wahllos einer Verteilung von Zahlen mit Mittelwert 0 und Varianz 1 entnommen wurden. Dieser Umstand läßt an eine Zeitreihe denken, die regellos um die Nullinie schwankt und sich dabei nur selten weit von derselben entfernt. Die in Abb.VI.9 abgebildete Realisierung des Prozesses weicht von dieser Erwartung beträchtlich ab. Das hängt damit zusammen, daß Summen von Zufallszahlen umso höher miteinander korrelieren, je mehr gemeinsame Summanden sie aufweisen. Irrläufe weitab von der Nullinie können sich deshalb über weite Strecken fortsetzen. Weil außerdem auch die Varianz der Summen mit der Zahl der Summanden wächst (Anhang **A-10**), werden verschiedene Realisierungen dieses Prozesses einander wenig ähneln. Der Trend, den eine solche Summenfolge aufweisen wird, steht also im voraus gar nicht fest, man bezeichnet ihn aus diesem Grunde als **stochastisch** (vom Zufall gesteuert), zum Unterschied von der (weitgehend) determinierten Abfolge der Temperaturen.

Die Analyse einer Zeitreihe beginnt offenbar damit, daß man entscheiden muß, ob ihre Komponenten deterministischer oder stochastischer Art sind. Hinweise auf die Richtigkeit der Entscheidung erhält man in manchen Fällen von der Analyse der Residuen. In jedem Fall belehrt einen aber der weitere Verlauf der Zeitreihe: Hat man ihn gut prognostiziert, so braucht man die getroffene Entscheidung vorläufig nicht zu revidieren.

Zeitreihen mit deterministischen Komponenten

Wir betrachten jetzt eine Zeitreihe (t, x_t) mit einer deterministischen Trendkomponente μ_t, der sich eine zyklische Komponente z_t und eine saisonale Komponente s_t additiv überlagern. Die Differenz "Meßwert minus Rechenwert":

$$x_t - (\mu_t + z_t + s_t) = e_t \qquad (1.V)$$

bezeichnen wir wie bisher als Residuum.

Die saisonale Komponente ist periodisch, d.h. sie wiederholt sich nach einer festen Zeitspanne λ. Bei den Monatstemperaturen der Abb.VI.8 etwa darf man annehmen, daß gilt:

$$s_{t+12} = s_t, \quad t = 1,\ldots,n\text{-}12; \quad \lambda = 12 .$$

Es sind Fälle bekannt geworden, wo das Ausmaß der saisonalen Schwankung, die **Amplitude**, sich proportional mit $\mu_t + z_t$ veränderte. Dies deutet auf eine multiplikative Verknüpfung der Komponenten hin, und zwar auf

$$x_t = (\mu_t + z_t)\, s_t + e_t \quad \text{oder} \quad x_t = (\mu_t + z_t)\, s_t \cdot e_t ,$$

je nachdem, ob die Streuung der Residuen konstant ist oder sich ebenfalls proportional mit $(\mu_t + z_t)$ verändert. In solchen Fällen wird man geeignete Maßnahmen ergreifen, um die Zeitreihe zu "linearisieren".

Wir wenden uns jetzt Zeitreihen zu, deren Komponenten additiv verknüpft sind:

$$x_t = \mu_t + z_t + s_t + e_t . \tag{6}$$

Zunächst wollen wir die saisonale Komponente bestimmen und eliminieren, um uns dann der Analyse der 'saisonbereinigten Zeitreihe'

$$x_t - s_t = \mu_t + z_t + e_t$$

zu widmen. Für diese Zwecke benötigt man **gleitende Durchschnitte**.
Unter einem gleitenden Durchschnitt von ungerader Ordnung 2k+1 versteht man das arithmetische Mittel aus

$$x_{t-k},\ldots,x_t,\ldots,x_{t+k} ,$$

also

$$\bar{y}_t = \frac{1}{2k+1} \sum_{h=-k}^{k} x_{t+h} , \tag{7}$$

wobei t die Werte k+1,...,n-k durchläuft.
Unter einem gleitenden Durchschnitt von gerader Ordnung 2k versteht man den Mittelwert

$$\bar{y}_t = \frac{1}{2}\left[\frac{1}{2k} \sum_{h=-k}^{k-1} x_{t+h} + \frac{1}{2k} \sum_{h=-k+1}^{k} x_{t+h}\right] . \tag{7'}$$

Auch hier nimmt t die Werte k+1,...,n-k an.
Es genügt, daß man mit (7) bzw. (7') jeweils den ersten gleitenden Durchschnitt $\bar{y}_{k+1}$ berechnet. Alle weiteren Durchschnitte können rekursiv mit folgenden Formeln gewonnen werden:

ungerade Ordnung: $\bar{y}_{t+1} = \bar{y}_t + \frac{1}{2k+1}(x_{t+k+1} - x_{t-k})$,

gerade Ordnung: $\bar{y}_{t+1} = \bar{y}_t + \frac{1}{4k}(x_{t+k+1} + x_{t+k} - x_{t-k} - x_{t-k-1})$.

Gleitende Durchschnitte erster Ordnung sind mit x_t identisch. Man erkennt dies, wenn man in (7) k=0 setzt. Je höher die Ordnung der gleitenden Durchschnitte, desto kleiner ihre Anzahl. Es gibt zuletzt nur einen gleitenden Durchschnitt von der Ordnung n, der mit dem arithmetischen Mittel der x-Werte identisch ist.

t	1	2	...	k+1	k+2	.....	n-k	n-k+1	...	n
$\bar{y}_t$	-	-		$\bar{y}_{k+1}$	$\bar{y}_{k+2}$	....	$\bar{y}_{n-k}$	-		-
t-k				1	2	....	n-2k			

Man erkennt unmittelbar, daß $(t,\bar{y}_t)$ selbst eine Zeitreihe der Länge n-2k ist. Im Vergleich zu (t,x_t) ist eine aus gleitenden Durchschnitten bestehende Zeitreihe stets "glatter", eher der Trendkomponente (t,μ_t) angepaßt und von den zyklischen Komponenten und durch irreguläre Einflüsse verursachten Ausschwingungen der x-Werte weitgehend frei. Dies ist besonders dort zutreffend, wo die Ordnung der gleitenden Durchschnitte mit der Wellen- bzw. Periodenlänge übereinstimmt.

Beträgt die Periodenlänge einer Zeitreihe ein Jahr, so ist die Ordnung der Durchschnitte durch die Partitionierung der Zeit in Tage, Wochen, Monate oder Quartale vorgegeben, d.h. λ = 365 oder 52 oder 12 oder 4.

Wir wollen jetzt eine Zeitreihe analysieren, die sich über m Jahre erstreckt und eine der üblichen Partitionierungen aufweist.

Zeit t	1,2....λ	λ+1....2λ	2λ+1....3λ	..	(m-1)λ+1, ...mλ
Jahr	1	2	3		m
Indizierung	1,1 1,2... 1,λ	2,1 2,2... 2,λ	3,1 3,2... 3,λ	..	m,1 m,2 .... m,λ

Wir werden die Werte der Zeitreihe in einer Matrix anordnen, deren Zeilen den Jahren zugeordnet sind, während die Spalten zu den Jahresabschnitten 1,2,...,λ gehören.

Tab.VI.4: Mittlere Monatstemperaturen der Jahre 1970 - 1989, ausgegeben von der Wetterstation Hörsching (Datenquelle: Statistisches Jahrbuch für die Republik Österreich 1991).

	Jan	Feb	Mär	Apr	Mai	Jun	Jul	Aug	Sep	Okt	Nov	Dez
1970	-1,8	0,6	3,0	7,7	11,0	18,6	18,6	18,2	14,7	9,2	6,3	0,0
1971	-4,7	-0,1	0,7	9,5	14,8	15,2	18,9	19,7	12,3	7,9	3,4	2,3
1972	-2,8	1,2	6,1	8,3	12,8	16,4	17,9	17,1	11,1	5,6	3,0	-1,4
1973	-1,4	0,4	3,6	6,3	14,2	16,8	17,8	18,7	14,9	6,8	1,7	-1,6
1974	1,5	3,2	7,1	8,6	11,0	14,7	17,0	19,2	13,9	5,4	2,6	3,5
1975	1,8	0,3	4,5	7,7	14,5	15,4	18,2	18,1	16,5	7,7	2,2	-1,2
1976	1,6	0,6	1,4	8,6	13,8	17,6	19,6	15,4	12,5	9,6	4,5	-1,8
1977	-1,8	2,4	6,9	6,9	13,5	17,5	18,6	17,1	12,6	9,6	4,8	0,2
1978	-0,6	-1,3	5,6	8,6	12,8	16,3	17,0	16,5	13,3	9,0	1,9	0,4
1979	-4,3	1,4	5,5	7,5	14,4	18,8	16,6	16,5	13,7	8,7	3,4	3,7
1980	-4,5	2,1	3,7	5,7	11,3	16,2	16,2	18,0	13,8	7,7	1,6	-1,7
1981	-4,4	-0,9	7,5	8,9	13,7	16,9	17,4	18,2	14,5	8,8	4,1	-2,2
1982	-4,9	-2,0	4,5	7,1	14,3	17,6	19,8	18,5	16,3	9,4	3,9	1,5
1983	2,9	-3,3	4,9	9,9	13,6	17,0	21,8	19,2	14,1	8,9	1,7	-1,7
1984	-0,5	-0,8	2,9	7,7	12,6	15,9	17,1	17,7	13,1	9,8	4,8	-0,4
1985	-8,1	-4,2	3,1	8,4	14,8	14,9	19,1	18,2	14,2	8,0	0,5	1,6
1986	-1,0	-5,9	3,0	9,2	16,1	16,0	18,1	18,7	13,5	9,1	3,4	-0,5
1987	-5,2	-1,4	-1,6	9,9	11,7	16,1	19,6	17,3	17,4	10,8	4,1	1,2
1988	1,4	1,7	2,8	10,0	15,6	16,7	19,8	19,2	14,7	10,7	1,3	2,3
1989	0,3	2,5	7,4	9,5	13,7	15,4	18,9	18,1	14,4	9,2	1,5	-0,6

Dieser Matrix liegt eine Zeitreihe von $m=20$ Jahren zu je $\lambda=12$ Abschnitten zugrunde. Die Länge der Zeitreihe ist $n=m\cdot\lambda=20\cdot 12=240$. Der Mai des Jahres 1973 wies eine mittlere Temperatur von 14,2° auf. Das ist der einundvierzigste der 240 Werte der Zeitreihe: $x_{41}=14{,}2$. Dieser Wert findet sich in der vierten Zeile und fünften Spalte der Matrix wieder, $x_{4,5}=14{,}2$, denn 1973 ist das vierte Jahr der Beobachtungsspanne und Mai der fünfte Monat.

Wir wollen nun annehmen, daß sich die beobachteten Temperaturen additiv aus den Komponenten zusammensetzen, die in (6) berücksichtigt sind. Die Elemente der in Tab.VI.4 wiedergegebenen Matrix lassen sich danach folgendermaßen zerlegen:

$$x_{ij} = (\mu_{ij} + z_{ij}) + s_{ij} + e_{ij} \;; \quad i=1,\ldots,m; \quad j=1,\ldots,\lambda \,. \tag{6'}$$

Die Saisonkomponente ist periodisch, d.h. sie wiederholt sich nach λ Schritten, so daß

$$s_{1j} = s_{2j} = \ldots = s_{mj} = s_j, \quad j=1,\ldots,\lambda \,.$$

Die Zerlegung (6') nimmt damit folgende Form an:

$$x_{ij} = (\mu_{ij} + z_{ij}) + s_j + e_{ij} \; . \tag{8}$$

Die s_j sind jahreszeitlich bedingte Abweichungen vom Jahresdurchschnitt, die sich zu Null addieren:

$$\sum_{j=1}^{\lambda} s_j = 0. \tag{9}$$

Nun berechnen wir gleitende Durchschnitte von der Ordnung λ:

$$\bar{y}_{ij}(\lambda) = \bar{\mu}_{ij}(\lambda) + \bar{z}_{ij}(\lambda) + \bar{s}_j(\lambda) + \bar{e}_{ij}(\lambda) \; . \tag{10}$$

Beispiel VI.6: Die gleitenden Durchschnitte der Temperaturen müssen die Ordnung 2k=12 haben. Sie sind also mit Formel (7') zu berechnen: Wir mitteln zuerst die Temperaturen $x_1,\dots,x_{12}$ und $x_2,\dots,x_{13}$. Dann bilden wir das Mittel dieser beiden Mittelwerte, um es dem Zeitpunkt t=k+1=7 zuzuordnen. Die folgenden gleitenden Mittelwerte berechnen wir mit der im Anschluß an (7') wiedergegebenen Rekursionsformel. Alle Mittelwerte ordnen wir schließlich wieder in Matrixform an. Man beachte, daß der erste Mittelwert unter dem Juli 1970 ($\bar{y}_{1,7}$), der letzte unter dem Juni 1989 ($\bar{y}_{20,6}$) einzutragen ist.

Tab.VI.5: Mit den Daten der Tab.VI.4 berechnete gleitende Durchschnitte von der Ordnung 2k=12.

	Jan	Feb	Mär	Apr	Mai	Jun	Jul	Aug	Sep	Okt	Nov	Dez
1970							8,8	8,6	8,5	8,4	8,5	8,0
1971	8,5	8,6	8,7	8,5	8,4	8,1	8,3	8,5	8,6	9,0	8,9	8,8
1972	8,9	8,8	8,6	8,5	8,3	8,3	7,9	8,3	8,2	8,0	7,8	8,0
1973	8,0	8,0	8,1	8,4	8,5	8,4	8,4	8,4	8,7	8,9	9,1	8,9
1974	8,7	8,6	8,7	8,6	8,5	8,6	9,0	9,0	8,8	8,5	8,5	8,8
1975	8,8	8,9	8,8	9,0	9,2	9,2	8,8	8,8	8,8	8,6	8,6	8,6
1976	8,8	8,9	8,7	8,3	8,5	8,7	8,6	8,3	8,5	8,9	8,8	8,8
1977	8,8	8,7	8,8	8,8	8,8	8,9	9,0	9,1	8,8	8,7	8,8	8,8
1978	8,7	8,6	8,5	8,6	8,5	8,3	8,3	8,0	8,2	8,2	8,1	8,2
1979	8,5	8,4	8,4	8,4	8,4	8,5	8,8	8,8	8,9	8,7	8,6	8,3
1980	8,1	8,1	8,2	8,2	8,1	8,0	7,5	7,5	7,3	7,6	7,8	8,1
1981	8,1	8,2	8,2	8,3	8,4	8,6	8,5	8,5	8,4	8,2	8,0	8,1
1982	8,1	8,3	8,3	8,5	8,5	8,5	8,8	9,5	9,4	9,4	9,6	9,6
1983	9,5	9,7	9,8	9,6	9,5	9,3	9,1	8,8	9,0	8,8	8,7	8,6
1984	8,5	8,1	8,0	7,9	8,0	8,2	8,3	7,7	7,4	7,4	7,5	7,7
1985	7,6	7,7	7,8	7,9	7,7	7,4	7,5	8,1	8,0	8,0	8,0	8,2
1986	8,3	8,2	8,2	8,2	8,2	8,5	8,3	8,0	8,3	8,0	8,0	7,6
1987	7,6	7,8	7,7	8,0	8,1	8,2	8,3	8,9	9,1	9,5	9,5	9,8
1988	9,9	9,9	10,1	9,8	9,8	9,6	9,7	9,6	9,7	10,0	10,0	9,8
1989	9,7	9,7	9,6	9,5	9,4	9,4						

Man beachte, daß die Unterschiede zwischen den Zahlen in Tab. VI.5 wesentlich kleiner sind als die in Tab. VI.4. Mit gleitenden Durchschnitten "hobelt" man eine Zeitreihe ab, macht sie "glatter".

♦♦ ♦ ♦♦

In jedem der gleitenden Durchschnitte (10) kommt

$$\bar{s}_j(\lambda) = \sum_{j=1}^{\lambda} s_j = 0 \qquad (9)$$

vor. Außerdem ist in jedem eine Summe von λ Residuen enthalten. Im Hinblick auf die Regellosigkeit von Residuen dürfen wir annehmen, daß diese Summen sich nicht allzusehr von Null unterscheiden. Damit reduziert (10) sich zu

$$\bar{y}_{ij}(\lambda) \approx \underline{\bar{\mu}_{ij}(\lambda) + \bar{z}_{ij}(\lambda)} \quad . \qquad (10')$$

Nun bilden wir die Differenzen:

$$\begin{aligned} d_{ij} &= x_{ij} - \bar{y}_{ij}(\lambda) \\ &= (\mu_{ij} - \bar{\mu}_{ij}(\lambda)) + (z_{ij} - \bar{z}_{ij}(\lambda)) + s_j + e_{ij} \quad . \end{aligned} \qquad (11)$$

Dabei ist μ_{ij}, z_{ij} der "wahre", $\bar{\mu}_{ij}(\lambda)$, $\bar{z}_{ij}(\lambda)$ der "wahrscheinliche Wert" der μ- bzw. z-Komponente an der betreffenden Stelle, so daß

$$\mu_{ij} - \bar{\mu}_{ij}(\lambda) \approx 0, \qquad z_{ij} - \bar{z}_{ij}(\lambda) \approx 0$$

angenommen werden kann. Die Differenz (11) stellt demnach die vom Residuum e^*_{ij} überlagerte jahreszeitlich bedingte Abweichung vom Jahresdurchschnitt dar:

$$d_{ij} = s_j + e^*_{ij} \, , \qquad (11')$$

wobei e^*_{ij} sich von e_{ij} in dem Ausmaß unterscheidet, als wahre und wahrscheinliche Werte der μ-und z-Komponente verschieden sind.

Beispiel VI.6 (Fortsetzung)**:** Wir bilden die Matrix der Differenzen (11'), indem wir die Matrix der Tab.VI.5 von der Matrix der Tab.VI.4 subtrahieren.

Tab.VI.6: Matrix der Differenzen. Man beachte, daß je 6 Differenzen in der ersten und letzten Zeile nicht gebildet werden können!

	Jan	Feb	Mär	Apr	Mai	Jun	Jul	Aug	Sep	Okt	Nov	Dez	
1970							9,8	9,6	6,2	0,8	-2,2	-8,8	s_j+e_{1j}
1971	-13,2	-8,7	-8,0	1,0	6.4	7,1	10,6	11,2	3,7	-1,1	-5,5	-6,5	s_j+e_{2j}
1972	-11,7	-7,6	-2,5	-0,2	4.5	8,1	10,0	8,8	2,9	-2,4	-4,8	-9,4	s_j+e_{3j}
1973	-6,6	-7,6	-4,5	-2,1	5.7	8,4	9,4	10,3	6,2	-2,1	-7,4	-10,5	s_j+e_{4j}
1974	-7,2	-5,4	-1,6	0,0	2.5	6,1	8,0	10,2	5,1	-3,1	-5,9	-5,3	s_j+e_{5j}
1975	-7,0	-8,6	-4,3	-1,3	5.3	6,2	9,4	9,3	7,7	-0,9	-6,4	-9,8	s_j+e_{6j}
1976	-7,2	-8,3	-7,3	0,3	5.3	8,9	11,0	7,1	4,0	0,7	-4,3	-10,6	s_j+e_{7j}
1977	-10,6	-6,3	-1,9	-1,9	4.7	8,6	9,6	8,0	3,8	0,9	-4,0	-8,6	s_j+e_{8j}
1978	-9,3	-9,9	-2,9	0,0	4.3	8,0	8,7	8,5	5,1	0,8	-6,2	-7,8	s_j+e_{9j}
1979	-12,8	-7,0	-2,9	-0,0	6.0	10,3	7,8	7,7	4,8	-0,0	-5,2	-4,6	s_j+e_{10j}
1980	-12,6	-6,0	-4,5	-2,5	3.2	8,2	8,7	10,5	6,5	0,1	-6,3	-9,8	s_j+e_{11j}
1981	-12,5	-9,1	-0,7	0,6	5.3	8,3	8,9	9,7	6,1	0,6	-3,9	-10,3	s_j+e_{12j}
1982	-13,0	-10,3	-3,8	-1,4	5.8	9,1	11,0	9,0	6,9	0,0	-5,7	-8,1	s_j+e_{13j}
1983	-6,6	-13,0	-4,9	0,3	4.1	7,7	12,7	10,4	5,1	0,1	-7,0	-10,3	s_j+e_{14j}
1984	-9,0	-8,9	-5,1	-0,2	4.6	7,7	8,8	10,0	5,7	2,4	-2,7	-8,1	s_j+e_{15j}
1985	-15,7	-11,9	-4,7	0,5	7.1	7,5	11,6	10,1	6,2	0,0	-7,5	-6,6	s_j+e_{16j}
1986	-9,3	-14,1	-5,2	1,0	7.9	7,5	9,8	10,7	5,2	1,1	-4,6	-8,1	s_j+e_{17j}
1987	-12,8	-9,2	-9,3	1,9	3.6	7,9	11,3	8,4	8,3	1,3	-5,4	-8,6	s_j+e_{18j}
1988	-8,5	-8,2	-7,3	0,2	5.8	7,1	10,1	9,6	5,0	0,7	-8,7	-7,5	s_j+e_{19j}
1989	-9,4	-7,2	-2,2	-0,0	4.3	6,0							s_j+e_{20j}

In jeder Spalte der Tab.VI.6 stehen 19 (nicht 20) Differenzen, deren Aufbau in der rechts der Matrix angefügten Spalte schematisch dargestellt ist.

⬩♦⧫♦⬩

Man bilde nun die Spaltenmittelwerte der Tab.VI.6:

$$\bar{d}_j = \frac{1}{m-1} \sum_i d_{ij} = s_j + \bar{e}_j, \qquad i=2,\ldots,m \text{ oder } i=1,\ldots,m-1 ,$$

und zuletzt, unter Beachtung von (9):

$$\bar{d} = \frac{1}{\lambda} \sum_{j=1}^{\lambda} \bar{d}_j = \frac{1}{\lambda} \sum_{j=1}^{\lambda} \bar{e}_j = \bar{\bar{e}} .$$

Damit hat man auch schon einen Schätzer s* für die jahreszeitlich bedingte Abweichung s vom Jahresdurchschnitt:

$$\bar{d}_j - \bar{d} = s_j + (\bar{e}_j - \bar{\bar{e}}) = s_j^* , \qquad j=1,\ldots,\lambda , \tag{12}$$

wobei selbstverständlich $\sum s_j^* = 0$ gilt (6.III).

Beispiel VI.6 (Fortsetzung)**:** Die Saisonkomponente der Temperatur in den Jahren 1970-1989 hat schätzungsweise folgende Beschaffenheit:

j	1	2	3	4	5	6	7	8	9	10	11	12
s^*_j	-10,3	-8,8	-4,4	-0,2	5,1	7,8	9,8	9,4	5,5	-0,0	-5,5	-8,4

Die mittlere Januartemperatur liegt etwa 10,3° unter, die mittlere Julitemperatur um etwa 9,8° über dem jeweiligen Jahresdurchschnitt, vorausgesetzt, daß die Saisonkomponente sich dieser Zeitreihe additiv überlagert.

⬩⧫⬩

Die Folge der Zahlen $s^*_1,\ldots,s^*_j,\ldots,s^*_\lambda$ heißt **Saisonindexziffer**. Um die $(\mu+z)$-Komponente sichtbar zu machen, muß man die Zeitreihe von der Saisonkomponente 'befreien'. Man bildet:

$$x^*_{ij} = x_{ij} - s^*_j \,. \tag{13}$$

Die Zeitreihe (t,x^*_t) heißt **saisonbereinigte Zeitreihe**. - Die mit (13) gebildeten Werte setzen sich aus

$$(6):\ x_{ij} = \mu_{ij} + z_{ij} + s_j + e_{ij} \quad \text{und (12): } s^*_j = s_j + \bar{e}_j - \bar{\bar{e}}$$

wie folgt zusammen:

$$x^*_{ij} = \mu_{ij} + z_{ij} + e_{ij} - (\bar{e}_j - \bar{\bar{e}}) \,. \tag{14}$$

Da $\sum_j (\bar{e}_j - \bar{\bar{e}}) = 0$ und $\sum_j e_{ij} \approx 0$, haben die saisonbereinigten Jahresmittelwerte näherungsweise folgende Darstellung:

$$\overline{x^*_i} = \frac{1}{\lambda} \sum_{j=1}^{\lambda} x^*_{ij} \approx \bar{\mu}_i + \bar{z}_i \,. \tag{13'}$$

Damit errechnet man den sogenannten **langjährigen Durchschnitt** wie folgt:

$$\overline{\overline{x^*}} = \frac{1}{m} \sum_{j=1}^{m} \overline{x^*_i} = \bar{\mu} + \bar{z} \,. \tag{13''}$$

Tab.VI.7: Saisonbereinigte Zeitreihe der Tab.VI.4, Jahresmittel und langjähriger Durchschnitt.

	Jan	Feb	Mar	Apr	Mai	Jun	Jul	Aug	Sep	Okt	Nov	Dez	$\overline{x_i^*}$	Diff
1970							8,8	8,8	9,2	9,2	11,8	8,4	9,4	0,8
1971	5,6	8,7	5,1	9,8	9,7	7,4	9,1	10,3	6,8	7,9	8,9	10,7	8,3	-0,3
1972	7,5	10,0	10,5	8,6	7,7	8,6	8,1	7,7	5,6	5,6	8,5	7,0	8,0	-0,6
1973	11,7	9,2	8,0	6,6	9,1	9,0	8,0	9,3	9,4	6,8	7,2	6,8	8,4	-0,2
1974	11,8	12,0	11,5	8,9	5,9	6,9	7,2	9,8	8,4	5,4	8,1	11,9	9,0	0,4
1975	12,1	9,1	8,9	8,0	9,4	7,6	8,4	8,7	11,0	7,7	7,7	7,2	8,8	0,2
1976	11,9	9,4	5,8	8,9	8,7	9,8	9,8	6,0	7,0	9,6	10,0	6,6	8,6	0
1977	8,5	11,2	11,3	7,2	8,4	9,7	8,8	7,7	7,1	9,6	10,3	8,6	9,0	0,4
1978	9,7	9,5	10,0	8,9	7,7	8,5	7,2	7,1	7,8	9,0	7,4	8,8	8,3	-0,3
1979	6,0	10,2	9,9	7,8	9,3	11,0	6,8	7,1	8,2	8,7	8,9	12,1	8,8	0,2
1980	5,8	10,9	8,1	6,0	6,2	8,4	6,4	8,6	8,3	7,7	7,1	6,7	7,5	-1,1
1981	5,9	7,9	11,9	9,2	8,6	9,1	7,6	8,8	9,0	8,8	9,6	6,2	8,6	0
1982	5,4	6,8	8,9	7,4	9,2	9,8	10,0	9,1	10,8	9,4	9,4	9,9	8,8	0,2
1983	13,2	5,5	9,3	10,2	8,5	9,2	12,0	9,8	8,6	8,9	7,2	6,7	9,1	0,5
1984	9,8	8,0	7,3	8,0	7,5	8,1	7,3	8,3	7,6	9,8	10,3	8,0	8,3	-0,3
1985	2,2	4,6	7,5	8,7	9,7	7,1	9,3	8,8	8,7	8,0	6,0	10,0	7,6	-1,0
1986	9,3	2,9	7,4	9,5	11,0	8,2	8,3	9,3	8,0	9,1	8,9	7,9	8,3	0,3
1987	5,1	7,4	2,8	10,2	6,6	8,3	9,8	7,9	11,9	10,8	9,6	9,6	8,3	-0,3
1988	11,7	10,5	7,2	10,3	10,5	8,9	10,0	9,8	9,2	10,7	6,8	10,7	9,7	1,1
1989	10,6	11,3	11,8	9,8	8,6	7,6							10	1,4

$\overline{\overline{x^*}} = 8{,}64$

Stagniert die Zeitreihe, dann ist $\mu_{ij} = \bar{\mu}_i = \bar{\mu}$. Die Abweichungen der Jahresdurchschnitte vom langjährigen Durchschnitt werden dann wesentlich von den Oszillationen bestimmt:

$$\overline{x_i^*} - \overline{\overline{x^*}} = \bar{z}_i - \bar{z} \ .$$

Der Leser begutachte nun das Bild der Zeitreihe in Tab. VI.7:

Abb.VI.10: Saisonbereinigte Zeitreihe der Temperaturen.

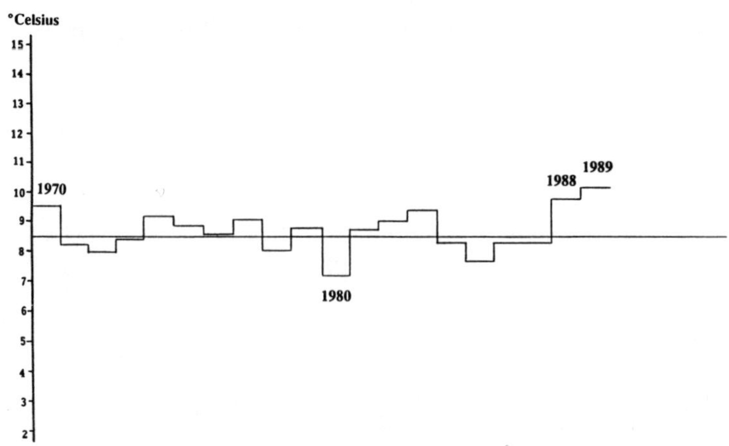

Das Bild zeigt, daß diese Zeitreihe sich über eine lange Strecke in kleinen Schwingungen parallel zur Zeitachse bewegt. Nach 1987 wendet sie sich jedoch vom langjährigen Durchschnitt in einer Weise ab, wie sie es bisher nie getan hat. Wir fragen nach der Fortsetzung. Können wir diese Frage beantworten? Wir wissen doch nicht einmal, wie oft solche auffallenden Abwendungen vom langjährigen Durchschnitt mit anschließender Rückkehr im Laufe der Millionen von Jahren erfolgt sind!

Wir wenden uns jetzt Zeitreihen zu, die entweder keine saisonale Komponente aufweisen oder saisonbereinigt wurden, so daß sie die Struktur:

$$x_t = \underbrace{\mu_t + z_t}_{} + e_t \qquad (6')$$

besitzen. Im Zusammenhang mit (10') wurde bereits darauf hingewiesen, daß Trend μ und oszillatorische Komponenten z mit Hilfe gleitender Durchschnitte (7) sichtbar gemacht werden können. Die Vorschrift:

$$y_t(q,r) = \sum_{h=-q}^{r} \theta_h \, x_{t+h} \, , \qquad (15)$$

nach der die Zeitreihe $(t, y_t(q,r))$ aus der Zeitreihe (t,x_t) gebildet wird, bezeichnet man als **linearen Filter**. Setzt man $r=q$ und $\theta_h = 1/(2q+1)$, so erhält man:

$$y_t(q,q) = \frac{1}{2q+1} \sum_{h=-q}^{q} x_{t+h} = \bar{y}_t(2q+1) \, . \qquad (7)$$

Gleitende Durchschnitte sind also nichts anderes als symmetrische Filter ungerader Ordnung.

Man beachte, daß aufeinanderfolgende y-Werte einander allein deshalb ähnlich sein müssen, weil sie, mit jeweils einer Ausnahme, aus denselben Werten der Zeitreihe (t,x_t) gebildet werden, wie nachstehendes Schema am Beispiel gleitender Durchschnitte von ungerader Ordnung 2k+1 veranschaulicht:

$$\begin{aligned}(2k+1)\cdot\bar{y}_t &= x_{t-k} + \overbrace{x_{t-k+1} + \ldots + x_{t+k}} \, , \\ (2k+1)\cdot\bar{y}_{t+1} &= \underbrace{x_{t-k+1} + \ldots + x_{t+k}} + x_{t+k+1} \, .\end{aligned}$$

Zyklische Schwankungen der y-Werte um die Trendlinie dürfen aus diesem Grunde nicht ohne weitere Nachforschungen als Ausdruck der zyklischen Komponente der Zeitreihe (t,x_t) betrachtet werden. Weist nämlich einer dieser gemeinsamen x-Werte eine besonders starke positive oder negative Abweichung e auf, so werden alle aufeinanderfolgenden Durchschnitte, in denen er vorkommt, diese Abweichung ebenfalls aufweisen, allerdings in "geglätteter Form" (**Slutzky-Yule-Effekt**). Eine solche Abweichung persistiert umso länger, je höher die Ordnung des gleitenden Durchschnittes ist, hat dafür aber eine umso kleinere Amplitude.

Die Trendkomponente μ_t kann isoliert werden, indem man sie durch ein Polynom zweiten Grades ersetzt und dessen Parameter mit der Methode der Kleinsten Quadrate bestimmt (Formel 18.V):

$$x_t = \underbrace{(a + b_1 t + b_2 t^2)}_{\hat{\mu}_t} + (z_t + e_t) .$$

Die mit der polynomialen Regression nicht zu erklärenden Abweichungen setzen sich aus den zyklischen Komponenten der Zeitreihe sowie aus den irregulären Einflüsse zusammen. In einigen Fällen ist die Trendkomponente der Zeitreihe eine mathematische Funktion, die man kennt.

Beispiel VI.7: Die Verbreitung langlebiger Wirtschaftsgüter strebt auf folgende Weise einer Sättigungsgrenze α zu (logistische Kurve):

$$\mu_t = \frac{\alpha}{1+e^{\beta+\gamma t}} .$$

Man sieht, daß $\mu_\infty = \alpha$, soferne $\gamma < 0$. Die Funktion kann auf folgende Weise "linearisiert" werden:

$$\underbrace{\frac{1}{\mu_t}}_{y_t} = \frac{1+e^{\beta+\gamma t}}{\alpha} = \underbrace{\frac{1-e^{\gamma}}{\alpha}}_{a} + \underbrace{e^{\gamma}}_{b} \underbrace{\frac{1+e^{\beta+\gamma(t-1)}}{\alpha}}_{y_{t-1}} .$$

Man ersetzt μ_t durch x_t. Die nicht zu erklärenden Abweichungen wirken sich derart aus, daß

$$\frac{1}{x_t} = y_t + e_t = a + b \cdot y_{t-1} + e_t .$$

Es ist nunmehr leicht, Kleinstquadratschätzer $\hat{a}$, $\hat{b}$ für a und b zu gewinnen und damit die Parameter der logistischen Funktion zu schätzen:

$$\hat{\gamma} = \ln \hat{b}; \quad \hat{\alpha} = \frac{1-\hat{b}}{\hat{a}} ; \quad \hat{\beta} = \ln\left(\frac{1-\hat{b}-\hat{a}}{\hat{a}}\right) - \frac{1}{n} \sum_{t=1}^{n} \ln x_t - \ln \hat{b} \sum_{t=1}^{n} t .$$

⬩⬥◆⬥⬩

Wir wenden uns jetzt Zeitreihen mit gleichbleibender, stagnierender Trendkomponente $\mu_t = \mu$ (konstant) zu. Eine solche bewegt sich in kleinen Schwingungen z, die von irregulären Einflüssen e überlagert werden, parallel zur Zeitachse. - Die Zeitreihe

$$x_t = \mu_t + z_t + e_t$$

wird vom **Trend bereinigt**, indem man sie durch die Zeitreihe

$$y_t = x_t - \mu_t + \mu = \mu + z_t + e_t$$

ersetzt; y_t bewegt sich im Abstand μ parallel zur Zeitachse, wobei $\sum_t z_t = 0$ und $\sum_t e_t = 0$ gelten soll.

Eine Zeitreihe heißt **schwach stationär**, wenn
- die Trendkomponente $\mu_t = \mu$ (konstant) ist,
- die Streuung um μ an allen Stellen t = 1,2,...,n gleich stark ist,
- der Zusammenhang aufeinanderfolgender Werte y_t, y_{t+1} durch die Zufallskomponente **e** an allen Stellen t, t+1 gleich stark vermindert wird.

Man benutzt folgende Maßzahlen zur Analyse einer schwach stationären Zeitreihe:

Das **arithmetische Mittel**:

$$\boxed{\bar{y} = \frac{1}{n} \sum_{t=1}^{n} y_t \approx \mu} \quad , \qquad (16)$$

die **Autovarianz**:

$$\boxed{s^2 = \frac{1}{n} \sum_{t=1}^{n} (y_t - \bar{y})^2} \quad , \qquad (17)$$

die **Autokovarianz** mit Abstandsparameter k:

$$\boxed{\mathrm{Kov}(k) = \frac{1}{n-k} \sum_{t=1}^{n-k} (y_t - \bar{y})(y_{t+k} - \bar{y})} \quad . \qquad (18)$$

Man kann die y-Werte in Paaren anordnen, die durch den Abstand ('lag') k voneinander getrennt sind:

$$(y_1, y_{1+k}), (y_2, y_{2+k}), \ldots, (y_{n-k}, y_n) \ .$$

Nun sieht man leicht, daß die Autokovarianz symmetrisch ist:

$$\mathrm{Kov}(-k) = \frac{1}{n-k} \sum_{t=k+1}^{n} (y_t - \bar{y})(y_{t-k} - \bar{y}) = \mathrm{Kov}(k) \ .$$

Der aufmerksame Leser erkennt, daß man anstelle von $\bar{y}$ hätte

$$\bar{y}_1 = \frac{1}{n-k} \sum_{t=1}^{n-k} y_t , \quad \bar{y}_2 = \frac{1}{n-k} \sum_{t=k+1}^{n} y_{t+k} ,$$

verwenden müssen, was im Hinblick auf Formel 27.IV bedeutet:

$$\begin{aligned} \text{Kov}(k) &= \frac{1}{n-k} \Sigma (y_t - \bar{y}_1 + \bar{y}_1 - \bar{y})(y_{t+k} - \bar{y}_2 + \bar{y}_2 - \bar{y}) \\ &= \underbrace{\frac{1}{n-k} \Sigma (y_t - \bar{y}_1)(y_{t+k} - \bar{y}_2)}_{\text{"richtige Kovarianz"}} \quad + \quad \underbrace{(\bar{y}_1 - \bar{y})(\bar{y}_2 - \bar{y})}_{\text{"Kovarianz der Mittelwerte"}} . \end{aligned}$$

Da die Zeitreihe jedoch einen gleichbleibenden Trend aufweist, wird, insbesondere wenn sie entsprechend lang ist, $\bar{y}_1 \approx \bar{y}_2 \approx \bar{y}$ gelten.

Eine besonders wichtige Rolle spielt die **Autokorrelation** der y-Werte, die durch den Abstand k voneinander getrennt sind. Man bildet sie gemäß 24.IV:

$$r_k = \frac{\text{Kov}(k)}{\sqrt{\text{Var } y_1 \cdot \text{Var } y_2}} , \quad r_{-k} = r_k . \tag{19}$$

Da die Zeitreihe **varianzstationär** ist, wird $\text{Var}\, y_1 \approx \text{Var}\, y_2 \approx s^2$ gelten, so daß für k=0,1,2,..., (19) folgende Form annimmt:

$$\boxed{r_k \approx \frac{\text{Kov}(k)}{s^2} = \frac{n}{n-k} \frac{\Sigma (y_t - \bar{y})(y_{t+k} - \bar{y})}{\Sigma (y_t - \bar{y})^2}} . \tag{19'}$$

Geht die Autokorrelation mit wachsendem Abstand k rasch gegen Null und ist n groß, so darf der Faktor n/(n-k) vernachlässigt werden.
Die Autokorrelation ist eine Funktion des Abstandsparameters k. Das Bild dieser Funktion heißt **Korrelogramm**.

Abb.VI.11: Korrelogramm eines Yule-Walker-Prozesses.

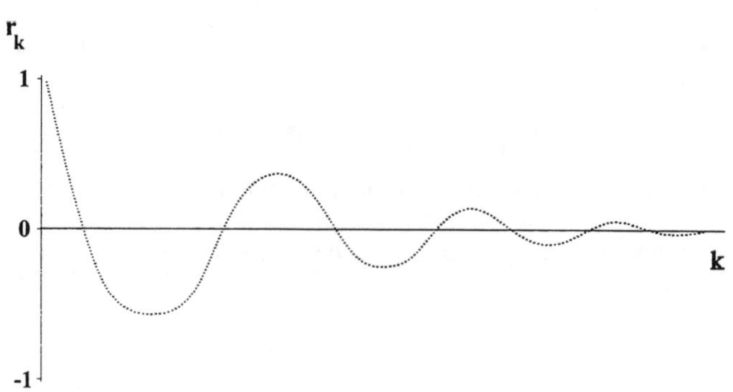

Weist eine Zeitreihe eine periodische Komponente mit Wellenlänge w auf, so werden ihre Werte an den Stellen t, t+w, t+2w ähnlich sein, d.h. die Autokorrelationen mit Abstandsparametern k=w, 2w, 3w ... werden hoch sein, das Korrelogramm wird an diesen Stellen Ausschläge nach oben aufweisen. Bei gewissen Klassen von stochastischen Prozessen sind Korrelogramm und innere Struktur einander unverwechselbar eindeutig zugeordnet. Darüber soll im folgenden Abschnitt berichtet werden.

Zeitreihen mit stochastischen Komponenten

Zu Beginn des letzten Abschnittes wurde die Zeitreihe (t, x_t) eingeführt:

$$x_t = \mu_t + z_t + s_t + e_t \; . \tag{6}$$

μ_t, z_t, s_t sind Funktionen der Zeit, die den Trend, die Zyklen und die saisonalen Schwankungen der Zeitreihe erfassen; e_t ist eine stochastische Komponente, die sich der Zeitreihe überlagert und aus deren bisherigem Verlauf nicht erklärt werden kann.
Wir entfernen nun die deterministischen Komponenten:

$$x_t - (\mu_t + z_t + s_t) = e_t \; .$$

Die Zeitreihe (t, e_t) soll Realisierung eines schwach stationären Prozesses sein, der folgende besondere Eigenschaften hat: die Abweichungen e sind im Mittel null, sie streuen gleichmäßig stark, sie sind paarweise unabhängig, also unkorreliert. Man nennt einen Prozeß, der diese Eigenschaften aufweist, ein **weißes Rauschen** (white noise). Er entspricht unserer Vorstellung von der Regellosigkeit der Residuen.

Beispiel VI.8: Wir wenden auf die Zeitreihe (t, e_t) den linearen Filter (15) an:

$$y_t(q,r) = \sum_{h=-q}^{r} \theta_h \, e_{t+h} \, ,$$

wobei wir r=0 setzen und $\theta_h = 1/(q+1)$. Die Werte

$$y_t = \frac{1}{q+1}\,(e_{t-q} + e_{t-q+1} + \ldots + e_t\,),$$

$$y_{t+1} = \frac{1}{q+1}\,(e_{t-q+1} + \ldots\ldots\, e_t + e_{t+1})$$

sind einseitige gleitende Durchschnitte von der Ordnung q+1. Da aufeinanderfolgende Durchschnitte q Werte gemeinsam haben, sind sie korreliert, stellen also kein weißes Rauschen dar.

⬩⬥◆⬥⬩

Man bezeichnet allgemein eine Folge einseitiger gleitender Durchschnitte von der Ordnung q+1 als **"moving average process of order q"**, kurz MA(q):

$$\mathbf{y}_t = \theta_q \mathbf{e}_{t-q} + \ldots + \theta_1 \mathbf{e}_{t-1} + \theta_0 \mathbf{e}_t \,. \qquad (20)$$

Die Autokorrelationen (19) zwischen y-Werten mit Abstandsparameter k haben folgenden Aufbau:

$$r_k = \begin{cases} \dfrac{\theta_0\theta_k + \theta_1\theta_{k+1} + \theta_2\theta_{k+2} + \ldots + \theta_{q-k}\theta_q}{\theta_0^2 + \theta_1^2 + \theta_2^2 + \ldots + \theta_q^2} & \text{für } k=0,1,\ldots,q, \\[2ex] 0 \quad \text{für } k \geq q+1 \,. \end{cases} \qquad (19')$$

Beispiel VI.8 (Fortsetzung)**:** Wegen $\theta_h = 1/(q+1)$ nimmt (19') folgende Form an:

$$r_k = \frac{(q-k+1)\cdot\frac{1}{q+1}\cdot\frac{1}{q+1}}{(q+1)\cdot(\frac{1}{q+1})^2} = \frac{q+1-k}{q+1}, \quad k = 0,1,2,\ldots,q \,.$$

Mittelt man etwa q+1=3 aufeinanderfolgende Werte (t, e_t), so erhält man den MA(2):

$$y_t = \frac{1}{3}(e_{t-2} + e_{t-1} + e_t), \quad t = 3,4,\ldots$$

mit den Autokorrelationen

$$r_k = \frac{3-k}{3} : r_0 = 1, \; r_1 = \frac{2}{3}, \; r_2 = \frac{1}{3}, \; r_k = 0 \quad \text{für } k = 3,4,\ldots \,.$$

Weicht y an der Stelle t stark von der Nullinie ab, so überträgt sich diese Abweichung wegen $r_1 = 2/3$ mit ziemlicher Wahrscheinlichkeit auf y_{t+1} und vermutlich sogar noch auf y_{t+2}. Auf diese Weise können Schwankungen entstehen, die - wie bereits an früherer Stelle erwähnt - nicht mit deterministischen Komponenten zyklischer Art verwechselt werden dürfen.

⬩⬥◆⬥⬩

Man kann die Ordnung der gleitenden Durchschnitte sowie die Struktur der Gewichte θ_h unter gewissen Umständen aufgrund der mit (19) berechneten Autokorrelation und mit (19') identifizieren.

Von Interesse ist vielfach die Regression einer Zeitreihe gegen ihre eigene "Vorgeschichte". Man nennt einen Prozeß

$$\mathbf{y}_t = Ø_1 \mathbf{y}_{t-1} + Ø_2 \mathbf{y}_{t-2} + \dots + Ø_p \mathbf{y}_{t-p} + \mathbf{e}_t \tag{21}$$

autoregressiv der Ordnung p, kurz AR(p). Zwischen den Koeffizienten Ø und den Autokorrelationen (19) besteht folgender Zusammenhang:

$$r_k = Ø_1 \cdot r_{k-1} + Ø_2 \cdot r_{k-2} + \dots + Ø_p \cdot r_{k-p}, \quad k \geq 1 . \tag{22}$$

Setzt man in (22) der Reihe nach k = 1,2,...,p, so erhält man die **Yule-Walker-Gleichungen**, die wir in Matrixform wiedergeben:

$$\begin{bmatrix} r_1 \\ r_2 \\ \vdots \\ r_p \end{bmatrix} = \underbrace{\begin{bmatrix} 1 & r_1 & r_2 & \dots\dots & r_{p-1} \\ r_1 & 1 & r_1 & \dots\dots & r_{p-2} \\ \vdots & \vdots & \vdots & & \vdots \\ r_{p-1} & r_{p-2} & \cdot & \dots\dots & 1 \end{bmatrix}}_{\mathbf{R}} \cdot \begin{bmatrix} Ø_1 \\ Ø_2 \\ \vdots \\ Ø_p \end{bmatrix} . \tag{23}$$

Ist die Matrix **R** der Autokorrelationen, die symmetrisch ist von der Ordnung p, regulär, d.h. existiert $\mathbf{R}^{-1}$, so daß $\mathbf{R}^{-1}\mathbf{R} = \mathbf{E}$ (Einheitsmatrix), dann kann man den Vektor der Koeffizienten Ø eindeutig bestimmen:

$$\mathbf{R}^{-1} \cdot \begin{bmatrix} r_1 \\ r_2 \\ \vdots \\ r_p \end{bmatrix} = \begin{bmatrix} Ø_1 \\ Ø_2 \\ \vdots \\ Ø_p \end{bmatrix} . \tag{24}$$

Beispiel VI.9: Wir berechnen die Autokorrelationen des AR(1) (21) mit (22):

$$y_t = Ø_1 y_{t-1} + e_t \text{ so daß: } \quad r_k = Ø_1 r_{k-1} .$$

Wegen $r_0 = 1$ ist $r_1 = Ø_1 \cdot 1$, $r_2 = Ø_1 \cdot r_1 = r_1^2, \dots, r_k = r_1^k$, $k = 0,1,\dots$.

Tab.VI.8: Ausgewählte Werte der Autokorrelationsfunktion von AR(1), wenn $r_1 = 0{,}4$ bzw. $r_1 = -0{,}7$ ist.

k	0	1	2	3	4	5	6	7	8	..
$r_1 = 0{,}4$: r_k	1	0,4	0,16	0,064	0,026	0,01	0,004	0,002	0,000	..
$r_1 = -0{,}7$: r_k	1	-0,7	0,49	-0,34	0,24	-0,17	0,12	-0,08	0,06	..

Nur kurz erwähnt seien hier die gemischten AR(p), MA(q), kurz **ARMA(p,q)-Prozesse**:

$$\mathbf{Z}_t = \varnothing_1 \mathbf{Z}_{t-1} + \ldots + \varnothing_p \mathbf{Z}_{t-p} + \mathbf{e}_t + \theta_1 \mathbf{e}_{t-1} + \ldots + \theta_q \mathbf{e}_{t-q} \,. \tag{25}$$

Jeder ARMA(p,q)-Prozeß kann, sofern er stationär ist, durch einen MA(∞)-Prozeß dargestellt werden:

$$\mathbf{Z}_t = \sum_{j=0}^{\infty} \beta_j \mathbf{e}_{t-j} \quad \text{mit} \quad \sum_j |\beta_j| < \infty \,,$$

oder durch einen AR(∞)-Prozeß:

$$\mathbf{Z}_t = \sum_{j=1}^{\infty} \alpha_j \mathbf{Z}_{t-j} + \mathbf{e}_t \,.$$

Beispiel VI.10: Die Konjunktur hängt (autoregressiv) von ihrem bisherigen Verlauf sowie von weiteren, sogenannten exogenen Merkmalen $\mathbf{X}_1,\ldots,\mathbf{X}_s$ ab. Will man alle diese Gegebenheiten gleichzeitig berücksichtigen, so muß man das Lineare Modell (22.V) in folgender Form verwenden:

$$\begin{bmatrix} y_t \\ y_{t+1} \\ \vdots \\ \vdots \\ y_{t+n} \end{bmatrix} = \begin{bmatrix} y_{t-1} & y_{t-2} & \cdots & y_{t-p} & x_{1,t} & & x_{s,t} \\ y_t & y_{t-1} & \cdots & y_{t-p+1} & x_{1,t+1} & & x_{s,t+1} \\ \vdots & \vdots & & \vdots & \vdots & & \vdots \\ \vdots & \vdots & & \vdots & \vdots & & \vdots \\ y_{t+n-1} & y_{t+n-2} & \cdots & y_{t-p+n} & x_{1,t+n} & \cdots & x_{s,t+n} \end{bmatrix} \begin{bmatrix} \varnothing_1 \\ \vdots \\ \varnothing_p \\ b_1 \\ \vdots \\ b_s \end{bmatrix} + \begin{bmatrix} e_t \\ e_{t+1} \\ \vdots \\ \vdots \\ e_{t+n} \end{bmatrix} .$$

In diesem Modell tritt die Ordnung des autoregressiven Prozesses, d.h. p (21), als Parameter auf. Man weiß in der Regel nicht, wieviele Glieder der Vorgeschichte den aktuellen Verlauf des Prozesses beeinflussen. Wenn man p überschätzt, also bereits wirkungslos gewordene Zustände der Vergangenheit berücksichtigt, werden die zu diesen Zuständen gehörenden Koeffizienten Ø sich kaum mehr von Null unterscheiden.

⬩⬧⧫⬧⬩

Die Ordnung p eines autoregressiven Prozesses hängt mit den sogenannten **partiellen Autokorrelationen** zusammen. Partialkorrelationen wurden im Zusammenhang mit (30.IV) bereits erklärt: Mit $r_{xy\,|\,z_1,\ldots,z_p}$ haben wir gemessen, wie ähnlich Objekte auf die Merkmale **X** und **Y** verteilt sind, wenn sie jeweils die gleiche Ausprägung der Merkmale $\mathbf{Z}_1,\ldots,\mathbf{Z}_p$ aufweisen. Unter der partiellen Autokorrelation der y-Werte, die einen Abstand k voneinander haben, versteht man die Autokorrelation jener Werte y_t, y_{t-k}, zwischen denen Werte $y_{t-1}, y_{t-2},\ldots,y_{t-k+1}$ jeweils gleicher Größe liegen:

$$Ø_{kk} = \text{Korr}\; y_t,\, y_{t-k} \,|\, y_{t-1},\, y_{t-2},\ldots,\, y_{t-k+1} \qquad (26)$$

$$\ldots\; y_{t-k},\; \underbrace{y_{t-k+1},\;\ldots\ldots\ldots\ldots\;,\; y_{t-2},\; y_{t-1}}_{\text{feste Werte}},\; y_t\;\ldots$$

Man kann beweisen, daß die partiellen Autokorrelationen eines stationären AR(p)-Prozesses mit Autokorrelationsfunktion r_k, k=0,1,... Lösungen von Gleichungssystemen sind, welche den Yule-Walker-Gleichungen (23) entsprechen. Für $k < p$ gilt:

$$\begin{bmatrix} r_1 \\ r_2 \\ \vdots \\ r_k \end{bmatrix} = \underbrace{\begin{bmatrix} 1 & r_1 & \ldots\ldots & r_{k-1} \\ r_1 & 1 & \ldots\ldots & r_{k-2} \\ \vdots & \vdots & & \vdots \\ r_{k-1} & r_{k-2} & \ldots\ldots & 1 \end{bmatrix}}_{\mathbf{R}} \cdot \begin{bmatrix} Ø_{k1} \\ Ø_{k2} \\ \vdots \\ Ø_{kk} \end{bmatrix} \Rightarrow \mathbf{R}^{-1} \begin{bmatrix} r_1 \\ r_2 \\ \vdots \\ r_k \end{bmatrix} = \begin{bmatrix} Ø_{k1} \\ Ø_{k2} \\ \vdots \\ Ø_{kk} \end{bmatrix} \cdot \qquad (23')$$

Dabei interessiert nur das unterste Element des Lösungsvektors, also $Ø_{kk}$ (26). - Für k = p muß im Hinblick auf (23) gelten: $Ø_{pp} = Ø_p$ und für k > p: $Ø_{kk} = 0$. Partialkorrelationen, deren Ordnung höher ist als die des Prozesses, sind null. Der Parameter p läßt sich daher mit Hilfe der Yule-Walker-Gleichungen identifizieren.

Wenn man einen AR(p)-Prozeß durch ein AR(p-1) - oder ein AR(p+1)-Modell darstellt, so wird man das an der Beschaffenheit der Residuen $\hat{e}_1,\ldots,\hat{e}_n$ zwar nicht immer, aber doch sehr häufig erkennen. Im ersten Fall wird die Zeitreihe $(t, \hat{e}_t)$ kein weißes Rauschen darstellen, die Autokorrelationen werden nicht, wie es sein sollte, regellos um Null mit Varianz 1/n schwanken. Im zweiten Fall sind die überflüssigen Parameter $\emptyset_{p+1}, \emptyset_{p+2},\ldots$ kaum von Null verschieden, das Bestimmtheitsmaß B_{p+1} nicht größer als B_p (siehe 30.V).

Alle hier geschilderten Methoden sind Teil einer Universalstrategie der **Modellspezifikation**, die unter dem Namen **Box-Jenkins-approach** bekannt ist. Die bedeutendste Rechtfertigung aller Entscheidungen wird allerdings nur von der Wirklichkeit selbst gewährt: sie besteht darin, daß der weitere Verlauf der Zeitreihe dem prognostizierten folgt.

VI.3: Prognosen

Wir setzen voraus, daß ein stochastischer Prozeß, dessen innere Struktur bekannt ist, bis zum Zeitpunkt t=n realisiert wurde, und befassen uns jetzt mit seiner Fortsetzung über n hinaus:

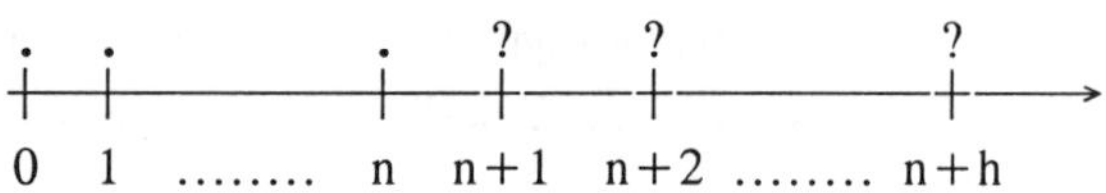

h wird von Leuten, die für alles und jedes einen Namen benötigen, **Prognosehorizont** genannt.

Besteht die Zeitreihe (t, x_t) aus deterministischen Komponenten, denen sich ein Störglied überlagert (6), so prognostiziert man:

$$\hat{x}_{n+e} = \mu_{n+e} + z_{n+e} + s_{n+e}, \quad e = 1,2,\ldots .$$

Schreitet der Prozeß dann tatsächlich bis n+h fort, so tritt:

$$x_{n+h} = \mu_{n+h} + z_{n+h} + s_{n+h} + e_{n+h}$$

ein. Die Differenz "Meßwert minus Rechenwert":

$$x_{n+h} - \hat{x}_{n+h} = e_{n+h}$$

heißt in diesem Zusammenhang **"Prognosefehler"**.

Die Prognosefehler sind von der Größenordnung des Störgliedes und keinesfalls größer, es sei denn, daß die Komponenten μ, z, s Fehlspezifikationen darstellen. Mittelwert, Varianz und Verteilung der e_i, also $\sum_{i=1}^{n} e_i = 0$ und $s_e^2 = \frac{1}{n} \sum_{i=1}^{n} e_i^2$, gegebenenfalls (48.III) und (50.III), vermitteln eine Vorstellung von den zu erwartenden Abweichungen der Prognosen vom tatsächlichen Verlauf. Mit Hilfe der p-Quantilsdistanz (40.III) kann man ein **Prognoseintervall** angeben. Zusätzliche Vorstellungen von der Vorhersehbarkeit des Prozesses verschafft man sich durch Prognosen ex ante und ex post.

Wir untersuchen jetzt Prognosen mit Zeitreihen, die aus stochastischen Komponenten zusammengesetzt sind. Mit einem ARMA(p,q)-Prozeß

$$\mathbf{Z}_n = \text{Ø}_1 \mathbf{Z}_{n-1} + \ldots + \text{Ø}_p \mathbf{Z}_{n-p} + \mathbf{e}_n + \theta_1 \mathbf{e}_{n-1} + \ldots + \theta_q \mathbf{e}_{n-q} \tag{25}$$

erfolgt die Prognose von z_{n+e} nach der Vorschrift:

$$\boxed{\begin{aligned} &\hat{z}_{n+e} = \text{Ø}_1 \hat{z}_{n+e-1} + \ldots + \text{Ø}_p \hat{z}_{n+e-p} + \theta_1 \hat{e}_{n+e-1} + \ldots + \theta_q \hat{e}_{n+e-q} \\ &\text{wobei} \\ &\hat{z}_{n+j} = z_{n+j} \quad \text{für } -(p-1) \leq j \leq 0 \\ &\text{und} \\ &\hat{e}_{n+j} = \begin{cases} e_{n+j} & \text{für } j=0,-1,-2,\ldots \\ 0 & \text{für } j=1,2,\ldots \end{cases} \end{aligned}} \; . \tag{27}$$

Das Verfahren ist selbstverständlich auch bei reinen AR(p)-Prozessen (21) bzw. bei reinen MA(q)-Prozessen (20) anwendbar. Man hat dann lediglich in (27) die Parameter θ bzw. Ø Null zu setzen.

Beispiel VI.11: Prognosen mit dem stationären ARMA(1,1)-Prozeß

$$z_t = \text{Ø} z_{t-1} + e_t + \theta e_{t-1} \; . \tag{25}$$

Bei der Handhabung von (27) ist auf den Index j zu achten, den wir daher besonders hervorheben:

j j j j

$$z_{n+0} = \emptyset z_{n-1} + e_{n+0} + \theta e_{n-1} \Rightarrow \hat{z}_n = \emptyset z_{n-1} + e_n + \theta e_{n-1}\,; \quad z_n - \hat{z}_n = e_n\,,$$
$$z_{n+1} = \emptyset z_{n-0} + e_{n+1} + \theta e_{n-0} \Rightarrow \hat{z}_{n+1} = \emptyset z_n + 0 + \theta e_n\,; \quad z_{n+1} - \hat{z}_{n+1} = e_{n+1}\,,$$
$$z_{n+2} = \emptyset z_{n+1} + e_{n+2} + \theta e_{n+1} \Rightarrow \hat{z}_{n+2} = \emptyset z_{n+1} + 0 + 0\,; \quad z_{n+2} - \hat{z}_{n+2} = e_{n+2}\,.$$

Allgemein ist $z_{n+e} - \hat{z}_{n+e} = e_{n+e}$. Die Größe $z_n - \hat{z}_n = e_n$ ist zunächst unbekannt. Man bestimmt sie, indem man (25) vom Anfang an, d.h. bei

$$z_1 = \emptyset z_0 + e_0\,, \quad z_0 = 0$$

fortlaufend bis z_n entwickelt.

⬩⧫⬩

Beispiel VI.12: Bei einem reinen AR(2)-Prozeß gestaltet sich die Anwendung von (27) folgendermaßen:

$$\mathbf{Z}_t = \emptyset_1 \mathbf{Z}_{t-1} + \emptyset_2 \mathbf{Z}_{t-2} + \mathbf{e}_t\,. \tag{21}$$

j j j j

$$z_{n+0} = \emptyset_1 z_{n-1} + \emptyset_2 z_{n-2} + e_{n+0} \Rightarrow \hat{z}_n = \emptyset_1 z_{n-1} + \emptyset_2 z_{n-2} + e_n\,,$$
$$z_{n+1} = \emptyset_1 z_{n-0} + \emptyset_2 z_{n-1} + e_{n+1} \Rightarrow \hat{z}_{n+1} = \emptyset_1 z_n + \emptyset_2 z_{n-1} + 0\,,$$
$$z_{n+2} = \emptyset_1 z_{n+1} + \emptyset_2 z_n + e_{n+2} \Rightarrow \hat{z}_{n+2} = \emptyset_1 z_{n+1} + \emptyset_2 z_n + 0\,.$$

Für alle weiteren Glieder h = 3,4,... rechnet man mit

$$\hat{z}_{n+h} = \emptyset_1 \hat{z}_{n+h-1} + \emptyset_2 \hat{z}_{n+h-2}\,.$$

⬩⧫⬩

Man kann beweisen, daß der Prognosefehler

$$z_{n+h} - \hat{z}_{n+h} = e_{n+h}$$

eine Varianz aufweist, die gleich ist der Varianz des Störgliedes **e**:

$$\boxed{\operatorname{Var} \mathbf{e}_{n+h} = \operatorname{Var} \mathbf{e}, \quad h = 1,2,\ldots}\,. \tag{28}$$

Zwischen dieser Varianz und der Varianz der Zeitreihe, die wir mit (17) bestimmen können, besteht folgende Beziehung:

$$\text{AR(p):} \qquad \text{Var } \mathbf{z} = \frac{\text{Var } \mathbf{e}}{1 - \text{Ø}_1 r_1 - \ldots \text{Ø}_p r_p}, \tag{29}$$

$$\text{MA(q):} \qquad \text{Var } \mathbf{z} = \text{Var } \mathbf{e}\,(1 + \theta_1^2 + \ldots + \theta_q^2), \tag{30}$$

$$\text{ARMA(1,1):} \qquad \text{Var } \mathbf{z} = \frac{1 - 2\,\theta\,\text{Ø} + \theta^2}{1 - \text{Ø}^2} \cdot \text{Var } \mathbf{e}\,. \tag{31}$$

Beispiel VI.11 (Fortsetzung)**:** Man bestimmt näherungsweise die Varianz der Zeitreihe mit:

$$s^2 = \frac{1}{n} \sum_{t=1}^{n} (z_t - \bar{z})^2 \tag{17}$$

und erhält mit (31):

$$\text{Var } \mathbf{e} \approx s^2 \frac{1 - \text{Ø}^2}{1 - 2\,\theta\,\text{Ø} + \theta^2}.$$

♦♦ ◆ ♦♦

Für alle Zeitreihen, ob sie nun deterministische oder stochastische Komponenten aufweisen, gilt, daß die Genauigkeit, mit der die Prognosen $\hat{z}$ die Bewegungen der z-Werte mitmachen, mit der Korrelation $r_{z\hat{z}}$ (24.IV) bzw. dem Bestimmtheitsmaß $B_{z\hat{z}} = r^2_{z\hat{z}}$ (15.V) gemessen werden kann. Bei dessen Interpretation ist allerdings zu berücksichtigen, daß die dem stochastischen Prozeß innewohnende Ungewißheit (Var **e** (28)) auch durch das beste Modell nicht beseitigt werden kann. Es ist also zu beurteilen, ob die Prognosen auch so genau sind, wie sie sein können, und nicht etwa ungenauer.

Mit dem Bestimmtheitsmaß läßt sich die globale Übereinstimmung von $\hat{z}$ mit z erfassen. Vielfach will man die Prognosegüte auf eine Weise beurteilen, welche auf die Situation dessen abgestimmt ist, der Entscheidungen aufgrund von Prognosen treffen muß: Die Zeitreihe habe bei t den Wert z_t angenommen. Nun wird ihr Wert bei t+1 prognostiziert mit $\hat{z}_{t+1}$. Mit Erreichen dieses Zeitpunktes tritt z_{t+1} ein und damit einer der drei möglichen Ausgänge:
{Unterschätzung: $z_{t+1} > \hat{z}_{t+1}$, Treffer: $z_{t+1} = \hat{z}_{t+1}$, Überschätzung: $z_{t+1} < \hat{z}_{t+1}$}. Ist $r_{z\hat{z}} < 1$, so wird man "Treffer" kaum erzielen. Man wird also die Ansprüche etwas herabsetzen und von einem Treffer dann sprechen, wenn z_{t+1}

in einem vorher festgesetzten Prognoseintervall enthalten ist:

$$\hat{z}_{t+1} - \varepsilon \leq z_{t+1} \leq \hat{z}_{t+1} + \varepsilon ,$$

wobei man sich bei der Wahl von ε einerseits an der Ungewißheit, die sich aus $r_{z\hat{z}} < 1$ bzw. Var **e** (28) ergibt, andererseits aber an dem praktischen Bedürfnis nach Genauigkeit orientiert. Wählt man ε zu groß, so erzielt man fast immer Treffer, kann jedoch keine Entscheidungshilfe bieten; wählt man ε zu klein, so werden auch jene Fälle zu Prognosefehlern, wo die Ungenauigkeit so geringfügig war, daß die Prognose eine richtige Entscheidung ermöglicht hätte.

Wir untersuchen nun die Verteilung der Prognosen ex post auf die drei Ausgänge:

Überschätzung	Treffer	Unterschätzung
$z_{t+1} < \hat{z}_{t+1} - \varepsilon$	$\hat{z}_{t+1} - \varepsilon \leq z_{t+1} \leq \hat{z}_{t+1} + \varepsilon$	$\hat{z}_{t+1} + \varepsilon < z_{t+1}$
h_0	h_m	h_u

Die von ε abhängige Trefferquote bei Prognosen ex post ist einfach:

$$T(\varepsilon) = \frac{h_m}{h_0 + h_m + h_u} \cdot 100 . \qquad (32)$$

Durch die Prognose $\hat{z}_{t+1}$ wird, in Verbindung mit dem bereits bekannten Wert z_t, noch ein weiterer "Blick in die Zukunft" ermöglicht, der das Gleichbleiben - Steigen - Fallen der Zeitreihe betrifft. Will man wissen, wie gut die $\hat{z}$-Werte der tatsächlichen Entwicklung auch in dieser Hinsicht folgen, so muß man ein **"Prognose-Realisations-Diagramm"** (THEIL, zitiert nach HÜTTNER 1986) anfertigen:
Man bildet die Differenzen:

$$x_t = z_{t+1} - z_t \quad \text{und} \quad y_t = \hat{z}_{t+1} - z_t$$

und sieht nach, welche der folgenden Vorzeichenkombinationen eingetreten ist:

	x	y
I	+	+
II	−	+
III	−	−
IV	+	−

Der tatsächliche Verlauf folgt dem prognostizierten, wenn I oder III eintritt; II und IV werden als "Wendepunktfehler" bezeichnet.

Die Menge der Differenzen $\{x_t,y_t | x_t=y_t\}$ heißt Menge der exakten Prognosen. Sie wird aus Gründen, die bereits weiter oben dargestellt wurden, meistens leer sein. Es ist also auch hier zweckmäßig, von einer "exakten Prognose" zu sprechen, wenn x_t und y_t nicht mehr voneinander verschieden sind als ein im voraus festgelegter Wert ε. Dementsprechend verfertigt man für die Differenzen x_t und y_t folgende Intervalleinteilungen:

$$x^0 = \begin{cases} 1 \text{ wenn } z_t+\varepsilon < z_{t+1} \\ 0 \text{ wenn } z_t-\varepsilon \leq z_{t-1} \leq z_t+\varepsilon \\ -1 \text{ wenn } z_{t+1} < z_t - \varepsilon \end{cases} \qquad y^0 = \begin{cases} 1 \text{ wenn } z_t + \varepsilon < \hat{z}_{t+1} \\ 0 \text{ wenn } z_t-\varepsilon \leq \hat{z}_{t-1} \leq z_t+\varepsilon \\ -1 \text{ wenn } \hat{z}_{t+1} < z_t - \varepsilon \end{cases}$$

Die neun möglichen Intervallkombinationen haben folgende Bedeutung:

y^0 \ x^0	−1	0	1
1	0^0	0	T
0	0	T	U
−1	T	U	U^0

T: Treffer in Abhängigkeit von ε.

0: Reihe hat einen niedrigeren Wert als prognostiziert, Überschätzung

U: Reihe hat einen höheren Wert als prognostiziert, Unterschätzung.

0^0: Wendepunktfehler 1. Ordnung: Die Reihe fällt, obwohl Steigen prognostiziert wurde,

U^0: Wendepunktfehler 2. Ordnung: Die Reihe steigt, obwohl Fallen prognostiziert wurde.

Beispiel VI.13: Der Kurs einer gewissen Aktie wurde an 250 Börsentagen mit einem ARMA(2,2)-Modell (25) prognostiziert. Die Größe von ε wurde mit dem halben Standardfehler festgesetzt:

$$\varepsilon = \frac{1}{2} \sqrt{\text{Var } \mathbf{e}} \ ,$$

wobei Var **e** mit (31) und (17) zu bestimmen war. Man erhielt das folgende Prognose-Realisations-Diagramm:

y^0					
1	0	2	99	101
0	17	56	35	108
-1	25	2	14	41
	-1	0	1	250

x^0

0	0,02	0,98	1
0,16	0,52	0,32	1
0,61	0,05	0,34	1
-1	0	1	

x^0

Im Anschluß an das Diagramm sind die bedingten Häufigkeiten von x^0 bei vorliegender Prognose y^0 angeführt (7.I). Die Prognose "Kurs wird fallen" wurde in 34% der Fälle durch einen Anstieg desselben widerlegt. Man muß also feststellen, daß das Modell als Entscheidungshilfe bei $y^0 = -1$ eine unnötige Zurückhaltung beim Ankauf dieser Aktie bewirkt. - Die von ε abhängige Trefferquote beträgt

$$T(\varepsilon) = \frac{25 + 56 + 99}{250} \cdot 100 = 72\% .$$

⬩⬥◆⬥⬩

VI.4: Indexrechnung

Wir betrachten jetzt Folgen von Größen $g_0, g_1, \ldots, g_t, \ldots$, wobei $t=0$ **Basisperiode** und $t=1,2,\ldots$ **Berichtsperiode** heißt. Unter einem **Index von g auf der Basis 0** versteht man den Quotienten

$$I_{0t} = \frac{g_t}{g_0} . \tag{33}$$

Der Quotient (33) heißt Einfachindex. Unter einem zusammengesetzten Index versteht man die Verkettung zweier Größenreihen: der Mengen q_t und der Preise p_t. Es bezeichnen

$p_t^{(i)}$ den Preis der i-ten Ware in der Berichtsperiode t,

$q_t^{(i)}$ die berücksichtigte Menge dieser Ware,

$w_t = \{q_t^{(1)}, q_t^{(2)}, \ldots, q_t^{(m)}\}$ den Warenkorb.

Das gewöhnliche arithmetische Mittel der Preisindexzahlen wird im Hinblick auf (33) wie folgt gebildet:

$$I_{0t} = \frac{1}{m}\left[\frac{p_t^{(1)}}{p_0^{(1)}} + \frac{p_t^{(2)}}{p_0^{(2)}} + \ldots + \frac{p_t^{(m)}}{p_0^{(m)}}\right].$$

Dieser Mittelwert hat den Nachteil, daß alle Waren ihn gleichermaßen beeinflussen, auch wenn sie in so unterschiedlicher Menge gekauft werden wie Weihnachtssterne und Milch. Man bevorzugt aus diesem Grunde das gewogene Mittel der Preisindexzahlen:

$$_wI_{0t} = \frac{\dfrac{p_t^{(1)} q_t^{(1)} + \ldots + p_t^{(m)} q_t^{(m)}}{q_t^{(1)} + \ldots + q_t^{(m)}}}{\dfrac{p_0^{(1)} q_0^{(1)} + \ldots + p_0^{(m)} q_0^{(m)}}{q_0^{(1)} + \ldots + q_0^{(m)}}} = \frac{\Sigma\, p_t^{(i)} q_t^{(i)}}{\Sigma\, p_0^{(i)} q_0^{(i)}} \cdot \frac{\Sigma\, q_0^{(i)}}{\Sigma\, q_t^{(i)}}. \tag{34}$$

Der Quotient (34) heißt **Wert-** oder **Umsatzindex**. Es gibt verschiedene Modifikationen von (34). Will man wissen, um wieviel teurer - oder billiger - der Warenkorb w_t gegenüber der Basisperiode ist, so ersetzt man in (34) $q_0^{(i)}$ durch $q_t^{(i)}$ und erhält so den **Preisindex von Paasche**:

$$_PI_{0t} = \frac{\Sigma\, p_t^{(i)} q_t^{(i)}}{\Sigma\, p_0^{(i)} q_t^{(i)}}. \tag{35}$$

Die Verwendbarkeit dieses Indexes wird dadurch beeinträchtigt, daß man in jeder Periode t den Warenkorb w_t neu zu ermitteln hat. Diesen Nachteil vermeidet man mit dem **Preisindex von Laspeyres**:

$$_LI_{0t} = \frac{\Sigma\, p_t^{(i)} q_0^{(i)}}{\Sigma\, p_0^{(i)} q_0^{(i)}}. \tag{36}$$

Damit erfährt man, um wieviel teurer - oder billiger - der Warenkorb w_0 in der Berichtsperiode gegenüber der Basisperiode geworden ist. - Der Nachteil dieses Indexes besteht darin, daß der Warenkorb w_0 'veraltet', da die Konsumgewohnheiten sich ändern, so daß der Unterschied zwischen $_LI_{0t}$ und $_PI_{0t}$ mit t wächst. Allerdings verändern die Konsumgewohnheiten sich nicht besonders schnell. Es hat sich als ausreichend erwiesen, daß man den Warenkorb w_0 alle 5 - 10 Jahre ersetzt.

Schließlich verwendet man gelegentlich anstatt w_0 und w_t den Warenkorb einer Periode T, den man für typisch ansieht. Die Betrachtung von Preisveränderungen mit Hilfe des Indexes

$$ {}_{T}I_{0t} = \frac{\sum p_t^{(i)} q_T^{(i)}}{\sum p_0^{(i)} q_T^{(i)}} \quad . \tag{37} $$

bezeichnet man als **typical year method.**

Verwendet man für q_T die mittleren Mengen der Jahre 0 bis t, also

$$ q_T^{(i)} = \bar{q}_t^{(i)} = \frac{1}{t+1} (q_0^{(i)} + q_i^{(i)} + \ldots + q_t^{(i)}) \ , $$

so wird (37) zum **Index von Lowe**:

$$ {}_{LO}I_{0t} = \frac{\sum p_t^{(i)} \bar{q}^{(i)}}{\sum p_0^{(i)} \bar{q}^{(i)}} \ . \tag{38} $$

Beispiel VI.14: Im Warenkorb des Jahres 1976 hatten die einzelnen Warengruppen folgende Prozentanteile:

Ernährung und Getränke 29,2; Verkehr 12,8; Errichtung, Miete und Instandhaltung von Wohnungen 9,3; Körper- und Gesundheitspflege 5,2; Reinigung 1,2; Bekleidung 13,0; Hausrat und Einrichtung 12,0; Bildung und Freizeit 9,3; Beheizung 5,4; Tabakwaren 2,6.

Die Zeitreihe der Indizes der Verbraucherpreise mit Basis 1976 hat folgenden Verlauf (auszugsweise):

Tab.VI.9:

t	1980	1981	1982	1983	1984	1985	1986 ..
$I_{1976,t}$	120,5	128,7	135,7	140,2	148,1	152,9	155,5 ..

(Datenquelle: Österreichisches Statistisches Zentralamt).

⬩⬥ ◆ ⬥⬩

Will man die Basis 0 der Indizes durch eine neue Basis 0' ersetzen, die Indizes also **umbasieren**, so hat man wie folgt vorzugehen:

$$ I_{0't} = \frac{I_{0t}}{I_{00'}} \ . \tag{39} $$

Beispiel VI.15: Im Jahre 1980 wurde ein Pachtvertrag mit Wertsicherungsklausel geschlossen, derzufolge der Pachtzins anzupassen ist, sobald der Preisindex um mindestens 10% vom Index des Jahres 1980 abweicht. - In der Tabelle des Beispiels VI.14 ist der Index des Jahres 1980 auf der Basis des Jahres 1976 angeführt, d.h. 0=1976, 0'=1980 und $I_{00'}=I_{1976,1980}=120{,}5$. Der Zeitpunkt x einer Zinsanpassung ist gekommen, sobald

$$I_{1980,x} = \frac{I_{1976,x}}{120{,}5} \begin{matrix} \geq 1{,}1 \\ \leq 0{,}9 \end{matrix}$$

eintritt, d.h. sobald

$$I_{1976,x} \geq 1{,}1 \cdot 120{,}5 = 132{,}5 \text{ oder } I_{1976,x} \leq 0{,}9 \cdot 120{,}5 = 108{,}45.$$

Der Pachtzins war demnach bereits im Jahre 1982 zu erhöhen, und zwar um 12,6%, da

$$\frac{135{,}7}{120{,}5} = 1{,}126 \ .$$

⬩⬥ ◆ ⬥⬩

Indizes werden preisbereinigt oder **deflationiert**, indem man sie auf den Index der Lebenshaltungskosten bezieht:

Beispiel VI.16:

	1976	1985
Index der Bruttolöhne	100	202
Preisindex	100	152,9

Unter Bruttorealeinkommen versteht man den deflationierten Index der Bruttolöhne, also

$$\frac{202}{152{,}9} \cdot 100 = 132{,}11 \quad \text{gegenüber } 202 \ .$$

Die Löhne sind also zwischen 1976 und 1985 real nur um etwas mehr als 32% gestiegen.

⬩⬥ ◆ ⬥⬩

TEIL B

GESETZMÄSSIGKEITEN ZUFÄLLIGER EREIGNISSE

An individual who is afraid to go outdoors for fear of being hit by a meteorite is generally regarded as neurotic. Such worry is unreasonable, we think, because being hit by a meteorite, while quite possible, is an exceedingly rare event. ...... Being struck by a car is still more likely, so we are careful when we cross streets. ...

HOOKE R. (1983): How to tell the liars from the statisticians.

KAPITEL VII: HÄUFIGKEIT UND WAHRSCHEINLICHKEIT

Sechs Wanderer verbringen den Abend in einer Schutzhütte in den Alpen mit Würfelpoker. Ihre Lust am Spiel nimmt besonders zu, sobald einer von ihnen eine 'Straße' würfelt. Man versteht darunter, daß die fünf Würfel fünf aufeinanderfolgende Augenzahlen zeigen, also I, II, III, IV, V oder II, III, IV, V, VI. Wird der nächste Wurf eine 'Straße' sein? Wir wissen, daß man so etwas nicht mit Bestimmtheit vorhersehen kann. Fest steht lediglich, daß der nächste Wurf einer der $6^5 = 7776$ möglichen Ausgänge des Zufallsexperimentes "Werfen von fünf Würfeln" sein wird. - Im Laufe des Abends gewinnen die Wanderer den Eindruck, daß sie öfter "Straße" würfeln als ihrer Einschätzung von der kostbaren Seltenheit dieses Ereignisses entspricht. Einer von ihnen rechnet aus, daß der Anteil von "Straße"

$$2 \cdot \frac{5!}{6^5} = 0{,}0308642$$

sein muß. - Zu später Stunde werten sie ihre Aufzeichnungen aus und finden, daß sie 426 mal würfelten, darunter genau 13 "Straßen". Das ergibt einen tatsächlichen Anteil von

$$p_{426} = \frac{13}{426} = 0{,}0305 \ .$$

Einer der Wanderer schickt sich an, noch einmal zu würfeln. Man kann im voraus sagen, daß

$$p_{427} = 0{,}0304 \quad \text{oder} \quad p_{427} = 0{,}0328$$

sein wird, je nachdem, ob der 427. Wurf "keine Straße" oder "Straße" ergibt.

VII.1: Die Häufigkeitsinterpretation der Wahrscheinlichkeit

Beobachtungen wie die eben geschilderten erwecken den Eindruck, daß künftige Zufallsexperimente das Bild, das wir bereits gewonnen haben, nicht mehr wesentlich ändern können. Sei

$$x_n = \begin{cases} 1 & \text{wenn der n-te Wurf "Straße" erbringt} \\ 0 & \text{sonst.} \end{cases}$$

Das Ereignis sei in n Versuchen h_n-mal eingetreten. Dann ist h_{n+1} entweder h_n oder h_n+1 und wegen $h_n = n \cdot p_n$ ist:

$$p_{n+1} = \begin{cases} \frac{h_n}{n+1} = \frac{n}{n+1}\, p_n & \text{oder} \\ \frac{h_n}{n+1} + \frac{1}{n+1} = \frac{n}{n+1}\, p_n + \frac{1}{n+1}\,. \end{cases}$$

Nun ist $n/(n+1) = 426/427 \approx 1$ und $1/(n+1) = 1/427 \approx 0$, also $p_{n+1} \approx p_n$. Tatsächlich strebt die Folge solcher relativen Häufigkeiten:

$$p_1, p_2, \ldots, p_{426}, p_{427}, \ldots, p_{100.000}, \ldots, p_{1.000.000}, \ldots$$

bei abnehmender Fluktuation einem Grenzwert zu, den man die "Wahrscheinlichkeit des betreffenden Ereignisses" nennt:

$$\lim_{n\to\infty} p_n = 2 \cdot \frac{5!}{6^5} = \Pr\,(\text{Straße}).$$

Pr steht für **probabilitas**, probability, probabilité, probabilitá.

Die Wahrscheinlichkeit eines Ereignisses kann man, falls sie existiert, auch messen: jede auf einem endlichen Stichprobenumfang basierende relative Häufigkeit p_n ist ein Meßwert der festen, aber unbekannten Wahrscheinlicheit. Es ist beispielsweise auch die Lichtgeschwindigkeit ein fester Wert, den der Physiker nicht kennt, aber näherungsweise durch Messen bestimmen kann. Die Genauigkeit, mit welcher die sechs Herren die Wahrscheinlichkeit des Ereignisses "Straße" gemessen haben, ist schon recht beachtlich:

$$\left| p_{426} - 2 \cdot \frac{5!}{6^5} \right| < 10^{-3}\,.$$

Der Leser wird in diesem Abschnitt auch erfahren, wie man Wahrscheinlichkeiten "berechnet". Die Wahrscheinlichkeitstheorie kennt Wege, die an das Resultat langer Beobachtungsreihen heranführen, ohne daß man diese tatsächlich durchschreiten muß.

So bestechend das auch ist, man sollte nicht übersehen, daß solche Berechnungen durch Annahmen ermöglicht werden, die in Wirklichkeit oft nicht erfüllt sind. Die wichtigste dieser Annahmen betrifft das Entstehen der Beobachtungen unter konstanten Bedingungen. Was das bedeutet, muß präzisiert werden: wären die Bedingungen, etwa beim Werfen von fünf Würfeln, tatsächlich konstant, so erhielte man mit jedem Wurf ein bestimmtes, im voraus feststehendes Ergebnis und nicht irgendeines von $6^5 = 7776$ möglichen Ergebnissen. Es kann also nur gemeint sein, daß jeder Wurf demselben Zufallsmechanismus unterliegt. Jeder Wurf muß dieselbe Chance haben, eine "Straße" zu werden. Nur unter dieser Bedingung wird eine größere Anzahl von Würfen einen "Straßenanteil" aufweisen, der in der Nähe der "Wahrscheinlichkeit von Straße" liegt. Weist dagegen der Zufallsmechanismus selbst Schwankungen auf, so strebt die Folge der relativen Häufigkeiten jeder der Wahrscheinlichkeitseinstellungen, die er annimmt, zugleich zu. Es trifft dann selbstverständlich nicht mehr zu, daß die relative Häufigkeit Meßwert einer bestimmten festen Wahrscheinlichkeit ist.

Wir wollen diese Problematik jedoch für den Augenblick zurückstellen und uns zunächst mit Zufallsexperimenten befassen, die keinen Schwankungen dieser Art ausgesetzt sind.

VII.2: Der axiomatische Wahrscheinlichkeitsbegriff

Wir werden im folgenden die verschiedensten Zusammenfassungen von Merkmalsausprägungen zu betrachten haben. Man bezeichnet jede solche Zusammenfassung als ein **Ereignis** und die einzelne Ausprägung, die man als Ergebnis des Zufallsexperiments erhält, als ein **Elementarereignis**. So besteht das Ereignis "Straße" aus $2 \cdot 5! = 240$ Elementarereignissen aus der Menge aller $6^5 = 7776$ Elementarereignisse des Zufallsexperiments "Werfen von fünf Würfeln".

Alle überhaupt möglichen Ausgänge eines Zufallsexperimentes zusammen nennt man dessen **Ereignisraum**, auch **Stichprobenraum** Ω. Jede Teilmenge von Ω ist ein Ereignis: $E \subset \Omega$. Ein Ereignis E tritt immer dann ein, wenn der Ausgang des Zufallsexperimentes in einem Elementarereignis e besteht, das zu E gehört:

$$\boxed{e \in E \;\Leftrightarrow\; E \text{ ist eingetroffen}} \,. \qquad (1)$$

Beispiel VII.1: Zu Würfen mit einem bzw. zwei Würfeln gehören die Stichprobenräume:

$$\Omega_1 = \{I,II,III,IV,V,VI\},$$
$$\Omega_2 = \{(I,I),\ (I,II)\ ,\ldots,\ (V,VI),\ (VI,VI)\}\ .$$

Wir bilden aus Ω_1 die Teilmengen:

$$E_1 = \{II,IV,VI\},\quad E_2 = \{I,III,V\}\ .$$

Das Ereignis "gerade (ungerade) Augenzahl" tritt ein, wenn das Ergebnis des Wurfes $e \in E_1$ ($e \in E_2$) ist. Wir bilden aus Ω_2 die Menge aller Elementarereignisse mit einer Augensumme von Vier:

$$E_3 = \{(I,III),\ (II,II),\ (III,I)\}\ .$$

Das Ereignis "Augensumme Vier" tritt ein, wenn man mit zwei Würfeln eines der Ergebnisse, aus denen E_3 zusammengesetzt ist, erzielt.

Die Schar der Ereignisse ist zu vervollständigen durch das **unmögliche Ereignis {}** und das **sichere Ereignis** Ω. Ersteres ist dadurch charakterisiert, daß e nicht eintreten kann, wenn $e \notin \Omega$. Letzteres folgt aus (1): Da $e \in \Omega$, gilt: Ω tritt bei jeder Durchführung des Zufallsexperimentes ein. Die Gesamtheit aller möglichen Aussagen über den Ausgang eines Zufallsexperimentes ist identisch mit der Menge aller Ereignisse, d.h. Teilmengen von Elementarereignissen, die sich aus Ω bilden lassen, also mit deren **Potenzmenge P(Ω)**.

Beispiel VII.2: Die zum Ereignisraum Ω_1 des Beispiels VII.1 gehörende Potenzmenge $P(\Omega_1)$ umfaßt $2^6 = 64$ Teilmengen, also die Ereignisse, die im Zusammenhang mit einem Würfelexperiment überhaupt gebildet werden können:

-das unmögliche Ereignis {},
-die sechs einelementigen Ereignisse {I},...,{VI};
-die 15 zweielementigen Ereignisse {I,II},...,{V,VI};
-die 20 dreielementigen Ereignisse {I,II,III},...,{IV,V,VI};
-die 15 vierelementigen Ereignisse {I,II,III,IV},...,{III,IV,V,VI};
-die sechs fünfelementigen Ereignisse {I,II,III,IV,V},..,{II,III,IV,V,VI};
-das sichere Ereignis {I,II,III,IV,V,VI}.

Die Anzahlen ergeben sich aus der Binomialentwicklung (**A-8**):

$$2^6 = (1 + 1)^6 = \sum_{k=0}^{6} \binom{6}{k} = 1 + 6 + 15 + 20 + 15 + 6 + 1 .$$

◆ ◆ ◆

Es dient bloß der Genauigkeit, daß man jene Teilmengen von Elementarereignissen identifiziert, die zu gewissen Aussagen über den Ausgang eines Zufallsexperimentes gehören. Dabei kann sich nämlich herausstellen, daß mit verschiedenen Formulierungen gleiche Teilmengen gemeint sind: "E ist falsch", "das Gegenteil von E ist richtig", u.ä.m. Ebenfalls der Genauigkeit dient es, daß man gewisse Ausdrücke der Sprache mit Mengenoperationen in Beziehung setzt:

Durchschnitt -'und': Das Ereignis $\bigcap_{i=1}^{n} E_i$ tritt ein, wenn alle E_i eintreten, d.h. $e \in E_1$ und $e \in E_2$ und ... $e \in E_n$.

Vereinigung -'oder': Das Ereignis $\bigcup_{i=1}^{n} E_i$ tritt ein, wenn $e \in E_i$ wenigstens für eines der E_i gilt: $e \in E_1$ oder $e \in E_2$ oder ... .

Elementfremd -'ausschließend': Ereignisse schließen einander aus, können nicht zugleich eintreten, wenn sie kein Elementarereignis gemeinsam haben:

$$E_i \cap E_j = \{\} \Leftrightarrow E_i, E_j \text{ schließen einander aus.}$$

Die Ereignisse E_1, E_2 des Beispieles VII.1 haben keine Augenzahl gemeinsam: Man kann nie zugleich eine gerade und eine ungerade Augenzahl würfeln.

Ein System von Ereignissen $E_1,\ldots,E_r$ heißt **Zerlegung** des Ereignisraumes Ω, wenn

- die Ereignisse einander paarweise ausschließen,
- ihre Vereinigung den Ereignisraum ergibt.

Beispiele: Das System der Elementarereignisse e ist eine Zerlegung von Ω. Jede Intervalleinteilung eines quantitativen Merkmales bildet, wenn sie ausschließlich und erschöpfend ist, eine Zerlegung.

◆ ◆ ◆

Komplementär -'nicht': Das Eintreten von $\bar{E}$ hat zur Folge, daß E nicht eintreten kann, wenn $E \cap \bar{E} = \{\}$ und $E \cup \bar{E} = \Omega$. E, $\bar{E}$ bilden also eine Zerlegung von Ω und sind "zueinander komplementär".

Es soll nun jedem $E \subset \Omega$ durch eine Mengenfunktion Pr(E) eine Zahl zugeordnet werden. Gehorcht diese Zuordnung den folgenden Gesetzen oder Axiomen von Kolmogorov, so heißt sie eine **Wahrscheinlichkeitsverteilung** auf der Gesamtheit aller zu einem Zufallsexperiment gehörenden Ereignisse:

$$\begin{array}{ll} \text{I:} & 0 \leq Pr(E) \leq 1 \quad \text{für alle } E \subseteq \Omega \\ \text{II:} & Pr(\Omega) = 1 \\ \text{III:} & \sum_{i=1}^{k} Pr(E_i) = Pr\left(\bigcup_{i=1}^{k} E_i\right), \quad \text{wenn} \\ & \qquad E_i \cap E_j = \{\} \quad \text{für alle } i,j \; i \neq j \end{array} \quad . \qquad (2)$$

I besagt, daß die Wahrscheinlichkeit, so wie jede relative Häufigkeit auch, eine Zahl zwischen Null und Eins sein muß;

II besagt, daß die Wahrscheinlichkeit des sicheren Ereignisses gleich Eins ist;

III besagt, daß die Summe der Wahrscheinlichkeiten von Ereignissen, die einander ausschließen, der Wahrscheinlichkeit ihrer Vereinigung gleich ist. Man bezeichnet Pr(E) daher als **additive Mengenfunktion**.

Aus diesen drei Gesetzen lassen sich **alle** Rechenregeln für Wahrscheinlichkeiten folgern, so etwa:

- $Pr(E) + Pr(\bar{E}) = Pr(\Omega) = 1 \Rightarrow Pr(\bar{E}) = 1 - Pr(E)$.
- Setze $\{\} = \bar{E}$, dann ist $Pr\{\} = 1 - Pr(\Omega) = 0$.
- $Pr(E_i \cup E_j) = Pr(E_i) + Pr(E_j) - Pr(E_i \cap E_j)$.

E_i, E_j seien zwei Ereignisse mit $Pr(E_i) \neq 0$, $Pr(E_j) \neq 0$. Die Wahrscheinlichkeit, mit der E_i eintritt, sobald E_j eingetreten ist, heißt **bedingte Wahrscheinlichkeit** von E_i, gegeben E_j und ist in Übereinstimmung mit (7.I) wie folgt definiert:

$$Pr(E_i|E_j) = \frac{Pr(E_i \cap E_j)}{Pr(E_j)}, \text{ entspr. } Pr(E_j|E_i) = \frac{Pr(E_i \cap E_j)}{Pr(E_i)} . \qquad (3)$$

Im allgemeinen wird $Pr(E_i|E_j) \neq Pr(E_i)$ sein. Es gibt allerdings den Fall, daß die Wahrscheinlichkeit von E_i durch das Eintreffen von E_j nicht verändert wird:

$$Pr(E_i | E_j) = \frac{Pr(E_i \cap E_j)}{Pr(E_j)} = Pr(E_i). \tag{3'}$$

E_i und E_j heißen in diesem Fall **statistisch voneinander unabhängig**. Aus (3') folgt die **Multiplikationsregel** für statistisch unabhängige Ereignisse:

$$\boxed{Pr(E_i \cap E_j) = Pr(E_i) \cdot Pr(E_j)} \; . \tag{4}$$

Sei $E_1,\ldots,E_r$ eine Zerlegung von Ω und A ein beliebiges Ereignis. Da die Zerlegung erschöpfend und ausschließlich ist, muß jedes der Elementarereignisse, aus denen A besteht, genau in einem E_i enthalten sein. Somit ist

$$(A \cap E_1) \cup (A \cap E_2) \cup \ldots \cup (A \cap E_r) = A \; .$$

Diese Mengen schließen einander aus, so daß wir mit Gesetz III (2) folgern:

$$\sum_{i=1}^{r} Pr(A \cap E_i) = Pr(A) \; . \tag{5}$$

Aus (3) leitet man folgende Darstellung der Durchschnitte ab:

$$Pr(A \cap E_i) = Pr(A | E_i) \cdot Pr(E_i) \; .$$

Durch Einsetzen in (5) erhält man damit den **Satz von der vollständigen Wahrscheinlichkeit**:

$$\boxed{Pr(A) = \sum_{i=1}^{r} Pr(A | E_i) \cdot Pr(E_i)} \; . \tag{5'}$$

Man beachte: Die Wahrscheinlichkeit von A ist das gewogene Mittel der bedingten Wahrscheinlichkeiten von A, gegeben E_i mit $Pr(E_i)$ als "mixing proportions" (14.III).

Beispiel VII.3: Ein Automat produziert zunächst 500 Schrauben mit einem Ausschußanteil von 2%; dann weitere 400 infolge Abnutzung mit einem Ausschußanteil von 4% und zuletzt 100 Schrauben, von denen 5% defekt sind. - Man berechne die Wahrscheinlichkeit, daß eine wahllos aus der Gesamtproduktion herausgegriffene Schraube defekt ist.

Es liegt folgende Zerlegung der Gesamtproduktion vor:

E_1 mit $Pr(E_1) = \frac{500}{1000} = 0{,}5$ und $Pr(A|E_1) = 0{,}02$,

E_2 mit $Pr(E_2) = \frac{400}{1000} = 0{,}4$ und $Pr(A|E_2) = 0{,}04$,

E_3 mit $Pr(E_3) = \frac{100}{1000} = 0{,}1$ und $Pr(A|E_3) = 0{,}05$.

Damit wird mit (5'):

$$Pr(A) = 0{,}02 \cdot 0{,}5 + 0{,}04 \cdot 0{,}4 + 0{,}05 \cdot 0{,}1 = 0{,}031 .$$

Dies ist die Wahrscheinlichkeit dafür, daß eine wahllos aus der Gesamtproduktion herausgegriffene Schraube eine defekte Schraube ist. Dies ist jedoch nicht die Wahrscheinlichkeit dafür, daß der Automat Ausschuß produziert, denn diese Wahrscheinlichkeit hat sich während der Produktionsphase mehrfach geändert: Pr (A) wird von den Ausschußwahrscheinlichkeiten lediglich eingeschlossen: $0{,}02 < 0{,}031 < 0{,}05$ und von den sachlich damit gar nicht zusammenhängenden Mischanteilen $Pr(E_i)$ fremdbestimmt (vgl. dazu auch Beispiel III.6). Wir werden Mischungen von Wahrscheinlichkeiten aus diesem Grunde **Pseudowahrscheinlichkeiten** nennen. - Man beachte: Pr (A) ist im Zusammenhang mit dem Zufallsexperiment "Qualitätskontrolle der Gesamtproduktion" eine Wahrscheinlichkeit, in bezug auf die Ausschußanteile des Automaten jedoch eine Pseudowahrscheinlichkeit!

⬩⬥ ◆ ⬥⬩

Im folgenden werden einige weitere Beispiele von Fehlinterpretationen der Wahrscheinlichkeit dargestellt.

Beispiel VII.4: Eine schwarze Kugel wird einmal in eine Urne gegeben, in der sich bereits vier schwarze Kugeln befinden, ein andermal in eine Urne, in der sich vier weiße Kugeln befinden. Die Wahrscheinlichkeit, der ersten Urne eine Kugel zu entnehmen, deren Farbe schwarz ist, beträgt 1. Die Wahrscheinlichkeit, der anderen Urne eine Kugel schwarzer Farbe zu entnehmen, ist dagegen nur 0,2. Nun hat aber unsere Kugel in jedem Fall ihre schwarze Farbe mit Wahrscheinlichkeit 1! Wir schreiben das so an:

$$Pr(A|S) = 1 \quad \text{und} \quad Pr(A|\bar{S}) = 0$$

und berechnen mit dem Satz von der vollständigen Wahrscheinlichkeit die

Wahrscheinlichkeit des Ereignisses A "Entnahme einer schwarzen Kugel":

$$\begin{aligned} Pr(A) &= Pr(A \mid S) \cdot Pr(S) + Pr(A \mid \bar{S}) \cdot Pr(\bar{S}) \qquad (5'') \\ &= 1 \cdot Pr(S) \end{aligned}$$

Bei der ersten Urne ist Pr(A) = 1, bei der zweiten nur 0,2 unbeschadet der Tatsache, daß Pr(A | S) = 1 stets gilt. Pr(A) ist also von den Mischanteilen Pr(S), Pr($\bar{S}$) bestimmt, also eine Pseudowahrscheinlichkeit in bezug auf das Ereignis A | S.

Konkret hat diese Fehlinterpretation der Wahrscheinlichkeit folgende Beschaffenheit: Wenn etwa durch "Lernen am Erfolg" (vgl. HOFSTÄTTER 1958) der Anteil der Versuchsratten, die den SKINNER'schen Hebel drücken, also Pr(A) gegen 1 geht, dann heißt das - tautologisch - daß die Zahl der Ratten, die diese Fertigkeit aufweisen, also Pr(S) in (5''), immer größer wird, aber nicht, daß jede einzelne Ratte diese Leistung mit wachsender Wahrscheinlichkeit Pr(A | S) erbringt. Man beobachtet Pr(A) und hält es für Pr(A | S). Was aber die Stichprobe der Versuchsratten charakterisiert, muß nicht für die einzelne Ratte gelten!

Ähnlich verhält es sich, wenn eine Partei A den Stimmanteil Pr(A) erhält. Es ist sicher nicht so, daß jeder Wähler in seinem Inneren einen Zufallsmechanismus beherbergt, der mit Wahrscheinlichkeit Pr(A | S) = Pr(A) für die Partei A entscheidet. Es ist also auch der Stimmanteil der Partei eine Pseudowahrscheinlichkeit. - Im Zusammenhang mit der ökologischen Regression (43.V) hat sich schon abgezeichnet, daß wir mit Hilfe statistischer Auswertungen nur solche Zufallsmechanismen erkennen können, die tatsächlich in jedem Objekt der Untersuchungsgesamtheit wirksam sind, so daß wir **identisch verteilte Daten** erhalten.

⬩♦⧫♦⬩

Wir wollen uns jetzt wieder solchen Daten zuwenden.

Beispiel VII.5: Wir betrachten Würfe mit drei Münzen. Der Stichprobenraum, der zu diesem Zufallsexperiment gehört, hat folgende Beschaffenheit:

$$\Omega = \{WWW;\ ZWW, WZW, WWZ;\ ZZW, ZWZ, WZZ;\ ZZZ\},$$

W: Wappen, Z: Zahl.

Es gibt keinen vernünftigen Grund für die Vermutung, daß die acht Elementarausgänge von Ω in langen Versuchsreihen verschieden oft auftreten. Man kann vielmehr annehmen, daß alle acht relativen Häufigkeiten demselben Grenzwert g zustreben, den wir mit Gesetz III (2) wie folgt bestimmen:

$$\Pr(WWW) + \Pr(ZWW) + \ldots + \Pr(ZZZ) = \Pr(\Omega) = 1, \quad 8 \cdot g = 1 \Rightarrow g = \frac{1}{8}.$$

⬩⬥ ◆ ⬥⬩

Wahrscheinlichkeiten, die man berechnet, indem man annimmt, daß alle Elementarausgänge gleich häufig sind, weil man keinen Grund sieht, warum einer häufiger oder seltener auftreten sollte (**Indifferenzprinzip**), heißen **Wahrscheinlichkeiten a priori**. Die Berechtigung des Indifferenzprinzips läßt sich empirisch durch lange Versuchsreihen absichern, allerdings nicht beweisen.

Beispiel VII.5 (Fortsetzung): Wir entwickeln das folgende System von Ereignissen: E_h besteht aus allen Elementarereignissen von Ω, in denen Z genau h-mal vorkommt. h kann dementsprechend die Werte 0,1,2,3 annehmen. Die Wahrscheinlichkeit a priori etwa für E_2 errechnet man mit Gesetz III (2) und g = 1/8 wie folgt:

$$\Pr(E_2) = \Pr(ZZW) + \Pr(ZWZ) + \Pr(WZZ) = 3 \cdot \frac{1}{8}.$$

Dies ist die moderne Ausführung der Anleitung, die LAPLACE für die Berechnung von Wahrscheinlichkeiten gegeben hat:

$$\Pr = \frac{\text{Anzahl der günstigen Fälle}}{\text{Anzahl der möglichen Fälle}}.$$

In der nachstehenden Tabelle sind die Wahrscheinlichkeiten aller vier Ereignisse angegeben:

h	0	1	2	3	Σ
$\Pr(E_h)$	$\frac{1}{8}$	$\frac{3}{8}$	$\frac{3}{8}$	$\frac{1}{8}$	1

Die Potenzmenge des Stichprobenraumes $\Omega_h = \{E_0, E_1, E_2, E_3\}$ umfaßt $2^4 = 16$ Ereignisse. Die Wahrscheinlichkeitsverteilung (2) besteht demnach aus diesen 16 Ereignissen mit ihren Wahrscheinlichkeiten. Es genügt indessen, daß man die Wahrscheinlichkeiten der vier Elementarereignisse von Ω_h angibt. Die

Wahrscheinlichkeiten aller verbleibenden Ereignisse lassen sich dann mit Gesetz III (2) leicht berechnen.

⬩⬥ ⧫ ⬥⬩

In vielen Fällen interessiert an einem Zufallsexperiment nur eine gewisse, zahlenmäßig erfaßbare Eigenschaft der Elementarausgänge, beispielsweise, daß Z genau h-mal vorkommt. Man führt dann nur mehr die als Ergebnis des Zufallsexperiments auftretenden Zahlen zusammen mit ihren Wahrscheinlichkeiten, an.

Tab.VII.1: Ausgänge des Dreimünzenexperimentes von Beispiel VII.5 mit Wahrscheinlichkeiten und Verteilungsfunktion.

X	0	1	2	3	Σ
Pr(**X**=h)	$\frac{1}{8}$	$\frac{3}{8}$	$\frac{3}{8}$	$\frac{1}{8}$	1
$F_x(h)$	$\frac{1}{8}$	$\frac{4}{8}$	$\frac{7}{8}$	$\frac{8}{8}$	-

Da der Zufall entscheidet, welche der Zahlen **X**={0,1,2,3} bei Durchführung des Zufallsexperiments auftreten wird, nennt man **X** eine **Zufallsvariable**.

Die Verteilungsfunktion (8.II) erweist sich bei der Darstellung einer Wahrscheinlichkeitsverteilung als überaus nützlich:

Ist **X** ein quantitativ diskretes Merkmal, so benutzt man die Tatsache, daß

$$F_x(h) = \sum_{x=0}^{h} Pr(x) \quad \text{und} \quad Pr(\mathbf{X}=h) = F_x(h) - F_x(h-1)$$

einander umkehrbar eindeutig zugeordnet sind: Es genügt, die Verteilungsfunktion anzugeben, um Pr(**X**=h) und damit die Wahrscheinlichkeiten aller Ereignisse der Potenzmenge berechnen zu können.

Ist **X** ein quantitativ stetiges Merkmal, so geht man von einer geeigneten Intervalleinteilung aus und von $F_x(e_j)$. Dann kann man die Wahrscheinlichkeiten aller Intervalle leicht mit (11.II) berechnen:

$$Pr(e_{j-1} < \mathbf{X} \leq e_j) = F_x(e_j) - F_x(e_{j-1}) .$$

Die Verteilungsfunktion ist stückweise differenzierbar (10'.II):

$$\frac{dF(x)}{dx} = f(x) \ . \tag{6}$$

Man nennt f(x) die **Dichtefunktion** der Wahrscheinlichkeitsverteilung. Diese gibt die Höhe des Histogrammrechtecks (4.II) an der Stelle x an. Es gilt:

$$Pr(e_{j-1} < x \leq e_j) = \int_{e_{j-1}}^{e_j} f(x)\, dx \ . \tag{7}$$

Wir wollen jetzt noch eine weitere Zufallsvariable untersuchen.

Beispiel VII.6: Zu dem Zufallsexperiment "Werfen von zwei Würfeln", gehört, wie schon in Beispiel VII.1 erwähnt, der Stichprobenraum

$$\Omega_2 = \{(I,I),.....,(VI,VI)\} \ .$$

Dieser Stichprobenraum besteht aus 36 Elementarereignissen, von denen wir annehmen dürfen, daß ihre Häufigkeiten in langen Versuchsserien demselben Grenzwert g = 1/36 zustreben. Nun führen wir ein neues System von Ereignissen ein:

$$E_k\text{: die Augensumme ist } k, \quad k=2,3,...,12 \ .$$

Die Zufallsvariable **S** nimmt die Werte 2,3,...,12 mit Wahrscheinlichkeiten an, die man wie folgt berechnet:

$$Pr(S=k) = Pr(E_k) = \sum_i \sum_j Pr\{(i,j) \mid i+j=k\} \ . \tag{8}$$

Die Anzahl der Summanden mit Augensumme k entnimmt man dem folgenden Schema:

		I	II	III	IV	V	VI
Würfel 2	VI	7	8	9	10	11	12
	V	6	7	8	9	10	11
	IV	5	6	7	8	9	10
	III	4	5	6	7	8	9
	II	3	4	5	6	7	8
	I	2	3	4	5	6	7
		I	II	III	IV	V	VI

Würfel 1

und errechnet mit der Regel von LAPLACE die Wahrscheinlichkeiten:

k	2	3	4	5	6	7	8	9	10	11	12	Σ
$Pr(\mathbf{S}=k)$	$\frac{1}{36}$	$\frac{2}{36}$	$\frac{3}{36}$	$\frac{4}{36}$	$\frac{5}{36}$	$\frac{6}{36}$	$\frac{5}{36}$	$\frac{4}{36}$	$\frac{3}{36}$	$\frac{2}{36}$	$\frac{1}{36}$	$\frac{36}{36}$
$F_s(k)$	$\frac{1}{36}$	$\frac{3}{36}$	$\frac{6}{36}$	$\frac{10}{36}$	$\frac{15}{36}$	$\frac{21}{36}$	$\frac{26}{36}$	$\frac{30}{36}$	$\frac{33}{36}$	$\frac{35}{36}$	$\frac{36}{36}$	—

Bei Würfen mit drei und mehr Würfeln berechnet man die Wahrscheinlichkeiten der einzelnen Augensummen ähnlich wie in (8) angedeutet:

$$Pr(E_k) = \sum_h \sum_i \sum_j Pr\{(h,i,j) \mid h+i+j=k\} .$$

⬩⬥ ♦ ⬥⬩

Man nennt eine statistische Verteilung, bei der die relativen Häufigkeiten p durch Wahrscheinlichkeiten ersetzt wurden, eine **theoretische Verteilung.** Eine solche hat einen theoretischen Mittelwert, den man auch Erwartungswert $E\,\mathbf{X}$ nennt, eine theoretische Varianz, theoretische Momente, eine theoretische Korrelation usw. Diese Maßzahlen werden berechnet, indem man in den entsprechenden Formeln die relativen Häufigkeiten durch die Wahrscheinlichkeiten ersetzt. Die Maßzahlen heißen dann **Funktionalparameter** und werden meist mit griechischen Buchstaben bezeichnet.

Beispiel VII.7: Man berechne Erwartungswert, Varianz und zweites faktorielles Moment der Verteilung des Beispieles VII.5 (Dreimünzenversuch).

Erwartungswert:

$$E\,\mathbf{X} = \sum_{h=0}^{3} h \cdot Pr(\mathbf{X}=h)$$

$$= (0 \cdot 1 + 1 \cdot 3 + 2 \cdot 3 + 3 \cdot 1) \cdot \frac{1}{8} = \frac{3}{2} . \qquad (5.III)$$

Varianz: $E(\mathbf{X} - E\mathbf{X})^2 = Var\,\mathbf{X}$.

$$Var\,\mathbf{X} = \sum_{h=0}^{3} \left(h - \frac{3}{2}\right)^2 Pr(\mathbf{X}=h)$$

$$= \left[\left(0- \frac{3}{2}\right)^2 \cdot 1 + \left(1- \frac{3}{2}\right)^2 \cdot 3 + \left(2- \frac{3}{2}\right)^2 \cdot 3 + \left(3- \frac{3}{2}\right)^2 \cdot 1\right] \cdot \frac{1}{8} = \frac{3}{4} .$$

(27.III)

Zweites Faktorielles Moment:

$$\mathrm{E}\,\mathbf{X}(\mathbf{X}\text{-}1) = \sum_{h=0}^{3} h(h-1)\cdot \Pr(\mathbf{X}=h)$$
$$= (0\cdot 1 + 0\cdot 3 + 2\cdot 1\cdot 3 + 3\cdot 2\cdot 1)\cdot\frac{1}{8} = \frac{3}{2}\,. \qquad (44.\text{III})$$

⬩♦ ♦ ♦⬩

In nicht wenigen Fällen kann die Dichtefunktion der Verteilung parametrisiert werden. Man spricht dann von einer **parametrischen Verteilung**.

Beispiel VII.8: Die Dichtefunktion des Beispiels VII.5 läßt sich, wie noch ausführlich begründet werden wird, folgendermaßen parametrisieren:

$$f_x(h)\cdot 1 = \Pr(\mathbf{X}=h) = \binom{n}{h}\pi^h(1-\pi)^{n-h}\,, \qquad h = 0,1,\ldots,n\,.$$

Dabei sind n und π die Parameter der Funktion. Bei dem Dreimünzenversuch des Beispiels VII.5 ist n = 3 und $\pi = \frac{1}{2}$. Der Leser prüfe nach, daß man damit alle in Tab.VII.1 wiedergegebenen Wahrscheinlichkeiten "ausrechnen" kann, z.B.:

$$\Pr(\mathbf{X}=0) = \binom{3}{0}\left(\frac{1}{2}\right)^0\left(\frac{1}{2}\right)^{3-0} = \frac{1}{8}\,.$$

⬩♦ ♦ ♦⬩

Die Maßzahlen einer parametrischen Verteilung lassen sich meist als explizite Funktionen ihrer Parameter darstellen. Man nennt sie dann **explizite Parameter**.

Beispiel VII.8 (Fortsetzung)**:** Die expliziten Parameter der Verteilung des Beispiels VII.5 sind:

$$\mathrm{E}\,\mathbf{X} = n\cdot\pi;\quad \mathrm{Var}\,\mathbf{X} = n\cdot\pi(1-\pi);\quad \mathrm{E}\,\mathbf{X}(\mathbf{X}\text{-}1) = n(n-1)\cdot\pi^2\,.$$

Setzt man n = 3 und $\pi = \frac{1}{2}$ in diese Formeln ein, so erhält man unmittelbar die Zahlenwerte, die in Beispiel VII.7 langwierig berechnet wurden:

$$\mathrm{E}\,\mathbf{X} = 3\cdot\frac{1}{2};\quad \mathrm{Var}\,\mathbf{X} = 3\cdot\frac{1}{2}\cdot\frac{1}{2};\quad \mathrm{E}\,\mathbf{X}(\mathbf{X}\text{-}1) = 3\cdot 2\cdot\frac{1}{4}\,.$$

⬩♦ ♦ ♦⬩

Beispiel VII.9: Wir wollen jetzt Mittelwert und Varianz der Verteilung der

Augensumme von zwei Würfeln berechnen, die in Beispiel VII.6 wiedergegeben ist. Mit den dort angegebenen Wahrscheinlichkeiten errechnen wir die Funktionalparameter:

$$\mathrm{E}\,\mathbf{S} = \sum_{k=2}^{12} k\cdot \Pr(\mathbf{S}=k) = 2\cdot\tfrac{1}{36} + 3\cdot\tfrac{2}{36} + \ldots + 12\cdot\tfrac{1}{36} = \tfrac{252}{36} = 7,$$

$$\mathrm{Var}\,\mathbf{S} = \sum_{k=2}^{12} (k-7)^2 \Pr(\mathbf{S}=k) = 5{,}8\dot{3}\ .$$

Man kann diese Aufgabe allerdings anders lösen, wenn man berücksichtigt, daß **S** eine Summe von zwei Augenzahlen ist: $\mathbf{S} = \mathbf{W}_1 + \mathbf{W}_2$. Es gilt nämlich (Anhang **A-11**), daß:

$$\mathrm{E}\,\mathbf{S} = \mathrm{E}\,\mathbf{W}_1 + \mathrm{E}\,\mathbf{W}_2; \qquad \mathrm{Var}\,\mathbf{S} = \mathrm{Var}\,\mathbf{W}_1 + \mathrm{Var}\,\mathbf{W}_2 + 2\,\mathrm{Kov}\,\mathbf{W}_1,\mathbf{W}_2\ .$$

Da die beiden Würfe unabhängig und identisch verteilt sind, ist $\mathrm{Kov}\,\mathbf{W}_1, \mathbf{W}_2 = 0$ und $\mathrm{E}\,\mathbf{S} = 2\,\mathrm{E}\,\mathbf{W}$, $\mathrm{Var}\,\mathbf{S} = 2\,\mathrm{Var}\,\mathbf{W}$. Es genügt also, Mittelwert und Varianz des Einwürfelexperimentes auszurechnen:

$$\mathrm{E}\,\mathbf{W} = (1 + 2 + 3 + 4 + 5 + 6)\cdot\frac{1}{6} = 3{,}5\ ,$$

$$\mathrm{Var}\,\mathbf{W} = \left[(1 - 3{,}5)^2 + \ldots + (6 - 3{,}5)^2\right]\cdot\frac{1}{6} = 2{,}91\dot{6}\ ,$$

so daß $\mathrm{E}\,\mathbf{S} = 2\cdot 3{,}5 = 7$ und $\mathrm{Var}\,\mathbf{S} = 2\cdot 2{,}91\dot{6} = 5{,}8\dot{3}$ wird.

•♦ ♦ ♦•

Das Ergebnis des Beispiels VII.9 läßt sich verallgemeinern. Haben die Zufallsvariablen $\mathbf{X}_1,..,\mathbf{X}_n$ denselben Mittelwert $\mathrm{E}\,\mathbf{X}_i = \mu$ und dieselbe Varianz $\mathrm{E}(\mathbf{X}_i - \mu)^2 = \sigma^2$, so gilt für ihre Summe $\mathbf{S}_n = \mathbf{X}_1 + \ldots + \mathbf{X}_n$:

$$\boxed{\mathrm{E}\,\mathbf{S}_n = \mathrm{E}\sum_i \mathbf{X}_i = \sum_i \mathrm{E}\,\mathbf{X}_i = n\cdot\mu} \qquad (9)$$

und, falls die Zufallsvariablen paarweise unabhängig sind, so daß alle Kovarianzen verschwinden:

$$\boxed{\mathrm{Var}\,\mathbf{S}_n = \mathrm{Var}\sum_i \mathbf{X}_i = \sum_i \mathrm{Var}\,\mathbf{X}_i = n\cdot\sigma^2}\ . \qquad (10)$$

KAPITEL VIII: BEISPIELE FÜR ZUFALLSMECHANISMEN (DISKRETE EREIGNISRÄUME)

VIII.1: Die diskrete Gleichverteilung

Eine Zufallsvariable nehme die Werte $\mathbf{X} = 1,2,\ldots,K$ mit gleicher Wahrscheinlichkeit 1/K an. Erwartungswert und Varianz dieser Zufallsvariablen sind:

$$E\,\mathbf{X} = \frac{1+K}{2}\,; \quad \mathrm{Var}\,\mathbf{X} = \frac{(K+1)(K-1)}{12}\,. \tag{1}$$

K und 1 sind die Parameter der Dichtefunktion:

$$\boxed{f_x(h)\cdot 1 = \Pr(\mathbf{X}=h) = \frac{1}{K} \quad (\text{konst. für } h=1,\ldots,K)}\,.$$

Die Häufigkeiten der sechs Augenzahlen eines Würfels streben in langen Versuchsreihen demselben Grenzwert 1/6 zu. Mit K=6 erhält man unmittelbar die expliziten Parameter

$$E\,\mathbf{X} = \frac{1+6}{2} = 3{,}5 \quad \text{und} \quad \mathrm{Var}\,\mathbf{X} = \frac{(6+1)(6-1)}{12} = 2{,}91\dot{6}\,.$$

VIII.2: Die Binomialverteilung

Wir haben gesehen, daß ein Bernoulliprozeß in n Schritten den Punkt (h|n–h) auf $\binom{n}{h}$ verschiedenen Irrwegen erreichen kann (vgl. 2.VI und Abb. VI.1, VI.2). Die Wahrscheinlichkeit, daß der Prozeß in n Schritten den Punkt (h|n–h) erreicht, ist wegen Gesetz III (2.VII) gleich der Summe der Wahrscheinlichkeiten dieser $\binom{n}{h}$ Irrwege. Wir dürfen annehmen, daß keiner dieser Irrwege öfter oder seltener begangen wird als die anderen, so daß diese Summe das $\binom{n}{h}$–fache der Wahrscheinlichkeit eines einzelnen Irrweges beträgt. Sei nun π die Wahrscheinlichkeit einer Ablenkung nach rechts, $(1-\pi)$ die Wahrscheinlichkeit einer Ablenkung nach oben. Erfolgen die Ablenkungen unabhängig voneinander, so ist die Wahrscheinlichkeit eines Irrweges, der aus h Ablenkungen nach rechts und (n–h) Ablenkungen nach oben besteht, gerade $\pi^h(1-\pi)^{n-h}$ (Multiplikationsregel 4.VII). Die Wahrscheinlichkeit, daß der Bernoulliprozeß den Punkt (h | n-h) erreicht, oder gleichbedeutend die Wahrscheinlichkeit, daß in n Schritten genau h Ablenkungen nach rechts erfolgen, ist:

$$\boxed{\Pr[(h \mid n\text{-}h)] = \Pr(\mathbf{X}=h) = \binom{n}{h} \pi^h (1-\pi)^{n-h}} \quad . \tag{2}$$

Man sagt, die Zufallsvariable **X** sei **binomialverteilt** mit Parametern n und π. Explizite Parameter dieser Verteilung sind:

$$\mathrm{E}\,\mathbf{X} = n\,\pi; \quad \mathrm{Var}\,\mathbf{X} = n\,\pi(1-\pi)\ ; \tag{3}$$

$$\text{Schiefe } \alpha = \frac{1-2\pi}{\sqrt{n\ \pi(1-\pi)}} \ \text{(49.III)}; \qquad \text{Wölbung } \gamma = \frac{1-6\pi(1-\pi)}{n\ \pi(1-\pi)}\ . \ \text{(50.III)}$$

Beispiel VIII.1: Der Zufallsmechanismus der Abb.VI.7 setzt einen Bernoulliprozeß in Gang, bei dem das Ablenkungsverhältnis 3:1 beträgt, so daß $\pi = 0{,}75$, $1-\pi = 0{,}25$. Bei $n = 6$ Schritten ergeben sich mit (2) für h Ablenkungen nach rechts die Wahrscheinlichkeiten

$$\Pr(\mathbf{X}=h) = \binom{6}{h} 0{,}75^h\, 0{,}25^{6-h}\ , \quad h=0,1,\ldots,6\ .$$

Multipliziert man diese Wahrscheinlichkeiten mit 4096, so erhält man die in Abb.VI.7 angeführten Anzahlen von Kugeln in den einzelnen Fächern: Eine Kugel erfährt null Ablenkungen nach rechts, sie befindet sich im Fach '-6'.

$$\Pr(\mathbf{X}=0) = \binom{6}{0} 0{,}75^0\, 0{,}25^6 = 0{,}000244141; \quad 4096 \cdot \Pr(\mathbf{X}=0) = 1\ .$$

Wir bestätigen mit (3), daß die Verteilung der Abb.VI.7 linksschief ist:

$$\alpha = \frac{1 - 2\cdot 0{,}75}{\sqrt{6\cdot 0{,}75\cdot 0{,}25}} = -0{,}47\ .$$

⬩⬩ ⧫ ⬩⬩

Beispiel VIII.2: FISZ (1970) berichtet aus Polen folgende Anteile von Knaben und Mädchen an den Neugeborenen der Jahre 1927 - 1932. Daneben entsprechende Angaben aus Österreich 1951 - 1989. (Datenquelle: Stat. Jahrbuch für die Republik Österreich 1991).

Jahr	K	M
1927	0,518	0,482
1928	0,518	0,482
1929	0,518	0,482
1930	0,516	0,484
1931	0,515	0,485
1932	0,516	0,484
$\bar{p}$	0,517	0,483

Jahr	K	M
1951	0,513	0,487
1961	0,515	0,485
1971	0,514	0,486
1976	0,515	0,485
1981	0,512	0,488
1986	0,512	0,488
1987	0,512	0,488
1988	0,515	0,485
1989	0,513	0,484
$\bar{p}$	0,513	0,487

$\bar{p}$ ist jeweils der gewogene Mittelwert (11.III). Die Wahrscheinlichkeit einer Knabengeburt scheint demnach - konstante Einstellung des "Zufallsmechanismus" vorausgesetzt - ein Wert zwischen 0,51 und 0,52 zu sein.

Die Ablenkungen des Bernoulliprozesses nach rechts bzw. oben sollen jetzt die konkrete Bedeutung "Geburt eines Knaben bzw. eines Mädchens" haben. Dann werden die Folgen von Knaben- und Mädchengeburten, wie man sie etwa in einer Gebärklinik registrieren kann, zu Punkten (h|n-h) führen, deren Wahrscheinlichkeit man mit (2) angeben kann. Die Wahrscheinlichkeit, daß h von n Neugeborenen Knaben sind, errechnet sich dementsprechend so:

$$\Pr(\mathbf{X}=h) = \binom{n}{h} \pi_K^h (1-\pi_K)^{n-h} . \qquad (2)$$

Erwartet eine polnische Krankenschwester während ihres Nachtdienstes n=10 Geburten, so ergeben sich für die verschiedenen Anzahlen von Knaben bzw. Mädchen folgende Wahrscheinlichkeiten (π_K = 0,517):

Knaben Mädchen	0 10	1 9	2 8	3 7	4 6	5 5	6 4	7 3	8 2	9 1	10 0	Summe
$Pr \cdot 10^4$	0007	0074	0356	1017	1905	2447	2182	1335	0536	0127	0014	100 00

•♦ ♦ ♦•

Beispiel VIII.3: Eine Versicherungsfirma hat mit 100 x-jährigen Männern eine Erlebensversicherung abgeschlossen, welche die Bestimmung enthält, daß bei Ableben vor x+30 Jahren die überlebende Gattin die doppelte Summe

x+30 Jahren sterben, wenn die bedingte Überlebenswahrscheinlichkeit (15.II) mit 0,60 angegeben wird? - Die Wahrscheinlichkeit, daß h von 100 überleben, errechnet sich mit (2) wie folgt:

$$\Pr(\mathbf{X}=h) = \binom{100}{h} \cdot 0{,}60^{h} \cdot 0{,}40^{100-h} .$$

Für **X**=0 erhält man die Wahrscheinlichkeit

$$\Pr(\mathbf{X}=0) = 1 \cdot 0{,}40^{100} = 1{,}607 \cdot 10^{-40} \approx 0 .$$

⬩⬧ ⧫ ⬧⬩

Wir wollen nun die Gestalt der Binomialverteilung betrachten.

Abb.VIII.1: Binomialverteilungen mit verschiedenen Parametern n, π.

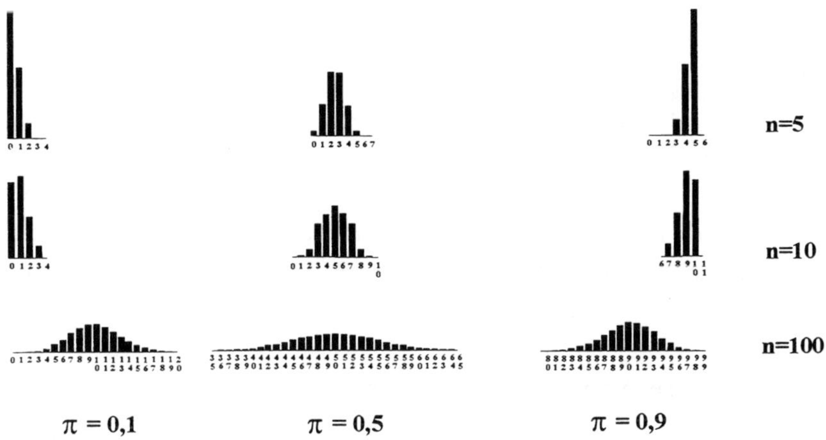

Die Formel:

$$\alpha = \frac{1-2\pi}{\sqrt{n \cdot \pi(1-\pi)}} \qquad (49.III)$$

läßt erkennen, daß alle Binomialverteilungen, deren Parameter π=0,5 ist, symmetrisch sind, egal welche Größe der Parameter n hat. - α geht aber, egal welchen Wert π hat, gegen Null, wenn n wächst. Man sagt, alle Binomialverteilungen mit großem n seien asymptotisch symmetrisch.

Beispiel VIII.4: Zu dem Zufallsmechanismus der Abb.VI.7 gehört eine links-

Beispiel VIII.4: Zu dem Zufallsmechanismus der Abb. VI.7 gehört eine linksschiefe Binomialverteilung mit Parametern $\pi=0{,}75$ und $n=6$. Stoppt man bei unverändertem Ablenkungsverhältnis 3:1 die Kugeln statt nach 6 erst nach 50 Ablenkungen, so verteilen sie sich auf die 'Anzahl der Ablenkungen nach rechts' wie folgt (Verteilung im Median gefaltet):

$\mathbf{X}$=k	$Pr(\mathbf{X}=k)\cdot 10^4$	$Pr(\mathbf{X}=k)\cdot 10^4$	$\mathbf{X}$=k
50	0...	0001	25
49	0...	0002	26
48	0001	0006	27
47	0004	0016	28
46	0016	0036	29
45	0049	0077	30
44	0123	0148	31
43	0259	0264	32
42	0463	0432	33
41	0721	0649	34
40	0985	0888	35
39	1194	1110	36
38	1294	1261	37

Die Schiefe der Binomialverteilung mit Parametern $\pi=0{,}75$ und $n=50$ beziffert sich nur noch auf $\alpha=$ -0,163.

⬩⬥ ◆ ⬥⬩

Die Formel für die Wölbung der Binomialverteilung,

$$\gamma = \frac{1-6\pi(1-\pi)}{n\cdot\pi(1-\pi)}, \qquad (50.\text{III})$$

läßt erkennen, daß alle Binomialverteilungen mit großem Parameter n asymptotisch mesokurtische Gestalt haben.

VIII.3: Die Poly- oder Multinomialverteilung

Im Beispiel VI.2 wurde die Irrfahrt eines Punktes im r-dimensionalen Raum untersucht. Erfolgen die Ablenkungen in die verschiedenen Richtungen unabhängig voneinander mit Wahrscheinlichkeiten $\pi_1,\ldots,\pi_r$, so ist die Wahrscheinlichkeit eines einzelnen Irrweges, der zu dem Punkt $(h_1|\ldots|h_r)$

Die Anzahl der Wege, die alle mit Wahrscheinlichkeit P zu diesem Punkt führen, ist, wie wir bereits wissen, durch den Multinomialkoeffizienten gegeben:

$$\binom{n}{h_1 \;.....\; h_{r-1}} = \frac{n!}{h_1! \;.....\; h_r!}, \tag{2'.VI}$$

so daß die Wahrscheinlichkeit, mit welcher der Punkt mit den Koordinaten $h_1,\ldots,h_r$ erreicht wird, oder gleichbedeutend die Wahrscheinlichkeit von $\mathbf{X}_1=h_1$ Ablenkungen in Richtung 1, $\mathbf{X}_2=h_2$ Ablenkungen in Richtung 2..., usw. gleich ist

$$\Pr(\mathbf{X}_1=h_1, \mathbf{X}_2=h_2, \ldots, \mathbf{X}_{r-1}=h_{r-1}) = \frac{n!}{h_1!\, h_2! \ldots h_{r-1}!\; h_r!}\, \pi_1^{h_1}\, \pi_2^{h_2} \ldots \pi_{r-1}^{h_{r-1}}\, \pi_r^{h_r}$$

$$h_1+h_2+\ldots+h_{r-1}+h_r=n; \qquad \pi_1+\pi_2+\ldots+\pi_{r-1}+\pi_r = 1 \tag{4}$$

Man sagt, die Zufallsvariablen $\mathbf{X}_1,\mathbf{X}_2,\ldots$ seien **polynomial oder multinomial verteilt** mit Parametern n und $\pi_1,\pi_2,\ldots,\pi_{r-1}$. Man beachte: die Binomialverteilung ist eine Multinomialverteilung mit r=2. Explizite Parameter von (4) sind:

$$\mathrm{E}\,\mathbf{X}_i = n\cdot\pi_i, \qquad \mathrm{Var}\,\mathbf{X}_i = n\cdot\pi_i(1-\pi_i), \qquad \mathrm{Kov}\;\mathbf{X}_i,\mathbf{X}_j = -n\cdot\pi_i\,\pi_j\,.$$

Beispiel VIII.5: Wir knüpfen an die Messung der Körpergröße von Pygmäen an, deren Ergebnis in Beispiel VI.2 mitgeteilt wurde:

Körpergrößenintervalle	1	2	3	4	5	Σ
Häufigkeiten Wahrscheinlichkeiten	1 π_1	4 π_2	10 π_3	4 π_4	1 π_5	20 1
relative Häufigkeiten	0,05	0,20	0,50	0,20	0,05	1

Die Wahrscheinlichkeit, daß ein blind aus der Gesamtheit herausgegriffener Pygmäe in das i-te Körpergrößenintervall gehört, sei π_i. Die Wahrscheinlichkeit der Verteilung, welche der Anthropologe mit seiner Stichprobe von n=20 Pygmäen erhielt, ist dann

$$Pr(\mathbf{X}_1=1,\ \mathbf{X}_2=4,\ \mathbf{X}_3=10,\ \mathbf{X}_4=4,\ \mathbf{X}_5=1)=1\ 163\ 962\ 800\cdot\pi_1^1\ \pi_2^4\ \pi_3^{10}\ \pi_4^4\ \pi_5^1\ . \quad (4)$$

Die beobachteten Häufigkeiten h_i haben Erwartungswerte $n\cdot\pi_i$. Die relativen Häufigkeiten $p_i=h_i/n$ haben dementsprechend Erwartungswerte π_i. Man **erwartet** also, daß die beobachteten relativen Häufigkeiten p_i den Wahrscheinlichkeiten π_i gleichen, also $0{,}05 \approx \pi_1$, $0{,}2 \approx \pi_2$ usw. Setzt man die unbekannten Wahrscheinlichkeiten den relativen Häufigkeiten gleich, so erzielt man für die Wahrscheinlichkeit der Verteilung, die der Anthropologe gefunden hat, konkret den Wert:

$$Pr(\mathbf{X}_1=1,\ \mathbf{X}_2=4,\ \mathbf{X}_3=10,\ \mathbf{X}_4=4,\ \mathbf{X}_5=1)=1\ 163\ 962\ 800\cdot 6{,}25\cdot 10^{-12}=0{,}0073\ .$$

Dies ist im Hinblick darauf, daß die Verteilung des Anthropologen nur eine von $9{,}5367431\cdot 10^{13}$ möglichen Verteilungen der 20 Objekte auf die 5 Intervalle darstellt, eine sehr hohe Wahrscheinlichkeit.

VIII.4: Die Hypergeometrische Verteilung

In Beispiel VI.3 zeigte sich, daß man einem Vorrat von N Objekten auf $\binom{N}{n}$ Weisen n Objekte entnehmen kann. Die Anzahl von Weisen, die gerade h schwarze und (n-h) andersfarbige Objekte enthalten, errechnet sich, wenn A bzw. N-A die Anzahl der schwarzen bzw. der andersfarbigen Objekte des Vorrates ist, wie folgt:

$$H_{N,A;n} = \binom{A}{h}\binom{N-A}{n-h}\ . \quad (4.\mathrm{VI})$$

Somit errechnet man die Wahrscheinlichkeit, daß nach Entnahme von n Objekten der verbleibende Vorrat aus A-h schwarzen und N-A-(n-h) andersfarbigen Objekten besteht, oder gleichbedeutend die Wahrscheinlichkeit, daß von den n Objekten, die entnommen wurden, h schwarz sind, mit

$$\Pr(\mathbf{X}=h) = \frac{\binom{A}{h}\binom{N-A}{n-h}}{\binom{N}{n}} , \tag{6}$$

wobei wir annehmen dürfen, daß sich unter $\binom{N}{n}$ Weisen keine bevorzugte befindet und $\Pr(\mathbf{X}=h) = 0$, wenn $h > A$ oder $n\text{-}h > N\text{-}A$.

Man sagt, die Zufallsvariable **X** sei **hypergeometrisch verteilt** mit Parametern N,A und n. - Explizite Parameter der Verteilung sind:

$$E\,\mathbf{X} = n \cdot \frac{A}{N} ; \quad \mathrm{Var}\,\mathbf{X} = n \cdot \frac{A}{N} \cdot \frac{N-A}{N} \cdot \frac{N-n}{N-1} .$$

Beispiel VIII.6: In einem Becken befinden sich 1000 Fische. 60% davon sind Forellen, der Rest setzt sich aus Saiblingen und Reinanken zusammen. 10 Fische werden mit einer Reuse aus dem Becken geholt. Wie wahrscheinlich ist es, daß genau sechs davon Forellen sind? Daß mindestens sechs Forellen sind? Die hypergeometrische Verteilung mit den Parametern N=1000, A=600, n=10 weist folgende Wahrscheinlichkeiten auf:

X	0	1	2	3	4	5	6	7	8	9	10
$\Pr(\mathbf{X}=h)\cdot 10^4$	0001	0015	0103	0419	1112	2013	2521	2155	1204	0397	0059

Man entnimmt der Verteilungstabelle:

$$\Pr(\mathbf{X}=6) = 0{,}2521, \quad \Pr(\mathbf{X}\geq 6) = 0{,}6336 .$$

Ohne weiteren Kommentar führen wir hier noch die **polyhypergeometrische Verteilung** an:

$$\Pr(X_1=h_1,\ldots,X_{r-1}=h_{r-1}) = \frac{\binom{N_1}{h_1}\binom{N_2}{h_2}\cdots\binom{N_r}{h_r}}{\binom{N}{n}} , \tag{6'}$$

$$\sum h_i = n; \ \sum N_i = N .$$

Man beachte, daß eine hypergeometrische Verteilung eine polyhypergeometrische Verteilung mit r=2 ist.

Beispiel VIII.7: Einem Vorrat von 52 Spielkarten mit je 13 Herz, Karo, Pik und Treff werden vier Karten entnommen. Wie wahrscheinlich ist es, daß alle vier die gleiche Farbe haben?

Wir berechnen zuerst:

$$\Pr(\mathbf{X}_1=4,\ \mathbf{X}_2=\mathbf{X}_3=\mathbf{X}_4=0) = \frac{\binom{13}{4}\binom{13}{0}\binom{13}{0}\binom{13}{0}}{\binom{52}{4}} = 0{,}00264\ .$$

Das ist die Wahrscheinlichkeit des Ereignisses "Alle vier Karten sind Herz". Die Wahrscheinlichkeit, daß alle vier Herz oder Karo oder Pik oder Treff sind, ist dann wegen Gesetz III (2.VII): $4 \cdot 0{,}00264 = 0{,}01056$.

⬩⬧ ⧫ ⬧⬩

VIII.5: Die Poissonverteilung

In Beispiel VI.4 haben wir einen Prozeß betrachtet, bei dem in jedem Augenblick ein Versuch stattfindet, aber nur zu gewissen isolierten Zeitpunkten eine Veränderung eintritt. Sei $p_h(t)$ der Anteil von Intervallen der Länge t, in denen genau h Veränderungen der untersuchten Art eintreten, $h=0,1,\ldots$. Der Prozeß soll folgende Eigenschaften haben:

(1) $p_h(t)$ ändert sich nicht mit der Zeit, ist während des gesamten Prozesses konstant.

(2) Die Häufigkeit von Veränderungen in einem bestimmten Intervall ist statistisch unabhängig von den Häufigkeiten in anderen Intervallen.

(3) In kleinen Intervallen geht $p_h(t)$ für $h=2,3,\ldots$ gegen Null.

(4) In "besonders kleinen" Intervallen Δ ist $p_1(\Delta)$ der Intervallänge proportional: $p_1(\Delta) \approx \lambda \cdot \Delta$.

Man nennt λ **Intensitätsparameter**. Weist ein Prozeß diese Eigenschaften auf, die man Poissonpostulate nennt, so gehorchen die $p_h(t)$ folgendem Gesetz:

$$\boxed{p_h(t) = \Pr(\mathbf{X}=h) = e^{-\lambda t}\frac{(\lambda t)^h}{h!}\ ,\qquad e = 2{,}71828..}\ . \tag{8}$$

Man sagt, die Zufallsvariable **X** sei **poissonverteilt**. Explizite Parameter dieser Verteilung sind:

$$\mathrm{E}\,\mathbf{X} = \lambda\cdot t; \quad \mathrm{Var}\,\mathbf{X} = \lambda\cdot t;$$

$$\text{Schiefe } \alpha = \frac{1}{\sqrt{\lambda\cdot t}} \text{ (49.III)}; \qquad \text{Wölbung } \gamma = \frac{1}{\lambda\cdot t} \text{ (50.III)} . \tag{9}$$

Dieser Zufallsmechanismus fällt also dadurch auf, daß Mittelwert und Varianz dem Produkt aus Intensitätsparameter λ und Intervallänge t gleich sind.

Beispiel VIII.8: Am Anfang eines Felsensteiges steht eine Tafel mit der Aufschrift: "Achtung Steinschlag! Gefährdete Wegstrecke rasch durchqueren." - Man hat beobachtet, daß in 100 Stunden durchschnittlich ein Steinschlag niedergeht. Bei zügigem Gehen braucht man für die gefährdete Wegstrecke zwei Minuten. Um wieviel gefährdeter ist ein Schlenderer, der dafür fünf Minuten braucht?
Es ist also $\mathrm{E}\,\mathbf{X} = 1$. Hundert Stunden haben 6000 Minuten, $\lambda\cdot 6000 = 1$ und $\lambda = 0{,}0001\dot{6}$.
Der zügige Wanderer, der zwei Minuten benötigt, erlebt $\mathbf{X} = 0$, also keinen Steinschlag, mit Wahrscheinlichkeit:

$$\Pr(\mathbf{X}=0) = e^{-0{,}0001\dot{6}\cdot 2}\,\frac{(0{,}0001\dot{6}\cdot 2)^0}{0!} = 0{,}99967 ,$$

der Schlenderer dagegen mit Wahrscheinlichkeit:

$$\Pr(\mathbf{X}=0) = e^{-0{,}0001\dot{6}\cdot 5} = 0{,}99917 .$$

Es begeht nun jemand in der Dunkelheit die Unvorsichtigkeit, auf dieser Wegstrecke zu biwakieren. Bis zum Morgengrauen vergehen 8 Stunden = 480 Minuten. Die Wahrscheinlichkeit, daß es in dieser Zeitspanne keinen Steinschlag gibt, ist

$$\Pr(\mathbf{X}=0) = e^{-0{,}0001\dot{6}\cdot 480} = 0{,}9231 .$$

◆◆ ◆ ◆◆

In vielen Fällen wird man überprüfen können, wie gut die mit (8) errechneten Werte mit den Ergebnissen von Beobachtungen übereinstimmen. Wir zitieren hier das klassische Beispiel einer solchen Überprüfung, das uns von FISZ (1970) überliefert wurde.

Beispiel VIII.9: BORTKIEWICZ stellte fest, wieviele Soldaten von zehn Kavallerieregimentern in einem Zeitraum von 20 Jahren an den Folgen eines Huftrittes starben. In den $20 \cdot 10 = 200$ Jahresintervallen fanden sich $\mathbf{X}=0, 1,2,\ldots$ Todesfälle/Jahr mit folgenden Häufigkeiten:

X	0	1	2	3	4	5 u.m.
beobachtet	0,545	0,325	0,110	0,015	0,005	0
mit(8)errechnet	0,543	0,331	0,101	0,021	0,003	0,001
|Diff|	0,002	0,006	0,009	0,006	0,002	0,001

Die beobachtete Verteilung weist einen Mittelwert von $\bar{x} = 0{,}61$ auf. Eine Poissonverteilung mit Parameter $\lambda \cdot 1 = 0{,}61$ weist die Wahrscheinlichkeiten

$$\Pr(\mathbf{X}=h) = e^{-0{,}61} \frac{(0{,}61)^h}{h!} \tag{8}$$

auf, die in der obigen Tabelle wiedergegeben sind. Die Differenz |Beobachtungswert minus Rechenwert| ist in allen Fällen kleiner als 1%, was bei n=200 weniger als 2 Todesfälle bedeutet. - Die Varianz der beobachteten Verteilung hat den Wert $s^2 = 0{,}6079$ und ist damit dem Mittelwert praktisch gleich!

◆◆◆◆◆

Beispiel VIII.10: In einer Imbißstube wird Kartoffelsalat für b DM verkauft, der für a DM, a < b, hergestellt wird. Eine nicht verkaufte Portion ist am nächsten Tag nicht mehr verkäuflich und verursacht einen Verlust von a DM. Wieviele Portionen sollen vorbereitet werden?

Der Gewinn, also Umsatz minus Kosten, ist bei V vorbereiteten Portionen

$G_1 = \mathbf{X} \cdot b - V \cdot a$, wenn die Nachfrage **X** unter dem Angebot V bleibt, sonst

$G_2 = V \cdot b - V \cdot a$, da ja nicht mehr als V Portionen verkauft werden können.

Man weiß aus Erfahrung, daß die Nachfrage **X** von Tag zu Tag schwankt, wobei

$$\Pr(\mathbf{X}=h) = e^{-\lambda} \frac{\lambda^h}{h!} \tag{8}$$

in etwa erfüllt ist.

$$G(V) = b \cdot \sum_{h=0}^{V} h \Pr(\mathbf{X}=h) + V \cdot b \cdot \sum_{h=V+1}^{\infty} \Pr(\mathbf{X}=h) - V \cdot a \cdot \underbrace{\sum_{h=0}^{\infty} \Pr(\mathbf{X}=h)}_{1} .$$

Gesucht ist nun jenes $V = V^0$, für das gilt: $G(V^0) \geq G(V)$. Man bilde dazu die Differenz:

$$G(V+1) - G(V) = b \cdot \sum_{h=V+1}^{\infty} \Pr(\mathbf{X}=h) - a .$$

Solange die Differenz positiv ist, befindet man sich links von V^0; wird sie negativ, ist man bereits rechts davon.

⬩⧫⧫⧫⬩

Wir wollen jetzt die Gestalt der Poissonverteilung betrachten.

Abb.VIII.2: Poissonverteilungen mit verschiedenen Parametern λ·t (und t=1).

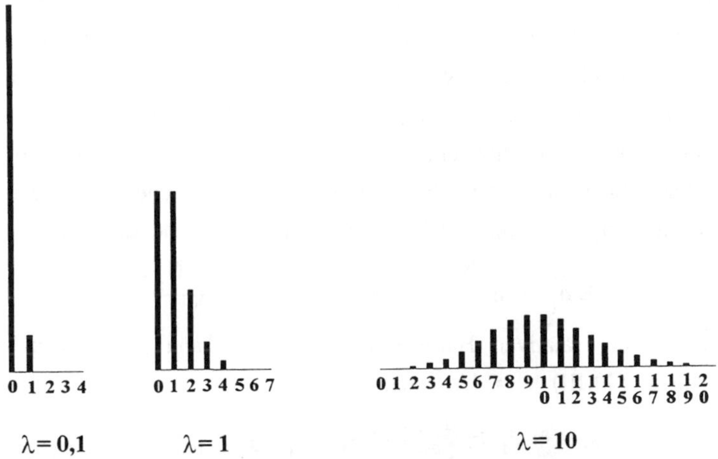

Die Formeln für Schiefe und Wölbung (9) lassen erkennen, daß alle Poissonverteilungen mit großen Werten von λ·t asymptotisch symmetrisch und mesokurtisch sind.

Die Wahrscheinlichkeiten waren zum Teil recht mühsam zu berechnen, insbesondere wenn Fakultäten großer Zahlen vorkamen. In der Praxis rechnet man daher häufig mit den folgenden Näherungen:

- Eine hypergeometrische Verteilung mit Parametern N,A und n darf durch die Binomialverteilung mit den Parametern $\pi = A/N$ und n ersetzt werden, wenn $n \le N/10$.
- Eine hypergeometrische Verteilung mit Parametern N,A und n darf durch die Poissonverteilung mit Parameter $\lambda = nA/N$ ersetzt werden, wenn $10 \le n \le N/10$ und $A/N \le 1/10$.
- Eine Binomialverteilung mit Parametern n und π darf durch die Poissonverteilung mit Parameter $\lambda = n \cdot \pi$ ersetzt werden, wenn $\pi \le 1/10$ und $n \ge 10$. (10)

Beispiel VIII.11: Bei den Stichprobenerhebungen der amtlichen Statistik, dem sogenannten **Mikrozensus**, wird eine Wohnbevölkerung vom Umfang N untersucht. Davon sind N_1 "Merkmalsträger" (d.h. sie sind z.B. Pendler, Nebenerwerbsbauern, Untermieter, Rheumatiker etc.). Man entnimmt dieser Wohnbevölkerung eine Stichprobe vom Umfang n und findet darin n_1 Merkmalsträger. Die Zufallsvariable $\mathbf{n}_1$ ist hypergeometrisch verteilt mit Parametern N, N_1 und n (6). Da aber der Umfang einer Stichprobe stets viel kleiner ist als der Umfang einer Wohnbevölkerung, darf man diese Verteilung durch die Binomialverteilung mit den Parametern $\pi = N_1/N$ und n ersetzen. Die Zufallsvariable $\mathbf{n}_1$ hat somit annähernd den Mittelwert und die Varianz:

$$E\,\mathbf{n}_1 = n\,\frac{N_1}{N}\,; \quad \mathrm{Var}\,\mathbf{n}_1 = n\,\frac{N_1}{N}\,\frac{N - N_1}{N}\,. \tag{3}$$

Die Varianz der relativen Häufigkeit $\mathbf{p}_1 = \mathbf{n}_1/n$ kann man sofort angeben, wenn man in (30.III) $b = 1/n$ setzt:

$$\mathrm{Var}\,\mathbf{p}_1 = \frac{1}{n^2} \cdot \mathrm{Var}\,\mathbf{n}_1 = \frac{1}{n}\,\frac{N_1}{N}\,\frac{N - N_1}{N}\,.$$

Nun will man mit dem Ergebnis des Mikrozensus die Anzahl N_1 der "Merkmalsträger" schätzen. Man darf erwarten, daß ihr Anteil an der Stichprobe in etwa gleich ist ihrem Anteil an der Grundgesamtheit:

$$p_1 = \frac{n_1}{n} \approx \frac{N_1}{N}\,.$$

Daraus leitet man unmittelbar einen Schätzer für N_1 ab:

$$\hat{N}_1 = \frac{N}{n} \cdot n_1\,.$$

Mittelwert und Varianz von $\hat{N}_1$ kann man ebenfalls angeben, wenn man in (10.III) bzw. (30.III) b = N/n setzt:

$$E\hat{N}_1 = \frac{N}{n} E\mathbf{n}_1 = N_1 ,$$

$$\mathrm{Var}\,\hat{N}_1 = \left(\frac{N}{n}\right)^2 \mathrm{Var}\,\mathbf{n}_1 = \frac{1}{n} N_1(N - N_1) .$$

Der durchschnittliche relative Fehler der Zufallsvariablen $\hat{N}_1$ ist:

$$V = \sqrt{\frac{\mathrm{Var}\ \hat{N}_1}{E^2\,\hat{N}_1}} = \sqrt{\frac{N - N_1}{n\,N_1}} . \qquad (38.\mathrm{III})$$

Die relative Unschärfe des Mikrozensus, gemessen mit V, nimmt ab, wenn N_1 wächst, da hierbei der Nenner des Koeffizienten wächst, während der Zähler schrumpft.

Ehe der Mikrozensus amtlich zugelassen wurde, hat man die eben geschilderte Theorie erprobt, indem man bereits durchgeführten Vollerhebungen Stichproben entnahm, die man wie den Mikrozensus auswertete (vgl. STANGE 1970).

••♦••

Beispiel VIII.12: Der Anteil HIV-positiver Personen an der österreichischen Bevölkerung wird als sehr klein eingeschätzt. Er soll gemessen werden. Um den Aufwand zu begrenzen, will man dabei folgendermaßen vorgehen: Man mischt die Blutproben von je n Personen und analysiert die Mischung. Ist das Ergebnis negativ, scheiden die n Personen aus. Ist es positiv, so werden diesen n Personen noch einmal Blutproben abgenommen, die man dann einzeln analysiert. Das Ergebnis: "h_1 von diesen n Personen sind HIV-positiv", ist Ausprägung einer hypergeometrisch verteilten Zufallsvariablen. Da n gegen den Umfang der Staatsbevölkerung sehr klein ist und zudem der Anteil HIV-positiver Personen ebenfalls sehr klein ist, darf diese Verteilung durch die Poissonverteilung mit Parameter $n \cdot N_1/N$ ersetzt werden.

Eine vermischte Blutprobe von n Personen ist HIV-negativ genau dann, wenn alle n Personen HIV-negativ sind, oder gleichbedeutend, wenn $\mathbf{h} = 0$ ist.

bestimmen:

$$\Pr(\mathbf{h}=0) \approx e^{-n\cdot N_1/N} \cdot \frac{(n\cdot N_1/N)^0}{0!} = e^{-n\cdot N_1/N} .$$

Man kommt entweder mit einer Blutprobe aus - wenn **h** = 0 ist - oder man benötigt zusätzlich n weitere Blutproben, wenn **h** > 0 ist. Die erwartete Anzahl A von Blutproben ist demnach:

$$E(\mathbf{A}) = 1 \cdot \Pr(h=0) + (n+1)\cdot[1-\Pr(h=0)]$$

$$= e^{-n\cdot N_1/N} + (n+1)\left[1-e^{-n\cdot N_1/N}\right]$$

$$= n+1 - n\, e^{-n\cdot N_1/N} .$$

Diese Gleichung kann man benutzen um auszurechnen, wie groß man n wählen muß, damit E(**A**), der erwartete Aufwand, möglichst klein wird.

Die Wahrscheinlichkeit, daß eine vermischte Blutprobe von n Personen HIV-negativ ist, nimmt selbstverständlich ab, wenn der Anteil HIV-positiver Personen an der Bevölkerung zunimmt. In der folgenden Tabelle ist dies für Blutproben von n = 100 Personen veranschaulicht:

N_1/N	0,0001	0,001	0,01	0,1	1
Pr(**h**=0)	0,99005	0,90484	0,36788	0,00005	$3{,}72\cdot 10^{-44}$

Wenn alle Personen HIV-positiv sind, so ist Pr(**h**=0) selbstverständlich null. Die Poissonverteilung weist anstatt dessen einen Wert von $3{,}72\cdot 10^{-44}$ als "Näherung" an Null aus.

⬩⬥⧫⬥⬩

KAPITEL IX: BEISPIELE FÜR ZUFALLSMECHANISMEN (STETIGE EREIGNISRÄUME)

IX.1: Die stetige Gleichverteilung

Beispiel IX.1: Eine Verkehrsampel, die man auf dem Weg in die Stadt passieren muß, ist so geschaltet, daß auf eine Rotphase von 30 Sekunden eine Grünphase von 45 Sekunden folgt. Wie wahrscheinlich ist es, daß man an dieser Ampel höchstens 15 Sekunden aufgehalten wird?
Der Rot-Grün-Zyklus der Ampel und die Ankunft eines Verkehrsteilnehmers an derselben sind unabhängige Vorgänge, so daß jeder Zeitpunkt des Rot-Grün-Zyklus mit gleicher Wahrscheinlichkeit als Zeitpunkt der Ankunft in Frage kommt (Indifferenzprinzip). Die gesuchte Wahrscheinlichkeit darf daher mit der Regel

$$\frac{\text{Zahl der günstigen Zeitpunkte}}{\text{Zahl der möglichen Zeitpunkte}}$$

bestimmt werden. Günstig sind einmal alle Zeitpunkte der Grünphase, zusätzlich alle Zeitpunkte der Rotphase, die von deren Ende weniger als 15 Sekunden entfernt sind. Die Wahrscheinlichkeit einer Wartezeit, die höchstens 15 Sekunden beträgt, ist somit

$$\Pr(\mathbf{t} \leq 15) = \frac{45 + 15}{45 + 30} = 0{,}8 \ .$$

Beim Vergleich mit (8.II) stellt man fest, daß dies die Verteilungsfunktion der Zufallsvariablen **t** an der Stelle **t** = 15 ist. Für beliebige Werte aus dem Intervall [0,30] gilt offenbar:

$$F_t(x) = \Pr(\mathbf{t} \leq x) = \frac{45 + x}{45 + 30} \ .$$

Man beachte, daß x = 0 eine "Sprungstelle" ist, wo F_t von Null auf 0,6 "springt". - Wir berechnen jetzt die Verteilungsfunktion von **t**, gegeben **t** > 0:

$$F_{t|t>0}(x) = \Pr(\mathbf{t} \leq x | \mathbf{t} > 0) = \frac{x}{30} \ , \quad 0 < x \leq 30 \ .$$

Das ist die Wahrscheinlichkeit, daß man höchstens x Sekunden warten muß, wenn man "bei Rot" zur Ampel gekommen ist. Für x = 15 erhält man jetzt F(15) = 0,5.

Man sagt, eine Zufallsvariable sei auf dem Intervall [a,b] **gleichverteilt**, wenn sie die Verteilungsfunktion hat:

$$\boxed{F_{t}(x) = \frac{x - a}{b - a}, \quad a \leq x \leq b} \quad . \tag{1}$$

In obigem Beispiel ist a = 0 und b = 30.

Die Dichtefunktion der Gleichverteilung bestimmt man leicht mit (6. VII):

$$f_{t}(x) = \frac{d\,F_{t}(x)}{dx} = \frac{1}{b - a} \,. \tag{2}$$

Die Dichte hat also an jeder Stelle x aus dem Intervall [a,b] einen konstanten Wert. - Explizite Parameter der Gleichverteilung sind:

$$E\,\mathbf{t} = \tfrac{1}{2}\,(a+b); \quad Var\,\mathbf{t} = \tfrac{1}{12}\,(b-a)^2; \quad \alpha = 0; \quad \gamma = -1{,}2 \,. \tag{3}$$

Alle Gleichverteilungen sind also symmetrisch und platykurtisch (breitgewölbt).

IX.2: Die Exponentialverteilung

Wir haben bereits wiederholt Prozesse betrachtet (Abb.VI.4), bei denen in jedem Augenblick ein Zufallsexperiment stattfindet, aber nur zu einzelnen, isolierten Zeitpunkten eine Veränderung eintritt. Einen solchen Prozeß wollen wir jetzt auf folgende Weise beobachten: Wir setzen, sobald eine Veränderung eingetreten ist, eine Stoppuhr in Gang und messen die Zeit bis zur nächsten Veränderung. Dabei haben wir uns eine Dauer x vorgegeben, so daß auf die Zeit bis zur nächsten Veränderung eine von zwei Möglichkeiten zutreffen muß:

$$\mathbf{t} \leq x \quad \text{oder} \quad x < \mathbf{t} \,.$$

Wann immer $x < \mathbf{t}$ eintritt, hat in dem Intervall der Länge x keine Veränderung stattgefunden, d.h.

$$Pr(x < \mathbf{t}) = p_0(x) \,.$$

Da nun aber $Pr(x < \mathbf{t}) = 1 - F_t(x)$ (12.II), erhält man unmittelbar folgende Aussage über die Verteilungsfunktion der Zufallsvariablen **t**:

Der Prozeß möge den Poissonpostulaten (Kapitel VIII.5) gehorchen. Dann ist die Wahrscheinlichkeit von null Veränderungen in einem Intervall der Länge x:

$$p_0(x) = e^{-\lambda x}, \quad e = 2{,}71828\ldots, \tag{8.VIII}$$

und damit

$$\boxed{F_t(x) = 1 - e^{-\lambda x}}\ . \tag{4'}$$

Man sagt, die Zufallsvariable **t** mit Verteilungsfunktion (4') sei **exponentialverteilt** mit Parameter λ.

Die Dichtefunktion von **t** ist mit (6.VII) leicht zu bestimmen:

$$f_t(x) = \frac{d\ F_t(x)}{d\ t}\Big|_{t=x} = \lambda\ e^{-\lambda x}\ . \tag{4''}$$

Explizite Parameter der Exponentialverteilung sind:

$$E\,\mathbf{t} = \frac{1}{\lambda}\ ; \quad \mathrm{Var}\,\mathbf{t} = \frac{1}{\lambda^2} = E^2\,\mathbf{t}\ . \tag{5}$$

Im Zusammenhang mit Abb. VI.4 wurden zwei Arten der Auswertung von stetigen Zufallsprozessen erörtert. Wir können dem jetzt hinzufügen: Wenn die Änderungshäufigkeiten in Intervallen der festen Länge x poissonverteilt sind, dann sind die Intervalle zwischen aufeinanderfolgenden Veränderungen exponentialverteilt. Poissonverteilung (8.VIII) und Exponentialverteilung (4') gehören in diesem Sinne zusammen.

Beispiel IX.2: Zu Zwecken der Kapazitätsplanung mißt der Postdienst die Dauer von Telephongesprächen. Die "Veränderung", deren Zeitpunkt registriert werden muß, ist "Ende eines Telephongespräches".

Es wurde festgestellt, daß Telephongespräche im Durchschnitt 2,42 Minuten dauern. Wenn man annehmen darf, daß dies der Erwartungswert einer exponentialverteilten Zufallsvariablen ist, rechnet man mit (5):

$$\lambda = \frac{1}{E\,\mathbf{t}} = \frac{1}{2{,}42} = 0{,}413 \tag{5'}$$

und erhält:

$$\boxed{F_t(x) = 1 - e^{-0{,}413\cdot x}}\ . \tag{4'}$$

Man prüft leicht nach, daß der Median (1.III) dieser Verteilung 1,68 und damit kleiner als der Mittelwert ist: 50% der Telephongespräche dauern höchstens 1,68 Minuten.

⧫ ⧫ ⧫

Beispiel IX.3: Gelegentlich beobachtet man einen Menschen, der voller Ungeduld vor einer besetzten Telephonzelle wartet. Aus Mitgefühl interessieren wir uns für die Wahrscheinlichkeit, daß "der da drinnen" nicht länger als x + Δ Minuten telephonieren wird, nachdem er schon x Minuten in den Telephonhörer geredet hat. Wir interessieren uns also für die bedingte Gesprächsdauerverteilung:

$$F(x+\Delta|x) = \frac{F_t(x+\Delta) - F_t(x)}{1 - F_t(x)} . \qquad (14.II)$$

Setzt man die Verteilungsfunktion der Exponentialverteilung (4') in (14. II) ein, so erhält man das verblüffende Resultat, daß die Verteilung der künftigen Dauer Δ gar nicht davon beeinflußt wird, daß schon x Minuten telephoniert wurde:

$$F(x+\Delta|x) = \frac{1 - e^{-\lambda(x+\Delta)} - (1 - e^{-\lambda \cdot x})}{1 - (1 - e^{-\lambda \cdot x})} = 1 - e^{-\lambda \cdot \Delta} = F_t(\Delta) . \qquad (6)$$

Der Ungeduldige möge also ja nicht erwarten, daß das Gespräch jeden Moment enden müsse, weil es schon so lange gedauert habe.

⧫ ⧫ ⧫

Die Exponentialverteilung kommt wegen der Eigenschaft (6) als Verteilung der Lebensdauer von Objekten, die einem Alterungsprozeß unterliegen, nur bedingt in Frage (vgl. Beispiel II.2). Soweit bekannt, trifft nur auf elektronische Systeme, nicht jedoch auf deren mechanische Teile, die Regel zu: Gebraucht so gut wie neu.

Unter der **Ausfallrate** λ(t) versteht man die Zahl der Abgänge zum Zeitpunkt t, bezogen auf den zu diesem Zeitpunkt noch vorhandenen Bestand. R(t) = 1 - F(t) (Überlebensfunktion 13.II):

$$\boxed{\lambda(t) = \frac{f(t)}{R(t)}} \quad . \tag{7}$$

Die Ausfallrate ist erwiesenermaßen zu Beginn und gegen Ende der Lebensspanne groß. Das hängt einerseits mit Kindersterblichkeit, Ausfällen aufgrund angeborener Defekte, andererseits mit Alterssterblichkeit, Abnutzungsverlusten zusammen. Im Mittelabschnitt der Lebensspanne ist die Ausfallrate (7) nahezu konstant. Diesen Abschnitt bezeichnet man als "nutzbare Lebenszeit". Wartungspläne, z.B. von Verkehrsflugzeugen, sehen aus diesem Grunde vor, daß nach deren Verstreichen, also vor Ansteigen der Ausfallrate infolge Abnutzung, die Bestandteile ohne Ansehung ihres Zustandes durch neue zu ersetzen sind.

Die Ausfallrate (7) einer exponentialverteilten Zufallsvariablen hat folgende Beschaffenheit:

$$\lambda(t) = \frac{f(t)}{R(t)} = \frac{\lambda\, e^{-\lambda t}}{e^{-\lambda t}} = \lambda \,, \tag{7'}$$

d.h. sie hat, unabhängig vom Lebensalter, den konstanten Wert λ. Die Exponentialverteilung wird aus diesem Grunde zur Beschreibung der Lebensdauerverteilung von Objekten während deren nutzbarer Lebenszeit verwendet.

Das Funktionieren eines Gerätes hängt vom Funktionieren seiner Bestandteile ab. Sind diese Bestandteile B_1, B_2,... **hintereinander** geschaltet, so funktioniert das Gerät während einer gewissen Betriebzeit x, wenn alle Bestandteile funktionieren. Sind sie **parallel** geschaltet, so funktioniert es, wenn mindestens einer der Bestandteile funktioniert. Fallen die Bestandteile unabhängig voneinander aus, so entwickelt man mit der Multiplikationsregel (4.VII) folgende Zuverlässigkeitsfunktion (13.II) für Geräte: Die Wahrscheinlichkeit des Funktionierens mindestens während einer Betriebszeit x, $Pr(x < \mathbf{t}) = R_g(x)$, beträgt:

(1) Bei s hintereinander geschalteten Bestandteilen:

$$R_g(x) = R_1(x) \cdot R_2(x) \cdot \ldots \cdot R_s(x) \;, \tag{8}$$

sie ist gleich der Wahrscheinlichkeit, daß alle Bestandteile funktionieren.

(2) Bei s parallel geschalteten Bestandteilen:

$$R_g(x) = 1 - [1 - R_1(x)][1 - R_2(x)]\cdot \ldots \cdot[1 - R_s(x)] \;. \tag{9}$$

Sie ist gleich 1 vermindert um die Wahrscheinlichkeit, daß alle Bestandteile versagen. Man erkennt an (8), daß die Zuverlässigkeit des Gerätes umso kleiner ist, je mehr Bestandteile hintereinander geschaltet wurden, und an (9), daß die Zuverlässigkeit mit der Zahl der Parallelschaltungen zunimmt und asymptotisch gegen Eins geht. Aus diesem Grunde ist man bestrebt, wichtige Bestandteile mehrfach parallel zu installieren, um die Zuverlässigkeit des Gerätes zu erhöhen. Kosten, Gewicht, Raumbedarf etc. setzen solchen Bestrebungen jedoch Grenzen.

Beispiel IX.4: In der folgenden Abbildung sind drei Versionen eines Gerätes abgebildet, die sich durch den Anteil der Parallelschaltungen voneinander unterscheiden.

Abb.IX.1: I: einfach hintereinander, II: teilweise parallel, III: vollständig parallel.

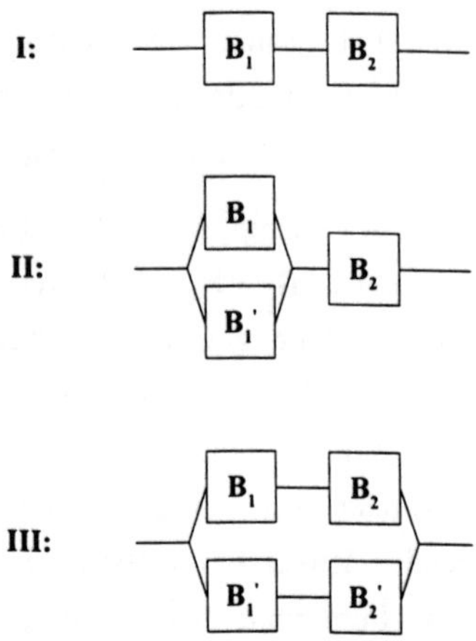

Es sei bekannt, daß Bestandteil B_1 während seiner nutzbaren Lebenszeit eine konstante Ausfallrate von $\lambda_1 = 0{,}01$ aufweist, Bestandteil B_2 dagegen eine von $\lambda_2 = 0{,}0001$.

Die Zuverlässigkeit der Version I bestimmt man einfach mit (8):

I: $\quad R_g(x) = R_1(x)\, R_2(x) = e^{-0{,}01x} \cdot e^{-0{,}0001x} = e^{-0{,}0101x}$.

Version II funktioniert, wenn wenigstens einer der beiden Bestandteile B_1, B'_1 und zusätzlich B_2 funktioniert. Wir nehmen an, daß sich die Zuverlässigkeitsfunktionen der parallel geschalteten Bestandteile nicht unterscheiden und erhalten dann mit (8) und (9):

$$\text{II:} \qquad R_g(x) = \{1 - [1 - R_1(x)]^2\}\, R_2(x) = R_1(x)\, R_2(x)[2 - R_1(x)]$$
$$= e^{-0{,}0101x}\,(2 - e^{-0{,}01x})\,.$$

Die Wahrscheinlichkeit, daß Version I mindestens 10 Betriebsstunden ungestört funktioniert, beträgt 0,9039; Version II weist dagegen einen Wert von 0,98995 auf.
Der Leser möge sich selbst überzeugen, daß Version III die Zuverlässigkeitsfunktion

$$R_g(x) = \{1 - [1 - R_1(x)]^2\}\{1 - [1 - R_2(x)]^2\}$$

hat, deren Zahlenwerte sich von Version II kaum unterscheiden, so daß man sich mit Rücksicht auf Kosten, Gewicht, Raumbedarf kaum für sie entscheiden wird.

⬩⬥◆⬥⬩

IX.3: Die Normalverteilung

In Abb.VI.6 und Abb.VI.7 haben wir modellhaft das Entstehen einer Merkmalsausprägung veranschaulicht. Im ersten Fall war das Ablenkungsverhältnis einer Kugel auf ihrer Irrfahrt 1:1, im anderen 1:3.
Vermehrt man nun die Zahl der Ablenkungen, und damit zugleich die Zahl der Fächer, in denen die Kugeln schließlich aufgefangen werden, so strebt deren Verteilung bei jedem beliebigen Ablenkungsverhältnis einer eingipfeligen, symmetrischen und mesokurtischen Verteilung zu, die sich, wenn die Zahl der Beeinflussungen sehr groß wird, durch folgende Dichtefunktion beschreiben läßt:

$$f(x) = \frac{1}{\sigma\sqrt{2\pi}} e^{-\frac{1}{2}\left(\frac{x-\mu}{\sigma}\right)^2}, \quad -\infty < x < \infty$$
$$\pi = 3{,}14159\ldots; \quad e = 2{,}718281\ldots \quad (10)$$

Man sagt, eine Zufallsvariable, welche die Dichtefunktion (10) hat, sei **normalverteilt** mit Parametern μ und σ^2. Man schreibt dafür $\mathbf{X} \sim N(\mu,\sigma^2)$. - Die Momente (43.III) bezüglich des Punktes μ haben folgenden Bau:

$$E(\mathbf{X}-\mu)^k = \begin{cases} (k-1)(k-3)\cdot\ldots\cdot 3\cdot 1\cdot\sigma^k, & k=2,4,6,\ldots \\ 0 \text{ sonst} \end{cases} \quad (11)$$

Man erhält mit (11) für

k = 1: $E(\mathbf{X}-\mu) = 0$, also $E\,\mathbf{X} = \mu$; der **Erwartungswert** der Normalverteilung ist gleich ihrem Parameter μ.

k = 2: $E(\mathbf{X}-\mu)^2 = \sigma^2$; die **Varianz** der Normalverteilung ist gleich ihrem Parameter σ^2.

k = 3: $E(\mathbf{X}-\mu)^3 = 0$; die Normalverteilung ist **symmetrisch** (49.III).

k = 4: $E(\mathbf{X}-\mu)^4 = 3\,\sigma^4$. Setzt man dies in den Momentkoeffizienten der Wölbung (50.III) ein, so erhält man:

$$\gamma = \frac{E(\mathbf{X}-\mu)^4}{(\mathrm{Var}\,\mathbf{X})^2} - 3 = \frac{3\,\sigma^4}{\sigma^4} - 3 = 0\,.$$

Die Normalverteilung ist also **mesokurtisch**.

Die Dichtefunktion der Normalverteilung hat über μ einen Gipfel und an den Stellen $\mu \pm \sigma$ Wendepunkte!

Eine zweidimensionale Zufallsvariable **XY** (Abb.II.VI) heißt **bivariat normalverteilt** mit Parametern μ_x,μ_y; σ_x^2,σ_y^2; ρ, wenn sie die Dichtefunktion hat:

$$f(x,y) = \frac{1}{\sigma_x\sigma_y\cdot 2\pi\sqrt{1-\rho^2}}\cdot e^{-P}$$
$$P = \frac{1}{2(1-\rho^2)}\left[\left(\frac{x-\mu_x}{\sigma_x}\right)^2 - 2\rho\,\frac{x-\mu_x}{\sigma_x}\,\frac{y-\mu_y}{\sigma_y} + \left(\frac{y-\mu_y}{\sigma_y}\right)^2\right] \quad (10')$$

Die Erwartungswerte der beiden Komponenten, E **X**, E **Y**, sind den Parametern μ_x, μ_y gleich. Die Varianzen der beiden Komponenten sind den Parametern σ_x^2, σ_y^2 gleich. Die Korrelation (24.IV) der Ausprägungen beider Komponenten ist mit dem Parameter ρ identisch.

Abb.IX.2: Die ein- und zweidimensionale Normalverteilung

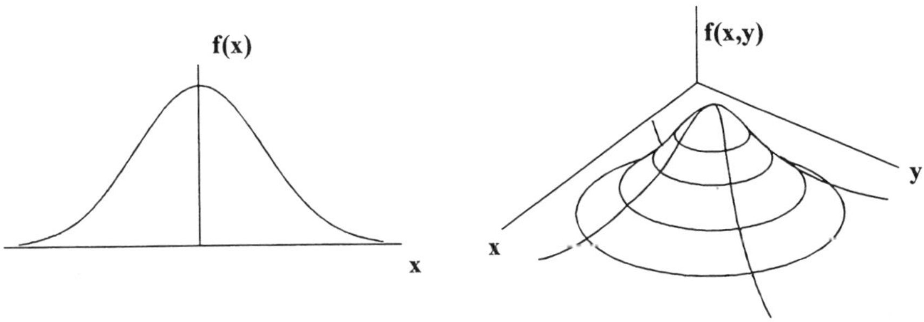

Eine p-dimensionale Zufallsvariable $\mathbf{X}_1 \ldots \mathbf{X}_p$ heißt **p-variat normalverteilt** mit Parametern $\mu_1,\ldots,\mu_p$ und **M**, wenn sie die Dichte hat:

$$f(x_1,\ldots,x_p) = \frac{1}{\sqrt{\text{Det } \mathbf{M}\cdot(2\pi)^p}} \cdot e^{-\frac{1}{2}\mathbf{Z}'\mathbf{M}^{-1}\mathbf{Z}} \quad . \qquad (10")$$

Dabei ist **M** die Varianz-Kovarianzmatrix der Komponenten (34.IV), $\mathbf{M}^{-1}$ die zu **M** inverse Matrix, Det **M** die Determinante von **M** und $\mathbf{Z}' = [(x_1-\mu_1),\ldots\ldots,(x_p-\mu_p)]$.

Gewisse Verteilungen dürfen durch die Normalverteilung ersetzt werden:

- Eine Binomialverteilung mit Parametern n, π darf durch die Normalverteilung mit den Parametern $\mu = n\cdot\pi$ und $\sigma^2 = n\cdot\pi(1-\pi)$ ersetzt werden, wenn $n\cdot\pi(1-\pi) \geq 10$.
- Eine Poissonverteilung mit Parameter λ darf durch die Normalverteilung mit den Parametern $\mu = \lambda$ und $\sigma^2 = \lambda$ ersetzt werden, wenn $\lambda \geq 10$.
- Eine Polynomialverteilung mit Parametern n; $\pi_1,\ldots,\pi_{r-1}$, π_r darf durch die (r-1)-variate Normalverteilung mit den Parametern $\mu_1 = n\cdot\pi_1,\ldots,$

$\mu_{r-1} = n\cdot\pi_{r-1}$ und $\mathbf{M}_{r-1}$ ersetzt werden, wenn $n\cdot\pi_i(1-\pi_i) \geq 10$ für alle i zutrifft. (12)

Man beachte die Notwendigkeit der Stetigkeitskorrektur (5.X).

IX.4: Die asymptotische Verteilung einer Summe von Zufallsvariablen

In Kapitel VII hatten wir uns bereits mit Summen von Zufallsvariablen zu befassen:

$$\mathbf{S}_n = \mathbf{X}_1 + \ldots.. + \mathbf{X}_n \,.$$

Wir bezeichnen die Mittelwerte und Varianzen der Summanden mit μ_i bzw. σ_i^2, ihre paarweisen Korrelationen mit ρ_{ij}, i=1,...,n und i < j.

Die Summe $\mathbf{S}_n$ ist ebenfalls eine Zufallsvariable mit folgenden Eigenschaften:

(1) $$\Pr(\mathbf{S}_n = s) = \sum_k \Pr\left\{(\mathbf{X}_1 = x_{1k},\ldots,\mathbf{X}_n = x_{nk}) \mid \sum_{i=1}^{n} x_{ik} = s\right\}, \quad (8.\mathrm{VII})$$

(2) $$\mathrm{E}\,\mathbf{S}_n = \sum_{i=1}^{n} \mu_i \,,$$

(A-11)

(3) $$\mathrm{Var}\,\mathbf{S}_n = \sum_{i=1}^{n} \sigma_i^2 + 2\cdot \sum_{i<j} \rho_{ij}\,\sigma_i\,\sigma_j \,.$$

(4) Ist n, die Anzahl der Summanden, nicht zu klein, dann ist die Summe $\mathbf{S}_n$ **asymptotisch normalverteilt**:

$$\boxed{\mathbf{S}_n \sim N\left[\Sigma\,\mu_i;\ \sum_i \sigma_i^2 + 2\cdot \sum_{i<j} \rho_{ij}\,\sigma_i\,\sigma_j\right]} \,, \quad (13)$$

soferne

$$\boxed{|\mu_i| < \infty;\ 0 < \sigma_i^2 < \infty;\ \rho_{ij}^2 < 1;\ \mathrm{E}|x_i - \mu_i|^3 < \infty} \,.$$

Die Summe weist dann eine eingipfelige, symmetrische und mesokurtische Verteilungsgestalt auf, unbeschadet der Form der einzelnen Summanden. - Diese Aussagen sind der Inhalt des **Zentralen Grenzwertsatzes** (Grenzverteilungssatzes).

Sind nun speziell die einzelnen Summanden unabhängig und identisch verteilt, so daß $\rho_{ij} = 0$, $\mu_i = \mu$, $\sigma_i^2 = \sigma^2$, so wird (13):

$$S_n \sim N(n\cdot\mu;\ n\cdot\sigma^2) \tag{13'}$$

Beispiel IX.5: Wir haben bereits festgestellt (Beispiel VII.6), wie die Augensumme von zwei Würfeln verteilt ist. Wir wollen jetzt einen dritten und vierten Würfel werfen und S_3 bzw. S_4 bestimmen. Dazu übernehmen wir die Verteilung von S_2 und verfertigen folgendes Schema:

S_2	2	3	4	5	6	7	8	9	10	11	12	
h_2	1	2	3	4	5	6	5	4	3	2	1	Summe $36 = 6^2$

VI	8	9	10	11	12	13	14	15	16	17	18	
V	7	8	9	10	11	12	13	14	15	16	17	
IV	6	7	8	9	10	11	12	13	14	15	16	W_3
III	5	6	7	8	9	10	11	12	13	14	15	
II	4	5	6	7	8	9	10	11	12	13	14	
I	3	4	5	6	7	8	9	10	11	12	13	

S_3	3	4	5	6	7	8	9	10	11	12	13	14	15	16	17	18	
h_3	1	3	6	10	15	21	25	27	27	25	21	15	10	6	3	1	Summe $216 = 6^3$

VI	9	10	11	12	13	14	15	16	17	18	19	20	21	22	23	24	
V	8	9	10	11	12	13	14	15	16	17	18	19	20	21	22	23	
IV	7	8	9	10	11	12	13	14	15	16	17	18	19	20	21	22	
III	6	7	8	9	10	11	12	13	14	15	16	17	18	19	20	21	W_4
II	5	6	7	8	9	10	11	12	13	14	15	16	17	18	19	20	
I	4	5	6	7	8	9	10	11	12	13	14	15	16	17	18	19	

S_4	4	5	6	7	8	9	10	11	12	13	14	15	16	17	18	19
h_4	1	4	10	20	35	56	80	104	125	140	146	140	125	104	80	56

20	21	22	23	24	
35	20	10	4	1	Summe $1296 = 6^4$

Die Werte von S_3 ergeben sich aus S_2 und dem Ergebnis des dritten Wurfes. Man erzielt beispielsweise $S_3 = 4$, wenn $S_2 = 3$ war und der dritte Wurf I ergibt, oder wenn $S_2 = 2$ war und der dritte Wurf II ergibt. $S_2 = 3$ erzielt man nun auf $h_2 = 2$ Weisen, $S_2 = 2$ auf eine Weise, $S_3 = 4$ somit auf $2+1 = 3$

Weisen. $S_3 = 9$ erzielt man dementsprechend auf $5 + 6 + 5 + 4 + 3 + 2 = 25$ verschiedene Weisen.

S_1 ist gleichverteilt, also symmetrisch. S_2, S_3, S_4 sind nicht mehr gleichverteilt, aber symmetrisch um einen häufigsten Wert verteilt. S_4 ist - der Leser überzeuge sich selbst davon - nahezu mesokurtisch und, wie wir gleich zeigen werden, von einer Normalverteilung kaum noch zu unterscheiden. Eine Anzahl von $n = 4$ diskreten Gleichverteilungen ist offenbar hinreichend groß, um (13) zu erfüllen.

•♦ ♦ ♦•

Die besondere Nützlichkeit des Zentralen Grenzwertsatzes besteht darin, daß man das Verteilungsgesetz einer Summe näherungsweise angeben kann, auch wenn das Verteilungsgesetz der Summanden nicht bekannt ist.

Beispiel IX.6: Jemand hat auf dem Weg zu seiner Arbeitsstätte 13 Ampeln zu passieren. Die Zeit vom Aufbruch bis zum Eintreffen am Arbeitsplatz ist daher eine Summe von 14 Fahrzeiten **X** und 13 Wartezeiten **G** vor Ampeln:

$$S_{27} = \mathbf{X}_1 + \mathbf{G}_1 + \mathbf{X}_2 + \mathbf{G}_2 + \ldots + \mathbf{X}_{13} + \mathbf{G}_{13} + \mathbf{X}_{14} .$$

Die 13 Wartezeiten sind stetige Gleichverteilungen (I.IX). Von den 14 Fahrzeiten ist weiter nichts bekannt, als daß sie endliche Mittelwerte und Varianzen besitzen müssen. Im Hinblick auf (13) darf man daher annehmen

$$S_{27} \sim N(\bar{S}, \text{Var } S) ,$$

wobei $\bar{S}$ und Var S Mittelwert und Varianz der Zeit sind, die zwischen Aufbruch und Eintreffen am Arbeitsplatz vergeht.

•♦ ♦ ♦•

KAPITEL X: RECHNEN MIT DER NORMALVERTEILUNG

Einc normalverteilte Zufallsvariable heißt **standardnormalverteilt**, wenn sie die Parameter $\mu = 0$ und $\sigma^2 = 1$ hat. Einsetzen in (10.IX) ergibt die Dichtefunktion der Standardnormalverteilung:

$$\varphi(z) = \frac{1}{\sqrt{2\pi}} e^{-\frac{1}{2}z^2}, \quad -\infty < z < \infty \quad . \tag{1}$$

Die Verteilungsfunktion der Standardnormalverteilung wird mit Ø bezeichnet:

$$Ø(z_p) = \Pr(\mathbf{Z} \leq z_p) = \int_{-\infty}^{z_p} \frac{1}{\sqrt{2\pi}} e^{-\frac{1}{2}z^2} dz \quad . \tag{2}$$

Sämtliche Normalverteilungen stehen zur Standardnormalverteilung in folgender Beziehung: Ist $\mathbf{X} \sim N(\mu, \sigma^2)$, so gilt für die "standard scores" (32.III):

$$z = \frac{x - \mu}{\sigma} : \quad \mathbf{Z} \sim N(0,1) \; .$$

Für die p-Quantile (16.II) von **Z** und **X** gilt: $\tilde{z}_p = (\tilde{x}_p - \mu)/\sigma$. Es ist daher

$$F_x(\tilde{x}_p) = Ø(\tilde{z}_p) = p \quad . \tag{3}$$

Hat man eine Tabelle der Verteilungsfunktion Ø(z) zur Hand, so kann man mühelos alle Fragen beantworten, die sich im Zusammenhang mit irgendeiner normalverteilten Zufallsvariablen ergeben. Es wurde daher eine solche Tabelle im Anhang beigefügt (Tab.**A**).

Frage 1: Gegeben ist der Wert $\mathbf{X} = x_0$ der Zufallsvariablen $\mathbf{X} \sim N(\mu, \sigma^2)$. Welchen Wert hat $\Pr(\mathbf{X} \leq x_0) = F_x(x_0)$?
Man beantwortet die Frage, indem man den 'standard score' (32.III) berechnet: $z_0 = (x_0 - \mu)/\sigma$. Dann sucht man in Tab. **A** den Wert $Ø(z_0)$ auf, der zu z_0 gehört. Es ist $Ø(z_0) = F_x(x_0)$ (3).

Frage 2: Gegeben ist $\Pr(\mathbf{X} \leq x_0) = F_x(x_0)$. Welchen Wert hat x_0?
Wegen (3) ist $F(x_0) = Ø(z_0)$. Man suche daher in Tab. **A** den Wert $Ø^{-1} F(x_0) = z_0$, der zu $Ø(z_0)$ gehört. Dann löse man

$$z_0 = \frac{x_0 - \mu}{\sigma} \quad \text{nach } x_0 = \sigma\, z_0 + \mu \text{ auf.}$$

Beispiel X.1: Es gelte $\mathbf{X} \sim N(500,\ 625)$.

Frage 1: Wie wahrscheinlich ist $\mathbf{X} \leq 575$?

$$\Pr(\mathbf{X} \leq 575) = F_x(575) = \text{Ø}\left(\frac{575 - 500}{\sqrt{625}}\right) = \text{Ø}(3)\ .$$

Laut Tabelle **A** ist $\text{Ø}(3) \approx 0{,}999$. Die Wahrscheinlichkeit einer Merkmalsausprägung, die 575 nicht übersteigt, ist ungefähr 0,999.

Frage 2: $\Pr(\mathbf{X} \leq x_0) = 0{,}977$; wie groß ist x_0?
Nach Tabelle **A** gehört zu $\text{Ø}(z_0) = 0{,}977$ der Wert $z_0 \approx 2$.

$$2 = \frac{x_0 - 500}{\sqrt{625}} \Rightarrow x_0 = 550\ .$$

♦♦ ♦ ♦♦

Faltet man die Standardnormalverteilung im Nullpunkt, so kommen die beiden Verteilungshälften zur Deckung (Symmetrie). Es genügt daher, daß man den positiven Teil der Verteilung tabelliert. Für negative z-Werte gilt offensichtlich die Beziehung

$$\boxed{\text{Ø}(-z_0) = \Pr(\mathbf{Z} < -z_0) = \Pr(\mathbf{Z} > z_0) = 1 - \text{Ø}(z_0)}\ . \tag{4}$$

Die Wahrscheinlichkeit eines beliebigen Intervalles [a,b] errechnet man wie folgt: Man bilde zuerst $z_b = (b - \mu)/\sigma$ und $z_a = (a - \mu)/\sigma$. Nun erhält man mit (11.II) und (3):

$$\boxed{\Pr(a < \mathbf{X} \leq b) = F_x(b) - F_x(a) = \text{Ø}(z_b) - \text{Ø}(z_a)}\ . \tag{5}$$

Beispiel X.2: Man bestimme Ø(-3) mit (4):

$$\text{Ø}(-3) = 1 - \text{Ø}(3) \approx 1 - 0{,}999 = 0{,}001\ .$$

Man bestimme $\Pr(-3 < \mathbf{Z} \leq 3)$ mit (5):

$$\Pr(-3 < \mathbf{Z} \leq 3) = \text{Ø}(3) - \text{Ø}(-3) = 2\ \text{Ø}(3) - 1 \approx 0{,}998\ .$$

Man bestimme $\Pr(-2 < \mathbf{Z} \leq 1)$ mit (5):

$$\Pr(-2 < \mathbf{Z} \leq 1) = \varnothing(1) - \varnothing(-2) = \varnothing(1) + \varnothing(2) - 1 \approx$$
$$\approx 0{,}841 + 0{,}977 - 1 = 0{,}818 .$$

⬩◆⬩

Abb.X.1: Die Wahrscheinlichkeit verschiedener Intervalle einer normalverteilten Zufallsvariablen.

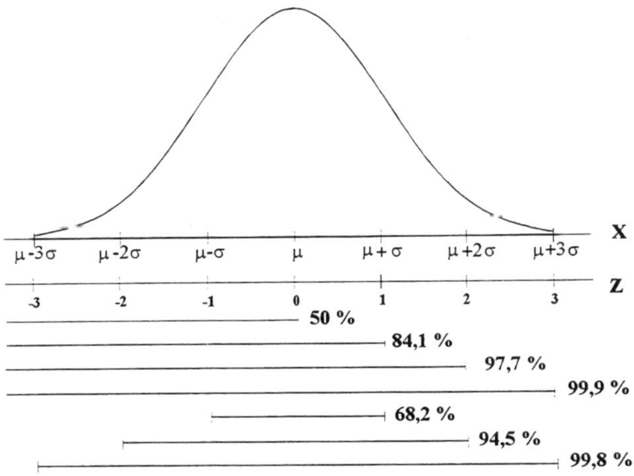

Man beachte, daß z den Abstand vom Mittelwert μ in σ- Einheiten ausdrückt. z = - 2 heißt: "Gehe von μ zwei Schritte der Länge σ nach links".

Beispiel X.3: Wir wollen jetzt untersuchen, wie ähnlich unsere Verteilung der Augensumme von vier Würfeln, die wir in Beispiel IX.5 erarbeitet haben, einer Normalverteilung ist. Zu einem Würfel gehört die diskrete Gleichverteilung mit Mittelwert $\mu = 3{,}5$ und Varianz $\sigma^2 = 2{,}91\dot{6}$. S_4 ist Summe von vier unabhängigen und identischen Würfeln, hat also den Mittelwert $E\,S_4 = 4 \cdot 3{,}5 = 14$ und $\mathrm{Var}\,S_4 = 4 \cdot 2{,}91\dot{6} = 11{,}\dot{6}$. Im Hinblick auf (13'.IX) müssen wir daher

$$\mathbf{X} \sim N(14;\ 11{,}\dot{6})$$

mit der Verteilung von S_4 vergleichen. Dem steht entgegen, daß S_4 eine diskrete, **X** dagegen eine stetige Zufallsvariable ist. In solchen Fällen hilft man sich mit der **"Stetigkeitskorrektur"**: Man stellt die Wahrscheinlichkeit, mit der S_4 den Wert k annimmt, der Wahrscheinlichkeit gegenüber, mit der **X** Werte aus dem Intervall $I_k = [k\text{-}0{,}5;\ k+0{,}5]$ annimmt, vergleicht also

$$\Pr(\mathbf{S}_4 = k) \quad \text{und} \quad \Pr(I_k) = \Pr(k\text{-}0{,}5 < \mathbf{X} \leq k+0{,}5)\ ,$$

wobei $\Pr(\mathbf{S}_4 = k)$ von Beispiel IX.5 übernommen wird und

$$\Pr(k\text{-}0{,}5 < \mathbf{X} \leq k+0{,}5) = \text{Ø}\left[\frac{k+0{,}5-14}{\sqrt{11{,}\dot{6}}}\right] - \text{Ø}\left[\frac{k-0{,}5-14}{\sqrt{11{,}\dot{6}}}\right] . \qquad (5)$$

In der folgenden Tabelle sind diese Wahrscheinlichkeiten, multipliziert mit $6^4 = 1296$, einander gegenübergestellt.

Tab.X.1: Augensumme von 4 Würfeln. Exakte und angenäherte Häufigkeiten.

$S_4=k$	I_k	$\Pr(\mathbf{S}_4=k)\cdot 6^4$	$\Pr(I_k)\cdot 6^4$	$F_s(k)$	Ø(k+0,5)	z
		0	1,4	0,000	0,001	-
4	3,5 - 4,5	1	2,1	0,001	0,003	-3,17
5	4,5 - 5,5	4	4,8	0,004	0,006	-2,66
6	5,5 - 6,5	10	9,9	0,012	0,014	-2,27
7	6,5 - 7,5	20	18,7	0,027	0,029	-1,93
8	7,5 - 8,5	35	32,6	0,054	0,054	-1,61
9	8,5 - 9,5	56	52,1	0,097	0,094	-1,30
10	9,5 - 10,5	80	76,4	0,159	0,153	-1,00
11	10,5 - 11,5	104	102,8	0,239	0,232	-0,71
12	11,5 - 12,5	125	127,2	0,336	0,330	-0,42
13	12,5 - 13,5	140	144,5	0,444	0,442	-0,14
14	13,5 - 14,5	146	150,8	0,556	0,558	0,14
15	14,5 - 15,5	140	144,5	0,664	0,670	0,42
16	15,5 - 16,5	125	127,2	0,761	0,768	0,71
17	16,5 - 17,5	104	102,8	0,841	0,847	1,00
18	17,5 - 18,5	80	76,4	0,903	0,906	1,30
19	18,5 - 19,5	56	52,1	0,946	0,946	1,61
20	19,5 - 20,5	35	32,6	0,973	0,971	1,93
21	20,5 - 21,5	20	18,7	0,988	0,986	2,27
22	21,5 - 22,5	10	9,9	0,996	0,994	2,66
23	22,5 - 23,5	4	4,8	0,999	0,997	3,17
24	23,5 - 24,5	1	2,1	1,000	0,999	-
		0	1,4			-
	Summe	1296	1296			

Der Vergleich der Wahrscheinlichkeiten fällt bereits bei n = 4 recht vorteilhaft aus! Man vergegenwärtige sich, daß die Häufigkeiten sich mit jedem weiteren Wurf noch besser an die Normalverteilung anpassen!

Ein wichtiges und vor allem leicht anwendbares Hilfsmittel, das den Vergleich mit einer gegebenen Verteilung ermöglicht, ist das **Wahrscheinlichkeitsnetz** der Normalverteilung. Um zu sehen, wie ähnlich eine Zufallsvariable **X** mit Mittelwert μ und Varianz σ^2 einer Normalverteilung ist, fertigt man eine Intervalleinteilung von **X** an und bestimmt die Werte der Verteilungsfunktion von **X** an den Obergrenzen der Intervalle: $F_x(e_i), i=1,..,r$. Sodann suche man in Tabelle **A** die Werte $z_i = \varnothing^{-1}F_x(e_i)$ auf. z_i ist der Wert, für den gilt: $\varnothing(z_i) = F_x(e_i)$. Trifft nun zu, daß die Zufallsvariable **X** normalverteilt ist mit Parametern μ und σ^2, so ordnen sich die Punkte $(e_i | \varnothing^{-1} F_x(e_i))$ entlang einer Geraden an, denn es ist in diesem Fall $z_i = (e_i - \mu)/\sigma$. Diese Gerade geht durch den Schwerpunkt, der hier die Koordinaten $(\mu,0)$ hat. Um die Gerade identifizieren zu können, braucht man einen zweiten Punkt. Man benutze etwa $(\mu+\sigma | 1)$. Aus $z=1=(e-\mu)/\sigma$ folgt nämlich $e=\mu+\sigma$.

Beispiel X.4: Wir untersuchen unsere Verteilung der Augensumme von vier Würfeln im Wahrscheinlichkeitsnetz der Normalverteilung.

Abb.X.2: Je enger die Punkte sich an die Gerade anschmiegen, die durch die Punkte $(14|0)$ und $(14+\sqrt{11,\dot{6}}|1)$ geht, desto größer ist die Ähnlichkeit der Verteilung S_4 mit **X** ~ $N(14; 11,\dot{6})$.

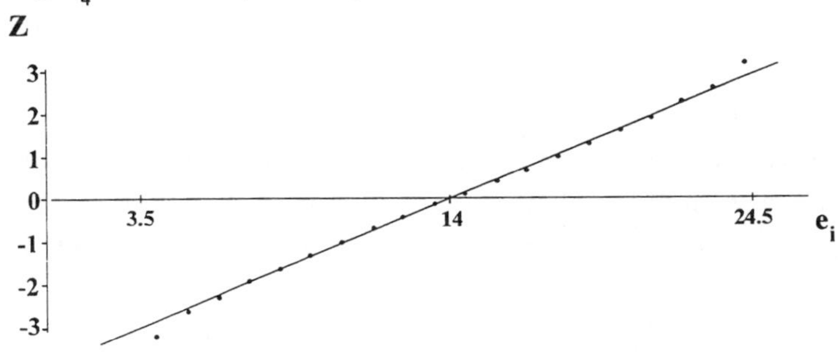

Die Koordinaten der Punkte findet man in Tab.X.1. Es handelt sich einerseits um die Obergrenzen 4,5; 5,5;......, andererseits um die z-Werte der

Tabelle **A**, die zu den Werten der Spalte $F_s(k)$ gehören: zur Augensumme k=23 gehört beispielsweise der Punkt (23,5 | 3,17), denn 23,5 ist die Obergrenze des Intervalles und Ø(3,17) = 0,99923 = $F_s(23)$.

⬩⬥ ⧫ ⬥⬩

Es ist eine Erfahrungstatsache, daß Objekte sich auf den verschiedensten Merkmalen in guter Annäherung normal verteilen.

Beispiel X.5: Bestellstrategien eines Schuhhändlers. Personen, deren Füße eine Länge zwischen e_{i-1} und e_i cm haben, können Schuhe der nebenstehend angegebenen "Größe" (Pariser Stich: Fußlänge in cm × 1,5) tragen:

Tab.X.2:

Fußlänge	Größe	Lager	Nachfrage	L - N
24,7 - 25,3	38	1	0	1
25,3 - 26,0	39	9	2	7
26,0 - 26,7	40	40	25	15
26,7 - 27,3	41	200	142	58
27,3 - 28,0	42	250	329	-79
28,0 - 28,7	43	250	330	-80
28,7 - 29,3	44	200	144	56
29,3 - 30,0	45	40	27	13
30,0 - 30,7	46	10	1	9
Summen		1000	1000	0

Der Lagerbestand verteilt sich auf die Schuhgröße so, wie in der Spalte 'Lager' angegeben. Der Schuhhändler muß sich sagen lassen, daß sein Lager der "Nachfrage" schlecht angepaßt ist. Der Lagerbestand im unteren und oberen Bereich ist um ca. 16% zu groß und wird als unverkäuflicher Rest, "Ladenhüter", erhalten bleiben. Im Bereich der mittleren Größen weist das Lager einen zu niedrigen Bestand auf, so daß die Nachfrage dort nicht befriedigt werden kann, was dem Händler Umsatzeinbußen verursacht. Die Verteilung des Lagerbestandes verrät zwar die Einsicht des Schuhhändlers, daß Fußgrößen eingipfelig und symmetrisch verteilt sind, das ist jedoch zu wenig: gemessen an der Nachfrage, die auf annähernd normalverteilte Fußgrößen weist (der Leser prüfe nach!), ist seine Verteilung platykurtisch!

Er wird gegen Ende der Saison jedem Kunden mit Füßen durchschnittlicher Länge gestehen müssen, was man in diesem Zusammenhang so oft hört: "Ihre Größe ist vergriffen; wir haben nur noch Extremgrößen lagernd".

⬩⬧ ⧫ ⬧⬩

Beispiel X.6: Die Psychologen vermuten, können aber nicht beweisen, daß auch die Intelligenz eine normalverteilte Zufallsvariable ist (vgl. z.B. Lienert, 1969). Diese Annahme erlaubt ihnen, die Intelligenz zu "quantifizieren": Eine Testperson, die k Intelligenzaufgaben richtig beantwortet, erhält dafür den "Prozentrang" $P(\mathbf{X} \leq k)$: das ist der Anteil von Personen einer "Eichstichprobe", die höchstens k Treffer erzielen, also der Wert der Verteilungsfunktion an der Stelle k: $F_x(k)$. Man sucht nun in Tabelle **A** den z-Wert, der zu $F_x(k)$ gehört, also

$$\varnothing^{-1} F_x(k) = z_k \ .$$

Gilt nun, daß $\mathbf{X} \sim N(\mu,\sigma^2)$, so ist $z_k = (x-\mu)/\sigma$ tatsächlich der "standard score" der Intelligenz. - Die bekannte IQ-Skala hat Mittelwert 100 und Standardabweichung 15, d.h. $IQ = 15 \cdot z_k + 100$.

Wir wollen nun mit (5) den IQ-Bereich der "mittleren 50%" bestimmen:

$$\varnothing(\tilde{z}_{0,75}) - \varnothing(\tilde{z}_{0,25}) = 0,50 \ .$$

Man findet in Tabelle **A**: $\tilde{z}_{0,75} = 0,674$, $\tilde{z}_{0,25} = -0,674$ und damit

$$15 \cdot (-0,674) + 100 = 89,89, \qquad 15 \cdot (0,674) + 100 = 110,11 \ .$$

Man kann sagen: 50% der Personen haben einen IQ zwischen 90 und 110.

Personen mit einem IQ unter 80 nennt man debil. Wie groß ist der Prozentsatz debiler Führerscheinbesitzer? Vorausgesetzt, daß Intelligenzmangel das Bestehen der Fahrprüfung nicht vereitelt, gilt mit (4):

$$\frac{80 - 100}{15} = -1,\dot{3}; \ \varnothing(-1,\dot{3}) = 1 - \varnothing(1,\dot{3}) = 1 - 0,903 \ .$$

Es sind demnach 9 - 10% der Führerscheinbesitzer debil!

⬩⬧ ⧫ ⬧⬩

Die Bezeichnung der Verteilung mit dem Namen ihres Erfinders, nämlich **Gauss-Verteilung**, ist wesentlich weniger geläufig als die Bezeichnung **Nor-**

malverteilung. Das hängt vermutlich mit der Einschätzung zusammen, daß sie die Verteilung sei, die Zufallsvariablen normalerweise haben. Die Aussage des zentralen Grenzwertsatzes, daß Zufallsprozesse, die zahlreichen (additiv wirkenden) Einflüssen ausgesetzt sind, Normalverteilungen hervorbringen, und die Beobachtung der Praktiker in Biologie, Medizin, Psychologie, Technik, daß ihre Objekte sich in zahlreichen Fällen annähernd normal auf verschiedenste Merkmale verteilen, ergänzen einander. Die "Normalverteilungshypothese" hat eine gewisse Berechtigung a priori. Wir haben aus diesem Grunde dem "Rechnen mit der Normalverteilung" ein eigenes Kapitel gewidmet. Man sollte aber nicht in jedem Fall oder unkritisch mit der Normalverteilung rechnen.

Die Bedeutung dieser Verteilung wird dadurch noch vergrößert, daß viele Maßzahlen wie $\bar{x}$, s^2, die ja Zufallsvariablen darstellen, wenn sie auf Stichproben beruhen, asymptotisch normalverteilt sind, wenn der Stichprobenumfang nicht zu klein ist. In manchen Fällen erzielt man erst durch Transformation der Maßzahlen asymptotisch normalverteilte Zufallsvariablen.

Darüber ist im folgenden Teil **C** zu berichten.

TEIL C

DIE ZUFALLSKRITISCHE BEURTEILUNG VON STICHPROBEN IDENTISCH VERTEILTER DATEN

... da gedachten die Plataier und mitbelagerten Athener ... die Stadt zu verlassen und die feindliche Mauer zu übersteigen ... Sie machten sich Leitern von der Höhe der feindlichen Mauer. Das Maß nahmen sie nach der Zahl der Backsteinschichten ... Es zählten viele zugleich diese Schichten, jeder für sich, und mochten einige sich irren, so mußte doch die Mehrzahl die rechte Summe treffen, zumal sie öfters zählten und bei dem geringen Abstand die Mauer auch leicht zu beobachten war ... .

Thukydides: Der Peloponnesische Krieg, III, 20 .

KAPITEL XI: STICHPROBEN UND STICHPROBENVERTEILUNGEN

XI.1: Die Fragestellungen der Mathematischen Statistik

Bei Vollerhebung erhält man feststehende, keinen Schwankungen unterliegende Maßzahlen der Position, Streuung, Schiefe, Korrelation usw. Stichprobenresultate sind dagegen variabel, die Maßzahlen fallen von Mal zu Mal anders aus. Es ist daher nur zu verständlich, daß man sich eine Vorstellung vom Ausmaß der Schwankungen verschaffen möchte, nicht zuletzt, um entscheiden zu können, welche Unterschiede normal, welche bereits als ungewöhnlich einzustufen sind: Mit welchen 'Überraschungen' muß man rechnen, wenn eine Stichprobenerhebung unter scheinbar gleichen Bedingungen wiederholt wird ?

- In der Stadt H. waren 56 % der Kinder, die dort 1990 zur Welt kamen, Knaben. Der langjährige Durchschnitt, von dem in Beispiel VIII.2 berichtet wurde, läßt einen Wert zwischen 51 und 52 % erwarten. Fallen 56 % in den Bereich der normalen Schwankungen von Stichprobenresultaten oder stellen sie bereits eine Abweichung dar, die eine Erklärung (z.B. Hyaluronidase) fordert ?
- Eine Stichprobe von 100 Sportstudenten wies eine Korrelation zwischen Körpergröße und Körpergewicht von $r = -0.15$ auf. Die 'Erfahrung', also die Vorstellung von dem Sachverhalt, wie sie durch zahllose Stichproben vermittelt wurde, weist auf das Gegenteil: Je länger, desto schwerer. Welches Resultat darf man dementsprechend von einer weiteren Stichprobe erwarten: $r = 0.50$? - Wie stark schwanken die Korrelationskoeffizienten von Stichproben der Größe $n = 100$ überhaupt ?

Zur Frage nach der Verläßlichkeit gesellen sich Zweifel an der Wirksamkeit der Auswertungsmethoden: Schöpfen sie alle Informationen aus, welche die Stichprobe enthält, oder gibt es andere Maßzahlen, die aus dem vorhandenen Material mehr 'herausholen'?

Mit Stichprobenerhebungen versucht man, dem Ergebnis einer Vollerhebung so nahe wie möglich zu kommen. Der Schluß von Maßzahlen, die man mit Stichproben gewinnt, auf Parameter, die unbekannt bleiben (wenn es nicht gerade möglich ist, eine Vollerhebung durchzuführen), ist Gegenstand der **Mathema-**

tischen Statistik. Die Stadien, welche dieses Schlußverfahren durchläuft, sind im nachfolgenden Schema wiedergegeben:

Tab.XI.1: Schema der Mathematischen Statistik.

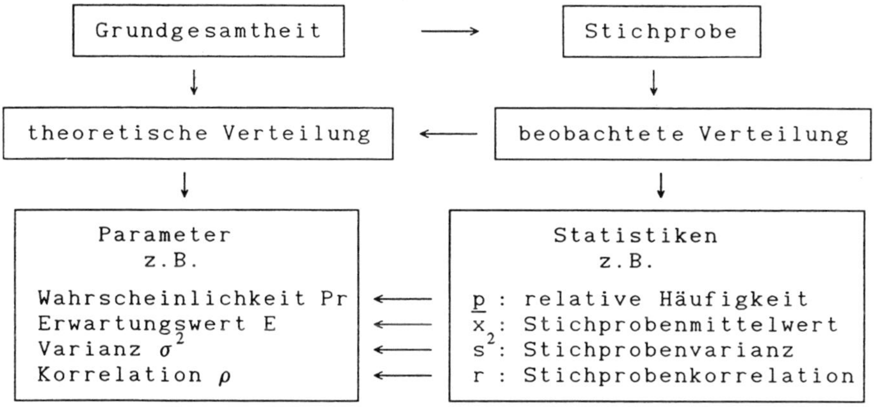

Wir wollen uns nun vorstellen, daß wir einer Grundgesamtheit wiederholt eine Stichprobe entnehmen und eine gewisse Maßzahl, z.B. deren Mittelwert, berechnen. Die Verteilung der Stichprobenmittelwerte gibt uns dann Auskunft über die Brauchbarkeit des Schlußverfahrens. Was läßt sich über die Position dieser Verteilung im Hinblick auf den Wert des Parameters feststellen? Was über ihre Streuung ? - Wir wollen uns zunächst mit der Gewinnung von Stichproben befassen.

XI.2: Stichprobenverfahren

Man spricht von **uneingeschränkter Zufallsauswahl**, wenn jedes Objekt der Grundgesamtheit dieselbe Chance hat, in die Stichprobe zu gelangen. Das wird durch Praktiken gewährleistet, die dem Ziehen von Lottozahlen verwandt sind. Man stelle sich also eine Grundgesamtheit als eine Menge von Kugeln in einer Urne vor. Jede Kugel repräsentiert ein Objekt und ist mit dessen Merkmalsausprägung versehen. Nach gutem Durchmischen der Gesamtheit wird eine Kugel gezogen und die interessierende Merkmalsausprägung notiert. Nun gibt es zwei Möglichkeiten:

(1) Man legt die eben gezogene Kugel in die Urne zurück, ehe man eine weitere zieht. Eine einmal gezogene Kugel kann wieder gezogen werden;

die Zusammensetzung der Urne bleibt unverändert.

(2) Die gezogene Kugel wird nicht zurückgelegt. Jede Kugel kann höchstens einmal gezogen werden. Der Urneninhalt besteht aus N Kugeln, nach dem ersten Zug nur mehr aus N-1, dann aus N-2 Kugeln usw.

Beispiel XI.1 (Qualitative Merkmale): In einer Urne befinden sich N = 200 000 Kugeln mit der Aufschrift R (für Raucher) bzw. NR (für Nichtraucher). Der Urne werden - mit oder ohne Zurücklegen - n = 100 Kugeln entnommen. Das Schema der Mathematischen Statistik stellt sich wie folgt dar:

Tab.XI.1 (Fortsetzung):

Merkmalsausprägung		R	NR	
N	Grundgesamtheit	A	N-A	Parameter
Anzahl				
100	Stichprobe	32	68	Statistiken

Die relative Häufigkeit von Rauchern in der Stichprobe:

$$p = \frac{32}{100} = 0{,}32$$

hat einen Erwartungswert, der bei 'Ziehen mit' gleich ist dem Parameter π der Binomialverteilung (2. VIII) und bei 'Ziehen ohne' gleich dem Anteilswert A/N der Hypergeometrischen Verteilung (6. VIII). Wir erwarten daher

$$\frac{32}{100} \approx \pi = \frac{A}{N}$$

und gewinnen damit den Schätzer für die Anzahl der Raucher in der Grundgesamtheit:

$$\hat{A} = 200\,000 \cdot \frac{32}{100} = 64\,000 \ .$$

Was kann man über die Genauigkeit von $\hat{A}$ sagen? Wie wahrscheinlich ist es, daß der Anteil der Raucher 'in Wirklichkeit' größer als 50 % ist? - Gibt es andere Verfahren mit denen man A genauer kennen lernt?

⬩⬧ ⧫ ⬧⬩

Beispiel XI.1 (Quantitative Merkmale): Man will die Anzahl der Milchkühe eines Agrarbezirkes erfassen. Die Kugeln der Urne sind jetzt mit Zahlen a, a=0,1,... versehen. Die Stichprobenentnahme erfolgt in der Weise des vorigen Beispiels mit oder ohne Zurücklegen. Es ist

$$A = a_1 + a_2 + ... + a_N$$

die Anzahl der Milchkühe in allen Landwirtschaftsbetrieben zusammen. - Wir schreiben $a_i = x_j$, wenn die i-te Kugel (die den i-ten Betrieb repräsentiert) an j-ter Stelle in die Stichprobe gelangt und berechnen :

$$\bar{x} = \frac{1}{n}(x_1 + ... + x_j + ... + x_n) .$$

Der Mittelwert der Stichprobe hat einen Erwartungswert, der gleich ist dem Mittelwert der Grundgesamtheit. Man erwartet daher :

$$\bar{x} \approx \frac{A}{N} .$$

Damit gewinnt man einen Schätzer für A :

$$\hat{A} = N \cdot \bar{x} .$$

Wieder stellen sich die Fragen: Wie genau schätzt man A mit $\hat{A}$? Gibt es wirksamere Methoden, die Stichproben auszuwerten ?

♦♦ ♦ ♦♦

In der Praxis ist uneingeschränkte Zufallsauswahl nicht immer durchführbar. Manchmal ist der Umfang der Grundgesamtheit nicht bekannt; manchmal sind die Objekte über eine große Fläche verstreut. In solchen Fällen zerlegt man die Grundgesamtheit in Teilmengen $K_1, K_2, ..., K_R$ mit jeweils $N_1, N_2, ..., N_R$ Objekten. Diese Teilmengen heißen, je nach Zusammenhang, Klumpen oder Schichten. Es gibt nun verschiedene Möglichkeiten:

(1) Man wählt eine Anzahl $r < R$ von Teilmengen aus. Diese heißen dann Auswahleinheiten erster Ordnung. Nun kann man entweder sämtliche Objekte einer ausgewählten Teilmenge berücksichtigen oder, in einem zweiten Auswahlverfahren, der Teilmenge eine Stichprobe von Objekten entnehmen: $0 < n_i < N_i$, wenn i gewählt wurde. Die Objekte heißen dann Auswahleinheiten zweiter Ordnung.

Mit diesem Vorgehen kann man Resultate erzielen, die der uneingeschränkten Zufallsauswahl an Genauigkeit überlegen sind - dann nämlich, wenn die Auswahleinheiten erster Ordnung einander hinsichtlich der Verteilung der Untersuchungsmerkmale sehr ähnlich sind (vgl. dazu Beispiel IV.3). Man bezeichnet in diesem Fall die Auswahleinheiten erster Ordnung als **Klumpen** und den eben geschilderten Genauigkeitsvorteil als **Klumpeneffekt**.

Beispiel XI.2: Es soll festgestellt werden, wieviele Ausländer in der Stadt H. wohnhaft sind. Dazu zerlegt man zuerst die Fläche der Stadt in Teile, z.B. in alle durch Straßen berandeten Flächen, und wählt dann eine Anzahl daraus mit dem Los aus. Dann wird Wohnung um Wohnung einer jeden ausgewählten Fläche aufgesucht und die Staatsbürgerschaft der Bewohner ermittelt.

⬩♦ ♦ ♦⬩

Beispiel XI.3 (Schachtelmodelle der Statistischen Qualitätskontrolle): In einem Karton sind 25 Stück einer Ware verpackt; 20 Kartons in einer Kiste; 40 Kisten in einem Waggon; 20 Waggons bilden einen Zug. - Die Waggons sind hier Auswahleinheiten erster, die Kisten zweiter, die Kartons dritter und die Stücke der Ware schließlich Auswahleinheiten vierter Ordnung.

⬩♦ ♦ ♦⬩

(2) Man entnimmt jeder der R Teilmengen, in welche die Grundgesamtheit zerlegt ist, eine Stichprobe: $0 < n_i < N_i$ für $i = 1,\ldots,R$. Mit diesem Vorgehen kann man ebenfalls Resultate erzielen, die der uneingeschränkten Zufallsauswahl an Genauigkeit überlegen sind - dann nämlich, wenn die Unterschiede zwischen den Objekten groß bzw. gering sind, je nachdem, ob die Objekte verschiedenen Teilmengen angehören oder nicht. Die Teilmengen heißen in diesem Fall **Schichten** und der mit dem eben geschilderten Vorgehen verbundene Genauigkeitsvorteil **Schichtungseffekt**.

Beispiel XI.4 (Quotenverfahren): Marktforschungsinstitute schreiben ihren Interviewern vielfach vor, die Befragungspersonen so auszuwählen, daß gewisse Prozentsätze (Quoten) von Merkmalsträgern eingehalten werden. Es handelt sich dabei in der Regel um das Geschlecht, das Alter, evtl. die Schulbildung und den Berufsstand der Befragungspersonen. Die Merkmale zerlegen die Grundgesamtheit in Klassen, die als Schichten bezeichnet werden, wenn sie bezüglich des Untersuchungsmerkmals Mittelwerte unterschiedlicher Größe aufweisen. Entnimmt man diesen Klassen oder Schichten die vorgeschriebenen Quoten von Befragungspersonen, so erzielt man eine "geschichtete Stichprobe mit proportionaler Aufteilung". Die Kombinationshäufigkeiten sind aber meistens unbekannt. Deshalb begnügt man sich, den Interviewern die Randverteilungshäufigkeiten, die bei der Volkszählung ermittelt werden, als Quoten vorzuschreiben: Soundsoviele Befragungspersonen müssen weibliches / männliches Geschlecht haben; soundsoviele der Altersgruppe 1, 2, ..., r angehören usw. Diese Vorgehensweise ist es in der Regel, die man 'Quotenverfahren' nennt. Ob damit noch ein Schichtungsvorteil erzielt wird, ist unbekannt. Das hält die Marktforschungsinstitute aber nicht ab, dieses leicht anwendbare und daher billige Verfahren immer wieder zu verwenden (vgl. hiezu QUATEMBER 1996, S.97f).

♦♦ ♦ ♦♦

Für die Auswertung der Resultate, die man mit Klumpen- und Schichtenstichproben erzielt, stehen eigene Methoden zu Verfügung. Besonders verwiesen sei auf die Schätzer des Mittelwertes, die Varianz dieser Schätzer und die Schätzer dieser Varianz. Sie werden in der Spezialliteratur (z.B. STENGER 1971) detailliert dargestellt. - Wir wenden uns jetzt der uneingeschränkten Zufallsauswahl zu. Stichproben, die dadurch gewonnen werden, daß man einer Grundgesamtheit Objekte nach Art des 'Ziehens von Lottozahlen' entnimmt, heißen **einfache Stichproben**. Mit solchen wollen wir uns jetzt befassen.

XI.3 Stichprobenverteilungen

Es ist zweckmäßig, unter einer Stichprobe nicht nur eine Teilmenge von Objekten der Grundgesamtheit zu verstehen, sondern auch die Folge von Merkmalsausprägungen dieser Objekte:

$$x_1, x_2, \ldots\ldots, x_n$$

ist in diesem Sinne eine Stichprobe vom Umfang n. Bei Entnahme 'mit Zurücklegen' stehen bei einer Grundgesamtheit vom Umfang N genau N^n solcher Folgen zur Auswahl; bei Entnahme 'ohne Zurücklegen' sind es dagegen 'nur' N!/(N - n)!.

- Das Jahreseinkommen der N = 110 Notare eines Landkreises soll mit einer einfachen Stichprobe vom Umfang n = 10 erhoben werden. Ein einzelner Notar wird dabei höchstens einmal befragt. Man hat daher

$$\frac{N!}{(N-n)!} = \frac{110!}{(110-10)!} = 1{,}7018214 \cdot 10^{20}$$

verschiedene Folgen von zehn Jahreseinkommen. Eine davon wird man als

Ergebnis der Erhebung erhalten und auswerten:

$$\bar{x}_{10} = \frac{1}{10}(x_1 + \ldots\ldots + x_{10}) .$$

Das Durchschnittseinkommen der 110 Notare wird mit $\bar{x}_{10}$ geschätzt.

⬩♦ ♦ ♦⬩

Wir wollen nun alle überhaupt möglichen Stichproben vom Umfang n betrachten, die man einer gegebenen Grundgesamtheit entnehmen kann.

Beispiel XI.5: Eine Grundgesamtheit von N = 3 Objekten ist auf einem Merkmal **X** gleichverteilt mit Ausprägungen 1, 2, 3. Man bestätigt mit (1.VIII) unmittelbar, daß E **X**=2 und Var **X**=2/3. Wir schreiben nun sämtliche Stichproben an, die man als Ergebnis der Entnahme von n=2 Objekten überhaupt erhalten kann:

Mit Zurücklegen: $N^n = 3^2 = 9$. Ohne Zurücklegen: $\frac{N!}{(N-n)!} = \frac{3!}{(3-2)!} = 6$.

1;1	1;2	1;3		1;2	1;3
2;1	2;2	2;3		2;1	2;3
3;1	3;2	3;3		3;1	3;2

Nun "werten" wir jede Stichprobe aus, d.h. wir berechnen $\bar{x}_2$:

1	1,5	2		1,5	2
1,5	2	2,5		1,5	2,5
2	2,5	3		2	2,5

Die Stichproben verteilen sich auf dem Merkmal $\bar{x}_2$. In nachstehender Abbildung sind die Stabdiagramme der beiden Verteilungen dargestellt.

Abb.XI.1: Stabdiagramme zweier Stichprobenverteilungen des arithmetischen Mittels.

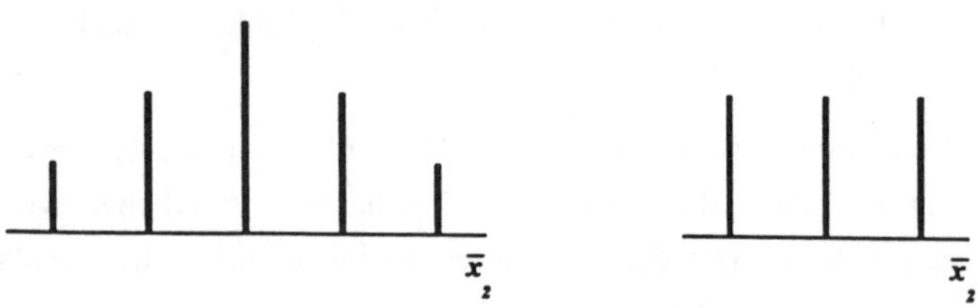

Die Wahrscheinlichkeit, der Grundgesamtheit eine Stichprobe zu entnehmen, deren Mittelwert 2 ist, beträgt in beiden Fällen 1/3. Dagegen ist $\Pr(|\bar{\mathbf{x}}_2 - \mathrm{E}\,\mathbf{X}| \leq 0.5)$ bei Ziehen mit Zurücklegen nur 7/9, bei Ziehen ohne Zurücklegen dagegen 1.

Wir berechnen nun Mittelwert und Varianz der beiden Verteilungen von Mittelwerten:

$$\mathrm{E}\,\bar{\mathbf{x}}_2 = \tfrac{1}{9}\,[1 + 1{,}5\cdot 2 + 2\cdot 3 + 2{\cdot}5\cdot 2 + 3] = 2\,. \qquad \mathrm{E}\,\bar{\mathbf{x}}_2 = \tfrac{2}{6}\,[1{,}5 + 2 + 2{,}5] = 2\,.$$

Ob wir Objekte mit oder ohne Zurücklegen entnehmen, wir erhalten auf jeden Fall $\mathrm{E}\,\bar{\mathbf{x}}_2 = 2 = \mathrm{E}\,\mathbf{X}$. Wir dürfen also 'erwarten', daß eine Stichprobe einen Mittelwert hat, der vom Mittelwert der Grundgesamtheit nicht sehr verschieden ist. Bei den Varianzen ergeben sich folgende Zahlenwerte:

$$\mathrm{Var}\,\bar{\mathbf{x}}_2 = \tfrac{1}{9}\,[(1\text{-}2)^2 + (1{,}5\text{-}2)^2\cdot 2 + (2\text{-}2)^2\cdot 3 + (2{,}5\text{-}2)^2\cdot 2 + (3\text{-}2)^2] = 1/3 \qquad \mathrm{Var}\,\bar{\mathbf{x}}_2 = \tfrac{2}{6}\,[(1{,}5\text{-}2)^2 + (2\text{-}2)^2 + (2{,}5\text{-}2)^2] = 1/6\,.$$

Die Stichprobenmittelwerte streuen bei Ziehen ohne Zurücklegen nur halb so stark, fallen also öfter in die Nähe von $\mathrm{E}\,\mathbf{X} = 2$. Der Grund hiefür ist in dem hohen Auswahlsatz zu suchen: $n/N = 2/3$. Läßt man nämlich den Auswahlsatz gegen 1 gehen (Vollerhebung), so wird $\mathrm{Var}\,\bar{\mathbf{x}}_N = 0$.

◆ ◆ ◆

Wir wollen nun Stichprobenverteilungen allgemein beschreiben. Unter einer **Stichprobenfunktion** versteht man eine Funktion in n Variablen: $f(x_1, \ldots, x_n)$. Beispiele sind die Häufigkeit h, der Mittelwert $\bar{x}$, die Varianz s^2. Ist etwa

$$x_i = \begin{cases} 1 & \text{wenn das i-te Objekt der Stichprobe Merkmalsträger ist} \\ 0 & \text{sonst,} \end{cases}$$

so erhält man mit der Stichprobenfunktion $h = x_1 + \ldots + x_n$ die Anzahl der Merkmalsträger in der Stichprobe.

Der Wert, den eine Stichprobenfunktion bei der einzelnen Stichprobe annimmt, heißt **Statistik**. Unter der **Stichprobenverteilung** einer gewissen Statistik versteht man die Verteilung aller überhaupt möglichen Stichproben vom Umfang n auf einem Merkmal, dessen Ausprägungen die Werte sind, welche die Stichprobenfunktion annimmt. Dieses Merkmal zerlegt die Menge aller möglichen Stichproben in Klassen mit gleicher Ausprägung der Statistik.

Man beachte, daß alle Objekte einer Stichprobe ein und derselben Grundgesamtheit entstammen. Im Teil **D** werden wir mehrere verschiedene Grundgesamtheiten zulassen und jeweils mit dem Los entscheiden, welcher wir ein Objekt entnehmen.

Die Stichprobenverteilung von Häufigkeiten

Eine Grundgesamtheit bestehe aus schwarzen und andersfarbigen Kugeln mit Anteilen π bzw. $1-\pi$. Es werden - mit oder ohne Zurücklegen - n Kugeln entnommen. Wir untersuchen die Stichprobenfunktionen

$$\begin{aligned} &h : \text{Anzahl der schwarzen Kugeln in der Stichprobe bzw.} \\ &p_n : \text{relative Häufigkeit schwarzer Kugeln.} \end{aligned} \tag{1}$$

Die Verteilung der Stichproben auf dem Merkmal $\mathbf{p}_n$ hat folgende Eigenschaften:

(1) Ihr Mittelwert ist gleich dem Anteilswert π :

$$\mathrm{E}\,\mathbf{p}_n = \pi\,. \tag{2}$$

Man nennt die Statistik $\mathbf{p}_n$ aus diesem Grunde **erwartungstreu** oder **unverzerrt** (unbiased).

(2) Die Stichproben streuen um diesen Wert mit Varianz

$$\boxed{\begin{aligned} \sigma^2_{p_n} &= \tfrac{1}{n}\,\pi(1-\pi) && \text{bei Ziehen 'mit'} \\ \sigma^2_{p_n} &= \tfrac{1}{n}\,\pi(1-\pi)\,\tfrac{N-n}{N-1} && \text{bei Ziehen 'ohne'} \end{aligned}}\;. \tag{3}$$

(3) Ist $n\cdot\pi(1-\pi) \geq 10$ und N hinreichend groß, so daß $(N-n)/(N-1) \approx 1$, so ist wegen (13.IX) die Verteilung auf dem Merkmal $n\cdot\mathbf{p}_n = \mathbf{h}$ asymptotisch normal:

$$\mathbf{h} \sim N(n\pi,\ n\pi(1-\pi)). \tag{4}$$

(4) Bei wachsendem Stichprobenumfang fallen immer mehr Statistiken p_n in ein vorgegebenes kleines Intervall um den Parameter π :

$$\boxed{\lim_{n\to\infty} \Pr(\pi - \varepsilon \leq \mathbf{p}_n \leq \pi + \varepsilon) = 1} \tag{5}$$

für beliebiges $\varepsilon > 0$. Man bezeichnet (5) als **Schwaches Gesetz der großen Zahlen**.

Beispiel XI.6: Genau 50% aller Wähler haben sich für eine bestimmte Partei entschieden. Wie wahrscheinlich ist es, daß die Auszählung von n=10, 50, 100, 500, 1000, 2000 Stimmen einen Anteil zwischen 45 und 55% ergibt? Die Auszählung der Stimmen erfolgt 'ohne Zurücklegen', folglich ist die Anzahl von Wählern der Partei in einer Stichprobe vom Umfang n eine hypergeometrisch verteilte Zufallsvariable mit Parametern N, A/N = 0,5; n. Da jedoch n sehr klein gegen N ist, dürfen wir die Verteilung mit der Binomialverteilung annähern (10.VIII). Wir erhalten für n=10 :

$$\Pr(0{,}45 < \mathbf{p}_{10} < 0{,}55) = \Pr(4{,}5 < \mathbf{h} < 5{,}5) = \Pr(\mathbf{h}=5) .$$

$$\Pr(\mathbf{h}=5) = \binom{10}{5} 0{,}5^{10} = 0{,}246 .$$

Der Anteil in der Stichprobe wird also häufig um mehr als 5 Prozentpunkte vom tatsächlichen Anteil abweichen. - Ist nun $n\pi(1-\pi) = n/4 \geq 10$, also der Stichprobenumfang $n \geq 40$, so ersetzen wir die Verteilung durch die Normalverteilung:

$$\mathbf{h} \sim N\left(\tfrac{n}{2}, \tfrac{n}{4}\right) . \qquad (4)$$

Die Wahrscheinlichkeit, daß die Stimmauszählung einen Wert in dem Intervall [n/2 - 0,05n; n/2 + 0,05n] ergibt, wird mit Stetigkeitskorrektur abgeschätzt (Beispiel X.3). Zuerst bilden wir

$$z_0 = \frac{\frac{n}{2} + 0{,}05n + \frac{1}{2} - \frac{n}{2}}{\sqrt{n/4}} = 0{,}1\sqrt{n} + \frac{1}{\sqrt{n}} \; ; \quad z_u = - z_o = - 0{,}1\sqrt{n} - \frac{1}{\sqrt{n}}$$

und erhalten die Wahrscheinlichkeit, daß der Stimmanteil in das Intervall fällt, mit (4.X) und (5.X):

$$Ø(z_0) - Ø(z_u) = 2Ø(z_0) - 1 = 2Ø\left[0{,}1\sqrt{n} + \frac{1}{\sqrt{n}}\right] - 1 .$$

In der nachstehenden Tabelle sind die Wahrscheinlichkeiten angeführt, die zu den vorgegebenen Stichprobenumfängen gehören.

Sobald mehr als 1000 Stimmen ausgezählt sind, darf man davon ausgehen, daß man der Ergebnis bereits 'auf 5% genau' kennt.

Tab.XI.2: Wahrscheinlichkeit einer Abweichung vom 'wahren Wert' π=0,5, welche höchstens ε=0,05 beträgt, bei verschiedenen Stichprobenumfängen:

n	$z = 0{,}1\sqrt{n} + \frac{1}{\sqrt{n}}$	Ø(z)	2 Ø(z)-1
50	0,849	0,802	0,604
100	1,100	0,864	0,729
500	2,281	0,989	0,977
1000	3,194	0,9993	0,9986
2000	4,494	≈ 1	≈ 1

••♦••

In Beispiel XI.6 haben wir $\varepsilon = 0{,}05$ gewählt. Das ist ein verhältnismäßig großer Wert. Im nächsten Beispiel geben wir $\varepsilon = 0{,}01$ vor und bestimmen den Stichprobenumfang, bei dem 'fast alle' Stichproben in das Intervall [0,5 ± 0,01] fallen.

Beispiel XI.7: Wieviele Stichproben sind "fast alle" ? Es dürfte wohl kaum Widerspruch erwecken, wenn wir festlegen, daß 99 % der Stichproben fast alle sind. Nun können wir den Stichprobenumfang bestimmen, der die Gleichung erfüllt:

$$\Pr\left(\frac{n}{2} - 0{,}01n - \frac{1}{2} \le \mathbf{h} \le \frac{n}{2} + 0{,}01n + \frac{1}{2}\right) = 0{,}99 \, ,$$

oder näherungsweise

$$2\,Ø\left(\frac{n/2 + 0{,}01n + 1/2 - n/2}{\sqrt{n/4}}\right) - 1 = 2\,Ø\left(0{,}02\sqrt{n} + \frac{1}{\sqrt{n}}\right) - 1 = 0{,}99 \, .$$

Wir erhalten $Ø\left(0{,}02\sqrt{n} + \frac{1}{\sqrt{n}}\right) = 0{,}995$. Dieser Größe entspricht laut Tab. **A** ein z-Wert von 2,576, so daß

$$0{,}02\sqrt{n} + \frac{1}{\sqrt{n}} = 2{,}576, \qquad n \approx 16\,500 \, .$$

••♦••

Man benötigt also einen Stichprobenumfang von n = 1000, damit 'fast alle' Stichproben in das Intervall (0,5 ± 0,05) fallen; 'fast alle' Stichproben fallen in das Intervall (0,5 ± 0,01) dagegen erst, wenn 16- bis 17000 Stimmen ausgezählt sind. - Wir lernen daraus, daß die Heraufsetzung der Genauigkeit von $\varepsilon = 0{,}05$ auf $\varepsilon = 0{,}01$ mit einer unverhältnismäßig starken Vergrößerung des Stichprobenumfanges erkauft wird.

Beispiel XI.7 (Fortsetzung): Am Anfang dieses Kapitels wurde berichtet, daß von den Kindern, die 1992 in der Stadt H. geboren wurden, 56% Knaben waren und gefragt, ob dies eine ungewöhnliche Abweichung vom Erwartungswert sei, der zwischen 51 und 52% liege. Der Leser merkt nun bereits, daß die Frage so nicht beantwortet werden kann. Ist H nämlich eine große Stadt, in der viele Kinder geboren werden, so ist eine Abweichung von 4 - 5 Prozentpunkten ungewöhnlicher als in einer kleinen Stadt.
Wir wollen jetzt jenes Intervall feststellen, in welches 90% aller Anzahlen von Knabengeburten fallen, wenn der Erwartungswert $\pi = 0{,}515$ ist :

$$\Pr\left[n\cdot 0{,}515 - g < \mathbf{h} < n\cdot 0{,}515 + g\right] = 0{,}9 \ .$$

Liegt eine Anzahl außerhalb dieses Intervalls, so wollen wir sie als ungewöhnlich bezeichnen.
Man darf annehmen, daß während des Jahres 1992 mehr als 40 Kinder geboren wurden, so daß $\mathbf{h} \sim N(n\cdot 0{,}515,\ n\cdot 0{,}249775)$. Damit erhalten wir

$$2\cdot\emptyset\left[\frac{n\cdot 0{,}515+g+\frac{1}{2}-n\cdot 0{,}515}{\sqrt{n\cdot 0{,}249775}}\right]-1 = 2\cdot\emptyset\left[\frac{2{,}0009g+1{,}00045}{\sqrt{n}}\right]-1 = 0{,}9\ ,$$

$$\emptyset\left[\frac{2{,}0009\,g + 1{,}00045}{\sqrt{n}}\right] = 0{,}95 \ .$$

Zu 0,95 gehört laut Tabelle **A** ein z-Wert von 1,645. Es ist also

$$\frac{2{,}0009\,g + 1{,}00045}{\sqrt{n}} = 1{,}645 \quad \text{und} \quad g = \frac{1{,}645\sqrt{n} - 1{,}00045}{2{,}0009} \ .$$

Einem Anteil von 56% entspricht eine Abweichung g' von $0{,}045\cdot n$. Sie liegt außerhalb des Intervalls, ist also ungewöhnlich im oben definierten Sinn, wenn sie die Ungleichung erfüllt:

$$0{,}045\cdot n > \frac{1{,}645\sqrt{n} - 1{,}00045}{2{,}0009} \ .$$

Die Ungleichung ist für $n \geq 312$ erfüllt. Eine Abweichung um 4 1/2 Prozentpunkte ist also ungewöhnlich, wenn sie in einer Stichprobe auftritt, die aus mindestens 312 Kindern besteht. - Der Leser überzeuge sich nun, daß ein Knabenanteil von 51,5% eine ungewöhnliche Abweichung von 50% darstellt, wenn er in Stichproben auftritt, die aus wenigstens 2958 Kindern bestehen. Die Zahlen, welche in Beispiel VIII.2 berichtet wurden, beruhen auf ungleich größeren Stichproben, nämlich den jährlichen Geburtenhäufigkeiten ganzer Staaten. Es darf daher als erwiesen angesehen werden, daß der Anteil der Knaben an den Neugeborenen einen Erwartungswert hat, der größer als 0,5 ist.

♦♦ ♦ ♦♦

Die Stichprobenverteilung des arithmetischen Mittels

Eine Grundgesamtheit vom Umfang N verteile sich auf einem Untersuchungsmerkmal **X** mit Erwartungswert E **X** = μ und Var **X** = σ^2. Man entnimmt - mit oder ohne Zurücklegen - eine Stichprobe vom Umfang n: $x_1, \ldots, x_n$. Die Stichprobenfunktion

$$\bar{x}_n = \frac{1}{n} \sum_{i=1}^{n} x_i \qquad (6)$$

induziert eine Verteilung der Stichproben mit folgenden Eigenschaften :

(1)
$$\boxed{E(\bar{\mathbf{x}}_n) = \mu} \; . \qquad (7)$$

Man nennt die Statistik $\bar{\mathbf{x}}_n$ **unverzerrt** oder **erwartungstreu**.

(2) Die Varianz der Stichprobenmittelwerte ist bei Ziehen

$$\begin{array}{|ll|} \hline \text{mit Zurücklegen :} & \sigma^2_{\bar{x}_n} = \dfrac{\sigma^2}{n} \\ \text{ohne Zurücklegen :} & \sigma^2_{\bar{x}_n} = \dfrac{\sigma^2}{n} \dfrac{N-n}{N-1} \\ \hline \end{array} \qquad (8)$$

(3) Ist n ≥ 30 und N hinreichend groß, so daß (N-n)/(N-1) ≈ 1, so ist wegen (13.IX) die Zufallsvariable $\bar{\mathbf{x}}_n$ asymptotisch normal verteilt :

$$\bar{\mathbf{x}}_n \sim N\left(\mu, \frac{\sigma^2}{n}\right) . \qquad (9)$$

(4) Je größer der Stichprobenumfang n, desto häufiger fällt der Stichprobenmittelwert in ein kleines Intervall um den Erwartungswert μ :

$$\boxed{\lim_{n \to \infty} \Pr(\mu - \varepsilon < \bar{\mathbf{x}}_n < \mu + \varepsilon) = 1} \; . \qquad (10)$$

Beispiel XI.5 (Fortsetzung)**:** Einer Grundgesamtheit von N = 3 Objekten, die eine Varianz von $\sigma^2 = 2/3$ aufweist, wurde eine Stichprobe vom Umfang n = 2 entnommen. Der Stichprobenmittelwert $\bar{\mathbf{x}}_2$ weist eine Varianz auf, die mit (8) wie folgt bestimmt wird:

$$\sigma^2_{\bar{x}_n} = \frac{\sigma^2}{n} = \frac{2}{3} \cdot \frac{1}{2} = \frac{1}{3}$$ bei Ziehen mit Zurücklegen,

$$\sigma^2_{\bar{x}_n} = \frac{\sigma^2}{n} \cdot \frac{N-n}{N-1} = \frac{2}{3} \cdot \frac{1}{2} \cdot \frac{3-2}{3-1} = \frac{1}{6}$$ bei Ziehen ohne Zurücklegen.

Die Unschärfe der Statistik $\bar{x}_2$ ist bei Ziehen ohne Zurücklegen erheblich geringer, was, wie bereits erwähnt, mit dem hohen Auswahlsatz n/N = 2/3 zusammenhängt.

⬩♦ ♦ ♦⬩

Einem Theorem von BERRY-ESSEEN zufolge überschreitet die Abweichung zwischen exakter Verteilungsfunktion von $\bar{x}_n$ und approximierender Normalverteilungsfunktion (9) einen Wert nicht, der in der folgenden Formel angegeben ist:

$$\left| \Pr\left(\frac{\bar{x}_n - \mu}{\sigma/\sqrt{n}} \le z \right) - \varnothing(z) \right| \le K \cdot \frac{E|X-\mu|^3}{\sigma^3 \cdot \sqrt{n}} . \tag{11}$$

Dabei ist $0{,}4097 \le K \le 0{,}7975$ und $E|\mathbf{X}-\mu|^3 = \sum |X-\mu|^3 p_i$ das 'dritte absolute Moment' der Zufallsvariablen **X**. Im Wahrscheinlichkeitsnetz der Normalverteilung (Beispiel X.4) wird ein Streifen nicht verlassen, der durch Parallelen im Abstand $K \cdot E|X-\mu|^3/\sigma^3\sqrt{n}$ von der Geraden $z = (X-\mu)/\sigma$ gebildet wird.

Wir können hier die **stochastische Konvergenz des Mittelwertes** (10) unter der Bedingung beweisen, daß $\bar{x}_n \sim N(\mu, \sigma^2/n)$ (9) gilt:

$$\Pr(\mu - \varepsilon < \bar{x}_n < \mu + \varepsilon) = F_{\bar{X}_n}(\mu + \varepsilon) - F_{\bar{X}_n}(\mu - \varepsilon) \tag{11.II}$$

$$= \varnothing\left(\frac{\mu + \varepsilon - \mu}{\sigma / \sqrt{n}} \right) - \varnothing\left(\frac{\mu - \varepsilon - \mu}{\sigma/\sqrt{n}} \right) \tag{5.X}$$

$$= 2 \cdot \varnothing\left(\frac{\varepsilon}{\sigma}\sqrt{n} \right) - 1 . \tag{12}$$

Man sieht nun leicht, daß für jedes $\varepsilon > 0$ gilt:

$$\lim_{n\to\infty} \Pr(\mu-\varepsilon < \bar{x}_n < \mu+\varepsilon) = \lim_{n\to\infty} 2 \cdot \varnothing\left(\frac{\varepsilon}{\sigma} \sqrt{n} \right) - 1$$

$$= 2 \cdot \varnothing(\infty) - 1 = 1.$$

Zur Illustration wollen wir ein ε verwenden, das 1/10 der Standardabweichung des Untersuchungsmerkmales beträgt :

$$\varepsilon = \frac{1}{10}\sigma , \quad \frac{\varepsilon}{\sigma}\sqrt{n} = \frac{\sqrt{n}}{10} .$$

Tabelle XI.3: $Pr(\mu - 1/10\,\sigma < \bar{x}_n < \mu + 1/10\,\sigma)$ für verschiedene Stichprobenumfänge:

n	25	49	100	400	900	1600
$\emptyset\left(\frac{\sqrt{n}}{10}\right)$	Ø(0,5)	Ø(0,7)	Ø(1)	Ø(2)	Ø(3)	Ø(4)
$2\cdot\emptyset\left(\frac{\sqrt{n}}{10}\right)-1$	0,383	0,516	0,683	0,954	0,997	0,9994

Sobald der Stichprobenumfang 1000 überschreitet, darf man es als sicher ansehen, daß der Stichprobenmittelwert sich von μ nicht mehr unterscheidet, als 1/10 der Standardabweichung ausmacht.

Beispiel XI.8: Das Bruttoeinkommen der Lohnsteuerpflichtigen betrug 1985 im Durchschnitt 14715 ÖS, bei einer Standardabweichung von 800 ÖS. Wie groß ist der Bereich, in den 96% aller Stichprobenmittelwerte fallen, wenn der Stichprobenumfang n=400 beträgt?

Die Frage kann beantwortet werden, wenn folgende Entscheidungen gerechtfertigt sind:

(1) n = 400 ist klein gegen die Zahl der Lohnsteuerpflichtigen, so daß $(N - n)/(N - 1) \approx 1$ ist.

(2) $n = 400 > 30 \Rightarrow \bar{x}_{400}$ ist in guter Näherung normalverteilt mit Parametern $\mu=14715$ und $\sigma^2_{\bar{x}_{400}} = (800)^2/400 = 1600$ ungeachtet der Tatsache, daß die Einkommensverteilung selbst rechtsschief ist. Nun rechnen wir mit (12):

$$Pr(\mu - \varepsilon < \bar{x}_{400} < \mu + \varepsilon) = 2\cdot\emptyset\left[\frac{\varepsilon}{800}\sqrt{400}\right] - 1 = 0{,}96$$

$$\emptyset\left[\frac{\varepsilon}{40}\right] = 0{,}98 \ .$$

Zu Ø=0,98 gehört laut Tabelle **A** ein z-Wert von 2,054. Daher ist :

$$\frac{\varepsilon}{40} = 2{,}054 \quad \text{und} \quad \varepsilon = 40\cdot 2{,}054 = 82{,}16 \ .$$

Man kann also 24 gegen 1 wetten, daß der Stichprobenmittelwert vom Durchschnitt der Grundgesamtheit höchstens um 82,16 ÖS abweicht, denn

$$Pr(14632{,}84 < \bar{x}_{400} < 14797{,}16) = 0{,}96 \ .$$

Man lasse sich bei der Beurteilung der Genauigkeit nicht davon ablenken, daß $\varepsilon = 82{,}16$ gegen $\mu = 14715$ sehr klein ist. Die Größe des Intervalls, in das der Stichprobenmittelwert mit vorgegebener Wahrscheinlichkeit fällt, wird von μ nicht beeinflußt. (12) lehrt uns, daß das Intervall ausschließlich von der Varianz des Untersuchungsmerkmales im Verhältnis zur Größe der Stichprobe abhängt.

⬩⬥ ◆ ⬥⬩

Die Stichprobenverteilung von Summen und Differenzen

Es wurde bereits erwähnt (**A-11**), daß

$$\mathrm{E} \sum_{i=1}^{n} \mathbf{X}_i = \sum_{i=1}^{n} \mathrm{E}\,\mathbf{X}_i$$

und

$$\mathrm{Var} \sum_{i=1}^{n} \mathbf{X}_i = \sum_{i=1}^{n} \mathrm{Var}\,\mathbf{X}_i + 2 \sum_{i<j} \mathrm{Kov}\;\mathbf{X}_i, \mathbf{X}_j \; .$$

Beispiel XI.9: Zuckerpakete aus einem Abfüllautomaten wiegen im Durchschnitt 500 g mit Standardabweichung s = 2,5 g. Je 20 Zuckerpakete sind in einem Karton verpackt. Man berechne das Gewicht, das 20 Zuckerpakete 'in der Regel' haben.

Ein Zuckerpaket hat Gewicht **X** mit E **X** = 500 und Var **X** = $(2,5)^2$. Zwanzig Zuckerpakete haben ein Gewicht

$$\mathbf{G}_{20} = \sum_{i=1}^{20} \mathbf{X}_i \quad \text{mit} \quad \mathrm{E}\,\mathbf{G}_{20} = 20 \cdot \mathrm{E}\,\mathbf{X} = 10\,000 \qquad (9.\mathrm{VII})$$

und

$$\mathrm{Var}\,\mathbf{G}_{20} = 20 \cdot \mathrm{Var}\,\mathbf{X} = 125, \qquad (10.\mathrm{VII})$$

sofern man annehmen darf, daß die Gewichtsschwankungen der Zuckerpakete eine Kovarianz von Null aufweisen. Im Hinblick auf (13.IX) darf man außerdem annehmen:

$$\mathbf{G}_{20} \sim N(10.000;\ 125) \; .$$

Damit berechnen wir das Intervall der 'mittleren 90%':

$$\Pr(10\,000 - \varepsilon < \mathbf{G}_{20} < 10\,000 + \varepsilon) = 0{,}90 = 2 \cdot \varnothing\left[\frac{\varepsilon}{\sqrt{125}}\right] - 1.$$

$$\varnothing\left[\frac{\varepsilon}{\sqrt{125}}\right] = 0{,}95; \quad \frac{\varepsilon}{\sqrt{125}} = 1{,}645; \quad \varepsilon \approx 18{,}4 \text{ g} \; .$$

Zwanzig Zuckerpakete werden also 'in der Regel' ein Gewicht zwischen 9,98 und 10,02 kg aufweisen.

⬩⬥ ◆ ⬥⬩

Man kann leicht zeigen (Anhang **A-11**), daß für die Differenz **D** = **X** - **Y** zweier Zufallsvariablen **X**, **Y** gilt :

$$\boxed{\begin{aligned} \mathrm{E}\,\mathbf{D} &= \mathrm{E}\,\mathbf{X} - \mathrm{E}\,\mathbf{Y} \\ \mathrm{Var}\,\mathbf{D} &= \mathrm{Var}\,\mathbf{X} + \mathrm{Var}\,\mathbf{Y} - 2\,\mathrm{Kov}\,\mathbf{X},\mathbf{Y} \end{aligned}} \quad . \qquad (13)$$

Beispiel XI.10: Der Feuchtigkeitsgehalt von n Fuhren Steinkohle wird festgestellt, indem man jeder Fuhre eine kleine Probe entnimmt und die gemessene Feuchtigkeit der n Proben mittelt. Es fallen zunächst n_1 Fuhren an und zu einem späteren Termin n_2 weitere Fuhren. Ist ein Unterschied im Feuchtigkeitsgehalt der beiden Liefermengen nachweisbar ?
Wir setzen voraus, daß $n_1, n_2 \geq 30$ zutrifft. Dann ist im Hinblick auf (9):

$$\bar{\mathbf{x}}_{n_1} \sim N\left(\mu_1, \frac{\sigma_1^2}{n_1}\right) \quad \text{und} \quad \bar{\mathbf{x}}_{n_2} \sim N\left(\mu_2, \frac{\sigma_2^2}{n_2}\right) ,$$

und im Hinblick auf (13) :

$$\overline{\mathbf{D}}_{12} \sim N\left(\mu_1 - \mu_2; \frac{\sigma_1^2}{n_1} + \frac{\sigma_2^2}{n_2}\right) .$$

Die Kovarianz der Mittelwerte darf mit Null veranschlagt werden.

⬩♦◆♦⬩

Die Stichprobenverteilung von $\bar{x}$ bei unbekannter Varianz

Die Beispiele dieses Kapitels sind nicht realistisch, da die Varianz des Untersuchungsmerkmales als bekannt vorausgesetzt wurde, was so gut wie nie der Fall ist. Aus diesem Grunde benutzt man notgedrungen die Stichprobe nicht nur, um den Erwartungswert des Untersuchungsmerkmales, sondern auch, um dessen Varianz zu schätzen. Das hat zur Folge, daß man anstelle von

$$\frac{\bar{\mathbf{x}} - \mu}{\sigma/\sqrt{n}} = \mathbf{z} \quad \text{die Variable} \quad \frac{\bar{\mathbf{x}} - \mu}{\mathbf{s}/\sqrt{n}} = \mathbf{t}$$

verwendet.

Das Ersetzen eines Parameters - hier σ - durch eine Statistik - hier s - nennt man **Studentisieren**. Im Gegensatz zu der Variablen **z**, die eine lineare Funktion von $\bar{\mathbf{x}}$ ist, stellt **t** einen Quotienten zweier Zufallsvariablen, $\bar{\mathbf{x}}$ und **s**, dar; **t** kann aus diesem Grunde nicht, wie **z**, standardnormalverteilt sein. Berechnet man s^2 statt mit (27.III) auf folgende Weise:

$$s^2_{korr} = \frac{1}{n-1} \sum_{i=1}^{n} (x_i - \bar{x})^2 , \qquad (14)$$

so besitzt die Zufallsvariable

$$\frac{\bar{x} - \mu}{s/\sqrt{n}} = \mathbf{t}_{n-1} \qquad (15)$$

eine **Studentverteilung** mit Parameter m = n - 1. Diese Verteilung hat wie die Standardnormalverteilung einen Erwartungswert E **t** = 0. Explizite Parameter sind:

$$\boxed{\operatorname{Var}\mathbf{t} = \frac{m}{m-2}\,, \quad m > 2\;; \quad \gamma = 3\,\frac{m-2}{m-4} - 3} \quad .$$

Gebräuchliche Quantile findet der Leser in Tabelle **B** des Anhanges.

Mit wachsendem Parameter m wird die Studentverteilung, die stets symmetrisch ist, annähernd mesokurtisch und der Standardnormalverteilung immer ähnlicher. Ab m = 30 wird sie durch dieselbe ersetzt.

Beispiel XI.11: Ein Doktorand mißt den Blutdruck von Versuchspersonen nach Genuß einer Zigarette mit 0,9 mg Nikotin im Rauch, sowie nach Genuß einer Placebozigarette (das ist eine Zigarette, die der 'echten' in jeder Hinsicht gleicht, nur daß sie kein Nikotin enthält). Er bildet sodann die Differenz:

$$d = \text{Blutdruck nach Nikotin - Blutdruck nach Placebo}\;,$$

die er bei n Versuchspersonen festgestellt hat, und berechnet Mittelwert und Varianz der Differenzen :

$$\bar{d} = \frac{1}{n}\sum_{i=1}^{n} d_i\,, \qquad s^2 = \frac{1}{n-1}\sum_{i=1}^{n}(d_i - \bar{d})^2 \quad .$$

Die Zufallsvariable (15):

$$\mathbf{t} = \frac{\bar{\mathbf{d}} - \Delta}{s/\sqrt{n}}$$

ist studentverteilt mit Parameter m=n-1. - Wenn 0,9 mg Nikotin keinen Einfluß auf den Blutdruck haben, dann ist Δ=0. Wir werden untersuchen, wie groß die Schwankungen der Differenzen in diesem Fall sind und wann die gegefundene Differenz $\bar{d}$ 'ungewöhnlich groß' ist (Beispiel XIII.2).

⬩♦ ◆ ♦⬩

Die Stichprobenverteilung von s^2 und s

Eine Grundgesamtheit verteile sich auf einem Merkmal **X** mit Erwartungswert μ und Varianz σ^2. Wir entnehmen eine Stichprobe vom Umfang n und betrachten die Stichprobenfunktion

$$s^2 = \frac{1}{n-1}\sum_{i=1}^{n}(x_i - \bar{x})^2 \;.$$

Wenn die Grundgesamtheit auf dem Merkmal annähernd normalverteilt ist, so hat der Quotient

$$\frac{(n-1)s^2}{\sigma^2} = \chi^2 \tag{16}$$

eine **Chiquadrat-Verteilung**, die von einem Parameter m = n-1 abhängt. Explizite Parameter dieser Verteilung sind :

$$\boxed{E\,\chi^2 = m \;;\quad Var\,\chi^2 = 2\,m \;;\quad \alpha = 2\sqrt{\frac{2}{m}} \;;\quad \gamma = \frac{12}{m}} \;.$$

Gebräuchliche Quantile findet der Leser in Tabelle **C** des Anhanges.

Bei wachsendem Wert von m wird die χ^2- Verteilung annähernd symmetrisch und mesokurtisch. Ab m=30 wird die Zufallsvariable

$$\sqrt{2\,\chi^2} - \sqrt{2\,m - 1} = \mathbf{Z}$$

durch die Standardnormalverteilung ersetzt.

Beispiel XI.12: In Beispiel XI.9 wurde angeführt, daß Kartons mit 20 Zuckerpaketen im Schnitt 10 kg wiegen bei einer Varianz von 125 [g^2]. Bei Überprüfung nach einiger Zeit zeigte sich, daß die Gewichte von 10 Kartons bei unverändertem Durchschnitt eine Varianz von 205 [g^2] aufwiesen. Kann man daraus schließen, daß der Abfüllautomat zum Zeitpunkt der zweiten Erhebung ungenauer arbeitete als seinerzeit?

Im Hinblick auf den Zentralen Grenzwertsatz darf man schließen, daß eine Summe von 20 Gewichten annähernd normalverteilt ist, so daß die Varianz der Summe der Chiquadrat-Formel (16) genügt. Damit können wir aber schon entscheiden, ob eine Varianz von $s^2 = 205$ ungewöhnlich ist, wenn der Parameter den Wert $\sigma^2 = 125$ hat:

$$\frac{(10-1)205}{125} = 14{,}76 = \chi^2_9 \;.$$

Das 90. Perzentil einer χ^2-Verteilung mit Parameter m=9 hat laut Tabelle **C** den Wert $\chi^2_{9;0,90}=14{,}68$. Ein Wert von 14,76 muß demnach als ungewöhnlich groß eingestuft werden, so daß man erwägen sollte, den Abfüllautomaten überholen zu lassen.

⬩♦ ♦ ♦⬩

Eine Grundgesamtheit verteile sich auf einem Merkmal **X** normal mit Erwartungswert μ und Varianz σ^2. Man entnimmt der Grundgesamtheit zwei voneinander unabhängige Stichproben vom Umfang n_1 bzw. n_2 und berechnet mit (14) deren Varianzen. Der Quotient der beiden Varianzen

$$\frac{s_1^2}{s_2^2} = \frac{\sum (x_{1i} - \bar{x}_1)^2/(n_1-1)}{\sum (x_{2i} - \bar{x}_2)^2/(n_2-1)} = F_{1,2} \tag{17}$$

hat eine **F-Verteilung** mit Parametern $m_1 = n_1-1$ und $m_2 = n_2-1$. Explizite Parameter dieser Verteilung sind :

$$E\,\mathbf{F} = \frac{m_1}{m_2 - 2}\,,\ m_2 > 2\ ;\quad \mathrm{Var}\,\mathbf{F} = \frac{2\,m_2^2(m_1 + m_2 - 2)}{m_1(m_2-2)^2\,(m_2 - 4)}\,,\ m_2 > 4 \ .$$

Zwischen den p-Quantilen von $F_{1,2} = s_1^2/s_2^2$ und $F_{2,1} = s_2^2/s_1^2$ besteht folgender Zusammenhang:

$$\frac{1}{F_{1,2;p}} = F_{2,1;(1-p)}.$$

Gebräuchliche Quantile der F-Verteilung findet der Leser in Tabelle **D** des Anhanges.

Aus der Chiquadrat-Formel (16) leitet man leicht die Zufallsvariable

$$s^2 = \frac{\sigma^2}{n-1}\chi^2$$

ab, die, wie man mithilfe von (30.III) und den expliziten Parametern von (16) leicht bestätigt, den Erwartungswert $E\,s^2 = \sigma^2$ hat und die Varianz

$$\mathrm{Var}\,s^2 = \left(\frac{\sigma^2}{n-1}\right)^2 \cdot \mathrm{Var}\,\chi^2 = 2\,\frac{\sigma^4}{n-1}\ .$$

Aus Gründen, die im Zusammenhang mit (10.III) dargestellt wurden, folgt aus $E\,s^2 = \sigma^2$, daß $E\,s \neq \sqrt{\sigma^2}$. (Der Erwartungswert der Abbilder $\sqrt{s^2}$ kann nicht gleich sein dem Abbild des Erwartungswertes.) Es gilt aber in guter Näherung :

$$E\,s \approx \left[1 - \frac{1}{4(n-1)}\right]\cdot\sigma\ ;\qquad \mathrm{Var}\,s \approx \frac{\sigma^2}{2(n-1)}\ .$$

Ab $n=100$ ist s nahezu normalverteilt mit Parametern $E\,s$ und $\mathrm{Var}\,s$.

Die Stichprobenverteilung des Korrelationskoeffizienten

Einer bivariat normalverteilten Grundgesamtheit (10'.IX) mit Korrelationsparameter ρ werden n Beobachtungspaare $(x_1,y_1),\ldots,(x_n,y_n)$ entnommen und der Korrelationskoeffizient

$$r = \frac{\sum (x_i - \bar{x})(y_i - \bar{y})}{\sqrt{\sum (x_i - \bar{x})^2 \sum (y_i - \bar{y})^2}} \qquad (24.IV)$$

berechnet. Die Statistik

$$z = \frac{1}{2} \ln \frac{1+r}{1-r} \quad \textbf{(Fisher's z)} \qquad (18)$$

ist annähernd normalverteilt mit Parametern

$$\boxed{\mu = \frac{1}{2} \ln \frac{1+\rho}{1-\rho} + \frac{\rho}{2(n-1)} \quad \text{und} \quad \sigma^2 = \frac{1}{n-3}} \ .$$

Beispiel XI.13: Am Anfang dieses Kapitels wurde berichtet, daß man in einer Stichprobe vom Umfang $n=100$ zwischen Körpergröße und Körpergewicht eine Korrelation von $r = -0{,}15$ gefunden habe und gefragt, ob ein solches Resultat ungewöhnlich sei.
In großen Untersuchungsgesamtheiten hat man gefunden, daß Körpergröße und Körpergewicht der Menschen eine Korrelation von etwa 0,7 aufweisen, die dem Parameter ρ recht nahe kommen dürfte. - Wir bestimmen

$$z = \frac{1}{2} \ln \frac{1-0{,}15}{1+0{,}15} = -0{,}151 \ ; \quad \mu = \frac{1}{2} \ln \frac{1+0{,}7}{1-0{,}7} + \frac{0{,}7}{2(100-1)} = 0{,}871$$

$$\sigma^2 = \frac{1}{100-3} = 0{,}0103 \ .$$

Damit erhalten wir

$$\frac{z-\mu}{\sigma} = \frac{-0{,}151 - 0{,}871}{\sqrt{0{,}0103}} = -10{,}07 \ .$$

Das Stichprobenresultat ist also, wie ein Blick auf Abb. X.1 lehrt, außerordentlich ungewöhnlich!

⬩⬧⧫⬧⬩

Ist der Korrelationsparameter einer bivariaten Normalverteilung null, so besitzt die Stichprobenfunktion

$$\frac{r}{\sqrt{1-r^2}} \sqrt{n-2} = t \qquad (19)$$

eine Studentverteilung (15) mit Parameter $m=n-2$. In der nachfolgenden Tabelle sind die Werte angeführt, welche die Stichprobenkorrelation für gewöhnlich nicht überschreitet, wenn $\rho = 0$ ist. Dazu wurde das 95.Quantil der t-Verteilung gewählt, also $t_{n-2;0,95}$ in (19) eingesetzt und nach r aufgelöst.

Tabelle XI.4: Schwellenwerte von r, die in 95 % der Fälle nicht überschritten werden, wenn $\rho = 0$ ist.

n	10	20	50	100	500	1000	2000
$\tilde{t}_{n-2}$	1,860	1,734	1,677	1,661	1,648	1,646	1,646
r	0,549	0,378	0,235	0,165	0,074	0,052	0,017

Die Stichprobenverteilung von p-Quantilen

Eine Grundgesamtheit sei auf einem stetigen Merkmal **X** verteilt mit Verteilungsfunktion F(x) und Dichtefunktion f(x). Das p-Quantil der Grundgesamtheit ist gegeben durch (7.VII):

$$\Pr(\mathbf{X} \leq \tilde{x}_p) = \int_{-\infty}^{\tilde{x}_p} f(x)\,dx = p$$

Man entnimmt dieser Grundgesamtheit eine Stichprobe vom Umfang n und ordnet sie:

$$x_{(1)} \leq x_{(2)} \leq \ldots\ldots\ldots \leq x_{(n)} . \tag{9.II}$$

Nun suche man das Objekt $x_{(np)}$ auf; wenn np keine ganze Zahl ist, dann die np zunächst gelegene ganze Zahl. Die Zufallsvariable $\mathbf{X}_{(np)}$ ist asymptotisch normalverteilt :

$$\mathbf{X}_{(np)} \sim N\left[\tilde{x}_p \; ; \; \frac{1}{f^2(\tilde{x}_p)} \frac{p\cdot(1-p)}{n}\right] . \tag{20}$$

wobei $f(\tilde{x}_p)$ der Wert ist, den die Dichtefunktion der Verteilung an der Stelle $\mathbf{X} = \tilde{x}_p$ annimmt.

Beispiel XI.14: Einer normalverteilten Grundgesamtheit mit Erwartungswert μ und Varianz σ^2 wird eine Stichprobe vom Umfang n entnommen. Man ermittelt den Median der Stichprobe (1.III), also $x_{(n\cdot 0,5)}$. Aufgrund von (20) und der Symmetrie der Normalverteilung (10.IX) folgert man unmittelbar

$$E\,\mathbf{X}_{(n\cdot 0,5)} = \tilde{x}_{0,5} = \mu; \quad \mathrm{Var}\,\mathbf{X}_{(n\cdot 0,5)} = \sigma^2 \cdot 2\,\pi \frac{0,5 \cdot 0,5}{n} = \frac{\sigma^2}{n} \cdot \frac{\pi}{2} ,$$

denn

$$f(\tilde{x}_{0,5}) = \frac{1}{\sigma\sqrt{2\pi}} e^{-\frac{1}{2}(\mu-\mu)^2/\sigma^2} = \frac{1}{\sigma\sqrt{2\pi}} .$$

Das arithmetische Mittel einer Stichprobe der Größe n hat die Varianz σ^2/n

(8), streut also weniger als der Median, da $\pi/2 \approx 1{,}57$.

••♦••

Beispiel XI.15: Es wird vereinbart, daß Betriebsstörungen vor Erreichen von $\tilde{t}_{0,05}$ Betriebsstunden auf Kosten des Herstellers behoben werden. Die Zeit zwischen Betriebsstörungen sei annähernd exponentialverteilt (4'.IX). Es liegt eine Stichprobe von n = 400 Störungsintervallen vor, so daß 400·0,05 = 20. - Zuerst bestimmen wir mit (4'.IX) und (4".IX):

$$F_t(\tilde{t}_{0,05}) = 1 - e^{-\lambda \tilde{t}_{0,05}} = 0{,}05 \Rightarrow \tilde{t}_{0,05} = \frac{0{,}05129}{\lambda},$$

$$f_t(\tilde{t}_{0,05}) = \lambda\, e^{-\lambda \tilde{t}_{0,05}} = \lambda\, e^{-0{,}05129} = \frac{\lambda}{e^{0{,}05129}}.$$

Nun erhalten wir mit (20):

$$E\, t_{(20)} = \tilde{t}_{0,05} = \frac{0{,}05129}{\lambda},$$

$$\operatorname{Var} t_{(20)} = \left[\frac{e^{0{,}05129}}{\lambda}\right]^2 \cdot \frac{0{,}05 \cdot 0{,}95}{400} = \frac{0{,}00013}{\lambda^2}.$$

Das bedeutet: Die mit einer Stichprobe vom Umfang n = 400 ermittelte Garantiezeit streut um den exakten Wert $0{,}05129/\lambda$ mit einer Varianz, die gleich ist $0{,}00013/\lambda^2$. Hat man festgestellt, daß die mittlere Zeit zwischen Betriebsstörungen $E\,\mathbf{t} = 1/\lambda = 720$ Stunden beträgt, dann erhält man das Ergebnis:

$$t_{(20)} \sim N(36{,}93;\ 67{,}392).$$

Man wird also eine Zeit vereinbaren, die um die Größe von 37 Stunden schwankt, mit einer Standardabweichung von $\sqrt{67{,}392} = 8{,}21$ Stunden.

••♦••

KAPITEL XII : STATISTIKEN ALS SCHÄTZER VON PARAMETERN

Die Zuordnung von Statistiken zu Parametern im Sinne des Schemas der Mathematischen Statistik (Tab. XI.1) ist bei den Funktionalparametern unproblematisch. Ein Funktionalparameter und seine Stichprobenfunktion haben dieselbe algebraische Struktur, man findet lediglich anstelle der Wahrscheinlichkeiten relative Häufigkeiten:

Funktionalparameter	Stichprobenfunktion
$\mu_r(a) = \sum (x_i - a)^r \Pr(\mathbf{X} = x_i)$	$m_r(a) = \sum (x_i - a)^r p_i$.

Das Stichprobenmoment $m_r(a)$ ist das arithmetische Mittel der zufälligen Abweichungen $(x\text{-}a)^r$:

$$\overline{(x\text{-}a)^r} = m_r(a) .$$

Die Stichprobenverteilung des arithmetischen Mittels lehrt uns, daß $\mathbf{m}_r(a)$ **unverzerrt** ist (7.XI), d.h. der Erwartungswert von $\mathbf{m}_r(a)$ ist dem Funktionalparameter $\mu_r(a)$ gleich, und daß die relativen Häufigkeiten p_i den Wahrscheinlichkeiten $\Pr(X = x_i)$ mit wachsendem Stichprobenumfang immer ähnlicher werden (5.XI), der Unterschied zwischen $\mathbf{m}_r(a)$ und $\mu_r(a)$ somit immer kleiner wird:

$$\lim_{n\to\infty} \Pr(|\mathbf{m}_r(a) - \mu_r(a)| \leq \varepsilon) = 1 , \varepsilon > 0 .$$

Man bezeichnet diese aus dem 'Schwachen Gesetz der großen Zahl' sich ergebende Eigenschaft solcher Statistiken als **Konsistenz**.

In manchen Fällen stehen mehrere Schätzer zur Verfügung, die unverzerrt und konsistent sind. So kann man beispielsweise den (expliziten) Parameter einer Poissonverteilung (8.VIII) sowohl mit $\bar{x}$ als auch mit s^2 schätzen. Welche der beiden Möglichkeiten soll man vorziehen? Es liegt nahe, den Schätzer mit der kleineren Varianz zu verwenden. Der Schätzer mit der kleinsten Varianz heißt **effizienter Schätzer.**

Schließlich ist auch zu beachten, wie empfindlich Schätzer gegen Störungen, z.B. Ausreißer, sind.

Auf eine weitere Eigenschaft von Schätzern, die **Suffizienz**, kann hier nicht eingegangen werden.

XII.1 : Gütekriterien von Schätzern

Unverzerrtheit, Erwartungstreue

Eine Statistik heißt unverzerrter Schätzer eines gewissen Parameters, wenn der Erwartungswert ihrer Stichprobenverteilung diesem Parameter gleich ist. Beispiele für unverzerrte Schätzer: Alle Stichprobenmomente $m_r(a)$, bei denen a ein feststehender Wert, keine Zufallsvariable, ist; alle expliziten Parameter, die eine lineare Funktion gewisser Momente einer Verteilung sind. Für den Parameter π einer Binomialverteilung (2.VIII) gilt etwa: $1/n \cdot E\,\mathbf{X} = \pi$, folglich ist $E\,1/n \cdot \sum \mathbf{X}_i = \pi$, p_n ist erwartungstreu.

Beispiele für verzerrte Schätzer: Die Stichprobenvarianz $s^2 = \mathbf{m}_2(\bar{x})$ hat als Erwartungswert $\sigma^2 \cdot (n-1)/n$. Man überzeugt sich davon leicht mit Hilfe von (28.III): $s^2 = \sum x_i^2 p_i - \bar{x}^2$ und der Varianz von $\bar{x}$ (8.XI):
$\sigma_{\bar{x}}^2 = \sigma^2/n$; $E\,s^2 = \sigma^2 + \mu^2 - (\sigma^2/n + \mu^2) = \sigma^2 (n-1)/n$. Die Verzerrung ist in diesem Fall allerdings **behebbar**. Man bestimme (14.XI):

$$\frac{n}{n-1}\, s^2 = \frac{1}{n-1} \sum (x_i - \bar{x})^2\, p_i = s_{korr}^2 \; .$$

s_{korr}^2 hat den Erwartungswert σ^2. - Der Faktor n/(n-1) geht mit wachsendem n gegen 1. Man sagt aus diesem Grunde, s^2 sei **asymptotisch erwartungstreu**. - Der Intensitätsparameter λ eines Poissonprozesses (8.VIII) und der Erwartungswert der Exponentialverteilung (4'.IX) stehen zueinander in einer Beziehung, die aus (5.IX) folgt:

$$\lambda = \frac{1}{E\,\mathbf{t}} \; . \qquad (5.IX)$$

Der reziprok gesetzte Stichprobenmittelwert ist kein erwartungstreuer Schätzer von λ, es gilt vielmehr:

$$E\,\frac{1}{\bar{\mathbf{t}}} \approx \frac{n}{n-1} \cdot \lambda \; .$$

Die Verzerrung ist behebbar. Der Ausdruck $(n-1)/n \cdot 1/\bar{t}$ hat als Erwartungswert gerade λ.

Konsistenz

Eine Statistik heißt konsistenter Schätzer eines gewissen Parameters, wenn

die Varianz ihrer Stichprobenverteilung bei wachsendem Stichprobenumfang immer kleiner wird. Konsistenz ist mit dem 'Schwachen Gesetz der großen Zahlen' nachzuweisen.
In Abschnitt **D** wird sich zeigen, daß der Begriff Konsistenz im Zusammenhang mit nicht identisch verteilten Daten seinen Sinn verändert.

Wirksamkeit oder Effizienz

In Beispiel XI.14 haben wir gesehen, daß bei normalverteilter Grundgesamtheit die Stichprobenverteilungen von Mittelwert und Median folgende Varianzen haben :

$$\mathrm{Var}\,\bar{\mathbf{x}}_n = \frac{\sigma^2}{n}, \quad \mathrm{Var}\,\tilde{\mathbf{x}}_{0,5} = \frac{\sigma^2}{n} \cdot \frac{\pi}{2}.$$

Der Stichprobenmedian streut stärker, der Stichprobenmittelwert ist somit der wirksamere Schätzer des Parameters μ. - Der Parameter λ einer Poissonverteilung (8.VIII) kann erwartungstreu mit $\bar{x}$ und s^2_{korr} geschätzt werden. Es ist aber

$$\mathrm{Var}\,\bar{\mathbf{x}}_n = \frac{\lambda}{n}, \quad \mathrm{Var}\,\mathbf{s}^2_n = \frac{\lambda(2\lambda+1)}{n}, \qquad \text{also}$$

$$\mathrm{Var}\,\mathbf{s}^2_n = (2\lambda+1)\,\mathrm{Var}\,\bar{\mathbf{x}}_n > \mathrm{Var}\,\bar{\mathbf{x}}_n .$$

Robustheit von Schätzern

Es wurde bereits darauf hingewiesen, daß der Median unempfindlich gegen 'Ausreißer' ist, während der Mittelwert von solchen Werten beeinflußt wird. Der Median ist also einerseits weniger wirksam, andererseits robust. Er ist also unter Umständen zu bevorzugen.

XII.2 Methoden zur Gewinnung von Schätzern

Die Methode der Momente

Das Stichprobenmoment

$$m_r(a) = \frac{1}{n} \sum (x_i - a)^r$$

ist der Mittelwert der Abweichungen $(x_i\text{-}a)^r$, somit erwartungstreuer und konsistenter Schätzer des Funktionalparameters $\mu_r(a)$:

$$\boxed{\begin{array}{l} E\ \mathbf{m}_r(a) = \mu_r(a) \\ \lim_{n\to\infty} \mathbf{m}_r(a) = \mu_r(a) \end{array}} \quad . \tag{1}$$

Das Stichprobenmoment hat die Varianz

$$\boxed{\operatorname{Var} \mathbf{m}_r(a) = E\ \mathbf{m}_{2r}(a) - E^2\mathbf{m}_r(a)} \quad . \tag{2}$$

Aufgrund des zentralen Grenzwertsatzes (13.IX) darf bei nicht zu kleinem Stichprobenumfang n davon ausgegangen werden, daß

$$\mathbf{m}_r(a) \sim N\,[\mu_r(a);\ \operatorname{Var} \mathbf{m}_r(a)].$$

Beispiel XII.1: Die Parameter μ und σ^2 einer Normalverteilung (10.IX) sollen mit der Methode der Momente geschätzt werden. Es gilt: $E(\mathbf{X} \mid \mu,\sigma^2) = \mu$; $E(\mathbf{X}^2 \mid \mu,\sigma^2) = \mu^2 + \sigma^2$. Mit dem ersten und zweiten Stichprobenmoment, also mit

$$\bar{x} = \frac{1}{n} \sum x_i\ , \qquad \overline{x^2} = \frac{1}{n} \sum x_i^2$$

kann man folgendes Gleichungssystem aufstellen :

$$\left.\begin{array}{l} \overline{x^2} = \mu^2 + \sigma^2 \\ \bar{x} = \mu \end{array}\right\} \text{ mit den Lösungen: } \left\{\begin{array}{l} \sigma^2 = \overline{x^2} - \bar{x}^2 \\ \mu = \bar{x} \end{array}\right. .$$

⬩⬧◆⬧⬩

Beispiel XII.2: Es sollen die Parameter einer bivariaten Normalverteilung (10'.IX) mit der Methode der Momente geschätzt werden.

$$E(\mathbf{X} \mid \mu_x,\sigma_x) = \mu_x \qquad E(\mathbf{Y} \mid \mu_y,\sigma_y) = \mu_y$$

$$E(\mathbf{X}^2 \mid \mu_x,\sigma_x) = \mu_x^2 + \sigma_x^2 \qquad E(\mathbf{Y}^2 \mid \mu_y,\sigma_y) = \mu_y^2 + \sigma_y^2$$

$$E(\mathbf{XY} \mid \mu_x,\mu_y,\sigma_x,\sigma_y,\operatorname{Kov} \mathbf{X,Y}) = \operatorname{Kov} \mathbf{X,Y} + \mu_x\mu_y$$

(Man orientiere sich an (28.III) und (22'.IV)).

Alle diese Größen kann man mit entsprechenden Stichprobenmomenten schätzen:

$$\bar{x}\ ,\ \bar{y}\ ,\ \overline{x^2}\ ,\ \overline{y^2}\ ;\quad \overline{xy} = \frac{1}{n} \sum x_i y_i\ .$$

⬩⬧◆⬧⬩

Das Maximum-Likelihood-Verfahren

Stellen Sie sich vor, daß jemand in eine Urne schwarze und weiße Kugeln schüttet und Sie nach dem Anteil der Farbe 'Schwarz' fragt. Sie können natürlich keine Auskunft geben. Nun dürfen Sie - mit Zurücklegen - der Urne 10 Kugeln entnehmen. Davon sind 8 schwarz, 2 weiß. Was können Sie jetzt über die Zusammensetzung der Urne sagen? - Die Anteile $\pi=0$ und $\pi=1$ scheiden aus. Gegen sie sprechen acht schwarze bzw. zwei weiße Kugeln. Wie stark spricht das Resultat '8 mal s und 2 mal w' gegen die anderen Anteile? Man kann die Wahrscheinlichkeit $\pi^8(1-\pi)^2$ für jeden Wert von π angeben. Nachstehende Tabelle gibt eine Auswahl davon wieder.

Tab.XII.1: Wahrscheinlichkeit der Beobachtung '8 mal s und 2 mal w' bei verschiedenen Anteilen π.

π	$\pi^8(1-\pi)^2 \cdot 10^{10}$
0	0
0,05	0,3525
0,1	81
0,2	16 384
0,3	321 489
0,4	2 359 296
0,5	9 765 625
0,6	26 873 856
0,7	51 883 209
0,8	67 108 864
0,9	43 046 721
0,95	16 585 510,78
1	0

Man sieht, daß alle Anteile $0 < \pi < 1$ als Ursache für die Beobachtung in Frage kommen. Wenn aber der Anteil schwarzer Kugeln 0,8 ist, so tritt die Beobachtung gleich millionenfach öfter auf als wenn $\pi = 0{,}05$ oder 0,1 oder 0,2 ist. - Wenn Sie sich darauf verlassen wollen, daß Sie eine 'normale' Stichprobe gezogen haben, d.h. eine Stichprobe, die zu der Urne paßt, aus der sie stammt, dann werden Sie schließen, daß die Urne einen Anteil schwarzer Kugeln in der Größenordnung von ungefähr 0,8 aufweist. Um das Problem exakt zu lösen, sucht man jenen Wert von π auf, bei dem $\pi^8(1-\pi)^2$ ein Maximum hat. - Die Funktion

$$L(\pi \mid h,n) = \pi^h (1-\pi)^{n-h} \tag{3}$$

heißt **Likelihoodfunktion**, auch Plausibilitätsfunktion der Variablen π. Ihr Maximum, d.h. jener Wert $\pi = \hat{\pi}$, für den gilt :

$$L(\hat{\pi}) \geq L(\pi) \quad \text{für} \quad 0 < \pi < 1$$

heißt **Maximum-Likelihood-Schätzer** des Anteils π. Man findet das Maximum bequem, wenn man die Likelihoodfunktion zuerst logarithmiert :

$$\ln L(\pi \mid h,n) = h \ln \pi + (n-h) \ln(1-\pi) \; , \tag{4}$$

diese **Log-Likelihoodfunktion** nach π ableitet und die Ableitung null setzt:

$$\frac{d \ln L(\pi \mid h,n)}{d \pi} = h \frac{1}{\pi} + (n-h) \frac{1}{1-\pi} (-1) = 0 \; .$$

Nun identifiziert man sofort den Wert von π, bei dem $L(\pi)$ das Maximum erreicht:

$$\boxed{\pi = \hat{\pi} = \frac{h}{n} = p} \; . \tag{5}$$

Die relative Häufigkeit (2.I) eines Ereignisses ist also Maximum-Likelihood-Schätzer seiner Wahrscheinlichkeit π. - Die Beobachtung '8 mal s und 2 mal w' paßt demnach am besten zu einer Urne mit einem Schwarzanteil $\pi = 8/(8+2) = 0{,}8$.

Beispiel XII.3: Die 52 Wochen eines Jahres verteilen sich auf dem Merkmal 'Zahl der Unfälle', die einer Versicherung gemeldet werden. Die Auswertung der Stichprobe $x_1, x_2, \ldots, x_{52}$ legt nahe, die Verteilung mit

$$\Pr(\mathbf{X} \mid \lambda) = e^{-\lambda} \cdot \lambda^x/(x!) \tag{8.VIII}$$

anzunähern. Man ermittle den Wert von λ, zu dem die Stichprobe am besten paßt. - Dazu entwickelt man zuerst die Likelihoodfunktion:

$$L(\lambda \mid x_1, \ldots, x_{52}) = P(x_1 \mid \lambda) \cdot \ldots \cdot P(x_{52} \mid \lambda) = e^{-52\lambda} \frac{\lambda^{\Sigma x_i}}{x_1! \cdot \ldots \cdot x_{52}!} \; , \tag{3}$$

logarithmiert:

$$\ln L(\lambda \mid x_1, x_2, \ldots, x_{52}) = -52\,\lambda + \sum x_i \ln \lambda - \ln(x_1! \ldots x_{52}!) \; ,$$

leitet nach λ ab und setzt die Ableitung null :

$$\frac{d \ln L}{d\lambda} = -52 + \sum x_i \cdot \frac{1}{\lambda} = 0 .$$

Der Wert, bei dem L das Maximum annimmt, ist somit

$$\boxed{\lambda = \hat{\lambda} = \frac{1}{52} \sum x_i} \quad . \tag{5}$$

Der Stichprobenmittelwert ist also ML-Schätzer des Parameters der Poissonverteilung.

◆ ◆ ◆

Es gelten die folgenden Aussagen: ML-Schätzer sind

-mindestens asymptotisch erwartungstreu,

-mindestens asymptotisch effizient,

-mindestens asymptotisch normalverteilt.

Diese Aussagen qualifizieren das ML-Verfahren für große Stichproben.

Die Methode der Kleinsten Quadrate

Die Werte, welche eine meßbare Variable **Y** annimmt, wenn eine andere Variable **X** verändert wird, hängen von den Parametern einer Funktion f ab :

$$\mathbf{Y} = f(\mathbf{X} \,|\, \theta_1, \ldots, \theta_p) \ . \tag{6}$$

Zur Veranschaulichung möge die Ertragsfunktion des Beispiels V.3 dienen: Der Ertrag ändert sich mit der Menge von Düngemittel in einer Weise, die von den Parametern a, b_1, b_2 der Funktion $y = a + b_1 x + b_2 x^2$ abhängt. Diese Parameter sind nicht unmittelbar meßbar. Die Beobachtungen y vermitteln uns allerdings einen Einblick in ihre Beschaffenheit. Man nennt sie aus diesem Grunde **vermittelnde Beobachtungen.** - Andere Variablen, etwa die Körpergröße, sind direkt beobachtbar: $\mathbf{Y} = \theta$ würde gelten, wenn die Messung von θ nicht mit einem Meßfehler behaftet wäre. Liegen ebenso viele Beobachtungen vor wie unbekannte Parameter, so könnte man das Gleichungssystem (6)

$$\begin{bmatrix} y_1 = f(x_1 | \theta_1, \ldots, \theta_p) \\ \vdots \\ y_p = f(x_p | \theta_1, \ldots, \theta_p) \end{bmatrix} \Rightarrow \begin{bmatrix} f_1^{-1}(y_1, \ldots, y_p) = \theta_1 \\ \vdots \\ f_p^{-1}(y_1, \ldots, y_p) = \theta_p \end{bmatrix} \tag{7}$$

nach den Unbekannten $\theta_1,\ldots,\theta_p$ auflösen. Meistens wird jedoch die Zahl der Beobachtungen größer sein als p. Man könnte dann selbstverständlich eine Anzahl p von ihnen auswählen und so verfahren, wie in (7) beschrieben. Sind die Beobachtungen y fehlerfrei, so erzielt man mit jedem p-Tupel von Gleichungen das gleiche p-Tupel an Lösungen $\theta_1,\ldots,\theta_p$. Meist sind die Beobachtungen jedoch mit Fehlern behaftet, so daß man mit jedem p- Tupel von Gleichungen etwas andere Lösungen für θ erhält, also Lösungen, die im Widerspruch zu anderen Lösungen stehen. Man muß deshalb an den Beobachtungen gewisse Verbesserungen vornehmen, so daß die Gleichungen (7) widerspruchsfrei werden. Andererseits sollen die Beobachtungen so wenig wie möglich verfälscht werden. Eine Methode des Ausgleichens der Widersprüche wurde in Kap.V bereits ausführlich beschrieben. Die Lösungen $\theta_1 = \hat{\theta}_1,\ldots,\theta_p = \hat{\theta}_p$, welche bei allen p-Tupeln $\theta_1,\ldots,\theta_p$ die Ungleichung

$$\sum_{i=1}^{n} \left[y_i - f(x_i \mid \hat{\theta}_1,\ldots,\hat{\theta}_p)\right]^2 \leq \sum_{i=1}^{n} \left[y_i - f(x_i \mid \theta_1,\ldots,\theta_p)\right]^2 \qquad (3.V)$$

erfüllen, heißen **Kleinstquadratschätzer** der unbekannten Parameter.

Beispiel XII.4: Es werden die Winkel festgestellt, die je zwei Punkte im Gelände mit einem dritten bilden. Die Ergebnisse sind:

$$a = \alpha + e_1, \quad b = \beta + e_2, \quad c = \gamma + e_3 .$$

Da wegen $\alpha + \beta + \gamma = 180$ zwei Messungen genügt hätten, ist die Zahl der Beobachtungen größer als die Zahl der Unbekannten. Die Summe der Messungen wird als Folge der Meßfehler von 180 abweichen, $a + b + c - 180 = \delta$, somit haben wir die Beobachtungen 'auszugleichen'. Zuerst drücken wir die dritte Beobachtung durch die beiden anderen aus: $c = 180 - \alpha - \beta + e_3$ und erhalten das Gleichungssystem

$$\begin{bmatrix} a \\ b \\ c - 180 \end{bmatrix} = \begin{bmatrix} 1 & 0 \\ 0 & 1 \\ -1 & -1 \end{bmatrix} \begin{bmatrix} \alpha \\ \beta \end{bmatrix} + \begin{bmatrix} e_1 \\ e_2 \\ e_3 \end{bmatrix} . \qquad (22.V)$$

$$\mathbf{Y} \quad = \quad \mathbf{A} \quad \cdot \mathbf{L} \quad + \quad \mathbf{V}$$

Den Vektor der Kleinstquadratschätzer gewinnt man mit der Formel (25.V): $\hat{\mathbf{L}} = (\mathbf{A'A})^{-1}\cdot\mathbf{A'Y}$.

$$\mathbf{A'A} = \begin{bmatrix} 2 & 1 \\ 1 & 2 \end{bmatrix}; \ (\mathbf{A'A})^{-1} = \frac{1}{3}\cdot\begin{bmatrix} 2 & -1 \\ -1 & 2 \end{bmatrix}; \ \mathbf{A'Y} = \begin{bmatrix} a - c + 180 \\ b - c + 180 \end{bmatrix}.$$

$$a + b + c - 180 = \delta .$$

$$\hat{\alpha} = a - \frac{\delta}{3}, \quad \hat{\beta} = b - \frac{\delta}{3}, \quad \hat{\gamma} = c - \frac{\delta}{3}; \quad \hat{\alpha} + \hat{\beta} + \hat{\gamma} = 180 .$$

Die Abweichung der Meßwertsumme von der vorgeschriebenen Winkelsumme wird also zu gleichen Teilen auf die drei Meßwerte aufgeteilt.

⬩⬥◆⬥⬩

Wir wollen nun die Stichprobenverteilung der Kleinstquadratschätzer untersuchen. Wenn die y-Werte Messungen gleicher Genauigkeit mit Fehlervarianz σ^2 sind, dann hat die Varianz-Kovarianz-Matrix (34.IV) der Kleinstquadratschätzer $\hat{\mathbf{L}}$ folgende Struktur:

$$\boxed{\mathbf{M}_{\hat{L}} = \sigma^2(\mathbf{A}'\mathbf{A})^{-1}} \quad . \qquad (8)$$

Wenn die Fehler normalverteilt sind: $\mathbf{e} \sim N(0, \sigma^2)$ bzw. unter den Bedingungen des Zentralen Grenzwertsatzes besitzt $\hat{\mathbf{L}}$ eine p-variate Normalverteilung (10".IX) mit Erwartungswerten $\theta_1,\ldots,\theta_p$ und Momentenmatrix (8). Die Varianz der Messungen ist meist nicht bekannt. Sie kann mit Hilfe der Residuen erwartungstreu geschätzt werden:

$$\boxed{s^2 = \frac{\Sigma\, e_i^2}{n - p + r} = \frac{\Sigma\,(y_i - \hat{y}_i)^2}{n - p + r}} \quad . \qquad (9)$$

n: Anzahl der Beobachtungen; p: Anzahl der Parameter; r: Anzahl der Nebenbedingungen.

Verwendet man (9) anstelle von σ^2, so beachte man (15.XI).

Beispiel XII.4 (Fortsetzung): Die Kleinstquadratschätzer für α und β weisen folgende Varianzen und Kovarianzen auf:

$$\mathbf{M}_{\hat{\alpha}\hat{\beta}} = \frac{\sigma^2}{3}\begin{bmatrix} 2 & -1 \\ -1 & 2 \end{bmatrix} ; \quad \mathrm{Var}\,\hat{\alpha} = \mathrm{Var}\,\hat{\beta} = \frac{2}{3}\,\sigma^2; \quad \mathrm{Kov}\;\hat{\alpha},\hat{\beta} = -\frac{1}{3}\,\sigma^2 .$$

Die negative Kovarianz ist mit der Nebenbedingung $\alpha + \beta + \gamma = 180$ zu erklären: Eine Über-/Unterschätzung des einen Winkels ist tendenziell von einer Unter-/Überschätzung des anderen begleitet.

Die Varianz σ^2 schätzt man mit

$$s^2 = \frac{(a-\hat{\alpha})^2 + (b-\hat{\beta})^2 + (c-180-\hat{\gamma}+180)^2}{3-2+1} = \frac{\delta^2}{6}.$$

⬩⬩ ◆ ⬩⬩

Beispiel XII.5: Gesucht ist der Kleinstquadratschätzer für den Anteil π von 'Merkmalsträgern' in einer Grundgesamtheit. Man entnimmt derselben Objekte mit Zurücklegen und notiert

$$y_i = \begin{cases} 1 & \text{wenn das i-te Objekt Merkmalsträger ist} \\ 0 & \text{sonst.} \end{cases}$$

Nach n Versuchen hat man h Merkmalsträger gefunden und damit folgendes Gleichungssystem:

(22.V): $$\begin{bmatrix} 1 \\ \vdots \\ 1_h \\ 0 \\ \vdots \\ 0 \end{bmatrix} = \begin{bmatrix} 1 \\ \vdots \\ \vdots \\ \vdots \\ \vdots \\ 1 \end{bmatrix} \cdot \pi + \begin{bmatrix} e_1 \\ \vdots \\ \vdots \\ \vdots \\ \vdots \\ e_n \end{bmatrix}$$

(25.V): $(\mathbf{A'A}) = n, \quad (\mathbf{A'A})^{-1} = \frac{1}{n}$

$$\hat{\pi} = (\mathbf{A'A})^{-1}\mathbf{A'Y} = \frac{h}{n} = p_n \ .$$

Es zeigt sich, daß der Kleinstquadratschätzer des Anteils identisch ist mit der relativen Häufigkeit von Merkmalsträgern in der Stichprobe.

(8): $$M_{p_n} = \frac{\sigma^2}{n} = \mathrm{Var}\, \mathbf{p}_n$$

(9): $$s^2 = \frac{\sum_i (y_i - p_n)^2}{n-1} = \frac{h(1-p_n)^2 + (n-h)\,p_n^2}{n-1} = \frac{n}{n-1}\, p_n(1-p_n) \ .$$

Die Varianz des Schätzers $\mathbf{p}_n$ (8) wird demnach erwartungstreu geschätzt mit:

$$\frac{s^2}{n} = \frac{p_n(1-p_n)}{n-1} \ .$$

⬩⬩ ◆ ⬩⬩

Weitere Methoden zur Gewinnung von Schätzern

Wir bezeichnen mit π_i, $i = 1,\ldots,r$ die Wahrscheinlichkeit eines Intervalles respektive einer Ausprägung eines gewissen Merkmales. Die n Objekte einer Stichprobe verteilen sich auf demselben polynomial (4.VIII). In großen Stichproben ($np_i(1-p_i) \geq 10$) besitzen die relativen Häufigkeiten p_i, $\sum p_i=1$, annähernd eine (r-1)-variate Normalverteilung, (10".IX) deren Exponent gemäß (12.IX) den Bau

$$-\frac{n}{2}\sum_{i=1}^{r}\frac{(p_i - \pi_i)^2}{\pi_i}$$

hat. - Wir stellen uns nun vor, daß die π_i Funktion der expliziten Parameter einer gewissen Dichtefunktion sind: $\theta = (\theta_1,\ldots,\theta_p)$, $\pi_i = \pi_i(\theta)$. Für jedes p-Tupel von Zahlen $(\theta_1,\ldots,\theta_p)$ nimmt nun der Exponent (10".IX) und damit die Dichte der Normalverteilung einen gewissen Wert an. Aufgrund von Überlegungen, die dem Maximum-Likelihood-Prinzip ähneln (Tab.XII.1), will man jenes p-Tupel identifizieren, das die Dichte der Normalverteilung maximiert, zu dem die Stichprobe 'am besten paßt'. Da der Exponent (10".IX) negatives Vorzeichen hat, gehört zur größten Dichte der kleinste Exponent (am geeignetsten wäre Null!). Das bedeutet, daß man das Minimum der Funktion

$$\chi^2(\theta) = n\sum_{i=1}^{r}\frac{(p_i-\pi_i(\theta))^2}{\pi_i(\theta)} \tag{10}$$

sucht. Im Hinblick auf den Bau der Summe (siehe 5.IV) nennt man das Minimum von (10): **Minimum-Chiquadrat**. Es wird durch Lösen des Gleichungssystems

$$\boxed{\frac{\delta\,\chi^2(\theta)}{\delta\,\theta_j} = -\,n\cdot\sum_i\frac{p_i^2}{\pi_i^2(\theta)}\cdot\frac{\delta\,\pi_i(\theta)}{\delta\,\theta_j} = 0, \quad j = 1,\ldots,p} \tag{11}$$

gefunden. Die Beschreibung des Verfahrens dürfte die Überzeugung hervorrufen, daß es kaum ein besser zu begründendes Verfahren der Schätzung von Verteilungsparametern gibt. - Leider sind die numerischen Probleme beim Lösen von (11) in den meisten Fällen beträchtlich.

XII.3 Vertrauens- oder Konfidenzbereiche (-intervalle)

Eine Statistik informiert uns über die numerische Größe eines unbekannten Parameters. Die Genauigkeit der Information veranschaulichen wir durch einen Bereich um den Parameter, in welchem eine Statistik der verwendeten Art sich 'in der Regel' befindet, z.B.:

$$\Pr(\mu - \varepsilon \leq \bar{x}_n \leq \mu + \varepsilon) = 0{,}90 \;. \tag{12}$$

'In der Regel' wurde hier mit 0,90 beziffert, was selbstverständlich willkürlich ist. Wir werden jetzt allgemeiner von der Sicherheit S sprechen, mit der wir darauf bauen können, daß die Statistik vom Parameter sich höchstens um den Betrag ε unterscheidet. Die Wahrscheinlichkeit, daß die Abweichung tatsächlich größer ist, beträgt 1 - S.

Derlei Angaben über Sicherheit S und Genauigkeit ε können in dieser Form praktisch kaum gemacht werden, da der wirkliche Wert des Parameters meistens unbekannt ist. Eine leicht nachvollziehbare Überlegung setzt uns allerdings in die Lage, gleichwertige Aussagen über Sicherheit und Genauigkeit machen zu können, für die wir nur Statistiken benötigen. - Die Physiker unserer Tage wissen zu berichten, daß die Lichtgeschwindigkeit 'mit an Sicherheit grenzender Wahrscheinlichkeit' eine Zahl aus dem Intervall 299.752,5 $\pm$ 0,1 km/sec ist, d.h.

$$\Pr(\bar{x} - \varepsilon \leq \theta \leq \bar{x} + \varepsilon) = \Pr(299.752{,}5 - 0{,}1 \leq \theta \leq 299.752{,}5 + 0{,}1) = S.$$

Wir setzten voraus, daß die Unter- bzw. Obergrenze des Zufallsbereiches zur Sicherheit S, also $\theta - \varepsilon$ bzw. $\theta + \varepsilon$ mit dem Parameter θ monoton wächst, wie in Abb.XII.1 (links) angedeutet.

Abb.XII.1: Schema zur Konstruktion eines Vertrauensbereiches.

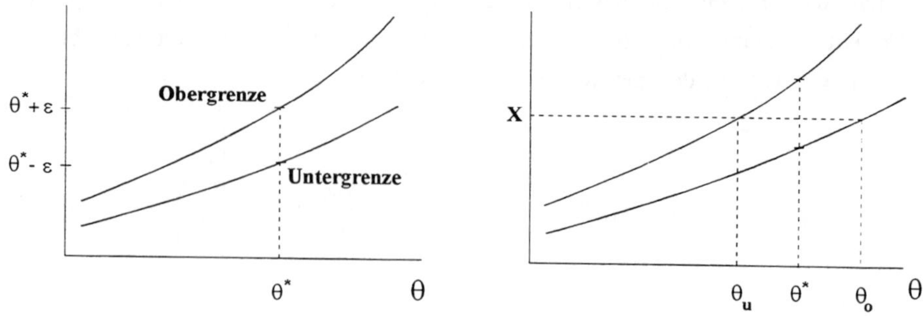

Man betrachte nun einen Parameter θ^* und eine Statistik X, die man sich zu seiner Identifizierung verschafft hat. Eine Parallele, die man im Abstand X zur Abszisse zieht, schneidet die Kurve der Ober- bzw. Untergrenzen. Die rechte Abbildung zeigt, daß die Abszissenwerte der Schnittpunkte die Grenzen eines Intervalles $[\theta_u, \theta_o]$ bilden. Nun ist die Statistik X eine Zufallsvariable, das von X abhängige Intervall dementsprechend ein **Zufallsintervall**: Wann immer X in dem Zufallsbereich um den Parameter θ^* liegt, befindet sich θ^* zwischen den Grenzen des Zufallsintervalls $[\theta_u, \theta_o]$. Das Ereignis $\theta_u \le \theta^* \le \theta_o$ tritt also immer dann ein, wenn das Ereignis $\theta^* - \varepsilon \le X \le \theta^* + \varepsilon$ eintritt, hat also die gleiche Wahrscheinlichkeit:

$$\Pr(\theta_u \le \theta^* \le \theta_o) = \Pr(\theta^* - \varepsilon \le X \le \theta^* + \varepsilon) = S .$$

Man nennt das zur Statistik X gehörende Zufallsintervall den **Vertrauensbereich zur Sicherheit** S für einen Parameter θ. - Dieses Zufallsintervall enthält den Parameter immer dann nicht, wenn die Statistik X oberhalb oder unterhalb des Zufallsintervalles zu liegen kommt: $X > \theta^* + \varepsilon \Rightarrow \theta^* < \theta_u$; $X < \theta^* - \varepsilon \Rightarrow \theta_o < \theta^*$.

Nun werden wir zeigen, wie man die Grenzpunkte des Vertrauensbereiches bestimmt: Die obere bzw. untere Begrenzung eines Zufallsintervalles ist eine Funktion von θ, die wir mit g_o bzw. g_u bezeichnen. Nach Voraussetzung wachsen diese Funktionen monoton mit θ, sind also eindeutig umkehrbar. An den Grenzpunkten nimmt die eine bzw. andere den Wert X an (Abb.XII.1 rechts), so daß

$$\begin{aligned} g_o(\theta_u) &= X \Rightarrow \theta_u = g_o^{-1}(X) , \\ g_u(\theta_o) &= X \Rightarrow \theta_o = g_u^{-1}(X) . \end{aligned} \tag{13}$$

Beispiel XII.6: Vertrauensbereich für den Erwartungswert einer beliebigen Verteilung.

1) Wir wählen als Statistik das arithmetische Mittel $\bar{x}_n$, denn dieses ist erwartungstreuer Schätzer des Erwartungswertes und in nicht zu kleinen Stichproben annähernd normalverteilt: $\bar{\mathbf{x}}_n \sim N(\mu, \sigma^2/n)$ (9.XI).

2) Der Zufallsbereich um μ zur Sicherheit $S=1-\alpha$ läßt sich damit bestimmen:

$$\Pr(\mu - \varepsilon \le \bar{x}_n \le \mu + \varepsilon) = 1 - \alpha ;$$

$$\varnothing\left(\frac{\varepsilon}{\sigma/\sqrt{n}}\right) - \varnothing\left(-\frac{\varepsilon}{\sigma/\sqrt{n}}\right) = 2\,\varnothing\left(\frac{\varepsilon}{\sigma/\sqrt{n}}\right) - 1 = 1 - \alpha\,; \quad \varnothing\left(\frac{\varepsilon}{\sigma/\sqrt{n}}\right) = 1 - \frac{\alpha}{2}\,.$$

Zu $\varnothing = 1 - \alpha/2$ gehört das p-Quantil (16.II) $\tilde{z}_{1-\alpha/2}$, daher ist

$$\frac{\varepsilon}{\sigma/\sqrt{n}} = \tilde{z}_{1-\alpha/2} \quad \text{und} \quad \varepsilon = \tilde{z}_{1-\alpha/2} \cdot \frac{\sigma}{\sqrt{n}}\,.$$

3) Die Funktion der oberen/unteren Begrenzungen erhält man nun ganz einfach:

$$g_o(\mu) = \mu + \varepsilon = \mu + \tilde{z}_{1-\alpha/2} \cdot \frac{\sigma}{\sqrt{n}}\,; \quad g_u = \mu - \varepsilon = \mu - \tilde{z}_{1-\alpha/2} \cdot \frac{\sigma}{\sqrt{n}}$$

4) Nun wenden wir (13) zur Bestimmung der Grenzpunkte des Vertrauensbereiches an:

$$\begin{aligned} g_o(\mu_u) = \bar{x}_n: \quad & \mu_u + \tilde{z}_{1-\alpha/2}\frac{\sigma}{\sqrt{n}} = \bar{x}_n \Rightarrow \mu_u = \bar{x}_n - \tilde{z}_{1-\alpha/2}\frac{\sigma}{\sqrt{n}}\,, \\ g_u(\mu_o) = \bar{x}_n: \quad & \mu_o - \tilde{z}_{1-\alpha/2}\frac{\sigma}{\sqrt{n}} = \bar{x}_n \Rightarrow \mu_o = \bar{x}_n + \tilde{z}_{1-\alpha/2}\frac{\sigma}{\sqrt{n}}\,. \end{aligned} \tag{13}$$

5) Mit diesen Grenzpunkten ergibt sich der Vertrauensbereich um $\bar{x}_n$, der mit Sicherheit $S = 1 - \alpha$ den Parameter μ enthält:

$$\boxed{\Pr\left(\bar{x}_n - \tilde{z}_{1-\alpha/2}\frac{\sigma}{\sqrt{n}} \le \mu \le \bar{x}_n + \tilde{z}_{1-\alpha/2}\frac{\sigma}{\sqrt{n}}\right) = 1 - \alpha}\,. \tag{14}$$

Meistens wird σ^2 unbekannt sein. Ersetzt man es durch den Schätzer (14. XI), so erhält man anstelle von (14):

$$\boxed{\Pr\left(\bar{x}_n - t_{n-1;1-\alpha/2}\frac{s}{\sqrt{n}} \le \mu \le \bar{x}_n + t_{n-1;1-\alpha/2}\frac{s}{\sqrt{n}}\right) = 1 - \alpha}\,, \tag{15}$$

wobei die Zufallsvariable

$$t = \frac{\bar{x}_n - \mu}{s/\sqrt{n}} \tag{15.XI}$$

eine Studentverteilung mit Parameter $m=n-1$ besitzt.

⬩◆⬩

Der Leser ist nun schon in der Lage, den Vertrauensbereich eines jeden Parameters selbst bestimmen zu können, wenn die zu seiner Messung verwendete Statistik zumindest annähernd normalverteilt ist.

Beispiel XII.7: Zwischen der Var **z** einer Zeitreihe und Var **e**, der Residualvarianz, besteht bei einem ARMA (1.1) Prozeß (25.VI) folgende Beziehung:

$$\text{Var}\,\mathbf{e} = \frac{1 - \varnothing^2}{1 - 2\,\varnothing\,\theta + \theta^2} \cdot \text{Var}\,\mathbf{z} \qquad (31.\text{VI})$$

Ersetzt man Var **z** durch den Schätzer (14.XI), so erhält man den Vertrauensbereich, der den 'wahren Wert' der Zeitreihe an der Stelle t mit Sicherheit S = 1 - α enthält, mit der Studentverteilung:

$$z_t \pm t_{n-1;1-\alpha/2} \sqrt{\text{Var e}}\ ,$$

soferne die Residuen **e** ~ $N(0, \text{Var}\,\mathbf{e})$.

•♦ ♦ ♦•

Beispiel XII.8: Zu Beginn des XI. Kapitels wurde von einer Untersuchung berichtet, die bei n = 100 Sportstudenten eine Korrelation zwischen Körpergröße und Körpergewicht von r = -0,15 auswies. Wir wollen nun das Vertrauensintervall für den Korrelationskoeffizienten bestimmen. Von Beispiel XI.13 übernehmen wir dazu die Zwischenergebnisse:

$$z = \frac{1}{2} \ln \frac{1+r}{1-r} = -0{,}151; \quad \text{Var}\,\mathbf{z} = \frac{1}{n-3} = 0{,}0103\ ,$$

$$\mathbf{z} \sim N(-0{,}151;\ 0{,}0103)\ .$$

Wir wählen die Sicherheit S = 1-α = 0,95; 1-α/2 = 0,975, $\tilde{z}_{0,975}$ = 1,960 (Tabelle **A**) und erhalten durch Einsetzen in (13) die Grenzpunkte

$$z \pm \tilde{z}_{1-\alpha/2} \sqrt{\text{Var}\,\mathbf{z}} = -0{,}151 \pm 1{,}96 \cdot 0{,}1015 = [-0{,}350,\ 0{,}048],$$

welche Werte von Fisher's z-Transformation (18.XI) darstellen. Die Grenzen des Vertrauensbereiches um r = -0,15 bestimmt man, indem man die Gleichungen

$$z = \frac{1}{2} \ln \frac{1+r}{1-r} = -0{,}350 \quad \text{und} \quad z = \frac{1}{2} \ln \frac{1+r}{1-r} = 0{,}048$$

nach r auflöst. Man erhält:

$$\Pr(-0{,}1732 \le \rho \le 0{,}0239) = 0{,}95\ .$$

Die Stichprobe der 100 Sportstudenten entstammt einer Grundgesamtheit, die "mit an Sicherheit grenzender Wahrscheinlichkeit" einen Korrelationskoeffizienten zwischen etwa -0,17 und 0,02 aufweist.

⬩◆⬩

Das Verfahren (13) versetzt den Leser aber auch in die Lage, Vertrauensbereiche von Parametern anzugeben, wenn deren Statistik nicht normalverteilt ist.

Beispiel XII.9 (Vertrauensbereich für eine Varianz): Die Stichprobenvarianz s^2_{korr} (14.XI) weist, wenn $\mathbf{X} \sim N(\mu,\sigma^2)$, folgende Beziehung zu einer Chiquadrat-Verteilung mit Parameter m = n-1 auf:

$$\frac{(n-1)s^2}{\sigma^2} = \chi^2_{n-1} \ . \qquad (16.XI)$$

Zur Statistik s^2 gehört somit folgender Zufallsbereich:

$$\Pr\left[\frac{\sigma^2}{n-1}\chi^2_{n-1;\alpha/2} \le s^2 \le \frac{\sigma^2}{n-1}\chi^2_{n-1;1-\alpha/2}\right] = 1-\alpha \ .$$

Wir rechnen nun mit dem Verfahren (13):

$$g_o(\sigma^2_u) = s^2 : \frac{\sigma^2_u}{n-1}\chi^2_{n-1;1-\alpha/2} = s^2 \Rightarrow \sigma^2_u = \frac{(n-1)s^2}{\chi^2_{n-1;1-\alpha/2}} \ ,$$

$$g_u(\sigma^2_o) = s^2 : \frac{\sigma^2_o}{n-1}\chi^2_{n-1;\alpha/2} = s^2 \Rightarrow \sigma^2_o = \frac{(n-1)s^2}{\chi^2_{n-1;\alpha/2}} \ ,$$

und erhalten das Ergebnis:

$$\boxed{\Pr\left[\frac{(n-1)s^2}{\chi^2_{n-1;1-\alpha/2}} \le \sigma^2 \le \frac{(n-1)s^2}{\chi^2_{n-1;\alpha/2}}\right] = 1-\alpha} \ . \qquad (16)$$

Um die Schranken in (16) bestimmen zu können, benötigt man also das (1-α/2) – und das (α/2)–Quantil einer Chiquadrat–Verteilung mit Parameter m = n-1 (Tab.**C**).

⬩◆⬩

Die Verläßlichkeit unserer Informationen über einen unbekannten Parameter wird durch die Sicherheit S und die Genauigkeit ε zum Ausdruck gebracht. Beide Gegebenheiten hängen von der Breite des Vertrauensbereiches, also der Differenz $\theta_o - \theta_u$ ab: Zu großer Breite gehört große Sicherheit und geringe Genauigkeit; zu geringer Breite gehört geringe Sicherheit und große Genauigkeit. Die beiden Aspekte der Verläßlichkeit sind also einander entgegengesetzt. Nachstehende Tabelle XII.2 gibt die Vertrauensbereiche verschiedener Breite eines unbekannten Erwartungswertes wieder.

Tab.XII.2: Sicherheit und Genauigkeit.

Sicherheit $1-\alpha$	$\tilde{z}_{1-\alpha/2}$	Vertrauensbereich	Breite	Einheit
0,6826	1	$\bar{x} - \sigma/\sqrt{n} \leq \mu \leq \bar{x} + \sigma/\sqrt{n}$	$2\sigma/\sqrt{n}$	2 Sigma
0,9546	2	$\bar{x} - 2\sigma/\sqrt{n} \leq \mu \leq \bar{x} + 2\sigma/\sqrt{n}$	$4\sigma/\sqrt{n}$	4 Sigma
0,9974	3	$\bar{x} - 3\sigma/\sqrt{n} \leq \mu \leq \bar{x} + 3\sigma/\sqrt{n}$	$6\sigma/\sqrt{n}$	6 Sigma

Bei Fortsetzung der Tabelle von S = 0,9974 gegen S = 1 wächst die Breite des Vertrauensbereiches von 6 Sigmaeinheiten gegen Unendlich. Man lernt daraus, daß ab S = 0,95 jede weitere Steigerung der Sicherheit in Richtung "Gewißheit" mit einem unverhältnismäßig hohen Verlust an Genauigkeit erkauft wird. Wer das 'sichere Ereignis' anstrebt, der muß mit dem ganzen Ereignisraum rechnen (kap.VII.2).

Die Breite des Vertrauensbereiches $\theta_o - \theta_u = 2\,\varepsilon$ besitzt bei normalverteilter Statistik die Darstellung:

$$\boxed{2\,\varepsilon = 2\,z_{1-\alpha/2} \cdot \frac{\sigma}{\sqrt{n}}} \quad . \tag{17}$$

Die halbe Breite bezeichnet man gelegentlich als **absoluten Fehler**:

$$\boxed{\varepsilon = \varepsilon(\theta \mid 1-\alpha,\ \sigma,\ n) = z_{1-\alpha/2} \cdot \frac{\sigma}{\sqrt{n}}} \quad . \tag{18}$$

Diese Größe hängt, wie (18) erkennen läßt, von der Sicherheit $S = 1-\alpha/2$, von der Streuung σ und vom Probenumfang n ab.

Ist nicht nur die Sicherheit, sondern auch die Genauigkeit ε vorgeschrieben, so muß man den dafür **erforderlichen Stichprobenumfang** ermitteln:

$$n_{erf} = \left[z_{1-\alpha/2} \cdot \frac{\sigma}{\varepsilon} \right]^2 \quad . \tag{19}$$

Beispiel XII.10 (Konfidenzbereich und notwendiger Stichprobenumfang für einen Anteilswert)**:** Die "Zentrale" will den Stimmanteil, den die Partei am kommenden Sonntag erzielen wird, auf ein Prozent genau ermitteln lassen und beauftragt ein Meinungsforschungsinstitut, einen entsprechenden Stichprobenplan zu erstellen.

Das Institut wird als Schätzer des Anteilswertes π die relative Häufigkeit $p = h/n$ verwenden, wobei h die Anzahl von Personen ist, die angeben, daß sie die Partei wählen werden. Die Zufallsvariable **h** ist hypergeometrisch verteilt. Da der Probenumfang n klein ist gegen die Anzahl der Stimmberechtigten, approximiert man mit der Binomialverteilung. Da der Stichprobenumfang im Hinblick auf die geforderte Genauigkeit sicher groß sein wird, ersetzt man diese durch die Normalverteilung:

$$\mathbf{h} \sim \mathcal{N}(n\pi,\ n\pi(1-\pi)) \ .$$

Die Forderung "auf ein Prozent genau" wird so verstanden, daß der absolute Fehler (18) nicht größer als $\varepsilon = 0{,}01$ sein soll. Über die Sicherheit wurde seitens der "Zentrale" keine Angabe gemacht. Es wird daher angenommen, daß $1 - \alpha = 0{,}95$ der Vorstellung von "an Sicherheit grenzender Wahrscheinlichkeit" entspricht.

Der Anteilswert π hat eine Varianz $\sigma^2 = \pi(1-\pi)$ (Beispiel III.7). Man erhält somit

$$n_{erf} = \left[1{,}96 \cdot \frac{\sqrt{\pi(1-\pi)}}{0{,}01} \right]^2 \tag{19}$$

Der erforderliche Stichprobenumfang hängt also von einer Größe ab, die erst verfügbar ist, wenn man die Erhebung, deren erforderlicher Umfang mit ihr bestimmt werden muß, ausgewertet hat. Man kann sich auf folgende Weise behelfen: wenn π von 0 gegen 1 wandert, nimmt $\pi(1-\pi)$ Werte zwischen 0 und 0,25 an. Die Varianz der Anteilswerte hat also eine obere Schranke. Man hält die Genauigkeitsvorschrift sicher ein, wenn man $\sqrt{\pi(1-\pi)}$ durch $\sqrt{0{,}25} = 0{,}50$ ersetzt. Dies ergibt anstelle des erforderlichen Stichprobenumfanges die Ungleichung

$$n_{erf} \leq \left(1{,}96 \cdot \frac{0{,}50}{0{,}01}\right)^2 = 9604 \,. \qquad (19')$$

Man wählt $n_{erf} = 9604$, wenn man von π nicht einmal weiß, ob es größer oder kleiner 0,5 ist.

⋄♦♦♦⋄

In der nachfolgenden Tabelle sind die maximal erforderlichen Stichprobenumfänge bei einigen absoluten Fehlern und S = 0,95 angegeben.

Tab.XII.3: n und ε bei S = 0,95 und $\pi(1-\pi) = 0{,}25$.

n	50	100	500	1000	1500	2000	4000	10 000
ε	0,139	0,098	0,044	0,031	0,0253	0,022	0,0155	0,0098

Mit dem branchenüblichen Stichprobenumfang von n = 2000 mißt man Prozentanteile auf ca. 2,2 Prozent genau (genauer: 2,1913).

Hat eine Befragung von n = 2000 Stimmberechtigten einen Stimmanteil von p ergeben, so hat der Vertrauensbereich für π zur Sicherheit S = 0,95 mit Stetigkeitskorrektur folgendenden Bau:

$$\Pr\left[p-1{,}96\sqrt{\frac{p(1-p)}{2000-1}}-\frac{1}{2\cdot 2000} \leq \pi \leq p+1{,}96\sqrt{\frac{p(1-p)}{2000-1}}+\frac{1}{2\cdot 2000}\right] = 0{,}95 \,.$$

Welchen Wert p auch immer hat, die Breite des Vertrauensbereiches wird $2\cdot 0{,}022$ nicht überschreiten.

Zum Abschluß wollen wir noch auf **einseitige Vertrauensbereiche** eingehen.

Beispiel XII.11: Angenommen, die "Zentrale" des vorigen Beispieles will wissen, ob die Partei wieder mit der absoluten Mehrheit rechnen kann. Dabei interessiert die Obergrenze des Vertrauensbereiches überhaupt nicht. Man strebt vielmehr eine Aussage der Art an:
"Der Stimmanteil der Partei ist mit Sicherheit $S=1-\alpha$ ein Wert zwischen π_u und 1". - Mit Hilfe der Kurve der oberen Begrenzungen:

$$g_o(\pi_u) = \pi + \tilde{z}_{1-\alpha}\sqrt{\frac{\pi(1-\pi)}{n}} = p_n$$

findet man diese Untergrenze:

$$\pi_u = p_n - \tilde{z}_{1-\alpha} \sqrt{\frac{\pi(1-\pi)}{n}}$$

und damit den einseitigen Vertrauensbereich:

$$\Pr\left[p_n - \tilde{z}_{1-\alpha} \sqrt{\frac{p(1-p)}{n-1}} - \frac{1}{2n} \le \pi\right] = 1 - \alpha \; .$$

Es habe sich etwa herausgestellt, daß 52,3% von 2000 Befragten der Partei ihre Stimme geben wollen. Dann ist

$$\pi_u = 0{,}523 - 1{,}645 \sqrt{\frac{0{,}523 \cdot 0{,}477}{2000-1}} - \frac{1}{4000} = 0{,}5044 \; .$$

Dieser Wert liegt rechts von $\pi = 0{,}5$. Die "Parteizentrale" kann sich also berechtigte Hoffnungen auf Wiedergewinnung der absoluten Mehrheit machen!

• ♦ ♦ ♦ •

KAPITEL XIII: ENTSCHEIDEN BEI UNGEWISSHEIT

Stellen Sie sich vor, daß eine Bekannte von Ihnen an Erethrophobie (Errötungsfurcht) leidet und erwägt, einen Psychoanalytiker aufzusuchen. Die Bekannte berichtet Ihnen, daß sie mit fünf Patienten eines bekannten Seelenarztes in Kontakt gekommen sei, von denen drei bestätigten, daß sie nach zwei Jahren beschwerdefrei geworden seien, während ein vierter und fünfter aussagten, daß sie dem Seelenarzt in den zwei Jahren wohl ein Vermögen bezahlt hätten, die Störung aber nicht verschwunden sei. Was sollen Sie Ihrer Bekannten raten? - Ihr Hausarzt sagt Ihnen, daß neurotische Störungen dieser Art in 50% der Fälle nach zwei Jahren von selbst verschwinden, das seien sogenannte "Spontanremissionen". Das veranlaßt Sie, die Wahrscheinlichkeit zu berechnen, daß drei von fünf Patienten beschwerdefrei werden, wenn die Heilungsquote bei Behandlung nicht größer ist als die Rate der Spontanremissionen. Eine Binomialverteilung mit Parametern $n=5$ und $\pi=0{,}5$ weist folgende Wahrscheinlichkeiten für h Heilungen aus.

Tab.XIII.1: Wahrscheinlichkeiten zweier Binomialverteilungen mit $n=5$ und $\pi_0=0{,}5$, bzw. $\pi_1=0{,}6$.

h	0	1	2	3	4	5	Summe
$Pr(h\,|\,0{,}5)\cdot 10^4$	312	1563	3125	3125	1563	312	10 000
$Pr(h\,|\,0{,}6)\cdot 10^4$	102	768	2304	3456	2592	778	10 000

Die Beobachtung Ihrer Bekannten ist also in 3125 von 10 000 Fällen zu machen, wenn die Heilungsrate nur 0,5 beträgt. Nun nehmen Sie an, daß die Heilungsrate bei Behandlung mit $3/5=0{,}6$ zutreffend geschätzt sei: Eine Binomialverteilung mit Parametern $n=5$ und $\pi=0{,}6$ weist die Wahrscheinlichkeiten $Pr(h\,|\,0{,}6)$ für h Heilungen aus. Sie können die Wahrscheinlichkeiten besser vergleichen, wenn Sie "Likelihoodquotienten" bilden:

$$Q(h\,|\,\pi_1;\pi_0) = Q(h\,|\,0{,}6;0{,}5) = \frac{Pr(h\,|\,0{,}6)}{Pr(h\,|\,0{,}5)} = \left[\frac{0{,}6}{0{,}5}\right]^h \left[\frac{0{,}4}{0{,}5}\right]^{5-h} . \qquad (1)$$

h	0	1	2	3	4	5
$Q(h\,|\,0{,}6;0{,}5)$	0,33	0,49	0,74	1,11	1,66	2,5

Wegen 0,6 > 0,5 nimmt der Likelihoodquotient mit h monoton zu: h=5 Heilungen sind unter der Bedingung, daß die Heilungsquote 0,6 beträgt, gleich 2,5 mal so häufig wie bei π=0,5. Hätten also alle fünf Patienten ausgesagt, daß ihre Störung verschwunden sei, so könnte man schließen, daß die Heilungserfolge des Psychoanalytikers mit der Rate der Spontanremissionen allein schwerlich zu erklären sei und der Bekannten nahelegen, sich dem Seelenarzt anzuvertrauen. Der Likelihoodquotient, der zu h=3 gehört, unterscheidet sich indessen so geringfügig von 1, daß man sich scheut, eine Empfehlung zu geben.

XIII.1: Fehler 1. und Fehler 2. Art

Als Beobachter können Sie es dabei bewenden lassen, daß die Angelegenheit nicht entscheidbar ist. Ihre Bekannte dagegen wird entscheiden: Sie wird sich entweder in die Behandlung des Psychoanalytikers begeben oder dieses unterlassen. Sie wird unter Umständen die Entscheidung dem Zufall überlassen, wenn sie nämlich keine Gründe findet, die für eine der beiden Auffassungen sprechen:

H_1: Die Aussicht auf Heilung wird durch eine psychoanalytische Behandlung vergrößert.

H_0: Die Aussicht auf Heilung ist trotz Psychoanalyse nicht größer als die Rate der Spontanremissionen.

Die beiden Auffassungen lassen sich formal so darstellen:

$$H_1: \pi > 0{,}5 \quad \text{versus} \quad H_0: \pi = 0{,}5 \ .$$

Die Statistiker bezeichnen H_0 als **Nullhypothese** und H_1 als **Alternativhypothese**.

Was macht die Entscheidung zwischen den beiden Hypothesen schwierig? Tab. XIII.1 zeigt, daß bei h ≥ 3 stets gilt:

$$\Pr(h \mid 0{,}6) > \Pr(h \mid 0{,}5) \ .$$

Höhere Heilungszahlen haben also unter der H_1-Bedingung π = 0,6 stets die höhere Wahrscheinlichkeit. Die Zahl der Heilungen ist somit ein beobachtbares Merkmal, das für die Entscheidung zwischen H_0 und H_1 verwendet werden kann. Allerdings überlappen die beiden Verteilungen der Tab.XIII.1 sich beträchtlich. Ist eine Anzahl bei H_1 wahrscheinlich, so ist sie bei H_0 alles andere als unmöglich. Man wird also, wenn man sich für die Hypothese entscheidet, die eine gegebene Heilungszahl mit der größeren Wahrscheinlichkeit hervorbringt, Fehlentscheidungen treffen. Legt man etwa im voraus fest, sich für H_1 zu entscheiden, wenn 3 oder 4 oder 5 Heilungen registriert werden, dann tritt eine Entscheidung für H_1 bei H_1: $\pi = 0{,}6$ mit Wahrscheinlichkeit $1-\beta = 0{,}6826$ ein, und bei H_0: $\pi = 0{,}5$ mit Wahrscheinlichkeit $\alpha = 0{,}5$, denn

$$\Pr(h \geq 3|0{,}6) \cdot 10^4 = 3456 + 2592 + 778 = 6826,$$

$$\Pr(h \geq 3|0{,}5) \cdot 10^4 = 3125 + 1563 + 312 = 5000.$$

Die Entscheidung für H_1, wenn H_0 zutrifft, ist aber eine Fehlentscheidung, die **Fehler 1. Art** oder auch **α-Fehler** heißt. - Mit der Festlegung, sich erst bei $h \geq 4$ für H_1 zu entscheiden, ist nur mehr ein Fehler 1. Art von der Größenordnung $\alpha' = 0{,}1875$ verbunden und mit $h = 5$ schließlich $\alpha'' = 0{,}0312$. Der Fehler 1. Art wird also unwahrscheinlicher, wenn man eine höhere Zahl von Heilungen fordert.

Hat man $h \geq 3$ festgelegt, so entscheidet man sich bei 0 oder 1 oder 2 Heilungen für H_0 (gegen H_1). Eine Entscheidung für H_0 tritt bei H_0: $\pi = 0{,}5$ mit Wahrscheinlichkeit $1-\alpha = 0{,}5$ ein, und bei H_1: $\pi = 0{,}6$ mit Wahrscheinlichkeit $\beta = 0{,}3174$, denn

$$\Pr(h < 3|0{,}5) \cdot 10^4 = 312 + 1563 + 3125 = 5000,$$

$$\Pr(h < 3|0{,}6) \cdot 10^4 = 102 + 768 + 2304 = 3174.$$

Die Entscheidung für H_0, wenn H_1 zutrifft, ist ebenfalls eine Fehlentscheidung, die **Fehler 2. Art** oder **ß-Fehler** heißt. Man überzeugt sich leicht, daß mit der Festlegung $h \geq 4$ ein Fehler 2. Art von der Größenordnung $\beta' = 0{,}6630$ und mit $h = 5$ schließlich $\beta'' = 0{,}9222$ verbunden ist. Der Fehler 2. Art wird also immer wahrscheinlicher, wenn man eine größere Zahl von Heilungen fordert. Mit $h = 5$ ist es nahezu ausgeschlossen, die allfällige Wirksamkeit der psychoanalytischen Behandlung zu entdecken.

Damit steht man vor einem Dilemma. Die hohen Kosten der Behandlung legen es nahe, daß man das Risiko einer Entscheidung für H_1, wenn H_0 zutrifft, möglichst ausschließt, also eine große Zahl von Heilungen, "überzeugende Beweise", fordert. Der Wunsch nach Heilung legt es dagegen nahe, daß man das Risiko einer Entscheidung für H_0, wenn H_1 zutrifft, möglichst ausschließt, also eine nicht gar so große Zahl von Heilungen schon als Hinweis auf die mögliche eigene Heilung ansieht und der Kosten nicht achtet. Die Zahl der Heilungen, welche die Bekannte schließlich für zweckdienlich hält, drückt eine Abwägung der Chancen und Risiken aus, die sich rational nicht rechtfertigen läßt, auch wenn die Entscheidung selbst mit jener Rationalität vorbereitet wird, wie sie hier vorgetragen wurde.

XIII.2: Statistische Entscheidungsregeln

Die folgende Abbildung XIII.1 zeigt zwei Verteilungen: links die Stichprobenverteilung einer Statistik **X** unter der Bedingung, daß H_0 zutrifft, rechts die Stichprobenverteilung von **X**, wenn H_1 richtig ist.

Abb.XIII.1: Die Verteilung der Statistik **X** unter H_0- und H_1-Bedingung

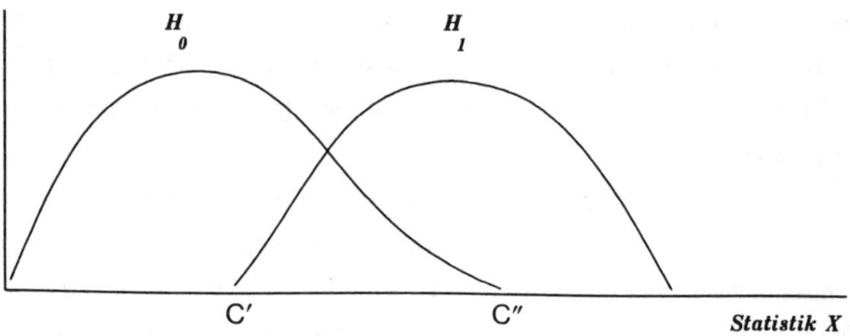

Statistiken links von c' treten ausnahmslos nur auf, wenn H_0, Statistiken rechts von c" nur, wenn H_1 richtig ist. Die Wahrscheinlichkeit der Entscheidung für H_1 bei gegebener Statistik X hat demnach folgende Eigenschaften:

$$\Pr(H_1 | X) = \begin{cases} 0 \text{ wenn } X \leq c' \\ 1 \text{ wenn } X \geq c'' . \end{cases} \qquad (2)$$

Die Ausarbeitung einer Entscheidungsregel, eines **Tests**, wie man zu sagen pflegt, bereitet in diesem Bereich keinerlei Probleme: "Wann immer X ≥ c", entscheide man sich für H_1; wann immer X ≤ c', gegen H_1".

Statistiken aus dem Zwischenbereich $c' < X \leq c''$ lassen dagegen keine sichere Entscheidung zu. Es liegt nicht in unserer Macht, den Stichprobenverteilungen vorzuschreiben, daß sie einander nicht überlappen dürfen. Aus diesem Grunde sind wir aber nicht imstande, eine Entscheidungsregel auszuarbeiten, mit der wir keine Fehler machen. Wir können lediglich trachten, diese Fehler so klein wie möglich zu halten.

Eine solche Regel könnte darin bestehen, daß man sich bei gegebener Statistik X mit folgender Wahrscheinlichkeit für H_1 entscheidet:

$$\Pr(H_1 | X) = \frac{\Pr(X | H_1)}{\Pr(X | H_1) + \Pr(X | H_0)} \,. \tag{2'}$$

Man entscheidet sich damit bei $X \leq c'$ niemals, bei $X \geq c''$ immer und in dem Zwischenbereich $c' < X < c''$ mit einer Wahrscheinlichkeit für H_1, die von 0 gegen 1 wandert, wenn X von c' gegen c" geht. Man bezeichnet die Regel (2') als **randomisierten Test**. Gebräuchlicher ist jedoch die folgende an (2) orientierte, weniger aufwendige Entscheidungsregel:

$$\Pr(H_1 | X) = \begin{cases} 0 \text{ wenn } X < c \,, \\ 1 \text{ wenn } X \geq c \,. \end{cases} \tag{3}$$

Das bedeutet: "Wann immer $X \geq c$, entscheide man sich für H_1 (gegen H_0), wann immer $X < c$, gegen H_1 (für H_0)". Dabei ist c eine Schranke, $c' < c < c''$, deren Festlegung unter dem Gesichtspunkt der Fehlerminimierung erfolgen sollte.

Die folgende Abbildung veranschaulicht einige für diese Regel bedeutsame Sachverhalte.

Abb.XIII.2: Akzeptierungsbereiche von H_0 und H_1.

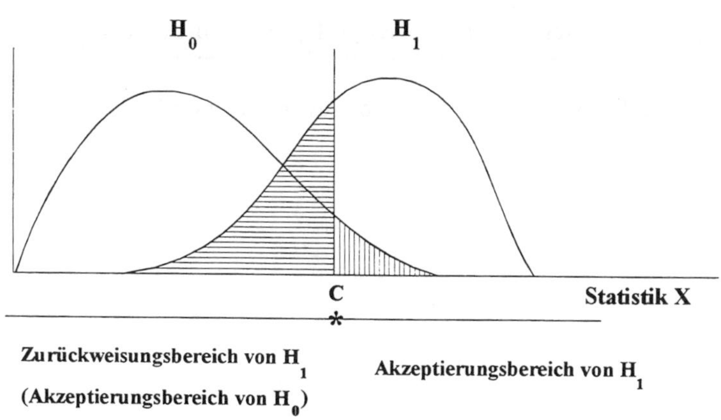

Die Menge der Statistiken $E_1 = \{X | X \geq c\}$ nennt man **Akzeptierungsbereich von H_1**, während $E_0 = \{X | X < c\}$ Zurückweisungsbereich von H_1 oder gleichbedeutend **Akzeptierungsbereich von H_0** heißt.

Wenn H_0 zutrifft, so beträgt die Wahrscheinlichkeit, daß man mit (3) für H_0 entscheidet:

$$\Pr(E_0 | H_0) = \Pr(\mathbf{X} < c | H_0) .$$

Einen Fehler 1. Art (α-Fehler) macht man, wenn man H_0 verwirft, obwohl H_0 richtig ist. Die Wahrscheinlichkeit, einen solchen Fehler mit Regel (3) zu machen ist:

$$\boxed{\text{Fehler 1. Art:} \quad \Pr(E_1 | H_0) = \Pr(\mathbf{X} \geq c | H_0)} \quad . \qquad (4)$$

Wenn dagegen H_1 zutrifft, dann ist die Wahrscheinlichkeit, daß man mit (3) für H_1 entscheidet:

$$\Pr(E_1 | H_1) = \Pr(\mathbf{X} \geq c | H_1) .$$

Ein Fehler 2. Art (β-Fehler) wird gemacht, wenn man H_1 verwirft, obwohl H_1 richtig ist. Dieser Fehler unterläuft Regel (3) mit Wahrscheinlichkeit:

$$\boxed{\text{Fehler 2. Art:} \quad \Pr(E_0 | H_1) = \Pr(\mathbf{X} < c | H_1)} \quad . \qquad (5)$$

Der Schwellenwert c teilt die H_0-Verteilung im Verhältnis $1\text{-}\alpha$ zu α und die H_1-Verteilung im Verhältnis β zu $1\text{-}\beta$. Man entnimmt der Abb.XIII.2, daß der Schwellenwert das $(1\text{-}\alpha)$-Quantil der H_0-Verteilung und das β-Quantil der H_1-Verteilung ist (Quantile siehe 16.II).

$$\boxed{\begin{array}{ll} \text{Fehler 1. Art:} & \Pr(E_1 | H_0) = \alpha \ (\alpha\text{-Fehler}) \\ \text{Fehler 2. Art:} & \Pr(E_0 | H_1) = \beta \ (\beta\text{-Fehler}) \end{array}}$$

Die Entscheidungsregel (3) läßt sich zusammenfassend wie folgt charakterisieren:

Ereignis		Entscheidung	richtig ist H_0	H_1
$X \in E_0$	$\Rightarrow$	für H_0	$1 - \alpha$	β
$X \in E_1$	$\Rightarrow$	für H_1	α	$1 - \beta$
		Summen	1	1

(6)

Man muß c so festlegen, daß $\alpha < 1\text{-}\alpha$. (3) heißt dann **unverfälschter Test**. Gebräuchliche Werte für α sind 0,1; 0,05; 0,01; 0,001.

Beispiel XIII.1: Im Zusammenhang mit Überlegungen, denen Tab.XIII.1 als Grundlage dient, wird die Schwelle der Heilungserfolge mit $c = 4$ festgesetzt. Man erhält die Fehlerwahrscheinlichkeiten für einen

$$\text{Fehler 1. Art:} \quad \Pr(h \geq 4 | 0{,}5) = 0{,}1875 = \alpha, \tag{4}$$

$$\text{Fehler 2. Art:} \quad \Pr(h < 4 | 0{,}6) = 0{,}6630 = \beta. \tag{5}$$

Ein guter Test ist daran zu erkennen, daß $h > c$ selten eintritt, wenn H_0 richtig ist, und $h < c$ ebenfalls selten, wenn H_1 gilt. Das trifft auf obigen Test kaum zu.

⬩⬥⧫⬥⬩

XIII.3: Elemente statistischer Tests

Die beiden Hypothesen H_0 und H_1 können als mögliche Antworten auf die Frage nach der Beschaffenheit eines unbekannten Parameters verstanden werden. Je nach Art der Antworten unterscheidet man ein- und zweiseitige Fragestellungen:

Eine statistische **Fragestellung** heißt **einseitig**, wenn die Hypothesen folgende Form haben:

$$\begin{array}{|l|}\hline \text{a) } H_0 : \theta = \theta_0 \text{ gegen } H_1 : \theta > \theta_0 , \\ \text{oder} \\ \text{b) } H_0 : \theta = \theta_0 \text{ gegen } H_1 : \theta < \theta_0 \\ \hline \end{array} . \tag{7}$$

- Die Hypothese, daß die Aussicht auf Heilung bei psychoanalytischer Behandlung größer ist als die Rate der Spontanremissionen, ist gegen die Hypothese abzusichern, daß die psychoanalytische Behandlung eine solche Wirkung nicht hat. Es handelt sich um eine einseitige Fragestellung vom Typ a. Eine Fragestellung dieser Art liegt den Abb.XIII.1 und XIII.2 zugrunde.
- Die Hypothese, daß vermehrte Radarkontrollen die Zahl der Geschwindigkeitsüberschreitungen reduzieren, ist gegen die Hypothese abzusichern, daß Radarüberwachung keine disziplinierende Wirkung hat. Es handelt sich um eine einseitige Fragestellung vom Typ b. In den Abb.XIII.1 und XIII.2 sind bei dieser Fragestellung die Bezeichnungen H_0 und H_1, α und β auszutauschen.

•♦ ♦ ♦•

Eine statistische **Fragestellung** heißt **zweiseitig**, wenn die Hypothesen folgende Form haben:

$$\boxed{H_0 : \theta = \theta_0 \quad \text{gegen} \quad H_1 : \theta \neq \theta_0} \,. \tag{8}$$

- Bei der Kontrolle der laufenden Produktion wird meist nur auf Veränderungen geachtet. So ist etwa die Hypothese, daß das Abfüllgewicht der Zuckerpakete der Norm entspricht, gegen die Hypothese abzusichern, daß die Pakete zu viel oder zu wenig Zucker enthalten.

•♦ ♦ ♦•

Es hat sich bereits an mehreren Stellen gezeigt, daß Fehlentscheidungen infolge Überlappens der Stichprobenverteilungen unter H_0- und H_1-Bedingungen nicht vermieden werden können. Die Mathematische Statistik ermöglicht es jedoch, die Wahrscheinlichkeit einer Beobachtung unter H_0-Bedingungen festzustellen. Sehr ungewöhnliche Beobachtungen veranlassen uns, ihre Verursachung durch H_0 anzuzweifeln und H_1 als Ursache zu akzeptieren, wobei wir nicht vergessen wollen, daß H_0 als Verursacher lediglich unwahrscheinlich, nicht aber unmöglich ist. Die Wahrscheinlichkeit eines Irrtums sollte stets bekanntgegeben werden.

Man nennt eine Statistik X "**signifikant auf dem Niveau** α", wenn sie im Akzeptierungsbereich von H_1 liegt, sonst **nicht signifikant**.
Die Statistik ist bei einseitiger Fragestellung (7) signifikant auf dem Niveau α, wenn

$$\boxed{\begin{array}{ll} \text{Typ a:}\quad X \geq \tilde{c}_{1-\alpha}\,; & F_{H_0}(\tilde{c}_{1-\alpha}) = 1-\alpha \\ \text{Typ b:}\quad X \leq \tilde{c}_{\alpha}\,; & F_{H_0}(\tilde{c}_{\alpha}) = \alpha \end{array}}\;. \tag{9}$$

Sie ist bei zweiseitiger Fragestellung (8) signifikant auf dem Niveau α, wenn

$$\boxed{\begin{array}{l} X \leq \tilde{c}_{\alpha/2}\,, \ \text{wobei}\ F_{H_0}(\tilde{c}_{\alpha/2}) = \frac{\alpha}{2}\,, \\ \text{oder wenn} \\ X \geq \tilde{c}_{1-\alpha/2}\,, \ \text{wobei}\ F_{H_0}(\tilde{c}_{1-\alpha/2}) = 1-\frac{\alpha}{2} \end{array}}\;. \tag{10}$$

Dabei bedeutet F_{H_0} die Verteilungsfunktion der Statistik unter H_0-Bedingungen und $\tilde{c}_p$ das p-Quantil dieser Verteilung.
Man sagt in jedem Fall, H_0 werde mit Irrtumswahrscheinlichkeit α verworfen oder gleichbedeutend, H_1 werde mit Irrtumswahrscheinlichkeit α akzeptiert, wenn die Statistik X signifikant ist, also eine unter H_0-Bedingungen ungewöhnliche Beobachtung darstellt.

Wie soll man sich verhalten, wenn eine Statistik nicht in den Akzeptierungsbereich von H_1 fällt, also nicht signifikant ist? Werfen wir nocheinmal einen Blick auf

Beispiel XIII.1 (Fortsetzung): Mit c = 4 erhalten wir bei

$$\begin{aligned} H_0\ (\pi = 0{,}5)&: \Pr(h < 4\,|\,0{,}5) = 0{,}8125 = 1-\alpha\,, \\ H_1\ (\pi = 0{,}6)&: \Pr(h < 4\,|\,0{,}6) = 0{,}6630 = \beta\,. \end{aligned} \tag{6}$$

Wenn H_0: $\pi = 0{,}5$ gilt, so werden wir uns mit der Entscheidungsregel (3) in mehr als 81% der Fälle für H_0, also richtig, entscheiden. Dies könnte einen veranlassen, bei Eintreten von h < 4 die Vermutung als erwiesen hinzunehmen, daß eine psychoanalytische Behandlung die Heilungsrate nicht verbessere. Dieser Schluß ist indessen nicht zwingend. Bei Gültigkeit von

H_1: $\pi = 0{,}6 > 0{,}5$ versagt Regel (3) in mehr als 66% der Fälle. Daraus folgt, daß bei Eintreten von $h < 4$ die Nullhypothese nicht als erwiesen hingenommen werden sollte, H_1 allerdings auch nicht.

⬩⬥◆⬥⬩

Ist eine Statistik nicht signifikant, so sagt man, H_1 habe nicht bestätigt werden können. Man sagt nicht, H_0 werde akzeptiert. Eine ähnliche Auffassung verbindet ein Gericht mit dem "Freispruch aus Mangel an Beweisen", oder ein Arzt mit der Feststellung, die Untersuchung sei "ohne Befund" verlaufen. Solche Aussagen sind weder eine Bestätigung der Unschuld noch der Gesundheit. Die Entscheidung zwischen den Hypothesen wird **offengelassen.**

Diese Zurückhaltung darf man erst aufgeben, wenn der Fehler 2. Art nachweislich einen ebenso kleinen Wert hat wie der Fehler 1. Art.

Die sachgerechte Anwendung eines statistischen Tests sei nun an einem Beispiel demonstriert.

Beispiel XIII.2: In Beispiel XI.11 wurde der Einfluß von 0,9 mg Nikotin im Rauch auf den Blutdruck untersucht. Es ergab sich für den Mittelwert der Differenz

$$d = \text{Blutdruck nach Nikotin} - \text{Blutdruck nach Placebo}$$

die studentverteilte Prüfgröße:

$$\frac{\bar{d} - \Delta}{s/\sqrt{n}} = t\ ,$$

mit Parameter $m = n-1$. Dabei ist Δ die Veränderung des Blutdrucks unter dem Einfluß von Nikotin. Die Fragestellung lautet H_0: $\Delta = 0$ gegen H_1: $\Delta > 0$, sie ist also einseitig (7) vom Typ a.

Man ermittelt nun jene Blutdruckdifferenz $c = \tilde{c}_{1-\alpha}$, deren Überschreitung unter H_0-Bedingungen als ungewöhnlich anzusehen ist, wobei man sich an der Streuung des Blutdrucks unter Placebo und an klinischen Erkenntnissen über dessen Schwankungen orientieren soll. Bei H_0: $\Delta = 0$ erhält man mit der studentverteilten Prüfgröße

$$\frac{\tilde{c}_{1-\alpha} - 0}{s/\sqrt{n}} = \tilde{t}_{n-1;1-\alpha} \quad \text{den Schwellenwert} \quad \tilde{c}_{1-\alpha} = \frac{s}{\sqrt{n}}\, \tilde{t}_{n-1;1-\alpha} \,.$$

Wir nehmen an, daß α sich mit 0,001 ergeben habe und die Untersuchung mit $n = 20$ Personen durchgeführt werden solle. Laut Tabelle **B** ist

$$\tilde{t}_{n-1;1-\alpha} = \tilde{t}_{19;0,999} = 3{,}579 \,.$$

H_0: $\Delta = 0$ wird nun mit Irrtumswahrscheinlichkeit $\alpha = 0{,}001$ verworfen, wenn

$$\bar{d} \geq \frac{s}{\sqrt{n}} \cdot 3{,}579 \,.$$

Der Test ist damit ausgearbeitet, die Untersuchung kann durchgeführt werden. Wir nehmen an, daß sie folgende Resultate ergeben hat:

$$\bar{d} = \frac{1}{20} \sum_{i=1}^{20} d_i = 11 \quad \text{und} \quad s^2 = \frac{1}{20-1} \sum_{i=1}^{20} (d_i - 11)^2 = 351{,}31 \,.$$

Damit erhält man

$$\frac{s}{\sqrt{n}} \cdot 3{,}579 = \frac{18{,}74}{\sqrt{20}} \cdot 3{,}579 = 15$$

und

$$\bar{d} = 11 < 15 \,.$$

Obwohl positiv, ist $\bar{d}$ bei den gegebenen Voraussetzungen unter H_0-Bedingungen nicht ungewöhnlich. Man muß also feststellen, daß die Untersuchung keinen **überzeugenden** Hinweis auf die blutdrucksteigernde Wirkung von 0,9 mg Nikotin im Rauch ergeben hat.

•♦ ♦ ♦•

Bei der Ausarbeitung eines Tests muß man die Irrtumswahrscheinlichkeit α festlegen. Von welchen Gesichtspunkten soll man sich dabei leiten lassen?
Aus den Überlegungen, die in Verbindung mit Tab.XIII.1 angestellt wurden, sowie aus Abb.XIII.2 geht hervor, daß Fehler 1. und 2. Art voneinander abhängig sind: Wenn man die Schwelle so verschiebt, daß α kleiner wird, nimmt β zu. Eine Verschiebung in die entgegengesetzte Richtung, bei der α größer wird, verkleinert β. Man nennt dies die **Inkompatibilität** von α- und β-Fehler. Diese legt folgende Vorgehensweise nahe: man mache die Wahrscheinlichkeit des Fehlers, der schwerer wiegt, klein und nehme dafür in Kauf, daß die Wahrscheinlichkeit des anderen, der weniger schwer wiegt, größer ausfällt.

- Veränderung der chemischen Zusammensetzung von Impfserum kann tödliche Folgen haben. Man wird daher darauf achten, daß einem während der Produktion des Serums eine solche Veränderung nicht entgeht, also bei der Qualitätskontrolle β klein halten, indem man für α einen großen Wert wählt, was zur Folge hat, daß häufig "falscher Alarm" geschlagen wird, der ja nichts anderes ist als ein Fehler 1. Art.
- Die Alternativhypothese widerspricht der Erfahrung oder einer bewährten Praxis. Hier herrscht das Bedürfnis vor, H_0 nicht leichtfertig aufzugeben und massive Beweise für die Alternativhypothese zu fordern. Man wird also einen kleinen Wert für α wählen und in Kauf nehmen, daß man die etwaige "Gültigkeit der Alternativhypothese" nicht so leicht erkennt. Diese Haltung bezeichnet man als **konservativ**.
- Ihr Gegenstück, die **progressive** Haltung, ist beherrscht von der Bereitschaft, Bestehendes aufzugeben, um der Menschheit nur ja nicht einen möglichen "Fortschritt zum Besseren" vorzuenthalten. Die Nullhypothese wird bei den kleinsten Anzeichen verworfen und unbedenklich in Kauf genommen, daß die Entscheidung für die Alternativhypothese sich in der Folge als falsch, ja sogar als katastrophal erweist. Die Auseinandersetzung um die Beweislast wird seitens der progressiv gestimmten Kontrahenten nicht selten mit dem Argument beeinflußt, man solle das Neue nicht ablehnen, ehe es sich entfalten konnte. In Anbetracht der Katastrophen des realen Sozialismus erinnere man sich der Argumente, die von Intellektuellen der westlichen Industrieländer, also den typischen Vertretern des Progressismus, für die Marxistische Doktrin vorgebracht wurden. In Anbetracht der katastrophalen Folgen vieler Schulreformen - Rechenschwäche, Rechtschreibschwäche, Analphabetismus - erinnere man sich der fragwürdigen pädagogischen Experimente, auf die sich die Reformer unter Ignorierung bewährter Grundsätze der Pädagogik und des gesunden Menschenverstandes beriefen. - Die Katastrophen, welche der Progressismus über die Menschheit gebracht hat, machen wohl jedem klar, welcher der beiden Fehler unter diesen Umständen schwerer wiegt. Im Interesse der Selbsterhaltung fordere jeder von einem Intellektuellen, der etwas in Frage stellt und verändern will, den Nachweis von Erfol-

gen, die unter H_0-Bedingungen nicht zu erzielen sind!

- Im Strafrecht kennt man die Nullhypothese unter dem Namen "Unschuldsvermutung". Das Gericht hat diese Vermutung zu widerlegen. Gelingt ihm dies, obwohl der Angeklagte unschuldig ist, so spricht man von einem Justizirrtum, der ein Fehler 1. Art ist. Verständlicherweise will man die Wahrscheinlichkeit eines solchen möglichst klein halten. Wenn man überhaupt niemanden mehr verurteilt, wird $\alpha = 0$. Die Folge davon wäre, daß alle Schuldigen unverurteilt blieben, also ein Fehler 2. Art von der Größe $\beta = 1$.

⬩⬩ ⧫ ⬩⬩

Ein wirksames Hilfsmittel zur Absicherung von Entscheidungen ist die Wiederholung von Untersuchungen. Wenn H_0 gilt, dann ist die Wahrscheinlichkeit, daß unter r Durchführungen genau h auf dem Niveau α signifikant sind und r-h nicht, eine binomisch verteilte Zufallsvariable:

$$\Pr(h|H_0) = \binom{r}{h} \alpha^h (1-\alpha)^{r-h}, \quad h = 0,1,\ldots,r . \qquad (2.VIII)$$

Tab.XIII.2: Häufigkeit von Fehlentscheidungen (für H_1) bei r=3 unabhängigen Durchführungen einer Untersuchung und Irrtumswahrscheinlichkeit α=0,05.

Häufigkeit h	0	1	2	3	Summe
$\Pr(h\|H_0)\cdot 10^4$	8574	1354	71	1	10.000

Wenn man die Regel aufstellt, daß man sich für H_1 entscheiden wird, wenn die Untersuchungen "mehrheitlich" für H_1 ausgehen, wenn also h=2 oder h=3 eintritt, dann wird man sich in 10.000 Fällen nur mehr 72 mal für H_1 entscheiden. Der ursprüngliche Fehler 1. Art von der Größe α=0,05 wird dadurch auf α^*=0,0072 reduziert, beträgt also nur noch ca. 1/7 von α.

XIII.4 Die Operationscharakteristik

Die im letzten Abschnitt vorgestellten Tests haben einmal den Nachteil, daß der Fehler 2. Art weitgehend unberücksichtigt bleibt, zum anderen werden über den Unterschied zwischen H_0 und H_1 nur vage Aussagen gemacht:

H_0: $\theta = \theta_0$ gegen H_1: $\theta > \theta_0$. Dabei bleibt offen, um wieviel θ größer als θ_0 ist oder sein soll. Mit sehr großen Stichproben werden sehr kleine Unterschiede fast sicher entdeckt, die sachlich belanglos sein können. Diese Nachteile können behoben werden, wenn man über die Variablen verfügt, von denen der Fehler 2. Art abhängt:

1) Mit wachsendem α wird β kleiner (Inkompatibilität).

2) Mit wachsendem Abstand der beiden Stichprobenverteilungen wird β kleiner: Man verschiebe in Abb.XIII.2 die Verteilung unter H_1 nach rechts. Der waagrecht schraffierte Teil der Verteilungsfläche, der im Ablehnungsbereich von H_1 liegt, wird dabei kleiner. Der Abstand wird gemessen mit

$$\Delta = \frac{|\mu_1 - \mu_0|}{\sigma} . \tag{11}$$

3) Wenn man den Stichprobenumfang vergrößert, so verringert sich die Streuung der Verteilung, soferne X ein konsistenter Schätzer (10.XI) ist. Der Teil der Verteilungsfläche, der im Ablehnungsbereich von H_1 liegt, wird dabei ebenfalls kleiner.

Zu jedem Test gehört eine Funktion:

$$\boxed{L(\alpha,\Delta,n) = \beta} , \tag{12}$$

die angibt, welche Größe der Fehler 2. Art in Abhängigkeit von α, Abstand und Stichprobenumfang hat. Diese Funktion heißt **Operationscharakteristik** der Tests, die Funktion 1-L = 1-β **Gütefunktion.**

Wir untersuchen hier die Operationscharakteristik von Tests zur Identifizierung von Mittelwerten. Es soll entschieden werden, ob ein gegebener Stichprobenwert $\bar{x}$ der Verteilung

$$H_0 : \bar{x} \sim N\left(\mu_0, \frac{\sigma^2}{n}\right) \quad \text{oder} \quad H_1 : \bar{x} \sim N\left(\mu_1, \frac{\sigma^2}{n}\right)$$

entstammt, mit von μ_0 verschiedenem Mittelwert μ_1. Tests dieser Art haben folgende Operationscharakteristiken:

a) Bei einseitiger Fragestellung (7), Typ a (H_0:$\mu=\mu_0$ gegen H_1:$\mu=\mu_0+\Delta\sigma$):

$$\boxed{L(\alpha,\Delta,n) = \varnothing_{H_1}(\tilde{z}_{1-\alpha} - \Delta \sqrt{n}) = \varnothing_{H_1}(\tilde{z}_{\beta}) = \beta} . \tag{13}$$

b) Bei einseitiger Fragestellung (7), Typ b ($H_0: \mu = \mu_0$ gegen $H_1: \mu = \mu_0 - \Delta\sigma$):

$$\boxed{L(\alpha,\Delta,n) = \text{Ø}_{H_1}(\tilde{z}_{1-\alpha} - \Delta\sqrt{n}) = \text{Ø}_{H_1}(\tilde{z}_\beta) = \beta} \quad . \qquad (13')$$

Man erhält beidemale dieselbe Lösung für L (Anhang **A-12**). Die Formeln besagen, daß das β-Quantil der H_1-Verteilung gleich ist dem (1-α)-Quantil der Standardnormalverteilung vermindert um das Produkt aus Abstand und Wurzel des Stichprobenumfanges:

$$\boxed{\tilde{z}_\beta = \tilde{z}_{1-\alpha} - \Delta\sqrt{n}} \quad . \qquad (14)$$

Bei $\Delta = 0$ ist $\tilde{z}_\beta = \tilde{z}_{1-\alpha}$, d.h. $\beta = 1-\alpha$; bei $\Delta > 0$ ist $\tilde{z}_\beta < \tilde{z}_{1-\alpha}$, d.h. $\beta < 1-\alpha$.

Abb.XIII.3: Operationscharakteristik bei einseitiger Fragestellung.

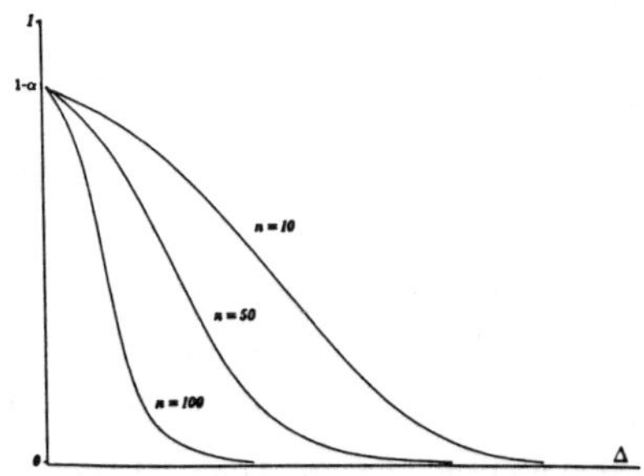

Ein "idealer Test" hat die Operationscharakteristik:

$$\boxed{\beta = 1 \text{ bei } \Delta = 0 \text{ und } \beta = 0 \text{ bei } \Delta > 0} \quad .$$

Abb.XIII.3 veranschaulicht, was sich aus den Formeln (13) bzw. (14) folgern läßt, nämlich, daß die hier untersuchten Tests mit wachsendem Stichprobenumfang dem 'idealen Test' immer näher kommen, gilt doch offensichtlich:

$$\lim_{n\to\infty} \text{Ø}_{H_1}(\tilde{z}_{1-\alpha} - \Delta\sqrt{n}) = \text{Ø}_{H_1}(-\infty) = 0 \quad \text{für } \Delta > 0 \; .$$

c) Bei zweiseitiger Fragestellung (8) (H_0: $\mu = \mu_0$ gegen H_1: $\mu = \mu_0 \pm \Delta\,\sigma$):

$$\boxed{L(\alpha,\Delta,n) = \text{Ø}_{H_1}(\tilde{z}_{1-\alpha/2} - \Delta\sqrt{n}) = \text{Ø}_{H_1}(\tilde{z}_\beta) = \beta} \quad . \qquad (15)$$

Es gilt offensichtlich die zu (14) analoge Beziehung:

$$\boxed{\tilde{z}_\beta = \tilde{z}_{1-\alpha/2} - \Delta\sqrt{n}} \quad . \tag{16}$$

Bei $\Delta = 0$ ist $\beta = 1-\alpha/2$. Im übrigen gelten die in Verbindung mit Abb. XIII.3 gemachten Aussagen.

Beispiel XIII.3 (Test mit vorgeschriebenem Toleranzintervall): Bei der Herstellung von Penicillin strebt man eine Konzentration von $\mu_0 = 500.000$ Einheiten/Ampulle an. Erfahrungsgemäß streut die Produktion mit einer Standardabweichung von $\sigma = 20.000$ Einheiten um μ_0. Abweichungen von der Norm, die mehr als 80.000 Einheiten ausmachen, gelten als klinisch bedenklich, kommen aber praktisch kaum vor, solange die Produktion ungestört verläuft. Es gilt, das Eintreffen solcher nicht tolerierbarer Abweichungen zuverlässig zu entdecken.
Wenn $\mu_1 = \mu_0 \pm 40.000$ eintritt, so ist, Normalverteilung vorausgesetzt,

$$\phi\left(\frac{580.000-540.000}{20.000}\right) = \phi(2) = 0{,}97725 \quad ,$$

d.h. ca. 2,3 % der Produktion werden dann eine zu hohe bzw. zu niedrige Konzentration aufweisen. Eine Verschiebung dieser Größenordnung will man mit einer Sicherheit von jeweils $1-\beta = 0{,}99$ entdecken. Für falschen Alarm räumt man eine Rate von $\alpha = 0{,}05$ ein. Wie groß müssen unter diesen Bedingungen Stichproben sein, mit denen man die laufende Produktion kontrolliert, und wann ist die Produktion wegen Über- bzw. Unterschreitung der **Eingreifgrenze** zu stoppen?
Es sind Abweichungen nach unten bzw. nach oben zu erkennen, somit liegt eine zweiseitige Fragestellung vor. Wir haben (16) nach n aufzulösen:

$$\tilde{z}_\beta = \tilde{z}_{1-\alpha/2} - \Delta\sqrt{n} \;\Rightarrow\; n = \left[\frac{\tilde{z}_{1-\alpha/2} - \tilde{z}_\beta}{\Delta}\right]^2 .$$

$\alpha = 0{,}05$; $1-\alpha/2 = 0{,}975$; $\tilde{z}_{0,975} = 1{,}96$; $\beta = 0{,}01$; $\tilde{z}_{0,01} = -\tilde{z}_{0,99} = -2{,}326$.

$$\Delta = \frac{|\mu_1 - \mu_0|}{\sigma} = \frac{40.000}{20.000} = 2 \; . \tag{11}$$

Somit erhält man

$$n = \left[\frac{1{,}96 - (-2{,}326)}{2}\right]^2 = 4{,}5924 \; .$$

Man überschreitet die vorgeschriebenen Schranken bestimmt nicht, wenn man die Produktion mit Stichproben der Größe n=5 kontrolliert. Es ist nämlich $\Delta\sqrt{n} = 2\sqrt{5} \approx 4{,}47$ und $\tilde{z}_{\beta*} = 1{,}96 - 4{,}47 = -2{,}512$; $\beta^* = 0{,}006 < 0{,}01 = \beta$.

Wir berechnen zuletzt die Eingreifgrenzen:

$$\frac{\tilde{c}_{\beta*} - 540.000}{20.000/\sqrt{5}} = -2{,}512\ , \qquad \tilde{c}_{\beta*} \approx 517{,}532\ ;$$

$$\frac{\tilde{c}_{1-\beta*} - 460.000}{20.000/\sqrt{5}} = 2{,}512\ , \qquad \tilde{c}_{1-\beta*} \approx 482{,}468\ .$$

H_0: "Die Produktion läuft ungestört", wird mit Irrtumswahrscheinlichkeit $2\,\beta^* = 0{,}012$ akzeptiert, wenn $482{,}468 < \bar{x}_5 < 517{,}532$ gilt.

⬩⧫ ⧫ ⧫⬩

Über die Eigenschaften des Tests, den wir in Beispiel XIII.3 ausgearbeitet haben, kann folgendes gesagt werden: ist die Verschiebung größer als 40.000 Einheiten, so ist die Wahrscheinlichkeit, daß einem diese Tatsache entgeht, höchstens 0,006. Ist die Verschiebung ein Wert zwischen 0 und 40.000, so ist die Wahrscheinlichkeit größer, sie kann bis an $1-\alpha/2=0{,}975$ heranreichen. Das stört indessen nicht, da die Produktion dann ja im Toleranzintervall 500.000 ± 40.000 liegt.

Eine Kurvenschar, wie die in Abb.XIII.3 wiedergegebene, wird durch die Größe α bestimmt. Danach genügen zwei der drei Werte Δ, n, β in (14) bzw. (16), von denen der jeweils dritte abhängt, so daß er "ausgerechnet" werden kann:

	vorgegeben	abhängig
I	Δ, n	β
II	β, Δ	n
III	β, n	Δ

Situation I stellt den Regelfall dar: die Verschiebung Δ ist vorgegeben, z.B. durch die Wirkung, die ein experimentell gesetzter Einfluß ausübt. Zeit- oder Kostengründe bestimmen den Stichprobenumfang n. Der Fehler 2. Art wird von diesen Bedingungen abhängig.

Situation II wird durch Beispiel XIII.3 repräsentiert: der Fehler 2. Art und Toleranzgrenzen sind vorgeschrieben. Der Probenumfang wird davon abhängig.
Situation III ist dadurch charakterisiert, daß man eine gewisse Verschiebung nicht mit der gewünschten Genauigkeit entdecken kann, wenn sie kleiner ist als jenes Δ, das sich aus der Größe des Fehlers 2. Art und dem Stichprobenumfang ergibt.

Beispiel XIII.4 (Gut-Schlecht-Prüfung einer Massenproduktion)**:** Zwischen dem Erzeuger und dem Abnehmer eines Massenproduktes werden folgende Vereinbarungen getroffen:

- Eine Liefermenge ist "gut" und sollte angenommen werden, wenn sie höchstens 2% fehlerhafte Stücke aufweist (Gutgrenze).
- Eine Liefermenge ist "schlecht" und sollte zurückgewiesen werden, wenn sie mehr als 5% fehlerhafte Stücke aufweist (Schlechtgrenze).
- Die Zurückweisung einer "guten" Liefermenge, also der Fehler 1. Art (das "Produzentenrisiko") wird mit $\alpha = 0{,}05$ festgelegt.
- Die Annahme einer "schlechten" Liefermenge, also der Fehler 2. Art (das "Konsumentenrisiko") wird mit $\beta = 0{,}10$ festgelegt.

Es handelt sich um eine einseitige Fragestellung (7) vom Typ a; α, β und der Abstand zwischen Gut- und Schlechtgrenze, die "Verschiebung"(11), sind vorgegeben. Man hat also den Stichprobenumfang zu bestimmen, bei dem die folgenden Gleichungen erfüllt sind:

$$\alpha = 0{,}05 : \quad \Pr(\mathbf{X} < c \mid \pi = 0{,}02) = 0{,}95 \ ,$$
$$\beta = 0{,}10 : \quad \Pr(\mathbf{X} < c \mid \pi = 0{,}05) = 0{,}10 \ .$$

Dabei ist X die Anzahl fehlerhafter Stücke in der Probe. Der Schwellenwert c heißt in diesem Zusammenhang Annahmekennzahl. Da die Probennahme 'ohne Zurücklegen' erfolgt, ist **X** eine hypergeometrisch verteilte Zufallsvariable. Wir nehmen jedoch an, daß sowohl die Liefermenge als auch der Stichprobenumfang groß genug sind, um die Verteilung von **X** durch die Normalverteilung annähern zu können:

$$\text{Liefermenge ist gut:} \qquad \mathbf{X} \sim N(n \cdot 0{,}02;\ n \cdot 0{,}02 \cdot 0{,}98) \ ,$$
$$\text{Liefermenge ist schlecht:} \qquad \mathbf{X} \sim N(n \cdot 0{,}05;\ n \cdot 0{,}05 \cdot 0{,}95) \ .$$

Damit erhalten wir die zwei Gleichungen mit zwei Unbekannten:

$$\alpha = 0{,}05: \quad \Phi\left(\frac{c - n\cdot 0{,}02}{\sqrt{n\cdot 0{,}02\cdot 0{,}98}}\right) = 0{,}95 \Rightarrow \frac{c - n\cdot 0{,}02}{\sqrt{n\cdot 0{,}0196}} = 1{,}645\ ,$$

$$\beta = 0{,}10: \quad \Phi\left(\frac{c - n\cdot 0{,}05}{\sqrt{n\cdot 0{,}05\cdot 0{,}95}}\right) = 0{,}10 \Rightarrow \frac{c - n\cdot 0{,}05}{\sqrt{n\cdot 0{,}0475}} = -1{,}282\ ,$$

welche die Lösung n = 288,66 und c = 9,68 haben.

Den Liefermengen sind also Proben von 289 Stücken zu entnehmen. Enthält eine Probe nicht mehr als 9 fehlerhafte Stücke, so ist die betreffende Liefermenge anzunehmen.

KAPITEL XIV: ENTSCHEIDEN BEI UNGEWISSHEIT: SEQUENTIELLES TESTEN

Statt einer Liefermenge zuerst 289 Stücke zu entnehmen und diese dann der Qualitätsprüfung zu unterziehen, könnte man der Liefermenge zuerst nur ein Stück entnehmen und dieses prüfen, dann ein zweites und dieses prüfen, usw. Dabei kann es sich ereignen, daß die Entscheidung schon nach einer kleinen Anzahl von Prüfungen getroffen werden kann. Man erspart sich dabei alle auf 289 fehlenden Prüfungen. - Dies ist die Vorgangsweise beim sequentiellen Testen: man prüft jedes Stück sofort nach seiner Entnahme und stellt anschließend fest, ob man die Liefermenge nun schon annehmen kann oder ablehnen muß. Wenn weder das eine noch das andere möglich ist, prüft man ein weiteres Stück. Auf diese Weise fährt man fort und kann spätestens nach 289 Versuchen entscheiden. Man weiß also im voraus nur, daß man äußerstenfalls 289 Prüfungen durchführen muß, aber nicht, wieviele tatsächlich notwendig sein werden.

x_k sei der Wert, den die Teststatistik nach k Versuchen annimmt. Diesen setzt man in den **Likelihoodquotienten** ein:

$$Q_k = Q(x_k | H_1, H_0) = \frac{\Pr(x_k | H_1)}{\Pr(x_k | H_0)} \, . \qquad (1.\text{XIII})$$

Trifft H_0 zu, so ist die Wahrscheinlichkeit im Nenner groß, Q_k daher klein. Trifft dagegen H_1 zu, so ist die Wahrscheinlichkeit im Zähler groß, Q_k daher selbst groß. Ein kleiner Wert von Q_k sollte daher zum Annehmen von H_0 mit vorgegebener Irrtumswahrscheinlichkeit α führen, ein großer Wert dagegen zur Annahme von H_1 bei vorgegebener Irrtumswahrscheinlichkeit β. Es sollen Schranken $0 < A < 1 < B$ gefunden werden, so daß

$$\begin{array}{|rcl|} Q_k \le A & \Rightarrow & H_0 \text{ wird angenommen} \\ Q_k \ge B & \Rightarrow & H_1 \text{ wird angenommen} \\ A < Q_k < B & \Rightarrow & \text{eine } (k+1)\text{-te Probe wird genommen} \end{array} \quad . \qquad (1)$$

Man kann beweisen (z.B. Wilks 1967), daß

$$\frac{\beta}{1-\alpha} \le A \quad \text{und} \quad B \le \frac{1-\beta}{\alpha} \qquad (2)$$

gilt: Es gibt also für A und B Schranken, die allein von α und β abhängen. Ersetzt man A und B durch

$$\boxed{A' = \frac{\beta}{1-\alpha} \quad \text{und} \quad B' = \frac{1-\beta}{\alpha}} \,, \tag{2'}$$

so ist die Entscheidung zwischen H_0 und H_1 mit Fehlern α', β' behaftet, für die gilt: $\alpha'+\beta' \le \alpha+\beta$.

Beispiel XIV.1 (Gut-Schlecht-Prüfung)**:** Sei $\pi = \pi_0$ die Gutgrenze, $\pi = \pi_1$ die Schlechtgrenze und x_k die Anzahl der fehlerhaften Stücke in einer Probe der Länge k; x_k ist in hinreichend großen Stichproben (10.VIII) annähernd binomisch verteilt, so daß der Likelihoodquotient folgende Beschaffenheit hat:

$$Q_k = Q(x_k \mid \pi_1, \pi_0) = \left(\frac{\pi_1}{\pi_0}\right)^{x_k} \left(\frac{1-\pi_1}{1-\pi_0}\right)^{k-x_k} .$$

Man logarithmiert nun den Likelihoodquotienten und setzt ihn dem Logarithmus der unteren Schranke A' bzw. der oberen Schranke B' gleich:

$$\ln Q_k = x_k' \ln\left(\frac{\pi_1}{\pi_0}\right) + (k - x_k') \ln\left(\frac{1-\pi_1}{1-\pi_0}\right) = \ln A',$$

$$\ln Q_k = x_k'' \ln\left(\frac{\pi_1}{\pi_0}\right) + (k - x_k'') \ln\left(\frac{1-\pi_1}{1-\pi_0}\right) = \ln B' .$$

Man formt die beiden Gleichungen wie folgt um:

$$\boxed{\begin{aligned} &\text{I:} \quad x_k' = \frac{\ln A'}{\ln\left(\frac{\pi_1}{\pi_0}\right)} - (k - x_k') \frac{\ln\left(\frac{1-\pi_1}{1-\pi_0}\right)}{\ln\left(\frac{\pi_1}{\pi_0}\right)} \\ &\text{II:} \quad x_k'' = \frac{\ln B'}{\ln\left(\frac{\pi_1}{\pi_0}\right)} - (k - x_k'') \frac{\ln\left(\frac{1-\pi_1}{1-\pi_0}\right)}{\ln\left(\frac{\pi_1}{\pi_0}\right)} \end{aligned}} \,. \tag{2}$$

Tritt nun bei irgendeinem k ein, daß $x_k \le x_k'$, so wird die Untersuchung abgebrochen und die Liefermenge angenommen. Tritt dagegen $x_k \ge x_k''$ ein, so

wird ebenfalls abgebrochen und die Liefermenge abgelehnt. Tritt weder der eine noch der andere Fall ein, so prüft man ein (k+1)-tes Stück.
Wir setzen nun die Daten des Beispiel XIII.4 in (2) ein: α=0,05; ß=0,10; π_0=0,02; π_1=0,05.

$$\text{I:} \quad x'_k = \frac{\ln \frac{0,10}{0,95}}{\ln\left(\frac{0,05}{0,02}\right)} - (k - x'_k)\frac{\ln\left(\frac{0,95}{0,98}\right)}{\ln\left(\frac{0,05}{0,02}\right)} = -2,46 + (k - x'_k)\ 0,034,$$

$$\text{II:} \quad x''_k = \frac{\ln \frac{0,90}{0,05}}{\ln\left(\frac{0,05}{0,02}\right)} - (k - x''_k)\frac{\ln\left(\frac{0,95}{0,98}\right)}{\ln\left(\frac{0,05}{0,02}\right)} = 3,14 + (k - x''_k)\ 0,034.$$

I und II sind Geraden, die man in ein Koodinatensystem mit $(k - x_k)$ als Abszissenwert und x_k als Ordinatenwert einträgt.

Abb.XIV.1: Schema eines Sequentialtests für Gut-Schlecht-Prüfungen.

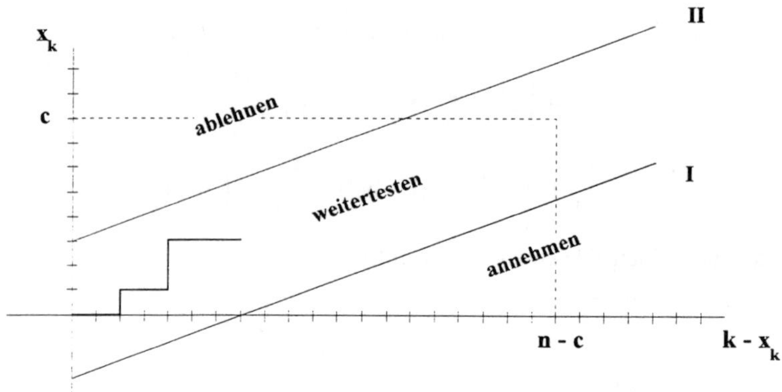

Ergibt die Probe, daß das Stück fehlerhaft ist, so bewegt man sich in dem Schema um einen Schritt nach oben; ergibt sie, daß es einwandfrei ist, um einen Schritt nach rechts. Verlassen des durch I und II gebildeten Streifens führt zur Entscheidung. Das Verfahren wird jedoch spätestens abgebrochen, wenn 289 Stücke geprüft wurden, und aufgrund der Annahmekennzahl c so wie in Beispiel XIII.4 entschieden.

Man nennt eine Kombination aus einem Sequentialtest, der schon bei Verlassen des Streifens abgebrochen wird, und einem Test, bei dem aufgrund der Beschaffenheit einer Stichprobe von vorher festgelegter Größe entschieden wird, einen **geschlossenen Sequentialtest**.

Beispiel XIV.2: Wir wollen die Frage, ob 0,9 mg Nikotin im Rauch den Blutdruck erhöhe (Beispiel XIII.2), mit einem Sequentialtest entscheiden. Die Differenzen

d = Blutdruck nach Nikotin - Blutdruck nach Placebo

werden als unabhängig und identisch normalverteilt angesehen:

$$\mathbf{d} \sim N(\Delta,\sigma^2),$$

wobei entweder H_0: $\Delta = 0$ oder H_1: $\Delta = \Delta_1 > 0$ ist. Nach k Versuchen erhalten wir mit den Blutdruckdifferenzen $d_1, d_2, \ldots, d_k$ den Likelihoodquotienten:

$$Q_k = \left(\frac{1}{\sigma\sqrt{2\pi}}\right)^k e^{-\frac{1}{2}\Sigma\left(\frac{d_i-\Delta_1}{\sigma}\right)^2} \cdot (\sigma\sqrt{2\pi})^k e^{+\frac{1}{2}\Sigma\left(\frac{d_i-0}{\sigma}\right)^2} . \qquad (1.\text{XIII})$$

Der Logarithmus des Likelihoodquotienten ergibt sich nach kurzer Rechnung zu

$$\ln Q_k = \frac{\Delta_1}{\sigma^2}\sum_{i=1}^{k} d_i - \frac{1}{2}\frac{k}{\sigma^2}\Delta_1^2 .$$

Wie vorhin setzen wir $\ln Q_k = \ln A'$ bzw. $\ln Q_k = \ln B'$ und lösen die beiden Gleichungen jetzt nach $\Sigma\, d_i$ auf:

$$\boxed{\begin{array}{ll} \text{I:} & \sum\limits_{i=1}^{k} d'_i = \frac{\sigma^2}{\Delta_1}\ln A' + k\,\frac{\Delta_1}{2} \\ \text{II:} & \sum\limits_{i=1}^{k} d''_i = \frac{\sigma^2}{\Delta_1}\ln B' + k\,\frac{\Delta_1}{2} \end{array}} \, . \qquad (3)$$

Tritt bei irgendeiner Versuchszahl k ein, daß $\Sigma\, d_i \le \Sigma\, d'_i$, so wird abgebrochen und H_0: $\Delta = 0$ akzeptiert. Tritt dagegen $\Sigma\, d_i \ge \Sigma\, d''_i$ ein, so wird abgebrochen und H_1: $\Delta = \Delta_1 > 0$ akzeptiert. Tritt weder der eine noch der andere Fall ein, so verschafft man sich eine (k+1)-te Blutdruckdifferenz.

Für Δ_1 setzt man zweckmäßigerweise eine Abweichung vom Ruhedruck ein, die unter H_0-Bedingungen ungewöhnlich ist, z.B. $\Delta_1 = \tilde{x}_{0,90} - \bar{x}$.

Abb.XIV.2: Schema eines Sequentialtests für eine stetige Testgröße.

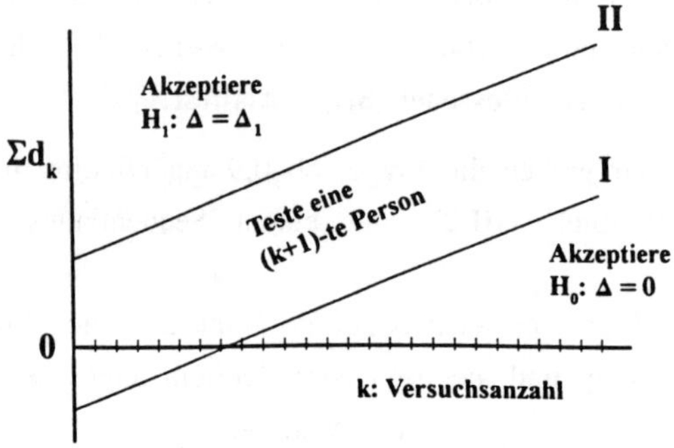

♦♦♦♦♦

KAPITEL XV: KOMPENDIUM STATISTISCHER TESTS

Von den Fragen, die sich einer der folgenden Kategorien zuordnen lassen, können viele mit Hilfe statistischer Tests beantwortet werden.

1) Fragen nach **Unterschieden**: Die Meßwerte unter Versuchs- und Kontrollbedingungen, früherem und jetzigem Zeitpunkt, vor und nach einer Behandlung unterscheiden sich. Als **Kontrast** dient folgende Nullhypothese: die Unterschiede liegen im Bereich der normalen Schwankung, sie sind unerheblich.
2) Fragen nach **Zusammenhängen**: Die Ausprägungen der Merkmale **A**,**B**,... sind statistisch abhängig. Als **Kontrast** dient die Nullhypothese: die Unterschiede zwischen den bedingten Verteilungen liegen im Bereich der normalen Schwankung, sie sind unerheblich (vgl. dazu 1.IV).
3) Fragen nach der **Form der Abhängigkeit**: Man hat die begründete Vermutung, daß y von x in der Form f abhänge. Als **Kontrast** dient die Alternativhypothese: die Residuen $e = y\text{-}f(x)$ liegen außerhalb des Bereiches der normalen Schwankung, die Vermutung f ist mit den Tatsachen unvereinbar.
4) Fragen des **Verteilungscharakters**: Man hat die begründete Vermutung, daß eine Verteilung durch einen bestimmten Zufallsmechanismus erzeugt werde. Als **Kontrast** dient die Alternativhypothese: die Unterschiede zwischen beobachteten und erwarteten Häufigkeiten liegen nicht im Bereich der normalen Schwankung, die Vermutung ist unhaltbar.

Die Stichprobenverteilung mancher Statistik, die als Testgröße in Betracht gezogen wird, ist unter der Annahme entwickelt worden, daß die Untersuchungsgesamtheit wenigstens approximativ normalverteilt ist. Diese Annahme muß erfüllt sein. Erweist sie sich als unhaltbar (Fragen des Verteilungscharakters) oder als unüberprüfbar, so muß man besondere Methoden verwenden, die unter der Bezeichnung **verteilungsfreie** oder **nonparametrische Tests** bekannt sind. Eine nahezu vollständige Sammlung dieser Tests wurde von Lienert (1978) bzw. von Bortz-Lienert-Boehnke (1990) vorgelegt. Diese Methoden haben einen Nachteil, den man mit ihrer Operationscharakteristik (12.XIII) erklären kann: sie weisen einen β-Fehler auf, der geringfügig bis erheblich größer ist als der β-Fehler eines parametrischen Tests bei gleichem α, n und Δ, soferne die Untersuchungsgesamtheit normalverteilt ist. Weicht indessen deren Verteilung hinsichtlich Schiefe und Wölbung wesentlich von der Normalverteilung ab, so kann der β-Fehler des parametrischen Tests erheblich größer sein als der β-Fehler eines vergleichbaren (normal-)verteilungsfreien Tests. Solche Tests sind also in diesem Sinne robust.

XV.1: Tests der Verschiedenheit von Verteilungen

Haben zwei Grundgesamtheiten gleiche Verteilungsfunktionen, so daß $F_1(x) = F_2(x)$ für alle x gilt, so hat jedes Intervall bei der einen die gleiche Wahrscheinlichkeit wie bei der anderen, haben die beiden Mittelwerte bzw. Varianzen gleiche Größe usw. - Im folgenden befassen wir uns mit Hypothesen, die zum Gegenstand haben, daß einzelne oder alle diese Parameter bei zwei (und mehr) Grundgesamtheiten verschieden sind. Als Kontrasthypothese dient H_0: die Abweichungen der Statistiken liegen im Bereich der normalen Schwankung, sie sind unerheblich.

Wahrscheinlichkeiten (Anteilswerte)

Die Wahrscheinlichkeit (der Anteil) eines gewissen Ereignisses betrage in zwei Grundgesamtheiten π_0 bzw. π. Die Größe wird mit $p = h/n$ gemessen. Gilt H_0: $\pi = \pi_0$, so ist

$$\mathbf{p} \sim N\left[\pi_0; \frac{\pi_0(1-\pi_0)}{n}\right], \tag{4.XI}$$

soferne $n\pi_0(1-\pi_0) \geq 10$ und $n < N/10$.

Die Hypothese H_0: $\pi = \pi_0$ wird mit Irrtumswahrscheinlichkeit α verworfen,

wenn	und man akzeptiert
$p \geq \pi_0 + \tilde{z}_{1-\alpha}\sqrt{\frac{\pi_0(1-\pi_0)}{n}}$	$H_1: \pi > \pi_0$
$p \leq \pi_0 - \tilde{z}_{1-\alpha}\sqrt{\frac{\pi_0(1-\pi_0)}{n}}$	$H_1: \pi < \pi_0$
$\lvert p-\pi_0\rvert \geq \tilde{z}_{1-\alpha/2}\sqrt{\frac{\pi_0(1-\pi_0)}{n}}$	$H_1: \pi \neq \pi_0$

. (1)

Mit $\tilde{z}$ sind Quantile der Standardnormalverteilung (Kapitel X) bezeichnet.

⬩⬥◆⬥⬩

Die Wahrscheinlichkeit (der Anteil) eines gewissen Ereignisses werde in zwei verschiedenen Grundgesamtheiten gemessen mit $p_1 = h_1/n_1$ und $p_2 = h_2/n_2$. Ist die Differenz der beiden Messungen mit H_0: $\pi_1 = \pi_2$ verträglich? - Die Frage ist bei kleinen Stichproben mit dem exakten Test von FISHER & YATES (siehe etwa GRAF et.al. 1987) zu beantworten. Sind dagegen die Bedingungen der Normalverteilungsapproximation erfüllt, so argumentiert man wie folgt:

- Die Differenz $p_1 - p_2$ ist unter H_0: $\pi_1 = \pi_2 = \pi$ annähernd normalverteilt mit Mittelwert Null und

$$\text{Var}\,(\mathbf{p}_1 - \mathbf{p}_2) = \text{Var}\,\mathbf{p}_1 + \text{Var}\,\mathbf{p}_2 = \frac{n_1 + n_2}{n_1 \cdot n_2}\,\pi(1-\pi)\,. \qquad \text{(Anhang } \mathbf{A\text{-}11}\text{)}$$

- Der beste Schätzer für π ist das gewogene Mittel:

$$\bar{p} = \frac{n_1 p_1 + n_2 p_2}{n_1 + n_2}\,. \qquad (11.\text{III})$$

- Die Varianz wird geschätzt mit

$$\text{Var}(\mathbf{p}_1 - \mathbf{p}_2) \approx \frac{n_1 + n_2}{n_1 \cdot n_2}\,\bar{p}(1-\bar{p})\,.$$

Man bildet nun den Standardwert (32.III) der Differenz und verwirft H_0: $\pi_1 = \pi_2 = \pi$ mit Irrtumswahrscheinlichkeit α, wenn

$$\boxed{z = |p_1 - p_2| \sqrt{\frac{n_1 \cdot n_2}{(n_1 + n_2)\bar{p}(1-\bar{p})}} \geq \tilde{z}_{1-\alpha/2}}\,. \qquad (2)$$

⬩⬥◆⬥⬩

Wir befassen uns jetzt mit r verschiedenen Grundgesamtheiten, die sich auf s Ausprägungen (Intervalle) eines Merkmals verteilen mit Wahrscheinlichkeiten, die in der linken Matrix wiedergegeben sind:

	1 ..... i ..... s	Σ
1	$\pi_{11} \dots \pi_{1i} \dots \pi_{1s}$	1
⋮	⋮	⋮
j	$\pi_{j1} \dots \pi_{ji} \dots \pi_{js}$	1
⋮	⋮	⋮
r	$\pi_{r1} \dots \pi_{ri} \dots \pi_{rs}$	1
	$\pi_{.1} \dots \pi_{.i} \dots \pi_{.s}$	1

	1 ..... i ..... s	Σ
1	$h_{11} \dots h_{1i} \dots h_{1s}$	n_1
⋮	⋮	⋮
j	$h_{j1} \dots h_{ji} \dots h_{js}$	n_j
⋮	⋮	⋮
r	$h_{r1} \dots h_{ri} \dots h_{rs}$	n_r
Σ	$h_{.1} \dots h_{.i} \dots h_{.s}$	n

Diese Wahrscheinlichkeiten werden mit unabhängigen Stichproben zu $n_1,\dots,n_j,\dots,n_r$ Objekten gemessen. Die absoluten Häufigkeiten sind in der rechten Matrix wiedergegeben. Die zu entscheidende Frage lautet: Sind die Häufigkeiten in den einzelnen Spalten der rechten Matrix verträglich mit H_0: Die Wahrscheinlichkeiten der einzelnen Ausprägungen (Intervalle) sind bei allen r Grundgesamtheiten gleich: $\pi_{1i} = \dots = \pi_{ri} = \pi_{.i}$, $i = 1,\dots,s$, oder gilt H_1: Die Wahrscheinlichkeiten einzelner Ausprägungen (Intervalle) sind zumindest in einigen Grundgesamtheiten von $\pi_{.i}$ verschieden?

Die Wahrscheinlichkeit der Ausprägung (des Intervalles i) schätzt man unter H_0-Bedingungen wirksam mit

$$\bar{p}_{.i} = \frac{1}{n} \sum_{j=1}^{r} h_{ji} = \frac{h_{.i}}{n} . \qquad (5.XII)$$

Nun errechnet man die bei Geltung von H_0 zu erwartenden Häufigkeiten h^e wie folgt: $h^e_{ji} = n_j \cdot \bar{p}_{.i}$.

Gilt nun, daß von den $r \times s$ erwarteten Häufigkeiten keine kleiner als 1 und höchstens 20% kleiner als 5 sind, so ist

$$\boxed{\sum_{i=1}^{s} \sum_{j=1}^{r} \frac{(h_{ji} - h^e_{ji})^2}{h^e_{ji}} = \chi^2} \qquad (3)$$

verteilt wie Chiquadrat (5.IV und 10.XII) mit Parameter $m = (r-1)(s-1)$ (vgl. dazu 16.XI). Die Hypothese H_0: $\pi_{1i} = \dots = \pi_{ji} = \dots = \pi_{ri} = \bar{p}_{.i}$ wird mit Irrtumswahrscheinlichkeit α verworfen, wenn

$$\chi^2 \geq \tilde{\chi}^2_{(r-1)(s-1);1-\alpha} . \qquad \text{(Tabelle C)}$$

Das Verteilungsgesetz, von dem die Wahrscheinlichkeiten π_i abhängen, ist zuweilen bekannt. In diesem Falle ist

$$\sum_{i=1}^{s} \sum_{j=1}^{r} \frac{(h_{ji} - n_j \pi_i)^2}{n_j \pi_i} = \chi^2 \tag{3'}$$

verteilt wie Chiquadrat mit Parameter m = r(s-1).

Beispiel XV.1: Es soll untersucht werden, ob r Objekte auf einem gewissen Merkmal mit s Ausprägungen (Intervallen) identisch verteilt sind. Dazu führt man mit den Objekten wiederholt Zufallsexperimente durch, und zwar n_1 mit dem ersten, n_2 mit dem zweiten usw. H_0 wird verworfen, wenn die Unterschiede "zwischen" den Objekten größer sind als die Unterschiede "innerhalb" der einzelnen Objekte.

♦♦ ♦ ♦♦

Mittelwerte unabhängiger Stichproben

Zwei verschiedene Grundgesamtheiten weisen Erwartungswerte und Varianzen (μ_1, σ_1^2) bzw. (μ_2, σ_2^2) auf. Für die Mittelwerte zweier Stichproben, die man den beiden Grundgesamtheiten unabhängig voneinander entnimmt, gilt, wenn $n_1, n_2 \geq 30$:

$$\bar{x}_1 \sim N\left(\mu_1, \frac{\sigma_1^2}{n_1}\right) \quad , \quad \bar{x}_2 \sim N\left(\mu_2, \frac{\sigma_2^2}{n_2}\right) \quad . \tag{9.XI}$$

Die Differenz der Stichprobenmittelwerte: $\bar{d} = \bar{x}_1 - \bar{x}_2$ ist dann ebenfalls normalverteilt (13.IX):

$$\bar{d} \sim N\left(\mu_1 - \mu_2 \; ; \; \frac{\sigma_1^2}{n_1} + \frac{\sigma_2^2}{n_2}\right) \quad . \qquad \text{(Anhang } \mathbf{A\text{-}11}\text{)}$$

Man bildet den Standardwert (32.III) dieser Differenz:

$$z = \frac{\bar{d} - (\mu_1 - \mu_2)}{\sigma_{\bar{d}}} = \frac{\bar{x}_1 - \bar{x}_2 - (\mu_1 - \mu_2)}{\sqrt{\frac{\sigma_1^2}{n_1} + \frac{\sigma_2^2}{n_2}}} \quad . \tag{4}$$

Die Hypothese H_0: $\mu_1 = \mu_2$ wird mit Irrtumswahrscheinlichkeit α verworfen,

wenn	und man akzeptiert
$\frac{\bar{x}_1 - \bar{x}_2}{\sigma_{\bar{d}}} \geq \tilde{z}_{1-\alpha}$	$H_1 : \mu_1 > \mu_2$
$\frac{\bar{x}_1 - \bar{x}_2}{\sigma_{\bar{d}}} \leq \tilde{z}_{\alpha}$	$H_1 : \mu_1 < \mu_2$
$\frac{\lvert \bar{x}_1 - \bar{x}_2 \rvert}{\sigma_{\bar{d}}} \geq \tilde{z}_{1-\alpha/2}$	$H_1 : \mu_1 \neq \mu_2$

(5)

Die beiden Varianzen σ_1^2 und σ_2^2 sind in der Regel unbekannt, so daß sie geschätzt werden müssen (14 und 15.XI). Wie man dabei vorgehen soll, wenn die Stichproben gewisse Voraussetzungen erfüllen, wird im folgenden erörtert.

a) Wirkt sich ein gewisser Einfluß nur in einer Verschiebung (Translation) der Mittelwerte aus, so sind die **Varianzen**, die man nicht kennt, **gleich groß**: $\sigma_1^2 = \sigma_2^2 = \sigma^2$. Die Varianz der Mittelwertsdifferenzen hat dann den Bau:

$$\sigma_{\bar{d}}^2 = \frac{\sigma_1^2}{n_1} + \frac{\sigma_2^2}{n_2} = \sigma^2 \cdot \frac{n_1 + n_2}{n_1 \cdot n_2} .$$

Man bildet nun den gewogenen Mittelwert der beiden Stichprobenvarianzen (14.XI):

$$s_1^2 = \frac{1}{n_1 - 1} \sum_i (x_i - \bar{x}_1)^2 ; \quad s_2^2 = \frac{1}{n_2 - 1} \sum_j (x_j - \bar{x}_2)^2 ,$$

nämlich

$$s^2 = \frac{(n_1 - 1)\, s_1^2 + (n_2 - 1)\, s_2^2}{n_1 + n_2 - 2} , \qquad (34.III)$$

der ein wirksamer Schätzer von σ^2 ist. Die Prüfgröße:

$$\boxed{t = \frac{\bar{x}_1 - \bar{x}_2}{s} \sqrt{\frac{n_1 \cdot n_2}{n_1 + n_2}}} , \qquad (4')$$

die man anstelle von (4) verwendet, ist studentverteilt (15.XI) mit Parameter $m = n_1 + n_2 - 2$. Im übrigen verfahre man wie bei (5).

b) Die **Varianzen** sind unbekannt und möglicherweise **verschieden**. Dann sorge man dafür, daß die beiden Stichproben gleichen Umfang haben: $n_1 = n_2 = n$. Damit wird die Varianz der Mittelwertsdifferenzen nämlich

$$\sigma_{\bar{d}}^2 = \frac{\sigma_1^2}{n_1} + \frac{\sigma_2^2}{n_2} = \frac{\sigma_1^2 + \sigma_2^2}{n} ,$$

die man wirksam schätzt mit

$$s_{\bar{d}}^2 = \frac{s_1^2 + s_2^2}{n} ,$$

so daß die Prüfgröße

$$\boxed{t = \frac{\bar{x}_1 - \bar{x}_2}{\sqrt{s_1^2 + s_2^2}} \cdot \sqrt{n}} , \qquad (4")$$

die man anstelle von (4) verwendet, studentverteilt (15.XI) ist mit Parameter $m = n-1$. Im übrigen verfahre man wieder wie bei (5). Man beachte, daß gegenüber (a) der wirksame Stichprobenumfang jetzt nicht $n_1 + n_2 = 2n$, sondern nur einfach n ist!

c) Die **Varianzen** sind unbekannt und möglicherweise **verschieden**. Zudem liegen **Stichproben ungleicher Größe** vor. Man schätzt in diesem Fall $\sigma_{\bar{d}}^2$ mit

$$s_{\bar{d}}^2 = \frac{s_1^2}{n_1} + \frac{s_2^2}{n_2} .$$

Die Prüfgröße

$$\boxed{t = \frac{\bar{x}_1 - \bar{x}_2}{\sqrt{\frac{s_1^2}{n_1} + \frac{s_2^2}{n_2}}}} , \qquad (4''')$$

die man anstelle von (4) verwendet, ist jetzt nur annähernd studentverteilt mit Parameter m:

$$\frac{1}{m} = \frac{K^2}{n_1 - 1} + \frac{(1-K)^2}{n_2 - 2} , \quad K = \frac{s_1^2 / n_1}{s_1^2/n_1 + s_2^2/n_2} .$$

⬩⬥◆⬥⬩

Mittelwerte in abhängigen Stichproben

Werden von jedem Objekt einer Untersuchungsgesamtheit zwei Meßwerte, x und y, gewonnen (z.B. unter Versuchs- und Kontrollbedingungen), so ist die Varianz der Differenzen d = x-y:

$$\sigma_d^2 = \text{Var}\,\mathbf{X} + \text{Var}\,\mathbf{Y} - 2\,\text{Kov}\,\mathbf{X,Y} \qquad \text{(Anhang } \mathbf{A\text{-}11}\text{)}$$

kleiner als bei unabhängigen Stichproben, soferne Kov **X,Y** positives Vorzeichen hat. Dieser Umstand wirkt sich auf die Testgüte günstig aus (12. XIII).

Ist der Stichprobenumfang n nicht zu klein, so gilt in guter Näherung

$$\mathbf{d}_n \sim N\left(\mu_x - \mu_y; \frac{\sigma_d^2}{n}\right) . \qquad (9.XI)$$

Die Varianz der Differenzen wird wirksam geschätzt mit

$$s_d^2 = \frac{1}{n-1} \sum_i \left[(x_i - y_i) - (\bar{x} - \bar{y})\right]^2 .$$

Die Prüfgröße

$$\boxed{t = \frac{\bar{x} - \bar{y} - (\mu_x - \mu_y)}{s_d} \sqrt{n}} \qquad (6)$$

ist dementsprechend studentverteilt (15.X) mit Parameter m = n-1.

⬩♦⧫♦⬩

Überprüfung mehrerer Mittelwerte auf Gleichheit

Die Hypothese, daß r normalverteilte Grundgesamtheiten außer gleichen Varianzen der Größe σ^2 auch gleiche Mittelwerte haben, also H_0: $\mu_1 = \ldots = \mu_j = \ldots \mu_r$, prüft man auf folgende Weise mit r unabhängigen Stichproben beliebigen Umfanges:

Stichprobenumfänge	$n_1 \,..\, n_j \,..\, n_r$	$\sum n_j = n$
Stichprobenmittelwerte	$\bar{x}_1 \,..\, \bar{x}_j \,..\, \bar{x}_r$	$\frac{1}{n} \sum_j n_j \bar{x}_j = \bar{\bar{x}}$
Stichprobenvarianzen	$s_1^2 \,..\, s_j^2 \,..\, s_r^2$	$\frac{1}{n-r} \sum_j (n_j - 1) s_j^2 = s_M^2$

Man berechnet außerdem die Varianz der Mittelwerte:

$$s_{\bar{x}}^2 = \frac{1}{r-1} \sum (\bar{x}_j - \bar{\bar{x}})^2 n_j .$$

Der Quotient der beiden Varianzen

$$F = \frac{s_{\bar{x}}^2}{s_M^2} = \frac{\frac{1}{r-1} \sum (\bar{x}_j - \bar{\bar{x}})^2 n_j}{\frac{1}{n-r} \sum (n_j - 1) s_j^2} \qquad (7)$$

besitzt eine F-Verteilung (17.XI) mit Parametern $m_1 = r-1$ und $m_2 = n-r$.

Beispiel XV.2: Identisch verteilte Grundgesamtheiten haben gleiche Mittelwerte und gleiche Varianzen. Ein Aspekt der Hypothese H_0: die r Grundgesamtheiten sind identisch normalverteilt, ist die Hypothese H_0: $\mu_1 = \ldots = \mu_j = \ldots = \mu_r$.

⬩⬥◆⬥⬩

Überprüfung mehrerer Varianzen auf Gleichheit

Die Hypothese, daß r normalverteilte Grundgesamtheiten gleiche Varianzen haben, welche Voraussetzung des Tests (7) ist, prüft man wie folgt: Man berechnet neben der Hilfsgröße

$$s_M^2 = \frac{1}{n-r} \sum_j (n_j - 1) s_j^2 \quad \text{auch} \quad c = 1 + \frac{1}{3(r-1)} \left(\sum_j \frac{1}{n_j - 1} - \frac{1}{n-r} \right) .$$

Ist nun n_j-1 in keinem Fall kleiner als 5, so ist die nach BARTLETT benannte Testgröße

$$\chi^2 = \frac{(n-r) \ln s_M^2 - \sum_j (n_j - 1) \ln s_j^2}{c} \qquad (8)$$

verteilt wie Chiquadrat (16.XI) mit Parameter $m = r-1$.

⬩⬥◆⬥⬩

Zwei Varianzen vergleicht man zweckmäßiger mit dem folgenden Verfahren: gilt H_0: $E\, s_1^2 = E\, s_2^2 = \sigma^2$, d.h. haben die beiden Stichprobenvarianzen den gleichen Erwartungswert σ^2, so ist der Quotient

$$\boxed{F = \frac{s_1^2}{s_2^2}} \tag{9}$$

F-verteilt (17.XI) mit Parametern $m_1 = n_1 - 1$ und $m_2 = n_2 - 1$.
H_0: $E s_1^2 = E s_2^2 = \sigma^2$ wird mit Irrtumswahrscheinlichkeit α verworfen,

wenn	und man akzeptiert
$\frac{s_1^2}{s_2^2} \geq \tilde{F}_{n_1-1;n_2-1;1-\alpha}$	$H_1 : E s_1^2 > E s_2^2$
$\frac{s_1^2}{s_2^2} \geq \tilde{F}_{n_1-1;n_2-1;1-\alpha/2}$	$H_1 : E s_1^2 \neq E s_2^2$

.

Dabei sind die Indizes so zu wählen, daß $s_1^2 > s_2^2$.

•♦ ♦ ♦•

Prüfung, ob zwei Grundgesamtheiten identisch verteilt sind

Wir befassen uns hier mit zwei Grundgesamtheiten, die auf einem stetigen Merkmal **X** gleiche Verteilungsfunktionen haben: $F_1(x) = F_2(x)$ für alle Werte von **X**. Dies impliziert, wie schon erwähnt, gleiche Mittelwerte, Varianzen, aber auch gleiche Schiefe, Wölbung, usw. Man gewinne zwei unabhängige Stichproben

$$(x_{11},\ldots,x_{1n_1}) \quad \text{und} \quad (x_{21},\ldots,x_{2n_2}) \; .$$

Diese Werte gebe man zusammen, so daß eine Stichprobe mit $n_1 + n_2$ Meßwerten entsteht. Nun ordne man diese der Größe nach:

$$x_{(1)} \leq x_{(2)} \leq \ldots \leq x_{(n_1+n_2)} \; . \tag{9.II}$$

Die Zahlen in Klammern sind Rangzahlen. Sollten (c+1) der x-Werte gleich sein: $x_{(k)} = x_{(k+1)} = \ldots = x_{(k+c)}$, so wird ihnen die Rangzahl k+c/2 zugeteilt (siehe 19.IV).

Nun summiere man die Rangzahlen jener Objekte, die der Grundgesamtheit 1 entstammen. Diese Summe sei T_1. Entsprechend ist T_2 die Rangzahlensumme der Objekte aus Grundgesamtheit 2. - Die beiden Statistiken

$$\left.\begin{aligned} U_1 &= n_1 n_2 + \tfrac{1}{2} n_1(n_1+1) - T_1 \\ U_2 &= n_1 n_2 + \tfrac{1}{2} n_2(n_2+1) - T_2 \end{aligned}\right\} , \quad U_1 + U_2 = n_1 n_2 ,$$

heißen Mann-Whitney-Statistiken. - Hat jede der beiden Stichproben einen Umfang von mindestens 10, so sind die beiden Statistiken $\mathbf{U}_1, \mathbf{U}_2$ approximativ normalverteilt mit Parametern:

$$\boxed{\mu = \frac{n_1 n_2}{2} \quad \text{und} \quad \sigma^2 = \frac{1}{12} n_1 n_2 (n_1 + n_2 + 1)} \quad .$$

Diese Aussage gilt, ohne daß man die Verteilung des Untersuchungsmerkmales **X** zu berücksichtigen hätte. Die Mann-Whitney-Statistik ist eine (normal-)verteilungsfreie Statistik. - Ist nun

$$\frac{|U_i - \mu|}{\sigma} \geq \tilde{z}_{1-\alpha/2} , \tag{10}$$

so wird H_0: $F_1(x) = F_2(x)$ mit Irrtumswahrscheinlichkeit α verworfen. Was in diesem Fall H_1: $F_1(x) \neq F_2(x)$ verursacht, bleibt offen: In Frage kommen ungleiche Mittelwerte und/oder ungleiche Varianzen und/oder Unterschiede zwischen den dritten, vierten Momenten, usw.

⬩⬥ ⧫ ⬥⬩

XV.2: Abhängigkeit von Merkmalsausprägungen

Die Vermutung, daß die Ausprägungen zweier Merkmale voneinander unabhängig anfallen (2.IV), wird mit Irrtumswahrscheinlichkeit α verworfen, wenn das Kontingenzmaß "Chiquadrat" (5.IV) die Ungleichung erfüllt:

$$\boxed{\tilde{\chi}^2_{(r-1)(s-1);1-\alpha} \leq \sum_{j=1}^{s} \sum_{i=1}^{r} \frac{(h_{ij} - h^e_{ij})^2}{h^e_{ij}} = \chi^2} \quad . \tag{11}$$

Der Parameter der Chiquadratverteilung (16.XI) ist $m = (r-1)\cdot(s-1)$. Die Häufigkeiten h_{ij} sollten nicht kleiner als 5 sein. Gegebenenfalls fasse man Klassen zusammen und reduziere r bzw. s entsprechend.
Ist der Parameter $m \geq 30$, so rechne man anstelle von (11) mit

$$\boxed{\sqrt{2\chi^2} - \sqrt{2m-1} \sim \mathcal{N}(0,1)} \quad . \tag{12}$$

Beispiel XV.3: Wir greifen auf die Deutsch- und Lateinnoten der 500 Gymnasiasten des Beispiels IV.1 zurück. Es ist $r = s = 5$, und daher $m = (5\text{-}1)(5\text{-}1) = 16$; Wir wählen die Irrtumswahrscheinlichkeit $\alpha = 0{,}01$. Laut Tabelle **C** ist $\chi^2_{16;0,99} = 32$. Da keine Häufigkeit kleiner als 5 ist, führen wir den Test durch: Es wurde $\chi^2 = 777{,}44$ gefunden. Da $32 < 777{,}44$ schließen wir mit (11), daß die beobachteten Häufigkeiten der Kombinationen von Deutsch- und Lateinnoten von den erwarteten ungewöhnlich stark abweichen. Diese Noten fallen also mit ziemlicher Sicherheit nicht unabhängig voneinander an.

⬩⬥ ◆ ⬥⬩

Die Abhängigkeit von Rangzahlen wurde mit dem Verfahren von SPEARMAN (18.IV) bzw. KENDALL (20.IV) gemessen.

Fallen die Ausprägungen zweier quantitativer Merkmale **X** und **Y** mit unbekannter Verteilung oder zweier Rangmerkmale unabhängig voneinander an, und ist der Stichprobenumfang $n \geq 20$, so gilt für SPEARMAN's Korrelationszahl r_s:

$$\boxed{\sqrt{n-1} \cdot \mathbf{r}_s \sim N(0,1)} \quad . \tag{13}$$

Ist $n \geq 10$, so gilt für KENDALL's Korrelationszahl τ:

$$\boxed{\tau \sim N\left(0,\ \frac{2(2n+5)}{9n(n-1)}\right)} \quad . \tag{14}$$

Beispiel XV.4: In den Beispielen IV.9 und IV.10 fanden wir, daß der Zusammenhang der Deutsch- und Lateinnoten von $n=500$ Gymnasiasten

$$r_s = 0{,}869 \quad \text{und} \quad \tau = 0{,}75$$

beträgt. Man erhält mit (13) einen Standardwert

$$z(r_s) = \frac{\sqrt{500-1} \cdot 0{,}869 - 0}{1} = 19{,}41 \ ,$$

und mit (14):

$$z(\tau) = \frac{0{,}75 - 0}{\sqrt{\dfrac{2(2 \cdot 500+5)}{9 \cdot 500(500-1)}}} = \frac{0{,}75}{0{,}0299} = 25{,}07 \ .$$

Beide Ergebnisse bestätigen, was schon der Kontingenztest zu Tage brachte, nämlich daß zwischen Latein- und Deutschnoten eine sehr starke Abhängigkeit besteht. - Der numerische Unterschied von $r_s = 0{,}869$ und $\tau = 0{,}75$ ist übrigens mit der ungleichen Varianz der beiden Prüfgrößen (13) und (14) zu erklären.

⬩♦⧫♦⬩

In annähernd bivariat normalverteilten Grundgesamtheiten hat der Korrelationskoeffizient

$$r = \sum_j \sum_i \frac{x_i - \bar{x}}{s_x} \frac{y_j - \bar{y}}{s_y} p_{ij} \qquad (24.\text{IV})$$

eine Verteilung der Art, daß FISHER's z-Transformation

$$z = \frac{1}{2} \ln \frac{1+r}{1-r} \qquad (18.\text{XI})$$

annähernd die Verteilung

$$\mathbf{z} \sim N\left(\frac{1}{2} \ln \frac{1+\rho}{1-\rho} \; ; \; \frac{1}{n-3}\right) \qquad (15)$$

aufweist, soferne $n \geq 25$.

Beispiel XV.5: Man habe zwei Grundgesamtheiten die Stichproben (x_{11}, y_{11}), $\ldots, (x_{1n_1}, y_{1n_1})$ und $(x_{21}, y_{21}), \ldots, (x_{2n_2}, y_{2n_2})$ entnommen und mit (24.IV) die Korrelationskoeffizienten r_1 und r_2 berechnet. Ist die Vermutung, daß beide Grundgesamtheiten den gleichen Korrelationsparameter ρ aufweisen, mit der Differenz $r_1 - r_2$ vereinbar? - Man berechne mit (18.XI):

$$z_1 = \frac{1}{2} \ln \frac{1+r_1}{1-r_1} \quad \text{und} \quad z_2 = \frac{1}{2} \ln \frac{1+r_2}{1-r_2} \, .$$

Die Varianz der Differenz $z_1 - z_2$ ist im Hinblick auf (15)

$$\text{Var}(\mathbf{z}_1 - \mathbf{z}_2) = \frac{1}{n_1 - 3} + \frac{1}{n_2 - 3} \, . \qquad (\text{Anhang } \mathbf{A\text{-}11})$$

Die Hypothese $\rho_1 = \rho_2 = \rho$ wird mit Irrtumswahrscheinlichkeit α verworfen,

wenn	und man akzeptiert
$\dfrac{z_1 - z_2}{\sqrt{\dfrac{1}{n_1 - 3} + \dfrac{1}{n_2 - 3}}} \geq \tilde{z}_{1-\alpha}$	$H_1 : \rho_1 > \rho_2$
$\dfrac{z_1 - z_2}{\sqrt{\dfrac{1}{n_1 - 3} + \dfrac{1}{n_2 - 3}}} \leq \tilde{z}_{\alpha}$	$H_1 : \rho_1 < \rho_2$
$\dfrac{\lvert z_1 - z_2 \rvert}{\sqrt{\dfrac{1}{n_1 - 3} + \dfrac{1}{n_2 - 3}}} \geq \tilde{z}_{1-\alpha/2}$	$H_1 : \rho_1 \neq \rho_2$

⬩⬥◆⬥⬩

Um die "Fremdbestimmung" des Korrelationskoeffizienten durch "dahinterliegende Merkmale" aufzudecken, untersuchten wir die Abhängigkeit der Ausprägungen zweier Merkmale **X** und **Y** bei Objekten, die gleiche Ausprägungen in p weiteren Merkmalen aufwiesen (Partialkorrelationen: 28,29,30.IV). - Wir gehen jetzt von dem (p+2)-dimensionalen Merkmal aus:

$$\mathbf{XY};\mathbf{Z}_1,\ldots,\mathbf{Z}_q;\ \mathbf{Z}_{q+1},\ldots,\mathbf{Z}_p\ .$$

Mit $r_{xy.q}$ bezeichnen wir die Partialkorrelation q-ter Ordnung, also die Korrelation der Ausprägungen von **X** und **Y** unter der Bedingung, daß $\mathbf{Z}_1 = c_1$, $\mathbf{Z}_2 = c_2,\ldots,\mathbf{Z}_q = c_q$, und unter Vernachlässigung der Merkmale $\mathbf{Z}_{q+1},\ldots,\mathbf{Z}_p$. Verschwindet die Abhängigkeit der Ausprägungen von **X** und **Y** bei Berücksichtigung von q weiteren Variablen, d.h. ist $E\,\mathbf{r}_{xy.q} = 0$, so besitzt, wie in (19.XI) bereits erwähnt, die Prüfgröße

$$t = \frac{r_{xy.q}}{\sqrt{1-r^2_{xy.q}}}\sqrt{n-2-q} \qquad (16)$$

eine Studentverteilung (15.XI) mit Parameter m = n-2-q, wobei q die Werte 0,1,2,...,n-3 durchlaufen kann. - Ist $n \geq 25$, so ersetzt man (16) durch die Testgröße (siehe 18.XI):

$$z = \frac{1}{2}\ln\frac{1+r_{xy.q}}{1-r_{xy.q}}\ , \qquad (16')$$

die annähernd normalverteilt ist:

$$\mathbf{z} \sim \mathcal{N}\left(\frac{1}{2} \ln \frac{1+\rho_{xy.q}}{1-\rho_{xy.q}}, \frac{1}{n-3-q}\right) .$$

⬩⬥ ◆ ⬥⬩

Bei der Spezifikation eines Modelles (Kapitel V.4) ist es nützlich, wenn man das Bestimmtheitsmaß (15.V) einer zufallskritischen Beurteilung unterziehen kann. Wir betrachten ein lineares Modell (22.V) mit p "erklärenden" Variablen:

$$\mathbf{Y};\ \mathbf{X}_1,\ldots,\mathbf{X}_q;\ \mathbf{X}_{q+1},\ldots,\mathbf{X}_p .$$

Die multiple Korrelation (29.V) zwischen $\mathbf{Y}$ und den erklärenden Variablen $\mathbf{X}_1,\ldots,\mathbf{X}_q$ wird abkürzend mit $R_{y.q}$ bezeichnet. Ist der Erwartungswert $E\,\mathbf{R}_{y.q} = 0$, so besitzt der Quotient

$$F = \frac{R^2_{y.q}}{1-R^2_{y.q}} \frac{n-1-q}{q} \tag{17}$$

eine F-Verteilung (17.XI) mit Parametern $m_1 = q$ und $m_2 = n-1-q$; dabei kann q die Werte 1,...,n-2 durchlaufen.

⬩⬥ ◆ ⬥⬩

Die Aufnahme bzw. Entfernung zusätzlicher erklärender Variablen erfolgt anhand der Veränderungen des Bestimmtheitsmaßes $B_q = R^2_{y.q}$ gegenüber $B_{q-1} = R^2_{y.q-1}$. Es ist daher nützlich, daß man den Unterschied der beiden Größen einer zufallskritischen Beurteilung unterziehen kann. Gilt $H_0: E\,\mathbf{R}^2_{y.q} = E\,\mathbf{R}^2_{y.q-1}$, so besitzt der Quotient

$$F = \frac{R^2_{y.q} - R^2_{y.q-1}}{1-R^2_{y.q}} \cdot (n-1-q) \tag{18}$$

eine F-Verteilung (17.XI) mit Parametern $m_1=1$ und $m_2=n-1-q$; dabei kann q die Werte 2,3,...,n-2 durchlaufen. Tritt der Fall ein, daß

$$F \geq \tilde{F}_{1;n-1-q;1-\alpha} ,$$

so schließt man bei Vorwärtselimination, daß das lineare Modell durch Aufnahme von x_q eine bedeutsame Verbesserung, bzw. bei Rückwärtselimination, daß es durch Entfernen von x_q eine bedeutsame Verschlechterung seines Erklärungswertes erfährt.

⬩⬥◆⬥⬩

Wir untersuchen jetzt die Abhängigkeit einer Zeitreihe von der Zeit. Die Folge der Zufallsvariablen

$$\mathbf{x}_t = \begin{cases} 1 & \text{wenn bei t das Ereignis E eintritt} \\ 0 & \text{sonst} \end{cases}$$

ist ein Bernoulliprozeß, wenn die Ausgänge x_t, x_{t+1} unabhängig voneinander anfallen und $\Pr(\mathbf{x}_t=1)$ unabhängig von der Zeit den festen Wert $\Pr(\mathbf{x}_t=1)=\pi$ hat. Nachstehend ist die Realisierung einer solchen Folge abgebildet:

t	1	2	3	4	5	6	7	8	9	10	11	12	13	14	15	16	..	
x_t	1	1	0	1	0	0	0	1	1	0	1	1	0	1	0	0	..	2m=16
	1		2	3	4			5		6	7		8	9	10			u=10

Man markiere nun - wie oben angedeutet - die Subfolgen von Zufallsexperimenten mit gleichem Ausgang und ermittle deren Anzahl. Wenn die betrachtete Folge eine Bernoullifolge mit Wahrscheinlichkeitsparameter $\pi=1/2$ ist, so besitzt die Zufallsvariable **U**, u = 2,3,...,2m, folgende Wahrscheinlichkeitsverteilung:

u gerade / u ungerade

$$\Pr(\mathbf{U}=u) = 2 \cdot \frac{\binom{m-1}{\frac{u-2}{2}}^2}{\binom{2m}{m}}, \quad \Pr(\mathbf{U}=u) = 2 \cdot \frac{\binom{m-1}{\frac{u-1}{2}}\binom{m-1}{\frac{u-3}{2}}}{\binom{2m}{m}}. \qquad (19)$$

Ist die Zahl der Subfolgen klein, wie in der ersten der nachstehend dargestellten Folgen, oder groß, wie in der zweiten:

t	1	2	3	4	5	6	7	8	9	10	11	12	13	14	15	16	
x'_t	0	0	0	0	0	0	0	0	0	1	1	1	1	1	1	1	2m=16; u'=2
x''_t	0	1	0	1	0	1	0	1	0	1	0	1	0	1	0	1	2m=16; u"=16

so erhält man mit (19) die Wahrscheinlichkeiten

$$\Pr(\mathbf{U}' = 2) = 0{,}00016 \quad \text{und} \quad \Pr(\mathbf{U}'' = 16) = 0{,}00016$$

und wird schließen, daß derlei für Bernoulliprozesse ungewöhnlich ist. – Für die einleitend angeführte Folge erhält man mit (19):

$$\Pr(\mathbf{U} = 10) = 2 \cdot \frac{\binom{\frac{8-1}{\frac{10-2}{2}}}{}^{2}}{\binom{16}{8}} = 0{,}1904 \; .$$

Man ermittle nun die Grenzen c_u, c_o des Zufallsintervalles, welche den Ungleichungen genügen:

$$\sum_{u=2}^{c_u} \Pr(u) \leq \frac{\alpha}{2} < \sum_{u=2}^{c_u} \Pr(u) + \Pr(c_u+1)$$

$$\sum_{u=c_o}^{2m} \Pr(u) \leq \frac{\alpha}{2} < \sum_{u=c_o}^{2m} \Pr(u) + \Pr(c_o-1) \; .$$

Bei 2m = 16 gilt mit Sicherheit $1-\alpha = 0{,}98$, daß $4 \leq u \leq 13$. Die gefundene Anzahl von 10 Subfolgen ist also keinesfalls ungewöhnlich.

Hat die Realisierung der Bernoullifolge eine Länge von mindestens 2m = 50, so gilt für die Zufallsvariable **U** annähernd:

$$\boxed{\mathbf{U} \sim \mathcal{N}\left(m+1; \; \frac{m(m-1)}{2m-1}\right)} \; . \qquad (19')$$

Beispiel XV.6 (Residualanalyse einer Zeitreihe): Man bestimmt zuerst den Median $\tilde{e}_{0,5}$ der Residuen $e_1, e_2, \ldots, e_{2m}$ und transformiert dann dieselben in die Folge

$$x_t = \begin{cases} 1 \text{ wenn } e_t > \tilde{e}_{0,5} \\ 0 \text{ wenn } e_t < \tilde{e}_{0,5} \; . \end{cases}$$

Sollte ein Residuum mit dem Median zusammenfallen, so schlage man es jener Seite zu, die weniger Residuen enthält. Nun zähle man die Anzahl der Subfolgen aus.

Die Nullhypothese, daß die Residuen regellos um die Zeitreihe schwanken, wird mit Irrtumswahrscheinlichkeit $\leq \alpha$ verworfen, wenn $u \leq c_u$ oder $u \geq c_o$ zutrifft.

Sei etwa 2m = 100. Man berechnet die Standardwerte der Schranken im Hinblick auf (19') wie folgt:

$$z = \frac{c-(50+1)}{\sqrt{\frac{50(50-1)}{100-1}}} = \frac{c-51}{4,97},$$

sodaß man $c_u = -\tilde{z}_{1-\alpha/2} \cdot 4,97+51$ und $c_o = \tilde{z}_{1-\alpha/2} \cdot 4,97+51$ erhält. Wählt man etwa $\alpha = 0,02$, so ist $\tilde{z}_{1-\alpha/2} = 2,326$, und H_0 wird verworfen, wenn entweder $u \leq 39,43$ oder $u \geq 62,57$ ist.

Muß H_0 verworfen werden, so stellt das Modell der Zeitreihe, deren Residuen dann nicht als regellos betrachtet werden dürfen, eine **Fehlspezifikation** dar, deren Ursachen im einzelnen nachgegangen werden muß.

⬩⬥ ♦ ⬥⬩

Zwischen aufeinanderfolgenden Residuen einer Zeitreihe kann man Differenzen $e_{t+1} - e_t$ bilden. Man führe die Zählvariable ein:

$$\mathbf{x}_t = \begin{cases} 1 \text{ wenn } e_{t+1} - e_t > 0 \text{ (Anstieg)} \\ 0 \text{ wenn } e_{t+1} - e_t < 0 \text{ (Abstieg).} \end{cases}$$

Tritt $e_{t+1} = e_t$ auf, so behandle man die beiden Residuen wie einen Wert und reduziere die Länge der Zeitreihe um 1.

In einem "weißen Rauschen" gilt:

$$\Pr(\mathbf{x}_t = 1) = \Pr(\mathbf{x}_t = 0) = \frac{1}{2},$$

$$\boxed{E\sum_{t=1}^{n-1} \mathbf{x}_t = \frac{1}{2}(n-1), \quad \text{Var}\sum_{t=1}^{n-1} \mathbf{x}_t = \frac{1}{12}(n+1)} \quad . \tag{20}$$

Man ermittle $\sum_{t=1}^{n-1} x_t$. Ist $n > 30$, so besitzt diese Summe in guter Näherung eine Normalverteilung:

$$\sum_{t=1}^{n-1} \mathbf{x}_t \sim N\left[\frac{1}{2}(n-1); \frac{1}{12}(n+1)\right] .$$

Muß die Nullhypothese verworfen werden, so weist die Zeitreihe der Residuen für ein weißes Rauschen zuviele Anstiege (Abstiege) auf, also steigenden (fallenden) Trend.

⬩⬥ ♦ ⬥⬩

Man verwendet auch folgende Zählvariable

$$\mathbf{u}_t = \begin{cases} 1 & \text{wenn } e_{t-1} < e_t > e_{t+1} \text{ oder } e_{t-1} > e_t < e_{t+1} \\ 0 & \text{sonst,} \end{cases}$$

und sagt, die Zeitreihe habe bei t einen "Umkehrpunkt", wenn $u_t = 1$. Die Zahl der Umkehrpunkte, also $\sum_{t=2}^{n-1} u_t$ ist ab $n > 30$ annähernd normal verteilt:

$$\boxed{\sum_{t=2}^{n-1} \mathbf{u}_t \sim N\left[\frac{2}{3}(n-2);\ \frac{1}{90}(16n-29)\right]} \quad . \tag{21}$$

Muß H_0 verworfen werden, so weist die Zeitreihe der Residuen für ein weißes Rauschen zu wenige oder zu viele Umkehrpunkte auf. Es sind dann aufeinanderfolgende Abweichungen korreliert.

XV.3. Tests der Kleinstquadratschätzer

Lineare Regression mit einer Veränderlichen

Die Hypothese, welche wir hier zu untersuchen haben, lautet, daß y eine lineare Funktion von x ist, der sich ein Störglied e überlagert:

$$\boxed{y\,|\,x = a + bx + e} \quad . \tag{22}$$

Das Störglied sei normalverteilt mit einem Erwartungswert 0 und einer Varianz, die bei jedem x dieselbe Größe σ_e^2 hat, so daß

$$\boxed{E(\mathbf{Y}\,|\,x) = a + bx, \quad \mathrm{Var}\ \mathbf{Y}\,|\,x = \sigma_e^2} \quad . \tag{23}$$

Die Genauigkeit, mit der man $\mathbf{Y}|x$ mißt, wird also von x nicht beeinflußt. Man bezeichnet das als **Homoskedastizität.**

••◆••

Die Messung der Parameter von (22) und deren zufallskritische Beurteilung setzen voraus, daß man einen Versuchsplan der folgenden Art verwirklicht hat:

Tabelle XV.1:

unabhängige Variable **X**	von x abhängige Beobachtungen **Y**	deren Anzahl
x_1	$y_{11}, \ldots, y_{1n_1}$	h_1
$\vdots$	$\vdots$	$\vdots$
x_i	$y_{i1}, \ldots, y_{in_i}$	h_i
$\vdots$	$\vdots$	$\vdots$
x_r	$y_{r1}, \ldots, y_{rn_r}$	h_r

Man benötigt folgende Hilfsgrößen:

1) Den Mittelwert und die Varianz der x-Werte:

$$\bar{x} = \frac{1}{n} \sum_{i=1}^{r} x_i h_i \; ; \quad s_x^2 = \frac{1}{n} \sum_{i=1}^{r} (x_i - \bar{x})^2 h_i \; .$$

2) Die bedingten Mittelwerte:

$$\bar{y}|x_i = \frac{1}{h_i} \sum_{\nu=1}^{h_i} y_{i\nu} \, , \quad i=1,\ldots,r \; .$$

3) Den Mittelwert und die Varianz der y-Werte:

$$\bar{y} = \frac{1}{n} \sum_{i=1}^{r} \sum_{\nu=1}^{h_i} y_{i\nu} = \frac{1}{n} \sum_{i=1}^{r} (\bar{y}|x_i) h_i \; ; \; s_y^2 = \frac{1}{n} \sum_{i=1}^{r} \sum_{\nu=1}^{h_i} (y_{i\nu} - \bar{y})^2 \; .$$

4) Die Kovarianz von **Y** und **X**:

$$\text{Kov } \mathbf{X,Y} = \frac{1}{n} \sum_{i=1}^{r} (x_i - \bar{x}) \sum_{\nu=1}^{h_i} (y_{i\nu} - \bar{y}) \; .$$

⬩♦ ♦ ♦⬩

Nun berechnet man die Kleinstquadratschätzer $\hat{a}$, $\hat{b}$ der Parameter a und b von (22) mit den bereits bekannten Formeln:

$$(8.V): \quad \hat{a} = \bar{y} - r \frac{s_y}{s_x} \cdot \bar{x} \; ; \qquad (7.V): \quad \hat{b} = r \frac{s_y}{s_x} \; .$$

Mit diesen bestimmt man die Rechenwerte $\hat{y}_i$ und die Differenzen 'Meßwert minus Rechenwert', also die Residuen $\hat{e}_{i\nu}$:

$$\hat{y}_i = \hat{a} + \hat{b} x_i \; ; \quad \hat{e}_{i\nu} = y_{i\nu} - (\hat{a} + \hat{b} x_i) \; .$$

Die Quadratsumme der Residuen:

$$Q(\hat{a},\hat{b}) = \sum_{i=1}^{r} \sum_{\nu=1}^{h_i} \hat{e}^2_{i\nu} = \sum_{i=1}^{r} \sum_{\nu=1}^{h_i} \left[y_{i\nu} - (\hat{a} + \hat{b}x_i)\right]^2$$

kann man auch mit (14.V) berechnen:

$$Q(\hat{a},\hat{b}) = (1 - r^2)\cdot n\cdot s_y^2 .$$

♦♦ ♦ ♦♦

Zuerst überprüfen wir die Hypothese, daß die y-Werte sich mit x linear verändern. Dazu benötigen wir zwei weitere Hilfsgrößen:

$$Q_1 = \sum_{i=1}^{r} [\bar{y}|x_i - (\hat{a} + \hat{b}x_i)]^2\cdot h_i , \quad Q_2 = \sum_{i=1}^{r} \sum_{\nu=1}^{h_i} (y_{i\nu} - \bar{y}|x_i)^2 .$$

Die bedingten Mittelwerte $\bar{y}|x_i$ weichen von der Geraden $\hat{a} + \hat{b}x_i$ mehr oder weniger stark ab. Die Quadratsumme dieser Abweichungen ist Q_1. - Die Meßwerte $y_{i\nu}$ weichen von ihren bedingten Mittelwerten $\bar{y}|x_i$ ebenfalls mehr oder weniger ab. Die Quadratsumme dieser Abweichungen ist Q_2. - Nun erkennt man leicht, daß Q_2 in jedem Fall zur Schätzung von σ_e^2 verwendet werden kann, ob nun (22) zutrifft oder nicht. Dagegen kann man Q_1 für die Schätzung von σ_e^2 nur dann heranziehen, wenn $\bar{y}|x_i$ den Erwartungswert $a+bx_i$ hat. In jedem anderen Fall wird, wie man sich mit dem Steiner'schen Verschiebungssatz (8.III) leicht klar macht, die Quadratsumme Q_1 größer ausfallen. - Der Quotient

$$\boxed{F = \frac{Q_1/(r-2)}{Q_2/(n-r)}} \tag{24}$$

besitzt eine F-Verteilung (17.XI) mit Parametern $m_1 = r\text{-}2$ und $m_2 = n\text{-}r$, wenn $E\,\bar{y}|x_i = a+bx_i$. Die Hypothese, daß die y-Werte sich mit x linear verändern, wird mit Irrtumswahrscheinlichkeit α verworfen, wenn

$$F \geq \tilde{F}_{r-2;n-r;1-\alpha} .$$

Ein Fehler 2. Art unterläuft einem, wenn man die Hypothese nicht verwirft und sich die y-Werte mit x tatsächlich anders als linear verändern. Ein solcher Fehler wiegt schwer. Man sollte daher seine Wahrscheinlichkeit klein halten, indem man - unter Ausnutzung der Inkompatibilität der Fehler - einen nicht zu kleinen Wert für α einsetzt: $\alpha=0,1$ dürfte angemessen sein.

⬥⬥ ⧫ ⬥⬥

Wenn die Hypothese: $y = a+bx+e$ (22) zutrifft und entweder $\mathbf{e} \sim N(0,\sigma_e^2)$ gilt oder für n und r große Werte gewählt werden können, dann sind die Kleinstquadratschätzer $\hat{a}$, $\hat{b}$ bivariat normalverteilt mit:

$$\begin{array}{ll} \text{Mittelwerten:} & E\,\hat{\mathbf{a}} = a \; ; \quad E\,\hat{\mathbf{b}} = b \; ; \\ \text{Varianzen:} & \operatorname{Var}\hat{\mathbf{a}} = \frac{\sigma_e^2}{n}\left[\frac{s_x^2 + \bar{x}^2}{s_x^2}\right] \; ; \quad \operatorname{Var}\hat{\mathbf{b}} = \frac{\sigma_e^2}{n s_x^2} \; ; \\ \text{Kovarianz:} & \operatorname{Kov}\hat{\mathbf{a}},\hat{\mathbf{b}} = -\frac{\sigma_e^2}{n s_x^2}\cdot\bar{x} \end{array} \qquad . (25)$$

Die Varianz des Störgliedes, σ_e^2, wird wirksam geschätzt mit

$$s^2 = \frac{Q(\hat{a},\hat{b})}{n-2} = \frac{1}{n-2}\sum_i \sum_\nu \left[y_{i\nu} - (\hat{a} + \hat{b}\,x_i)\right]^2 \; . \qquad (9.XII)$$

Ersetzt man in (25) den Parameter σ_e^2 durch den Schätzer s^2, so besitzen die Prüfgrößen

$$t = \frac{\hat{a} - a}{s}\sqrt{\frac{n\,s_x^2}{s_x^2 + \bar{x}^2}} \qquad (26)$$

$$t = \frac{\hat{b} - b}{s}\sqrt{n \cdot s_x^2}$$

jeweils eine Studentverteilung (15.XI) mit Parameter $m = n-2$.

Die Hypothese $E\,\hat{b} = b$ wird mit Irrtumswahrscheinlichkeit α verworfen,

wenn	und man akzeptiert
$\frac{\hat{b} - b}{s} \sqrt{n s_x^2} \geq \tilde{t}_{n-2;\,1-\alpha}$	$H_1 : E\,\hat{\mathbf{b}} > b$
$\frac{\hat{b} - b}{s} \sqrt{n s_x^2} \leq \tilde{t}_{n-2;\,\alpha}$	$H_1 : E\,\hat{\mathbf{b}} < b$
$\frac{\lvert\hat{b} - b\rvert}{s} \sqrt{n s_x^2} \geq \tilde{t}_{n-2;\,1-\alpha/2}$	$H_1 : E\,\hat{\mathbf{b}} \neq b$

Man habe in zwei unabhängigen Durchführungen einer Untersuchung mit n_1 und n_2 Messungen die Regressionskoeffizienten $\hat{b}_1$ und $\hat{b}_2$, sowie die Schätzer s_1^2 und s_2^2 der Störvarianz gefunden. - Die Varianz der Differenz $\hat{b}_1 - \hat{b}_2$ ist (Anhang **A-11**):

$$\begin{aligned} \mathrm{Var}(\hat{\mathbf{b}}_1 - \hat{\mathbf{b}}_2) &= \mathrm{Var}\,\hat{\mathbf{b}}_1 + \mathrm{Var}\,\hat{\mathbf{b}}_2 \\ &= \sigma_e^2 \left[\frac{1}{n_1 s_{x_1}^2} + \frac{1}{n_2 s_{x_2}^2}\right] . \end{aligned}$$

σ_e^2 schätzt man wirksam mit dem gewogenen Mittel:

$$s^2 = \frac{(n_1-2)s_1^2 + (n_2-2)s_2^2}{n_1 + n_2 - 4} . \tag{34.III}$$

Die Prüfgröße

$$\boxed{t = \frac{(\hat{b}_1 - \hat{b}_2) - (b_1 - b_2)}{s \cdot \sqrt{\dfrac{1}{n_1 s_{x_1}^2} + \dfrac{1}{n_2 s_{x_2}^2}}}} \tag{27}$$

ist studentverteilt (15.XI) mit Parameter $m = n_1 + n_2 - 4$. Von Interesse dürfte in diesem Zusammenhang die Hypothese $b_1 = b_2$ sein.

⧫⧫ ⧫ ⧫⧫

Wir wenden uns nun den "Rechenwerten" $\hat{y}|x = \hat{a} + \hat{b}x$ zu. Während die "Meßwerte" $y_{i\nu}$ mit einer Varianz σ_e^2 streuen, ist die Varianz der $\hat{y}$-Werte kleiner, nämlich:

$\mathrm{Var}\,\hat{\mathbf{y}}|x = \mathrm{Var}\,(\hat{\mathbf{a}} + \hat{\mathbf{b}}x) = \mathrm{Var}\,\hat{\mathbf{a}} + x^2 \cdot \mathrm{Var}\,\hat{\mathbf{b}} + 2x \cdot \mathrm{Kov}\,\hat{\mathbf{a}},\hat{\mathbf{b}}$. (Anhang **A-11**)

Setzt man für die Varianzen und die Kovarianz (25) ein, so erhält man nach kurzer Rechnung:

$$\mathrm{Var}(\hat{y} \mid x) = \frac{\sigma_e^2}{n}\left[1 + \frac{(x - \bar{x})^2}{s_x^2}\right] . \tag{28}$$

Ist nun **e** ~ $N(0,\sigma_e^2)$, so wird, wenn σ_e^2 durch den Schätzer (9.XII) ersetzt wird, die Zufallsvariable

$$t = \frac{\hat{y} \mid x - (a + bx)}{\frac{s}{\sqrt{n}}\sqrt{1 + \frac{(x - \bar{x})^2}{s_x^2}}} \tag{29}$$

studentverteilt (15.XI) mit Parameter m = n-2 sein.
Wir wollen damit den Vertrauensbereich zur Sicherheit S = 1-α angeben:

$$\Pr\left[\hat{y} \mid x_i \pm \frac{s}{\sqrt{n}}\sqrt{1 + \frac{(x_i - \bar{x})^2}{s_x^2}} \cdot t_{n-2;1-\alpha/2}\right] = 1 - \alpha . \tag{15.XII}$$

Man kann sagen: der Wert, den die Funktion a + bx an der Stelle $x = x_i$ hat, ist mit Sicherheit (1-α) ein Wert aus diesem Intervall. Man beachte, daß der Vertrauensbereich schmäler und damit die Genauigkeit größer wird, wenn man sich dem Mittelwert $\bar{x}$ nähert.

•♦ ♦ ♦•

Wir wollen nun auch noch sogenannte **Prognoseintervalle** darstellen: Wenn man x gegeben hat, so wird man erwarten, daß **Y** den Wert $y = \hat{a} + \hat{b}x = \hat{y} \mid x$ hat. Tatsächlich tritt dann aber $y \mid x$ ein. Die Differenz $\hat{y} \mid x - y \mid x$ heißt Prognosefehler. Dabei hat $\hat{y} \mid x$ die Varianz (28), **y**$\mid$x die Varianz σ_e^2 und die Differenz die Varianz

$$\mathrm{Var}\,[(\hat{y} \mid x) - (y \mid x)] = \mathrm{Var}\,(\hat{y} \mid x) + \sigma_e^2 , \qquad \text{(Anhang **A-11**)}$$

da die beiden y-Variablen, wie man zeigen kann, eine Kovarianz von 0 aufweisen. Durch Einsetzen von (28) erhält man die **Varianz des Prognosefehlers**:

$$\operatorname{Var}[(\hat{y} \mid x) - (y \mid x)] = \frac{\sigma_e^2}{n}\left[1 + \frac{(x - \bar{x})^2}{s_x^2} + n\right] . \tag{30}$$

Beide y-Variablen haben denselben Erwartungwert: $E\,\hat{y} \mid x = E\,y \mid x = a + bx$, so daß $E(\hat{y} \mid x - y \mid x) = 0$ und

$$t = \frac{(\hat{y} \mid x) - (y \mid x)}{\frac{s}{\sqrt{n}}\sqrt{1 + \frac{(x - \bar{x})^2}{s_x^2} + n}} \tag{31}$$

studentverteilt (15.XI) mit Parameter $m = n\text{-}2$ ist.

Beispiel XV.7: Wir werden nun einige der in diesem Abschnitt dargestellten Verfahren auf die Daten des Beispiels V.2 (Gewinnfunktion) anwenden. Folgende Zwischenergebnisse liegen bereits vor:

$$\bar{x} = 12{,}5 \text{ Mio};\ s_x = 4{,}66 \text{ Mio};\ \bar{y} = 12{,}5 \text{ Mio};\ s_y = 5{,}42 \text{ Mio};$$
$$\hat{a} = 1{,}25;\ \hat{b} = 0{,}901;\ r = 0{,}7746;\ s_e^2 = 11{,}739.$$

Von den Tabellen V.2 und V.1 übernehmen wir

x_i	2,5	7,5	12,5	17,5	22,5
h_i	3	8	24	8	3
$\bar{y} \mid x_i$	4,16	7,5	12,5	17,5	20,83
$\hat{y} \mid x_i$	3,5	8,0	12,5	17,0	21,5

Nun überprüfen wir zunächst die Hypothese (22): $y = a + bx + e$

$$Q_1 = \sum_{i=1}^{5} [(\bar{y} \mid x_i) - (\hat{y} \mid x_i)]^2\, h_i =$$
$$= (4{,}16\text{-}3{,}5)^2 \cdot 3 + (7{,}5\text{-}8)^2 \cdot 8 + (12{,}5\text{-}12{,}5)^2 \cdot 24 +$$
$$+ (17{,}5\text{-}17)^2 \cdot 8 + (20{,}83\text{-}21{,}5)^2 \cdot 3 = 6{,}654 .$$

Die für Q_2 nötigen Werte entnehme man der Tabelle V.1. Man erhält

$$Q_2 = \sum_i \sum_j (y_{ij} - \bar{y} \mid x_i)^2 = 533{,}332 .$$

Mit $r = 5$, $n = 46$ wird

$$F = \frac{6{,}654\ /(5-2)}{533{,}332\ /(46-5)} = 0{,}1705 . \tag{24}$$

Wir wählen $\alpha=0{,}1$; $\tilde{F}_{3;41;0,9} = 5{,}159 > 0{,}1701$. Die Hypothese wird demnach nicht verworfen.

Nun wollen wir die Varianzen und die Kovarianz (25) der beiden Schätzer $\hat{a}$, $\hat{b}$ angeben, wobei wir σ_e^2 durch den Schätzer s^2 (9.XII) ersetzen müssen. Die Varianz $s_e^2 = 11{,}751$ wurde mit (27.III) berechnet, also mit n=46 im Nenner, statt mit n-2 = 44. Wir korrigieren sie und erhalten $s^2 = 12{,}28$; $s = 3{,}5$. Damit wird

$$\text{Var}\,\hat{\mathbf{a}} = \frac{12{,}28}{46}\left[\frac{21{,}72 + 156{,}25}{21{,}72}\right] = 2{,}18;\quad \text{Var}\,\hat{\mathbf{b}} = \frac{12{,}28}{46\cdot 21{,}72} = 0{,}012,$$

$$\text{Kov}\,\hat{\mathbf{a}},\hat{\mathbf{b}} = -\frac{12{,}28}{46}\cdot\frac{12{,}5}{21{,}72} = -0{,}153\ .$$

Die beiden Studentverteilungen (26) haben die Beschaffenheit:

$$\hat{\mathbf{a}}:\ t = \frac{\hat{a} - a}{\sqrt{2{,}18}} = (\hat{\mathbf{a}} - a)\cdot 0{,}677\ ,$$

$$\hat{\mathbf{b}}:\ t = \frac{\hat{b} - b}{\sqrt{0{,}012}} = (\hat{\mathbf{b}} - b)\cdot 9{,}129\ .$$

Nun wollen wir den Vertrauensbereich angeben, der den Wert der Funktion (22) an der Stelle x_i mit Sicherheit 1-α enthält:

x_i	$\hat{y}\mid x_i \pm \frac{3,5}{\sqrt{4,6}}\sqrt{1+\frac{(x_i-12,5)^2}{21,72}}\cdot t_{44;1-\alpha/2}$
2,5	$3{,}5 \pm 0{,}516\cdot 2{,}367\cdot t_{44;1-\alpha/2}$
7,5	$8 \pm 0{,}516\cdot 1{,}467\cdot t_{44;1-\alpha/2}$
12,5	$12{,}5 \pm 0{,}516\cdot 1\cdot t_{44;1-\alpha/2}$
17,5	$17 \pm 0{,}516\cdot 1{,}467\cdot t_{44;1-\alpha/2}$
22,5	$21{,}5 \pm 0{,}516\cdot 2{,}367\cdot t_{44;1-\alpha/2}$

Zuletzt befassen wir uns noch mit dem Prognosefehler. Ein Betrieb, der im vergangenen Jahr einen Gewinn von x = 13,7 Mio. erwirtschaftete, wird das heurige Jahr mit einem mutmaßlichen Gewinn von

$$\hat{y}\mid 13{,}7 = 1{,}25 + 0{,}9\cdot 13{,}7 = 13{,}58$$

abschließen. Tatsächlich wird dann aber $y\mid 13{,}7$ eintreten. Mit (31) schließen wir, daß der Prognosefehler mit Sicherheit S = 1-α nicht größer sein wird als

$$|13{,}58 - (y|x)| = \frac{3{,}5}{\sqrt{46}} \sqrt{1 + \frac{(13{,}7-12{,}5)^2}{21{,}72} + 46} \cdot t_{44;1-\alpha/2}$$

$$= 3{,}54 \cdot t_{44;1-\alpha/2} \text{ (Mio)}.$$

◆◆◆

Lineare Regression mit mehreren Veränderlichen

Wir erweitern (22) zu

$$\boxed{y|x_1,\ldots,x_p = a + b_1x_1 + \ldots + b_px_p + e} \quad , \tag{32}$$

wobei e normalverteilt sein soll mit Erwartungswert $E\,e = 0$ und einer Varianz, die bei allen Werten, welche die Merkmale $\mathbf{X}_1,\ldots,\mathbf{X}_p$ annehmen, den festen Wert σ_e^2 hat (Homoskedastizität).

Anstelle von r ausgewählten Ausprägungen der Tabelle XV.1 benötigen wir jetzt r ausgewählte Kombinationen von je p Ausprägungen der Merkmale $\mathbf{X}_1,\ldots,\mathbf{X}_p$ und müssen folgenden Versuchsplan verwirklichen:

Tabelle XV.2:

unabhängige Variablen	davon abhängige Beobachtungen y	deren Anzahl
$x_{11} \;\ldots\; x_{1j} \;\ldots\; x_{1p}$	$y_{11} \;\ldots\ldots\; y_{1h_1}$	h_1
$\vdots \quad \vdots \quad \vdots$	$\vdots \quad \vdots$	$\vdots$
$x_{i1} \;\ldots\; x_{ij} \;\ldots\; x_{ip}$	$y_{i1} \;\ldots\ldots\; y_{ih_i}$	h_i
$\vdots \quad \vdots \quad \vdots$	$\vdots \quad \vdots$	$\vdots$
$x_{r1} \;\ldots\; x_{rj} \;\ldots\; x_{rp}$	$y_{r1} \;\ldots\ldots\; y_{rh_r}$	h_r

Man benötigt jetzt die folgenden Hilfsgrößen:

1) Die Mittelwerte, Varianzen und Kovarianzen:

$$\bar{x}_j = \frac{1}{n} \sum_{i=1}^{r} x_{ij}\, h_i; \quad s_j^2 = \frac{1}{n} \sum_{i=1}^{r} (x_{ij} - \bar{x}_j)^2\, h_i \,, \quad j = 1,\ldots,p \,,$$

$$\text{Kov}\, \mathbf{X}_j,\mathbf{X}_k = \frac{1}{n} \sum_{i=1}^{r} (x_{ij} - \bar{x}_j)(x_{ik} - \bar{x}_k)\, h_i \,, \quad k \neq j \,.$$

2) Die bedingten Mittelwerte (wie bisher):

$$\bar{y}|x_i = \bar{y}|x_{i1},\ldots,x_{ip} = \frac{1}{h_i} \sum_{\nu=1}^{h_i} y_{i\nu} \,, \quad i=1,\ldots,r \,.$$

3) Den Mittelwert und die Varianz der y-Werte (wie bisher):

$$\bar{y} = \frac{1}{n} \sum_{i=1}^{r} \sum_{\nu=1}^{h_i} y_{i\nu} = \frac{1}{n} \sum_{i=1}^{r} (\bar{y}|x_i)\, h_i; \quad s_y^2 = \frac{1}{n} \sum_{i=1}^{r} \sum_{\nu=1}^{h_i} (y_{i\nu} - \bar{y})^2 .$$

4) Die Kovarianzen der Variablen $\mathbf{X}_1,\ldots,\mathbf{X}_p$ mit $\mathbf{Y}$:

$$\text{Kov } \mathbf{X}_j,\mathbf{Y} = \frac{1}{n} \sum_{i=1}^{r} (x_{ij} - \bar{x}_j) \sum_{\nu=1}^{h_i} (y_{i\nu} - \bar{y}) , \quad j = 1,\ldots,p .$$

Nun bestimmt man die Kleinstquadratschätzer $\hat{a},\hat{b}_1,\ldots,\hat{b}_p$ mit (25.V): $\hat{\mathbf{L}} = (\mathbf{X}'\mathbf{X})^{-1}\cdot\mathbf{X}'\mathbf{Y}$ sowie die Rechenwerte

$$\hat{y}|x = \hat{y}|x_1,\ldots,x_p = \hat{a} + \hat{b}_1 x_1 + \ldots + \hat{b}_p x_p . \qquad (26.V)$$

Die Quadratsumme der Residuen berechnet man wie üblich mit:

$$Q(\hat{a},\hat{b}_1,\ldots,\hat{b}_p) = \sum_{i=1}^{r} \sum_{\nu=1}^{h_i} [y_{i\nu} - (\hat{y}|x_{i1},\ldots,x_{ip})]^2 .$$

⧫ ⧫ ⧫

Zuerst überprüfen wir die Hypothese, daß die Punkte mit den Koordinaten $(y_{i\nu}; x_{i1},\ldots,x_{ip})$ regellos um die Hyperebene (32) schwanken. Die Prüfung dieser Hypothese erfordert zwei Hilfsgrößen: Die erste betrifft die Abweichungen der bedingten Mittelwerte von der Hyperebene:

$$Q_1 = \sum_{i=1}^{r} [(\bar{y}|x_i) - (\hat{y}|x_i)]^2\, h_i ,$$

die zweite die Abweichungen der Punkte von den bedingten Mittelwerten:

$$Q_2 = \sum_{i=1}^{r} \sum_{\nu=1}^{h_i} [y_{i\nu} - (\bar{y}|x_i)]^2 .$$

Aus Gründen, die bereits im Zusammenhang mit (24) erörtert wurden, ist der Quotient:

$$\boxed{F = \frac{Q_1/(r-p-1)}{Q_2/(n-r)}} \qquad (33)$$

F-verteilt (17.XI) mit Parametern $m_1 = r\text{-}p\text{-}1$ und $m_2 = n\text{-}r$, wenn $\bar{y}|x_i$ und $\hat{y}|x_i$ gleiche Erwartungswerte haben, nämlich $a + b_1 x_{i1} + \ldots + b_p x_{ip}$. - Diese Hypothese wird mit Irrtumswahrscheinlichkeit α verworfen, wenn

$$F \geq \tilde{F}_{r-p-1;n-r;1-\alpha} .$$

Man hat auch in diesem Zusammenhang Veranlassung, dem Fehler 1. Art eine größere Wahrscheinlichkeit (z.B. $\alpha=0{,}1$) einzuräumen.

⬩⬥ ◆ ⬥⬩

Die Varianz-Kovarianzmatrix der Kleinstquadratschätzer wurde bereits in (8.XII) wiedergegeben. Man ersetze die unbekannte Varianz σ_e^2 durch den wirksamen Schätzer:

$$s^2 = \frac{Q\left[\hat{a},\hat{b}_1,\ldots,\hat{b}_p\right]}{n-p-1} = \frac{1}{n-p-1}\sum_i\sum_\nu \left[y_{i\nu} - (\hat{y}\,|\,x_{i1},\ldots,x_{ip})\right]^2 . \qquad (9.XII)$$

Die Varianz-Kovarianzmatrix (8.XII) wird damit näherungsweise bestimmt:

$$s^2\cdot(\mathbf{X}'\mathbf{X})^{-1} = s^2\cdot\begin{bmatrix} c_{00} & c_{01} & \cdots & c_{0p} \\ \vdots & \vdots & & \vdots \\ c_{p0} & c_{p1} & & c_{pp} \end{bmatrix} ,$$

und man erhält - entsprechend (26) - die Studentverteilungen der Kleinstquadratschätzer:

$$t = \frac{\hat{\mathbf{a}} - a}{s\sqrt{c_{00}}}\ ;\quad t = \frac{\hat{\mathbf{b}}_j - b_j}{s\sqrt{c_{jj}}}\ ,\qquad j = 1,\ldots,p \qquad (34)$$

mit Parametern $m = n-p-1$.

⬩⬥ ◆ ⬥⬩

Man denke sich nun die Variablen in folgender Weise angeordnet:

$$\mathbf{Y};\ \mathbf{X}_1,\ldots,\mathbf{X}_q;\ \mathbf{X}_{q+1},\ldots,\mathbf{X}_p\ .$$

Die Hypothese: "**Y** ist von den Variablen $\mathbf{X}_{q+1},\ldots,\mathbf{X}_p$ unabhängig" oder gleichwertig: "die Koeffizienten $b_{q+1},\ldots,b_p$ sind null" wird auf folgende Weise geprüft: Man führt die Regressionsanalyse (25.V) alleine mit den Variablen $\mathbf{Y}$; $\mathbf{X}_1,\ldots,\mathbf{X}_q$ durch und gewinnt dabei die Kleinstquadratschätzer $\hat{a}_1, \hat{b}_{11},\ldots,\hat{b}_{q1}$, die mit den Kleinstquadratschätzern der ersten Analyse, also mit $\hat{a}, \hat{b}_1,\ldots,\hat{b}_q$, nicht notwendig identisch zu sein brauchen. - Nun bestimmt man die Quadratsumme der Residuen $Q(\hat{a}_1,\hat{b}_{11},\ldots,\hat{b}_{q1})$ und die Residualvarianz nach den ersten q Variablen:

$$s_q^2 = \frac{Q\left(\hat{a}_1, \hat{b}_{11}, \ldots, \hat{b}_{q1}\right)}{n - q - 1} . \qquad (9.XII)$$

Es gilt: Die Prüfgröße

$$\boxed{F = \frac{(n-q-1)s_q^2 - (n-p-1)s^2}{(p-q)s^2}} \qquad (35)$$

ist F-verteilt (17.XI) mit Parametern $m_1 = p\text{-}q$ und $m_2 = n\text{-}p\text{-}1$, wenn $b_{q+1} = \ldots = b_p = 0$. Diese Hypothese wird mit Irrtumswahrscheinlichkeit α verworfen und H_1 akzeptiert: "wenigstens für einen der (p-q) Koeffizienten gilt $b \neq 0$", wenn

$$F \geq \tilde{F}_{p-q;n-p-1;1-\alpha} .$$

⋄♦ ♦ ♦⋄

Ein Meßwert $y_{i\nu}$ streut mit Varianz σ_e^2. Ein Rechenwert $\hat{y}|x_{i1},\ldots,x_{ip} \equiv \hat{y}|x_i$ streut dagegen mit Varianz

$$\mathrm{Var}\, \hat{y}|x_i = \mathrm{Var}\,(\hat{a} + \hat{b}_1 x_{i1} + \ldots + \hat{b}_p x_{ip}) .$$

Man kann zeigen, daß diese Varianz folgende Darstellung besitzt:

$$\boxed{\mathrm{Var}\, \hat{y}|x_i = \sigma_e^2 \left[\frac{1}{n} + \sum_{j=1}^{p} (x_{ij} - \bar{x}_j)^2 c_{jj} + \sum_{j=1}^{p} \sum_{k \neq j} (x_{ij} - \bar{x}_j)(x_{ik} - \bar{x}_k) c_{jk}\right]} , \qquad (36)$$

wobei c_{jj} und c_{jk} Elemente der Matrix $(\mathbf{X'X})^{-1}$ (8.XII) sind.

⋄♦ ♦ ♦⋄

Der "Prognosefehler" ist auch hier ähnlich wie in (30) zu bewerten: Seine Varianz setzt sich aus (36) und σ_e^2 wie folgt zusammen:

$$\boxed{\mathrm{Var}\,[(\hat{y}|x_i) - (y|x_i)] = \mathrm{Var}\,(\hat{y}|x_i) + \sigma_e^2} . \qquad (37)$$

⋄♦ ♦ ♦⋄

Beispiel XV.8: Zufallskritische Beurteilung der Ergebnisse des Düngemittelversuches von Beispiel V.3 und Beispiel V.9. Die Meßwerte streuen um die "Regressionsparabel"

$$\hat{y}|u = 5{,}91 + 2{,}21u - 0{,}086u^2$$

mit Varianz (27.III): $s_e^2 = 2{,}44597$, also mit $n=14$ im Nenner statt mit $n\text{-}3 = 11$. Die korrigierte Varianz beträgt $s^2 = 3{,}1131$. Damit schätzen wir die Varianz-Kovarianzmatrix (8.XII) der Kleinstquadratschätzer:

$$s^2(\mathbf{X'X})^{-1} = 3{,}1131 \begin{bmatrix} 0{,}360 & -0{,}0702 & 2{,}74\cdot 10^{-3} \\ & 0{,}0209 & -9{,}54\cdot 10^{-4} \\ & & 4{,}74\cdot 10^{-5} \end{bmatrix}$$

und erhalten die Studentverteilungen (34) für

$$\hat{a}:\ t_{11} = \frac{5{,}91-a}{1{,}0593}\ ;\quad \hat{b}_1:\ t_{11} = \frac{2{,}21-b_1}{0{,}2553}\ ;\quad \hat{b}_2:\ t_{11} = \frac{-0{,}086-b_2}{0{,}0122}\ .$$

Die Varianz der Rechenwerte $\hat{y}|u_i$ berechnen wir mit (36) wie folgt:

$$\begin{aligned} \operatorname{Var}\hat{\mathbf{y}}|u_i &= 3{,}1131\Big[\tfrac{1}{14} + (u_i - \bar{u})^2\, 0{,}0209314 + (u_i^2 - \overline{u^2})^2\, 4{,}74099\cdot 10^{-5} + \\ &\quad + 2(u_i - \bar{u})(u_i^2 - \overline{u^2})(-9{,}54471\cdot 10^{-4})\Big] = \\ &= 0{,}222 + (u_i - \bar{u})^2\cdot 0{,}065 + (u_i^2 - \overline{u^2})^2\cdot 0{,}00015 - \\ &\quad - (u_i - \bar{u})(u_i^2 - \overline{u^2})\cdot 0{,}0059\ , \end{aligned}$$

wobei $\bar{u} = 8{,}71$ und $\overline{u^2} = 117{,}57$.

Das Ertragsmaximum wird schätzungweise mit einer Düngemittelmenge von $u = 12{,}86$ g/FE erzielt. Die Varianz der Ertragsschätzung beträgt an dieser Stelle:

$$\operatorname{Var}\hat{\mathbf{y}}|12{,}86 = 0{,}613\ ,\qquad \text{wobei}\quad \hat{y}|12{,}86 = 20{,}13\ .$$

Der tatsächliche Wert der Ertragsparabel an der Stelle $u = 12{,}86$ ist mit Sicherheit $S = 1\text{-}\alpha$ ein Wert des Intervalles

$$20{,}13 \pm \sqrt{0{,}613}\cdot \tilde{t}_{11;1-\alpha/2}\ .$$

Die Varianz des Prognosefehlers schätzen wir mit (37):

$$\operatorname{Var}[(\hat{y}|12{,}86) - (y|12{,}86)] = 0{,}613 + 3{,}1131 = 3{,}7261\ .$$

Der Prognosefehler wird mit Sicherheit $S = 1\text{-}\alpha$ nicht größer sein, als die

Ungleichung

$$\left| (\hat{y} \mid 12{,}86) - (y \mid 12{,}86) \right| \leq 1{,}930 \cdot t_{11;1-\alpha/2}$$

ausdrückt.

⧫⧫ ⧫ ⧫⧫

XV.4. Tests der Verteilungsanpassung

Das Verständnis dieser Tests soll durch ein Beispiel erleichtert werden.

Beispiel XV.9: Die Dichtefunktion der Binomialverteilung (2.VIII) mit den Parametern n und π ordnet den Werten $\mathbf{X} = 0,1,\ldots,n$ die Wahrscheinlichkeiten $w = w_0, w_1, \ldots, w_n$ zu, welche den Restriktionen unterliegen:

$$0 \leq w_x \leq 1 \ , \quad \text{und} \quad \sum_{x=0}^{n} w_x = 1 \ . \qquad (38)$$

Wir betrachten nun die Menge der Punkte eines Raumes von (n+1) Dimensionen, welche den Restriktionen (38) genügen. Einer dieser Punkte hat die Koordinaten $w_0, w_1, \ldots, w_n$ und repräsentiert die Binomialverteilung mit Parametern n, π. - Bildet man Zufallszahlen $z_0, z_1, \ldots, z_n$, welche ebenfalls den Restriktionen (38) unterliegen, so sind diese Koordinaten von Punkten, welche zur betrachteten Menge gehören, aber nicht notwendig Repräsentanten von Binomialverteilungen sind. Man kann sich davon leicht überzeugen. Angenommen,

$$z_0 = w_0 = \begin{bmatrix} n \\ 0 \end{bmatrix} \pi_0^0 \, (1 - \pi_0)^{n-0} \Rightarrow \pi_0 = 1 - z_0^{1/n} \ .$$

z_0 ist also eine Koordinate eines Punktes, der die Binomialverteilung mit Parametern (n, π_0) repräsentiert. Damit kann man aber schon alle anderen Koordinaten "ausrechnen". Im allgemeinen wird allerdings $w_1 \neq z_1$, $w_2 \neq z_2$, ... sein. - Die Menge der Punkte, welche den Restriktionen (38) genügen und zugleich Binomialverteilungen repräsentieren, ist also eine besondere Menge, von der wir uns nun eine Vorstellung verschaffen wollen. Wir wählen um der Anschaulichkeit willen n = 2. Nachstehende Tabelle enthält die Koordinaten einiger Punkte, die Binomialverteilungen repräsentieren, deren Parameter π in der ersten Spalte angeführt ist.

Tabelle XV.3: Punkte, deren Koordinaten dem Bildungsgesetz

$$w_x = \binom{2}{x} \pi^x (1-\pi)^{2-x}$$

entsprechen, repräsentieren Binomialverteilungen in einem Raum von 2+1=3 Dimensionen:

π	w_0	w_1	w_2
0,1	0,81	0,18	0,01
0,2	0,64	0,32	0,04
0,3	0,49	0,42	0,09
0,4	0,36	0,48	0,16
0,5	0,25	0,50	0,25
0,6	0,16	0,48	0,36
0,7	0,09	0,42	0,49
0,8	0,04	0,32	0,64
0,9	0,01	0,18	0,81

Die Menge aller Punkte, die Binomalverteilungen mit Parametern $(2, 0<\pi<1)$ repräsentieren, ist in folgender Abbildung dargestellt.

Abb.XV.1: Die Menge aller Binomialverteilungen mit Parametern $(2, 0<\pi<1)$ ist eine gekrümmte Kurve in der Ebene der Punkte mit Koordinatensumme 1.

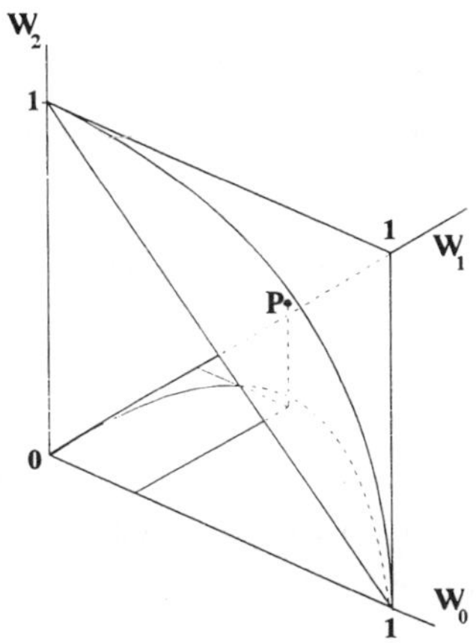

Die Fläche des Dreiecks mit den Eckpunkten (1|0|0); (0|1|0); (0|0|1) repräsentiert die Menge aller Punkte, die den Restriktionen (38) genügen. Die Kurve der Binomialverteilungen mit Parametern $(2, 0<\pi<1)$ nimmt nur einen sehr kleinen Teil dieser Menge in Anspruch.

Die Nachkommen weiß und rot blühender Erbsen sollten sich nach Mendel binomisch mit Parametern $n = 2$ und $\pi = 0,5$ auf die Farben "weiß", "rosarot" und "rot" verteilen. Die Wahrscheinlichkeiten der drei Farben sind in der ersten Spalte der folgenden Tabelle angegeben.

Tab.XV.4:

Farbe (x)	w_x	h_x	p_x	$p_x - w_x$
weiß (0)	0,25	14	0,245	-0,005
rosarot (1)	0,50	25	0,439	-0,061
rot (2)	0,25	18	0,316	0,066
Summen	1	57	1	0

Tatsächlich ergab sich in 57 Versuchen eine Verteilung, deren relative Häufigkeiten in der vorletzten Spalte der Tabelle XV.4 wiedergegeben sind. Der Punkt (0,245|0,439|0,316) gehört zwar zur Fläche des Dreiecks, das in Abb.XV.1 dargestellt ist, aber er liegt neben der Kurve der Binomialverteilungen, repräsentiert also keine Binomialverteilung. Welche Bedeutung haben die Koordinatendifferenzen $p_x - w_x$?

Die Wahrscheinlichkeit des Stichprobenpunktes P(0,245|0,439|0,316) bei gegebenen Parametern $w_0 = 0,25$; $w_1 = 0,50$; $w_2 = 0,25$ und $n = 57$ kann mit der Polynomialverteilung berechnet werden:

$$Pr(h_0 = 14, h_1 = 25, h_2 = 18) = \frac{57!}{14!\ 25!\ 18!}\ 0,25^{14} \cdot 0,50^{25} \cdot 0,25^{18}. \quad (4.VIII)$$

Dies ist offensichtlich sehr mühsam.

◆◆◆

Ein Stichprobenpunkt $P(p_1|\ldots|p_r)$ habe Erwartungswert $E\,\mathbf{P} = (w_1|\ldots|w_r)$. Die Varianz-Kovarianzmatrix der p-Werte hat den Bau

$$\mathbf{M}_r = \begin{cases} -\frac{1}{n} w_i w_j & \text{für } j \neq i \\ \frac{1}{n} w_i (1-w_i) & \text{sonst,} \end{cases}$$

wobei n der Umfang der Stichprobe ist.

Wegen $\sum p_i = 1$ ist $\mathbf{M}_r$ singulär, hat also eine Determinante der Größe Null. Streicht man eine der Komponenten von P, etwa die letzte (p_r), so erhält man $\mathbf{M}_{r-1}$. Die zu $\mathbf{M}_{r-1}$ inverse Matrix hat folgende Elemente:

$$\mathbf{M}_{r-1}^{-1} = \begin{cases} \frac{n}{w_r} & \text{für } j \neq i \\ \frac{n}{w_r} + \frac{n}{w_i} & \text{für } j = i \end{cases},$$

und die Determinante

$$\text{Det } \mathbf{M}_{r-1}^{-1} = \frac{n^{r-1}}{w_1 \cdot \ldots \cdot w_r}.$$

Ist nun der Stichprobenumfang nicht zu klein - es genügt bei $r = 2$, daß $np_i > 5$ für alle i, bei $r > 2$, daß $np_i > 1$ und $np_i < 5$ höchstens auf ein Fünftel der r Komponenten zutrifft - so kann man die (r-1)-variate Polynomialverteilung durch eine (r-1)-variate Normalverteilung (10".IX) ersetzen. Berücksichtigt man dabei den Bau von $\mathbf{M}_{r-1}^{-1}$ und die Determinante, so ergibt sich die Wahrscheinlichkeitsdichte des Stichprobenpunktes P wie folgt:

$$f(P) = \sqrt{\frac{n^{r-1}}{(2\pi)^{r-1} \cdot w_1 \cdot \ldots \cdot w_r}} \cdot e^{-\frac{n}{2} \sum_{i=1}^{r} \frac{(p_i - w_i^2)}{w_i}} . \qquad (39)$$

Der Exponent von (39) zeigt, daß Stichprobenpunkte gleicher Dichte Ellipsoide um den Punkt $(w_1|\ldots|w_r)$ bilden.

Gilt nun $E\,\mathbf{P} = (w_1|\ldots|w_r)$, so ist

$$\boxed{\chi^2 = n \cdot \sum_{i=1}^{r} \frac{(p_i - w_i)^2}{w_i}} \qquad (40)$$

verteilt wie Chiquadrat (16.XI) mit Parameter $m = r-1-k$. Dabei ist k die Anzahl der Parameter des Verteilungsgesetzes von w, die man nicht kennt (und somit schätzen muß). Die Hypothese $E\,\mathbf{P} = (w_1|\ldots|w_r)$ wird mit Irrtumswahrscheinlichkeit α verworfen, wenn der Stichprobenpunkt P außerhalb des Ellipsoides liegt, also wenn

$$n \cdot \sum \frac{(p_i - w_i)^2}{w_i} \geq \chi^2_{m;1-\alpha}$$

festgestellt wird, und die Hypothese akzeptiert, daß w von P zu weit entfernt ist, um als dessen Erwartungswert gelten zu können. Ein Fehler zweiter Art besteht in diesem Zusammenhang darin, daß man w als Erwartungswert von P akzeptiert, und P in Wirklichkeit einem anderen Wert w' zugehört. Man verkleinert die Wahrscheinlichkeit dieses Fehlers, indem man für α einen größeren Wert, etwa 0,1 vorsieht.

Beispiel XV.10: Wir überprüfen nun die Daten, die zum Mendel'schen Gesetz vorliegen (Tab.XV.4). Mit (40) erhalten wir

$$57\left[\frac{(-0,005)^2}{0,25} + \frac{(-0,061)^2}{0,50} + \frac{(0,066)^2}{0,25}\right] = 1,42\ .$$

Nun ist r = 3; die Binomialverteilung weist zwei Parameter auf, beide sind bekannt: n = 2 und $\pi = 0,5$; daher ist k = 0. Die Chiquadratverteilung hat also den Parameter m = 3-1 = 2. Wir wählen $\alpha = 0,1$ - auch ein anerkanntes Gesetz kann uns nicht leichtfertig machen - und erhalten mit Tabelle **C**:

$$1,42 < \chi^2_{2;0,90} = 4,61\ .$$

Der Stichprobenpunkt weicht also von seinem Erwartungswert nur geringfügig ab.

⬩⬥◆⬥⬩

Beispiel XV.11: In Beispiel VIII.9 wurde behauptet, daß die Zahl der Todesfälle durch Huftritt vom Zufallsmechnismus der Poissonverteilung (8.VIII) hervorgebracht wird. Diese Behauptung wollen wir jetzt überprüfen. Der Parameter der Verteilung der Todesfälle ist unbekannt, er wurde geschätzt. Somit ist k=1. Der Stichprobenpunkt hat r=6 Koordinaten. Nach Zusammenfassen der letzten drei Häufigkeiten gemäß den Ausführungen in Verbindung mit (39) wird r=4. Der Parameter der Chiquadratverteilung (40) wird damit m = 4-1-1 = 2. In Tabelle **C** finden wir $\chi^2_{2;0,90} = 4,61$. - Nun berechnen wir mit den Daten des Beispiels VIII.9:

$$200\left[\frac{0,002^2}{0,543} + \frac{0,006^2}{0,331} + \frac{0,009^2}{0,101} + \frac{0,005^2}{0,025}\right] = 0,38.$$

Der Stichprobenpunkt befindet sich also ausgesprochen nahe beim Erwartungswert!

⬩⬥◆⬥⬩

Beispiel XV.12: Ein Statistikstudent wirft sechs Münzen hundertmal und stellt jedesmal die Zahl der Münzen fest, die "Wappen" zeigen. Die folgende Tabelle gibt das Ergebnis wieder:

x	0	1	2	3	4	5	6	Σ
h	2	13	21	32	22	6	4	100

Der Stichprobenpunkt hat $r=7$ Koordinaten.

Will der Student die Theorie prüfen, derzufolge die hundert Würfe sich auf **X** binomisch mit Parametern $n = 6$ und $\pi = 0{,}5$ verteilen, dann hat er die Chiquadratverteilung mit Parameter $m = 7\text{-}1 = 6$ zu verwenden, denn es ist $k = 0$. - Will er dagegen prüfen, ob die sechs Münzen der Theorie folgen (nicht verfälscht sind), so muß er π schätzen, und dementsprechend die Chiquadratverteilung mit Parameter $m = 7\text{-}1\text{-}1 = 5$ verwenden. Tatsächlich weist die Verteilung den Mittelwert $\bar{x} = 2{,}93 = 6\,\pi$ und damit $\pi = 0{,}488$ auf.

⬩⬥ ◆ ⬥⬩

Beispiel XV.13: Es soll untersucht werden, ob die Lebensdauerverteilung des Beispiels II.1 dem Exponentialgesetz (4'.IX) gehorcht. Wir führen die Häufigkeiten p_i dieses Beispiels hier noch einmal an:

Intervalle i	1	2	3	4	5	6	7	8	9	10
p_i	0,035	0,115	0,145	0,190	0,170	0,155	0,120	0,055	0,015	0
w_i	0,428	0,075	0,065	0,056	0,049	0,043	0,037	0,032	0,028	0,187

Die Wahrscheinlichkeiten der Intervalle errechnet man, wenn die Lebensdauern die Verteilungsfunktion der Exponentialverteilung (4'.IX):

$$F(x) = 1 - e^{-\lambda t}$$

haben sollen, wie folgt:

$$\Pr(e_{i-1} \leq t \leq e_i) = F(e_i) - F(e_{i-1}) = e^{-\lambda e_{i-1}} - e^{-\lambda e_i} = w_i \, .$$

Um w_i berechnen zu können, benötigen wir λ. Wir verschaffen uns eine Schätzung von λ durch Benützen der Beziehungen (5.IX):

$$E\,t = \frac{1}{\lambda}\,, \quad \bar{t} \approx \frac{1}{\lambda}\,.$$

Die mittlere Lebensdauer der Projektionslampen beziffert sich mit $\bar{t} = 715{,}5$, folglich ist $\lambda \approx 0{,}0014$. Damit schätzen wir die Wahrscheinlichkeiten der Intervalle wie folgt:

$$\Pr(e_{i-1} < t \leq e_i) \approx e^{-0,0014e_{i-1}} - e^{-0,0014e_i} \approx w_i \ .$$

Dic Ergebnisse sind in der unteren Zeile der Tabelle angeführt.

Der Stichprobenpunkt hat r=10 Koordinaten (nicht 9!), der Parameter λ wurde geschätzt, also ist k=1 und m = 10-1-1 = 8. Wir finden in Tabelle **C**: $\chi^2_{8;0,9}$ = 13,36. - Nun berechnen wir

$$\chi^2 = 400\left[\frac{(0,035 - 0,428)^2}{0,428} + \ldots + \frac{(0 - 0,187)^2}{0,187}\right] = 715,03 \ . \qquad (40)$$

Wir erhalten also $\chi^2 = 715,03 > 13,36 = \chi^2_{8;0,9}$.
Der Erwartungswert w ist also von dem Stichprobenpunkt P ungewöhnlich weit entfernt. Die Lebensdauern der Projektionslampen folgen nicht dem Exponentialgesetz.

Im Zusammenhang mit (39) wurde darauf hingewiesen, daß die Normalverteilungsapproximation und damit der χ^2-Test unzulässig werden, wenn die Häufigkeiten h unter gewisse Marken sinken. Tritt dies ein, so fasse man die "seltenen Intervalle" zusammen, wobei sich allerdings die Zahl r der Koordinaten des Stichprobenpunktes reduziert. - Wenn es möglich ist, so lege man die Grenzen der r Intervalle so fest, daß auf jedes ein Anteil an der Untersuchungsgesamtheit entfällt, der gleich ist 1/r.

Die zufallskritische Prüfung Log-linearer Modelle

Damit man den Chiquadrat-Test (40) in diesem Zusammenhang anwenden kann, muß man wissen, wie man die "erwarteten Häufigkeiten" h^e zu berechnen hat. In saturierten Modellen (Kapitel IV) ist $h^e = h$. Man beachte dabei jedoch, daß die einfachen Effekte, insbesonderc aber verschiedene Interaktionsterme mehr oder weniger stark von Null abweichen. - Die nichtsaturierten Modelle bestehen nun gerade darin, daß gewisse Interaktionsparameter (aufgrund einer Hypothese) Null gesetzt werden. Wenn das diejenigen sind, die auch im saturierten Modell kaum von Null abweichen, dann ist die Hypothese den beobachteten Häufigkeiten gut angepaßt, d.h. die erwarteten Häufigkeiten werden sich von den beobachteten wenig unterscheiden. Andernfalls werden jedoch die Abweichungen groß ausfallen und damit zeigen, daß die Hypothese mit den beobachteten Tatsachen schlecht zusammenpaßt.

Es sind zunächst in den Gleichungen (10-14.IV) die entsprechenden Parameter Null zu setzen, die gemäß der Hypothese null sein müßten. Dann sind unter Beachtung der Reparametrisierungsbedingungen die erwarteten Häufigkeiten zu berechnen. Wie dies gemacht werden kann, zeigt das folgende Beispiel.

Beispiel XV.14: Wir untersuchen ein dreidimensionales Merkmal (XYZ) im Hinblick auf die Hypothese: $u_{ijk} = 0$; $i=1,\ldots,r$; $j=1,\ldots,s$; $k=1,\ldots,t$.
Die Bestimmung der unter diesen Umständen zu erwartenden Häufigkeiten erfolgt iterativ mit den Startwerten $h^{e0}_{ijk} = 1$. Damit errechnet man zuerst die zweidimensionalen Randhäufigkeiten $h^{e0}_{.jk} = r$; $h^{e0}_{i.k} = s$; $h^{e0}_{ij.} = t$; damit geht man nun in den ersten Iterationszyklus ein:

1) $\ln h^{e0}_{ijk} - \ln h^{e0}_{ij.} + \ln h_{ij.} = \ln h^{e1}_{ijk}$,

2) $\ln h^{e1}_{ijk} - \ln h^{e1}_{.jk} + \ln h_{.jk} = \ln h^{e2}_{ijk}$, wobei $h^{e1}_{.jk} = \sum_i h^{e1}_{ijk}$,

3) $\ln h^{e2}_{ijk} - \ln h^{e2}_{i.k} + \ln h_{i.k} = \ln h^{e3}_{ijk}$, wobei $h^{e2}_{i.k} = \sum_j h^{e2}_{ijk}$.

Haben sich die Schätzer der erwarteten Häufigkeiten dann noch nicht stabilisiert, d.h. ist $\ln h^{e3}_{i.k} \neq \ln h_{i.k}$, so geht man mit dem zuletzt gewonnenen Schätzwert h^{e3}_{ijk} erneut in den Iterationszyklus ein. Dies setze man solange fort, bis die iterativ errechneten Randverteilungshäufigkeiten den beobachteten gleich werden.

♦♦ ♦ ♦♦

Beispiel XV.15: Es ist zu untersuchen, ob ein vierdimensionales Merkmal (UVWX) mit der Hypothese verträglich ist: 1) $u_{ijkl}=0$; 2) von den Interaktionen dritter und zweiter Ordnung sind alle bis auf $u_{ijk.}$, $u_{.j.l}$ und $u_{..kl}$ null. - Folgende drei- und zweidimensionale Randhäufigkeiten müssen daher mit den beobachteten Randhäufigkeiten gleich sein: $h^e_{ijk.}$, $h^e_{.j.l}$, $h^e_{..kl}$. Der erste Iterationszyklus ist somit wie folgt beschaffen:

1) $\ln h^{e0}_{ijkl} - \ln h^{e0}_{.j.l} + \ln h_{.j.l} = \ln h^{e1}_{ijkl}$,

2) $\ln h^{e1}_{ijkl} - \ln h^{e1}_{..kl} + \ln h_{..kl} = \ln h^{e2}_{ijkl}$,

3) $\ln h^{e2}_{ijkl} - \ln h^{e2}_{ijk.} + \ln h_{ijk.} = \ln h^{e3}_{ijkl}$.

⬩◆ ◆ ◆⬩

Hat man erst einmal die erwarteten Häufigkeiten allesamt berechnet, so bestimmt man Chiquadrat mit (40). In Beispiel XV.14 ist etwa:

$$\chi^2 = \sum_k \sum_j \sum_i \frac{(h_{ijk} - h^e_{ijk})^2}{h^e_{ijk}} . \qquad (40)$$

Für die zufallskritische Beurteilung von χ^2 benötigt man jetzt nur noch den Parameter der Verteilung. Die Grundlage für seine Bestimmung sind die Produkte der um Eins verminderten Anzahlen der Ausprägungen der Merkmale:

h_{ijk}: (r-1)(s-1)(t-1) ,

$h_{ij.}$: (r-1)(s-1); $h_{i.k}$: (r-1)(t-1); $h_{.jk}$: (s-1)(t-1) ,

$h_{i..}$: (r-1); $h_{.j.}$: (s-1); $h_{..k}$: (t-1) .

Man markiere alle Terme, welche im Rahmen der Hypothesenprüfung null gesetzt wurden. Die Summe der ihnen zugeordneten Produkte ist gleich dem Parameter m der Chiquadratverteilung.

Die Hypothese wird mit Irrtumswahrscheinlichkeit α als mit den Beobachtungen unvereinbar verworfen, wenn

$$\chi^2 > \chi^2_{m;1-\alpha} .$$

Das Risiko einer "Erklärung der Tatsachen" durch eine Hypothese, die sich in der Folge als falsch erweist, wird vermindert, wenn man α groß wählt.

TEIL D

DIE ZUFALLSKRITISCHE BEURTEILUNG VON STICHPROBEN NICHT IDENTISCH VERTEILTER DATEN

Mit Statistik könne man alles beweisen, wird gesagt. Wir wollen es genauer sagen: Die Statistik der Randverteilungen ist dem Einfluß anonymer - man hört auch: latenter - Variablen in einem Ausmaß ausgesetzt, daß kaum einer vergeblich auf Ergebnisse hofft, die er für "seinen Beweis" brauchen kann.

KAPITEL XVI: DER MYTHOS DES MITTELWERTES

Die Methoden des vorigen Abschnittes verlangen unabhängige und identisch verteilte Daten. Der Anteil schwarzer Kugeln soll in allen Urnen, denen man Kugeln entnimmt, gleich sein, so daß man gleiche Verteilungen erhält, wenn man Zufallsexperimente entweder mit einer Urne mehrmals oder mit mehreren Urnen je einmal durchführt. Dies ist für die Theorie sehr nützlich, in der Praxis jedoch kaum einzuhalten. Eigenart, Individualität, zeitliche Variabilität bedeuten doch nichts anderes, als daß die Urnen, denen man Kugeln entnimmt, eben nicht die gleiche Zusammensetzung aufweisen. Es ist aber nicht bekannt, daß schon einmal einer die Anwendung statistischer Methoden mit der Begründung verweigert hätte, seine Daten erfüllten die Bedingung "identischer Verteilung" nicht. Ist diese etwa belanglos für die Praxis?

Ist der Schwarzanteil der Urnen variabel, so stellt die Auswahl einer Urne selbst ein Zufallsexperiment dar, das der Entnahme von Kugeln vorausgeht und einen bestimmten Schwarzanteil als Ergebnis hat. Viele Zeitgenossen scheinen zu meinen, daß dies nicht beachtenswert sei, da man den Einfluß variabler Anteile ausschalten könne, indem man die Daten von verschiedenen Urnen mittle, was dasselbe ergebe, als hätte man mit einer einzigen Urne von mittlerer Zusammensetzung mehrmals experimentiert. Dem ist entgegen zu halten, daß man Daten zwar immer mitteln könne, eine mittlere Urne, von der die Mittelwerte stammen, aber meist nicht existiere.

Beispiel XVI.1: Man stelle sich vor, daß jemand Stichproben von zwei Kugeln aus Urnen nimmt, die entweder 20 oder 50 oder 80 Prozent schwarzer Kugeln enthalten. Die Stichproben verteilen sich auf die Anzahlen 0,1,2 binomisch, wenn sie aus einer und nur einer der drei Urnen stammen:

Urne	π	0	1	2	E**X**	Var**X**
1	0,2	0,64	0,32	0,04	0,4	0,32
2	0,5	0,25	0,50	0,25	1	0,50
3	0,8	0,04	0,32	0,64	1,6	0,32
w	-	0,31	0,38	0,31	1	0,62

Entnimmt man die Stichproben abwechselnd einer der drei Urnen, so verteilen sie sich nicht binomisch. Benutzt man die drei Urnen etwa gleich oft, so erhält man die Verteilung w. Diese hat zwar den gleichen Erwartungswert wie Stichproben, die ausschließlich aus Urne 2 stammen, ist aber nicht identisch mit der Verteilung der Stichproben aus dieser Urne. Sie gehört überhaupt nicht zur Familie der Binomialverteilungen.

⬩⬥◆⬥⬩

Im obigen Beispiel ist die Auswahl einer Urne, der man zwei Kugeln entnimmt, ein Zufallsexperiment, welches das Ergebnis $\pi = 0{,}2$ oder $0{,}5$ oder $0{,}8$ hat. Wir wollen nun mit $h(\pi)$ die Wahrscheinlichkeit bezeichnen, daß man eine Urne auswählt, deren Schwarzanteil gerade π ist. Die Wahrscheinlichkeit, daß man dieser Urne in n Zügen x schwarze Kugeln entnimmt, sei mit $f(x\,|\,\pi)$ bezeichnet. Das kombinierte Resultat beider Zufallsexperimente, nämlich eine Urne mit Schwarzanteil π und x schwarze Kugeln in der Stichprobe, tritt dann auf mit Wahrscheinlichkeit:

$$\Pr(\pi \text{ und } x) = h(\pi)\cdot f(x\,|\,\pi) \;.$$

Da man π nicht kennt, ist die Wahrscheinlichkeit von x schwarzen Kugeln in der Stichprobe nicht einfach $f(x\,|\,\pi)$, sondern vielmehr

$$\boxed{w(x) = \sum_{\pi} \Pr(\pi \text{ und } x) = \sum_{\pi} h(\pi)\, f(x\,|\,\pi)} \quad , \tag{1}$$

wobei die Summation sich über alle möglichen Zusammensetzungen der Urnen zu erstrecken hat und $\sum h(\pi) = 1$ ist (Satz von der vollständigen Wahrscheinlichkeit 5.VII).

Im Gegensatz dazu besteht Experimentieren unter konstanten Bedingungen darin, daß jede Urne, der man n Kugeln entnimmt, den gleichen Schwarzanteil $\pi = \pi_c$ aufweist. Es ist also

$$h(\pi) = \begin{cases} 1 & \text{wenn } \pi = \pi_c \\ 0 & \text{sonst} \;. \end{cases} \tag{2}$$

Die Wahrscheinlichkeit von x schwarzen Kugeln in der Stichprobe wird unter diesen Umständen identisch mit der Wahrscheinlichkeit, einer Urne mit Schwarzanteil π_c genau x schwarze Kugeln zu entnehmen. Setzt man nämlich (2) in (1) ein, so erhält man:

$$w(x) = 1\cdot f(x\,|\,\pi_c) + 0\cdot \sum_{\pi \neq \pi_c} f(x\,|\,\pi) \;,$$

also

$$\boxed{w(x) = f(x \mid \pi_c)} \quad . \tag{3}$$

Wir erkennen, daß die Verteilung w eine Mischung aus verschiedenen Komponenten ist, wenn alle "mixing proportions" kleiner als 1 sind, die Bedingung identischer Verteilung bei den Experimenten also nicht eingehalten werden konnte. Da nämlich $\sum h(\pi) = 1$ und $0 \leq h(\pi) \leq 1$, gilt entweder $h(\pi) = 1$ für einen einzigen Wert von π oder $h(\pi) < 1$ für alle π. Wir definieren daher:

$$\boxed{w \text{ ist Mischung} \Leftrightarrow h(\pi) < 1} \quad . \tag{4}$$

Beispiel XVI.2: Messung der Körpergröße verschiedener Personen. Die Verteilung der Körpergröße hat in homogenen Untersuchungsgesamtheiten in etwa die Form einer Normalverteilung: $\mu \sim N(M;v^2)$. Die Messung der Körpergröße μ ist mit einem Fehler behaftet, der - Sorgfalt vorausgesetzt - ebenfalls als normalverteilt angesehen werden darf: $\mathbf{X}-\mu \sim N(0,\sigma^2)$. Somit tritt in einer Reihenuntersuchung eine Körpergröße μ und ein Meßwert x auf mit Wahrscheinlichkeit:

$$\Pr(\mu \text{ und } x) = \underbrace{\frac{1}{v\sqrt{2\pi}}\, e^{-\frac{1}{2}\left(\frac{\mu - M}{v}\right)^2} d\mu}_{h(\mu)} \cdot \underbrace{\frac{1}{\sigma\sqrt{2\pi}}\, e^{-\frac{1}{2}\left(\frac{x-\mu}{\sigma}\right)^2} dx}_{f(x-\mu \mid \mu)} \; .$$

Die Verteilung der gemessenen Körpergrößen erhält man mit (1), wobei die Summe durch ein Integral ersetzt wird, da μ eine stetig veränderliche Zufallsvariable ist:

$$w(x)\; dx = \frac{dx}{v\sigma \cdot 2\pi} \int_{\mu} e^{-\frac{1}{2}\left(\frac{\mu - M}{v}\right)^2 - \frac{1}{2}\left(\frac{x-\mu}{\sigma}\right)^2} d\mu \; . \tag{1'}$$

Man kann zeigen, daß das Integral (1') folgende Lösung hat:

$$w(x)\; dx = \frac{1}{\sqrt{(v^2 + \sigma^2)\cdot 2\pi}} \cdot e^{-\frac{1}{2}\frac{(x-M)^2}{v^2+\sigma^2}} dx \; , \tag{1''}$$

d.h., daß die gemessenen Körpergrößen ebenfalls normalverteilt sind, allerdings mit einer gegenüber v^2 um σ^2 vergrößerten Varianz. Man erhält also anstelle von:

$\mu \sim N(M,v^2)$ die Zufallsvariable $\mathbf{X} \sim N(M,v^2+\sigma^2)$.

Bei wiederholter Messung ein und derselben Körpergröße $\mu = \mu_c$ hält man die Bedingung identischer Verteilung ein. Man setze in (1") $M = \mu_c$ und $v^2 = 0$ und erhält:

$$w(x)\,dx = \frac{dx}{\sqrt{\sigma^2 \cdot 2\pi}}\, e^{-\frac{1}{2}\left[\frac{x-\mu_c}{\sigma}\right]^2} , \qquad (3)$$

also $\mathbf{X} - \mu_c \sim N(0,\sigma^2)$. Die Verteilung w(x) ist jetzt identisch mit der Verteilung der Meßfehler.

⬩⬥ ⯁ ⬥⬩

Beispiel XVI.3: Die Messung des Einkommens erfolgt, wenn man von Flüchtigkeitsfehlern absieht, fehlerfrei, die Komponente $f(x\,|\,\mu)$ hat also die Beschaffenheit:

$$f(x\,|\,\mu) = \begin{cases} 1 & \text{wenn } \mu = x \\ 0 & \text{sonst} \end{cases} .$$

Setzt man dies in (1) ein, so erhält man:

$$w(x) = \sum_{\mu} h(\mu)\, f(x\,|\,\mu) = h(x) , \qquad (1)$$

wobei uns die Nationalökonomen versichern, daß die "mixing proportions" dem Gesetz der Logarithmischen Normalverteilung gehorchen:

$$\boxed{h(x)\,dx = \frac{1}{\sigma\sqrt{2\pi}} \cdot \frac{1}{x} \cdot e^{-\frac{1}{2}\left[\frac{\ln x - \mu}{\sigma}\right]^2} dx} . \qquad (5)$$

w(x) ist also identisch mit diesem Verteilungsgesetz.

⬩⬥ ⯁ ⬥⬩

Die Gleichung:

$$\boxed{w(x) = f(x\,|\,\pi)} , \qquad (3)$$

drückt aus, daß das Gesetz f sich unmittelbar in den beobachteten Ergebnissen w manifestiert. Sie gilt dann und nur dann, wenn die Bedingung identischer Verteilung erfüllt ist.

Beispiel XVI.4: Einer Verteilung von Unfallhäufigkeiten x=0,1,... läßt sich eine Poissonverteilung anpassen (8.VIII). Daraus darf man schließen, daß die Unfälle dem Zufallsmechanismus:

$$f(x|\lambda) = e^{-\lambda} \frac{\lambda^x}{x!}$$

mit fester Unfallintensität λ gehorchen. Die Verteilung hat dann die Eigenschaft, daß $E\,\mathbf{X} = \text{Var}\,\mathbf{X} = \lambda$. Unterscheiden sich indessen die Personen hinsichtlich ihrer Unfallintensität, so ist Gleichung (3) nicht anwendbar. Es müßte ja eine mittlere Intensität $E\,\lambda = L$ geben, so daß

$$W(x) = e^{-L} \frac{L^x}{x!}$$

gilt mit $E\,\mathbf{X} = \text{Var}\,\mathbf{X} = L$. Das ist jedoch unmöglich, wie wir sofort mit (36.III) beweisen, derzufolge die Varianz einer Mischung aus der mittleren Varianz ihrer Komponenten und der Varianz ihrer Mittelwerte zusammengesetzt ist:

$$\begin{aligned} \text{Var}\,\mathbf{X} &= \sum_r \text{Var}\,(\mathbf{X}|\lambda)\cdot h(\lambda) + \sum_r (\lambda - L)^2\, h(\lambda) \\ &= \quad L \quad + \quad \text{Var}\,\lambda \quad > L\,. \end{aligned}$$

Die Mischung hat also eine Varianz, die größer ist als ihr Mittelwert, sie weist eine sogenannte **"overdispersion"** auf und ist demnach keine Poissonverteilung.

⬩⬧◆⬧⬩

Beispiel XVI.5: Auch die Mischung aus drei Binomialverteilungen, die wir in Beispiel XVI.1 untersuchten, weist "Überstreuung" auf. Während für eine Binomialverteilung mit Parametern n = 2 und $\pi = 0{,}5$ eine Varianz von 0,5 errechnet wird, hat die Mischung eine Varianz von 0,62, die sich gemäß (36.III) wie folgt zusammensetzt:

$$\begin{aligned} \text{Var}\,\mathbf{X} &= [0{,}32 + 0{,}50 + 0{,}32]\cdot\tfrac{1}{3} + [(0{,}4-1)^2 + (1-1)^2 + (1{,}6-1)^2]\cdot\tfrac{1}{3} \\ &= 0{,}38 + 0{,}24 = 0{,}62. \end{aligned}$$

⬩⬧◆⬧⬩

Mit Ausnahme der Bernoulliverteilungen (=Binomialverteilungen mit Parameter n=1) gehören Mischungen nicht der Verteilungsfamilie ihrer Komponenten an. Wir werden in Kapitel XVIII den Beweis für diese Behauptung erbringen.

Läßt sich an eine Mischung ein Verteilungsgesetz f anpassen, so folgt daraus, daß die Komponenten im Gegensatz zu (3) die Struktur f nicht haben können.

Beispiel XVI.6: Feststellung der "Hörschwelle" in einer HNO-Klinik. Man läßt einen Summton allmählich lauter werden und stellt jene Intensitäten fest, die ein Patient wahrnimmt (+). Das "Gesetz der Wahrnehmung" hat folgende Form:

$$f(+\,|\,\Psi,\pi) = \begin{cases} 0 \text{ wenn } \Psi < \pi, \\ 1 \text{ wenn } \Psi \geq \pi. \end{cases}$$

π heißt Hörschwelle. - Diese dürfte sich in guter Näherung normal verteilen, so daß man folgende Häufigkeiten von Hörreaktionen bei Ψ beobachten kann:

$$w(+\,|\,\Psi) = \int_{-\infty}^{\infty} f(+\,|\,\Psi,\pi)\, h(\pi)\, d\pi = \int_{-\infty}^{\Psi} 1\cdot h(\pi)\, d\pi + \int_{\Psi}^{\infty} 0\cdot h(\pi)\, d\pi = \Pr(\pi \leq \Psi). \quad (1)$$

Die beobachtete Häufigkeit ist also identisch mit der Anzahl von Patienten, die auch noch leisere Töne als Ψ hören und hat keinerlei Ähnlichkeit mit dem "Gesetz der Wahrnehmung". Sie darf nicht mit (3) als "artspezifische Wahrscheinlichkeit des Ansprechens der Hörnerven auf die Reizintensität Ψ" mißdeutet werden, wie es leider immer noch häufig geschieht.

◆◆◆

Die "Fremdbestimmtheit" einer Mischung w durch die "mixing proportions" ist, soweit ich sehe, zuerst einigen Psychologen im Zusammenhang mit der "Schwierigkeit" von Intelligenztestaufgaben aufgefallen (vgl. dazu Rudner 1983). Die Schwierigkeit ist einerseits eine der Aufgabe zukommende Eigenschaft und als solche von der Verteilung der Intelligenz unabhängig. Andererseits ist der Trefferprozentsatz, mit dem man die Schwierigkeit mißt, eine Zahl, die klein oder groß ausfällt, je nachdem, ob in der Eichstichprobe die unbegabten oder die intelligenten Probanden überwiegen. Ist $f(T\,|\,\Psi,\pi)$ die Wahrscheinlichkeit eines Treffers, wenn die Fähigkeit, Treffer zu erzielen, sich mit π beziffert, und Ψ die Schwierigkeit der Aufgabe, so manifestiert sich in der Trefferquote $w(T\,|\,\Psi)$ die Schwierigkeit der Aufgabe, wenn alle Testpersonen dieselbe Fähigkeit π besitzen:

$$w(T \mid \Psi, \pi) = f(T \mid \Psi, \pi) \; . \tag{3}$$

Trifft dies nicht zu, ist also $h(\pi) < 1$ (4), so tritt an die Stelle von (3):

$$\boxed{w(T \mid \Psi) = \sum_{\pi} f(T \mid \Psi, \pi)\, h(\pi)} \; . \tag{1}$$

Diese Formel wurde bereits von LAZARSFELD (1968) als Grundlage der **"Analyse latenter Strukturen"** vorgeschlagen. Der Trefferanteil w hängt jetzt nicht mehr von der Schwierigkeit der Aufgabe ab, sondern wird durch die Verteilung der Fähigkeit π (fremd)bestimmt. LAZARSFELD hat w als **manifeste**, d.h. beobachtbare **Variable** bezeichnet und sie von der Verteilung h der **latenten** (verborgenen) **Variablen** π unterschieden. Die Funktion $f(T \mid \Psi, \pi)$, die den Zusammenhang zwischen latenter Ausprägung π und beobachtbarer Reaktion T herstellt, heißt bei ihm "item-response-function", was wir mit **Gesetz der Reaktion** übersetzen.

Je nach dem Merkmalscharakter von π (Kapitel I.2) und dem Vorliegen (Fehlen) einer Intervalleinteilung spricht man von der Analyse latenter Klassen, Kategorien, Strukturen usw. Man vergleiche hiezu ARMINGER (1985). RASCH (1977, 1980) hat versucht, das "Gesetz der Reaktion" in eine nur von der Fähigkeit π und eine nur von der Schwierigkeit Ψ abhängige Funktion aufzuspalten:

$$f(T \mid \Psi, \pi) = f_1(\pi) \cdot f_2(\Psi) \; .$$

Ist dies möglich, so nennt man die beiden Variablen Ψ, π "separierbar". Die Schwierigkeit der Aufgaben kann dann unabhängig von der Verteilung der Intelligenz gemessen werden oder "spezifisch objektiv", wie RASCH sagt. Auch die Fähigkeit π wird unabhängig von der Verteilung der Aufgabenschwierigkeit, also spezifisch objektiv, gemessen, deren "Fremdbestimmtheit" durch die Verteilung der Aufgabenschwierigkeit somit ausgeschaltet.

Alle Wissenschaften, deren Forschungsgegenstand eine Individualität aufweist oder von der Zeit abhängt, führen **Zufallsexperimente mit variablen Parametern** durch, sind also anstelle von (3) auf (1) angewiesen. Die Einteilung der Psychologie in Allgemeine und Differentielle Psychologie in dem Sinne, daß eine Untersuchung entweder der einen oder der anderen Form zuzuordnen sei, ist unhaltbar. Alles, was ein Psychologe beobachten kann, ist von der unauflöslichen Verbindung eines "Gesetzes der Reaktion" (Allgemeine Psychologie) mit der Verteilung einer "latenten Variablen" (Differentielle Psychologie) beeinflußt. Diese Verbindung kann mit keiner wie auch immer gearteten Mittelungsstrategie aufgelöst werden. An Warnungen vor Artefakten hat es nie gefehlt. So stellte bereits Hofstätter (1972, S.216) fest, das allgemeine Gesetz eines Ablaufes an Hand der Durchnittwerte mehrerer Individuen enträtseln zu wollen, sei riskant. Die Individualkurven seien mitunter von einem ganz anderen Typus als die Durchnittskurve. Diese Feststellung wurde bereits mit einer zahlreichen Menge von Beispielen dokumentiert (vgl. auch Sixtl 1982, S.124f.).

KAPITEL XVII: GRUNDSÄTZE DER ANALYSE VON MISCHUNGEN

Werden Daten unter variablen Parameterbedingungen gewonnen, so kann sich "das Gesetz der Reaktion" in der beobachteten Verteilung schon deshalb nicht manifestieren, weil es mehrere Gesetze gibt, die sich entsprechend ihren Anteilen zu einer Mischung zusammensetzen. Es erscheint daher unvermeidlich, daß man eine Untersuchungsgesamtheit "auf irgendeine Weise" in Klassen von Objekten mit gleichen Parametern zerlegt. Zuerst entwickelt man Hypothesen, das "Gesetz der Reaktion" betreffend. Dabei können einem die Ergebnisse von Untersuchungen mit Kovariaten oder Moderatorvariablen nützlich sein; ferner Untersuchungen mit verschieden strukturierten Stichproben, Kulturvergleiche und nicht zuletzt Plausibilitätserwägungen, Randbedingungen, gesunder Menschenverstand. Hat man erst einmal eine Hypothese f, so muß diese die beobachtete Verteilung w folgendermaßen "erklären" können:

$$\begin{bmatrix} w(x_1) \\ \vdots \\ w(x_s) \end{bmatrix} = \begin{bmatrix} f(x_1 \mid \pi_1) & ,\ldots, & f(x_1 \mid \pi_m) \\ \vdots & & \vdots \\ f(x_s \mid \pi_1) & ,\ldots, & f(x_s \mid \pi_m) \end{bmatrix} \cdot \begin{bmatrix} h(\pi_1) \\ \vdots \\ h(\pi_m) \end{bmatrix} . \qquad (1)$$

Wir schreiben (1) in Matrixform an:

$$\boxed{\mathbf{W} = \mathbf{K} \cdot \mathbf{h}} \; , \qquad (1')$$

und nennen **K Matrix der Hypothesen** oder auch **Kern**. Die Spalten von **K** sind identisch mit den Komponenten der Mischung. Das Gleichungssystem (1) ist nun nach **h** aufzulösen oder anders gesagt: es sind "mixing proportions" $h(\pi)$ zu finden, welche die Komponenten f so mixen, wie es in Gestalt von **W** vorliegt. Der Kern **K** hat eine feste Struktur, die wir vorläufig nicht kennen, so daß wir eine Vermutung an ihre Stelle setzen müssen. Nun erwarten wir, wenn unsere Vermutung das Richtige trifft, folgendes: Alle Veränderungen von **W**, die wir vorfinden oder herstellen, müssen durch entsprechende Veränderungen von **h** allein erzeugt werden können, ohne daß die Struktur der Vermutung **K** dabei auch nur im geringsten verändert werden muß. Solange die Hypothese **K** mit jedem neuen **W** verträglich ist, behalten wir sie als nicht falsifizierte, d.h. bis auf weiteres geltende "Erkenntnis" des Gesetzes der Reaktion bei.

Abb.XVII.1: Drei Verteilungen der Körpergröße, wie man sie findet, wenn man das Geschlecht der Personen nicht berücksichtigt.

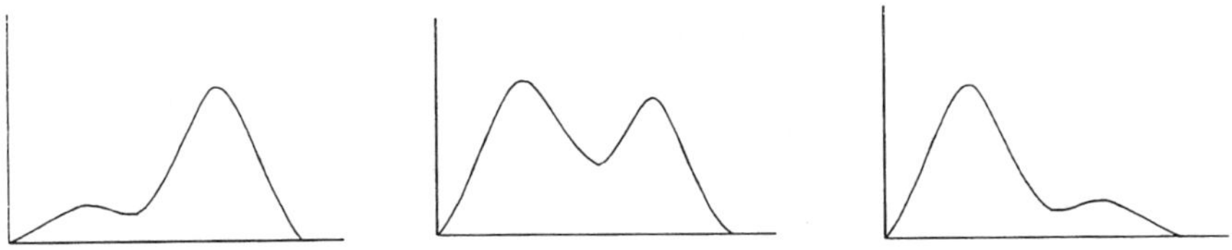

(a) (b) (c)

Keine dieser drei Verteilungen hat auch nur die geringste Ähnlichkeit mit einer Normalverteilung. Alle drei sind aber Mischungen der beiden Normalverteilungen:

$$\mathbf{X}_w \sim N(\mu,\sigma^2) \quad \text{und} \quad \mathbf{X}_m \sim N(\mu+\Delta,\sigma^2) \ ,$$

mit den Mischanteilen:

$$h_a = \begin{bmatrix} 0,2 \\ 0,8 \end{bmatrix} \ ; \quad h_b = \begin{bmatrix} 0,6 \\ 0,4 \end{bmatrix} \ ; \quad h_c = \begin{bmatrix} 0,8 \\ 0,2 \end{bmatrix} \ .$$

Die Hypothese: "Körpergröße ist eine normalverteilte Zufallsvariable" ist mit allen drei Mischungen verträglich, so sehr diese sich auch voneinander unterscheiden und so wenig Ähnlichkeit mit einer Normalverteilung sie auch aufweisen.

••♦••

Wer jemals Gelegenheit hatte, Untersuchungen wiederholen zu können, dürfte den Eindruck gewonnen haben, daß die Wiederholungen stärker streuten, als er aufgrund der Theorie identisch verteilter Daten erwartet hatte. Die Erklärung ist zum einen in Veränderungen der Mischanteile h zu suchen, die wir bereits in Beispiel V.10 darstellten: Verändert man bei festem Kern **K** in Gleichung (1') die Spalte **h**, so verursacht dies Veränderungen der Beobachtung **W**. Zum anderen wirkt sich die "overdispersion" auch dann aus, wenn man ein und derselben heterogenen Grundgesamtheit Stichproben entnimmt.

Ist eine Grundgesamtheit auf einem Merkmal **X** verteilt mit Erwartungswert μ und Varianz σ^2, so streuen die Mittelwerte von Stichproben der Größe n, wie wir gesehen haben, mit

$$\operatorname{Var} \bar{x}_n = \frac{\sigma^2}{n} . \tag{8.XI}$$

Hat man es dagegen mit einer mittelwertsheterogenen Grundgesamtheit zu tun, in der die Mittelwerte μ um $E\,\mu = M$ streuen, so hat die Verteilung eine Varianz, die gleich ist

$$\operatorname{Var} \mathbf{X} = E\,\sigma^2 + \operatorname{Var} \mu . \tag{36.III}$$

Stichproben der Größe n, die man einer solchen Grundgesamtheit entnimmt, haben Mittelwerte, die statt mit σ^2/n mit

$$\operatorname{Var} \bar{x}_n = \frac{E\ \sigma^2}{n} + \frac{\operatorname{Var}\ \mu}{n} \tag{8'.XI}$$

um den Mittelwert M streuen.

Wir setzen den Umfang von Stichproben identisch und nicht identisch verteilter Daten zueinander in Beziehung:

$$\frac{\sigma^2}{n'} = \frac{E\ \sigma^2 + \operatorname{Var}\ \mu}{n''} \quad \Rightarrow \quad \frac{n''}{n'} = \frac{E\ \sigma^2 + \operatorname{Var}\ \mu}{\sigma^2} .$$

Zur Erzielung von Statistiken gleicher Genauigkeit ist also notwendig, daß man den Stichprobenumfang der nicht identisch verteilten Daten in einem Ausmaß vergrößert, das sich nach dem Ausmaß der "overdispersion" richtet.

Entstammt jede Stichprobe einer Grundgesamtheit, die selbst wahllos aus einer "Verteilung von Grundgesamtheiten" herausgegriffen wurde, so erkennt man die Stichprobenverteilung einer Statistik im Hinblick auf (1.XVI) selbst als Mischung. Eine solche strebt mit wachsendem Stichprobenumfang gegen eine Grenzverteilung, deren Varianz selbst bei $n \to \infty$ nicht verschwindet. Wir wollen dies im folgenden Beispiel untersuchen:

Beispiel XVII.1: Man entnimmt Liefermengen zum Zweck der Qualitätskontrolle Proben der Größe n. Sei p_n der Schlechtanteil in der Stichprobe und π der Schlechtanteil in der Liefermenge. Unter den Bedingungen der Binomialverteilungsapproximation (10.VIII) hat p_n den Erwartungswert $E\,\mathbf{p}_n = \pi$ und die Varianz $\operatorname{Var} \mathbf{p}_n = \pi(1-\pi)/n$. - Man wird damit rechnen müssen, daß die Schlechtanteile der Liefermengen keinen festen Wert π haben, sondern selbst schwanken. Wir bezeichnen mit $E\,\boldsymbol{\pi}$ den mittleren Schlechtanteil, um den die Schlechtanteile mit einer Varianz streuen, die gleich ist $\mathrm{Var}\,\pi = \mathrm{E}\,\pi^2 - \mathrm{E}^2\pi$ (28.III). Die Varianz der Schlechtanteile in der Stichprobe ist unter diesen Umständen nicht gleich $\mathrm{Var}\,\mathbf{p}_n = \pi(1-\pi)/n$, sondern, wie wir bereits wissen:

$$\mathrm{Var}\,\mathbf{p}_n = \frac{1}{n}\,\mathrm{E}\,\pi(1-\pi) + \mathrm{Var}\,\pi\,. \qquad (36.\mathrm{III})$$

Man überzeugt sich leicht (Anhang **A-13**), daß folgende Formel der obigen völlig gleichwertig ist:

$$\boxed{\mathrm{Var}\,\mathbf{p}_n = \frac{(\mathrm{E}\,\pi)(1-\mathrm{E}\,\pi)}{n} + \frac{n-1}{n}\,\mathrm{Var}\,\pi}\ . \qquad (2)$$

In Proben der Größe n = 1 merkt man von den Schwankungen der Schlechtanteile π gar nichts. Die p_1-Werte streuen um den mittleren Schlechtanteil vielmehr genau so, wie sie bei Liefermengen mit festem Schlechtanteil $\pi = \mathrm{E}\,\pi$ streuen würden. Entnimmt man dagegen 2 oder mehr Stücke, so merkt man die Schwankung sofort an der "overdispersion":

$$\mathrm{Var}\,\mathbf{p}_n > \frac{(\mathrm{E}\,\pi)(1-\mathrm{E}\,\pi)}{n}\,.$$

Entnimmt man Stichproben wachsender Größe, so strebt die Varianz der Schlechtanteile in der Stichprobe folgendem Grenzwert zu:

$$\lim_{n\to\infty} \mathrm{Var}\,\mathbf{p}_n = \mathrm{Var}\,\pi > 0\,.$$

Man mache sich aber klar, daß darin die mit dem Stichprobenumfang wachsende Genauigkeit der Statistiken zur Wirkung kommt: entnimmt man einer Liefermenge mit Schlechtanteil π_1 eine sehr große Probe, so wird der Schlechtanteil der Probe fast sicher mit π_1 zusammenfallen. Entnimmt man nun einer anderen Liefermenge mit einem von π_1 verschiedenen Schlechtanteil π_2 eine ebenso große Probe, so wird deren Schlechtanteil fast sicher mit π_2 zuammenfallen, sich also von π_1 unterscheiden. Da die p_n-Werte mit wachsendem Stichprobenumfang den π-Werten immer ähnlicher werden, müssen sie auch deren Varianz annehmen. Nachfolgendes Beispiel illustriert diesen Sachverhalt.

⬩♦⬥♦⬩

Beispiel XVII.2: In Beispiel XVI.1 wurde einer "gemischten Grundgesamtheit" von drei Urnen mit Anteilen schwarzer Kugeln, die sich mit π=0,2; 0,5; 0,8 beziffern, Stichproben entnommen. Wir wollen nun den Anteil schwarzer Kugeln in der Stichprobe in Abhängigkeit von deren Umfang untersuchen. Unter der Annahme des Beispiels XVI.1, daß jede der drei Urnen die gleiche Chance hat, zur Entnahme einer Stichprobe herangezogen zu werden, erhalten wir:

$$\mathrm{E}\,\pi = (0{,}2+0{,}5+0{,}8)\cdot\tfrac{1}{3} = 0{,}5.$$

$$\mathrm{Var}\,\pi = [(0{,}2-0{,}5)^2 + (0{,}5-0{,}5)^2 + (0{,}8-0{,}5)^2]\cdot\tfrac{1}{3} = 0{,}06\ .$$

Nun können wir untersuchen, wie sich die Varianz der relativen Häufigkeiten aus den beiden Komponenten von (2) bei verschiedenen Stichprobenumfängen zusammensetzt:

n	$\mathrm{Var}\ \mathbf{p}_n$	$= \frac{(\mathrm{E}\ \pi)(1-\mathrm{E}\ \pi)}{n}$	$+ \frac{n-1}{n}\ \mathrm{Var}\ \pi$
1	0,25	= 0,25	+ 0
2	0,155	= 0,125	+ 0,03
3	0,123	= 0,083	+ 0,04
5	0,098	= 0,050	+ 0,048
10	0,079	= 0,025	+ 0,054
100	0,0619	= 0,0025	+ 0,0594
1000	0,06019	= 0,00025	+ 0,05994
∞	0,06	= 0	+ 0,06

KAPITEL XVIII: GEOMETRISCHE EIGENSCHAFTEN VON MISCHUNGEN

Wir werden uns im folgenden mit dem Gleichungssystem (1.XVII) befassen, das für die Ausprägungen $x = x_1,\ldots,x_s$ definiert ist:

$$w(x) = f_1(x) \cdot h_1 + \ldots + f_m(x) \cdot h_m .$$

Soferne die Verständlichkeit nicht leidet, schreiben wir kurz:

$$\boxed{w = \sum_{k=1}^{m} f_k \cdot h_k} \quad . \tag{1}$$

Man beachte, daß $\sum_{k=1}^{m} h_k = 1$ erfüllt sein muß. Daran erkennt man, daß die Mischung w das arithmetische Mittel ihrer Komponenten ist. Der "bedingte Mittelwert", der entsteht, wenn man eine der Komponenten, sagen wir die j-te, streicht, ist wie folgt darzustellen:

$$\boxed{y_j = \sum_{k \neq j} f_k \cdot \frac{h_k}{1-h_j}} \quad , \tag{2}$$

wobei erneut gilt: $\sum_{k \neq j} \frac{h_k}{1-h_j} = \frac{1-h_j}{1-h_j} = 1$. - Der Mittelwert (1) setzt sich aus dem bedingten Mittelwert (2) und der gestrichenen Komponente f_j wie folgt zusammen:

$$y_j(1-h_j) + f_j h_j = \sum_k f_k h_k = w .$$

Wir lassen jetzt auch noch den Index j weg und untersuchen Linearkombinationen der folgenden Art:

$$\boxed{y \cdot (1-h) + f \cdot h = w} \quad . \tag{3}$$

XVIII.1: Konvexität

Die Mengen aller y, f, w sind wegen (3) sogenannte konvexe Mengen, von denen uns in diesem Zusammenhang folgende Eigenschaften interessieren:

(1) Da w ein arithmetisches Mittel ist, sind die Abweichungen von w in summa null:

$$(y-w)(1-h) + (f-w)h = 0 . \tag{6.III}$$

Wir lösen diesen Ausdruck nach h auf:

$$\boxed{h = \frac{y-w}{y-f}} \quad . \tag{4}$$

h ist ein Anteilswert, unterliegt also der Restriktion $0 \leq h \leq 1$. Zähler und Nenner von (4) müssen daher stets gleiches Vorzeichen haben, der Zähler darf außerdem, was seinen Betrag betrifft, nicht größer sein als der Nenner. Das hat zur Folge, daß w stets "in der Mitte" von f und y sein muß:

$$f \leq w \leq y \quad \text{oder} \quad y \leq w \leq f \; . \tag{5}$$

Wird nämlich y von w und f eingeschlossen, so ist $h < 0$; schließen dagegen w und y die Komponente f ein, so folgt $h > 1$.

(2) Der Abstand zwischen f und y wird durch w im Verhältnis 1-h zu h geteilt:

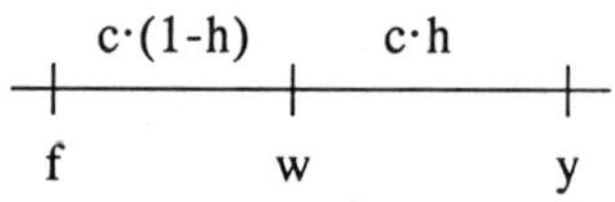

(6)

Geht der Anteil von f gegen Null, so wandert w gegen y; geht er indessen gegen Eins, so wandert w gegen f. - Aus (4):

$$h = \frac{y-w}{y-f} \quad \text{und} \quad 1-h = \frac{-f+w}{y-f} = \frac{w-f}{y-f} \; ,$$

folgt nämlich:

$$(y-f)\cdot h = y-w \quad \text{und} \quad (y-f)\cdot(1-h) = w-f \; . \tag{7}$$

Es ist also die Proportionsqualitätskonstante $c = y-f$.

(3) Wir stellen das Gleichungssystem (1.XVII) in der gerafften Form (3) dar:

$$\boxed{\begin{array}{rcl} w(x_1) & = & y(x_1)\cdot(1-h) + f(x_1)\cdot h \\ & \vdots & \\ w(x_s) & = & y(x_s)\cdot(1-h) + f(x_s)\cdot h \end{array}} \quad . \tag{8}$$

Die Punkte $w[w(x_1)|\ldots|w(x_s)]$ und $f[f(x_1)|\ldots|f(x_s)]$ gehören jener Teilmenge von Punkten des s-dimensionalen Raumes an, deren Koordinatensumme 1 ist:

$$\sum_{i=1}^{s} w(x_i) = 1; \qquad \sum_{i=1}^{s} f(x_i) = 1.$$

Es gehört aber auch der Punkt $y[y(x_1)|\ldots|y(x_s)]$ zu dieser Menge. Mit (2) erhält man nämlich:

$$y_j(x_1) + y_j(x_2)+\ldots+y_j(x_s) = \frac{1}{1-h_j} \sum_{k \neq j} \left[f_k(x_1)\cdot h_k + f_k(x_2)\cdot h_k + \ldots + f_k(x_j)h_k\right]$$

$$= \frac{1}{1-h_j} \sum_{k \neq j} h_k \cdot \underbrace{\sum_{i=1}^{s} f_k(x_i)}_{1} = \frac{1}{1-h_j} \cdot (1-h_j) = 1 .$$

Wir berechnen nun die "Euklidischen Abstände" zwischen diesen drei Punkten:

$$D^2_{yf} = \sum_{i=1}^{s} [y(x_i) - f(x_i)]^2 , \tag{9}$$

$$D^2_{yw} = \sum_{i=1}^{s} [y(x_i) - w(x_i)]^2 ; \quad D^2_{wf} = \sum_{i=1}^{s} [w(x_i) - f(x_i)]^2 . \tag{9'}$$

In jeder der s Gleichungen von (8) werden dieselben Gewichte (1-h) und h verwendet. Das bedeutet, daß auf jeder der s-Koordinaten die Strecke $\overline{y\,f}$ durch w im Verhältnis (1-h) zu h geteilt wird (6). Man darf somit die Koordinatendifferenzen in (9') mit (7) darstellen und erhält unmittelbar:

$$D^2_{yw} = h^2 \sum_{i=1}^{s} [y(x_i) - f(x_i)]^2 = h^2 \cdot D^2_{yf} ,$$

$$D^2_{wf} = (1-h)^2 \sum_{i=1}^{s} [y(x_i) - f(x_i)]^2 = (1-h)^2 D^2_{yf} ,$$

so daß:

$$\boxed{D_{yw} + D_{wf} = h \cdot D_{yf} + (1-h) \cdot D_{yf} = D_{yf}} . \tag{10}$$

Das bedeutet: Verbindet man die Punkte f und y mit einer Geraden, so kommt der Punkt w auf dieser Geraden zu liegen!

XVIII.2: Eine Repräsentation von Verteilungsfamilien

Der Leser rufe sich die Überlegungen in Verbindung mit Abb.XV.1 in Erinnerung. Wir haben dort die Menge der Binomialverteilungen mit Parametern $n=2$ und $0 \leq \pi \leq 1$ dargestellt. Es zeigte sich, daß diese die Form einer gekrümmten Kurve auf der Ebene der Punkte mit Koordinatensumme 1 hat.
Mit solchen **Repräsentationen von Verteilungsfamilien** wollen wir uns jetzt befassen. Einer Mischung zweier Verteilungen dieser Familie entspricht die

Konvexkombination

$$w_2 = f_1 \cdot (1-h_2) + f_2 \cdot h_2 \,. \tag{3}$$

Zieht man eine dritte Komponente hinzu, so entsteht die aus drei Komponenten zusammengesetzte Mischung w_3, die wir ebenfalls mit (3) darstellen können, da w_2 identisch ist mit y_3 (2):

$$w_3 = w_2 \cdot (1-h_3) + f_3 \cdot h_3 \;; \quad y_3 \equiv w_2 \,. \tag{3}$$

Verbindet man w_2 und f_3 durch eine Gerade, so kommt wegen (10) w_3 auf dieser Geraden zu liegen. - Man kann damit beliebig fortfahren: eine aus m Komponenten zusammengesetzte Mischung hat die Darstellung:

$$w_m = w_{m-1} \cdot (1-h_m) + f_m \cdot h_m \;; \quad y_m \equiv w_{m-1} \,, \tag{3}$$

liegt also auf der geraden Verbindung von w_{m-1} und f_m.

Wir sind nun in der Lage, die folgende Frage zu beantworten: Unter welchen Bedingungen ist die Mischung w_m selbst Mitglied jener Verteilungsfamilie, aus deren Komponenten sie gebildet wurde? Die Antwort lautet einfach: wenn die gerade Verbindung zwischen w_{m-1} und f_m aus Punkten besteht, die selbst zur Verteilungskurve dieser Familie gehören. Dasselbe kann man auch so formulieren:

> Ist die Verteilungskurve dieser Familie eine Gerade auf der Ebene der Punkte mit Koordinatensumme Eins, dann - und nur dann - gehört jede Mischung aus Verteilungen dieser Familie selbst dieser Familie an.

Beispiel XVIII.1: Die Familie der Bernoulliverteilungen (= Binomialverteilungen mit Parameter n=1) hat die Dichtefunktion

$$f(x\,|\,\pi) = \begin{cases} 1-\pi & \text{wenn } x=0, \\ \pi & \text{wenn } x=1. \end{cases}$$

Hier ist s=2. Die Menge der Punkte, deren Koordinatensumme 1 ist, bildet auf der $f(0|\pi),f(1|\pi)$-Ebene eine Gerade. Alle Punkte dieser Geraden repräsentieren Bernoulliverteilungen. Somit sind alle Mischungen solcher Verteilungen selbst Bernoulliverteilungen, wie übrigens in Beispiel XVII.1 bereits mit anderen Mitteln bewiesen wurde.

Beispiel XVIII.2: Wir betrachten die Familie der Binomialverteilungen mit Parametern $n=2$ und $0 \leq \pi \leq 1$. Die $f(0|\pi), f(1|\pi)$-Koordinaten einer ausgewählten Schar von Mitgliedern dieser Familie übernehmen wir von Tab.XV.3:

π	0	0,1	0,2	0,3	0,4	0,5	0,6	0,7	0,8	0,9	1
$f(0\|\pi)$	1	0,81	0,64	0,49	0,36	0,25	0,16	0,09	0,04	0,01	0
$f(1\|\pi)$	0	0,18	0,32	0,42	0,48	0,50	0,48	0,42	0,32	0,18	0

Die Menge der Verteilungspunkte bildet eine zusammenhängende Kurve auf der Ebene der Punkte mit Koordinatensumme 1. Die Projektion dieser Kurve auf die $f(0|\pi), f(1|\pi)$-Ebene ist in folgender Abbildung dargestellt.

Abb.XVIII.1: Projektion einer Verteilungskurve auf eine durch zwei Koordinaten gebildete Ebene.

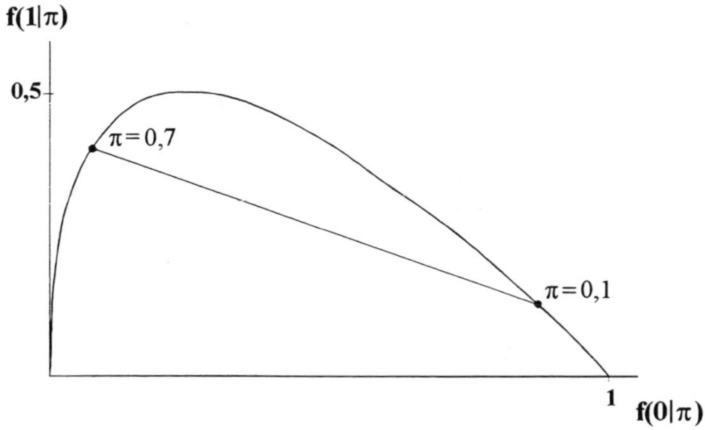

Alle in Tab.XV.3 gesondert angeführten Verteilungen erscheinen als Punkte dieser Kurve. Die Kurve der Binomialverteilungen ist gekrümmt. Mischt man zwei Exemplare dieser Familie, etwa die mit Parametern $\pi = 0{,}1$ und $\pi = 0{,}7$, so liegt der Mischungspunkt w auf der geraden Verbindung dieser beiden Komponenten, ist also kein Punkt der Kurve der Binomialverteilungen.

⬩⬥◆⬥⬩

Beispiel XVIII.3: Im vorigen Beispiel betrachteten wir den dreidimensionalen Raum der Familie aller Binomialverteilungen mit Parametern n=2 und $0 \leq \pi \leq 1$. - Die Dimension des Raumes aller Normalverteilungen mit $-\infty < \mu < \infty$ und σ^2 ist sehr viel größer. Man kann sich trotzdem Projektionen der Normalverteilungskurve auf ausgewählte Ebenen verschaffen. Die folgende Abbildung stellt ein Beispiel davon dar.

Abb.XVIII.2: Die Menge aller Normalverteilungen mit $-\infty < \mu < \infty$ und $\sigma^2=1$ wurde auf die $f(1|\mu,1), f(2|\mu,1)$-Ebene projiziert. Auch diese Menge bildet ersichtlich eine gekrümmte Kurve.

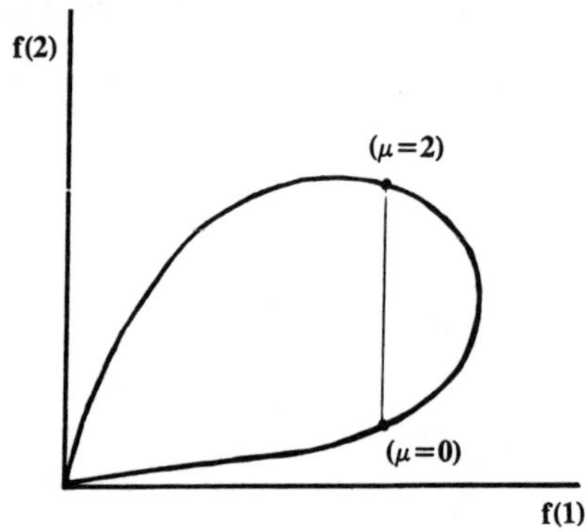

⋄ ♦ ⋄

XVIII.3: Die Menge der inneren Punkte

Wir betrachten die Kombination

$$w_m = w_{m-1} \cdot (1-h_m) + f_m \cdot h_m . \tag{3}$$

w_m liegt in jedem Fall auf der geraden Verbindung von w_{m-1} und f_m (10). Gilt außerdem, daß w_m "in der Mitte" von w_{m-1} und f_m liegt (5), so ist $0 \leq h_m \leq 1$. Wir ordnen die Komponenten nach der Größe des Parameters π:

$$\begin{array}{ccccc} \pi_1 & < \quad \pi_2 & < \; \ldots\ldots \; < & & \pi_m \\ \hline f_1 & f_2 & \ldots\ldots & & f_m \\ \hline \begin{bmatrix} f(x_1 \mid \pi_1) \\ \vdots \\ f(x_s \mid \pi_1) \end{bmatrix} & \begin{bmatrix} f(x_1 \mid \pi_2) \\ \vdots \\ f(x_s \mid \pi_2) \end{bmatrix} & \ldots\ldots & & \begin{bmatrix} f(x_1 \mid \pi_m) \\ \vdots \\ f(x_s \mid \pi_m) \end{bmatrix} \end{array} ,$$

sodann verbinden wir aufeinanderfolgende Punkte f mit Geraden, wobei wir zuletzt f_m und f_1 ebenfalls mit einer Geraden verbinden, so daß eine geschlossene Figur entsteht, ein Polygon. Die Kombinationen zweier aufeinanderfolgender Komponenten liegen auf solchen Geraden, sind also Randpunkte des Polygons. Kombinationen von Randpunkten liegen auf der Geraden, die sie verbindet, und sind innere Punkte des Polygons, wenn sie der Restriktion $0 \leq h \leq 1$ genügen. Die Kombination eines Randpunktes mit einem inneren Punkt ist selbst ein innerer Punkt, wenn er der Restriktion $0 \leq h \leq 1$ genügt. Das Polygon schließt also die Menge der inneren Punkte ein.

Abb.XVIII.3: Umhüllendes Polygon mit m=7 Ecken, projiziert auf die f(x),f(x+1)-Ebene. Die Punkte im Inneren bzw. auf dem Rand der Figur sind Projektionen der inneren Punkte auf diese Ebene.

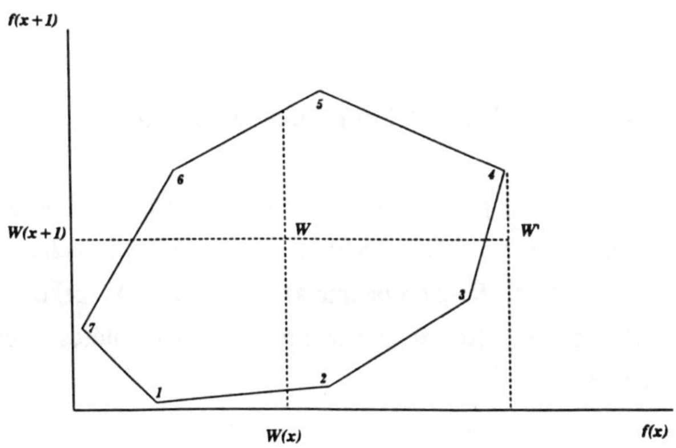

Die Menge aller Kombinationen w, die man mit (3) überhaupt erzeugen kann, gliedert sich in zwei Teilmengen, deren eine von dem Polygon eingeschlossen wird und der Restriktion $0 \leq h \leq 1$ genügt. Sie ist das Abbild der ei-

gentlichen Mischungen, die man mit (3) erzeugt und von den uneigentlichen Mischungen unterscheiden muß.

Abbildung XVIII.3 läßt auch erkennen, wann ein Punkt w den Restriktionen $0 \leq h \leq 1$ genügt (eine eigentliche Mischung abbildet): Man ziehe eine Parallele der f(x+1)-Achse durch w. Diese schneidet das umhüllende Polygon in zwei Punkten, deren Koordinaten wir mit g(x+1) und G(x+1) bezeichnen. Die Erfüllung der Ungleichung: $g(x+1) \leq w(x+1) \leq G(x+1)$ ist notwendig (aber nicht hinreichend) dafür, daß w ein innerer Punkt ist. Nun lege man eine Parallele der f(x)-Achse durch w. Diese schneidet das umhüllende Polygon ebenfalls in zwei Punkten, deren Koordinaten wir mit g(x) und G(x) bezeichnen. Jetzt muß gelten: $g(x) \leq w(x) \leq G(x)$. Dies trifft nur für die Projektion des Punktes w der Abb.XVIII.3 zu, für w' jedoch nicht. w' ist kein innerer Punkt, bildet keine eigentliche Mischung ab.

Man denke sich die Zahl der Komponenten einer Mischung und damit die Zahl der Ecken des umhüllenden Polygons größer und größer. Letztendlich wird jeder Punkt der Verteilungskurve ein Eckpunkt des umhüllenden Polygons, dieses also mit jener deckungsgleich. - Die Überlegungen dieses Abschnittes werden uns bei der Dekomposition von Mischungen im Sinne der Ausführungen des Kapitels XVII weiterhelfen.

XVIII.4: Die Stichprobenverteilung einer Mischung

Der Punkt $w(w_1|\ldots|w_s)$ gehört zur Ebene der Punkte mit Koordinatensumme 1. Mit einer Stichprobe von N Objekten erzielt man anstelle der w_i relative Häufigkeiten p_i. Der Stichprobenpunkt $P(p_1|\ldots|p_s)$ gehört ebenfalls zur Menge der Punkte mit Koordinatensumme 1. Wir interessieren uns für den Stichprobenfehler

$$e_i = p_i - w_i\,, \qquad i=1,\ldots,s\;.$$

Jedes Objekt ist einem von m verschiedenen Verteilungsgesetzen f_k, $k=1, \ldots,m$ zugeordnet. Wir greifen nun wahllos ein Objekt heraus; die Wahrscheinlichkeit, daß es dem Gesetz f_k zuzuordnen ist, beträgt h_k, $\sum h_k = 1$. Nun führen wir mit diesem Objekt - bezeichnen wir es mit j - n Versuche durch, die unabhängig und identisch verteilt sind und stellen fest, wie oft dabei die Ausprägung i aufgetreten ist: $x_{kj} = 0,1,\ldots,n$. Nun greifen wir ein zweites Objekt heraus und verfahren damit genauso, dann ein drittes usw., bis wir eine Stichprobe von N Objekten zusammen haben. - Die Versuchsergebnisse ordnen wir dann wie folgt an:

Tab.XVIII.1: Ergebnisse von je n Zufallsexperimenten, die mit N Objekten durchgeführt wurden.

1	x_{11} ..... x_{1n_1}	n_1
⋮	⋮ ⋮	⋮
k	x_{k1} ..... x_{kn_k}	n_k
⋮	⋮ ⋮	⋮
m	x_{m1} ..... x_{mn_m}	n_m
	Summe	N

In der Stichprobe befinden sich also n_k Objekte, $k=1,\ldots,m$, die dem Verteilungsgesetz f_k zugeordnet sind. Wir dürfen erwarten, daß $E\,\mathbf{n}_k = n \cdot h_k$. Unter diesen Umständen erhalten wir für die relative Häufigkeit der Ausprägung i in der Stichprobe, also für

$$p_i = \frac{1}{N \cdot n} \sum_{k=1}^{m} \sum_{j=1}^{n_k} x_{kj}$$

den Erwartungwert

$$E\,\mathbf{p}_i = \sum_{k=1}^{m} \pi_{ik}\, h_k = w_i \qquad (11)$$

und die Varianz

$$\mathrm{Var}\,\frac{1}{N \cdot n} \sum_k \sum_j x_{kj} = \frac{1}{N} \left[\frac{1}{n} \sum_k \pi_{ik}(1-\pi_{ik})\, h_k + \sum_k (\pi_{ik} - w_i)^2\, h_k \right],$$

die wir mit Hilfe von (2.XVII) wie folgt darstellen:

$$\mathrm{Var}\,\mathbf{p}_i = \frac{1}{N} \left[\frac{w_i(1-w_i)}{n} + \frac{n-1}{n}\, \mathrm{Var}\,\boldsymbol{\pi}_i \right], \qquad (12)$$

wobei $\mathrm{Var}\, \boldsymbol{\pi}_i = \sum_k (\pi_{ik} - w_i)^2\, h_k$.

Wir betrachten jetzt den Fall, daß man das Zufallsexperiment mit den Objekten nicht wiederholt, so daß n=1 in (12) zu setzen ist. Der Stichprobenpunkt $P(p_1|\ldots|p_s)$ streut unter diesen Umständen auf der Ebene der Punkte mit Koordinatensumme 1 um den Erwartungswert $w(w_1|\ldots|w_s)$. Seine Koordinaten haben dabei die Varianzen

$$n=1: \quad \mathrm{Var}\, \mathbf{p}_i = \frac{1}{N}\, w_i(1-w_i), \qquad i=1,\ldots,s \ . \tag{12'}$$

Der Stichprobenpunkt kann dabei außerhalb des Bereiches der inneren Punkte zu liegen kommen, der durch das Polygon $[f_1,\ldots,f_k,\ldots,f_m]$ gebildet wird. Das bedeutet, daß seine Darstellung als Linearkombination der Komponenten f_k nicht mehr mit Koeffizienten erfolgen kann, die alle aus dem Intervall [0,1] stammen. P ist eine uneigentliche Mischung der Komponenten $[f_1,\ldots,f_m]$, wenn in

$$P = \sum_{k=1}^{m} f_k\, h_k^*$$

die Restriktion $0 \le h_k^* \le 1$ mindestens einmal verletzt ist.

Ist der Stichprobenumfang hinreichend groß, so kann die Verteilung des Stichprobenpunktes P durch die Normalverteilung ersetzt werden. Deren Dichtefunktion hat den Exponenten

$$Q(P) = \frac{N}{2} \cdot \sum_{i=1}^{s} \frac{(p_i - w_i)^2}{w_i} \ . \tag{39.XV}$$

Man kann also die Wahrscheinlichkeit abschätzen, daß der Stichprobenpunkt nicht in die Menge der inneren Punkte fällt.

KAPITEL XIX: DIE IDENTIFIZIERUNG EINER VERTEILUNG ALS MISCHUNG

XIX.1: Prüfung der Nullhypothese "w ist keine Mischung"

Die Verteilungsfamilie f ist durch einen Parameter (Parametervektor) θ charakterisiert. Wir haben zu prüfen, ob es ein $\theta=\theta^*$ gibt, so daß $w \equiv f(\theta^*)$. Zu diesem Zweck suchen wir das dem Stichprobenpunkt P zunächst liegende Mitglied der Verteilungsfamilie f auf. Aus naheliegenden Gründen verwenden wir für diese Suche die **Minimum-Chiquadrat-Methode**: Wir finden das Minimum der Funktion:

$$\chi^2(\theta) = N \sum_{i=1}^{s} \frac{\left[p_i - f_i(\theta)\right]^2}{f_i(\theta)} \tag{10.XII}$$

mit (11.XII).

Nun bezeichnen wir mit $f(\hat{\theta})$ jenes Exemplar der Verteilungsfamilie f, für das gilt: $\chi^2(\hat{\theta}) \leq \chi^2(\theta)$.

Man kann nun sagen: P ist mit einer Irrtumswahrscheinlichkeit, die höchstens α beträgt, kein Stichprobenpunkt der Verteilungsfamilie f, wenn es dem ihm zunächst liegenden Exemplar dieser Familie so auffallend unähnlich ist, daß es die Ungleichung erfüllt:

$$\boxed{\chi^2_{s-1-k;1-\alpha} \leq \chi^2(\hat{\theta})}\ , \tag{40.XV}$$

wobei χ^2 das (1-α)-Quantil der Chiquadratverteilung mit Parameter m = s-1-k ist.

Das Ergebnis "P ist kein .Stichprobenpunkt der Familie f" läßt offen, ob P entweder zu einer Mischung von Exemplaren dieser Familie gehört oder überhaupt aus einer anderen Verteilungsfamilie g hervorgeht.

XIX.2: Varianz "innerhalb" versus Varianz "zwischen"

Die folgenden Überlegungen basieren auf der Varianz, welche die Koordinaten des Stichprobenpunktes P aufweisen:

$$\mathrm{Var}\,\mathbf{p}_i = \frac{1}{N}\left[\frac{w_i(1-w_i)}{n} + \frac{n-1}{n}\,\mathrm{Var}\,\boldsymbol{\pi}_i\right], \qquad (12.\mathrm{XVIII})$$

wobei $\mathrm{Var}\,\boldsymbol{\pi}_i = \sum_k (\pi_{ik} - w_i)^2\, h_k$.

Wenn wir Zufallsexperimente mit jedem Objekt mehr als einmal durchführen ($n \geq 2$), so kann die zweite Komponente, welche die Varianz der Koordinaten laut (12.XVIII) beeinflußt, nur dann null sein, wenn $\mathrm{Var}\,\boldsymbol{\pi}_i = 0$, d.h. wenn $\pi_{ik} = w_i$ gilt, also alle Objekte demselben Verteilungsgesetz zuzuordnen sind.

Ob nun $\mathrm{Var}\,\boldsymbol{\pi}_i$ den Wert Null hat oder nicht, die Varianz der Koordinaten wird auf jeden Fall erwartungstreu mit den Daten der Tabelle XVIII.1 geschätzt:

$$s_i^2 = \frac{1}{N-1} \sum_{k=1}^{m} \sum_{j=1}^{n_k} \left(\frac{x_{kj}}{n} - p_i\right)^2 . \qquad (2)$$

Die erste Komponente, welche die Varianz der Koordinaten laut (12.XVIII) beeinflußt, wird asymptotisch erwartungstreu geschätzt mit:

$$\frac{1}{n}\, p_i(1-p_i) = \frac{1}{n}\cdot\left(\frac{1}{N\cdot n} \sum_k \sum_j x_{kj}\right)\left(1 - \frac{1}{N\cdot n} \sum_k \sum_j x_{kj}\right), \qquad (3)$$

soferne $N\cdot n/(N\cdot n-1) \approx 1$.

Ist nun die Varianz "zwischen den Objekten", also $\mathrm{Var}\,\boldsymbol{\pi}_i$, null, so gilt, wie HAFNER (vgl. SIXTL 1981) gezeigt hat:

$$\sqrt{N}\cdot\left[\mathbf{p}_i(1-\mathbf{p}_i) - n\, s_i^2\right] \sim N\left[0;\, 2\,\frac{n-1}{n}\, w_i^2(1-w_i)^2\right], \qquad (4)$$

soferne $n > 1$ und N sehr groß ist. Dann hat aber

$$\boxed{N\cdot\frac{n}{2(n-1)} \sum_{i=1}^{s} \frac{\left[p_i(1-p_i) - n\, s_i^2\right]^2}{p_i^2\,(1-p_i)^2} = \chi^2} \qquad (5)$$

eine Chiquadratverteilung mit Parameter $m = s-1$. Die Hypothese H_0: Die Varianz "zwischen den Objekten" ist null, wird mit Irrtumswahrscheinlichkeit α verworfen, wenn

$$\chi^2 \geq \chi^2_{s-1;1-\alpha} .$$

Beispiel XIX.1: N=135 Personen wurden auf folgende Weise über den Abscheu befragt, den sie vor verschiedenen Verbrechen empfinden: sie gaben an, welches von je zwei der angeführten Verbrechen ihnen größeren Abscheu verursacht: Unterschlagung (U), Einbruchdiebstahl (E), Mord im Affekt (M), Spionage (S), Kindesentführung (K). Die Befragung wurde mit jeder Person zweimal durchgeführt. In der folgenden Tabelle sind die Ergebnisse auszugsweise wiedergegeben.

Tabelle XIX.1 (aus SIXTL 1980): Die Zahlen geben an, wie oft der linke Paarling in n=2 Versuchen als das abscheulichere Verbrechen beurteilt wurde.

i=1		i=2	0	1	2	p_1	$p_1(1-p_1)$	$2\cdot s_1^2$	χ^2
U	-	E	50	32	53	0,511	0,250	0,384	77,90
M	-	S	54	19	62	0,530	0,249	0,431	144,13
E	-	K	132	2	1	0,015	0,015	0,022	68,47
S	-	K	112	15	8	0,115	0,102	0,149	58,19
E	-	M	105	15	15	0,167	0,139	0,224	101,10
							(3)	(2)	(5)

53 Personen gaben beidemale an, daß sie mehr Abscheu vor U als vor E verspürten, 50 Personen entschieden beidemal entgegengesetzt. U wird im Mittel von 51.1%, E dementsprechend von 48,9% als das abscheulichere Verbrechen bezeichnet. Die beiden Werte $p_i(1-p_i)$ und $2\cdot s_i^2$, die man für die beiden Ausprägungen (U abscheulicher) und (E abscheulicher) errechnet, sind jeweils gleich. - Die mit (3) und (2) zu bestimmenden Schätzer unterscheiden sich in allen fünf Fällen ungewöhnlich stark voneinander, so daß man schließen muß, daß die "Varianz zwischen den Personen" ungleich null, der Abscheu vor den Verbrechen von Person zu Person also verschieden ausgeprägt ist ($\chi^2_{1;0,999}$ = 10,83).

•♦ ♦ ♦•

XIX.3: Mischungen von Polynomialverteilungen und verwandte Modelle

Wenn Daten, die in m Gruppen gegliedert sind, sich auf die s Ausprägungen eines Merkmales so verteilen, daß keine der s×m Häufigkeiten kleiner als 1 und höchstens 20% kleiner als 5 sind, dann kann man zur Prüfung der "Unterschiede zwischen den Gruppen" den Chiquadrat-Test (3.XV) anwenden. Die Hypothese, daß $\operatorname{Var} \pi_i = \sum_k (\pi_{ki} - p_i)^2 h_k = 0$ für $i=1,\ldots,s$, wird mit Irrtumswahrscheinlichkeit α verworfen, wenn

$$\sum_{k=1}^{m} \sum_{i=1}^{s} \frac{(h_{ki} - n_k\, p_i)^2}{n_k\, p_i} = \chi^2 \geq \chi^2_{(s-1)(m-1);1-\alpha} \,.$$

Man kann damit prüfen, ob die Verteilungen von Objekten, die verschiedene Ausprägungen eines Merkmales $\mathbf{Z}=\{z_1,\ldots,z_k,\ldots,z_m\}$ aufweisen, verschieden sind: Ist die Verteilung der Körpergröße, der manuellen Geschicklichkeit, der Intelligenz, des Einkommens von Personen verschiedenen Lebensalters oder Geschlechtes usw. verschieden? Selbstverständlich können die Ausprägungen von **Z** auch Kombinationen von Merkmalen wie Geschlecht, Alter usw. darstellen.

Ist **X** ein quantitatives Merkmal, auf dem die Objekte normalverteilt sind mit einem Fehler der Versuchswiederholung, der ebenfalls normalverteilt sein muß, dann kann man das Modell der "Varianzanalyse mit Zufallskomponenten" für die Identifizierung von Mischungen verwenden. Die **Varianzanalyse** gehört aufgrund ihrer Verteilungsvoraussetzungen nicht zu den universell verwendbaren Methoden der Statistik.

XIX.4: Die Identifizierung einer Mischung mit Hilfe ihrer Momente

Man kann eine Mischung unter gewissen Umständen mit der Gleichung:

$$\operatorname{Var} \mathbf{X} = \operatorname{E} \operatorname{Var} (\mathbf{X} \mid \pi) + \operatorname{Var} \pi \qquad (36.\text{III})$$

identifizieren. Einerseits kann man stets die Varianz der Mischung abschätzen:

$$\operatorname{Var} \mathbf{X} = \frac{1}{n-1} \sum_j (x_j - \bar{x})^2 \,, \qquad (14.\text{XI})$$

andererseits ist man gelegentlich imstande, $\operatorname{E} \operatorname{Var}(\mathbf{X} \mid \pi)$ zu bestimmen, so daß man wie folgt entscheiden kann:

$$\operatorname{Var} \mathbf{X} - \operatorname{E} \operatorname{Var} (\mathbf{X} \mid \pi) \begin{cases} > 0 \Rightarrow \text{die Verteilung ist eine Mischung} \\ = 0 \Rightarrow \text{die Verteilung ist keine Mischung} \,. \end{cases}$$

Beispiel XIX.2: Für poissonverteilte Zufallsvariablen **X** gilt: Var $(\mathbf{X}|\lambda) =$ E $(\mathbf{X}|\lambda) = \lambda$ (8.VIII). Streuen nun die Intensitätsparameter λ um einen mittleren Wert E $\lambda = L$, so errechnet man E Var $(\mathbf{X}|\lambda) =$ E $(\mathbf{X}|\lambda) = L$ und kann entscheiden. - Bei Mischungen relativer Häufigkeiten kann man (36.III) nicht unmittelbar heranziehen. Wir haben aber bereits gesehen, daß es eine gleichwertige Formel gibt:

$$\mathrm{Var}\,\mathbf{p}_n = \frac{(\mathrm{E}\,\pi)(1-\mathrm{E}\,\pi)}{n} + \frac{n-1}{n}\,\mathrm{Var}\,\pi\,. \qquad (2.\mathrm{XVII})$$

Hat also eine Verteilung relativer Häufigkeiten den Mittelwert E π und die Varianz Var $\mathbf{p}_n$, so bestimme man die Differenz

$$\frac{n}{n-1}\,\mathrm{Var}\,\mathbf{p}_n - \frac{(\mathrm{E}\,\pi)(1-\mathrm{E}\,\pi)}{n-1} = \mathrm{Var}\,\pi$$

und kann entscheiden. - Wir werden im folgenden untersuchen, bei welchen Familien parametrischer Verteilungen es solche, (2.XVII) entsprechende Formeln für die Varianz der Mischung gibt.

⬩♦ ♦ ♦⬩

Die Momente parametrischer Verteilungen sind in vielen Fällen **Produkte** von Funktionen je eines Verteilungsparameters.

(a) Die einparametrige Schar der **Poissonverteilungen** hat faktorielle Momente (44.III):

$$\mathrm{E}\,[\mathbf{X}(\mathbf{X}-1)\cdot\,\ldots\,\cdot(\mathbf{X}-k+1)|\lambda] = \lambda^k\,. \qquad (6)$$

(b) Die einparametrige Schar der **Exponentialverteilungen** hat gewöhnliche Momente (43'.III):

$$\mathrm{E}\,[\mathbf{X}^k|\lambda] = k!\,\lambda^{-k}\,. \qquad (7)$$

(c) Die einparametrige Schar der **Geometrischen Verteilungen** $f(\mathbf{X}|\pi) = (1-\pi)\,\pi^x$, $x=0,1,\ldots;\ 0 < \pi < 1$ hat faktorielle Momente:

$$\mathrm{E}\,[\mathbf{X}(\mathbf{X}-1)\cdot\,\ldots\,\cdot(\mathbf{X}-k+1)|\pi] = k!\,\left(\frac{\pi}{1-\pi}\right)^k\,. \qquad (8)$$

(d) Die einparametrige Schar der **Studentverteilungen** hat gewöhnliche Momente:

$$\mathrm{E}\,[\mathbf{t}^k|m] = \begin{cases} 1\cdot3\cdot\ldots\cdot(k-1)\,\dfrac{m^{k/2}}{(m-k)(m-k+2)\ldots(m-2)} & \text{für m gerade und größer als k} \\ 0 \text{ sonst}\,. \end{cases} \qquad (9)$$

⬩♦ ♦ ♦⬩

(e) Die zweiparametrige Schar der **Binomialverteilungen** hat faktorielle Momente:

$$E\,[\mathbf{X}(\mathbf{X}\text{-}1)\cdot\ \ldots\ \cdot(\mathbf{X}\text{-}k+1)\,|\,n,\pi] = n(n\text{-}1)\cdot\ \ldots\ \cdot(n\text{-}k+1)\cdot\pi^k\ . \qquad (10)$$

(f) Die zweiparametrige Schar der **Gammaverteilungen**

$$f(x\,|\,a,\lambda) = \lambda^a\ \Gamma^{-1}(a)\ x^{a-1}\ e^{-x/\lambda}\ , \quad x \geq 0\ , \qquad (11)$$

wobei $\Gamma(a)$ die "Gammafunktion" bedeutet (siehe Anhang **A-14**), hat gewöhnliche Momente:

$$E\,[\mathbf{X}^k\,|\,a,\lambda] = a(a+1)\cdot\ \ldots\ \cdot(a+k\text{-}1)\cdot\lambda^k\ . \qquad (11')$$

(g) Die zweiparametrige Schar der **Normalverteilungen** hat gewöhnliche Momente, welche Lösungen der Gleichung sind:

$$E[(\mathbf{X}\text{-}\mu)^k\,|\,\mu,\sigma^2] = \begin{cases} 1\cdot 3\cdot\ldots\cdot(k\text{-}1)\ \sigma^k & \text{für k gerade} \\ 0 \text{ sonst.} & \end{cases} \qquad (12)$$

$E\,[\mathbf{X}\,|\,\mu,\sigma^2] = \mu$; $E\,[\mathbf{X}^2\,|\,\mu,\sigma^2] = \mu^2 + \sigma^2$ usw. Die Momente der Normalverteilung sind nicht einfach Produkte von Funktionen der beiden Parameter.

(h) Die zweiparametrige Schar der **Logarithmischen Normalverteilungen** (5.XVI) hat gewöhnliche Momente:

$$E\,[\mathbf{X}^k\,|\,\mu,\sigma^2] = e^{k\cdot\mu}\cdot e^{1/2\ k^2\pi\sigma^2}. \qquad (13)$$

⬩⬥◆⬥⬩

(i) Die dreiparametrige Schar der **Hypergeometrischen Verteilungen** hat faktorielle Momente:

$$E\,[\mathbf{X}(\mathbf{X}\text{-}1)\cdot\ldots\cdot(\mathbf{X}\text{-}k+1)\,|\,A,N;n] = A(A\text{-}1)\cdot\ldots\cdot(A\text{-}k+1)\cdot\frac{n(n\text{-}1)\cdot\ldots\cdot(n\text{-}k+1)}{N(N\text{-}1)\cdot\ldots\cdot(N\text{-}k+1)} \qquad (14)$$

(j) Die dreiparametrige Schar der **Weibullverteilungen**

$$f(x\,|\,\beta,\tau,\alpha) = \frac{\beta}{\alpha}\left[\frac{t-\tau}{\alpha}\right]^{\beta-1} e^{-[(x-\tau)/\alpha]^{\beta}}\ , \quad \tau \leq x < \infty\ ;\ \beta,\tau,\alpha > 0 \qquad (15)$$

hat gewöhnliche Momente:

$$E\,[\mathbf{X}^k\,|\,\beta,\tau,\alpha] = \sum_{e=0}^{k}\binom{k}{e}\ \Gamma\left[\frac{1+\beta}{\beta}\right]\ \tau^{k-e}\ \alpha^2\ . \qquad (15')$$

⬩⬥◆⬥⬩

Als Gegenbeispiel sei die zweiparametrige Schar der **Betaverteilungen** angeführt:

$$f(x\,|\,a,b) = B(a,b)\cdot x^{a-1}\cdot(1-x)^{b-1}\ ,\ a,b > 0\ . \tag{16}$$

$$E\,[X^k\,|\,a,b] = \frac{(a+k-1)\,(a+k-2)\cdot\ldots\cdot a}{(a+b+k-1)(a+b+k-2)\cdot\ldots\cdot(a+b)}\ , \tag{16'}$$

deren Momente keine "zerlegbaren" Funktionen ihrer beiden Parameter a,b sind.

⬩♦ ♦ ♦⬩

Wir nennen die Momente einer Verteilung **zerlegbar**, wenn sie sich als Produkte von Funktionen je eines ihrer Parameter darstellen lassen, also

$$g(\pi_1,\pi_2,\ldots) = g_1(\pi_1)\cdot g_2(\pi_2)\cdot\ldots\ . \tag{17}$$

Bei der Analyse von Mischungen müssen nur die Parameter diese Eigenschaft aufweisen, die von Versuch zu Versuch andere Werte annehmen können. Alle anderen sind Konstanten. Sind r Parameter einer R-parametrigen Schar von Verteilungen variabel, so sind deren Momente zerlegbare Funktionen dieser variablen Parameter, wenn gilt:

$$g(\pi_1,\ldots,\pi_r;\ \pi_{r+1},\ldots,\pi_R) = K\ g_1(\pi_1)\cdot\ldots\cdot g_r(\pi_r)\ . \tag{17'}$$

Zerlegbare Momente haben folgende allgemeine Darstellung:

$$\boxed{E\,[X_k\,|\,\pi_1,\ldots,\pi_r] = \sum_{e=0}^{k} c_{ke}\cdot E\ g_{e1}(\pi_1)\cdot\ldots\cdot g_{er}(\pi_r)}\ . \tag{18}$$

Man beachte, daß die Momente einparametriger Verteilungen in jedem Fall die Darstellung (18) besitzen.

$E\,X_k$ ist entweder ein gewöhnliches oder ein faktorielles Moment, also ist

$$x_k = \begin{cases} x^k \text{ oder} \\ x(x-1)\cdot\ldots\cdot(x-k+1)\ , \end{cases} \tag{18'}$$

und g_e hat eine der folgenden Formen:

$$g_e(\pi) = \begin{cases} g^e(\pi) \\ g(\pi)\,[g(\pi)-1]\cdot\ldots\cdot[g(\pi)-e+1] \\ g(\pi)\,[g(\pi)+1]\cdot\ldots\cdot[g(\pi)+e-1]\ , \end{cases} \tag{18''}$$

$e = 1,2,\ldots,k$, und $g_0(\pi) = 1$.

Wir betrachten jetzt Mischungen mit einem variablen Parameter, also beispielsweise Mischungen von zweiparametrigen Binomialverteilungen, wobei entweder π variabel und n fest oder n variabel und π fest ist.

Der **Erwartungswert** solcher **Mischungen** hat, wenn die Momente zerlegbare Funktionen im Sinne von (17') sind, eine Struktur, die unmittelbar sichtbar wird, wenn man in (18) k=1 und r=1 setzt:

$$\boxed{E\,[\mathbf{X}\,|\,\pi_1] = c_{10} + c_{11}\cdot E\, g_1(\pi_1)} \quad . \tag{19}$$

Beispiel XIX.3: Der Mittelwert einer binomisch verteilten Zufallsvariablen hat den Bau: $E\,[\mathbf{X}\,|\,n,\pi] = n\cdot\pi$, ist also eine zerlegbare Funktion der beiden Verteilungsparameter. Ist π variabel und n fest, so erhalten wir, da $c_{10} = 0$ und $c_{11} = n$, mit (19) unmittelbar den Erwartungwert der Mischung:

$$E\,[\mathbf{X}\,|\,n] = n\cdot E\,\boldsymbol{\pi} \; .$$

Ist dagegen n variabel und π fest, so ist $c_{10} = 0$ und $c_{11} = \pi$, so daß

$$E\,[\mathbf{X}\,|\,\pi] = \pi\cdot E\,\mathbf{n} \; .$$

⬩⬩ ◆ ⬩⬩

Die Varianz einer Mischung von Verteilungen mit einem variablen Parameter ermittelt man wie folgt:

Die einzelne Komponente hat eine Varianz, die sich aus dem ersten und zweiten gewöhnlichen Moment aufbaut:

$$\mathrm{Var}\,[\mathbf{X}\,|\,g(\pi)] = E\,[\mathbf{X}^2\,|\,g(\pi)] - E^2\,[\mathbf{X}\,|\,g(\pi)] \; ,$$

wobei im Hinblick auf (18') entweder die gewöhnlichen oder die faktoriellen Momente der Verteilung gegeben sind; in letzterem Falle ist $E\,\mathbf{X}^2 = E\,\mathbf{X}(\mathbf{X}-1) + E\,\mathbf{X}$ zu rechnen. Ferner hat $g(\pi)$ eine der drei Formen, die in (18") festgehalten sind. Es gibt somit $2 \times 3 = 6$ verschiedene Formen, welche $\mathrm{Var}\,[\mathbf{X}\,|\,g]$ annehmen kann. Sie lassen sich auf folgende Weise einheitlich darstellen:

$$\boxed{\begin{aligned}\mathrm{Var}\,[\mathbf{X}\,|\,g] = &\left[c_{20} + c_{21}\, g + c_{22}\, g^2 + \alpha\, c_{22}\, g + \beta(c_{10} + c_{11} g)\right] - \\ &- \left[c_{10} + c_{11}\, g\right]^2\end{aligned}} \quad ,$$

wobei

$$\beta=\begin{cases}0 \text{ wenn } x_e = x^e \\ 1 \text{ wenn } x_e = x(x-1)\cdot\ldots\cdot(x-e+1)\end{cases}, \quad \alpha=\begin{cases}0 \text{ wenn } g_e = g^e \\ -1 \text{ wenn } g_e = g(g-1)\cdot\ldots\cdot(g-e+1) \\ +1 \text{ wenn } g_e = g(g+1)\cdot\ldots\cdot(g+e-1)\end{cases}.$$

Nun kann man zeigen (Anhang **A-15**), daß für die Varianz einer Mischung, deren Komponenten von der Form (19') sind, eine zu

$$\text{Var}\,\mathbf{X} = \text{E Var}\,[\mathbf{X}\,|\,g] + \text{Var}\,\mathbf{g} \tag{36.III}$$

gleichwertige Darstellung der Form

$$\boxed{\text{Var}\,\mathbf{X} = \text{Var}\,[\mathbf{X}\,|\,\text{E}\,\mathbf{g}] + c_{22}\,\text{Var}\,\mathbf{g}} \tag{20}$$

existiert. Bemerkenswert daran ist, daß der Erwartungswert der Komponentenvarianzen - E Var $[\mathbf{X}|g]$ - ersetzt werden kann durch die Varianz der "mittleren" Komponente, also Var $[\mathbf{X}|\text{E}\,\mathbf{g}]$, wenn man "zum Ausgleich" Var $\mathbf{g}$ mit dem Faktor c_{22} multipliziert.

Beispiel XIX.4: Wir untersuchen die Varianz der Mischung von Verteilungen mit einem variablen Parameter.

(a) Poissonverteilungen: (18) hat die Form:

$$\text{E}\,[\mathbf{X}(\mathbf{X}-1)\cdot\ldots\cdot(\mathbf{X}-k+1)\,|\,\lambda] = \lambda^k;\ c_{kk} = 1,\ g_k(\lambda) = \lambda^k .$$

Da Var $[\mathbf{X}|\lambda] = \lambda$, ist Var $[\mathbf{X}|\text{E}\,\boldsymbol{\lambda}] = \text{E}\,\boldsymbol{\lambda}$ und

$$\boxed{\text{Var}\,\mathbf{X} = \text{E}\,\boldsymbol{\lambda} + 1\cdot\text{Var}\,\boldsymbol{\lambda}}\ . \tag{20}$$

(b) Exponentialverteilungen: (18) hat die Form:

$$\text{E}\,[\mathbf{X}^k|\lambda] = k!\,\lambda^{-k};\ c_{kk} = k!,\ g_k(\lambda) = \lambda^{-k} .$$

Da Var $[\mathbf{X}|\lambda] = \lambda^{-2}$ und E $[\mathbf{X}|\lambda] = \lambda^{-1}$, ist

$$\boxed{\text{Var}\,\mathbf{X} = (\text{E}\,\boldsymbol{\lambda}^{-1})^2 + 2\ \text{Var}\,\boldsymbol{\lambda}^{-1}}\ . \tag{20}$$

(c) Geometrische Verteilungen: (18) hat die Form:

$$\text{E}\,[\mathbf{X}(\mathbf{X}-1)\cdot\ldots\cdot(\mathbf{X}-k+1)\,|\,\pi] = k!\left(\frac{\pi}{1-\pi}\right)^k;\ c_{kk} = k!,\ g_k(\pi) = \left(\frac{\pi}{1-\pi}\right)^k .$$

Da Var $[\mathbf{X}|\pi] = \frac{\pi}{1-\pi}\left[\frac{\pi}{1-\pi}+1\right]$ und E $[\mathbf{X}|\pi] = \frac{\pi}{1-\pi}$, ist

$$\boxed{\text{Var}\,\mathbf{X} = \left[\text{E}\,\frac{\boldsymbol{\pi}}{1-\boldsymbol{\pi}}\right]\cdot\left[\text{E}\,\frac{\boldsymbol{\pi}}{1-\boldsymbol{\pi}}+1\right] + 2\cdot\text{Var}\,\frac{\boldsymbol{\pi}}{1-\boldsymbol{\pi}}}\ . \tag{20}$$

(e) Binomialverteilungen: $E\,\mathbf{X} = n\cdot\pi$, $\mathrm{Var}\,\mathbf{X} = n\,\pi(1-\pi)$. - (18) hat die Form: $E\,[\mathbf{X}(\mathbf{X}-1)\cdot\ldots\cdot(\mathbf{X}-k+1)\,|\,n,\pi] = n(n-1)\cdot\ldots\cdot(n-k+1)\cdot\pi^k$.

Fall 1: π variabel, n fest. $c_{kk} = n(n-1)\cdot\ldots\cdot(n-k+1)$; $g_k(\pi) = \pi^k$,

$$\boxed{\mathrm{Var}\,[\mathbf{X}\,|\,n] = n\;E\,\boldsymbol{\pi}(1-E\,\boldsymbol{\pi}) + n(n-1)\cdot\mathrm{Var}\,\boldsymbol{\pi}} \quad . \tag{20}$$

Fall 2: n variabel, π fest. $c_{kk} = \pi^k$; $g_k = n(n-1)\cdot\ldots\cdot(n-k+1)$.

$$\boxed{\mathrm{Var}\,[\mathbf{X}\,|\,\pi] = \pi(1-\pi)\cdot E\,\mathbf{n} + \pi^2\cdot\mathrm{Var}\,\mathbf{n}} \quad . \tag{20}$$

(f) Gammaverteilungen: $E\,[\mathbf{X}\,|\,a,\lambda] = a\,\lambda$, $\mathrm{Var}\,[\mathbf{X}\,|\,a,\lambda] = a^2\lambda$. - (18) hat die Form: $E\,[\mathbf{X}^k\,|\,a,\lambda] = a(a+1)\cdot\ldots\cdot(a+k-1)\cdot\lambda^k$.

Fall 1: λ variabel, a fest. $c_{kk} = a(a+1)\cdot\ldots\cdot(a+k-1)$; $g_k(\lambda) = \lambda^k$.

$$\boxed{\mathrm{Var}\,[\mathbf{X}\,|\,a] = a\cdot(E\,\boldsymbol{\lambda})^2 + a(a+1)\cdot\mathrm{Var}\,\boldsymbol{\lambda}} \quad . \tag{20}$$

Fall 2: a variabel, λ fest. $c_{kk} = \lambda^k$, $g_k(a) = a(a+1)\cdot\ldots\cdot(a+k-1)$.

$$\boxed{\mathrm{Var}\,[\mathbf{X}\,|\,\lambda] = \lambda^2\cdot E\,\mathbf{a} + \lambda^2\cdot\mathrm{Var}\,\mathbf{a}} \quad . \tag{20}$$

(i) Hypergeometrische Verteilungen: $E\,[\mathbf{X}\,|\,A,N,n] = n\cdot\frac{A}{N}$, $\mathrm{Var}\,[\mathbf{X}\,|\,A,N,n] = {} = n\cdot\frac{A}{N}\left(1-\frac{A}{N}\right)\frac{N-n}{N-1}$; (18) hat die Form:

$$E\,[\mathbf{X}(\mathbf{X}-1)\cdot\ldots\cdot(\mathbf{X}-k+1)\,|\,A,N;n] = A(A-1)\cdot\ldots\cdot(A-k+1)\cdot\frac{n(n-1)\cdot\ldots\cdot(n-k+1)}{N(N-1)\cdot\ldots\cdot(N-k+1)} .$$

Wir betrachten hier nur den Fall, daß Stichproben vom Umfang n ohne Zurücklegen aus Urnen gezogen werden, die jeweils N Kugeln enthalten, sich aber hinsichtlich der Anzahl A (schwarzer Kugeln) voneinander unterscheiden. Somit ist

$$c_{kk} = \frac{n(n-1)\cdot\ldots\cdot(n-k+1)}{N(N-1)\cdot\ldots\cdot(N-k+1)},\; g_k(A) = A(A-1)\cdot\ldots\cdot(A-k+1) ,$$

$$\boxed{\mathrm{Var}\,[\mathbf{X}\,|\,N,n] = n\cdot\frac{1}{N}E\mathbf{A}\left[1-\frac{1}{N}E\mathbf{A}\right]\frac{N-n}{N-1} + \frac{n(n-1)}{N(N-1)}\cdot\mathrm{Var}\,\mathbf{A}} \quad . \tag{20}$$

⬩⬥ ◆ ⬥⬩

Die Momente von Normalverteilungen sind zwar separierbare Funktionen der Parameter μ und σ^2, diese sind aber nicht multiplikativ verknüpft, so daß (18) nicht angewendet werden kann.

Beispiel XIX.5: Wir stellen die Varianz der Mischung von Normalverteilungen zunächst dar mit

$$\text{Var } \mathbf{X} = \text{E Var } [\mathbf{X} \,|\, \mu] + \text{Var } \boldsymbol{\mu} \,. \qquad (36.\text{III})$$

Fall 1: μ variabel (Var $\boldsymbol{\mu} > 0$), σ^2 fest (Var $[\mathbf{X} \,|\, \mu] = \sigma^2$).

$$\boxed{\text{Var } \mathbf{X} = \sigma^2 + \text{Var } \boldsymbol{\mu}} \,.$$

Fall 2: σ^2 variabel, μ fest (Var $\boldsymbol{\mu} = 0$).

$$\boxed{\text{Var } \mathbf{X} = \text{E } \boldsymbol{\sigma}^2} \,,$$

•♦ ♦ ♦•

Aufgaben wie die in Beispiel XIX.5 behandelte lassen sich manchmal mit Hilfe eines Satzes lösen, der eine Verallgemeinerung von (11.III) ist: Das k-te gewöhnliche Moment einer Mischung ist der Mittelwert der k-ten gewöhnlichen Momente ihrer Komponenten:

$$\boxed{\text{E } \mathbf{X}^k = \text{E}_\pi \text{E } [\mathbf{X}^k \,|\, \pi]} \,. \qquad (21)$$

Man kann dies einfach beweisen:

$$\text{E } \mathbf{X}^k = \sum_x x^k \cdot w(x) \,. \qquad (43'.\text{III})$$

Die Wahrscheinlichkeiten der Mischung setzen sich wie folgt zusammen:

$$w(x) = \sum_\pi f(x \,|\, \pi) \; h(\pi) \,. \qquad (1.\text{XVI})$$

Somit wird, wenn man die Summationsfolge vertauscht:

$$\text{E } \mathbf{X}^k = \sum_x \sum_\pi x^k \, f(x \,|\, \pi) \cdot h(\pi) =$$

$$= \sum_\pi \underbrace{\sum_x x^k \, f(x \,|\, \pi) \cdot h(\pi)} = \sum_\pi \text{E } [\mathbf{X}^k \,|\, \pi] \cdot h(\pi) = \text{E}_\pi \text{E } [\mathbf{X}^k \,|\, \pi] \,.$$

Beispiel XIX.6: Wir untersuchen die ersten vier Momente einer Mischung von Normalverteilungen mit (21). Die gewöhnlichen Momente der Komponenten haben folgende Form:

$\text{E } [\mathbf{X} \,|\, \mu, \sigma^2] = \mu$; $\text{E } [\mathbf{X}^2 \,|\, \mu, \sigma^2] = \mu^2 + \sigma^2$; $\text{E } [\mathbf{X}^3 \,|\, \mu, \sigma^2] = \mu^3 + 3\,\mu\,\sigma^2$;

$\text{E } [\mathbf{X}^4 \,|\, \mu, \sigma^2] = \mu^4 + 6\,\mu^2\sigma^2 + 3\,\sigma^4$.

(1) Der Mittelwert: $\text{E}_\pi \; \text{E } [\mathbf{X} \,|\, \mu, \sigma^2] = \text{E}_\pi \; \boldsymbol{\mu}$.

Fall 1: μ variabel, σ^2 fest. Man setze $\pi = \mu$ und erhält $\text{E}_\mu \; \boldsymbol{\mu} = \text{M}$.

Fall 2: σ^2 variabel, μ fest. Man setze $\pi = \sigma^2$ und erhält $E_{\sigma^2}\, \mu = \mu$.

(2) Die Varianz: $\mathrm{Var}\,\mathbf{X} = E_\pi\, E\,[\mathbf{X}^2 | \mu,\sigma^2] - (E_\pi\, E\,[\mathbf{X} | \mu,\sigma^2])^2$.

Fall 1: μ variabel, σ^2 fest. Man setze $\pi = \mu$ und erhält:

$$\mathrm{Var}\,[\mathbf{X} | \sigma^2] = E(\mu^2 + \sigma^2) - E^2(\mu) = \sigma^2 + \underline{E\,\mu^2 - E^2(\mu)} = \sigma^2 + \mathrm{Var}\,\mu.$$

Fall 2: σ^2 variabel, μ fest. Man setze $\pi = \mu$ und erhält:

$$\mathrm{Var}\,[\mathbf{X} | \mu] = E(\mu^2 + \sigma^2) - E^2(\mu) = \mu^2 + E\,\sigma^2 - (\mu)^2 = E\,\sigma^2 .$$

(3) Das dritte zentrale Moment einer Mischung mit Mittelwert M und Var **X** als Varianz hat folgende Form:

$$E(\mathbf{X}-M)^3 = E\,E\,\mathbf{X}^3 - 3\,M\,\mathrm{Var}\,\mathbf{X} - M^3 . \qquad (22)$$

(4) Das vierte zentrale Moment einer Mischung mit Mittelwert M, Var **X** als Varianz und drittem zentralen Moment $E(\mathbf{X}-M)^3$ hat die Form:

$$E(\mathbf{X}-M)^4 = E\,E\,\mathbf{X}^4 - 4\,M\,E(\mathbf{X}-M)^3 + 6\,M^2\,\mathrm{Var}\,\mathbf{X} - M^4 . \qquad (23)$$

⬩⬥ ◆ ⬥⬩

Aus der Fülle von Resultaten, die man mit (21) gewinnen kann, seien hier nur einige, die Normalverteilung betreffende, ohne Beweis angeführt:

(1) Eine Mischung von Normalverteilungen mit fester Varianz σ^2 sowie die Verteilung der Mittelwerte ihrer Komponenten haben gleiche zentrale Momente dritter Ordnung:

$$E[(\mathbf{X}-M)^3 | \sigma^2] = E(\mu-M)^3 . \qquad (24)$$

(2) Eine Mischung von Normalverteilungen mit fester Varianz σ^2 ist dann und nur dann selbst eine Normalverteilung mit Mittelwert M und $\mathrm{Var}\,\mathbf{X} = \mathrm{Var}\,\mu + \sigma^2$ als Varianz, wenn die Mittelwerte ihrer Komponenten normalverteilt sind mit Mittelwert M und Var μ als Varianz der Mittelwerte.

(3) Eine Mischung von Normalverteilungen mit festem Mittelwert und variabler Varianz ist stets symmetrisch und leptokurtisch, also unter keinen Umständen normalverteilt.

(4) Sind sowohl die Mittelwerte als auch die Varianzen von Normalverteilungen variabel, so besitzt deren Mischung dann und nur dann das gleiche dritte Moment wie die Verteilung der Mittelwerte ihrer Komponenten, wenn die Kovarianz der Mittelwerte und Varianzen null ist. Ist die Mischung mesokurtisch, so muß die Verteilung ihrer Mittelwerte platykurtisch sein.

KAPITEL XX. METHODEN DER DEKOMPOSITION VON MISCHUNGEN

XX.1: Dekomposition bei bekannter Verteilung der Parameter

A: Mischungen von Binomialverteilungen, deren Parameter π eine Betaverteilung aufweisen

Zufallsvariablen **X**, die dem Verteilungsgesetz

$$f(x|n,\pi) = \binom{n}{x} \pi^x(1-\pi)^{n-x}, \quad x=0,1,\ldots,n \qquad (2.VIII)$$

gehorchen, werden gemischt, wobei die "mixing proportions" dem Verteilungsgesetz (16.XIX) folgen:

$$h(\pi) = B(\pi|a,b) = \frac{\Gamma(a+b)}{\Gamma(a)\Gamma(b)} \pi^{a-1}(1-\pi)^{b-1},$$

mit

$$E\,\pi = \frac{a}{a+b}, \; Var\,\pi = \frac{a}{a+b} \cdot \frac{b}{a+b} \cdot \left(\frac{1}{a+b+1}\right).$$

Das Verteilungsgesetz der Mischung hat folgende Beschaffenheit:

$$w(x|n,a,b) = \int_0^1 f(x|n,\pi)\cdot B(\pi|a,b)\, d\pi =$$

$$= \binom{n}{x}\left(\frac{a}{a+b}\right)^x\left(\frac{b}{a+b}\right)^{n-x} \frac{\prod_{\nu=0}^{x-1}\left(1+\frac{\nu}{a}\right)\cdot\prod_{\nu=0}^{n-x-1}\left(1+\frac{\nu}{b}\right)}{\prod_{\nu=0}^{n-1}\left(1+\frac{\nu}{a+b}\right)}. \qquad (1)$$

Man nennt (1) **Beta-Binomialverteilung**. - Sie hat den Erwartungswert und die Varianz:

$$E\,[\mathbf{X}|n,a,b] = n\cdot\frac{a}{a+b}, \qquad (1')$$

$$Var\,[\mathbf{X}|n,a,b] = n\cdot\frac{a}{a+b}\cdot\frac{b}{a+b} + n(n-1)\cdot\frac{a}{a+b}\cdot\frac{b}{a+b}\cdot\frac{1}{a+b+1}.$$

Beispiel XX.1: Wir wollen untersuchen, ob die Häufigkeiten des Beispieles XIX.1 durch betaverteilte "Abscheuparameter" erklärt werden können. Wir übernehmen die folgenden Angaben:

Unterschlagung - Einbruchdiebstahl

x	0	1	2	Σ
h(x)	50	32	53	135
100 p	37	23,7	39,3	100

Damit errechnen wir:

$$\bar{x} = 1{,}0\dot{2}\ ;\ s_x^2 = 0{,}7681592;\ s_x = 0{,}87644692\ ,$$

und schätzen, da n=2:

$$\frac{1}{2}\bar{x} = \frac{a}{a+b} = 0{,}5\dot{1}\ ;\ 1 - \frac{a}{a+b} = \frac{b}{a+b} = 0{,}4\dot{8}\ .$$

$$s_x^2 = 2\cdot 0{,}5\dot{1}\cdot 0{,}4\dot{8} + 2\cdot 1\cdot 0{,}5\dot{1}\cdot 0{,}4\dot{8}\cdot\frac{1}{a+b+1}\ ;$$

$$a+b+1 = 1{,}861928904;\ a+b = 0{,}861928904\ .$$

$$a = 0{,}5\dot{1}(a+b) = 0{,}4405;\ b = 0{,}4\dot{8}(a+b) = 0{,}4214\ .$$

Damit können wir die Verteilung der "Abscheuparameter" auch schon angeben:

$$h(\pi|0{,}4405;0{,}4214) = \frac{\Gamma(0{,}4405+0{,}4214)}{\Gamma(0{,}4405)\cdot\Gamma(0{,}4214)}\cdot\pi^{-0{,}5595}(1-\pi)^{-0{,}5787} \qquad (16.XIX)$$

In der folgenden Tabelle ist der Wert K angeführt, den das Produkt $\pi^{-0{,}5595}\cdot(1-\pi)^{-0{,}5787}$ bei einigen ausgewählten Größen von π annimmt.

Tab.XX.1:

π $1-\pi$	0,1 0,9	0,2 0,8	0,5 0,5	0,8 0,2	0,9 0,1
K	3,85	2,80	2,21	2,88	4,02

Dabei bedeutet π die Wahrscheinlichkeit des Urteils: "Unterschlagung ist abscheulicher als Einbruchdiebstahl" und $1-\pi$ dementsprechend die Wahrscheinlichkeit des Urteils: "Einbruchdiebstahl ist abscheulicher als Unterschlagung". Die Verteilung ist u-förmig, das bedeutet, daß die Zahl der Personen, die einen deutlichen Abscheuvorrang eines der beiden Verbrechen verspüren, die Zahl der Indifferenten überwiegt; dabei sind beide Extrempositionen etwa gleich stark besetzt, was die Sozialforscher als "Meinungspolarisierung" bezeichnen.

Man beachte jedoch, daß es nicht möglich ist, die Anpassung der Verteilung w(x|2,a,b) (1) an die Daten der Tabelle XIX.1 zu überprüfen. Der Parameter der Chiquadratverteilung (40.XV) ist m = s-1-k. Der Verteilungspunkt hat s = 3 Koordinaten. Für die Schätzung der Parameter a und b mußten k = 2

m = 3-1-2 = 0. Das bedeutet, daß die beobachteten Häufigkeiten der Tabelle XIX.1 den Häufigkeiten gleich sind, die man mit (1) errechnet. Man überzeuge sich, daß etwa

$$w(0|2;0{,}5\dot{1};0{,}4\dot{8}) = \binom{2}{0}(0{,}5\dot{1})^0(0{,}4\dot{8})^2 \frac{1\cdot 1\left(1+\frac{1}{0{,}4214}\right)}{1\cdot\left(1+\frac{1}{0{,}8619}\right)} = 0{,}37 \ .$$

Zur Überprüfung der Verteilungsanpassung benötigte man also mindestens drei Versuchsdurchführungen statt der zwei, die uns vorliegen.

•♦ ♦ ♦•

Beispiel XX.2: Wir entwickeln einen Sequentialtest unter der Voraussetzung, daß die Schlechtanteile der Liefermengen beta-binomisch verteilt sind. Dazu ersetzen wir die Binomialverteilungen im Likelihoodquotienten (1.XIII) durch Beta-Binomialverteilungen (1) und verfahren im übrigen so, wie in Kapitel XIV geschildert. Der Sequentialtest wird mit vorgegebenen Fehlerwahrscheinlichkeiten α,β "gute" und "schlechte" Liefermengen identifizieren. Das folgende Beispiel soll zeigen, daß es nicht ratsam ist, Schwankungen des Schlechtanteiles zu ignorieren.

•♦ ♦ ♦•

Beispiel XX.3: Ähnlich wie in Beispiel XIII.4 wird eine Gutgrenze $\pi_1 = 0{,}02$ und eine Schlechtgrenze $\pi_2 = 0{,}05$ vereinbart. Die Annahmekennzahl C soll folgenden Bedingungen genügen:

$$\Pr(x \le C|\pi_1) = 1-\alpha \ , \ \Pr(x \le C|\pi_2) = \beta \ ,$$

wobei x die Anzahl fehlerhafter Stücke in der Stichprobe ist. Das Produzentenrisiko wird mit $100\,\alpha = 5\%$, das Konsumentenrisiko mit $100\,\beta = 10\%$ festgelegt.

Wir bestimmen zunächst den notwendigen Stichprobenumfang n und die Annahmekennzahl C. Da wir $n\cdot\pi(1-\pi) \ge 10$ erwarten, ist

$$\frac{C - n\cdot\pi_1}{\sqrt{n\cdot\pi_1(1-\pi_1)}} = z_{1-\alpha} \approx 1{,}64; \quad \frac{C - n\cdot\pi_2}{\sqrt{n\cdot\pi_2(1-\pi_2)}} = z_\beta \approx -1{,}28 \ .$$

Die beiden Gleichungen liefern für n und C näherungsweise die Lösungen

$$n = 287{,}38101 \quad \text{und} \quad C = 9{,}6398717 \ .$$

Nun wollen wir berücksichtigen, daß die Schlechtanteile von Liefermenge zu Liefermenge schwanken. Es gilt, festzustellen, ob sie um einen mittleren Schlechtanteil $E_1\pi=0{,}02$ oder um einen mittleren Schlechtanteil $E_2\pi=0{,}05$ schwanken, wobei die Anzahl der fehlerhaften Stücke in der Stichprobe die Varianz aufweist:

$$\mathrm{Var}_i\,\mathbf{x} = n\cdot E_i\pi(1-E_i\pi) + n(n-1)\mathrm{Var}\,\pi, \quad i=1,2 \ . \qquad (20.\mathrm{XIX})$$

Man habe beim Aufbrauchen der Liefermengen die fehlerhaften Stücke gezählt und festgestellt, daß ihre Anteile an den Liefermengen eine Varianz von etwa 0,00078 aufweisen. Damit bestimmen wir:

$$\mathrm{Var}_1\mathbf{x} = 5{,}632667 + 64{,}194361 = 69{,}827028 \ ,$$
$$\mathrm{Var}_2\mathbf{x} = 13{,}650597 + 64{,}194361 = 77{,}844958 \ , \qquad (20.\mathrm{XIX})$$

wobei $n = 287{,}38101$ und $\mathrm{Var}\,\pi = 0{,}00078$ zu verwenden war. Mit der Annahmekennzahl $C = 9{,}6398717$ erhält man jetzt:

$$\frac{C - n\cdot E_1\pi}{\sqrt{\mathrm{Var}_1\,\mathbf{x}}} = z_{1-\alpha'} \approx 0{,}465789 \ ; \qquad \frac{C - n\cdot E_2\pi}{\sqrt{\mathrm{Var}_2\,\mathbf{x}}} = z_{\beta'} \approx -0{,}536007$$

und damit $1-\alpha'=0{,}68$ anstelle der erhofften Sicherheit $1-\alpha=0{,}95$ sowie $\beta'=0{,}30$ anstelle von $\beta=0{,}10$. - Will man das vereinbarte Konsumenten- bzw. Produzentenrisiko einhalten, so muß man einen Prüfplan verwenden, der folgende Gleichungen erfüllt:

$$\frac{C' - n'E_1\pi}{\sqrt{\mathrm{Var}_1\,\mathbf{x}}} = z_{1-\alpha} \approx 1{,}64; \qquad \frac{C' - n'E_2\pi}{\sqrt{\mathrm{Var}_2\mathbf{x}}} = z_{\beta} \approx -1{,}28 \ .$$

Man erhält die Lösungen $n'=864{,}93$ und $C'=31{,}0029$, muß also jeder Liefermenge eine Stichprobe von 865 Stück entnehmen und ablehnen, wenn mehr als 31 davon fehlerhaft sind.

⬩⬥⧫⬥⬩

B: Mischungen von Binomialverteilungen, deren Parameter n eine Poissonverteilung aufweisen

Zufallsvariablen **X**, die dem Verteilungsgesetz

$$f(x \mid n,\pi) = \binom{n}{x} \pi^x (1-\pi)^{n-x},\ x=0,1,\dots,n \qquad (2.\text{VIII})$$

gehorchen, werden gemischt, wobei die "mixing proportions" dem Verteilungsgesetz (8.VIII) folgen:

$$h(n) = P(n \mid \lambda) = e^{-\lambda} \frac{\lambda^n}{n!},$$

mit $E(\mathbf{n} \mid \lambda) = \text{Var}(\mathbf{n} \mid \lambda) = \lambda$.

Das Verteilungsgesetz der Mischung hat folgende Beschaffenheit:

$$w(x \mid \pi,\lambda) = \sum_{n=x}^{\infty} f(x \mid n,\pi)\, P(n \mid \lambda) = e^{-\pi\lambda} \frac{(\pi\lambda)^x}{x!}. \qquad (2)$$

Diese Mischung aus Binomialverteilungen ist also eine Poissonverteilung mit Parameter $\pi\,\lambda$. Das bedeutet, daß

$$E[\mathbf{X} \mid \pi,\lambda] = \text{Var}[\mathbf{X} \mid \pi,\lambda] = \pi\,\lambda .$$

Dieses Ergebnis hätte man auch mit der Formel für die Varianz einer Mischung von Binomialverteilungen erhalten:

$$\text{Var}[\mathbf{X} \mid \pi] = \pi(1-\pi)\, E\,\mathbf{n} + \pi^2\, \text{Var}\,\mathbf{n} . \qquad (20.\text{XIX})$$

Sind die Parameter n poissonverteilt, so ist $E\,\mathbf{n} = \text{Var}\,\mathbf{n} = \lambda$, und man erhält unmittelbar $\text{Var}[\mathbf{X} \mid \pi] = \pi\,\lambda$.

Beispiel XX.4: Die Wahrscheinlichkeit einer Knabengeburt ist $\pi=0{,}517$ (siehe Beispiel VIII.2). Die Anzahl der Knaben von Müttern, die n Kinder zur Welt brachten, verteilt sich binomisch mit Parametern n und 0,517. - Die Zahl der Geburten sei nun poissonverteilt mit λ als "Parameter der Kinderfreudigkeit". Dann ist die Zahl der Knabengeburten pro Mutter verteilt wie

$$w(x \mid 0{,}517\lambda) = e^{-0{,}517\lambda} \frac{(0{,}517\lambda)^x}{x!}. \qquad (2)$$

C: Gemischte Poissonprozesse

Die Wahrscheinlichkeit, daß in einem Intervall der Länge t genau n Ereignisse einer gewissen Art (z.B. Unfälle) registriert werden, sei gegeben durch die Poissonverteilung

$$f(\mathbf{N}_t = n \mid \lambda t) = e^{-\lambda t} \frac{(\lambda t)^n}{n!} . \qquad (8.\text{VIII})$$

Dabei ist λ der Intensitätsparameter des Poissonprozesses. Es ist bekannt, daß Versicherungsnehmer sich hinsichtlich der Häufigkeit von Unfällen beachtlich unterscheiden. Man vermutet, daß es "Unfällerpersönlichkeiten" gibt. Wir wollen jetzt Poissonprozesse mit variablem Intensitätsparameter betrachten. ALBRECHT (1981) berichtet, daß man in der Versicherungswirtschaft mit **Pólya-Prozessen** rechnet, bei denen die Intensitätsparameter sich wie folgt verteilen:

$$h(\lambda \mid a,c) = \frac{a^c}{\Gamma(c)} \lambda^{c-1} e^{-a\lambda} ,$$

mit Erwartungwert und Varianz

$$E[\boldsymbol{\lambda} \mid a,c] = \frac{c}{a} \quad \text{und} \quad Var[\boldsymbol{\lambda} \mid a,c] = \frac{c}{a^2} .$$

Eine Mischung von Poissonverteilungen, deren Parameter diese Verteilung besitzen, hat die Beschaffenheit:

$$w(\mathbf{N}_t = n \mid a,c) = \int f(\mathbf{N}_t = n \mid \lambda t) \cdot h(\lambda \mid a,c)\, d\lambda$$

$$= \left(\frac{a}{a+t}\right)^c \left(\frac{t}{a+t}\right)^n \frac{(n+c-1)(n+c-2)\cdot \ldots \cdot c}{n!} , \; n=0,1,\ldots \qquad (3)$$

Die Unfallszahlen streuen in Intervallen der Länge t um den Erwartungswert

$$E[\mathbf{N}_t \mid a,c] = \frac{c}{a} \cdot t$$

mit einer Varianz, die gleich ist (3')

$$Var[\mathbf{N}_t \mid a,c] = \frac{c}{a} \left(\frac{a+t}{a}\right) \cdot t .$$

Beispiel XX.5: SCHILLING (1947) hat 1096 Nummern einer Londoner Tageszeitung hinsichtlich der Zahl der Todesanzeigen ausgewertet und folgende Verteilung gefunden (Spalte 1):

N_1	1	Poisson	Pólya
0	0,1478	0,1157	0,1408
1	0,2436	0,2495	0,2516
2	0,2473	0,2691	0,2464
3	0,1688	0,1935	0,1749
4	0,1013	0,1043	0,1006
5	0,0557	0,0450	0,0500
6	0,0246	0,0162	0,0219
7	0,0073	0,0050	0,0088
8	0,0027	0,0013	0,0033
9	0,0009	0,0003	0,0016
10 und mehr	——	0,0001	0,0001

Die beobachteten Häufigkeiten haben einen Mittelwert von $\bar{x} = 2{,}1567$ Todesanzeigen pro Tag und eine Varianz, die gleich ist $s^2 = 2{,}6029$. Sie weisen also "overdispersion" auf und können daher keine Poissonverteilung bilden. Dennoch wollen wir untersuchen, wie ähnlich die Poissonverteilung mit Parameter $\lambda = 2{,}1567$ den Daten der Spalte 1 ist:

$$f(\mathbf{N}_1 = n \mid 2{,}1567) = e^{-2{,}1567} \cdot \frac{(2{,}1567)^n}{n!} .$$

Diese Wahrscheinlichkeiten sind in der Spalte "Poisson" der obigen Tabelle angeführt. Der Chiquadrat-Test (40.XV) erbringt folgendes Resultat:

$$\chi^2 = 1096 \left[\frac{(0{,}1478 - 0{,}1157)^2}{0{,}1157} + \ldots + \frac{(0 - 0{,}0001)^2}{0{,}0001} \right] = 509{,}31 .$$

Der Verteilungspunkt hat $s = 11$ Koordinaten; zur Berechnung der Wahrscheinlichkeiten wurde die Statistik $\bar{x}$ benötigt. Der Parameter der Chiquadratverteilung ist mithin $m = 11\text{-}1\text{-}1 = 9$. - In Tabelle **B** findet man:

$$\chi^2_{9;0,90} = 14{,}68 .$$

Der Verteilungspunkt ist also ungewöhnlich weit von der ihm zunächst befindlichen Poissonverteilung entfernt.

Wir werden jetzt untersuchen, ob die Daten als Ergebnis eines Pólya-Prozesses betrachtet werden dürfen, mit einer von Tag zu Tag schwankenden Sterblichkeit. Dazu setzen wir in (3') t=1, da wir schließlich Intervalle von der Länge eines Tages betrachten, und lösen das Gleichungssystem:

$$\bar{x} = 2{,}1567 = \frac{c}{a} \; ; \quad s^2 = 2{,}6029 = \frac{c}{a} \left[\frac{a+1}{a} \right]$$

nach a und c auf:

$$\frac{s^2}{\bar{x}} = 1{,}2068902 = \frac{a+1}{a} \Rightarrow a = 4{,}833483 \ ,$$

$$\bar{x} \cdot a = 10{,}424374 = c.$$

Nun berechnen wir die Wahrscheinlichkeiten:

$$w(n_1 | 4{,}83;10{,}42) = \left[\frac{4{,}83}{4{,}83+1}\right]^{10{,}42} \cdot \left[\frac{1}{4{,}83+1}\right]^{n} \frac{(n+10{,}42-1)\cdot \ldots \cdot 10{,}42}{n!} \ .$$

Die Ergebnisse sind in der Spalte "Pólya" angeführt. Der Chiquadrat-Test erbringt das folgende Resultat:

$$\chi^2 = 1096 \left[\frac{(0{,}1478 - 0{,}1408)^2}{0{,}1408} + \ldots + \frac{(0 - 0{,}0001)^2}{0{,}0001}\right] = 2{,}52 \ .$$

Zur Schätzung der Wahrscheinlichkeiten wurden zwei Statistiken, nämlich $\bar{x}$ und s^2 benötigt. Der Parameter ist demnach m = 11-1-2 = 8. $\chi^2_{8;0,9} = 13{,}36$. Die von SCHILLING beobachtete Verteilung unterscheidet sich also nur unwesentlich von der ihr zunächst befindlichen Verteilung (3). - Wir dürfen daher schließen, daß die tagesspezifische Sterblichkeit eine mittlere Intensität von:

$$E\,[\boldsymbol{\lambda} | 4{,}83;10{,}42] = \frac{10{,}42}{4{,}83} = 2{,}1567$$

hat. Um diesen Wert streuen die Intensitätsparameter mit einer Varianz, die gleich ist:

$$Var\,[\boldsymbol{\lambda} | 4{,}83;10{,}42] = \frac{10{,}42}{(4{,}83)^2} = 0{,}4462 > 0 \ .$$

Die Bedingung "identischer Verteilung" der 1096 Beobachtungen ist also keinesfalls erfüllt!

⬩⬥ ◆ ⬥⬩

D: Die Entstellung einer Verteilung durch Meßfehler

Dieser Fall wurde bereits in Beispiel XVI.2 behandelt. Ist die Messung mit einem Fehler behaftet, d.h. erhält man statt μ als Ergebnis der Messung den Wert $x = \mu+(x-\mu)$, so lernt man die Verteilung $h(\mu)$ gar nicht kennen, sondern an ihrer Stelle die Mischung:

$$w(x) = \int h(\mu)\ f(x-\mu | \mu)\ d\ \mu \ , \qquad (4)$$

wobei wir annehmen dürfen, daß der Fehler $(\mathbf{X}-\mu)$ einen Erwartungswert von 0 und eine feste Varianz σ^2 hat. Besitzt $h(\mu)$ einen Mittelwert $E\,\boldsymbol{\mu}=M$, um den die Ausprägungen mit Var μ streuen, so hat die Mischung Erwartungswert und Varianz, die gleich sind

$$\mathrm{E}\,\mathbf{X} = \mathrm{M} \;;\quad \mathrm{Var}\,\mathbf{X} = \sigma^2 + \mathrm{Var}\,\mu \;.$$

Der Meßfehler verursacht also "overdispersion", jedoch keine Verzerrung des Erwartungswertes.

Ist der Fehler nun auch noch normalverteilt: $(\mathbf{X}-\mu) \sim N(0;\sigma^2)$, so sind zwei in Verbindung mit (24.XIX) getroffene Feststellungen anzuführen: die μ-Werte und die x-Werte haben dann gleiche dritte Momente in bezug auf M. Dies wirkt sich, in Verbindung mit den Varianzen, auf die Schiefe der beiden Verteilungen wie folgt aus:

$$\alpha_2(\mu) = \frac{|\,\mathrm{E}(\mu-\mathrm{M})^3\,|}{(\mathrm{Var}\,\mu)^{3/2}} \geq \frac{|\,\mathrm{E}\,(\mu-\mathrm{M})^3\,|}{(\sigma^2+\mathrm{Var}\,\mu)^{3/2}} = \alpha_2(\mathrm{x}) \;. \qquad (49.\mathrm{III})$$

Der Meßfehler hat eine "symmetrisierende" Wirkung, entstellt also das Gestaltmerkmal "Schiefe".

Ist nun $\mathbf{X} \sim N(\mathrm{M};\, \sigma^2+\mathrm{Var}\,\mu)$, so folgt zwingend, daß auch $\mu \sim N(\mathrm{M};\,\mathrm{Var}\,\mu)$ sein muß. Die Normalverteilung der μ-Werte hat allerdings eine vom Einfluß des Meßfehlers freie, also kleinere Varianz.

XX.2: Dekomposition bei bekannter Anzahl der Komponenten

K. Pearson hat bereits 1894 die **Methode der Momente** verwendet, um die Parameter einer Mischung von zwei Normalverteilungen zu bestimmen (zit. nach Kotz et al. 1985). Er benutzte die Tatsache, daß das k-te Moment der Mischung gleich ist dem Mittelwert der k-ten Momente ihrer Komponenten (21.XIX). Sind die Momente Funktionen von r Verteilungsparametern, und ist die Mischung aus m Komponenten zusammengesetzt mit "mixing proportions" h_i, so sind die Momente der Mischung von $m \cdot r+m$ Unbekannten abhängig. Da jedoch die "mixing proportions" sich zu 1 addieren, genügen $m \cdot r+m-1$ Gleichungen, die man nach den Unbekannten auflöst. Man verwendet dazu meistens die ersten $m \cdot r+m-1$ Momente der Mischung.

Beispiel XX.6: Es sind die Parameter einer Mischung von m = 2 Poissonverteilungen mit der Methode der Momente zu bestimmen. Die faktoriellen Momente der Poissonverteilung sind Funktionen von einem Parameter λ:

$$E\,\mathbf{X}(\mathbf{X}\text{-}1)\cdot\ldots\cdot(\mathbf{X}\text{-}k+1)\,|\,\lambda = \lambda^k , \qquad (6.XIX)$$

man benötigt also 2·1+2-1 = 3 Gleichungen. Das k-te Moment der Mischung hat die Beschaffenheit:

$$E\,\mathbf{X}(\mathbf{X}\text{-}1)\cdot\ldots\cdot(\mathbf{X}\text{-}k+1) = h_1\lambda_1^k + (1\text{-}h_1)\,\lambda_2^k . \qquad (21.XIX)$$

Damit erhält man das Gleichungssystem:

$$E\,\mathbf{X} = h_1\lambda_1 + (1\text{-}h_1)\,\lambda_2 = h_1(\lambda_1 - \lambda_2) + \lambda_2 ,$$

$$E\,\mathbf{X}(\mathbf{X}\text{-}1) = h_1\lambda_1^2 + (1\text{-}h_1)\,\lambda_2^2 = h_1(\lambda_1^2 - \lambda_2^2) + \lambda_2^2 ,$$

$$E\,\mathbf{X}(\mathbf{X}\text{-}1)(\mathbf{X}\text{-}2) = h_1\lambda_1^3 + (1\text{-}h_1)\,\lambda_2^3 = h_1(\lambda_1^3 - \lambda_2^3) + \lambda_2^3 ,$$

das man nach den Unbekannten λ_1, λ_2, h_1, ($h_2 = 1\text{-}h_1$) auflöst.

⬩⬧ ⧫ ⬧⬩

Eine ausführliche Darstellung dieser Methode findet der Leser bei Everitt und Hand (1981).

Für die Schätzung der Verteilungsparameter $\theta_1,\ldots,\theta_r$ und der "mixing proportions" $h_1,\ldots,h_m$ wird auch das **Maximum-Likelihood-Verfahren** (Kapitel XII.2) empfohlen. Hat man n unabhängige Beobachtungen, die sich folgendermaßen auf die Ausprägungen eines Merkmales verteilen:

x_1 … x_i … x_s	Σ
n_1 … n_i … n_s	n

,

und ist die Wahrscheinlichkeit des Ereignisses $\mathbf{X} = x_i$ gleich

$$w_i = \sum_{k=1}^{m} f(x_i\,|\,\pi_{1k},\ldots,\pi_{rk})\,h_k , \qquad (1.XVII)$$

so ist die Likelihoodfunktion (3.XII):

$$L(\pi_{1k},\ldots,\pi_{rk};\ h_1,\ldots,h_m) = \prod_{i=1}^{s}(w_i)^{n_i} = \prod_{i=1}^{s}\left[\sum_{k=1}^{m} f(x_i\,|\,\pi_{ik},\ldots,\pi_{1k})h_k\right]^{n_i} .$$

Gesucht sind nun jene Werte für π und h, welche L maximieren, wobei die Nebenbedingung $\Sigma\, h_k = 1$ einzuhalten ist. Die Lösung von (3.XII) wird in aller Regel nur auf iterativem Wege zu finden sein. Erdfelder (1990) empfiehlt hierfür den sogenannten E-M-Algorithmus von Dempster et al. (1977). Die "mixing proportions" können mit dem M-L-Verfahren selbst dann bestimmt werden, wenn die Komponenten f keine "parametrischen Funktionen" von **X** sind (vgl. hiezu Simar 1976, Laird 1978).

XX.3: Ein Gradientenverfahren zur Bestimmung der Mischanteile

Wir befassen uns zunächst mit Mischungen von Komponenten mit einem variablen Parameter, der Werte aus dem Intervall [a,b] annehmen kann. Danach werden wir uns Mischungen von Komponenten mit zwei und mehr variablen Parametern zuwenden.

Die Wahrscheinlichkeit des Ereignisses **X** = x, gegeben, daß die Komponente den Parameter π aufweist, ist durch folgende Formel gegeben:

$$f(x|\pi)\,d\pi = \frac{f(x \text{ und } \pi)}{h(\pi)}\,d\pi \qquad \pi \in [a,b] \quad . \tag{3.VII}$$

Der Ausdruck

$$f(x|\pi)\cdot h(\pi) = f(x \text{ und } \pi) \tag{5}$$

ist die Dichtefunktion einer zweidimensionalen Verteilung in den Variablen **X** und $\boldsymbol{\pi}$, deren Randverteilungen identisch sind mit der **Mischung** (1.XVI) bzw. mit der Verteilung der **Parametervariablen**:

$$w(x) = \int_\pi f(x|\pi)\; h(\pi)\, d\pi \qquad \sum_x w(x) = 1 \quad , \tag{6}$$

bzw.

$$h(\pi)\, d\pi = \sum_x f(x|\pi)\; h(\pi)\, d\pi \qquad \int h(\pi)\, d\pi = 1 \quad . \tag{7}$$

Wir versehen nun das Parameterintervall [a,b] mit einer **Intervalleinteilung**:

$$a = e_0 < e_1 < \ldots\ldots < e_{m-1} < e_m = b$$

und bilden mit (5) die Integrale:

$$\int_{e_{k-1}}^{e_k} f(x|\pi)\; h(\pi)\; d\pi = \int_{e_{k-1}}^{e_k} f(x \text{ und } \pi)\; d\pi, \quad k=1,\ldots,m \; . \tag{8}$$

Das Integral (6) wird dadurch zu einer Summe von Integralen:

$$w(x) = \sum_{k=1}^{m} \int_{e_{k-1}}^{e_k} f(x|\pi)\, h(\pi)\, d\pi \,. \tag{9}$$

Dann ersetzen wir die Parameterverteilung (7) durch ein **Histogramm** über der gewählten Intervalleinteilung, d.h. wir setzen $h(\pi) = h_k$ (konstant) wenn $e_{k-1} < \pi \leq e_k$, wobei selbstverständlich

$$\sum_{k=1}^{m} h_k(e_k - e_{k-1}) = 1 \tag{10}$$

erfüllt sein muß. - Da h_k sich mit π nicht ändert, kann man es in (9) vor das Integralzeichen setzen und erhält:

$$w(x) = \sum_{k=1}^{m} h_k \cdot \int_{e_{k-1}}^{e_k} f(x|\pi)\, d\pi \,. \tag{9'}$$

Setzt man in (9') der Reihe nach $x = x_1, x_2, \ldots, x_s$ ein, so erhält man ein System von s Gleichungen in m Unbekannten, das dem Gleichungssystem (1.XVII) entspricht. - Es ist allerdings erforderlich, daß die Komponenten f **integrierbare Funktionen** des Parameters π sind:

$$\int_{e_{k-1}}^{e_k} f(x_i|\pi)\, d\pi = K_{ik},\ |K_{ik}| < \infty \,. \tag{11}$$

Wir betrachten jetzt noch die Summe

$$\sum_{i=1}^{m} K_{ik} = \sum_{i=1}^{s} \int_{e_{k-1}}^{e_k} f(x_i|\pi)\, d\pi \,, \tag{12}$$

und bemerken, daß $\sum_i f(x_i|\pi) = 1$. Da $|K_{ik}| < \infty$, darf die Summe von Integralen (12) dem Integral der Summe gleichgesetzt werden:

$$\sum_{i=1}^{m} K_{ik} = \int_{e_{k-1}}^{e_k} \underbrace{\sum_i f(x_i|\pi)}\, d\pi = \int_{e_{k-1}}^{e_k} d\pi = e_k - e_{k-1} \,. \tag{12'}$$

Im Hinblick auf (12) schreiben wir das Gleichungssystem (9') jetzt in folgender Form an:

$$\boxed{w(x_i) = \sum_{k=1}^{m} \left[\frac{K_{ik}}{e_k - e_{k-1}}\right] \left[h_k(e_k - e_{k-1})\right] , \quad i=1,\dots,s} \quad . \qquad (13)$$

Es gilt:

$$\sum_{i=1}^{s} w(x_i) = 1 \text{ laut (6)}; \ \sum_{i=1}^{s} \frac{K_{ik}}{e_k - e_{k-1}} = 1 \text{ laut (12), und } \sum_k h_k(e_k - e_{k+1}) = 1$$

laut (10). - Mit Hilfe der Diagonalmatrizen

$$\mathbf{D}^{-1} = \begin{bmatrix} \frac{1}{(e_1 - e_0)} & & 0 \\ & \ddots & \\ 0 & & \frac{1}{(e_m - e_{m-1})} \end{bmatrix} \quad \text{und} \quad \mathbf{D} = \begin{bmatrix} (e_1 - e_0) & & \\ & \ddots & \\ & & (e_m - e_{m-1}) \end{bmatrix}$$

kann (13) in der Form angeschrieben werden:

$$\boxed{\mathbf{W} = (\mathbf{K}\ \mathbf{D}^{-1})(\mathbf{D}\ \mathbf{h})} \quad . \qquad (13')$$

Der Leser möge sich jetzt die Überlegungen des Kapitels XVIII.3 in Erinnerung rufen: im Hinblick auf (6),(12),(10) repräsentieren **W**, ferner die m Spalten der Matrix $(\mathbf{KD}^{-1})$ und $(\mathbf{Dh})$ Punkte auf der Ebene der Punkte mit Koordinatensumme 1. Die m Punkte von $(\mathbf{KD}^{-1})$ liegen dabei allerdings nur dann auf dem Rand der Menge der "inneren Punkte", wenn es einen Parameterwert π^* gibt, so daß für $x_1, x_2, \dots, x_s$ gilt:

$$\int_{e_{k-1}}^{e_k} f(x_i | \pi)\, d\pi = f(x_i | \pi^*)(e_k - e_{k-1}) \ ,$$

andernfalls liegen sie im Inneren dieser Menge. Wir verbinden die Punkte nun mit Geraden zu einem Polygon. Ist **W** kein "innerer Punkt" desselben, so ist **W** auch keine "eigentliche Mischung" der m Komponenten von (13), es wird also mindestens eine der Dichten $h_1, \dots, h_m$ der Restriktion $0 \leq h \leq 1$ nicht genügen. Da die Beschaffenheit von $(\mathbf{KD}^{-1})$ von der Intervalleinteilung $e, e, \dots, e$ abhängt, ergibt sich, daß man im Hinblick auf die Zulässigkeit der Lösung **passende** und **unpassende Intervalleinteilungen** zu unterscheiden hat. - Die Ähnlichkeit des Histogramms, das man als Lösung von (13) erhält, mit der Parameterverteilung (7), hängt ebenfalls von der Intervalleinteilung ab. Wir wollen dieses Problem aber für den Augenblick zurückstellen und uns zunächst der Lösung des Gleichungssystems (13') zuwenden. Hat die Matrix

$$(\mathbf{KD}^{-1})'(\mathbf{KD}^{-1}) = \mathbf{D}^{-1}\mathbf{K}'\mathbf{KD}^{-1} ,$$

die symmetrisch ist von der Ordnung m, den vollen Rang, so existiert für **h** eine eindeutige Lösung:

$$\boxed{\mathbf{h} = (\mathbf{K}'\mathbf{K})^{-1}\ \mathbf{K}'\mathbf{W}} \ . \qquad (25.V)$$

Voraussetzung dafür ist allerdings, daß m, die Zahl der Komponenten der Mischung, nicht größer ist als s, die Zahl der Gleichungen. Man erzielt jedoch genauere Lösungen, wenn man m möglichst groß wählt und anstelle von (25.V) das Minimum der Funktion

$$Q(h) = \| \mathbf{W} - \mathbf{K}\ \mathbf{h} \| \qquad (3.V)$$

mit einem **Gradientenverfahren** aufsucht (vgl. SIXTL 1982), wobei man als Gradienten

$$\boxed{\frac{\delta Q}{\delta h} = -\ \Delta\ \mathbf{K}'(\mathbf{W} - \mathbf{K}\ \mathbf{h})} \qquad (14)$$

verwenden soll. Es geht auch hierbei darum, daß eine Lösung $\mathbf{h} = \hat{\mathbf{h}}$ gefunden wird, welche den Normalgleichungen

$$\mathbf{K}'(\mathbf{W} - \mathbf{K}\ \hat{\mathbf{h}}) = 0 \qquad (23.V)$$

genügt. Die Vorgangsweise wird im Detail von LAWSON & HANSON (1974) beschrieben.

Einer Idee meines Mitarbeiters H. POTUSCHAK folgend, verschafften wir uns auf der Grundlage von Intervalleinteilungen, die wir mit Zufallszahlen erzeugten, eine zahlreiche Menge von Lösungen, die wir mittelten. Nachfolgendes Beispiel zeigt eines unserer Ergebnisse.

Beispiel XX.7: Zwei Binomialverteilungen mit Parametern $n_1 = n_2 = 4$; $\pi_1 = 0{,}1$; $\pi_2 = 0{,}3$ wurden gemischt, wobei die "mixing proportions" $h(\pi_1) = 0{,}8$ und $h(\pi_2) = 0{,}2$ betrugen. Die Mischung hat folgende Beschaffenheit:

x	0	1	2	3	4
w(x)	0,5729	0,3156	0,0918	0,0180	0,0017

Es wurden 50 zufällige Intervalleinteilungen verwendet und die Lösungen von (13) auf eine Einteilung des Parameterintervalles in m=20 (links) bzw. m=100 Intervalle gleicher Länge aufgeteilt. Abbildung XX.1 gibt die Ergebnisse wieder:

Abb.XX.1: Ähnlichkeit der Lösungen mit der Parameterverteilung des Beispiels XX.7.

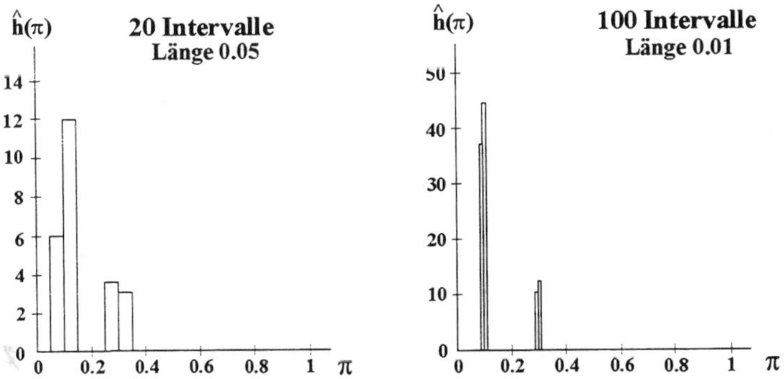

◆◆◆◆◆

Mit dem Gradientenverfahren verschafft man sich auch dann ein ungefähres Bild von der Parameterverteilung, wenn **W** mit Stichprobenfehlern behaftet ist (Kapitel XVIII.4).

Wir wollen jetzt noch die Bestimmung der Hilfgröße K (11) an einigen Beispielen demonstrieren.

Beispiel XX.8: Binomialverteilungen mit variablem Parameter π. Die Berechnung der Hilfsgröße

$$K_{ik} = \int_{e_{k-1}}^{e_k} \binom{n}{i} \pi^i (1-\pi)^{n-i} \, d\pi \, , \qquad i=0,1,\ldots,n$$

erfordert Werte der sogenannten "unvollständigen Betafunktion":

$$B_k(i+1,n-i+1) = \int_0^{e_k} \pi^i (1-\pi)^{n-i}\, d\pi = i!\,\frac{(n-i)!}{(n+1)!} \sum_{j=i+1}^{n+1} \binom{n+1}{j} e_k (1-e_k)^{n-j+1} .$$

Mit diesen erhält man

$$\binom{n}{i} B_k = \int_0^{e_k} \binom{n}{i} \pi^i (1-\pi)^{n-i}\, d\pi = \frac{1}{n+1} \sum_{j=i+1}^{n+1} e_k (1-e_k)^{n-j+1} ,$$

und damit:

$$\boxed{K_{ik} = \binom{n}{i} \left[B_k - B_{k-1}\right]} . \qquad (11)$$

⬩⬥ ◆ ⬥⬩

Beispiel XX.9: Mischungen von Poissonverteilungen mit variablem Parameter λ.

$$K_{xk} = \int_{e_{k-1}}^{e_k} \frac{1}{x!} \lambda^x e^{-\lambda}\, d\lambda , \qquad x=0,1,\ldots . \qquad (11)$$

Mittels "partieller Integration" findet man die Funktionalgleichung:

$$K_{xk} = \frac{1}{x!} \left[-\lambda^x e^{-\lambda}\right]_{e_{k-1}}^{e_k} + K_{x-1,k} \; ; \; K_{0,k} = \left[e^{-\lambda}\right]_{e_{k-1}}^{e_k}$$

und mit dieser:

$$\boxed{K_{xk} = e^{-e_{k-1}} \sum_{j=0}^{x} \frac{e_{k-1}^j}{j!} - e^{-e_k} \sum_{j=0}^{x} \frac{e_k^j}{j!}} . \qquad (11)$$

⬩⬥ ◆ ⬥⬩

Wir gehen jetzt auf Mischungen von stetig verteilten Komponenten ein:

$$f(x\,|\,\pi)\cdot h(\pi) = f(x \text{ und } \pi) \qquad (5)$$

ist jetzt Dichtefunktion in den beiden stetigen Variablen **X** und **π**. Die Parametervariable hat die Verteilung:

$$h(\pi) = \int_x f(x\,|\,\pi)\, h(\pi)\, dx . \qquad (7)$$

Wieder versehen wir das Parameterintervall mit einer Intervalleinteilung und ersetzen (7) durch ein Histogramm. Die Dichte, welche die Mischung an der Stelle x hat, wird damit auf folgende Weise darstellbar:

$$w(x) = \sum_{k=1}^{m} h_k \cdot \int_{e_{k-1}}^{e_k} f(x\,|\,\pi)\; d\pi \,. \tag{9}$$

Ist $f(x\,|\,\pi)$ eine integrierbare Funktion der Parametervariablen π,

$$\int_{e_{k-1}}^{e_k} f(x\,|\,\pi)\; d\pi = K_{xk} \,,\quad |K_{xk}| < \infty \,, \tag{11}$$

so darf man die Reihenfolge der Integration von π und x vertauschen, d.h.

$$\int_x K_{xk}\, dx = \int_{e_{k-1}}^{e_k} \int_x f_{xk}(x\,|\,\pi)\; dx\; d\pi = \int_{e_{k-1}}^{e_k} d\pi = (e_k - e_{k-1}) \,. \tag{12}$$

Nun versehen wir auch x mit einer Intervalleinteilung:

$$I_i = \{x\,|\,e_{i-1} < x \le e_i\} \,,\quad i=1,\ldots,s$$

und bilden mit (11) die Hilfsgröße K_{ik}:

$$K_{ik} = \int_{e_{i-1}}^{e_i} K_{xk}\, dx = \int_{e_{i-1}}^{e_i} \int_{e_{k-1}}^{e_k} f(x\,|\,\pi)\; d\pi\; dx \,. \tag{11}$$

Vertauscht man auch hier die Reihenfolge der Integration, so erhält man eine Darstellung von K_{ik} mit den Verteilungsfunktionen der Komponenten:

$$\int_{-\infty}^{e} f(x\,|\,\pi)\; dx = F_{x\,|\,\pi}(e) \,.$$

Es ist nämlich

$$K_{ik} = \int_{e_{k-1}}^{e_k} \int_{e_{i-1}}^{e_i} f(x\,|\,\pi)\; dx\; d\pi = \int_{e_{k-1}}^{e_k} \left[F_{x\,|\,\pi}(e_i) - F_{x\,|\,\pi}(e_{i-1})\right] d\pi \,. \tag{11}$$

Auf entsprechende Weise errechnet man die Wahrscheinlichkeit, daß die Mischung Werte aus dem Intervall I_i annimmt, mit (9):

$$w(x \in I_i) = \sum_{k=1}^{m} h_k \int_{e_{k-1}}^{e_k} \left[F_{x\,|\,\pi}(e_i) - F_{x\,|\,\pi}(e_{i-1}) \right] d\pi = \sum_{k=1}^{m} K_{ik} \cdot h_k \,. \qquad (9)$$

Indem man der Reihe nach $e_1, e_2, \ldots, e_s$ in (9) einsetzt, erhält man das System der s Gleichungen in m Unbekannten, das in (13) beschrieben wurde.

Beispiel XX.10: Bestimmung der Hilfsgröße K_{ik} (11), wenn die Komponenten Normalverteilungen mit fester Varianz σ^2 sind. - Wir ersetzen in (11) F durch die Verteilungsfunktion der Standardnormalverteilung:

$$K_{ik} = \int_{e_{k-1}}^{e_k} \left[\emptyset\left(\frac{e_i - \mu}{\sigma}\right) - \emptyset\left(\frac{e_{i-1} - \mu}{\sigma}\right) \right] d\mu.$$

Da $\emptyset(-z) = 1 - \emptyset(z)$ (4.X), kann K_{ik} auch in der Form angeschrieben werden:

$$K_{ik} = \int_{e_{k-1}}^{e_k} \left[\emptyset\left(\frac{\mu - e_{i-1}}{\sigma}\right) - \emptyset\left(\frac{\mu - e_i}{\sigma}\right) \right] d\mu \,.$$

Man muß also die Größe einer Fläche bestimmen, die in Abb.XX.2 dargestellt ist.

Abb.XX.2: Die Fläche, deren Größe K_{ik} näherungsweise zu bestimmen ist, wurde schraffiert.

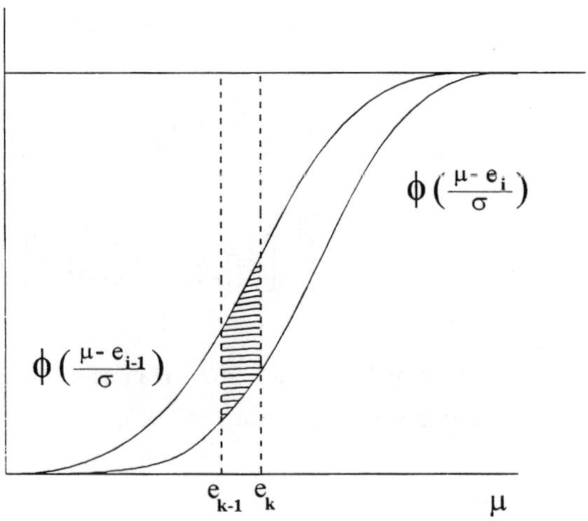

Das Problem kann etwa auf die Weise gelöst werden, daß man die beiden Kurvenzüge über dem Intervall $[e_{k-1}, e_k]$ durch Geraden ersetzt. Die gesuchte Fläche hat dann näherungsweise die Größe

$$K_{ik} \approx (e_k - e_{k-1}) \cdot \frac{1}{2} \left[Ø_{i-1}(e_{k-1}) - Ø_i(e_{k-1}) + Ø_{i-1}(e_k) - Ø_i(e_k) \right], \qquad (11)$$

wobei wir um der Kürze willen

$$Ø\left(\frac{\mu - e_i}{\sigma}\right) = Ø_i(\mu), \qquad \mu = e_{k-1} \text{ oder } e_k$$

setzen. - Die Näherung ist umso genauer, je kleiner der Abstand von e_k und e_{k-1} ist. In jedem Fall gilt aber (12):

$$\begin{aligned} \sum_{i=1}^{s} K_{ik} &= (e_k - e_{k-1}) \cdot \frac{1}{2} \left[Ø_0(e_{k-1}) - Ø_s(e_{k-1}) + Ø_0(e_k) - Ø_s(e_k) \right] \\ &= (e_k - e_{k-1}) \cdot \frac{1}{2} \left[Ø_0(\infty) - Ø_s(-\infty) + Ø_0(\infty) - Ø_s(-\infty) \right] \\ &= (e_k - e_{k-1}) . \end{aligned}$$

⬩⬥◆⬥⬩

Wir befassen uns jetzt mit Mischungen von Komponenten, die zwei und mehr variable Parameter aufweisen. Sei $f(x \mid \pi_1, \pi_2)$ eine solche Komponente. Man versehe den zweidimensionalen Parameterraum mit einer Intervalleinteilung

$$I_{jk} = \left\{ (\pi_1, \pi_2) \mid e_{j-1} < \pi_1 \leq e_j, \, e_{k-1} < \pi_2 \leq e_k \right\},$$

$j=1,\ldots,m_1$; $k=1,\ldots,m_2$ und ersetze die Dichten in I_{jk} durch den festen Wert h_{jk}, der die Gleichung erfüllt (4'.II):

$$h_{jk}(e_j - e_{j-1})(e_k - e_{k-1}) = \Pr(e_{j-1} < \pi_1 \leq e_j, \, e_{k-1} < \pi_2 \leq e_k) .$$

Fall 1: X nehme die Werte $x_1,\ldots,x_s$ mit Wahrscheinlichkeit $f(x_i \mid \pi_1, \pi_2)$ an. Ist f eine integrierbare Funktion von π_1 und π_2, so bildet man:

$$K_{i;jk} = \int_{e_{k-1}}^{e_k} \int_{e_{j-1}}^{e_j} f(x_i \mid \pi_1, \pi_2) \, d\pi_1 \, d\pi_2 \qquad (11)$$

und erhält das Gleichungssystem:

$$\boxed{w(x_i) = \sum_{k=1}^{m_2} \sum_{j=1}^{m_1} K_{i;jk} \cdot h_{jk}} \quad , \tag{13}$$

das jetzt von der Ordnung $s \cdot (m_1 \, m_2)$ ist.

Fall 2: $f(x \mid \pi_1, \pi_2)$ sei eine stetige Funktion von **X**. Wir versehen nun auch **X** mit einer Intervalleinteilung: $I_i = \{x \mid e_{i-1} < x \leq e_i\}$, $i=1,\ldots,s$ und bilden:

$$K_{i;jk} = \int_{x \in I_i} \int_{e_{k-1}}^{e_k} \int_{e_{j-1}}^{e_j} f(x \mid \pi_1, \pi_2) \, d\pi_1 \, d\pi_2 \, dx$$

$$= \int_{e_{k-1}}^{e_k} \int_{e_{j-1}}^{e_j} \left[F_{x \mid \pi_1 \pi_2}(e_i) - F_{x \mid \pi_1 \pi_2}(e_{i-1}) \right] d\pi_1 \, d\pi_2 \, , \tag{11}$$

so daß

$$w(x \in I_i) = \sum_k \sum_j K_{i;jk} \, h_{jk} \, , \tag{9}$$

und man durch Einsetzen von $e_1, e_2, \ldots, e_s$ schließlich (13) erhält.

XX.4: Ein Regressionsverfahren zur Bestimmung der Mischanteile

Wir setzen voraus, daß die Wahrscheinlichkeiten bekannt sind, welche die Mischung

$$w(x) = \int f(x \mid \pi) \, h(\pi) \, d\pi \tag{14}$$

an den Stellen $X = x_1, x_2, \ldots, x_s$ annimmt. Dann kann man $h(\pi)$ approximativ als Linearkombination von Funktionen $u_\nu(\pi)$ darstellen:

$$h(\pi) = \sum_{\nu=1}^{s} b_\nu \, u_\nu(\pi) + e_s(\pi) \, , \tag{15}$$

wobei $u_\nu(\pi)$ nur von $f(x \mid \pi)$ abhängt, während die Koeffizienten b_ν von $f(x \mid \pi)$ und $w(x)$ beeinflußt werden; $e_s(\pi)$ stellt den "Fehler der Approximation" dar. HILBERT (1912, vgl. dazu auch SMIRNOV 1973, BRONSTEIN & SEMENDJAJEV 1991), konnte zeigen, daß Integrale der Art (14) quellenmäßig, d.h. durch Fourierreihen dargestellt werden können, wenn $h(\pi)$ durch (15) ersetzt werden kann:

$$w(x) = \sum_{\nu=1}^{s} v_\nu(x)\, a_\nu \, .$$

(1) Wir werden w(x) durch Hilfsfunktionen darstellen:

$$w_n(x) = a_1 \varnothing_1(x) + \ldots + a_n \varnothing_n(x) \, . \tag{16}$$

Dabei sind die $\varnothing_\nu$ zunächst noch unbestimmte Funktionen und die a_ν Koeffizienten; n ist der Approximationsgrad. Wir bestimmen die a_ν mittels der Methode der Kleinsten Quadrate (Kapitel V), d.h. wir suchen das Minimum der Funktion:

$$Q_n(a) = \sum_x \Big[w(x) - \underbrace{\sum_\nu a_\nu \varnothing_\nu(x)}_{w_n(x)} \Big]^2 \, .$$

Die Kleinstquadratschätzer genügen bekanntlich den Normalgleichungen:

$$\sum_x w(x)\, \varnothing_\nu(x) = \sum_\nu a_\nu \Big[\sum_x \varnothing_\nu(x)\, \varnothing_\mu(x) \Big] \, , \tag{17}$$

und sie erzeugen eine "kleinste Summe" von der Größenordnung:

$$Q_n(a) = \sum_x w^2(x) - \sum_\nu a_\nu \Big[\sum_x w(x)\, \varnothing_\nu(x) \Big] . \tag{18}$$

Es gilt offensichtlich $Q_n(a) = 0 \Leftrightarrow w_n(x) = w(x)$. Mit (18) kann man daher die "Güte der Approximation" abschätzen.

(2) Die Formeln (16) - (18) werden wesentlich durchsichtiger, wenn die $\varnothing_\nu$ **Orthogonalfunktionen** sind (30.V):

$$\sum_x \varnothing_\nu(x)\, \varnothing_\mu(x) = \begin{cases} 0 & \text{wenn } \mu \neq \nu \, , \\ 1 & \text{sonst.} \end{cases} \tag{19}$$

(17) vereinfacht sich unter diesen Bedingungen zu

$$\sum_x w(x)\, \varnothing_\nu(x) = a_\nu \, . \tag{17'}$$

Die Koeffizienten a_ν sind Skalarprodukte von w und einer der n Hilfsfunktionen allein und heißen **Fourierkoeffizienten**. - (18) nimmt im Hinblick auf (17') die Form an

$$Q_n(a) = \sum_x w^2(x) - \sum_\nu a_\nu^2 \, . \tag{18'}$$

Eine vollkommene Anpassung von $w_n(x)$ an w(x) ist offensichtlich dann erreicht, wenn $\sum_\nu a_\nu^2 = \sum_x w^2(x)$.

(3) Wir nehmen nun Bezug auf die Matrix der Hypothesen oder den Kern **K** des Gleichungssystems (1.XVII). Diese Matrix hat s Zeilen, während ihre Spalten zu beliebigen Werten π aus dem "reellen Parameterintervall" gehören. Wir können folgende "Matrizenoperationen" ausführen:

$$\begin{array}{|lrl|} \hline \underset{s \times s}{\mathbf{K}\,\mathbf{K}'}: & K_{ij} = & \int_{\pi} f(x_i \,|\, \pi) \cdot f(x_j \,|\, \pi)\; d\pi \\ \mathbf{K}'\mathbf{K}: & K(\pi,\pi^*) = & \sum_{x} f(x_i \,|\, \pi)\; f(x_i \,|\, \pi^*) \\ \hline \end{array} \quad . \qquad (20)$$

(4) Eine Matrix **V**, deren Spalten der "Eigenwertgleichung" (42.IV):

$$\mathbf{K}\,\mathbf{K}' \cdot \mathbf{V} = \mathbf{V}\mathbf{D}^2$$

genügen, stellt ein Orthonormalsystem entsprechend (19) dar, d.h.

$$\mathbf{V}'\mathbf{V} = \mathbf{V}\mathbf{V}' = \mathbf{I}\ ,$$

dabei ist **I** die Einheitsmatrix der Ordnung s. Die Elemente der Diagonalmatrix $\mathbf{D}^2$ sind die zu den Spalten von **V** (den Eigenvektoren) gehörenden Eigenwerte. Man erzielt mit **V** und $\mathbf{D}^2$ folgende Zerlegung der Matrix **K K'**:

$$\mathbf{K}\,\mathbf{K}' = \mathbf{V}\,\mathbf{D}^2\,\mathbf{V}'\ . \qquad (20')$$

Sind alle Eigenwerte, die in $\mathbf{D}^2$ enthalten sind, größer als Null, so existiert die zu **K K'** inverse Matrix und hat folgende Struktur:

$$(\mathbf{K}\,\mathbf{K}')^{-1} = \mathbf{V}\,\mathbf{D}^{-2}\,\mathbf{V}'\ . \qquad (21)$$

Man überzeugt sich unschwer, daß

$$\mathbf{D}^{-1}\,\mathbf{V}'(\mathbf{K}\,\mathbf{K}')\,\mathbf{V}\,\mathbf{D}^{-1} = \mathbf{I}\ . \qquad (22)$$

Ersetzt man nämlich **K K'** durch (20') und beachtet die Eigenschaften des Orthogonalsystems, so folgt unmittelbar (22).

(5) Wir untersuchen jetzt die Transformation $\mathbf{V} \rightarrow \mathbf{U}$. Die Elemente der Matrix:

$$\mathbf{U} = \mathbf{D}^{-1}\,\mathbf{V}'\mathbf{K}\ ,$$

die gleich dem Kern **K** aus s Zeilen besteht, während ihre Spalten zu beliebigen Werten π aus dem "reellen Parameterintervall" gehören, werden offensichtlich wie folgt bestimmt:

$$u_\nu(\pi) = d_\nu^{-1} \sum_{x} v_\nu(x)\, f(x \,|\, \pi)\ .$$

Wir bilden das Matrizenprodukt **U U'** nach der Vorschrift:

$$\int_{\pi} u_{\nu}(\pi)\; u_{\mu}(\pi)\; d\pi$$

und erhalten wegen (22):

$$\mathbf{U\,U'} = \mathbf{D}^{-1}\;\mathbf{V'K\;K'V\;D}^{-1} = \mathbf{I}\;.$$

Das bedeutet:

$$\int_{\pi} u_{\nu}(\pi)\, u_{\mu}(\pi)\, d\pi = \begin{cases} 0 \text{ wenn } \mu \neq \nu \\ 1 \text{ wenn } \mu = \nu\;. \end{cases} \tag{23}$$

(6) Wir kommen nun zu einer **Spektraldarstellung** der Integralgleichung (14). Wenn man die im Abschnitt **5** eingeführte Matrix **U** von links mit **D** und **V** multipliziert, so erhält man aufgrund der Eigenschaften des Orthogonalsystems **V** unmittelbar:

$$\mathbf{V\;D\;U} = \mathbf{K}\;. \tag{24}$$

Nun berechnen wir die Skalarprodukte

$$J_{\nu} = \int_{\pi} u_{\nu}(\pi)\; h(\pi)\; d\pi \tag{25}$$

und ordnen diese in einem Vektor an:

$$\mathbf{J'} = [J_1, J_2, \ldots, J_s]\;.$$

Man sieht jetzt leicht ein, daß (14) folgende Darstellung besitzt:

$$\boxed{\mathbf{W} = \mathbf{V\;D\;J}}\;. \tag{14'}$$

Multipliziert man (24) von rechts mit $h(\pi)$, so erhält man nämlich mit (25):

$$\mathbf{V\,D}\cdot\begin{bmatrix} \int u_1(\pi)\, h(\pi)\, d\pi \\ \vdots \\ \int u_s(\pi)\, h(\pi)\, d\pi \end{bmatrix} = \mathbf{V\,D}\cdot\begin{bmatrix} J_1 \\ \vdots \\ J_s \end{bmatrix} = \begin{bmatrix} \int f(x_1 \,|\, \pi)\, h(\pi)\, d\pi \\ \vdots \\ \int f(x_s \,|\, \pi)\, h(\pi)\, d\pi \end{bmatrix}.$$

Multipliziert man nun (14') von links mit **V'**, so erhält man

$$\mathbf{V'W} = \mathbf{D\;J} \equiv \mathbf{a}\;. \tag{26}$$

Die Elemente des Spaltenvektors **a**, also $a_{\nu} = \sum_{x} v_{\nu}(x)\, w(x)$ entsprechen ihrem Bau nach den Fourierkoeffizienten (17'), mit denen uns die "quellenmäßige" Darstellung von (14) endlich gelingt: $\mathbf{W} = \mathbf{V}\cdot\mathbf{a}$.

Mit (26) bestimmt man nun auch leicht den Wert der Integrale (25):

$$\mathbf{J} = \mathbf{D}^{-1}\,\mathbf{a} \Rightarrow \boxed{\int_{\pi} u_{\nu}(\pi)\; h(\pi)\; d\pi \;=\; d_{\nu}^{-1}\cdot a_{\nu}} \quad . \tag{27}$$

(7) Wir stellen jetzt $h(\pi)$ als Linearkombination der Zeilen von **U** dar:

$$h_s \;=\; \mathbf{U'b} \Leftrightarrow h_s(\pi) \;=\; \sum_{\nu=1}^{s} b_{\nu}\; u_{\nu}(\pi) \; .$$

Dabei ist **b** ein Spaltenvektor mit den Koeffizienten b_{ν} als Elementen. Diese b_{ν} wollen wir so bestimmen, daß der Fehler der Approximation, also:

$$e_s(\pi) \;=\; h(\pi) \;-\; h_s(\pi)$$

so klein wie möglich wird, d.h. wir suchen das Minimum der Funktion:

$$Q_s(\mathbf{b}) \;=\; \int \left[h(\pi) \;-\; \Sigma\, b_{\mu}\; u_{\mu}(\pi) \right]^2 \; d\pi \; . \tag{28}$$

Wir erhalten:

$$\frac{\delta\; Q_s\;(\mathbf{b})}{\delta\; b_{\nu}} \;=\; \underbrace{\int u_{\nu}(\pi)\; h(\pi)\; d\pi}_{\mathrm{I}} \;-\; \underbrace{\sum_{\mu} b_{\mu} \int u_{\nu}(\pi)\; u_{\mu}(\pi)\; d\pi}_{\mathrm{II}} \;=\; 0.$$

Der Ausdruck I ist mit den Integralen (25) identisch. Die Summe II hat den Wert b_{ν}, denn wegen (23) verschwinden alle Integrale mit $\mu \neq \nu$, während bei $\mu = \nu$ der Wert 1 erzielt wird. In Verbindung mit (27) erhalten wir die Lösung:

$$b_{\nu} \;=\; J_{\nu} \;=\; d_{\nu}^{-1} \;\cdot\; a_{\nu} \; , \qquad \nu=1,\ldots,s \tag{29}$$

und damit die (15) entsprechende Darstellung von $h(\pi)$:

$$\boxed{h(\pi) \;=\; \sum_{\nu=1}^{s} d_{\nu}^{-1}\; a_{\nu}\; u_{\nu}(\pi) \;+\; e_s(\pi)} \quad . \tag{30}$$

Die Lösung (30) kann selbstverständlich auch in Matrixform dargestellt werden. Mit $\mathbf{U'} = \mathbf{K'V\,D}^{-1}$, $\mathbf{b} = \mathbf{D}^{-1}\mathbf{V\;W}$ und $\mathbf{V\;D}^{-2}\mathbf{V'} = (\mathbf{K\;K'})^{-1}$ erhält man:

$$\boxed{\mathbf{h} \;=\; \mathbf{U'b} \;+\; \mathbf{e}_s \;=\; \mathbf{K'}(\mathbf{K\;K'})^{-1} \;\cdot\; \mathbf{W} \;+\; \mathbf{e}_s} \quad . \tag{30'}$$

Das gleiche Vorgehen führt im Prinzip auch dann zur Lösung, wenn h stetige Funktion von mehreren (z.B. zwei) Parametern ist. Man bildet dann die Elemente der Matrix (20) nach der Vorschrift:

$$\mathbf{K\,K'}\!: \quad K_{ij} \;=\; \iint f(x_i\,|\,\pi_1,\pi_2)\cdot f(x_j\,|\,\pi_1,\pi_2)\; d\pi_1\; d\pi_2 \tag{20}$$

und die Fourierkoeffizienten J_ν entsprechend:

$$J_\nu = \iint u_\nu(\pi_1,\pi_2)\, h(\pi_1,\pi_2)\, d\pi_1\, d\pi_2 \ . \tag{27'}$$

Die Näherungslösung (30) erhält man mit

$$\boxed{h_s(\pi_1,\pi_2) = \sum_\nu d_\nu^{-1}\, a_\nu \cdot u_\nu(\pi_1,\pi_2)} \ . \tag{30'}$$

(8) Wir untersuchen zuletzt die Güte der Anpassung von $\mathbf{h}_s$ an $\mathbf{h}$. Dazu setzen wir die Lösung für die Koeffizienten b_ν, also (29) in (28), ein:

$$Q_s(\mathbf{b}) = \int \left[h(\pi) - \sum_\mu \frac{a_\mu}{d_\mu} u_\mu(\pi)\right]^2 d\pi \ ,$$

quadrieren den Klammerausdruck und integrieren die Glieder des Binoms einzeln:

$$Q_s(\mathbf{b}) = \int h^2(\pi)\, d\pi - 2 \sum_\mu \frac{a_\mu}{d_\mu} \int u_\mu(\pi)\, h(\pi)\, d\pi + \sum_\mu \sum_\nu \frac{a_\mu}{d_\mu} \frac{a_\nu}{d_\nu} \int u_\mu(\pi)\, u_\nu(\pi)\, d\pi \ .$$

Berücksichtigt man die Eigenschaften des Orthogonalsystems (23) und der Fourierkoeffizienten (27), so erkennt man, daß:

$$\boxed{Q_s(\mathbf{b}) = \int h^2(\pi)\, d\pi - \sum_\mu \left(\frac{a_\mu}{d_\mu}\right)^2} \ . \tag{31}$$

Nichts anderes ergibt sich, wenn h Funktion von mehreren, beispielsweise zwei Variablen ist:

$$Q_s(\mathbf{b}) = \iint h^2(\pi_1,\pi_2)\, d\pi_1\, d\pi_2 - \sum_\mu \left(\frac{a_\mu}{d_\mu}\right)^2 . \tag{31'}$$

Die Berechnungen werden praktisch nach folgendem Schema durchgeführt:

(1) Man hat an s Stellen des Merkmales **X** Häufigkeiten $w(x_i)$ gegeben, mit $\sum_{i=1}^{s} w(x_i) = 1$.

(2) Die Komponenten der Mischung w sollen die Struktur $f(x\,|\,\pi)$ haben.

(3) Man berechnet die Elemente der Matrix **K K'** nach der Vorschrift:

$$K_{ij} = \int f(x_i\,|\,\pi)\, f(x_j\,|\,\pi)\, d\pi, \quad i,j = 1,\ldots,s \ . \tag{20}$$

(4) Man löst die Eigenwertaufgabe $\mathbf{K\,K'V} = \mathbf{V\,D}^2$. Rasch konvergierende und außerdem genaue Verfahren findet der Leser etwa bei KUTTLER & SIGILLITO (1985).

Die Spalten der Matrix **V** sind die Eigenvektoren, deren Elemente wir wie folgt anschreiben:

$$\mathbf{V}'_\nu = [v_\nu(x_1),\ldots,v_\nu(x_s)] \ .$$

Den Eigenvektoren sind eindeutig die Eigenwerte zugeordnet, die in der Matrix $\mathbf{D}^2$ stehen:

$$\mathbf{D}^2 = \begin{bmatrix} d_1^2 & & 0 \\ & \ddots & \\ 0 & & d_s^2 \end{bmatrix} ; \mathbf{D} = \begin{bmatrix} d_1 & & 0 \\ & \ddots & \\ 0 & & d_s \end{bmatrix} ; \mathbf{D}^{-1} = \begin{bmatrix} \frac{1}{d_1} & & \\ & \ddots & \\ & & \frac{1}{d_s} \end{bmatrix} .$$

(5) Man berechnet die Fourierkoeffizienten:

$$a_\nu = \sum_{i=1}^{s} v_\nu(x_i)\ w(x_i) \ , \quad \nu=1,\ldots,s \ . \tag{26}$$

(6) Man bestimmt den Wert der Integrale:

$$J_\nu = \int u_\nu(\pi)\, h(\pi)\, d\pi = \frac{a_\nu}{d_\nu} \ , \quad \nu=1,\ldots,s \ . \tag{27}$$

(7) Man führt mit ausgewählten Parameterwerten $\pi_1,\pi_2,\ldots$ die Transformation:

$$u_\nu(\pi_k) = \frac{1}{d_\nu} \sum_{i=1}^{s} v_\nu(x_i)\ f(x_i \mid \pi_k)$$

durch.

(8) Nun errechnet man die Näherungswerte der Dichten, die zu den ausgewählten Parameterwerten $\pi_1,\pi_2,\ldots$ gehören:

$$h_s(\pi_k) = \sum_{\nu=1}^{s} \frac{a_\nu}{d_\nu}\, u_\nu(\pi_k) \ . \tag{30}$$

(9) Wenn man die Verteilung $h(\pi)$ kennt - was bei Methodenexperimenten stets der Fall ist - kann man die Güte der Approximation mit dem Bestimmtheitsmaß (15.V) messen. Dazu berechnet man $Q_s(\mathbf{b})$ mit (31) und setzt anschließend

$$100\cdot B_s = 100 \cdot \frac{\sum_\nu \left(\frac{a_\nu}{d_\nu}\right)^2}{Q_s(\mathbf{b}) + \sum_\nu \left(\frac{a_\nu}{d_\nu}\right)^2} = 100 \cdot \frac{\sum_\nu \left(\frac{a_\nu}{d_\nu}\right)^2}{\int h^2(\pi)d\pi} \ . \tag{32}$$

Kürzer ist der Weg zur Lösung, wenn man nach Bewältigung von **(3)**:

(4*) die Inverse der Matrix (**K K'**) bestimmt;

(5*) für ausgewählte Parameterwerte $\pi_1, \pi_2, \ldots, \pi_m$ die Näherungswerte der Dichten mit

$$\mathbf{K}'_m\ (\mathbf{K}\ \mathbf{K}')^{-1}\ \mathbf{W} = \mathbf{h}_s \tag{30'}$$

berechnet;

(6*) mit (27) und (31) den Zähler von (32), also

$$\sum_\nu \left(\frac{a_\nu}{d_\nu}\right)^2 = \mathbf{J}'\mathbf{J} = \mathbf{W}'(\mathbf{K}\,\mathbf{K}')^{-1}\,\mathbf{W}$$

ermittelt.

Beispiel XX.11: Es wird eine Mischung von Binomialverteilungen erzeugt, deren Parameter eine Betaverteilung aufweisen (1.XX):

$$w(x|n,a,b) = \int_0^1 \binom{n}{x} \pi^x (1-\pi)^{n-x} \cdot B(\pi|a,b)\, d\pi \ .$$

Wir wählen: n=4, a=3, b=5. Die Mischung hat folgende Beschaffenheit:

(1)

x	0	1	2	3	4	Σ
w(x)	0,2121212	0,3181819	0,2727272	0,1515151	0,0454546	1

(2) Die Komponenten haben die Struktur

$$f(x|\pi) = \binom{4}{x} \pi^x (1-\pi)^{4-x}\ , \qquad x=0,1,\ldots,4\ (s=5)\ .$$

(3) Man berechnet die Elemente der Matrix **K K'** nach der Vorschrift

$$K_{ij} = \int f(x_i|\pi)\, f(x_j|\pi)\, d\pi\ . \tag{20}$$

Zur Vereinfachung schreiben wir $x_i=i$, $x_j=j$ und erhalten

$$K_{ij} = \binom{4}{i}\binom{4}{j} \int_0^1 \pi^{i\cdot j} (1-\pi)^{4-i\cdot j}\, d\pi = \frac{1}{9}\binom{8}{4}^{-1}\binom{i+j}{i}\binom{8-i-j}{4-i},\ i,j=0,1,\ldots,4.$$

K_{ij} ist ein Beta-Integral, siehe (16.XIX).

$$\mathbf{K}\ \mathbf{K}' = \frac{1}{630}\begin{bmatrix} 70 & 35 & 15 & 5 & 1 \\ 35 & 40 & 30 & 16 & 5 \\ 15 & 30 & 36 & 30 & 15 \\ 5 & 16 & 30 & 40 & 35 \\ 1 & 5 & 15 & 35 & 70 \end{bmatrix}\ .$$

(4) Das Orthogonalsystem **V** hat folgende Beschaffenheit:

$$\mathbf{V} = \begin{bmatrix} \frac{1}{\sqrt{70}} & -\frac{1}{\sqrt{10}} & \frac{2}{\sqrt{14}} & -\frac{2}{\sqrt{10}} & \frac{1}{\sqrt{5}} \\ -\frac{4}{\sqrt{70}} & \frac{2}{\sqrt{10}} & -\frac{1}{\sqrt{14}} & -\frac{1}{\sqrt{10}} & \frac{1}{\sqrt{5}} \\ \frac{6}{\sqrt{70}} & 0 & -\frac{2}{\sqrt{14}} & 0 & \frac{1}{\sqrt{5}} \\ -\frac{4}{\sqrt{70}} & -\frac{2}{\sqrt{10}} & -\frac{1}{\sqrt{14}} & \frac{1}{\sqrt{10}} & \frac{1}{\sqrt{5}} \\ \frac{1}{\sqrt{70}} & -\frac{1}{\sqrt{10}} & \frac{2}{\sqrt{14}} & \frac{2}{\sqrt{10}} & \frac{1}{\sqrt{5}} \end{bmatrix} .$$

Die zu den Spalten von **V**, den Eigenvektoren, gehörigen Eigenwerte sind in folgender Matrix zusammengestellt:

$$\mathbf{D}^2 = \frac{1}{630} \begin{bmatrix} 1 & 0 & 0 & 0 & 0 \\ 0 & 9 & 0 & 0 & 0 \\ 0 & 0 & 36 & 0 & 0 \\ 0 & 0 & 0 & 84 & 0 \\ 0 & 0 & 0 & 0 & 126 \end{bmatrix} .$$

Die Summe der Eigenwerte ist stets gleich der "Spur", d.h. der Summe der Diagonalelemente der Matrix **K K'**. Sie beträgt in diesem Fall 256/630.

(5) Nun berechnet man die Fourierkoeffizienten:

$$a_\nu = \sum_{i=0}^{4} v_\nu(x_i)\, w(x_i) , \quad \nu = 0,\ldots,4 . \tag{26}$$

ν	0	1	2	3	4
a_ν	0,001811	0,0527046	-0,133631	-0,158114	0,447214

Zur Kontrolle überzeuge man sich, daß aus (26) folgt:

$$\sum a_\nu^2 = \mathbf{a'a} = \mathbf{w'\ V\ V'\ w} = \sum w^2(x)$$

man erhält: $\sum a_\nu^2 = 0{,}2456382$; $\sum w^2(x) = 0{,}2456382$.

(6) Dann berechne man den Wert der Integrale:

$$J_\nu = \int u_\nu(\pi)\, h(\pi)\, d\pi = \frac{a_\nu}{d_\nu} , \quad \nu=0,1,\ldots,4 .$$

ν	0	1	2	3	4
J_ν	0,045454	0,440959	-0,553017	-0,433013	1,000000

(7) Zuletzt führe man mit ausgewählten Parameterwerten π_k die Transformation

$$u_\nu(\pi_k) = \frac{1}{d_\nu} \sum_{i=0}^{4} v_\nu(x_i)\, f(x_i \mid \pi_k)$$

durch und errechne

(8) mit (30) die Näherungswerte der Dichten, die zu den ausgewählten Parametern π_k gehören:

$$h_5(\pi_k) = \sum_{\nu=0}^{4} J_\nu\, u_\nu(\pi_k)\ .$$

Die Ergebnisse sind in der folgenden Tabelle wiedergegeben.

Tabelle XX.2: Elf ausgewählte Werte π_k (Spalte I). Spalte II: Wahrscheinlichkeiten der Intervalle, deren Mitten die π_k sind. Spalte III: Die mit (30) angenäherten Wahrscheinlicheiten $p_k = h(\pi_k)(e_k - e_{k-1})$. Spalte IV: Wahrscheinlichkeiten der Intervalle, die mit Hilfe von Schätzungen der Verteilungsparameter a,b berechnet wurden.

I	II	III	IV
0,025	0,003	-0,006	0,003
0,100	0,069	0,090	0,068
0,200	0,172	0,176	0,173
0,300	0,227	0,212	0,230
0,400	0,218	0,206	0,220
0,500	0,164	0,168	0,104
0,600	0,097	0,110	0,095
0,700	0,042	0,050	0,039
0,800	0,011	0,002	0,010
0,900	0,001	-0,011	0,001
0,975	0,000	0,007	0,000

(9) Obwohl zwei Wahrscheinlichkeiten der Spalte III "negativ" sind, ist die Anpassung an die Betaverteilung außerordentlich groß. Davon überzeugt man sich mit (31). Die Betaverteilung ist "quadratisch integrierbar", d.h.:

$$\int_0^1 h^2(\pi)\, d\pi = \frac{7!}{2!\ 4!} \int_0^1 \left[\pi^2(1-\pi)^4\right]^2 d\pi = \frac{7!}{2!\ 4!} \cdot \frac{4!\ 8!}{13!} = 1{,}71328 .$$

Die Summe der quadrierten Fourierkoeffizienten J bilden wir mit den Daten der Tabelle in Absatz **(6)**: $\sum_{\nu=0}^{4} J_\nu^2 = 1{,}69651$ und erhalten:

$$100 \cdot B_5(\mathbf{h}) = 100 \cdot \frac{1{,}69651}{1{,}71328} = 99{,}022 . \tag{32}$$

◆◆

Das Verfahren wurde an sehr vielen Mischungen von Binomialverteilungen erprobt. In allen Fällen war bei n=4 das Bestimmtheitsmaß größer als 0,9 und bei n=8 praktisch 1. Ähnliche Erfahrungen machten wir mit Mischungen von Poissonverteilungen, Normalverteilungen usw. Es zeigte sich, daß h eine stetige Funktion von π sein oder zumindest aus sehr vielen Parameterwerten bestehen muß. Bei Mischungen einer kleinen Anzahl von Komponenten versagt das Regressionsverfahren. Das Bestimmtheitsmaß bleibt in solchen Fällen beträchtlich unter 1, obgleich die Lösungen stets deutliche Zacken an den Sprungstellen der Parameterverteilung aufweisen.

Wir wollen uns zuletzt mit der Güte der Approximation befassen. Die Funktion

$$Q_s(\mathbf{b}) = \int \left[h(\pi) - \sum \left(\frac{a_\nu}{d_\nu}\right) u_\nu(\pi)\right]^2 d\pi = \int h^2(\pi)\, d\pi - \sum_\nu \left(\frac{a_\nu}{d_\nu}\right)^2 \tag{31}$$

ist, wie das erste Integral zeigt, eine nicht-negative Funktion der Fourierkonstanten. Die Summe der $(a_\nu/d_\nu)^2$ kann also an $\int h^2(\pi)\, d\pi$ herankommen, den Wert dieses Integrales jedoch nie übertreffen. - Es kann aber der Fall eintreten, daß die Summe der $(a_\nu/d_\nu)^2$ mit wachsendem Approximationsgrad selbst unbegrenzt wächst. Da Q_s nie negativ werden kann, muß in diesem Fall $\int h^2(\pi)\, d\pi$ selbst einen unermeßlich großen Wert haben. Es sind somit folgende Fälle in Betracht zu ziehen:

$$\lim_{s\to\infty} \sum_{\nu=1}^{s} \left(\frac{a_\nu}{d_\nu}\right)^2 = \begin{cases} \infty \\ \int h^2(\pi)\, d\pi \\ z < \int h^2(\pi)\, d\pi \end{cases} . \tag{33}$$

Wächst die Summe der $(a_\nu/d_\nu)^2$ über alle Grenzen, so ist die Funktion $h(\pi)$ quadratisch nicht integrierbar. Die Parameterverteilung $h(\pi)$, die sich hinter der Mischung verbirgt, kann dann mit der Methode (30) nicht identifiziert werden. Man erkennt das daran, daß die Folge der a_ν langsamer gegen Null strebt als die Folge der d_ν. - Strebt die Summe der $(a_\nu/d_\nu)^2$ gegen einen endlichen Wert z, der kleiner ist als $\int h^2(\pi)\,d\pi$, dann bleibt die Quadratsumme der Residuen, also Q_s, größer als null, wie groß auch immer s wird. Wenn man die Zahl z bei einem Approximationsgrad s* erreicht, dann müssen alle Fourierkoeffizienten a_ν mit $\nu > s^*$ den Wert Null haben, d.h.

$$\sum_x w(x)\, v_\nu(x) = 0 \qquad \text{für } \nu = s^*+1,\ s^*+2, \ldots .$$

Das bedeutet: Der Vektor **W** ist orthogonal zu dem aus $\mathbf{V}_{s^*+1}$, $\mathbf{V}_{s^*+2}, \ldots$ gebildeten Subraum von **V**. Diese Eigenvektoren vermögen also keine weiteren Informationen bezüglich $h(\pi)$ aus **W** zu ziehen. Wenn man sich im Punkt 2 bezüglich der Struktur der Komponenten $f(x \mid \pi)$ geirrt hat, wird dieser Fall eintreten. Zuletzt ist noch der Fall zu erörtern, daß die Summe der $(a_\nu/d_\nu)^2$ gegen $\int h^2(\pi)\,d\pi$ strebt: Q_s geht dabei gegen Null, was bedeutet, daß $h_s(\pi)$ der Funktion $h(\pi)$ immer ähnlicher und schließlich mit ihr identisch wird.

Zuletzt sei noch auf eine Eigentümlichkeit der Integralgleichung (14) eingegangen, die mit der zu (**K K'**) inversen Matrix zusammenhängt. Wir geben zum Zweck der Demonstration die Inverse unseres Rechenbeispiels XX.11 wieder:

$$(\mathbf{K\,K'})^{-1} = \frac{1}{2}\begin{bmatrix} 50 & -100 & 100 & -50 & 10 \\ -100 & 350 & -425 & 235 & -50 \\ 100 & -425 & 660 & -425 & 100 \\ -50 & 235 & -425 & 350 & -100 \\ 10 & -50 & 100 & -100 & 50 \end{bmatrix} .$$

Für Matrizen dieser Art findet man keine Schranken, welche ihre Elemente nicht unter- bzw. überschreiten können. Man nennt sie aus diesem Grunde unbeschränkt. Sind nun $\mathbf{W}_1$, $\mathbf{W}_2$ zwei nahe beieinander liegende Verteilungspunkte, für welche die Gleichungen

$$\mathbf{W}_1 = \int \mathbf{K\,h}_1\, d\pi \quad \text{und} \quad \mathbf{W}_2 = \int \mathbf{K\,h}_2\, d\pi$$

lösbar sind, so können die Lösungen

$$\mathbf{h}_{s1} = \mathbf{K}'(\mathbf{K}\,\mathbf{K}')^{-1}\,\mathbf{W}_1 \quad \text{und} \quad \mathbf{h}_{s2} = \mathbf{K}'(\mathbf{K}\,\mathbf{K}')^{-1}\,\mathbf{W}_2 \qquad (30')$$

sehr stark voneinander abweichen. Das bedeutet, daß ein beliebig kleiner Stichprobenfehler, mit dem der Verteilungspunkt behaftet ist, zu einem beliebig großen Fehler der Lösung (30) führen kann. Man nennt aus diesem Grunde Integralgleichungen der Art (14) eine "nicht korrekt gestellte Aufgabe" (vgl. hiezu Kolmogorov & Fomin 1975). Standfest (1995) hat mit umfangreichen Simulationsversuchen gezeigt, daß die Lösung (30) durch Stichprobenfehler umso nachhaltiger gestört wird, je größer der Unterschied zwischen kleinstem und größtem Eigenwert der Matrix (14') ist. Man sollte diesem Umstand durch entsprechende Wahl des Stichprobenumfanges Rechnung tragen. Standfest hat außerdem untersucht, ob man Integralgleichungen (15) mit Hilfe der Tikhonov-Regularisierung (Groetsch 1984), die auch unter dem Namen Ridge-Regression (Vinod & Ullah 1981) bekannt ist, in eine "korrekt gestellte Aufgabe" verwandeln kann, was bei Kotz et al. (1988) in Aussicht gestellt wird. Die Untersuchungen von Standfest haben ergeben, daß damit (15) nicht in eine "korrekt gestellte Aufgabe" verwandelt werden kann.
Ist die Verteilung $h(\pi)$ parametrisiert, so kann man mit Hilfe einer entsprechenden Anzahl expliziter Parameter, die man mit der Lösung von (30) berechnet, die Parameter von $h(\pi)$ bestimmen.

Beispiel XX.11 (Fortsetzung): Die Parameter einer Betaverteilung sind wie folgt definiert:

$$\bar{x} = \frac{a}{a+b}; \; 1-\bar{x} = \frac{b}{a+b}; \; s^2 = \frac{a}{a+b}\cdot\frac{b}{a+b}\cdot\frac{1}{a+b+1} \; .$$

Damit erhält man für die Parameter von $h(\pi)$:

$$\hat{a} = \bar{x}\left[\frac{\bar{x}(1-\bar{x})}{s^2} - 1\right]; \quad \hat{b} = (1-\bar{x})\left[\frac{\bar{x}(1-\bar{x})}{s^2} - 1\right] \; .$$

Mit den Daten der Spalte III von Tab.XX.2 errechnet man $\bar{x}$ und s^2, und damit:

$$\hat{a} = 3{,}016 \text{ statt } a = 3; \quad \hat{b} = 5{,}045 \text{ statt } b = 5 \; .$$

Mit diesen Parametern reprodziert man die Wahrscheinlichkeiten der Spalte IV.

Führt man nun die Rechnung nicht mit 11, sondern mit 641 ausgewählten Werten π_k durch, so erhält man

$$\hat{a} = 3{,}0000151 \text{ statt } a = 3; \quad \hat{b} = 5{,}0000436 \text{ statt } b = 3$$

und reproduziert damit die in XX.11 eingegebene Betaverteilung fast vollkommen genau.

KAPITEL XXI: AUSBLICK

(1) Der Leser konnte sich davon überzeugen, daß die meisten Verteilungsgesetze durch eine kleine Anzahl von Parametern bestimmt werden. Wenn man diese kennt, so kann man die Wahrscheinlichkeiten aller mit einem Zufallsexperiment verknüpften Ereignisse berechnen.

Die Zahl der Knabengeburten ist binomisch verteilt mit Parametern n und π. Dabei ist π eine Konstante von der Größenordnung $\pi \approx 0{,}517$ (Beispiel VIII.2). Die Wahrscheinlichkeit, daß von n Geborenen einer Familie k Knaben sind, errechnet man, indem man n und π in das Verteilungsgesetz

$$\Pr(\mathbf{X}=k) = \binom{n}{k} \pi^k (1-\pi)^{n-k}, \quad k=0,1,\ldots,n \qquad (2.\mathrm{VIII})$$

einsetzt. Man benötigt also bloß die Kenntnis zweier Zahlen, um n+1 Zahlen, nämlich $\Pr(\mathbf{X}=0), \Pr(\mathbf{X}=1),\ldots,\Pr(\mathbf{X}=n)$ berechnen zu können.

Diese bestechende Eigenschaft von wissenschaftlichen Gesetzen bezeichnet der Angelsachse als **"parsimony"**. Man kann mit Recht von "Erklärung mit sparsamen Mitteln" sprechen, wenn, wie in obigem Beispiel, dem Verteilungsgesetz zwei Informationen eingegeben werden und dafür (n+1) Informationen "herauskommen", wobei n beliebig groß sein kann.

(2) Es kann aber auch der Fall eintreten, daß der Informationsbedarf nicht kleiner ist als der Informationsertrag. Einem solchen Fall ist der Leser bereits in Beispiel XX.1 begegnet: π war dort die Wahrscheinlichkeit des Urteils "Unterschlagung ist abscheulicher als Einbruchdiebstahl". Die Wahrscheinlichkeit erwies sich als eine von Person zu Person wechselnde Größe. Wir vermuteten, daß die Häufigkeit des Urteils eine Beta-Binomialverteilung (1.XX) besitzt:

$$w(x \mid n,a,b) = \binom{n}{x} \left(\frac{a}{a+b}\right)^x \left(\frac{b}{a+b}\right)^{n-x} \cdot C(n,x,a,b) .$$

Es zeigte sich, daß die Übereinstimmung dieser Wahrscheinlichkeiten mit gegebenen Daten nicht beurteilt werden kann, wenn n=2 ist. Die drei Informationen, die das Beta-Binomialgesetz hergibt, nämlich $w(\mathbf{X}=0)$, $w(\mathbf{X}=1)$ und $w(\mathbf{X}=2)$, werden durch die zwei Parameter a und b, die man mit Hilfe der gegebenen Daten bestimmen muß, und durch die Bedingung $\Sigma\, w(\mathbf{X}=k)=1$ aufgewogen.

(3) Wenn bei der Analyse einer Verteilung Parameter um Parameter sich als variabel erweist, mit einer Verteilung, die ihrerseits durch Parameter bestimmt ist, so kann der eben geschilderte Fall bald eintreten.

Wenn man etwa berücksichtigt, daß die Kinderzahl n von Frau zu Frau wechselt, so tritt, wenn n eine Poissonverteilung (8.VIII) aufweist, an die Stelle von (2.VIII) das Verteilungsgesetz

$$w(\mathbf{X}=k) = e^{-\pi\lambda} \frac{(\pi\lambda)^k}{k!} . \tag{2.XX}$$

Dieses Verteilungsgesetz weist einen neuen Parameter auf, die "Kinderfreudigkeit" λ.

Hätte man anstelle von (8.VIII) ein zwei- oder dreiparametriges Verteilungsgesetz zu verwenden gehabt, so wären zwei, respektive drei neue Parameter hinzugekommen.

(4) Die Kinderfreudigkeit ist nun aber selbst eine wechselnde Größe: Sie ist bei Gastarbeitern erwiesenermaßen größer als bei Ehepartnern, die sich in einem akademischen Beruf "selbstverwirklichen".

Nimmt man an, daß λ eine Verteilung besitzt, die in Verbindung mit (3.XX) erörtert wurde, so ist die Wahrscheinlichkeit von n Knabengeburten

$$w(\mathbf{X}=n) = \left(\frac{a}{a+\pi}\right)^c \left(\frac{\pi}{a+\pi}\right)^n \frac{(n+c-1)(n+c-2)\cdot\ldots\cdot c}{n!} .$$

Diese Verteilung weist zwei neue Parameter auf, a und b, welche die Verteilung des Parameters λ bestimmen. Sie beeinflussen Erwartungswert und Varianz von **X** folgendermaßen:

$$E\,\mathbf{X} = \pi \cdot \frac{c}{a} ; \qquad \mathrm{Var}\,\mathbf{X} = \pi \cdot \frac{c}{a} \cdot \frac{a+\pi}{a} .$$

Man betrachte nun folgende Zahlen, die dem Statistischen Handbuch für die Republik Österreich (1990) entnommen sind:

Tab.XXI.1: Zahl der Familien mit **X** = 0, 1, 2, 3, 4 und mehr Kindern.

X	0	1	2	3	4 u.m.	Summen
h_x	692900	681300	489000	168500	72000	2103700
p_x	0,329	0,324	0,233	0,080	0,034	1

Man verwende diese fünf Häufigkeiten, um die Parameter π,a,b zu bestimmen. Damit berechne man die fünf Wahrscheinlichkeiten $w(\mathbf{X}=0),\ldots,w(\mathbf{X}\geq 4)$, die der einschränkenden Bedingung: $\Sigma\, w=1$ unterliegen. - Der Test ihrer Anpassung an die tatsächlichen Häufigkeiten p_x beruht somit auf dem Parameter $m=5\text{-}1\text{-}3=1$ (40.XV). Bei $m=0$ ist die Anpassung der Wahrscheinlichkeiten an die Häufigkeiten nicht mehr feststellbar.

(5) Ist der Stichprobenumfang so groß wie bei den Daten der Tabelle XXI.1, so führen bereits kleinste Abweichungen der Wahrscheinlichkeiten von den tatsächlichen Häufigkeiten zur Zurückweisung des Verteilungsgesetzes. Wir sind aus diesem Grunde veranlaßt, die Variabilität aller relevanten Parameter zu berücksichtigen. Die Zahl der Informationen, die für die Bestimmung der Parameter ihrer Verteilungen benötigt werden, kann dabei sehr groß werden. Tritt der Fall ein, daß ebensoviel Information benötigt wird, wie das Verteilungsgesetz dann wieder hergibt, so ist dieses nicht mehr falsifizierbar, also willkürlich. Der Informationsbedarf muß also kleiner sein als der Informationsertrag. Der Gegenstand unserer Untersuchung muß eine Beschaffenheit aufweisen, die mit wenigen Parametern bestimmt werden kann (parsimony!). Dies weist auf Grenzen unserer Wissenschaft. Ist ein Gegenstand mit sparsamen Mitteln nicht zu erfassen, so ist er den Chaosforschern anheimzustellen. "Where chaos begins, classical science stops", sagt GLEICK (1987).

ANHANG

A-1: Die Umwandlung des Histogramms in ein Polygon geht so vor sich, daß man dem größeren von zwei aufeinanderfolgenden Rechtecken ein Dreieck abschneidet und es dem kleineren hinzufügt. Aus diesem Grunde hat die Fläche unter dem Polygonzug die gleiche Größe wie das Histogramm.
Es handelt sich dabei um rechtwinkelige Dreiecke, deren eine Kathete die Länge der halben Intervallbreite hat, während die andere so lange ist wie der halbe Höhenunterschied zwischen den beiden Rechtecken. Da nämlich voraussetzungsgemäß die Intervalle konstante Breite haben, liegen einerseits die Intervallgrenzen in der Mitte zwischen den Intervallmitten; andererseits halbiert der Linienzug des Polygons, der die Mitten der oberen Rechtecksbegrenzungen verbindet, den Höhenunterschied zwischen aufeinanderfolgenden Rechtecken.

⬩⬥ ◆ ⬥⬩

A-2: Die erste Eigenschaft ($0 \leq F(A) \leq 1$) leuchtet unmittelbar ein: relative Häufigkeiten sind Zahlen zwischen Null und Eins. Summen relativer Häufigkeiten können daher nicht negativ sein. Summen relativer Häufigkeiten von Ereignissen, die einander ausschließen, können nicht größer als Eins werden.
Die zweite Eigenschaft macht man sich wie folgt klar:

$$F(A_{i+1}) = F(A_i) + p_{i+1} .$$

Ist nun $p_{i+1}=0$, so gilt $F(A_{i+1})=F(A_i)$; ist dagegen $p_{i+1}>0$, so muß $F(A_{i+1}) > F(A_i)$ sein. In jedem Fall gilt also

$$F(A_{i+1}) \geq F(A_i) .$$

Man nennt F aus diesem Grunde schwach monoton steigend oder monoton nicht fallend.

⬩⬥ ◆ ⬥⬩

A-3: Es soll gezeigt werden, daß die Funktion

$$U(a) = \sum_{i=1}^{r} |x_i - a| p_i$$

an der Stelle $a=\tilde{x}_{0,5}$ (Median) ein Minimum hat. - Wir wählen zu diesem Zweck einen Wert a, welcher die Ungleichung erfüllt: $x_i \leq a \leq x_{i+1}$. U(a) läßt sich unter diesen Umständen wie folgt darstellen:

$$U(a) = \sum_{j=1}^{i} (a - x_j)p_j + \sum_{j=i+1}^{r} (x_j - a)\, p_j$$

$$= a\left[\sum_{j=1}^{i} p_j - \sum_{j=i+1}^{r} p_j\right] - \sum_{j=1}^{i} x_j p_j + \sum_{j=i+1}^{r} x_j p_j \,.$$

Nun gilt:

$$\sum_{j=1}^{i} p_j = P(x \leq x_j) = F(x_i) \quad \text{und} \quad \sum_{j=i+1}^{r} p_j = 1 - F(x_i)\,,$$

so daß

$$U(a) = a(2\,F(x_i) - 1) - \sum_{j=1}^{i} x_j p_j + \sum_{j=i+1}^{r} x_j p_j \,.$$

Wir wählen nun noch einen Wert ε, so daß $x_i \leq a+\varepsilon \leq x_{i+1}$ und bestimmen

$$U(a+\varepsilon) = a(2\,F(x_i) - 1) + \varepsilon(2\,F(x_i)- 1) - \sum_{j=1}^{i} x_j p_j + \sum_{j=i+1}^{r} x_j p_j \,.$$

Jetzt können wir den Differenzenquotienten bilden:

$$\frac{U(a+\varepsilon) - U(a)}{\varepsilon} = 2\,F(x_i) - 1 \,.$$

Die Funktion U(a) hat ersichtlich über dem Intervall $[x_i, x_{i+1}]$ den konstanten Anstieg $2\,F(x_i)$-1, besteht also stückweise aus Geraden. Der Anstieg ist links von x_1 gerade -1, rechts von x_r aber +1. Die Anstiege der Geraden sind also, von links beginnend, zuerst negativ, zuletzt positiv, d.h. die Funktion U(a) fällt zuerst und steigt zuletzt. Es muß also eine Stelle geben, wo sie weder fällt noch steigt. Diese Stelle wollen wir aufsuchen, indem wir 2 F(x)-1=0 nach x auflösen:

$$F(x) = 1/2 \Rightarrow x = \tilde{x}_{0,5} \,.$$

•♦ ♦ ♦•

A-4: Es ist zu beweisen, daß die Funktion

$$Q(a) = \sum_{i=1}^{r} (x_i - a)^2\, p_i$$

an der Stelle $a = \sum x_i p_i$, dem arithmetischen Mittel, ein Minimum hat. –

Dazu leiten wir Q(a) nach a ab: .

$$\frac{d\,Q(a)}{da} = 2 \sum_i (x_i - a)^1(-1)p_i = -2 \sum_i x_i\, p_i + 2a\,.$$

Die Ableitung ist ersichtlich eine lineare Funktion von a mit positivem Anstieg. Sie hat also an der Stelle $d\,Q(a)/da=0$ ein Minimum. Diese Stelle suchen wir jetzt auf:

$$-2 \sum x_i\, p_i + 2a = 0 \Rightarrow a = \sum x_i\, p_i = \bar{x}\,.$$

⬩◆⬩

A-5: Die Summe der quadratischen Abstände zwischen allen Paaren von Objekten kann folgendermaßen dargestellt werden:

$$\begin{aligned}
\sum_j \sum_k (x_j - x_k)^2 &= \sum_j \sum_k [(x_j - \bar{x}) - (x_k - \bar{x})]^2 \\
&= \sum_j \sum_k [(x_j - \bar{x})^2 + (x_k - \bar{x})^2 - 2(x_j - \bar{x})(x_k - \bar{x})] \\
&= \sum_j \Big[n(x_j - \bar{x})^2 + n \operatorname{Var} \mathbf{X} - 2(x_j - \bar{x}) \underbrace{\sum (x_k - \bar{x})}_{\text{null}} \Big] \\
&= n \sum_j (x_j - \bar{x})^2 + n\,(n \operatorname{Var} \mathbf{X}) \\
&= 2\, n^2 \operatorname{Var} \mathbf{X}\,.
\end{aligned}$$

Damit wird aber das arithmetische Mittel der n(n-1) quadratischen Abstände:

$$Q = \frac{\sum_j \sum_k (x_j - x_k)^2}{n(n-1)} = 2\,\frac{n}{n-1} \operatorname{Var} \mathbf{X}\,.$$

⬩◆⬩

A-6: Das k-te Moment in bezug auf den Punkt a ist wie folgt definiert:

$$m_k(a) = \sum_{i=1}^{r} (x_i - a)^k\, p_i\,.$$

Ersetzt man $(x_i - a)^k$ durch die Binomialentwicklung

$$(x_i - a)^k = \sum_j \binom{k}{j} x_i^j\, (-a)^{k-j}$$

so erhält man:

$$m_k(a) = \sum_i \Big[\sum_j \binom{k}{j} x_i^j\, (-a)^{k-j} \Big]\, p_i\,.$$

Vertauscht man die Reihenfolge der Summation, so wird

$$m_k(a) = \sum_j \binom{k}{j} (-a)^{k-j} \cdot \underbrace{\sum_i x_i^j \; p_i}_{m_j(0)} ,$$

also

$$m_k(a) = \sum_j \binom{k}{j} (-a)^{k-j} \cdot m_j(0) .$$

⬩⬥◆⬥⬩

A-7: Man beweist zuerst, daß $\mathbf{X'X\hat{L} = X'Y}$:

$$\frac{\delta\, Q(a, b_1, \ldots, b_p)}{\delta\, a} = 2 \sum (y - a - b_1 x_1 - \ldots - b_p x_p)(-1) = 0 ,$$

$$\frac{\delta\, Q(a, b_1, \ldots, b_p)}{\delta\, b_j} = 2 \sum (y - a - b_1 x_1 - \ldots - b_p x_p)(-x_j) = 0 , \quad j = 1, \ldots, p.$$

Summieren und Umordnen ergibt das Gleichungssystem:

$$n\,a + b_1 \sum x_1 + \ldots + b_p \sum x_p = \sum y$$

$$a \sum x_j + b_1 \sum x_1 x_j + \ldots + b_j \sum x_j^2 + \ldots + b_p \sum x_p x_j = \sum y\, x_j ,$$

das in Matrixform wie folgt darzustellen ist: $\mathbf{X'X\hat{L} = X'Y}$.

Nun untersuchen wir die Quadratsumme der Residuen $\hat{\mathbf{e}} = \mathbf{Y} - \hat{\mathbf{y}}$, wobei wir beachten, daß $\hat{\mathbf{y}} = \mathbf{X\hat{L}}$:

$$\begin{aligned} \hat{\mathbf{e}}'\hat{\mathbf{e}} &= (\mathbf{Y} - \hat{\mathbf{y}})'(\mathbf{Y} - \hat{\mathbf{y}}) \\ &= \mathbf{y'Y} - \mathbf{Y}'\hat{\mathbf{y}} - \hat{\mathbf{y}}'\mathbf{Y} + \hat{\mathbf{y}}'\hat{\mathbf{y}} \\ &= \mathbf{y'Y} - \mathbf{Y'X\hat{L}} - \mathbf{\hat{L}'X'Y} + \mathbf{\hat{L}}\underbrace{\mathbf{X'X\hat{L}}}_{\mathbf{X'Y}} . \end{aligned}$$

Nun ist $\mathbf{Y'X\hat{L}} = \mathbf{\hat{L}'X'Y} = \mathbf{\hat{L}'X'X\hat{L}} = Z$ (eine Zahl), so daß

$$\hat{\mathbf{e}}'\hat{\mathbf{e}} = \mathbf{Y'Y} - \mathbf{\hat{L}'X'X\hat{L}} = \mathbf{y'y} - \mathbf{\hat{Y}'\hat{Y}} = \sum y^2 - \sum \hat{y}^2 .$$

⬩⬥◆⬥⬩

A-8: Es ist zu zeigen:

$$\sum_{k=0}^{n} \binom{n}{k} = \binom{n}{0} + \binom{n}{1} + \ldots + \binom{n}{n} = 2^n .$$

Die Binomialentwicklung von $(a+b)^n$ hat bekanntlich die Form:

$$(a+b)^n = \sum_{k=0}^{n} \binom{n}{k} a^k b^{n-k} .$$

Man setze a=b=1. Dann erhält man

$$(1+1)^n = 2^n = \sum_{k=0}^{n} \binom{n}{k} .$$

⬩⬧◆⬧⬩

A-9: Es ist zu zeigen:

$$\binom{a+b}{k} = \binom{a}{0}\binom{b}{k} + \binom{a}{1}\binom{b}{k-1} + \ldots + \binom{a}{k}\binom{b}{0} .$$

Wir untersuchen zuerst das Produkt der beiden Potenzreihen:

$$f(x) = a_0 + a_1 x + a_2 x^2 + \ldots \quad \text{und} \quad g(x) = b_0 + b_1 x + b_2 x^2 + \ldots .$$

Für jedes x, das den Konvergenzbereichen beider Reihen angehört, konvergiert die Produktreihe

$$\sum_{n=0}^{\infty} (a_0 b_n + a_1 b_{n-1} + \ldots + a_n b_0) \cdot x^n$$

und stellt die Funktion $f(x) \cdot g(x)$ dar, wie man dem nachfolgenden Schema entnimmt.

	b_0	$b_1 x$	$b_2 x^2$	....
a_0	$a_0 b_0$	$a_0 b_1 x$	$a_0 b_2 x^2$	....
$a_1 x$	$a_1 b_0 x$	$a_1 b_1 x^2$	$a_1 b_2 x^3$	....
$a_2 x^2$	$a_2 b_0 x^2$	$a_2 b_1 x^3$	$a_2 b_2 x^4$	....
⋮	⋮	⋮	⋮	

Die Schrägzeilen haben die Darstellung:

$$(a_0 b_n + a_1 b_{n-1} + \ldots + a_n b_0) x^n ,$$

und somit gilt:

$$f(x) \cdot g(x) = \sum_{n=0}^{\infty} (a_0 b_n + a_1 b_{n-1} + \ldots + a_n b_0) x^n . \qquad (1)$$

Nun betrachten wir die drei Binomialentwicklungen

$$(1+x)^a = \sum_n \binom{a}{n} x^n , \quad (1+x)^b = \sum_n \binom{b}{n} x^n , \quad (1+x)^{a+b} = \sum_n \binom{a+b}{n} x^n .$$

Berücksichtigt man die Produktdarstellung (1), so erhält man:

$$(1+x)^a(1+x)^b = \sum_n \left[\binom{a}{0}\binom{b}{n} + \binom{a}{1}\binom{b}{n-1} + \ldots + \binom{a}{n}\binom{b}{0} \right] x^n = \sum_n \binom{a+b}{n} x^n .$$

Koeffizientenvergleich ergibt bei n=k:

$$\binom{a}{0}\binom{b}{k} + \binom{a}{1}\binom{b}{k-1} + \ldots + \binom{a}{k}\binom{b}{0} = \binom{a+b}{k} .$$

⬩♦ ◆ ♦⬩

A-10: Es seien $z_1, z_2, \ldots$ unabhängige und identisch verteilte Zufallszahlen mit Erwartungwert E $\mathbf{Z}_i = 0$ und Var $\mathbf{Z}_i = 1$, sowie Kov $\mathbf{Z}_i, \mathbf{Z}_j = 0$ für $j \neq i$. - Wir untersuchen die Summenfolge

$$x_1 = z_1; \quad x_2 = z_1 + z_2; \ \ldots \ x_t = z_1 + z_2 + \ldots + z_t .$$

Es gilt:

$$\mathrm{E}\,\mathbf{X}_t = \mathrm{E} \sum \mathbf{Z}_i = \sum \mathrm{E}\,\mathbf{Z}_i = 0 ,$$

$$\mathrm{Var}\,\mathbf{Z}_t = \mathrm{Var} \sum \mathbf{Z}_i = \sum \mathrm{Var}\,\mathbf{Z}_i = t \cdot 1 = t ,$$

$$\mathrm{Kov}\ \mathbf{X}_t, \mathbf{X}_s = \mathrm{E}(\mathbf{X}_t - 0)(\mathbf{X}_s - 0).$$

Ist $1 \leq t \leq s$, so wird wegen E $\mathbf{X}_t$ = E $\mathbf{X}_s = 0$ und Kov $\mathbf{Z}_i, \mathbf{Z}_j = 0$:

$$\mathrm{Kov}\ \mathbf{X}_t, \mathbf{X}_s = \mathrm{E}(\mathbf{Z}_1 + \ldots + \mathbf{Z}_t)(\mathbf{Z}_1 + \ldots + \mathbf{Z}_t + \mathbf{Z}_{t+1} + \ldots + \mathbf{Z}_s) = t \cdot \mathrm{Var}\,\mathbf{Z}_i = t.$$

Die Korrelation zwischen x_t und x_s hat damit folgende Darstellung:

$$r_{ts} = \frac{\mathrm{Kov}\ \mathbf{X}_t, \mathbf{X}_s}{\sqrt{\mathrm{Var}\ \mathbf{X}_t}\sqrt{\mathrm{Var}\ \mathbf{X}_s}} = \frac{t}{\sqrt{t}\ \sqrt{s}} = \sqrt{\frac{t}{s}} .$$

Beispiele: $r_{1,2} = 0{,}707$; $r_{8,9} = 0{,}943$; $r_{1,50} = 0{,}141$; $r_{1,100} = 0{,}1$.

⬩♦ ◆ ♦⬩

A-11: Es ist zu zeigen:

(1) Der Erwartungswert einer Summe von Zufallsvariablen ist stets gleich der Summe der Erwartungswerte dieser Zufallsvariablen, also

$$\mathbf{Y}_n = \sum_{i=1}^{n} \mathbf{X}_i ; \quad \mathrm{E}\,\mathbf{Y}_n = \sum_{i=1}^{n} \mathrm{E}\,\mathbf{X}_i .$$

Man beweist dies für zwei Zufallsvariablen folgendermaßen:

$$
\begin{aligned}
E\,\mathbf{Y}_2 = E(\mathbf{X}_1 + \mathbf{X}_2) &= \sum_1 \sum_2 (x_1 + x_2)\, p_{12} \\
&= \sum_1 \sum_2 x_1 p_{12} + \sum_1 \sum_2 x_2 p_{12} \\
&= \sum_1 x_1 \sum_2 p_{12} + \sum_2 x_2 \sum_1 p_{12} \\
&= \underbrace{\sum_1 x_1\, p_{1.}}_{E\,\mathbf{X}_1} + \underbrace{\sum_2 x_2\, p_{.2}}_{E\,\mathbf{X}_2}
\end{aligned}
$$

Bei drei und mehr Zufallsvariablen verläuft der Beweis analog.

(2) Die Varianz einer Summe von Zufallsvariablen ist stets gleich der Summe der Varianzen und Kovarianzen dieser Zufallsvariablen:

$$
\mathrm{Var}\,\mathbf{Y}_n = \sum_{i=1}^{n} \mathrm{Var}\,\mathbf{X}_i + 2 \sum_{i<j} \mathrm{Kov}\,\mathbf{X}_i,\mathbf{X}_j\,.
$$

Man beweist dies für zwei Zufallsvariablen folgendermaßen:

$$
\begin{aligned}
\mathrm{Var}\,\mathbf{Y}_2 &= E(\mathbf{Y}_2 - E\,\mathbf{Y}_2)^2 \\
&= E[(\mathbf{X}_1 + \mathbf{X}_2) - (E\,\mathbf{X}_1 + E\,\mathbf{X}_2)]^2 \\
&= E[(\mathbf{X}_1 - E\,\mathbf{X}_1) + (\mathbf{X}_2 - E\,\mathbf{X}_2)]^2 \\
&= E(\mathbf{X}_1 - E\,\mathbf{X}_1)^2 + E(\mathbf{X}_2 - E\,\mathbf{X}_2)^2 + 2\,E(\mathbf{X}_1 - E\,\mathbf{X}_1)(\mathbf{X}_2 - E\,\mathbf{X}_2) \\
&= \mathrm{Var}\,\mathbf{X}_1 + \mathrm{Var}\,\mathbf{X}_2 + 2\,\mathrm{Kov}\,\mathbf{X}_1,\mathbf{X}_2\,.
\end{aligned}
$$

Bei drei und mehr Zufallsvariablen verläuft der Beweis analog.

⬩♦⧫♦⬩

A-12: Die Operationscharakteristik von Mittelwertstests.

(1) Einseitige Fragestellung vom Typ a: $H_0{:}\mu=\mu_0$ gegen $H_1{:}\mu=\mu_1=\mu_0+\Delta\sigma$. - Der Schwellenwert $c_{1-\alpha}$ hat unter H_0- bzw. H_1-Bedingung folgende Darstellung:

$$
H_0\!: \frac{c_{1-\alpha} - \mu_0}{\sigma/\sqrt{n}} = \tilde{z}_{1-\alpha}\,; \quad H_1\!: \frac{c_{1-\alpha} - \mu_1}{\sigma/\sqrt{n}} = \tilde{z}_{\beta}\,.
$$

Berücksichtigt man $\mu_1=\mu_0 + \Delta\sigma$, so wird

$$
\tilde{z}_{\beta} = \frac{c_{1-\alpha} - \mu_0 - \Delta\sigma}{\sigma/\sqrt{n}} = \frac{c_{1-\alpha} - \mu_0}{\sigma/\sqrt{n}} - \Delta\sqrt{n}\,.
$$

Es ist also $\beta = \varnothing_{H_1}(\tilde{z}_\beta) = \varnothing_{H_1}(\tilde{z}_{1-\alpha} - \Delta\sqrt{n})$.

(2) Einseitige Fragestellung vom Typ b. Es ist jetzt $\mu_1 = \mu_0 - \Delta\sigma$ und

$$\tilde{z}_{1-\beta} = \frac{\tilde{c}_\alpha - \mu_0 + \Delta\sigma}{\sigma / \sqrt{n}} = \tilde{z}_\alpha - \Delta\sqrt{n}\ .$$

Damit kann der ß-Fehler in Abhängigkeit von α,Δ,n wie folgt dargestellt werden:

$$\begin{aligned} 1-\beta &= \varnothing_{H_1}(\tilde{z}_\alpha + \Delta\sqrt{n}) \\ &= 1 - \varnothing_{H_1}(\tilde{z}_\alpha + \Delta\sqrt{n}) = \varnothing_{H_1}(-\tilde{z}_\alpha - \Delta\sqrt{n}) = \varnothing_{H_1}(\tilde{z}_{1-\alpha} - \Delta\sqrt{n}). \end{aligned}$$

(3) Zweiseitige Fragestellungen. Es ist jetzt

$$\frac{c_{1-\alpha/2} - \mu_0}{\sigma\sqrt{n}} = \tilde{z}_{1-\alpha/2} \quad \text{und} \quad \frac{c_{\alpha/2} - \mu_0}{\sigma\sqrt{n}} = \tilde{z}_{\alpha/2} = -\tilde{z}_{1-\alpha/2}\ .$$

H_1 wird irrtümlich zurückgewiesen, wenn $c_{\alpha/2} < \bar{x} < c_{1-\alpha/2}$ und H_1 gilt, also

$$\begin{aligned} \beta &= \Pr(c_{\alpha/2} < x < c_{1-\alpha/2} \mid H_1) \\ &= \varnothing_{H_1}(\tilde{z}_{1-\alpha/2} - \Delta\sqrt{n}) - \underbrace{\varnothing_{H_1}(-\tilde{z}_{1-\alpha/2} - \Delta\sqrt{n})}_{\text{nahezu null}}\ . \end{aligned}$$

$$\beta \approx \varnothing_{H_1}(\tilde{z}_{1-\alpha/2} - \Delta\sqrt{n})\ .$$

⬩⬥◆⬥⬩

A-13: Bei variablem Schlechtanteil π der Liefermengen hat der Schlechtanteil p_n einer Stichprobe vom Umfang n die Varianz

$$\text{Var}\,\mathbf{p}_n = \frac{1}{n}\,E\,\pi(1-\pi) + \text{Var}\,\pi\ .$$

Man multipliziere aus und addiere links und rechts $0 = -\frac{1}{n}E^2\pi + \frac{1}{n}E^2\pi$:

$$\text{Var}\,\mathbf{p}_n = \frac{1}{n}E\,\pi - \frac{1}{n}E\,\pi^2 + \text{Var}\,\pi - \frac{1}{n}E^2\pi + \frac{1}{n}E^2\pi$$

$$\text{Var}\,\mathbf{p}_n = \frac{1}{n}E\,\pi\,(1-E\,\pi) - \frac{1}{n}(E\,\pi^2 - E^2\pi) + \text{Var}\,\pi\ .$$

Da nun $E\,\pi^2 - E^2\pi = \text{Var}\,\pi$, erhält man unmittelbar

$$\text{Var}\,\mathbf{p}_n = \frac{1}{n}E\,\pi\,(1-E\,\pi) + \frac{n-1}{n}\text{Var}\,\pi\ .$$

⬩⬥◆⬥⬩

A-14: Γ(a) ("Gamma von a") ist der Wert des Integrals

$$\int_0^\infty x^{a-1}\ e^{-x}\ dx \quad ,$$

der rekursiv mit Γ(a+1)=a·Γ(a) gewonnen wird. Ist a=1/2, so ist Γ(1/2)=π (=3,14159...). Ist a positiv und ganz, so ist Γ(a+1)=a!

⬩⬧ ◆ ⬧⬩

A-15: Die Varianz solcher Mischungen kann auf die Form gebracht werden:

$$\mathrm{Var}\,\mathbf{X} \;=\; \mathrm{E}\,\mathrm{Var}\,[\mathbf{X}\,|\,g] \;+\; \mathrm{Var}\,\boldsymbol{\mu}\ ,$$

wobei g abkürzend für g(π) steht.

Da $\mu = c_{10} + c_{11}\ g$, $\mathrm{E}\,\boldsymbol{\mu} = c_{10} + c_{11}\ \mathrm{E}\,\mathbf{g}$, ist

$$\mathrm{Var}\,\boldsymbol{\mu} \;=\; \mathrm{E}(c_{10} + c_{11}\ \mathbf{g})^2 - (c_{10} + c_{11}\ \mathrm{E}\,\mathbf{g})^2 \;=\; c_{11}^2\ \mathrm{Var}\,\mathbf{g}\ .$$

Die Varianz der Mischung hat also die Darstellung

$$\mathrm{Var}\,\mathbf{X} \;=\; \mathrm{E}\,\mathrm{Var}\,[\mathbf{X}\,|\,g] \;+\; c_{11}^2\ \mathrm{Var}\,\mathbf{g}\ .$$

Die Varianz einer einzelnen Komponente solcher Mischungen hat die Darstellung

$$\mathrm{Var}\,[\mathbf{X}\,|\,g] = [c_{20} + c_{21}\ g + c_{22}\ g^2 + \alpha\, c_{22}\ g + \beta\, (c_{10} + c_{11}\ g)] -$$
$$-(c_{10} + c_{11}\ g)^2\ .$$

Daher ist

$$\mathrm{E}\,\mathrm{Var}\,[\mathbf{X}\,|\,g] = [c_{20} + c_{21}\ \mathrm{E}\,\mathbf{g} + c_{22}\ \mathrm{E}\,\mathbf{g}^2 + \alpha\, c_{22}\ \mathrm{E}\,\mathbf{g} + \beta\, (c_{10} + c_{11}\ \mathrm{E}\,\mathbf{g})] -$$
$$-\ \mathrm{E}(c_{10} + c_{11}\ \mathbf{g})^2\ .$$

Aus $\mathrm{Var}\,\mathbf{g} = \mathrm{E}\,\mathbf{g}^2 - \mathrm{E}^2\mathbf{g}$ folgt: $\mathrm{E}\,\mathbf{g}^2 = \mathrm{Var}\,\mathbf{g} + \mathrm{E}^2\mathbf{g}$. Setzt man dies in den Erwartungswert ein, so erhält man:

$$\mathrm{E}\,\mathrm{Var}\,[\mathbf{X}\,|\,g] = [c_{20} + c_{21}\ \mathrm{E}\,\mathbf{g} + c_{22}\ \mathrm{E}\,\mathbf{g}^2 + \alpha\, c_{22}\ \mathrm{E}\,\mathbf{g} + \beta\, (c_{10} + c_{11}\ \mathrm{E}\,\mathbf{g})] -$$
$$-\ \mathrm{E}(c_{10} + c_{11}\ \mathbf{g})^2 + c_{22}\ \mathrm{Var}\,\mathbf{g}\ .$$

Nun bilden wir die Varianz einer Komponente, deren Parameter g mit dem Erwartungswert E **g** identisch ist:

$$\mathrm{Var}\,[\mathbf{X}\,|\,\mathrm{E}\,\mathbf{g}] = [c_{20} + c_{21}\ \mathrm{E}\,\mathbf{g} + c_{22}\ \mathrm{E}\,\mathbf{g}^2 + \alpha\, c_{22}\ \mathrm{E}\,\mathbf{g} + \beta\, (c_{10} + c_{11}\ \mathrm{E}\,\mathbf{g})] -$$
$$-\ \mathrm{E}(c_{10} + c_{11}\ \mathrm{E}\,\mathbf{g})^2\ .$$

Zuletzt bilden wir die Differenz:

$$\text{E Var}\,[\mathbf{X}|g] - \text{Var}\,[\mathbf{X}|\text{E}\,\mathbf{g}] = -\,\text{E}(c_{10} + c_{11}\,\mathbf{g})^2 + c_{22}\,\text{Var}\,\mathbf{g} + (c_{10} + c_{11}\,\text{E}\,\mathbf{g})^2$$

$$= c_{22}\,\text{Var}\,\mathbf{g} - c_{11}^2\,\text{Var}\,\mathbf{g}\,.$$

Es ist also

$$\text{E Var}\,[\mathbf{X}|g] = \text{Var}\,[\mathbf{X}|\text{E}\,\mathbf{g}] + (c_{22} - c_{11}^2)\,\text{Var}\,\mathbf{g}\,.$$

Setzt man dies in die Varianz der Mischung ein, so folgt unmittelbar

$$\text{Var}\,\mathbf{X} = \text{Var}\,[\mathbf{X}|\text{E}\,\mathbf{g}] + c_{22}\,\text{Var}\,\mathbf{g}\,.$$

⬩♦ ♦ ♦⬩

TABELLE A: Verteilungsfunktion der Standardnormalverteilung

Ablesebeispiele: $\phi(z) = 0{,}737; \quad z = 0{,}634$

$z = 0{,}500; \quad 0{,}691 < \phi(0{,}500) < 0{,}692$

z-Werte (standard scores)

$\phi(z)$	0	1	2	3	4	5	6	7	8	9
0,50.	0,000	0,003	0,005	0,008	0,010	0,013	0,015	0,018	0,020	0,023
0,51.	0,025	0,028	0,030	0,033	0,035	0,038	0,040	0,043	0,045	0,048
0,52.	0,050	0,053	0,055	0,058	0,060	0,063	0,065	0,068	0,070	0,073
0,53.	0,075	0,078	0,080	0,083	0,085	0,088	0,090	0,093	0,095	0,098
0,54.	0,100	0,103	0,105	0,108	0,111	0,113	0,116	0,118	0,121	0,123
0,55.	0,126	0,128	0,131	0,133	0,136	0,138	0,141	0,143	0,146	0,148
0,56.	0,151	0,154	0,156	0,159	0,161	0,164	0,166	0,169	0,171	0,174
0,57.	0,176	0,179	0,181	0,184	0,187	0,189	0,192	0,194	0,197	0,199
0,58.	0,202	0,204	0,207	0,210	0,212	0,215	0,217	0,220	0,222	0,225
0,59.	0,228	0,230	0,233	0,235	0,238	0,240	0,243	0,246	0,248	0,251
0,60.	0,253	0,256	0,259	0,261	0,264	0,266	0,269	0,272	0,274	0,277
0,61.	0,279	0,282	0,285	0,287	0,290	0,292	0,295	0,298	0,300	0,303
0,62.	0,305	0,308	0,311	0,313	0,316	0,319	0,321	0,324	0,327	0,329
0,63.	0,332	0,335	0,337	0,340	0,342	0,345	0,348	0,350	0,353	0,356
0,64.	0,358	0,361	0,364	0,366	0,369	0,372	0,375	0,377	0,380	0,383
0,65.	0,385	0,388	0,391	0,393	0,396	0,399	0,402	0,404	0,407	0,410
0,66.	0,412	0,415	0,418	0,421	0,423	0,426	0,429	0,432	0,434	0,437
0,67.	0,440	0,443	0,445	0,448	0,451	0,454	0,457	0,459	0,462	0,465
0,68.	0,468	0,470	0,473	0,476	0,479	0,482	0,485	0,487	0,490	0,493
0,69.	0,496	0,499	0,502	0,504	0,507	0,510	0,513	0,516	0,519	0,522
0,70.	0,524	0,527	0,530	0,533	0,536	0,539	0,542	0,545	0,548	0,550
0,71.	0,553	0,556	0,559	0,562	0,565	0,568	0,571	0,574	0,577	0,580
0,72.	0,583	0,586	0,589	0,592	0,595	0,598	0,601	0,604	0,607	0,610
0,73.	0,613	0,616	0,619	0,622	0,625	0,628	0,631	0,634	0,637	0,640
0,74.	0,643	0,646	0,650	0,653	0,656	0,659	0,662	0,665	0,668	0,671
0,75.	0,674	0,678	0,681	0,684	0,687	0,690	0,693	0,697	0,700	0,703
0,76.	0,706	0,710	0,713	0,716	0,719	0,722	0,726	0,729	0,732	0,736
0,77.	0,739	0,742	0,745	0,749	0,752	0,755	0,759	0,762	0,765	0,769
0,78.	0,772	0,776	0,779	0,782	0,786	0,789	0,793	0,796	0,800	0,803
0,79.	0,806	0,810	0,813	0,817	0,820	0,824	0,827	0,831	0,834	0,838
0,80.	0,842	0,845	0,849	0,852	0,856	0,860	0,863	0,867	0,871	0,874
0,81.	0,878	0,882	0,885	0,889	0,893	0,896	0,900	0,904	0,908	0,912
0,82.	0,915	0,919	0,923	0,927	0,931	0,935	0,938	0,942	0,946	0,950
0,83.	0,954	0,958	0,962	0,966	0,970	0,974	0,978	0,982	0,986	0,990
0,84.	0,994	0,999	1,003	1,007	1,011	1,015	1,019	1,024	1,028	1,032
0,85.	1,036	1,041	1,045	1,049	1,054	1,058	1,063	1,067	1,071	1,076
0,86.	1,080	1,085	1,089	1,094	1,098	1,103	1,108	1,112	1,117	1,122
0,87.	1,126	1,131	1,136	1,141	1,146	1,150	1,155	1,160	1,165	1,170
0,88.	1,175	1,180	1,185	1,190	1,195	1,200	1,206	1,211	1,216	1,221
0,89.	1,227	1,232	1,237	1,243	1,248	1,254	1,259	1,265	1,270	1,276
0,90.	1,282	1,287	1,293	1,299	1,305	1,311	1,317	1,323	1,329	1,335
0,91.	1,341	1,347	1,353	1,359	1,366	1,372	1,379	1,385	1,392	1,398
0,92.	1,405	1,412	1,419	1,426	1,433	1,440	1,447	1,454	1,461	1,468
0,93.	1,476	1,483	1,491	1,499	1,506	1,514	1,522	1,530	1,538	1,546
0,94.	1,555	1,563	1,572	1,580	1,589	1,598	1,607	1,616	1,626	1,635
0,95.	1,645	1,655	1,665	1,675	1,685	1,695	1,706	1,717	1,728	1,739
0,96.	1,751	1,762	1,774	1,787	1,799	1,812	1,825	1,838	1,852	1,866
0,97.	1,881	1,896	1,911	1,927	1,943	1,960	1,977	1,995	2,014	2,034
0,98.	2,054	2,075	2,097	2,120	2,144	2,170	2,197	2,226	2,257	2,290
0,99.	2,326	2,366	2,409	2,457	2,512	2,576	2,652	2,748	2,878	3,090
0,999.	3,090	3,121	3,156	3,195	3,239	3,291	3,353	3,432	3,540	3,719
0,9999.	3,719	3,746	3,775	3,808	3,846	3,891	3,944	4,013	4,107	4,265
0,99999.	4,265	4,288	4,314	4,344	4,378	4,417	4,465	4,526	4,611	4,753
0,999999.	4,753	4,775	4,798	4,825	4,856	4,892	4,935	4,991	5,069	5,199
0,9999999.	5,199	5,219	5,241	5,265	5,293	5,327	5,367	5,419	5,491	5,612
0,99999999.	5,612	5,630	5,650	5,673	5,700	5,731	5,768	5,817	5,884	5,998
0,999999999.	5,998	6,015	6,034	6,055	6,080	6,109	6,145	6,190	6,254	6,361

TABELLE B: Obergrenze der Intervalle, in denen sich ein Anteil (2p-1) der Verteilungsfläche befindet bzw. p-Quantile der Studentverteilung für Parameterwerte, die in der linken (rechten) Spalte angegeben sind.

Ablesebeispiele: $Pr(-1 < t_1 < 1) = 0{,}50$; $\tilde{t}_{1;0,75} = 1$

$Pr(-2 < t_{60} < 2) = 0{,}95$; $\tilde{t}_{60;0,975} = 2$

100(2p-1)	50,00	80,00	90,00	95,00	98,00	99,00	99,80	99,90	m
100p	75,00	90,00	95,00	97,50	99,00	99,50	99,90	99,95	
1	1,0000	3,078	6,314	12,706	31,820	63,654	318,24	636,35	1
2	0,8165	1,886	2,920	4,303	6,965	9,925	22,327	31,599	2
3	0,7649	1,638	2,353	3,182	4,541	5,841	10,214	12,922	3
4	0,7407	1,533	2,132	2,776	3,747	4,604	7,173	8,610	4
5	0,7267	1,476	2,015	2,571	3,365	4,032	5,893	6,868	5
6	0,7176	1,440	1,943	2,447	3,143	3,707	5,208	5,959	6
7	0,7111	1,415	1,895	2,365	2,998	3,499	4,785	5,407	7
8	0,7064	1,397	1,860	2,306	2,896	3,355	4,501	5,041	8
9	0,7027	1,383	1,833	2,262	2,821	3,250	4,297	4,781	9
10	0,6998	1,372	1,812	2,228	2,764	3,169	4,144	4,587	10
11	0,6974	1,363	1,796	2,201	2,718	3,106	4,025	4,437	11
12	0,6955	1,356	1,782	2,179	2,681	3,055	3,930	4,318	12
13	0,6938	1,350	1,771	2,160	2,650	3,012	3,852	4,221	13
14	0,6924	1,345	1,761	2,145	2,624	2,977	3,787	4,140	14
15	0,6912	1,341	1,753	2,131	2,602	2,947	3,733	4,073	15
16	0,6901	1,337	1,746	2,120	2,583	2,921	3,686	4,015	16
17	0,6892	1,333	1,740	2,110	2,567	2,898	3,646	3,965	17
18	0,6884	1,330	1,734	2,101	2,552	2,878	3,610	3,922	18
19	0,6876	1,328	1,729	2,093	2,539	2,861	3,579	3,883	19
20	0,6870	1,325	1,725	2,086	2,528	2,845	3,552	3,850	20
21	0,6864	1,323	1,721	2,080	2,518	2,831	3,527	3,819	21
22	0,6858	1,321	1,717	2,074	2,508	2,819	3,505	3,792	22
23	0,6853	1,319	1,714	2,069	2,500	2,807	3,485	3,767	23
24	0,6848	1,318	1,711	2,064	2,492	2,797	3,467	3,745	24
25	0,6844	1,316	1,708	2,060	2,485	2,787	3,450	3,725	25
26	0,6840	1,315	1,706	2,056	2,479	2,779	3,435	3,707	26
27	0,6837	1,314	1,703	2,052	2,473	2,771	3,421	3,689	27
28	0,6834	1,313	1,701	2,048	2,467	2,763	3,408	3,674	28
29	0,6830	1,311	1,699	2,045	2,462	2,756	3,396	3,659	29
30	0,6828	1,310	1,697	2,042	2,457	2,750	3,385	3,646	30
31	0,6825	1,309	1,696	2,040	2,453	2,744	3,375	3,633	31
32	0,6822	1,309	1,694	2,037	2,449	2,738	3,365	3,622	32
33	0,6820	1,308	1,692	2,035	2,445	2,733	3,356	3,611	33
34	0,6818	1,307	1,691	2,032	2,441	2,728	3,348	3,601	34
35	0,6816	1,306	1,690	2,030	2,438	2,724	3,340	3,591	35
36	0,6814	1,306	1,688	2,028	2,434	2,719	3,333	3,582	36
37	0,6812	1,305	1,687	2,026	2,431	2,715	3,326	3,574	37
38	0,6810	1,304	1,686	2,024	2,429	2,712	3,319	3,566	38
39	0,6808	1,304	1,685	2,023	2,426	2,708	3,313	3,558	39
40	0,6807	1,303	1,684	2,021	2,423	2,704	3,307	3,551	40
50	0,6794	1,299	1,676	2,009	2,403	2,678	3,261	3,496	50
60	0,6786	1,296	1,671	2,000	2,390	2,660	3,232	3,460	60
70	0,6780	1,294	1,667	1,994	2,381	2,648	3,211	3,435	70
80	0,6776	1,292	1,664	1,990	2,374	2,639	3,195	3,416	80
90	0,6772	1,291	1,662	1,987	2,368	2,632	3,183	3,402	90
100	0,6770	1,290	1,660	1,984	2,364	2,626	3,174	3,390	100
200	0,6757	1,286	1,653	1,972	2,345	2,601	3,131	3,340	200
400	0,6751	1,284	1,649	1,966	2,336	2,588	3,111	3,315	400
600	0,6749	1,283	1,647	1,964	2,333	2,584	3,104	3,307	600
800	0,6748	1,283	1,647	1,963	2,331	2,582	3,100	3,303	800
1000	0,6747	1,282	1,646	1,962	2,330	2,581	3,098	3,300	1000

TABELLE C: p-Quantile der χ^2-Verteilung für Parameterwerte, die in der linken (rechten) Spalte angegeben sind

Ablesebeispiel: $\chi^2_{250;0,99} = 304,94$

100 p	50,00	70,00	90,00	95,00	97,50	99,00	99,50	99,90	
1	0,45	1,07	2,71	3,84	5,02	6,63	7,88	10,83	1
2	1,39	2,41	4,61	5,99	7,38	9,21	10,60	13,82	2
3	2,37	3,66	6,25	7,81	9,35	11,34	12,84	16,27	3
4	3,36	4,88	7,78	9,49	11,14	13,28	14,86	18,47	4
5	4,35	6,06	9,24	11,07	12,83	15,09	16,75	20,52	5
6	5,35	7,23	10,64	12,59	14,45	16,81	18,55	22,46	6
7	6,35	8,38	12,02	14,07	16,01	18,48	20,28	24,32	7
8	7,34	9,52	13,36	15,51	17,53	20,09	21,95	26,12	8
9	8,34	10,66	14,68	16,92	19,02	21,67	23,59	27,88	9
10	9,34	11,78	15,99	18,31	20,48	23,21	25,19	29,59	10
11	10,34	12,90	17,28	19,68	21,92	24,72	26,76	31,26	11
12	11,34	14,01	18,55	21,03	23,34	26,22	28,30	32,91	12
13	12,34	15,12	19,81	22,36	24,74	27,69	29,82	34,53	13
14	13,34	16,22	21,06	23,68	26,12	29,14	31,32	36,12	14
15	14,34	17,32	22,31	25,00	27,49	30,58	32,80	37,70	15
16	15,34	18,42	23,54	26,30	28,85	32,00	34,27	39,25	16
17	16,34	19,51	24,77	27,59	30,19	33,41	35,72	40,79	17
18	17,34	20,60	25,99	28,87	31,53	34,81	37,16	42,31	18
19	18,34	21,69	27,20	30,14	32,85	36,19	38,58	43,82	19
20	19,34	22,77	28,41	31,41	34,17	37,57	40,00	45,31	20
21	20,34	23,86	29,62	32,67	35,48	38,93	41,40	46,80	21
22	21,34	24,94	30,81	33,92	36,78	40,29	42,80	48,27	22
23	22,34	26,02	32,01	35,17	38,08	41,64	44,18	49,73	23
24	23,34	27,10	33,20	36,42	39,36	42,98	45,56	51,18	24
25	24,34	28,17	34,38	37,65	40,65	44,31	46,93	52,62	25
26	25,34	29,25	35,56	38,89	41,92	45,64	48,29	54,05	26
27	26,34	30,32	36,74	40,11	43,19	46,96	49,64	55,48	27
28	27,34	31,39	37,92	41,34	44,46	48,28	50,99	56,89	28
29	28,34	32,46	39,09	42,56	45,72	49,59	52,34	58,30	29
30	29,34	33,53	40,26	43,77	46,98	50,89	53,67	59,70	30
31	30,34	34,60	41,42	44,99	48,23	52,19	55,00	61,10	31
32	31,34	35,66	42,58	46,19	49,48	53,49	56,33	62,49	32
33	32,34	36,73	43,75	47,40	50,73	54,78	57,65	63,87	33
34	33,34	37,80	44,90	48,60	51,97	56,06	58,96	65,25	34
35	34,34	38,86	46,06	49,80	53,20	57,34	60,27	66,62	35
40	39,34	44,16	51,81	55,76	59,34	63,69	66,77	73,40	40
50	49,33	54,72	63,17	67,50	71,42	76,15	79,49	86,66	50
60	59,33	65,23	74,40	79,08	83,30	88,38	91,95	99,61	60
70	69,33	75,69	85,53	90,53	95,02	100,43	104,21	112,32	70
80	79,33	86,12	96,58	101,88	106,63	112,33	116,32	124,84	80
90	89,33	96,52	107,57	113,15	118,14	124,12	128,30	137,21	90
100	99,33	106,91	118,50	124,34	129,56	135,81	140,17	149,45	100
150	149,33	158,58	172,58	179,58	185,80	193,21	198,36	209,26	150
200	199,33	209,99	226,02	233,99	241,06	249,45	255,26	267,54	200
250	249,33	261,23	279,05	287,88	295,69	304,94	311,35	324,83	250

TABELLE D: 0,90-Quantile der F-Verteilung für Parameterwerte m_1 (Spalten) und m_2 (Zeilen)

Ablesebeispiel: $\tilde{F}_{10;2;0,90} = 9,39$

	1	2	3	4	5	6	7	8	9	10	11	12	13	14	15
1	39.9	49.5	53.6	55.8	57.2	58.2	58.9	59.4	59.9	60.2	60.5	60.7	60.9	61.1	61.2
2	8.53	9.00	9.16	9.24	9.29	9.33	9.35	9.37	9.38	9.39	9.40	9.41	9.41	9.42	9.42
3	5.54	5.46	5.39	5.34	5.31	5.28	5.27	5.25	5.24	5.23	5.22	5.22	5.21	5.20	5.20
4	4.54	4.32	4.19	4.11	4.05	4.01	3.98	3.95	3.94	3.92	3.91	3.90	3.89	3.88	3.87
5	4.06	3.78	3.62	3.52	3.45	3.40	3.37	3.34	3.32	3.30	3.28	3.27	3.26	3.25	3.24
6	3.78	3.46	3.29	3.18	3.11	3.05	3.01	2.98	2.96	2.94	2.92	2.90	2.89	2.88	2.87
7	3.59	3.26	3.07	2.96	2.88	2.83	2.78	2.75	2.72	2.70	2.68	2.67	2.65	2.64	2.63
8	3.46	3.11	2.92	2.81	2.73	2.67	2.62	2.59	2.56	2.54	2.52	2.50	2.49	2.48	2.46
9	3.36	3.01	2.81	2.69	2.61	2.55	2.51	2.47	2.44	2.42	2.40	2.38	2.36	2.35	2.34
10	3.29	2.92	2.73	2.61	2.52	2.46	2.41	2.38	2.35	2.32	2.30	2.28	2.27	2.26	2.24
11	3.23	2.86	2.66	2.54	2.45	2.39	2.34	2.30	2.27	2.25	2.23	2.21	2.19	2.18	2.17
12	3.18	2.81	2.61	2.48	2.39	2.33	2.28	2.24	2.21	2.19	2.17	2.15	2.13	2.12	2.10
13	3.14	2.76	2.56	2.43	2.35	2.28	2.23	2.20	2.16	2.14	2.12	2.10	2.08	2.07	2.05
14	3.10	2.73	2.52	2.39	2.31	2.24	2.19	2.15	2.12	2.10	2.07	2.05	2.04	2.02	2.01
15	3.07	2.70	2.49	2.36	2.27	2.21	2.16	2.12	2.09	2.06	2.04	2.02	2.00	1.99	1.97
16	3.05	2.67	2.46	2.33	2.24	2.18	2.13	2.09	2.06	2.03	2.01	1.99	1.97	1.95	1.94
17	3.03	2.64	2.44	2.31	2.22	2.15	2.10	2.06	2.03	2.00	1.98	1.96	1.94	1.93	1.91
18	3.01	2.62	2.42	2.29	2.20	2.13	2.08	2.04	2.00	1.98	1.95	1.93	1.92	1.90	1.89
19	2.99	2.61	2.40	2.27	2.18	2.11	2.06	2.02	1.98	1.96	1.93	1.91	1.89	1.88	1.86
20	2.97	2.59	2.38	2.25	2.16	2.09	2.04	2.00	1.96	1.94	1.91	1.89	1.87	1.86	1.84
22	2.95	2.56	2.35	2.22	2.13	2.06	2.01	1.97	1.93	1.90	1.88	1.86	1.84	1.83	1.81
24	2.93	2.54	2.33	2.19	2.10	2.04	1.98	1.94	1.91	1.88	1.85	1.83	1.81	1.80	1.78
26	2.91	2.52	2.31	2.17	2.08	2.01	1.96	1.92	1.88	1.86	1.83	1.81	1.79	1.77	1.76
28	2.89	2.50	2.29	2.16	2.06	2.00	1.94	1.90	1.87	1.84	1.81	1.79	1.77	1.75	1.74
30	2.88	2.49	2.28	2.14	2.05	1.98	1.93	1.88	1.85	1.82	1.79	1.77	1.75	1.74	1.72
32	2.87	2.48	2.26	2.13	2.04	1.97	1.91	1.87	1.83	1.81	1.78	1.76	1.74	1.72	1.71
34	2.86	2.47	2.25	2.12	2.02	1.96	1.90	1.86	1.82	1.79	1.77	1.75	1.73	1.71	1.69
36	2.85	2.46	2.24	2.11	2.01	1.94	1.89	1.85	1.81	1.78	1.76	1.73	1.71	1.70	1.68
38	2.84	2.45	2.23	2.10	2.01	1.94	1.88	1.84	1.80	1.77	1.75	1.72	1.70	1.69	1.67
40	2.84	2.44	2.23	2.09	2.00	1.93	1.87	1.83	1.79	1.76	1.74	1.71	1.70	1.68	1.66
50	2.81	2.41	2.20	2.06	1.97	1.90	1.84	1.80	1.76	1.73	1.70	1.68	1.66	1.64	1.63
60	2.79	2.39	2.18	2.04	1.95	1.87	1.82	1.77	1.74	1.71	1.68	1.66	1.64	1.62	1.60
70	2.78	2.38	2.16	2.03	1.93	1.86	1.80	1.76	1.72	1.69	1.66	1.64	1.62	1.60	1.59
80	2.77	2.37	2.15	2.02	1.92	1.85	1.79	1.75	1.71	1.68	1.65	1.63	1.61	1.59	1.57
90	2.76	2.36	2.15	2.01	1.91	1.84	1.78	1.74	1.70	1.67	1.64	1.62	1.60	1.58	1.56
100	2.76	2.36	2.14	2.00	1.91	1.83	1.78	1.73	1.69	1.66	1.64	1.61	1.59	1.57	1.56
200	2.73	2.33	2.11	1.97	1.88	1.80	1.75	1.70	1.66	1.63	1.60	1.58	1.56	1.54	1.52
300	2.72	2.32	2.10	1.96	1.87	1.79	1.74	1.69	1.65	1.62	1.59	1.57	1.55	1.53	1.51
400	2.72	2.32	2.10	1.96	1.86	1.79	1.73	1.69	1.65	1.61	1.59	1.56	1.54	1.52	1.50
500	2.72	2.31	2.09	1.96	1.86	1.79	1.73	1.68	1.64	1.61	1.58	1.56	1.54	1.52	1.50
600	2.71	2.31	2.09	1.95	1.86	1.78	1.73	1.68	1.64	1.61	1.58	1.56	1.54	1.52	1.50
700	2.71	2.31	2.09	1.95	1.86	1.78	1.73	1.68	1.64	1.61	1.58	1.56	1.53	1.51	1.50
800	2.71	2.31	2.09	1.95	1.85	1.78	1.72	1.68	1.64	1.61	1.58	1.55	1.53	1.51	1.50
900	2.71	2.31	2.09	1.95	1.85	1.78	1.72	1.68	1.64	1.61	1.58	1.55	1.53	1.51	1.49
1000	2.71	2.31	2.09	1.95	1.85	1.78	1.72	1.68	1.64	1.61	1.58	1.55	1.53	1.51	1.49

	16	17	18	19	20	30	40	50	60	70	80	90	100	200	500	
1	61.3	61.5	61.6	61.7	61.7	62.3	62.5	62.7	62.8	62.9	62.9	63.0	63.0	63.2	63.3	1
2	9.43	9.43	9.44	9.44	9.44	9.46	9.47	9.47	9.47	9.48	9.48	9.48	9.48	9.49	9.49	2
3	5.20	5.19	5.19	5.19	5.18	5.17	5.16	5.15	5.15	5.15	5.15	5.15	5.14	5.14	5.14	3
4	3.86	3.86	3.85	3.85	3.84	3.82	3.80	3.80	3.79	3.79	3.78	3.78	3.78	3.77	3.76	4
5	3.23	3.22	3.22	3.21	3.21	3.17	3.16	3.15	3.14	3.14	3.13	3.13	3.13	3.12	3.11	5
6	2.86	2.85	2.85	2.84	2.84	2.80	2.78	2.77	2.76	2.76	2.75	2.75	2.75	2.73	2.73	6
7	2.62	2.61	2.61	2.60	2.59	2.56	2.54	2.52	2.51	2.51	2.50	2.50	2.50	2.48	2.48	7
8	2.45	2.45	2.44	2.43	2.42	2.38	2.36	2.35	2.34	2.33	2.33	2.32	2.32	2.31	2.30	8
9	2.33	2.32	2.31	2.30	2.30	2.25	2.23	2.22	2.21	2.20	2.20	2.19	2.19	2.17	2.17	9
10	2.23	2.22	2.22	2.21	2.20	2.16	2.13	2.12	2.11	2.10	2.09	2.09	2.09	2.07	2.06	10
11	2.16	2.15	2.14	2.13	2.12	2.08	2.05	2.04	2.03	2.02	2.01	2.01	2.01	1.99	1.98	11
12	2.09	2.08	2.08	2.07	2.06	2.01	1.99	1.97	1.96	1.95	1.95	1.94	1.94	1.92	1.91	12
13	2.04	2.03	2.02	2.01	2.01	1.96	1.93	1.92	1.90	1.90	1.89	1.89	1.88	1.86	1.85	13
14	2.00	1.99	1.98	1.97	1.96	1.91	1.89	1.87	1.86	1.85	1.84	1.84	1.83	1.82	1.80	14
15	1.96	1.95	1.94	1.93	1.92	1.87	1.85	1.83	1.82	1.81	1.80	1.80	1.79	1.77	1.76	15
16	1.93	1.92	1.91	1.90	1.89	1.84	1.81	1.79	1.78	1.77	1.77	1.76	1.76	1.74	1.73	16
17	1.90	1.89	1.88	1.87	1.86	1.81	1.78	1.76	1.75	1.74	1.74	1.73	1.73	1.71	1.69	17
18	1.87	1.86	1.85	1.84	1.84	1.78	1.75	1.74	1.72	1.71	1.71	1.70	1.70	1.68	1.67	18
19	1.85	1.84	1.83	1.82	1.81	1.76	1.73	1.71	1.70	1.69	1.68	1.68	1.67	1.65	1.64	19
20	1.83	1.82	1.81	1.80	1.79	1.74	1.71	1.69	1.68	1.67	1.66	1.65	1.65	1.63	1.62	20
22	1.80	1.79	1.78	1.77	1.76	1.70	1.67	1.65	1.64	1.63	1.62	1.62	1.61	1.59	1.58	22
24	1.77	1.76	1.75	1.74	1.73	1.67	1.64	1.62	1.61	1.60	1.59	1.58	1.58	1.56	1.54	24
26	1.75	1.73	1.72	1.71	1.71	1.65	1.61	1.59	1.58	1.57	1.56	1.56	1.55	1.53	1.51	26
28	1.73	1.71	1.70	1.69	1.69	1.63	1.59	1.57	1.56	1.55	1.54	1.53	1.53	1.50	1.49	28
30	1.71	1.70	1.69	1.68	1.67	1.61	1.57	1.55	1.54	1.53	1.52	1.51	1.51	1.48	1.47	30
32	1.69	1.68	1.67	1.66	1.65	1.59	1.56	1.53	1.52	1.51	1.50	1.49	1.49	1.46	1.45	32
34	1.68	1.67	1.66	1.65	1.64	1.58	1.54	1.52	1.50	1.49	1.48	1.48	1.47	1.45	1.43	34
36	1.67	1.66	1.65	1.64	1.63	1.56	1.53	1.51	1.49	1.48	1.47	1.46	1.46	1.43	1.42	36
38	1.66	1.65	1.63	1.62	1.61	1.55	1.52	1.49	1.48	1.47	1.46	1.45	1.45	1.42	1.40	38
40	1.65	1.64	1.62	1.61	1.61	1.54	1.51	1.48	1.47	1.46	1.45	1.44	1.43	1.41	1.39	40
50	1.61	1.60	1.59	1.58	1.57	1.50	1.46	1.44	1.42	1.41	1.40	1.39	1.39	1.36	1.34	50
60	1.59	1.58	1.56	1.55	1.54	1.48	1.44	1.41	1.40	1.38	1.37	1.36	1.36	1.33	1.31	60
70	1.57	1.56	1.55	1.54	1.53	1.46	1.42	1.39	1.37	1.36	1.35	1.34	1.34	1.30	1.28	70
80	1.56	1.55	1.53	1.52	1.51	1.44	1.40	1.38	1.36	1.34	1.33	1.33	1.32	1.28	1.26	80
90	1.55	1.54	1.52	1.51	1.50	1.43	1.39	1.36	1.35	1.33	1.32	1.31	1.30	1.27	1.25	90
100	1.54	1.53	1.52	1.50	1.49	1.42	1.38	1.35	1.34	1.32	1.31	1.30	1.29	1.26	1.23	100
200	1.51	1.49	1.48	1.47	1.46	1.38	1.34	1.31	1.29	1.27	1.26	1.25	1.24	1.20	1.17	200
300	1.49	1.48	1.47	1.46	1.45	1.37	1.32	1.29	1.27	1.26	1.24	1.23	1.22	1.18	1.14	300
400	1.49	1.47	1.46	1.45	1.44	1.36	1.32	1.29	1.26	1.25	1.23	1.22	1.21	1.17	1.13	400
500	1.49	1.47	1.46	1.45	1.44	1.36	1.31	1.28	1.26	1.24	1.23	1.22	1.21	1.16	1.12	500
600	1.48	1.47	1.46	1.44	1.43	1.36	1.31	1.28	1.26	1.24	1.23	1.21	1.20	1.16	1.12	600
700	1.48	1.47	1.45	1.44	1.43	1.35	1.31	1.28	1.25	1.24	1.22	1.21	1.20	1.15	1.11	700
800	1.48	1.47	1.45	1.44	1.43	1.35	1.31	1.28	1.25	1.24	1.22	1.21	1.20	1.15	1.11	800
900	1.48	1.46	1.45	1.44	1.43	1.35	1.31	1.27	1.25	1.23	1.22	1.21	1.20	1.15	1.11	900
1000	1.48	1.46	1.45	1.44	1.43	1.35	1.30	1.27	1.25	1.23	1.22	1.21	1.20	1.15	1.10	1000

TABELLE D: 0,95-Quantile der F-Verteilung

	1	2	3	4	5	6	7	8	9	10	11	12	13	14	15	16	17	18	19	20	30	40	50	60	70	80	90	100	200	500	
1	161.	199.	216.	225.	230.	234.	237.	239.	241.	242.	243.	244.	245.	245.	246.	246.	247.	247.	248.	248.	250.	251.	252.	252.	252.	253.	253.	253.	254.	254.	1
2	18.5	19.0	19.2	19.2	19.3	19.3	19.4	19.4	19.4	19.4	19.4	19.4	19.4	19.4	19.4	19.4	19.4	19.4	19.4	19.4	19.5	19.5	19.5	19.5	19.5	19.5	19.5	19.5	19.5	19.5	2
3	10.13	9.55	9.28	9.12	9.01	8.94	8.89	8.85	8.81	8.79	8.76	8.74	8.73	8.71	8.70	8.69	8.68	8.67	8.67	8.66	8.62	8.59	8.58	8.57	8.57	8.56	8.56	8.55	8.54	8.53	3
4	7.71	6.94	6.59	6.39	6.26	6.16	6.09	6.04	6.00	5.96	5.94	5.91	5.89	5.87	5.86	5.84	5.83	5.82	5.81	5.80	5.75	5.72	5.70	5.69	5.68	5.67	5.67	5.66	5.65	5.64	4
5	6.61	5.79	5.41	5.19	5.05	4.95	4.88	4.82	4.77	4.74	4.70	4.68	4.66	4.64	4.62	4.60	4.59	4.58	4.57	4.56	4.50	4.46	4.44	4.43	4.42	4.41	4.41	4.41	4.39	4.37	5
6	5.99	5.14	4.76	4.53	4.39	4.28	4.21	4.15	4.10	4.06	4.03	4.00	3.98	3.96	3.94	3.92	3.91	3.90	3.88	3.87	3.81	3.77	3.75	3.74	3.73	3.72	3.72	3.71	3.69	3.68	6
7	5.59	4.74	4.35	4.12	3.97	3.87	3.79	3.73	3.68	3.64	3.60	3.57	3.55	3.53	3.51	3.49	3.48	3.47	3.46	3.44	3.38	3.34	3.32	3.30	3.29	3.29	3.28	3.27	3.25	3.24	7
8	5.32	4.46	4.07	3.84	3.69	3.58	3.50	3.44	3.39	3.35	3.31	3.28	3.26	3.24	3.22	3.20	3.19	3.17	3.16	3.15	3.08	3.04	3.02	3.01	2.99	2.99	2.98	2.97	2.95	2.94	8
9	5.12	4.26	3.86	3.63	3.48	3.37	3.29	3.23	3.18	3.14	3.10	3.07	3.05	3.03	3.01	2.99	2.97	2.96	2.95	2.94	2.86	2.83	2.80	2.79	2.78	2.77	2.76	2.76	2.73	2.72	9
10	4.96	4.10	3.71	3.48	3.33	3.22	3.14	3.07	3.02	2.98	2.94	2.91	2.89	2.86	2.85	2.83	2.81	2.80	2.79	2.77	2.70	2.66	2.64	2.62	2.61	2.60	2.59	2.59	2.56	2.55	10
11	4.84	3.98	3.59	3.36	3.20	3.09	3.01	2.95	2.90	2.85	2.82	2.79	2.76	2.74	2.72	2.70	2.69	2.67	2.66	2.65	2.57	2.53	2.51	2.49	2.48	2.47	2.46	2.46	2.43	2.42	11
12	4.75	3.89	3.49	3.26	3.11	3.00	2.91	2.85	2.80	2.75	2.72	2.69	2.66	2.64	2.62	2.60	2.58	2.57	2.56	2.54	2.47	2.43	2.40	2.38	2.37	2.36	2.36	2.35	2.32	2.31	12
13	4.67	3.81	3.41	3.18	3.03	2.92	2.83	2.77	2.71	2.67	2.63	2.60	2.58	2.55	2.53	2.51	2.50	2.48	2.47	2.46	2.38	2.34	2.31	2.30	2.28	2.27	2.27	2.26	2.23	2.22	13
14	4.60	3.74	3.34	3.11	2.96	2.85	2.76	2.70	2.65	2.60	2.57	2.53	2.51	2.48	2.46	2.44	2.43	2.41	2.40	2.39	2.31	2.27	2.24	2.22	2.21	2.20	2.19	2.19	2.16	2.14	14
15	4.54	3.68	3.29	3.06	2.90	2.79	2.71	2.64	2.59	2.54	2.51	2.48	2.45	2.42	2.40	2.38	2.37	2.35	2.34	2.33	2.25	2.20	2.18	2.16	2.15	2.14	2.13	2.12	2.10	2.08	15
16	4.49	3.63	3.24	3.01	2.85	2.74	2.66	2.59	2.54	2.49	2.46	2.42	2.40	2.37	2.35	2.33	2.32	2.30	2.29	2.28	2.19	2.15	2.12	2.11	2.09	2.08	2.07	2.07	2.04	2.02	16
17	4.45	3.59	3.20	2.96	2.81	2.70	2.61	2.55	2.49	2.45	2.41	2.38	2.35	2.33	2.31	2.29	2.27	2.26	2.24	2.23	2.15	2.10	2.08	2.06	2.05	2.03	2.03	2.02	1.99	1.97	17
18	4.41	3.55	3.16	2.93	2.77	2.66	2.58	2.51	2.46	2.41	2.37	2.34	2.31	2.29	2.27	2.25	2.23	2.22	2.20	2.19	2.11	2.06	2.04	2.02	2.00	1.99	1.98	1.98	1.95	1.93	18
19	4.38	3.52	3.13	2.90	2.74	2.63	2.54	2.48	2.42	2.38	2.34	2.31	2.28	2.26	2.23	2.21	2.20	2.18	2.17	2.16	2.07	2.03	2.00	1.98	1.97	1.96	1.95	1.94	1.91	1.89	19
20	4.35	3.49	3.10	2.87	2.71	2.60	2.51	2.45	2.39	2.35	2.31	2.28	2.25	2.22	2.20	2.18	2.17	2.15	2.14	2.12	2.04	1.99	1.97	1.95	1.93	1.92	1.91	1.91	1.88	1.86	20
22	4.30	3.44	3.05	2.82	2.66	2.55	2.46	2.40	2.34	2.30	2.26	2.23	2.20	2.17	2.15	2.13	2.11	2.10	2.08	2.07	1.98	1.94	1.91	1.89	1.88	1.86	1.86	1.85	1.82	1.80	22
24	4.26	3.40	3.01	2.78	2.62	2.51	2.42	2.36	2.30	2.25	2.22	2.18	2.15	2.13	2.11	2.09	2.07	2.05	2.04	2.03	1.94	1.89	1.86	1.84	1.83	1.82	1.81	1.80	1.77	1.75	24
26	4.23	3.37	2.98	2.74	2.59	2.47	2.39	2.32	2.27	2.22	2.18	2.15	2.12	2.09	2.07	2.05	2.03	2.02	2.00	1.99	1.90	1.85	1.82	1.80	1.79	1.78	1.77	1.76	1.73	1.71	26
28	4.20	3.34	2.95	2.71	2.56	2.45	2.36	2.29	2.24	2.19	2.15	2.12	2.09	2.06	2.04	2.02	2.00	1.99	1.97	1.96	1.87	1.82	1.79	1.77	1.75	1.74	1.73	1.73	1.69	1.67	28
30	4.17	3.32	2.92	2.69	2.53	2.42	2.33	2.27	2.21	2.16	2.13	2.09	2.06	2.04	2.01	1.99	1.98	1.96	1.95	1.93	1.84	1.79	1.76	1.74	1.72	1.71	1.70	1.70	1.66	1.64	30
32	4.15	3.29	2.90	2.67	2.51	2.40	2.31	2.24	2.19	2.14	2.10	2.07	2.04	2.01	1.99	1.97	1.95	1.94	1.92	1.91	1.82	1.77	1.74	1.71	1.70	1.69	1.68	1.67	1.63	1.61	32
34	4.13	3.28	2.88	2.65	2.49	2.38	2.29	2.23	2.17	2.12	2.08	2.05	2.02	1.99	1.97	1.95	1.93	1.92	1.90	1.89	1.80	1.75	1.71	1.69	1.68	1.66	1.65	1.65	1.61	1.59	34
36	4.11	3.26	2.87	2.63	2.48	2.36	2.28	2.21	2.15	2.11	2.07	2.03	2.00	1.98	1.95	1.93	1.92	1.90	1.88	1.87	1.78	1.73	1.69	1.67	1.66	1.64	1.63	1.62	1.59	1.56	36
38	4.10	3.24	2.85	2.62	2.46	2.35	2.26	2.19	2.14	2.09	2.05	2.02	1.99	1.96	1.94	1.92	1.90	1.88	1.87	1.85	1.76	1.71	1.68	1.65	1.64	1.62	1.61	1.61	1.57	1.54	38
40	4.08	3.23	2.84	2.61	2.45	2.34	2.25	2.18	2.12	2.08	2.04	2.00	1.97	1.95	1.92	1.90	1.89	1.87	1.85	1.84	1.74	1.69	1.66	1.64	1.62	1.61	1.60	1.59	1.55	1.53	40
50	4.03	3.18	2.79	2.56	2.40	2.29	2.20	2.13	2.07	2.03	1.99	1.95	1.92	1.89	1.87	1.85	1.83	1.81	1.80	1.78	1.69	1.63	1.60	1.58	1.56	1.54	1.53	1.52	1.48	1.46	50
60	4.00	3.15	2.76	2.53	2.37	2.25	2.17	2.10	2.04	1.99	1.95	1.92	1.89	1.86	1.84	1.82	1.80	1.78	1.76	1.75	1.65	1.59	1.56	1.53	1.52	1.50	1.49	1.48	1.44	1.41	60
70	3.98	3.13	2.74	2.50	2.35	2.23	2.14	2.07	2.02	1.97	1.93	1.89	1.86	1.84	1.81	1.79	1.77	1.75	1.74	1.72	1.62	1.57	1.53	1.50	1.49	1.47	1.46	1.45	1.40	1.37	70
80	3.96	3.11	2.72	2.49	2.33	2.21	2.13	2.06	2.00	1.95	1.91	1.88	1.84	1.82	1.79	1.77	1.75	1.73	1.72	1.70	1.60	1.54	1.51	1.48	1.46	1.45	1.44	1.43	1.38	1.35	80
90	3.95	3.10	2.71	2.47	2.32	2.20	2.11	2.04	1.99	1.94	1.90	1.86	1.83	1.80	1.78	1.76	1.74	1.72	1.70	1.69	1.59	1.53	1.49	1.46	1.44	1.43	1.42	1.41	1.36	1.33	90
100	3.94	3.09	2.70	2.46	2.31	2.19	2.10	2.03	1.97	1.93	1.89	1.85	1.82	1.79	1.77	1.75	1.73	1.71	1.69	1.68	1.57	1.52	1.48	1.45	1.43	1.41	1.40	1.39	1.34	1.31	100
200	3.89	3.04	2.65	2.42	2.26	2.14	2.06	1.98	1.93	1.88	1.84	1.80	1.77	1.74	1.72	1.69	1.67	1.66	1.64	1.62	1.52	1.46	1.41	1.39	1.36	1.35	1.33	1.32	1.26	1.22	200
300	3.87	3.03	2.63	2.40	2.24	2.13	2.04	1.97	1.91	1.86	1.82	1.78	1.75	1.72	1.70	1.68	1.66	1.64	1.62	1.61	1.50	1.43	1.39	1.36	1.34	1.32	1.31	1.30	1.23	1.19	300
400	3.86	3.02	2.63	2.39	2.24	2.12	2.03	1.96	1.90	1.85	1.81	1.78	1.74	1.72	1.69	1.67	1.65	1.63	1.61	1.60	1.49	1.42	1.38	1.35	1.33	1.31	1.30	1.28	1.22	1.17	400
500	3.86	3.01	2.62	2.39	2.23	2.12	2.03	1.96	1.90	1.85	1.81	1.77	1.74	1.71	1.69	1.66	1.64	1.62	1.61	1.59	1.48	1.42	1.38	1.35	1.32	1.30	1.29	1.28	1.21	1.16	500
600	3.86	3.01	2.62	2.39	2.23	2.11	2.02	1.95	1.90	1.85	1.80	1.77	1.74	1.71	1.68	1.66	1.64	1.62	1.60	1.59	1.48	1.41	1.37	1.34	1.32	1.30	1.28	1.27	1.20	1.15	600
700	3.85	3.01	2.62	2.38	2.23	2.11	2.02	1.95	1.89	1.84	1.80	1.77	1.73	1.71	1.68	1.66	1.64	1.62	1.60	1.59	1.48	1.41	1.37	1.34	1.31	1.29	1.28	1.27	1.20	1.15	700
800	3.85	3.01	2.62	2.38	2.23	2.11	2.02	1.95	1.89	1.84	1.80	1.76	1.73	1.70	1.68	1.66	1.64	1.62	1.60	1.58	1.47	1.41	1.37	1.34	1.31	1.29	1.28	1.26	1.20	1.14	800
900	3.85	3.01	2.61	2.38	2.22	2.11	2.02	1.95	1.89	1.84	1.80	1.76	1.73	1.70	1.68	1.65	1.63	1.62	1.60	1.58	1.47	1.41	1.36	1.33	1.31	1.29	1.27	1.26	1.19	1.14	900
1000	3.85	3.00	2.61	2.38	2.22	2.11	2.02	1.95	1.89	1.84	1.80	1.76	1.73	1.70	1.68	1.65	1.63	1.61	1.60	1.58	1.47	1.41	1.36	1.33	1.31	1.29	1.27	1.26	1.19	1.13	1000

TABELLE D: 0,99-Quantile der F-Verteilung

	1	2	3	4	5	6	7	8	9	10	11	12	13	14	15
1	4052	4999	5403	5624	5764	5859	5928	5981	6022	6056	6083	6106	6126	6143	6157
2	98.5	99.0	99.2	99.2	99.3	99.3	99.4	99.4	99.4	99.4	99.4	99.4	99.4	99.4	99.4
3	34.1	30.8	29.5	28.7	28.2	27.9	27.7	27.5	27.3	27.2	27.1	27.1	27.0	26.9	26.9
4	21.2	18.0	16.7	16.0	15.5	15.2	15.0	14.8	14.7	14.5	14.5	14.4	14.3	14.2	14.2
5	16.3	13.3	12.1	11.4	11.0	10.7	10.5	10.3	10.2	10.1	9.96	9.89	9.82	9.77	9.72
6	13.7	10.9	9.78	9.15	8.75	8.47	8.26	8.10	7.98	7.87	7.79	7.72	7.66	7.60	7.56
7	12.25	9.55	8.45	7.85	7.46	7.19	6.99	6.84	6.72	6.62	6.54	6.47	6.41	6.36	6.31
8	11.26	8.65	7.59	7.01	6.63	6.37	6.18	6.03	5.91	5.81	5.73	5.67	5.61	5.56	5.52
9	10.56	8.02	6.99	6.42	6.06	5.80	5.61	5.47	5.35	5.26	5.18	5.11	5.05	5.01	4.96
10	10.04	7.56	6.55	5.99	5.64	5.39	5.20	5.06	4.94	4.85	4.77	4.71	4.65	4.60	4.56
11	9.65	7.21	6.22	5.67	5.32	5.07	4.89	4.74	4.63	4.54	4.46	4.40	4.34	4.29	4.25
12	9.33	6.93	5.95	5.41	5.06	4.82	4.64	4.50	4.39	4.30	4.22	4.16	4.10	4.05	4.01
13	9.07	6.70	5.74	5.21	4.86	4.62	4.44	4.30	4.19	4.10	4.02	3.96	3.91	3.86	3.82
14	8.86	6.51	5.56	5.04	4.69	4.46	4.28	4.14	4.03	3.94	3.86	3.80	3.75	3.70	3.66
15	8.68	6.36	5.42	4.89	4.56	4.32	4.14	4.00	3.89	3.80	3.73	3.67	3.61	3.56	3.52
16	8.53	6.23	5.29	4.77	4.44	4.20	4.03	3.89	3.78	3.69	3.62	3.55	3.50	3.45	3.41
17	8.40	6.11	5.18	4.67	4.34	4.10	3.93	3.79	3.68	3.59	3.52	3.46	3.40	3.35	3.31
18	8.29	6.01	5.09	4.58	4.25	4.01	3.84	3.71	3.60	3.51	3.43	3.37	3.32	3.27	3.23
19	8.18	5.93	5.01	4.50	4.17	3.94	3.77	3.63	3.52	3.43	3.36	3.30	3.24	3.19	3.15
20	8.10	5.85	4.94	4.43	4.10	3.87	3.70	3.56	3.46	3.37	3.29	3.23	3.18	3.13	3.09
22	7.95	5.72	4.82	4.31	3.99	3.76	3.59	3.45	3.35	3.26	3.18	3.12	3.07	3.02	2.98
24	7.82	5.61	4.72	4.22	3.90	3.67	3.50	3.36	3.26	3.17	3.09	3.03	2.98	2.93	2.89
26	7.72	5.53	4.64	4.14	3.82	3.59	3.42	3.29	3.18	3.09	3.02	2.96	2.90	2.86	2.81
28	7.64	5.45	4.57	4.07	3.75	3.53	3.36	3.23	3.12	3.03	2.96	2.90	2.84	2.79	2.75
30	7.56	5.39	4.51	4.02	3.70	3.47	3.30	3.17	3.07	2.98	2.91	2.84	2.79	2.74	2.70
32	7.50	5.34	4.46	3.97	3.65	3.43	3.26	3.13	3.02	2.93	2.86	2.80	2.74	2.70	2.65
34	7.44	5.29	4.42	3.93	3.61	3.39	3.22	3.09	2.98	2.89	2.82	2.76	2.70	2.66	2.61
36	7.40	5.25	4.38	3.89	3.57	3.35	3.18	3.05	2.95	2.86	2.79	2.72	2.67	2.62	2.58
38	7.35	5.21	4.34	3.86	3.54	3.32	3.15	3.02	2.92	2.83	2.75	2.69	2.64	2.59	2.55
40	7.31	5.18	4.31	3.83	3.51	3.29	3.12	2.99	2.89	2.80	2.73	2.66	2.61	2.56	2.52
50	7.17	5.06	4.20	3.72	3.41	3.19	3.02	2.89	2.78	2.70	2.63	2.56	2.51	2.46	2.42
60	7.08	4.98	4.13	3.65	3.34	3.12	2.95	2.82	2.72	2.63	2.56	2.50	2.44	2.39	2.35
70	7.01	4.92	4.07	3.60	3.29	3.07	2.91	2.78	2.67	2.59	2.51	2.45	2.40	2.35	2.31
80	6.96	4.88	4.04	3.56	3.26	3.04	2.87	2.74	2.64	2.55	2.48	2.42	2.36	2.31	2.27
90	6.93	4.85	4.01	3.53	3.23	3.01	2.84	2.72	2.61	2.52	2.45	2.39	2.33	2.29	2.24
100	6.90	4.82	3.98	3.51	3.21	2.99	2.82	2.69	2.59	2.50	2.43	2.37	2.31	2.27	2.22
200	6.76	4.71	3.88	3.41	3.11	2.89	2.73	2.60	2.50	2.41	2.34	2.27	2.22	2.17	2.13
300	6.72	4.68	3.85	3.38	3.08	2.86	2.70	2.57	2.47	2.38	2.31	2.24	2.19	2.14	2.10
400	6.70	4.66	3.83	3.37	3.06	2.85	2.68	2.56	2.45	2.37	2.29	2.23	2.17	2.13	2.08
500	6.69	4.65	3.82	3.36	3.05	2.84	2.68	2.55	2.44	2.36	2.28	2.22	2.17	2.12	2.07
600	6.68	4.64	3.81	3.35	3.05	2.83	2.67	2.54	2.44	2.35	2.28	2.21	2.16	2.11	2.07
700	6.67	4.64	3.81	3.35	3.04	2.83	2.66	2.54	2.43	2.35	2.27	2.21	2.16	2.11	2.06
800	6.67	4.63	3.81	3.34	3.04	2.82	2.66	2.53	2.43	2.34	2.27	2.21	2.15	2.10	2.06
900	6.66	4.63	3.80	3.34	3.04	2.82	2.66	2.53	2.43	2.34	2.27	2.20	2.15	2.10	2.06
1000	6.66	4.63	3.80	3.34	3.04	2.82	2.66	2.53	2.43	2.34	2.27	2.20	2.15	2.10	2.06

16	17	18	19	20	30	40	50	60	70	80	90	100	200	500	
6170	6181	6191	6200	6209	6261	6287	6302	6313	6320	6326	6331	6334	6350	6359	1
99.4	99.4	99.4	99.4	99.4	99.5	99.5	99.5	99.5	99.5	99.5	99.5	99.5	99.5	99.5	2
26.8	26.8	26.8	26.7	26.7	26.5	26.4	26.4	26.3	26.3	26.3	26.3	26.2	26.2	26.1	3
14.2	14.1	14.1	14.0	14.0	13.8	13.7	13.7	13.7	13.6	13.6	13.6	13.6	13.5	13.5	4
9.68	9.64	9.61	9.58	9.55	9.38	9.29	9.24	9.20	9.18	9.16	9.14	9.13	9.08	9.04	5
7.52	7.48	7.45	7.42	7.40	7.23	7.14	7.09	7.06	7.03	7.01	7.00	6.99	6.93	6.90	6
6.27	6.24	6.21	6.18	6.16	5.99	5.91	5.86	5.82	5.80	5.78	5.77	5.75	5.70	5.67	7
5.48	5.44	5.41	5.38	5.36	5.20	5.12	5.07	5.03	5.01	4.99	4.97	4.96	4.91	4.88	8
4.92	4.89	4.86	4.83	4.81	4.65	4.57	4.52	4.48	4.46	4.44	4.43	4.41	4.36	4.33	9
4.52	4.49	4.46	4.43	4.41	4.25	4.17	4.12	4.08	4.06	4.04	4.03	4.01	3.96	3.93	10
4.21	4.18	4.15	4.12	4.10	3.94	3.86	3.81	3.78	3.75	3.73	3.72	3.71	3.66	3.62	11
3.97	3.94	3.91	3.88	3.86	3.70	3.62	3.57	3.54	3.51	3.49	3.48	3.47	3.41	3.38	12
3.78	3.75	3.72	3.69	3.66	3.51	3.43	3.38	3.34	3.32	3.30	3.28	3.27	3.22	3.19	13
3.62	3.59	3.56	3.53	3.51	3.35	3.27	3.22	3.18	3.16	3.14	3.12	3.11	3.06	3.03	14
3.49	3.45	3.42	3.40	3.37	3.21	3.13	3.08	3.05	3.02	3.00	2.99	2.98	2.92	2.89	15
3.37	3.34	3.31	3.28	3.26	3.10	3.02	2.97	2.93	2.91	2.89	2.87	2.86	2.81	2.78	16
3.27	3.24	3.21	3.19	3.16	3.00	2.92	2.87	2.83	2.81	2.79	2.78	2.76	2.71	2.68	17
3.19	3.16	3.13	3.10	3.08	2.92	2.84	2.78	2.75	2.72	2.70	2.69	2.68	2.62	2.59	18
3.12	3.08	3.05	3.03	3.00	2.84	2.76	2.71	2.67	2.65	2.63	2.61	2.60	2.55	2.51	19
3.05	3.02	2.99	2.96	2.94	2.78	2.69	2.64	2.61	2.58	2.56	2.55	2.54	2.48	2.44	20
2.94	2.91	2.88	2.85	2.83	2.67	2.58	2.53	2.50	2.47	2.45	2.43	2.42	2.36	2.33	22
2.85	2.82	2.79	2.76	2.74	2.58	2.49	2.44	2.40	2.38	2.36	2.34	2.33	2.27	2.24	24
2.78	2.75	2.72	2.69	2.66	2.50	2.42	2.36	2.33	2.30	2.28	2.26	2.25	2.19	2.16	26
2.72	2.68	2.65	2.63	2.60	2.44	2.35	2.30	2.26	2.24	2.22	2.20	2.19	2.13	2.09	28
2.66	2.63	2.60	2.57	2.55	2.39	2.30	2.25	2.21	2.18	2.16	2.14	2.13	2.07	2.03	30
2.62	2.58	2.55	2.53	2.50	2.34	2.25	2.20	2.16	2.13	2.11	2.10	2.08	2.02	1.98	32
2.58	2.54	2.51	2.49	2.46	2.30	2.21	2.16	2.12	2.09	2.07	2.05	2.04	1.98	1.94	34
2.54	2.51	2.48	2.45	2.43	2.26	2.18	2.12	2.08	2.05	2.03	2.02	2.00	1.94	1.90	36
2.51	2.48	2.45	2.42	2.40	2.23	2.14	2.09	2.05	2.02	2.00	1.98	1.97	1.90	1.86	38
2.48	2.45	2.42	2.39	2.37	2.20	2.11	2.06	2.02	1.99	1.97	1.95	1.94	1.87	1.83	40
2.38	2.35	2.32	2.29	2.27	2.10	2.01	1.95	1.91	1.88	1.86	1.84	1.82	1.76	1.71	50
2.31	2.28	2.25	2.22	2.20	2.03	1.94	1.88	1.84	1.81	1.78	1.76	1.75	1.68	1.63	60
2.27	2.23	2.20	2.18	2.15	1.98	1.89	1.83	1.78	1.75	1.73	1.71	1.70	1.62	1.57	70
2.23	2.20	2.17	2.14	2.12	1.94	1.85	1.79	1.75	1.71	1.69	1.67	1.65	1.58	1.53	80
2.21	2.17	2.14	2.11	2.09	1.92	1.82	1.76	1.72	1.68	1.66	1.64	1.62	1.55	1.49	90
2.19	2.15	2.12	2.09	2.07	1.89	1.80	1.74	1.69	1.66	1.63	1.61	1.60	1.52	1.47	100
2.09	2.06	2.03	2.00	1.97	1.79	1.69	1.63	1.58	1.55	1.52	1.50	1.48	1.39	1.33	200
2.06	2.03	1.99	1.97	1.94	1.76	1.66	1.59	1.55	1.51	1.48	1.46	1.44	1.35	1.28	300
2.05	2.01	1.98	1.95	1.92	1.75	1.64	1.58	1.53	1.49	1.46	1.44	1.42	1.32	1.25	400
2.04	2.00	1.97	1.94	1.92	1.74	1.63	1.57	1.52	1.48	1.45	1.43	1.41	1.31	1.23	500
2.03	2.00	1.96	1.94	1.91	1.73	1.63	1.56	1.51	1.47	1.44	1.42	1.40	1.30	1.22	600
2.03	1.99	1.96	1.93	1.90	1.72	1.62	1.55	1.50	1.47	1.44	1.41	1.39	1.29	1.21	700
2.02	1.99	1.96	1.93	1.90	1.72	1.62	1.55	1.50	1.46	1.43	1.41	1.39	1.29	1.20	800
2.02	1.99	1.95	1.93	1.90	1.72	1.61	1.55	1.50	1.46	1.43	1.41	1.39	1.28	1.20	900
2.02	1.98	1.95	1.92	1.90	1.72	1.61	1.54	1.50	1.46	1.43	1.40	1.38	1.28	1.19	1000

LITERATURVERZEICHNIS

ALBRECHT P. (1981): Dynamische Statistische Entscheidungsverfahren für Schadenzahlprozesse. Verlag der Versicherungswirtschaft, Karlsruhe.

ALBRECHT P. (1985): Mixed Poisson Process. In Kotz S. et al. (Ed.): Encyclopedia of Statistical Sciences. Vol.5, p.556-559, John Wiley & & Sons, New York.

ARMINGER G. (1976): Loglineare Modelle zur Analyse nominal skalierter Variablen, VWGÖ, Wien.

ARMINGER G. (1985): Latente Variablen Modelle auf der Basis von Mischverteilungen. Methods of Operations Research 53, S.483–506, Anton Hain Verlag.

BORTZ J./LIENERT G.A./BÖHNKE K. (1990): Verteilungsfreie Methoden in der Biostatistik. Springer Verlag, Berlin.

BRONSTEIN J./SEMENDJAJEW K. (1991): Taschenbuch der Mathematik. Teubner, Leipzig.

BURINGTON R.S./MAY D.C. (1970): Handbook of Probability and Statistics with Tables, Mac Graw-Hill, New York.

CRYER J.D. (1986): Time Series Analysis. Duxbury Press, Boston.

DEAN C./LAWLESS J.F. (1989): Tests for detecting overdispersion in Poisson Regression Models. Journal of the American Statistical Association, Vol.84, p.467-472.

DEMPSTER A.P./LAIRD N.M./RUBIN D.B. (1977): Maximum likelihood estimation from incomplete data via the EM-algorithm. Journal of the Royal Statistical Society, Series B, Vol.39, p.1-22.

ERDFELDER E. (1990): Statistical Methods in Longitudinal Research. Vol.II, Academic Press, New York.

EVERITT B.S./HAND D.J. (1981): Finite Mixture Distributions. Chapman and Hall, New York.

FELLER W. (1971): An Introduction to Probability Theory and its Applications. Vol.2, John Wiley & Sons, New York.

FERSCHL F. (1980): Deskriptive Statistik. Physica Verlag, Würzburg.

FISZ M. (1980): Wahrscheinlichkeitsrechnung und Mathematische Statistik. VEB Deutscher Verlag der Wissenschaften, Berlin.

GLEICK J. (1987): Chaos. Penguin Books, New York.

GOODMAN L.A. (1953): Ecological Regressions and Behavior of Individuals. Amercian Sociological Review, 18, S.663–664.

GOODMAN L.A. (1958/59): Some Alternatives to Ecological Correlation. American Journal of Sociology, 64, S.610–625.

GRAF/HENNING/STANGE/WILRICH (1987): Formeln und Tabellen der Angewandten und Mathematischen Statistik, Springer Verlag, Berlin.

GROETSCH C.W.(1984): The theory of Tikhonov regularisation for Fredholm equations of the first kind. Pitman Advanced Publishing Program, Boston.

GROSSMANN W. (1961): Grundzüge der Ausgleichsrechnung. Springer Verlag, Berlin.

HARRINGTON G.M. (1985): Developmental perspectives, behavior-genetic analysis and models of the individual. In Brainerd C.J. & Reyna U.T.: Development Vol.4, p.63-82, North Holland Press, Amsterdam.

HARTUNG J. (1989): Statistik. 7. Auflage, Oldenbourg, München.

HILBERT D. (1912): Grundzüge einer allgemeinen Theorie der linearen Integralgleichungen. Teubner, Leipzig.

HOFSTÄTTER P.R. (1958, 1972): Fischerlexikon Psychologie. Fischer Verlag, Frankfurt/Main.

HOOK R. (1983): How to tell the Liars from the Statisticians. Marcel Dekker, New York.

HÜTTNER M. (1986): Prognoseverfahren und ihre Anwendung. Walter de Gruyter, Berlin.

KANTOROWITSCH L.W./KRYLOW W.I. (1956): Näherungsmethoden der höheren Analysis. VEB Deutscher Verlag der Wissenschaften, Berlin.

KOLMOGOROV A.N./FOMIN S.V. (1975): Reelle Funktionen und Funktionalanalysis. VEB Deutscher Verlag der Wissenschaften, Berlin.

KOTZ S./JOHNSON N.L. (1985): Encyclopedia of the Statistical Sciences. Vol.5, John Wiley & Sons, New York.

KOTZ S./JOHNSON N.L. (1988): Encyclopedia of the Statistical Sciences. Vol.8, John Wiley & Sons, New York.

KUTLER J.R./SIGILITO V.G. (1985): Estimating eigenvalues with a posteriori/a priori inequalities. Pitman Advanced Publishing Program, Boston.

LAIRD N. (1978): Nonparametric Maximum Likelihood Estimation of a Mixing Distribution. Journal of the American Statistical Association, Vol. 47, p.52-55.

LAWSON Ch.L./HANSON R.J. (1974): Solving least squares problems. Prentice Hall, New Jersey.

LAZARSFELD P./HENRY N.W. (1968): Latent structure analysis. Houghton Mifflin Comp., Boston.

LIENERT G.A. (1969): Testaufbau und Testanalyse. Beltz Verlag, Weinheim.

LIENERT G.A. (1979): Verteilungsfreie Methoden in der Biostatistik. Hain, Meisenheim.

LI L.A./SEDRANSK N. (1988): Mixtures of Distributions: A topological approach. The Annals of Statistics, Vol.16, p.1623-1634.

POTTHOFF R.F./WHITTINGHILL M. (1966): Testing for homogeneity. Biometrika, Vol.53, p.167-182.

QUATMBER A. (1996): Das Quotenverfahren. Unveröffentlichte Doktorarbeit, Johannes-Kepler-Universität, Linz.

RASCH G. (1977): On specific objectivity. An attempt at formalizing the request for generality and validity of scientific statements. In M. Blegvad (Ed.): The Danish Yearbook of Philosophy (p.58–94). Munks–gaard, Copenhagen.

RASCH G. (1980): Probabilistic models for some intelligence and attainment tests. The University of Chicago Press, Chicago.

RUDNER L.M. (1983): A closer look at latent trait parameter invariance. Educational and Psychological Measurement, Vol.43, p.951-955.

RUTHERFORD R.S.G. (1972): Use and abuse of mathematics in economics; In Sutcliffe J.P.(Ed.): Mathematics in the social sciences, p.113-124, Australian Government Publishing Service, Canberra.

SCHILLING W. (1947): A Frequency distribution represented as the sum of two Poisson distributions. Journal of the American Statitical Association, Vol.42, p.407–424.

SHAKED M. (1977): A concept of positive dependence for exchangeable random variables. American Statistical Association, Vol.5, p.505-515.

SIMAR L. (1976): Maximum likelihood estimation of a compound poisson pro–cess. American Statistical Association, Vol.4, p.1200-1209.

SIXTL F. (1967): Ein kritisches Experiment zum Konzept der psychischen Präsenzzeit. Bericht 23. Kongreß der Deutschen Gesellschaft für Psychologie. Hogrefe, Göttingen.

SIXTL F. (1980): Die Entdeckung allgemeiner psychologischer Gesetze bei variablen Organismusbedingungen. In Witte H. (Hrsg.): Beiträge zur Sozialpsychologie. Beltz, Weinheim.

SIXTL F. (1981): Kritik des verhaltenswissenschaftlichen Experimentierens und Grundzüge einer wirksamen Forschungsstrategie. In Janke W. (Hrsg.): Beiträge zur Methodik in der differentiellen diagnostischen und klinischen Psychologie. Hain, Meisenheim.

SIXTL F. (1982): Meßmethoden der Psychologie. Beltz, Weinheim.

SIXTL F. (1985): Notwendigkeit und Möglichkeit einer neuen Methodenlehre der Psychologie. Zeitschrift für experimentelle und angewandte Psychologie, Bd.32, S.320-339.

SIXTL F. (1996): Einführung in die exakte Psychologie. Oldenbourg, München.

SMIRNOW W.I. (1973): Lehrgang der Höheren Mathematik, Teil IV, VEB Deutscher Verlag der Wissenschaften, Berlin.

STANGE K. (1970): Angewandte Statistik. Band I und II. Springer Verlag, Berlin.

STANDFEST TH. (1995): Die Tikhonov–Regularisierung in Verbindung mit einem Regressionsverfahren zur Dekomposition von Mischverteilungen. Unveröffentlichte Diplomarbeit, Johannes–Kepler–Universität, Linz.

STENGER H. (1971): Stichprobentheorie. Physica–Verlag, Würzburg.

STRELEC H. (1988): Zerlegung von Mischverteilungen. Österreichische Zeitschrift für Statistik und Informatik, Heft 1-2, S.53-71.

TALLIS G.M. (1969): The Identifiability of Mixtures of Distributions. Journal of Applied Probability, Vol.6, p.389-398.

TEICHER H. (1961): Identifiability of Mixtures. Annals of Mathematical Statistics, Vol.32, p.244-248.

TEICHER H. (1963): Identifiability of finite Mixtures. Annals of Mathematical Statistics, Vol.34, p.1265-1269.

TUCKEY J.W. (1977): Exploratory data analysis. Addison-Wesley, Reading.

VINOD H.D./ULLAH A. (1981): Recent Advances in Regression Methods. Marcel Dekker, New York.

WILKS S.S. (1969): Collected papers: Contributions to Mathematical Statistics. John Wiley & Sons, New York.

YAKOWITZ S.J./SPRAGINS J.D. (1968): On the identifiability of finite Mixtures. Annals of Mathematical Statistics, Vol.39, p.209-214.

ZEISEL H. (1970): Die Sprache der Zahlen. Kiepenheuer & Witsch, Köln.

ZURMÜHL R. (1965): Praktische Mathematik, Springer Verlag, Berlin.

SACHREGISTER